HOFMANN/SCHWERDTFEGER

... UND GRÜN DES LEBENS GOLDNER BAUM

LUSTFAHRTEN UND BILDUNGSREISEN IM REICH DER PFLANZEN

Ursula Hofmann &
Michael Schwerdtfeger

…und grün
des Lebens
goldner Baum

Lustfahrten und
Bildungsreisen
im Reich
der Pflanzen

EDITION NEREÏDE

Die Deutsche Bibliothek - CIP-Einheitsaufnahme

Hofmann, Ursula:
… und grün des Lebens goldner Baum : Lustfahrten und
Bildungsreisen im Reich der Pflanzen / Ursula Hofmann/Michael
Schwerdtfeger. - Göttingen : Burgdorf, 1998
(Edition Nereïde)
ISBN 3-89762-000-6

Bildnachweis:
Abbildungen 1–6, 55 und 57–63 sowie das Foto von Bryum caespititium, Abbildung 14a: Michael
Schwerdtfeger.
Abbildungen 7–53 und 56 sowie alle REM-Tafeln: Ursula Hofmann. Fotos der Wurzelschnitte in
Abbildung 24: Maike Stegemann.
Abbildung 54: Ulrich Burgdorf.

Lektorat: Frank Seiß
Gestaltung: Ulrich Burgdorf unter Mitarbeit von Frank Seiß und Ursula Hofmann
Gesetzt aus der Stempel Garamond
Herstellung: Media Print, Paderborn

ISBN 3-89762-000-6

BEGRÜSSUNG

Liebe Blumenfreundin, lieber Pflanzenfreund,

was bringt einen Menschen dazu, ein Buch zu schreiben? Eigentlich könnte man wirklich meinen, es gebe nun schon genügend bedrucktes Papier, und zur Schonung der Wälder sollte eine naturliebende Person nicht noch ein weiteres Buch verfassen. Tatsächlich führt der Weg zum Ursprung dieser Schrift nicht zwischen Buchdeckel, sondern in den Alten Botanischen Garten in Göttingen, wo beide Verfasser gelegentlich Gartenführungen leiten. Denn wes das Herz voll ist, des fließt der Mund über. Man erzählt gerne von all den kleinen und großen Wundern, die einem immer wieder Freude machen, auch wenn man sie schon zum zwanzigsten Mal sieht und zeigt: vom Explodieren der Springkrautkapseln zum Beispiel, oder von den trickreichen Einrichtungen der Salbeiblüten, die ihre Bestäuber sparsam und hinterrücks da mit Pollen beschmieren, wo die armen Insekten mit ihren Beinen zum Putzen kaum hinlangen können. Die Freude über eine besonders schöne, edle Blüte oder über die Variabilität bei den Blättern des Gemeinen Gierschs möchte man als Pflanzenliebhaber nicht für sich behalten, sondern auch andere daran teilhaben lassen.

Wir können Sie nicht bei der Hand nehmen und in einen Botanischen Garten oder in Feld und Flur unserer mitteleuropäischen Heimat führen, geschweige denn in die Tropen oder Wüsten, um Ihnen da mit der Aufforderung »Lueg, lueg!« (guck genau hin), die ich als Kind so oft von meinem Vater gehört habe, eines der versteckten Wunder zu zeigen. Darum regte Herr Seiß, der Lektor des Burgdorf Verlages, nach einer Gartenführung an, die Erklärungen und Geschichtchen zu einigen interessanten Naturphänomenen zu Papier zu bringen. Er war im Entstehungsprozeß des Buches ein treuer Anwalt des Lesers, der auf Verständlichkeit pochte und zusah, daß das Unterfangen auch einen glücklichen Abschluß fand.

Beim Schreiben kam nämlich eines zum andern. Viele Zusammenhänge versteht man erst, wenn gewisse Grundkenntnisse vorhanden sind, und uns war es wichtig, auch diese Grundlagen zu vermitteln. Solche Passagen sind nicht ohne etwas Mühe zu überwinden. Sie gleichen nicht sanftgeschwungenen Wegen durch blumige Auen, aber wir hoffen, daß sie wie steile Bergwege zu einem Aussichtspunkt führen, von dem aus Zusammenhänge auch zwischen weit entfernten Teilen im Reich der Pflanzen und zwischen den Pflanzen und anderen Lebewesen augenfällig werden.

Wir möchten Sie verlocken, im Nahen, auf dem Fensterbrett oder in der Küche, ebenso wie im Fernen, auf der Ferienreise nach Spanien oder in die Karibik, sich an den Pflanzen und ihren Lebensäußerungen zu freuen, weil Sie hier etwas darüber gelesen haben, was Sie jetzt mit eigenen Augen sehen und nachprüfen können. Wir hoffen, daß die Lust an der äußeren und inneren Schönheit und Mannigfaltigkeit der Pflanzen, die uns Botanik zum Beruf werden ließ, auch Sie ergreift und Ihnen viele erfüllte Stunden schenkt.

Ursula Hofmann

Einige Bemerkungen zu diesem Buch

Auf »Lustfahrten und Bildungsreisen« ist die Richtung der Reise nicht streng vorgeschrieben. Es ist daher auch möglich, die Kapitel in anderer Reihenfolge zu lesen, als sie im Buch angeordnet sind. Verweise auf andere Kapitel sind im allgemeinen Hinweise zur Vertiefung.

Zum genauen Hingucken sollen die Illustrationen ermuntern, die hier durchweg zum ersten Mal veröffentlicht werden. Alle Grafiken und Federzeichnungen sind eigens für dieses Buch erstellt worden; dasselbe gilt für die meisten Fotos und REM-Aufnahmen. Ein Bildnachweis findet sich im Impressum.

Der Buchtitel entstammt Goethes »Faust«. Mephistopheles macht dort dem Schüler den Mund wäßrig mit den Worten: »Grau, teurer Freund, ist alle Theorie, und grün des Lebens goldner Baum.«

Autorin der Kapitel »Lebewesen Pflanze«, »Die Gestalt der Samenpflanzen« und »Die Blüte« ist Ursula Hofmann, Autor der Kapitel »Von den Tropen zum blanken Eis«, »Wie sich Pflanzen fortpflanzen« und »Pflanzen und Tiere« ist Michael Schwerdtfeger.

Wir danken Frau Maike Stegemann, Göttingen, für die Aufnahmen der Wurzelschnitte (Abbildung 24) und Herrn Otte, Samtgemeinde Rosdorf, für seine Hilfe beim Fotografieren im Großen Leinebusch.

INHALTSVERZEICHNIS

ABBILDUNGSVERZEICHNIS

VON DEN TROPEN ZUM BLANKEN EIS

PFLANZENPARADIES REGENWALD

Unsere Zeit steht im Zeichen eines euphorischen Interesses an den Tropen. Die Medien sind voller populärer Darstellungen darüber, und in den Buchläden finden wir prachtvolle Bildbände über die Faszination der Tropen und ihre Bedrohung. Auch dieses Buch, das sich vor allem an Nicht-Botaniker wendet, hat bereits im ersten Kapitel die Tropen zum Inhalt. Läge es nicht näher, den Spaziergang durch die Botanik vor der eigenen Haustür zu beginnen? Ist nicht unsere heimatliche Flora ebenso faszinierend, auch wenn sie nur aus »ganz normalen« Kräutern, Sträuchern und Bäumen besteht? Könnte man nicht mit diesen eine solide Grundlage legen, um später einen Blick auf die Extreme und Superlative tropischer Lebensformen zu wagen? Übernimmt dieses Buch nicht andernfalls den Fehler vieler populärwissenschaftlicher Darstellungen, nur raffinierte Süßspeisen und Desserts der Biologie zu bieten, ohne je das Hauptgericht ausreichender Kenntnisse der normalen Verhältnisse serviert zu haben?

Wir sind uns bewußt, daß ein Großteil der Leser die Tropen nicht aus eigener Anschauung wird kennenlernen können. Sie spielen hier dennoch bereits im ersten Kapitel eine wichtige Rolle, da wir versuchen wollen, uns bei der Betrachtung des pflanzlichen Daseins einmal von dem einseitigen, äußerst europäisch geprägten Standpunkt zu lösen, der die Geschichte nicht nur der Naturwissenschaften prägt.

Als die Spanier an der Wende zum sechzehnten Jahrhundert die feuchten Tropen des südamerikanischen Kontinents betraten, empfanden sie die üppige Vielfalt der Aufsitzerpflanzen (Epiphyten), die auf den Stämmen und Ästen der Bäume wuchsen, als »wider die göttliche Ordnung«. Es sind die klimatischen Verhältnisse der feuchten Tropen, die dort eine Vielzahl pflanzlicher Wuchs- und Ausdrucksformen ermöglichen, die es bei uns nicht gibt. Vor allem die dreidimensional im Raum verteilte Vegetation in Form der Kletterpflanzen und Aufsitzer macht wohl den Zauber und die Vielfalt dieser Lebensräume aus.

Bereits innerhalb des Tropengürtels büßen die Lebensräume um so mehr von dieser »tropischen« Qualität und Artenvielfalt ein, je trockener sie werden, und in den mediterranen, gemäßigten und kalten Zonen werden viele pflanzliche Gestaltungsformen schlicht von der Diktatur des Klimas unmöglich gemacht. Damit soll nicht gesagt sein, daß die Flora der Buchenwälder, der Wirtschaftswiesen, der alpinen Matten oder, in trockenen Lebensräumen, die der Hartlaubgehölze und der Sukkulentenfluren nicht ebenso erwähnenswert und interessant wäre. Aber die dort vorhandenen Pflanzengestalten sind eben, objektiv gesehen, nicht das Normale, sondern Abwandlungen und Anpassungen an die Ungunst des Standorts, wie im folgenden zu begründen sein wird.

In jedem Schulatlas wird das Klima unserer Breiten als gemäßigt bezeichnet, da es zwischen dem der immer warmen Zonen und dem der Polargegenden vermittelt. Wäre die Klimatologie unter dem Äquator entstanden, würde unsere Zone vielleicht bereits »subpolar« heißen, genauso wie ein Franzose Ungarn als Osteuropa und ein Ungar Frankreich als Westeuropa bezeichnen würde, da sich alle beide selbstverständlich als Mitteleuropäer sehen. Es gehört zur menschlichen Natur, die jeweils eigenen Verhältnisse als Fixpunkt zu nehmen und alles Abweichende als verschieden weit entfernte Extreme zu betrachten. Könnte man nun unter den etwa 240000 bekannten Arten der Blütenpflanzen der Erde eine Befragung durchführen, was als »normale Verhältnisse« anzusehen ist, so würde daraus zweifellos das Klima des tropischen Regenwaldes als Sieger hervorgehen.

Zwar würden gewisse Fraktionen, wie die artenreichen Familien der Rosengewächse (weltweit etwa 3100 Arten), der Nelkengewächse (2000 Arten) oder der Hahnenfußgewächse (1800 Arten), für das Jahreszeitenklima der mittleren Breiten votieren. Auch die Korbblütler (über 20000 Arten) und die Lippenblütler (3000 Arten) würden nicht den Regenwald als Urheimat ansehen, sondern ein Wort für offene, trockene Lebensräume einlegen, und die über 9000 Arten der Gräser würden sich vielleicht enthalten, da zwar viele Gruppen die gleißende Äquatorsonne besser nutzen können als viele andere Pflanzen, jedoch nur, wenn Mensch und Tier ihnen entsprechende Standorte schaffen.

Soweit das Urteil einiger auch bei uns reichlich vertretener Pflanzengruppen zur Frage des »Ideallebensraumes«. Die Familie der Rötegewächse jedoch läßt sich in den gemäßigten Zonen lediglich durch die bescheidenen Labkräuter (Gattung *Galium* und Verwandte) mehr schlecht als recht vertreten, die übrigen der insgesamt 10700 Arten sind tropische Gehölze. Auch die Wolfsmilchgewächse (7950 Arten) Hundsgiftgewächse (2100 Arten), Eisenkrautgewächse (1900 Arten), Lorbeergewächse (2200 Arten) und Kreuzblümchen-

gewächse (950 Arten) sind tropische Adelsgeschlechter und nur durch
Vertreter verarmter Seitenlinien in unseren Breiten repräsentiert. Zu den artenreichen Familien gesellen sich Riesengattungen, die jede für sich schon
mehr tropische Arten zählen als ganze Familien mittlerer Größe. Beispielsweise beherbergen die Tropen 900 Arten der Gattung *Begonia*, 1 000 *Peperomia*-
Arten, 800 *Ficus*-Arten und 700, 800 oder 1 000 Arten der Gattung *Anthurium*,
so genau weiß das niemand, denn es werden ständig neue entdeckt. Und wie
viele tropische Orchideen mag es insgesamt geben, zählen doch die rein tropischen Gattungen *Epidendrum* (500 Arten), *Pleurothallis* (ca. 1 000 Arten), *Bul-
bophyllum* (1 200 Arten) und *Dendrobium* (900 Arten) zusammen etwa so
viele Arten, wie im gesamten deutschsprachigen Raum an Blütenpflanzen vorkommen.

Betrachten wir einzelne Länder, so sind beispielsweise in Ecuador, mit
280 000 km² kleiner als Deutschland, über 20 000 Arten von Blütenpflanzen
heimisch, darunter etwa 3 500 Orchideen (in der deutschen Flora kommen
etwa 50 Orchideenarten vor). Kolumbien ist viermal so groß wie Ecuador und
landschaftlich noch reicher strukturiert, hier dürfte etwa ein Fünftel der Pflanzenarten der Welt vorkommen. Im peruanischen Tieflandsregenwald hat man
auf einem Hektar 290 Arten von Bäumen gezählt, in Europa kommen nördlich der Alpen kaum 50 Arten vor, in ganz Nordamerika 171. Solche Zahlen-
vergleiche zum Artenreichtum der Tropen ließen sich beliebig fortsetzen.

Man darf dabei allerdings nicht vergessen, daß Zahlen zwar leicht den Eindruck erwecken, als wüßte man alles ganz genau, daß aber die Artenzahlen
tropischer Pflanzengruppen oder Landstriche nur ungefähre Größenangaben
sind. Das hat zwei Ursachen: einmal sind die Gebiete erst unvollkommen erforscht, so daß laufend neue Arten gefunden werden. Andererseits decken sich
die Auffassungen der Botaniker nicht immer, was die Abgrenzung der Arten
anbelangt. Selbst im seit langem gut erforschten Deutschland kann man genaugenommen nicht sagen, daß so und so viele Pflanzenarten vorkommen, sondern nur, daß eine bestimmte Gebietsflora so und so viele Arten aufführt. Die
Zahlen geben also nur Anhaltspunkte für die ungefähre Größenordnung.

Und wieviele Arten von Organismen mag überhaupt unser Planet beherbergen? Das letzte Jahrhundert war geprägt durch große botanische Sammelrei-
sen in die noch unermeßlichen tropischen Regenwälder, und zahllose neue
Pflanzenarten erreichten Europa, zum Teil zu dem Zweck, eine nimmersatte
Schar von Orchideenliebhabern mit neuen und sensationellen Sammlungs-

stücken zu versorgen. Aber auch Farne, Begonien, Kakteen usw. wurden leidenschaftlich gesammelt. Die Liebhabervereine für bestimmte Pflanzengruppen, die es auch heute noch gibt, sind ein später Abglanz dieser Sammelleidenschaft. Auf wissenschaftlicher Seite war man bemüht, die unübersehbare Zahl neu entdeckter Arten zu beschreiben und in ein botanisches System einzuordnen, das den verwandtschaftlichen Beziehungen der Arten untereinander Rechnung trägt. Einige Botaniker waren der Überzeugung, daß die fernen Tropen als Born neuer Arten ja immerhin nicht unerschöpflich sein könnten und daß demnächst einmal weitgehend alles entdeckt und beschrieben sein werde. Dann endlich könne man zu einer Generalinventur der Geschöpfe schreiten, und ein endgültiges und vollständiges System der Organismen werde uns schließlich — je nach Standpunkt — den Plan des Schöpfers oder auch das Spiel der Evolution durch und durch verstehen lassen.

Wie steht es Ende des zwanzigsten Jahrhunderts mit einer vollständigen biologischen Inventarliste unserer Erde? Sind wir heute einem Ende der Neuzugänge in den Florenlisten und Monographien näher gekommen? Das Gegenteil ist der Fall. Mehr denn je befinden wir uns im Zeitalter der Entdeckungen neuer Arten, und die Spezialisten kommen mit dem Beschreiben kaum nach. Wer beispielsweise auf einer der brandneuen Straßen die Abhänge der Anden nach Amazonien hinabfährt, kann direkt am Straßenrand zahlreiche Arten einsammeln, die noch nicht wissenschaftlich »entdeckt« und beschrieben sind. Diese neuen Straßen, die uns heute so sicher und bequem durch bisher unzugängliche und darum kaum besammelte Gebiete führen, dienen der »Erschließung« des unberührten Regenwaldes, das heißt, daß Siedler sich durch Brandrodung kümmerliche Pflanzflächen für Bananen schaffen oder Urwaldriesen zur Holzgewinnung fällen. Daß das Wort »Erschließung« einen üblen Beiklang bekommen hat, ist wohlbekannt. Das Erschlossene wird durch den Erschließungsprozeß gestört, ja oft unwiederbringlich zerstört. Die Freude am Pflanzensammeln im Gefolge der Kettensägen und Planierraupen ist also eine recht getrübte, die »Ausbeute« an für die Wissenschaft neuen Tier- und Pflanzenarten gerade in den letzten Jahren ist jedoch atemberaubend.

Es sind also ausgerechnet die modernen Verkehrsmittel und die für den tropischen Wald lebensbedrohlich gesteigerte Infrastruktur, die uns noch heute eine Fülle neuer Arten bescheren. Aber diese Ausbreitung des modernen Menschen in der Fläche ist nicht der einzige Grund für das Entdecken neuer Arten. Erst seit wenigen Jahren gibt es Techniken, die es den Forschern erlauben, sich beim Sammeln nennenswert vom Boden zu entfernen. Die menschliche Mobilität erstreckt sich in die dritte Dimension, und der Forscher ersteigt die Baumkronen und errichtet in vielleicht 40 Metern Höhe seine Feldstation. Denn wie bereits angedeutet, sind Vegetation und Tierwelt der feuchten Tropen nicht an den Erdboden gebunden, sondern im Raum verteilt, und ein Teil der dort heimischen Lebensformen findet sich normalerweise nie am Boden (oder, was die Lichtverhältnisse betrifft, geradezu »im Keller«) des Regenwaldes. Beginnt man aber, die Flora und Fauna einzelner Baumkronen komplett aufzunehmen und die dabei neu entdeckten Arten auf die noch vorhandenen Reste des tropischen Regenwaldes hochzurechnen, so muß unsere Erde die Heimat von 20, vielleicht auch 40 Millionen Tierarten sein! Anfang der achtziger Jahre hatte man noch von etwa ein bis zwei Millionen Tierarten gesprochen. Daß sich die Zahl der Viertelmillion Pflanzenarten ebenfalls verzehnfacht, ist unwahrscheinlich, aber auch hier sind aus den Tropen noch viele neue Arten zu erwarten, bis die Zerstörung der letzten tropischen Wälder der Zahl der Neubeschreibungen ein trauriges Ende setzen wird. Es läßt sich jedenfalls festhalten, daß der tropische Regenwald, der ursprünglich ungefähr 7 % der Landfläche bedeckte, die Heimat von mehr als der Hälfte aller irdischen Tier- und Pflanzenarten darstellt.

Es ist schwer, eine schlüssige Begründung dafür anzugeben, warum so ungeheuer viele Tier- und Pflanzenarten gerade im tropischen Wald beheimatet sind. Bei den folgenden Erklärungsversuchen wollen wir vor allem die Pflanzen betrachten und die Vielfalt der Tiere zum Teil als eine Folge der Vielfalt ihrer grünen Lebensgrundlage ansehen. (Daß umgekehrt auch Tiere die Voraussetzung für das Vorkommen von Pflanzen sein können, soll spätestens im Kapitel über die Blütenökologie gezeigt werden.)

Auf den ersten Blick mögen die feuchten Tropen schlicht wegen der immer günstigen Wachstumsbedingungen als Paradies pflanzlicher Vielfalt erscheinen. Was das *Licht* als den wichtigsten Wachstumsfaktor anbetrifft, so kennen die Tropen zwar nicht unsere langen Sommertage oder gar die Mitternachtssonne der Pole. Dafür steht das Licht den Pflanzen unter der steilen Äquatorsonne täglich in einer Intensität von 120000 Lux zur Verfügung, während bei uns auch an wolkenlosen Sommertagen kaum 60000 bis 80000 Lux erreicht werden. Der Vorgang der Photosynthese, also der Aufbau von Kohlenhydraten aus Kohlendioxid und Wasser, ist bekanntlich nur bei ausreichender Beleuchtung möglich. Bei unzureichenden Lichtverhältnissen (und auch jede

Nacht!) müssen die Pflanzen den Aufbau von Nährstoffen einstellen und —
genau wie unsereiner — ihre Reserven unter Verbrauch von Sauerstoff veratmen, um ihre Lebensprozesse aufrecht erhalten zu können. Erst ab einer bestimmten Lichtmenge kann die Pflanze durch die produktive Photosynthese
die Verluste ausgleichen, die ihr durch die Atmung entstehen. Diese Lichtmenge wird jedoch in unserer trüben Winterzeit oft für Wochen nicht erreicht.
Für die in Winterruhe befindlichen Freilandpflanzen stellt das kaum ein Problem dar, da sie bei den niedrigen Temperaturen auch kaum Verluste durch Atmung zu verbuchen haben. Die Pflanzen unserer geheizten Wohnungen
jedoch atmen in den dunklen Wintertagen mit ihren menschlichen Besitzern
um die Wette. Sie leben von der Substanz und sehen im Frühjahr entsprechend
ausgezehrt aus. Nicht anders erginge es den Freilandpflanzen, wenn unsere
trüben Winter wärmer wären, denn die Intensität der Atmung steigt mit höheren Temperaturen. Zwar ist direkt unter dem Äquator kein Tag länger als 12
Stunden, aber derart finstere Winterwochen wie die gemäßigten Breiten kennen die Tropenpflanzen nicht. (Weiteres zu Photosynthese und Atmung findet
sich im Kapitel »Lebewesen Pflanze«.)

Für den Laien ist vor allem ein anderer Wachstumsfaktor mit dem Begriff
der Tropen verbunden, nämlich die *hohen Temperaturen*. Hier muß man jedoch gleich auf die tropischen Tieflandgebiete einschränken, denn die Durchschnittstemperatur nimmt mit der Höhe über dem Meer kontinuierlich ab. Da
viele Tropenländer reich an hohen Bergen sind, kann man mancherorts direkt
unter dem Äquator auf 3000 m Höhe in einen Hagelschauer oder Nachtfrost
geraten und über 4500 m dem Skisport frönen. Das Folgende gilt also vor allem für die tropischen Tieflagen.

Jahreszeitlich bedingte Kälteperioden, die unserem Winter vergleichbar wären, gibt es in den Tropen nicht. Alle Monate sind annähernd gleich warm, und
der Unterschied zwischen der Durchschnittstemperatur des wärmsten und
des kältesten Monats beträgt kaum mehr als 5 °C. Die Mindesttemperaturen
liegen in der Regel rund um das Jahr über 18 °C. Über die sprichwörtliche
»tropische Hitze« herrschen jedoch allgemein falsche Vorstellungen: Die natürliche Vegetation der inneren Tropen, der Regenwald, wirkt ausgleichend
und puffernd auf die eingestrahlte Sonnenenergie. So mißt man im Kronendach tagsüber z. B. 36 °C, am Waldboden nur 24 °C. Solche Tagestemperaturen
sind für den Spanien- oder Griechenlandurlauber gang und gäbe und werden
im Sommer auch in Mitteleuropa regelmäßig überschritten. Die inneren Tro-

pen sind also keineswegs durch erbarmungslose Hitze geplagt, zumindest nicht, sofern sie noch eine leidlich natürliche Vegetationsdecke aufweisen. Die Glutöfen der Erde sind nicht die Tropen, sondern die Steppen und Wüstengebiete nördlich und südlich der Äquatorzone. Hier kann die schüttere Vegetation nicht verhindern, daß die Temperaturen in Bodennähe mittags teilweise 50 °C überschreiten und nachts bei wolkenlosem Himmel wegen der starken Abstrahlung bis in Gefrierpunktnähe fallen. Dennoch ist das Klima des Regenwaldes in der Regel für den Europäer äußerst belastend, da 25 °C, gepaart mit annähernd 100 % Luftfeuchtigkeit, den Kreislauf mehr strapazieren als die vielleicht 36 °C unserer Hundstage mit erheblich geringerer Feuchte.

Wichtiger als Durchschnittstemperaturen sind für Existenz und Verbreitung der Pflanzen die *Extremtemperaturen*, und zwar besonders das *untere Extrem*. Die Tieflagen der Tropen sind frostfrei, und keine Pflanze läuft dort Gefahr zu erfrieren. Diese an sich triviale Aussage ist von unermeßlicher weltwirtschaftlicher Bedeutung: Tropische Nutzpflanzen lassen sich innerhalb der Tropen auch fernab ihrer Heimat auf ganz anderen Kontinenten kultivieren, und die größten Anbaugebiete des Kaffees (Heimat: tropisches Afrika) und der Banane (Heimat: Südostasien) liegen heute in Mittel- und Südamerika, die der Maracuja (Heimat: Südamerika) in Ostafrika und die der Vanille (Heimat: Mexiko) auf den Inseln des Indischen Ozeans. Zu Zeiten der Kolonien wurde wieder und wieder versucht, den Anbau gewinnbringender tropischer Nutzpflanzen auf die jeweils eigenen Schutzgebiete zu beschränken, um so die Weltmarktpreise bestimmen zu können, letztlich vergeblich. Solche Verpflanzungen waren und sind innerhalb der frostfreien Zone problemlos.

Neidvoll mag der europäische Gärtner auch auf die Möglichkeiten »frostfreier Gartengestaltung« blicken, wie sie bereits auf den Kanarischen Inseln gegeben sind: Frei im Boden ausgepflanzt, können sich Pflanzen aus allen Erdteilen zu optimaler Schönheit auswachsen, die wir hierzulande wegen ihrer Frostempfindlichkeit in Töpfen, Kübeln und Gewächshäusern halten müssen. In noch »tropischeren« Gebieten wie Florida, den Bahamas oder Singapur ist in der Pflanzenauswahl fast alles möglich, und in den Vorgärten prangen Bromelien, Allamanda, Brunfelsien, bunte Wandelröschen und die herrlichen Heliconien, letztere zum Teil sogar als wuchernder Stangenwald, der sich kaum im Zaum halten läßt.

Und hiermit ist die Kehrseite der paradiesischen Verhältnisse berührt: In frostfreien Gebieten ist dem unbeabsichtigten Verwildern eingeführter Pflanzen fast keine Grenze gesetzt. Viele Pflanzen werden ihrer schmackhaften Früchte wegen von Tieren aus den Gärten »befreit« und an ihren neuen Wuchsorten verbreitet, so das Wandelröschen *(Lantana camara)*, der Pfeffer-strauch *(Schinus molle*, hat nichts mit dem Gewürz Pfeffer zu tun), die Mittel-meer-Brombeere *(Rubus ulmifolius)* oder die Guave *(Psidium guajava)*. Andere regenerieren sich aus kleinsten Sproßfragmenten, wie die Feigenkak-teen *(Opuntia*-Arten), diverse bambusartige Gräser, der Kroneningwer *(He-dychium coronarium)* oder das gefürchtete Sauergras *Cyperus longus*, das als das schlimmste Unkraut der Welt gilt. Besonders tropische Wasserpflanzen mit ihrer ungeheuren Vermehrungsfreudigkeit können als Unkräuter erhebli-che Probleme verursachen, und hier sind an ihrer Einschleppung in neue Erd-teile oft die Aquarianer schuld gewesen *(Hydrilla, Eichhornia, Salvinia, Azolla)*. Kein Frost weist in tropischen Gebieten diese gefürchteten Eroberer in die Schranken, und man muß schließlich mit großem organisatorischem und finanziellem Aufwand Nützlinge gegen sie aussetzen oder ihnen mit Herbizi-den oder Feuer zu Leibe rücken.

Der Pflanzenfreund der gemäßigten Zonen wäre allerdings weit davon ent-fernt, so bezaubernde Pflanzen wie die Wasserhyazinthe *(Eichhornia crassipes)* und das Wandelröschen oder schmackhafte Obstpflanzen wie Brombeere und Guave als Unkräuter zu bezeichnen. In der Tat nehmen sich jedoch gegenüber diesen Invasoren unsere europäischen Unkräuter als wahrhaft harmlose Fälle aus. Zwar gibt es auch in unseren Kulturen einige Problemunkräuter, die der Bauer bekämpfen muß, aber nur ganz wenige Neuankömmlinge (Neophyten), etwa der Riesenbärenklau oder das Drüsige Springkraut, können hierzulande in natürliche Pflanzenbestände eindringen und die Ökologie ganzer Lebens-räume gefährden. Anders in den warmen Ländern, wo Mittelmeer-Brombee-re, Wandelröschen und Feigenkakteen hektarweise die natürliche Vegetation überwuchern und ersticken können. Besonders tragisch ist dies auf Inseln mit ihren oft auf einzelne Eilande beschränkten (endemischen) und hochgradig ge-fährdeten Pflanzenarten. Aber auch Australien und Florida sind Einwande-rungsländer nicht nur für ökologisch verhängnisvolle Tierarten wie die berüchtigte Aga-Kröte, sondern auch für nicht minder aggressive Pflanzenar-ten aus aller Welt. All dies sind Aspekte, die mit der für Pflanzen optimalen Wärme der äquatornahen Gebiete und den damit verbundenen, teilweise enormen Wuchsleistungen zusammenhängen.

Ein dritter, schon zu Beginn erwähnter Wachstumsfaktor, die *Feuchtigkeit*, steht nur im Bereich der »inneren Tropen«, also in Äquatornähe, in großen und über das ganze Jahr verteilten Mengen zur Verfügung. Nördlich und südlich davon schließen sich die Trockengebiete unserer Erde an, in denen Regen mit ausgesprochenen Trockenzeiten abwechseln. Sichtbare Folge dieser Niederschlagsverteilung ist das Wachstum tropischen Regenwaldes in Mittel- und im nördlichen Südamerika, in Zentralafrika (heute auf winzige Reste reduziert), Südostasien und Queensland in Nordaustralien. Unter den Wendekreisen jedoch wird der immergrüne Regenwald von Jahreszeitenwäldern, Dornstrauchvegetation oder dem schütteren, aber hochinteressanten Pflanzenkleid der Halbwüsten abgelöst, etwa in den südlichen USA und Mexiko, der Karibik, Nordafrika und dem arabischen Raum, oder südlich der Tropen in Chile, Südafrika, Madagaskar und fast ganz Australien. Völlig frei von Vegetation sind nur die extremen Wüsten.

Die Verteilung der Niederschläge hängt jedoch außer von der geographischen Lage auch noch von Vorhandensein und Lage großer Gebirge und Meeresströmungen ab. So verdanken die Andenländer und die indischen Bundesstaaten am Fuße des Himalaya ihre enormen Niederschläge den genannten Gebirgen, die sich feuchtigkeitsgeladenen Luftmassen in den Weg stellen und daher fast ständig in Wolken liegen. Umgekehrt bescheren kalte Meeresströmungen wie der Perústrom (=Humboldtstrom) und der Benguelastrom den Küstenwüsten Chiles und Perús bzw. Namibias ein fast regenloses, aber dafür sehr nebelreiches Klima.

Die Vegetation unter dem Äquator jedoch genießt fast tägliche, ergiebige Regenfälle, doch auch zu den übrigen Tageszeiten ist die Luftfeuchtigkeit im Pflanzenbestand sehr hoch (freilich nicht im Bereich der Baumkronen, auf Lichtungen und Rodungen mit ihren wärmeren und trockeneren kleinklimatischen Bedingungen). Die Allgegenwart der Feuchtigkeit im tropischen Regenwald ist schwer in Worte zu fassen. Sie äußert sich unter anderem darin, daß es einigen Geschickes bedarf, gewaschene Wäsche trocken zu bekommen. Kleidung, Schuhe oder Papier, kurz alles Organische beginnt zu »leben« und ist nur schwer vor dem Verschimmeln in Wochenfrist zu bewahren. Abgeschlagene Pflanzenteile, etwa von Aronstabgewächsen, Moosfarnen, Gesneriaceen und Nachtschattengewächsen, verwelken nicht, sondern bewurzeln sich. Und das Bedeutungsvollste: Die Wurzeln als Inbegriff zarter, schutzbedürftiger und im Erdreich verborgener Pflanzenorgane treten uns im tropischen Wald auch als Luftwurzeln in jeder denkbaren Ausführung entgegen.

Niemals wird die Außenluft hier so kalt oder so trocken, daß die Wurzeln grundsätzlich des Schutzes durch das Substrat bedürften, wie es bei uns der Fall ist.

Losgelöst vom Erdboden können die Wurzeln in feucht-tropischen Lebensräumen ganz neue Funktionen übernehmen. Durch sproßbürtige Wurzeln (vgl. S. 123) heften sich viele Kletterpflanzen ihren »Gerüsten« (Baumstämme, Felswände) an. Die Kletterwurzeln ermöglichen so das Hocharbeiten der Jungpflanze aus dem Dunkel des Waldbodens in lichtreichere Höhen. Stirbt später der untere, im Boden wurzelnde Sproßteil ab, so kann in vielen Fällen auch die Masse der Luftwurzeln allein die Verankerung und Ernährung der Pflanze übernehmen, und aus der Kletterpflanze (Liane) ist ein Aufsitzer (Epiphyt) geworden.

Und schließlich die echten Epiphyten: Bereits eingangs wurde gesagt, daß diese geradezu der Schlüssel zum Verständnis der Artenvielfalt der tropischen Lebensräume sind, da die epiphytische Vegetation die zweidimensionale Beschränktheit des Erdbodens verlassen hat und den Raum besiedelt.

Besonders in tropischen Bergwäldern ist die Feuchtigkeit so hoch, daß Äste und Zweige der Bäume, ja sogar ältere, noch lebende Blätter in üppige Moos- und Flechtenmäntel eingehüllt sind, die triefen wie ein nasser Schwamm. Der unirdische Eindruck, den diese oft in dichtem Nebel liegenden, bizarren Baumgestalten »im Schlafrock« auf den Menschen machen, hat im Deutschen und Englischen zur Bezeichnung »Elfenwald« geführt. Die dicken, feuchten Moospackungen, die alle Strukturen überziehen, lassen den uns selbstverständlich erscheinenden Unterschied zwischen erdigem Wurzelgrund (Substrat) und Luftraum verschwinden. Zahllose kleine und große Pflanzen wurzeln dichtgedrängt auf den Zweigen, deren Moosmantel nie so stark austrocknet, daß ihre Wurzeln gefährdet wären. Dies ist die Welt der Epiphyten, die Heimat unzähliger Arten von Farnen, Begonien, Peperomien, Aronstabgewächsen, Gesneriengewächsen und nicht zuletzt der beiden berühmtesten Epiphytenfamilien, der Bromelien und der Orchideen.

Aber die Aufsitzerpflanzen sind nicht auf den triefenden Bergregenwald beschränkt, sondern auch im schwülen Dämmerlicht des Tieflandregenwaldes und in seinen sonnendurchglühten Baumkronen reich entwickelt, obwohl hier die Moosauflagen sparsamer sind oder ganz fehlen. Viele Epiphyten, besonders die Aronstabgewächse und die Orchideen, haben jedoch Wurzeln, die sich auch nackter, glatter Rinde anschmiegen und schadlos vorübergehend trocken werden können, da sie mit einer besonderen Schutzschicht, dem *Velamen radicum*, ausgestattet sind.

In trockeneren Lebensräumen nimmt die Zahl der epiphytischen Pflanzenarten rapide ab. Keine Betrachtung der Aufsitzerpflanzen kann jedoch an der Gattung *Tillandsia* aus der Familie der Ananasgewächse (Bromeliaceae) vorübergehen, die in über 500 Arten das gesamte tropische Amerika bewohnt, von den Südstaaten der USA bis Argentinien und Chile. Diese bizarren Pflanzengestalten sind in den letzten Jahren zum Schlager der Gartencenter geworden. Trotz anderslautender Zertifikate sind sie meist Naturentnahmen — und in unseren Wohnungen Todeskandidaten. Auch wenn sie ausgesprochene Sonderformen mit aufwendigen Anpassungen an ihre luftigen Wuchsorte darstellen, sollen sie aus einem bestimmten Grunde hier doch erwähnt werden. Viele dieser Arten, nämlich die sogenannten »atmosphärischen« Tillandsien, besiedeln sonnige, luftige und relativ trockene Lebensräume, oft Seite an Seite mit Kakteen, und wachsen auch auf dürren Zweigen und Felswänden, einige Arten sogar auf Überlandleitungen. Diese Unterlagen eignen sich jedoch nicht für ein Wurzelwerk mit der herkömmlichen Funktion der Wasseraufnahme, und die spärlichen Wurzeln der Tillandsien dienen als starre, drahtartige Gebilde denn auch lediglich der Verankerung der Pflanze. Zur Wasser- und Nährstoffaufnahme taugen sie dagegen nicht, diese findet vielmehr mittels besonderer Saugschuppen über die gesamte Körperoberfläche statt.

Dieser Ausflug in die Trockengebiete Mittel- oder Südamerikas zu den an glatten Kakteenstämmen, Zaunpfählen oder sogar Hausdächern wachsenden Tillandsien mag uns verdeutlichen, daß die Art der Unterlage für die Aufsitzer von geringer Bedeutung ist und durchaus ein lebloses Material sein kann. Von »Parasitos« (Parasiten=Schmarotzer), wie die Epiphyten seit Kolumbus' Zeiten in Südamerika genannt werden, kann also keine Rede sein, da sie nicht auf Kosten ihres Trägers leben. Schließlich gibt es viele, die statt auf Ästen auf Felsen wachsen und die man daher Lithophyten nennt (griech. líthos=Stein). Sie brauchen ihre Unterlage nur als »Platz an der Sonne«, nicht etwa als Quelle für Nährstoffe. Im Kapitel »Die Umwelt als Gestalterin« wird näher auf die Unterschiede zwischen Lianen, Epiphyten und Parasiten eingegangen. Festzuhalten gilt, daß die klimatischen Bedingungen der Tropen den Erdboden als unabdingbares Substrat für viele Pflanzen entbehrlich machen.

Auf den Stämmen und Ästen der großen Urwaldbäume bieten sich zusätzlich viele besondere »ökologische Nischen« als Wuchsorte für Pflanzen an, die

unter anderen Klimaten fehlen. Vielleicht liegt darin eine Ursache für die große Artenfülle der Tropen. Immerhin ist etwa jede zehnte Art der Farn- und
Blütenpflanzen unserer Erde ein Epiphyt.

Warum gibt es in Europa keine Epiphyten? Es gibt sie, wenn auch nur als
»Gelegenheitsepiphyten«. Überall dort, wo sich in luftfeuchter Klimalage
Moosauflagen z.B. auf Stämmen und Astgabeln von Weiden, Holunder und
anderen Gehölzen oder auch auf Mauerkronen finden, können darin Schöllkraut, Stinkender Storchschnabel, Habichtskräuter und Gräser keimen. Ob
sie an ihrem epiphytischen Standort auch zur Samenreife gelangen, hängt von
der Gunst des Wetters ab. Eine sommerliche Schönwetterperiode, die das
Moos völlig austrocknen läßt, macht ihnen den Garaus.

Den Moosen selbst, die ja in diesem Falle ihrerseits Epiphyten sind, macht
das gänzliche Austrocknen übrigens nichts aus, da sie sich bei Trockenheit beliebig oft in einen scheintoten Ruhezustand zurückziehen können, um bei
Wiederbefeuchtung auch nach Monaten ihre Lebensvorgänge wiederaufzu-
nehmen. Daher findet man sogar in der Macchia, dem hartlaubigen Buschwerk
der Mittelmeerküsten, reichlich epiphytische Moose und Flechten, die die
regenlosen Sommermonate im »Zustand latenten Lebens« verschlafen, eine
Fähigkeit, um die sie mancher beneiden mag. Um in Europa Epiphyten höherer Organisationsstufe zu sehen, müssen wir uns z.B. an die Atlantikküste
Frankreichs oder Irlands begeben. Dort wächst der Tüpfelfarn *(Polypodium
vulgare)* regelmäßig auf Baumstämmen. Weitere »Höhere Pflanzen« mit epiphytischer Lebensweise gibt es jedoch in Europa kaum, da in unserem Klima
mit seinen Extremen die Pflanzenwurzeln nur im Schutze des Bodens vor
Austrocknung sicher sind. Auch die Existenz von Riesenkräutern, Schopfbäumen, Hartlaubgehölzen usw. läßt unser so »gemäßigtes« Klima nicht zu.

Bis heute hat sich in den Lehrbüchern das Dogma vom »typischen Regen-
wald-Blatt« gehalten, das ungeteilt, ledrig und mit einer Träufelspitze ausgestattet ist, etwa wie bei den beliebten Gummibäumen unserer Wohnungen,
Ficus elastica und *F. benjamina*. Dieser Blatt-Typ soll den besonderen, »extremen« Verhältnissen des Regenwaldes am besten gewachsen sein. Das Gegenteil ist wahr: Die Bedingungen des Regenwaldes lassen alle denkbaren
Blattformen zu, ganzrandige und geschlitzte, ledrige und zarte, solche mit
quadratmetergroßen Spreiten, palmenartig geteilte oder in millimetergroße
Fiederblättchen aufgelöste, glatte und samtige und sogar solche, wo das Grün
durch weiße Panaschierung aufgebrochen oder durch schwarz- oder purpur-

rote Färbung verdeckt ist. Mehr noch: Im Regenwald können alle möglichen Wuchsformen existieren, nicht nur aufragende Bäume und bodenbedeckende Kräuter, sondern schopfbaumartige, kletternde und schlingende Gewächse, Riesenkräuter vom Ingwer- und Bananentyp und auch echte Zwiebel- und Knollenpflanzen. Was in anderen Landschaftsformen durch das strenge Regime der klimatischen Bedingungen teilweise zur lebensnotwendigen Anpassung wurde, darf im Regenwald in buntem Nebeneinander koexistieren. Diese »Großzügigkeit«, mit der der feuchte tropische Wald alle denkbaren und undenkbaren Wuchs- und Lebensformen zuläßt, ist einer der Hauptgründe für seine ungeheure Artenvielfalt — und für die Faszination, die von ihm ausgeht.

Paradies mit versteckten Mängeln

Der tropische Regenwald mit seinen Formen und Farben, seinen unzähligen Arten und seiner üppigen Vegetation scheint in der Tat der Optimallebensraum zu sein. Die Epiphytengärten, die Urwaldriesen und Lianen erscheinen uns als Ausdruck paradiesischer Bedingungen und unendlicher Fruchtbarkeit. Schon Charles DARWIN sah in der luxuriösen Natur ein enormes Potential für die Landwirtschaft, und er notierte: »Überdenkt man die ungeheure Flächenausdehnung Brasiliens, so verschwindet beinahe das Stückchen kultivierten Landes im Vergleich zu dem, was noch im Naturzustande sich findet: Welch ungeheure Bevölkerung wird dies in späteren Zeiten tragen können!« (*Reise eines Naturforschers um die Welt*, S.63).

Um so erstaunlicher scheint die moderne ökologische Erkenntnis, daß der Formen- und Artenreichtum der tropischen Wälder nicht ein Ausdruck des Überflusses, sondern im Gegenteil des Mangels ist. Waren die Tropen in bezug auf Wärme und Feuchtigkeit als optimal eingestuft worden, so gilt im Wald selbst für das Licht und die Nährstoffe das Gegenteil. Zwar brennt die Äquatorsonne mit wesentlich höherer Intensität als die schrägstehende Sonne unserer Breiten, dennoch ist es am Boden des Regenwaldes dunkler als in unseren Laubwäldern, und zwar permanent, denn der Wald der immerfeuchten Tropen kennt keine Jahreszeiten und ist niemals kahl. Entsprechend gibt es im Tropenwald nichts, was mit der Massenblüte der Buschwindröschen, Schlüsselblumen und Lerchensporne unserer Frühlingsbuchenwälder vergleichbar wäre. Die Blumen des Urwaldbodens blühen jede zu einer anderen Zeit, und neben von Kolibris umschwirrten Schönheiten sind auch viele dabei, die für unser Auge so unscheinbar sind wie die winzigen Fliegen oder Mücken, von denen sie sich bestäuben lassen. Der Boden des Waldes ist also vor allem eine Symphonie in Grün aus Farnen, Moosfarnen, Aronstabgewächsen, Begonien, Rötegewächsen und anderen schattenertragenden Pflanzen. Einen Großteil des Unterwuchses bilden auch die Sämlinge der vielen Baum- und Palmenarten, von denen freilich die wenigsten das Erwachsenenalter erreichen. Zwar sind viele Baumarten des Regenwaldes mit großen Samen ausgestattet, und die daraus keimenden Jungpflanzen können dank des Nährstoffproviants unter Umständen jahrelang in tiefstem Schatten vegetieren, aber die meisten bleiben schließlich wegen des Lichtmangels auf der Strecke. Die oben beschriebenen Lianen und Aufsitzerpflanzen sind also kein Luxus übermütiger Natur, sondern aus der Not geborene Strategien, der permanenten Finsternis des Waldbodens zu entkommen.

Neben dem Lichtmangel ist ein großer Teil der tropischen Wälder der Tieflagen noch durch einen anderen Mangel gekennzeichnet. Angesichts 40 Meter hoher Urwaldriesen mag man als Grundlage der Üppigkeit einen ungemein reichen Boden vermuten. Das Gegenteil ist der Fall: Viele Tieflandregenwälder stehen auf uraltem rotem Lehm, der schlecht durchlüftet ist und viel Eisen und Aluminium enthält, aus dem aber Kalk, Phosphor, Kalium, Magnesium und andere Mineralien längst ausgewaschen sind. Die Baumwurzeln, die vor allem in den obersten Zentimetern des Bodens konzentriert sind, finden hier kaum Nährstoffe vor. Nimmt man die spärliche Laubstreu beiseite, zeigt sich keine duftende Lauberde wie im heimatlichen Wald, denn jedes gefallene Blatt wird schnell und vollständig abgebaut, ohne viel Humus zu hinterlassen. Es ist, als saugten die Baumwurzeln der oberen Bodenschicht alles Verwertbare aus dem Fallaub gierig auf, wobei die mit ihnen zusammenlebenden Wurzelpilze eine große Rolle spielen. Eine derartige innige Verbindung von Wurzeln und Pilzen (Mykorrhiza, vgl. S. 70) ist zwar keineswegs auf die Tropen beschränkt, trägt hier aber dazu bei, das »Nährstoff-Fangnetz« der Baumwurzeln zu erweitern und noch effektiver zu machen.

Dank dieses wirkungsvollen Netzes gehen trotz der enormen Niederschlagsmengen kaum Nährstoffe durch Auswaschung verloren. In einigen Urwaldbächen Amazoniens finden sich so wenige gelöste Teilchen, daß die elektrische Leitfähigkeit dieses Wassers geringer als die von Regenwasser ist.

Doch selbstverständlich benötigen die Gewächse des Regenwaldes Nährstoffe wie alle anderen Pflanzen auch. Diese Nährstoffe kommen vor allem aus der Luft. Die ergiebigen Regengüsse transportieren ständig Staub zu Boden, und außerdem führt das Wasser die Nährstoffe mit sich, die es aus den höheren Etagen des Waldes, vor allem aus den Epiphytengärten, herausgelöst hat. Die Inhaltsstoffe dieses dünnen »Tees« aus abgestorbenen Pflanzenteilen, Tierexkrementen etc. werden von den Baumwurzeln gierig aufgenommen und sofort wieder dem Nährstoffkreislauf zugeführt. Ein erheblicher Teil der verfügbaren Nährstoffe zirkuliert also emsig zwischen Boden und Baumkronen und findet kaum eine Möglichkeit, durch Auswaschung in das Bodenwasser und in die Bäche und Flüsse zu gelangen. Das größte Kapital ist aber ständig in die mächtigen Holzkörper der Urwaldriesen eingebaut und so für Jahrzehnte oder Jahrhunderte dem Kreislauf entzogen, bis der Baum den Weg alles Irdischen geht und das Gehortete wieder freigibt.

Wenn man bedenkt, daß die »Phytomasse«, also die Gesamtheit aller Pflanzen im tropischen Regenwald, 1000 Tonnen pro Hektar übersteigen kann, mag man ermessen, welche Mengen von Nährstoffen in den Bäumen gespeichert sind. Auch im Hinblick auf die Verteilung der Nährstoffe tritt also die Bedeutung des Bodens zurück, und der Regenwald erweist sich als dreidimensionaler Lebensraum. Aber wieviel »Substanz« steckt denn in den Baumgiganten?

98 % der Phytomasse des Regenwaldes bestehen aus Holz, also dem größtenteils leblosen Skelett der Bäume, das überwiegend aus Zellulose und Lignin zusammengesetzt ist. Diese Gerüstsubstanzen werden von den Pflanzen zwar nicht aus »Luft und Liebe«, wohl aber aus dem in der Luft enthaltenen Kohlendioxid und Wasser aufgebaut. In diesen beiden Hauptbestandteilen des Holzes sind daher keine anderen Elemente als Kohlenstoff, Wasserstoff und Sauerstoff enthalten. Bei der Zersetzung oder Verbrennung von Holz kehrt der ganz überwiegende Teil als Kohlendioxid und Wasserdampf in die Atmosphäre zurück, der Anteil an mineralischen Bestandteilen (»Asche«) ist nur gering. Vor allem fehlt es im Holz an Stickstoff. Dieses als Baustein für die Eiweiße wichtige Element können die Pflanzen nicht aus der Luft entnehmen, obwohl diese zu vier Fünfteln daraus besteht. Entsprechend sparsam gehen die Pflanzen damit um. Auf keinen Fall wird es als »totes Kapital« im Holzkörper deponiert. Sogar aus alternden Blättern wird der Stickstoff nach Möglichkeit abgezogen, bevor sie abfallen. Daher sind Holz und Fallaub eine ziemlich karge Kost, was sich auch darin äußert, daß diese Stoffe schwer verrotten. Auch den Zersetzern des Komposthaufens munden sie bekanntlich nur, wenn sie als Menü zusammen mit stickstoffreicher Kost, etwa frischem Grasschnitt, gereicht werden. Der Gärtner spricht von einem unausgewogenen C-N-Verhält-

nis, also einem Mißverhältnis von zuviel Kohlenstoff (C) und zuwenig Stickstoff (N). Betrachten wir unter diesem Aspekt den Regenwald: Was die schiere Masse betrifft, trägt kein anderer Lebensraum der Welt so viel Phytomasse pro Fläche. Fragen wir aber nach der Qualität, so liegt fast alle pflanzliche Substanz als Zellulose und Lignin vor, also als für die meisten Tiere unverwertbare Rohfaser. Nur die jungen, austreibenden Blätter und die Früchte sind nahrhafter, aber sie fallen im reifen Wald mengenmäßig nicht ins Gewicht. Aus der Sicht einer Schmetterlingsraupe, Käferlarve oder Heuschrecke ist also der Regenwald keineswegs ein Paradies, sondern kommt einem winzigen Klecks Teig gleich, verteilt auf tausend Oblaten. Jede mitteleuropäische Wiese und jedes Gemüsebeet ist dagegen ein wahres Schlaraffenland, denn hier wachsen nahrhafte Pflanzen aus reichem Boden, und hier können Blattläuse, Kartoffelkäfer und Kohlweißlinge Massenvermehrungen durchmachen.

Im Regenwald aber gibt es keine Massenvermehrung, denn es gibt keinen Überschuß. Das hat auch Auswirkungen auf die Tierwelt: Kopfstarke Herden von pflanzenfressenden Huftieren ernährt die Savanne Afrikas, die Prairie und sogar die Tundra, nicht aber der Regenwald. Die hier vorkommenden Säugetiere sind grundsätzlich viel kleiner als vergleichbare Verwandte aus anderen Lebensräumen und viel seltener. Zahllose Vögel fliegen deshalb zur Brutzeit nicht etwa in den Regenwald, sondern reisen unter ungeheuren Strapazen in den kurzen nordischen Sommer mit seinem Nahrungsüberschuß, um damit ihre Brut ernähren zu können.

Eine drastische Vorstellung davon, wie die Bewohner des Regenwaldes auf jede Nährstoffquelle angewiesen sind, können uns die Schmetterlinge geben: Mit nichts lassen sich viele Falter des Waldes so gut ködern wie mit unseren Ausscheidungen. Die herrlichsten Falter, einschließlich der handgroßen, blauen Morpho-Falter, stellen sich an Urin ein, und auch verschwitzte Socken werden zur heiß umschwärmten Quelle von Salz und anderen Stoffen. In Scharen kann man die Falter des Waldes auch auf den feuchten Lehmpisten sitzen und trinken sehen, wo sie ihren Bedarf an Mineralien stillen. So eine auffliegende Wolke von Schmetterlingen kann dann leicht die Vorstellung vom »Tierparadies Regenwald« nähren, von den Scharen von Insekten, Spinnen, Schlangen usw., die in unzähligen Arten und Individuen den Wald bevölkern und über die Nahrungsketten eine üppige Grundlage für die größten Räuber bilden, in Amazonien etwa die Anakonda oder »el tigre«, den Jaguar. Dieser Eindruck trifft aber nur die halbe Wahrheit.

In der Tat ist der tropische Regenwald das artenreichste Ökosystem der Welt. Zahlen finden sich bei J. REICHHOLF (1990): Von den weltweit 9000 Vogelarten leben 1400 in Amazonien, während Mitteleuropa ganze 250 Arten aufweist. In Borneo fanden sich 2400 Insektenarten auf nur 10 Bäumen, im peruanischen Tieflandregenwald kommen auf einem Quadratkilometer 120 Froscharten vor, zehnmal soviel wie in Mitteleuropa. Nicht weniger beeindruckend ist die pflanzliche Diversität: In Zentralamazonien kann man auf einer Fläche von 40 mal 50 Metern 500 Pflanzenarten zählen, und auf dem Gebiet der biologischen Station Jatun Sacha im ecuatorianischen Oberamazonien wurden auf 1600 Hektar (also 4x4 km) über 2000 Pflanzenarten festgestellt, kaum weniger als in ganz Deutschland.

Aber wo so viele Arten koexistieren, können sie jeweils nur in wenigen Exemplaren vorkommen. Schon im letzten Jahrhundert berichteten die Schmetterlings- oder Orchideenjäger ihren erstaunten Auftraggebern, daß man im Regenwald leichter zehn verschiedene Arten einer Gattung oder Familie finden kann als zehn Angehörige der gleichen Art. Der so üppig erscheinende Regenwald gestattet keine Massenentwicklung wie jede mitteleuropäische Kiesgrube: Die Frösche Amazoniens legen nicht alljährlich Hunderte oder Tausende Eier ab wie unsere Erdkröte. Manche bringen gerade einmal in einigen wenigen Bromelien-Trichtern je ein Ei unter und besuchen später die geschlüpften Kaulquappen in ihren »Einzelzellen«, um sie mit unbefruchteten Nähreiern zu versorgen. Manche Waldgewässer haben durch ihre Armut an gelösten Salzen eine so auslaugende Wirkung, daß etwa die Beutelfrösche die wenigen Eier und sogar die Kaulquappen in einer Rückentasche mit sich herumtragen.

Von den Vögeln des Regenwaldes braucht jeder ein riesiges Revier, um mühsam ein kleines Gelege hochzubringen, anders als unsere heimischen Brutvögel, etwa Meisen, von denen mehrere Paare in einem einzigen Garten leben und mehrere Bruten in Folge großziehen können. Die größeren Säugetiere wie Jaguar oder Tapir ernährt der Regenwald nur in sehr schwachen Populationen, und schon durch den Abschuß einzelner Tiere wird der Bestand so ausgedünnt, daß die Partner nicht mehr zueinander finden.

Wenn die letzten Gedanken auch etwas ins »Zoologische« geraten sind, so mag doch eines daran deutlich geworden sein: Allem Anschein zum Trotz ist der Regenwald ein Lebensraum des Mangels. Bei aller scheinbaren Üppigkeit sind die begrenzenden Nährstoffe so knapp, daß kein Tier und keine Pflanze

zu Massenentwicklung gelangen kann. Denn es gilt das *Gesetz des Minimums:*
Ein Überfluß an Wasser, Licht und Wärme muß ungenutzt bleiben, wo es beispielsweise an Stickstoff und Phosphor fehlt. (Näheres zum Gesetz des Minimums auf S. 72.) Stellt man sich gern kreischende Affenhorden als für den
Regenwald typisch vor, so haben Ökologen errechnet, daß in Amazonien das
Nahrungsangebot nur für höchstens 30 kg »Affe pro Quadratkilometer«
reicht. Es sei daran erinnert, daß dies nicht anders wäre, wenn die Affen Landwirtschaft betreiben würden, denn die Pflanze kann nur das in Ertrag umsetzen, was sie an Nährstoffen und Wachstumsbedingungen vorfindet.

Diese Gedanken führen schließlich direkt zu der Nutzbarkeit des Regenwaldes durch den Menschen: Der intakte Wald funktioniert nur, weil die spärlichen Nährstoffe in einen geradezu genialen Kreislauf des annähernd
hundertprozentigen Recycling eingebunden sind und nur wenige Moleküle
diesem System entkommen können. Wird der Wald gerodet und abgebrannt,
so wird der im Holz gespeicherte Kohlenstoff als Kohlendioxid der Atmosphäre zurückgegeben, aus der er über viele Jahre hinweg entnommen worden
war. Schlagartig werden auch die Nährstoffe als Asche verfügbar, die der Wald
über lange Zeit »zusammengeknausert« und festgehalten hatte — für den Moment gesehen eine erhebliche Menge. Aber kein krümeliger, duftender Humus
bindet sie, und noch bevor die frisch eingesäten Nutzpflanzen keimen, haben
die täglichen Niederschläge bereits einen Teil der Nährstoffe auf Nimmerwie-
dersehen dem Ozean zugeführt. Nicht anders erginge es auch jeder Art von
Mineraldünger, selbst wenn die armen Siedler ihn sich leisten könnten. Nach
einigen Jahren ist das neu gewonnene Land für jede landwirtschaftliche Nutzung unbrauchbar.

Nicht alle Regenwälder der Welt stehen auf derart nährstoffarmem Substrat.
Die Wälder am Westfuß der Anden Ecuadors beispielsweise, die zu den arten-
reichsten der Welt gehörten, wuchsen auf reichem Sediment und sind daher
heute durch endlose, ertragreiche Bananenplantagen ersetzt. Auch die reichen
Böden der Tropen Südostasiens werden zum Teil seit Jahrhunderten zum
Reisanbau genutzt. Die oben geschilderten Verhältnisse gelten aber zum Beispiel für das bedeutendste Regenwaldgebiet der Erde, das Tiefland Amazoniens.

EXTREME BEDINGUNGEN:
CHANCEN FÜR LEBENSKÜNSTLER

Der einleitende Abschnitt mag sich wie ein Loblied auf die idealen Wachstumsbedingungen Wärme, Licht und Feuchtigkeit gelesen haben, wie sie in den feuchten Tropen gegeben sind. In der Folge mußten wir sehen, daß der natürliche Vegetationstyp dieser Zone, der tropische Regenwald, seinen pflanzlichen Bewohnern gehörige Schwierigkeiten auferlegt, was den Lichtgenuß betrifft. Zweifellos hat dieses Streben zum Licht großen Einfluß auf die Ausbildung der vielen Pflanzenarten gehabt. Große Regenwaldgebiete wachsen zudem auf ärmsten Böden. Aber all diese Wachstumsfaktoren wirken nicht direkt auf die Pflanze ein wie in einem klimatisierten Gewächshaus, vielmehr stehen die Pflanzen einer Lebensgemeinschaft in harter Konkurrenz um die Ressourcen. Und hier gilt für den tropischen Regenwald, was eigentlich für jeden Wald der Welt gilt: Jede Pflanze ist von zahllosen anderen Organismen umgeben, die »Umwelt« besteht zum großen Teil aus anderen Pflanzen und Tieren, und die Fähigkeit zu Koexistenz oder Konkurrenz mit den »Nachbarn« ist für die Lebensformen des Waldes ebenso wichtig wie etwa das Ertragen des Klimas.

Dem Außenstehenden mag der Begriff der Konkurrenz vor allem aus der menschlichen Geschäftswelt geläufig und in biologischem Zusammenhang ungewohnt sein. Im folgenden soll daher *die Konkurrenz als ökologischer Faktor* näher betrachtet werden. Dabei wollen wir auch den tropischen Wald verlassen und den Blick beispielhaft auf einige andere, weniger optimale Lebensräume und ihre Pflanzen richten.

Warum gibt es im Tropenwald keine Gräser? An Klima und Boden kann es nicht liegen, denn auf Weiden, an Straßenrändern und in lichten Plantagen wachsen sie tadellos, oft sogar aus anderen Weltgegenden eingeschleppte Arten. Jedoch sind die Gräser in ihrer Mehrheit absolute Lichtpflanzen. Im Schatten kümmern sie, und jede Pflanze, die sich halbwegs über sie erheben und sie beschatten kann, macht ihnen den Garaus. Sich selbst überlassen, wird sich daher bei entsprechendem Klima jedes Grasland nach kurzer Zeit mit größeren Pionierpflanzen bedecken und über kurz oder lang in Wald verwandeln. Das gilt nicht nur für die Tropen. Die Gräser, die uns Europäern als absolute »Allround-Talente« erscheinen mögen, sind konkurrenzschwach. Man sollte sich bewußt sein, daß unsere grünen Wiesen und Weiden, und auch die

Heide und der Trockenrasen, durchweg künstliche Erscheinungen sind. Ihre Grasvegetation kann sich nur halten, solange man die Konkurrenz durch größere Pflanzen ausschaltet. Wird die Bewirtschaftung eingestellt, setzt die natürliche Sukzession ein: Auf einer fetten Weide in einer Flußaue erscheinen vielleicht zuerst große Stauden wie Brennessel, Wiesenkerbel, Bärenklau und Mädesüß, dann alsbald Weiden und Pappeln, auf armem Sandboden werden Silbergras und Heide bald vom Jungwuchs von Birken, Kiefern und Eichen unterdrückt, und die kleinwüchsigen Schmuckstücke der Halbtrockenrasen werden von Schlehe, Weißdorn und Heckenrosen überwuchert, sobald keine Schafherde dem Einhalt gebietet. Niedrige Vegetation kann sich nur dort halten, wo die Konkurrenzkraft der Gehölze auf die eine oder andere Art geschwächt wird.

Europa erfreut sich fast überall klimatischer Bedingungen, die das Gedeihen von Wald ermöglichen, abgesehen freilich von den Gebieten jenseits der klimatischen Waldgrenze im hohen Norden und im Hochgebirge. Der Rest wäre bewaldet: Südeuropa von zahlreichen, teils immergrünen Eichenarten, Eichen würden auch im kontinentalen Osteuropa eine große Rolle spielen, in montanen Lagen würden teils die Fichte, teils verschiedene Tannen- und Kiefernarten dominieren, Mitteleuropa aber wäre das Reich der Rotbuche *(Fagus sylvatica)*. Auf natürliche Weise waldfrei wären nur die Wasserflächen, die Hochmoore, die schroffsten Klippen und die Meeresküste.

Der Laubwald stellt die *zonale Vegetation* Mitteleuropas dar, also die, die sich in unserer Klimazone auf natürliche Weise einstellt und erhält. Die Pflanzengeographen charakterisieren unsere Zone daher als die *nemorale Laubwaldzone* (nemus = lat. Hain). Aber nicht nur die Vorherrschaft des Waldes an sich, auch der Anteil der einzelnen Baumarten ist eine Folge der Konkurrenz: Auf gutem Boden ist bei uns die Buche der Baum mit dem größten Durchsetzungsvermögen. Erst, wo ihr der Boden zu trocken, zu naß oder zu arm ist, können andere Baumarten neben ihr bestehen oder über sie dominieren. Auf saurem Boden, ob trocken oder feucht, wird der Buchenwald durch Eichenwald ersetzt, auf sehr trockenen Böden, auf Sand wie auf Kalk, erhält dagegen die Waldkiefer eine Chance, die konkurrenzschwächer, aber genügsamer ist.

Auch die Winterkälte kann die Wettbewerbsverhältnisse verschieben: Die natürliche Verbreitung der Buche erstreckt sich im Osten nur bis zur Weichsel. Der osteuropäische Winter mit seinem strengen Frost macht ihr jedoch keineswegs den Garaus, denn sie gedeiht in Helsinki wie in Kiew — in botanischen Gärten. Im natürlichen Bestand unterliegt sie in Osteuropa jedoch Eiche und Hainbuche, die weniger durch Spätfröste gefährdet sind.

Die sommergrünen Laubbäume der nemoralen Zone benötigen eine Vegetationszeit von mindestens drei Monaten mit Tagesmitteln über 10 °C. Im Norden oder im Gebirge, wo der Sommer kürzer ist, wird das Ausbilden und Abwerfen das Laubes zum Verlustgeschäft, dort übernehmen die Nadelbäume die Führung. Neben der Länge der Vegetationszeit sind aber für die sommergrünen Bäume auch die sommerlichen Niederschläge von Bedeutung. Im Mittelmeergebiet ist der Sommer für sie zu trocken, und laubwerfende Bäume wie die Platane, den Zürgelbaum oder Ahorn-Arten finden wir dort nur in den Kiesbetten der Flüsse, wo auch im Sommer unter der Oberfläche genügend Wasser vorhanden ist. Auf den übrigen Standorten dominieren immergrüne Hartlaubgehölze wie die Kermeseiche, Pistazien oder der Erdbeerbaum. Diese werden zwar von der Sommerdürre wie von der Winterkälte zur Ruhe gezwungen, können aber wegen des ständig präsenten Laubes jeden milden Tag der Übergangszeit nutzen. Aber die Hartlaubgehölze »lieben« die Dürre ebensowenig wie die Kiefern den armen, trockenen Boden, denn bei kontinuierlicher Wasserversorgung wachsen sie bestens auch im Hochsommer. In die sommerfeuchteren Gebiete Mitteleuropas können sie jedoch deshalb nicht vordringen, weil das immergrüne Laub durch strengen Frost geschädigt wird. Die Winterkälte verhindert auch ihr Aufsteigen in die südeuropäischen Gebirge, weshalb wir uns in Italien oder Griechenland bald in einem artenreichen Buchen- oder Eichenwald befinden, sobald wir von den Badestränden der Küste in die Berge fahren.

Eine Vielzahl für die Pflanze wirksamer Faktoren begünstigt also bald diese, bald jene Art und kann durch Schwächung dominanter Arten dafür sorgen, daß weniger robuste, aber besonders genügsame auch zum Zuge kommen.

Das *Großklima* ist für die zonale Vegetation verantwortlich, es sorgt also dafür, daß in winterkalten Gebieten keine tropischen Pflanzen und Hartlaubgehölze wachsen, daß im Regenwald Koniferen und Sukkulente unterlegen sind und daß in der Wüste die zarten Pflanzen des Waldbodens fehlen.

Für die Vegetation ebenso ausschlaggebend ist jedoch das *Kleinklima*, das zum Beispiel durch die Hangneigung bestimmt ist. Derartige lokale Faktoren können so wirksam sein, daß sie das inselartige Auftreten *extrazonaler Vegetation* ermöglichen, also das Vorkommen von Pflanzen, die »eigentlich« in weit entfernten Gebieten heimisch sind. Genauso wie die Weinrebe als südeuropäische Kulturpflanze in unserem rauhen Klima nur auf kleinklimatisch günstigen Hanglagen angebaut wird, so finden sich auf ähnlichen Standorten auch wärmeliebende Wildpflanzen süd- und südosteuropäischer Herkunft. Wenn wir an bestimmten Standorten Frankens, Thüringens oder sogar Hessens Graslilien, Federgräser, Gamander und Diptam finden, so stapfen wir durch »extrazonale Vegetation«. Diese Pflanzen haben bei uns die äußersten nordwestlichen Vorposten ihrer Verbreitung und können sich hier nur an kleinklimatisch besonders günstigen Standorten halten. Nach Südosten zu werden diese Raritäten häufiger und müssen in bezug auf ihren Standort nicht so wählerisch sein, da dort zunehmend das Großklima ihren Ansprüchen entgegenkommt und sie befähigt, im Konkurrenzkampf zu bestehen.

Bestimmte extreme Faktoren führen zu *azonaler Vegetation:* So findet man im Harz inselartig kleine Flächen, auf denen nur eine schüttere Vegetation mit Lichtnelken, Grasnelken, Frühlingsmiere und Veilchen gedeiht. Diese Pflanzen haben aber mit den klimatischen Verhältnissen nichts zu tun, denn die nämliche Pflanzengesellschaft tritt auch etwa im Siegerland auf, und zwar in beiden Fällen dort, wo der Boden durch ehemaligen Erzbergbau mit Schwermetallen verseucht ist. Diese »Galmeipflanzen« (Galmei=Zinkerz) sind die einzigen Pflanzen, die auf diesen hochgradig belasteten Böden wachsen können und so die azonale Vegetation der Schwermetallrasen bilden.

Eine ähnliche azonale Vegetation ist die der Serpentingebiete. Serpentin ist ein in reiner Form schwarzgrünes oder schwarzblaues Gestein, das durch seinen »speckigen« Glanz leicht kenntlich ist und einen schönen Anblick bietet. Für Pflanzenwachstum jedoch läßt sich kaum ein ungünstigeres Substrat denken: Serpentin ist äußerst hart und zerfällt bei der Verwitterung in Splitter, ohne eine feine Fraktion als Grundlage für die Bodenbildung zurückzulassen. Durch seine dunkle Farbe erhitzt er sich in der Sonne auf 50–60 °C, und überdies wird bei seiner Zersetzung Aluminium frei. Serpentinvorkommen finden sich z.B. im Ural, in Norwegen, in der Schweiz, in Bosnien, Albanien und im Nordwesten Griechenlands. Durchfährt man die südosteuropäischen Serpentingebiete, so fällt auf, daß die Kiefern dort dürftig und leidend aussehen. Nur eine schüttere, dürre Vegetation bedeckt die schwarzen Brocken. Die Pflanzenarten, die hier wachsen, sind exakt auf den Serpentin beschränkt und verschwinden abrupt, sobald das Grundgestein wechselt. Es sind die sogenannten Serpentin-Endemiten, also Pflanzen, die nur auf diesem Gestein vorkommen. Typisch sind in Südosteuropa z.B. der austrocknungsresistente Farn *Cheilan-*

thes marantae, besondere Kreuzblütler und Rauhblattgewächse wie die schönen »Goldtropfen« (Gattung *Onosma*) und der Sternhaarige Ziest *(Stachys scardica)*.

Es darf nicht der Eindruck aufkommen, als »benötigten« die Serpentinendemiten oder die Galmeipflanzen derart ungesunde Zutaten zu ihrem Gedeihen. In Gartenkultur wachsen sie nämlich tadellos auf normalem Boden. Auch hier ist wieder die Konkurrenz bestimmend: Nur wenige Pflanzen ertragen solch ungünstige Bedingungen und genießen so das Vorrecht, ohne große Bedrängung durch Gräser, Bäume und andere Konkurrenten zu leben. Auf günstigen Standorten, auf denen sie zweifellos »lieber« wüchsen, werden sie von ihren Mitbewerbern erdrückt.

Je widriger die Bedingungen, je weniger Pflanzenarten sind diesen gewachsen, je weniger Konkurrenz aber auch für die geringe Zahl der Spezialisten, die die Adversitäten ertragen können. In das Arsenal der Widrigkeiten gehören neben den oben erwähnten klimatischen und edaphischen (édaphos=gr. Boden) Faktoren auch die mechanischen, nämlich z.B. Mahd, Beweidung und Beackerung. Gehölze investieren von Jugend an einen Großteil des Ertrags ihrer Photosynthese nicht in Üppigkeit, sondern in ein stabiles holziges Skelett. Ein Buchensämling etwa geht nach Ausbildung von ca. fünf Blättern mit den Ausmaßen einer Stricknadel in den ersten Winter. Ein ein- oder zweimaliges Abnagen oder Abmähen macht ihm bereits den Garaus. Daher sind die vielen Typen von Wiesen, Weiden und Trockenrasen waldfrei und einer lichtliebenden und oft blumenbunten Vegetation vorbehalten, die nur eines ertragen muß: regelmäßigen Blattverlust durch Abweiden oder Abmähen. Noch bewundernswerter sind die kurzlebigen Einjährigen, die ihren gesamten Lebenszyklus in wenigen Monaten durchmachen können und so als Acker- oder Gartenunkräuter erfolgreich sind. Ihre Schnellebigkeit ermöglicht ihnen, gerade aus Pflügen, Umgraben und Jäten Nutzen zu ziehen, also Praktiken, die erklärtermaßen gegen die »Unkräuter« gerichtet sind und den »Wildwuchs« beseitigen sollen. Auf diese Lebenskünstler wird im Wuchsformen-Kapitel näher eingegangen (S. 148).

Als konkurrenzbestimmender Faktor mit Katastrophencharakter sei aber noch das *Feuer* genannt. In vielen Weltteilen gibt es Landschaften mit einzigartiger Flora und Fauna, die durch das Feuer in ihrer Eigenart erhalten werden. So werden die fleischfressenden Schlauchpflanzen in den Mooren Nordamerikas (Gattung *Sarracenia)* durch alljährliches, natürliches Grasfeuer von der Bedrängung durch Sauergräser und Kiefernjungwuchs befreit. Auch die Vegetation von Teilen Australiens, einschließlich der Eukalyptuswälder, ist an spontan auftretende Buschfeuer angepaßt. In diesem trockenen Klima übernimmt das Feuer teilweise sogar die Aufgaben der abbauenden Bodenorganismen (Destruenten, S. 70 und 447), indem es den Nährstoffkreislauf aufrecht erhält. Bleiben die Brände aus, steht ein zunehmender Teil der mineralischen Nährstoffe, zum Beispiel festgelegt in den starren, toten Blättern der Grasbäume, nutzlos herum, und erst durch Veraschung des dürren Pflanzenmaterials werden die Mineralien wieder verfügbar. Die erwachsenen Grasbäume überleben das Feuer.

Abbildung 1: Protea cynaroides im »Fynbos« des Kaplandes.

Entsprechendes gilt für den berühmten »Fynbos« (sprich: Feinboss) der Kapflora Südafrikas mit ihren 600 *Erica*-Arten und den herrlichen Proteen. Wie würde das »Kapländische Florenreich« wohl ohne den Brand aussehen? Gewiß wäre das Klima feucht genug für einen rauschenden Hochwald, doch es ist schwer vorstellbar, daß dieser artenreicher wäre als die gegenwärtige Vegetation. Schließlich zählt das auf der Weltkarte kaum auszumachende Florenreich der Capensis über 6000 Arten Höherer Pflanzen. In einem nordamerikanischen Nationalpark hat man wohlmeinend die regelmäßigen, natürlich auftretenden Brände unterbunden — und mußte einen Rückgang vieler interessanter Arten feststellen.

Eine einzigartige, teilweise durch Feuer bedingte Landschaft ist schließlich auch der Páramo der hohen Anden Venezuelas, Kolumbiens und Ecuadors. Die bedrückende Faszination dieser Landschaft kommt dadurch zustande, daß die sich bis zum Horizont aneinanderreihenden Hügel von Zehntausenden mannshoher, pflanzlicher »Gestalten« bedeckt sind, den »Fraylejones« der Gattung *Espeletia*. Diese trotzen mit ihrer dichten, silberweißen Behaarung der enormen Höhenstrahlung, dem Hagel, dem schneidenden Wind und dem Nachtfrost und sind typische Vertreter des Schopfbaum-Typs der tropischen Hochgebirge. Wenn aber der baumlose Páramo heute schon in 3 200 m

Abbildung 2: Espeletien auf dem Páramo El Angel, Ecuador, in 3 600 Metern Höhe.

Höhe beginnt, so ist dies nicht auf die Kälte, sondern auf das Feuer zurückzuführen. Die unwirtlichen Höhen werden nämlich seit den Zeiten der Inka als Weide genutzt, und seitdem zwingt der Mensch die harten, gelben Gräser des Páramo durch Abbrennen zu saftigem Austrieb. Die Espeletien vertragen das Feuer, nicht aber die geduckten Gehölze des Waldes der hohen Anden, der hier noch ohne weiteres wachsen würde. In unzugänglich steilen Felsklüften oder an Bächlein ziehen sich die Gehölze nämlich bis 4000 m hoch. Der weite Páramo mit seiner schaurig-feierlichen Stimmung ist also eine Landschaft aus Menschenhand und hat damit mehr mit der Lüneburger Heide gemein, als man auf den ersten Blick glauben möchte.

Schließlich sei noch ein Blick auf die Standorte geworfen, an denen es schlechterdings keine Konkurrenz gibt, nämlich die *Wüsten* der Erde. Dabei sind nicht die vom Menschen verwüsteten Gebiete gemeint, die z.B. durch Überweidung und Abholzung entstehen, und auch die vegetationslosen Sanddünen der inneren Sahara und der Namib sollen außer acht bleiben. Von großem botanischem Interesse sind jedoch die Trockengebiete Südafrikas und der Neuen Welt mit ihrem Reichtum an einzigartigen Pflanzenformen. Das südafrikanische Namaqualand und die angrenzende Namib und Kalahari sind das artenreichste Wüstengebiet der Welt.

Was macht die Wüste aus? Jährliche Dürrezeiten gibt es auch in der Savanne, der Dornstrauchvegetation, der Prairie Nordamerikas, der osteuropäischen Steppe und am Mittelmeer, und überall hat die temporäre Wasserknappheit großen Einfluß auf das Pflanzenkleid der Gebiete. Doch hier ist überall eine geschlossene Vegetation vorhanden, die Pflanzen interagieren miteinander, und etwa in der Savanne herrscht ein labiles Gleichgewicht zwischen Gräsern und Bäumen, das je nach Wasserversorgung und Bodentyp bald zu dieser, bald zu jener Seite verschoben wird.

In der Wüste jedoch stehen die einzelnen Pflanzen isoliert. Sie haben keine Nachbarn. Ihre »Umwelt« ist nicht mehr als ihr Standort, also der mineralische Boden, eine glühende Sonne, der oft extreme Wechsel von Tag- und Nachttemperatur und eben das meist nicht vorhandene Wasser. Trockenheit und Hitze verhindern ein reiches Bodenleben, so daß die spärlich anfallenden pflanzlichen Überreste nicht zur Humusbildung beitragen können. In gedörrter Form bleiben sie lange erhalten, z.B. die köcherartigen, hohlen Stammstücke vom »kokerboom« *(Aloe dichotoma)* oder die bizarren, sieb- oder netzartig durchbrochenen hölzernen Skelette von Säulenkakteen. Die Pflanzen wachsen also in humuslosem Rohboden, von »Erde« kann kaum die Rede sein.

Die Wurzeln einiger Wüstenpflanzen wachsen in die Tiefe, um Spuren von Wasser auszunutzen, bei anderen streichen sie flach unter der Oberfläche dahin, um den Tau aufzunehmen, der mancherorts am Morgen die obersten Millimeter des Substrats befeuchtet. Auf jeden Fall ist die Vegetation so schütter, daß die Wurzeln keinen Kontakt zu denen der Nachbarpflanzen haben. Konkurrenz spielt keine Rolle. Das gleiche gilt für den oberirdischen Bereich: Die Wüstenpflanze genießt ganztägig die volle Sonne, da kein Baum sie beschattet. Bäume gedeihen in der Wüste nur dort, wo sich z.B. unter Flußbetten und in tiefen Felsklüften eine gewisse Bodenfeuchtigkeit hält.

Die ungeminderte Sonne der Wüste ist für die dort lebenden Organismen sogar das Hauptproblem, da sie alle Oberflächen schnell auf lebensbedrohliche Temperaturen erhitzt. In Kakteenbeständen Perús hat man Bodentemperaturen von 70°C gemessen, und genauso heiß wird die schwarze Lava auf den vom Humboldtstrom gekühlten Galápagos-Inseln. Im Glutofen der südafrikanischen Sukkulentenflur wurden an der Erdoberfläche gar 75°C gemessen, aber so intensiv die Sonneneinstrahlung tagsüber ist, so ungebremst ist auch die nächtliche Ausstrahlung, und Nachtfröste sind keine Seltenheit. Messungen zeigen, daß die Temperatur von sukkulenten Wüstenpflanzen kaum ein Grad von derart extremen Außentemperaturen abweicht, und der »Lebende Stein« *Lithops turbiniformis* hat im Experiment in der Tat Temperaturen von −16 bis +68°C lebend überstanden. Nebenbei: In den Lehrbüchern der Biologie steht, daß »eigentlich« Temperaturen oberhalb 45°C tödlich sind, da dann die Eiweißmoleküle, die Bausteine allen Lebens, unrettbar aus der Form geraten (»denaturieren«). Aber die Pflanzen lesen die Lehrbücher nicht.

Die Tiere der Wüste können teilweise hecheln oder schwitzen und so durch Verdunstungskälte ihre Körpertemperatur senken, allerdings um den Preis enormen Wasserverlustes. Der Mensch kann auf diese Weise in der Wüste bis zu vier Liter Wasser in einer Stunde verlieren. Sehr viele kleinere Wüstentiere fliehen daher unter die Erde und werden erst in der kühlen Nacht aktiv.

Beide Methoden des Schutzes vor Überhitzung kommen für die Pflanzen der Wüste nicht in Betracht. Als ortsgebundene Organismen müssen sie mit der Menge Wasser haushalten, die von selber zu ihnen kommt. Und es versteht sich, daß für grüne, von der Photosynthese lebende Pflanzen auch die unterirdische Lebensweise ausscheidet. Allerdings gestattet das gleißende Übermaß an Licht, daß kleine sukkulente Pflanzen unter den dürftigen kleinen Büschen oder in Felsspalten Schutz suchen, wo sie nur kurze Zeit von der wandernden Sonne erreicht werden und den größten Teil des Tages im Vollschatten verbringen. Einige Pflanzen verkriechen sich sogar so weit in den Boden, daß nur ein kleiner, mit der Erdoberfläche abschließender Teil von ihnen der Strahlung ausgesetzt ist. Die bekanntesten sind die Lebenden Steine (Gattung *Lithops)* und andere Vertreter der Mittagsblumengewächse, aber ähnlich »versenkt« wachsen einige *Haworthia*-Arten und unter den Kakteen einige Vertreter der Gattungen *Frailea, Gymnocalycium* und *Ariocarpus.* Durch Wasserverlust können solche Pflanzen dann regelrecht in den Boden hineinschrumpfen und von lockerem Substrat bedeckt werden. Auf diese Weise »verschwindet« auch die eigenartige Mittagsblume *Fenestraria* zur Trockenzeit im lockeren Sand des Diamantengebietes zwischen Alexanderbay und Oranjemund (Südafrika/ Namibia).

Auch die größeren Wüstenpflanzen können es sich leisten, auf einen Teil des überreichlich vorhandenen Lichtes zu verzichten, um sich vor Überhitzung zu schützen. Üblich sind reflektierende, z.T. schneeweiße oder bläulichgraue Wachsschichten, glitzernde Papillen, aber auch üppige, weiße Haarkleider. Neben den bizarren Körperformen sind es vor allem diese Oberflächenstrukturen, die den sukkulenten Wüstenpflanzen eine so große Gemeinde von Bewunderern bescheren.

Die Wüsten sind bekanntlich trockene Lebensräume, teilweise mit mittleren Jahresniederschlägen von 100 oder 200 mm. Fast so große Probleme wie diese Mittelwerte werfen aber auch die Abweichungen von Jahr zu Jahr auf: Die jährliche Regenzeit kann einfach ausfallen, und dann wieder kann ein Wolkenbruch in wenigen Stunden Wassermassen von der Höhe des doppelten oder dreifachen Jahresniederschlags bringen — wovon freilich ein Großteil in reißenden Bächen über den hart gebackenen Boden davonschießt, ohne einzudringen.

Es ist keineswegs so, daß die Wüstenpflanzen all diese Widrigkeiten stoisch ertragen. Auch sie können vertrocknen, und jedes überdurchschnittlich trockene Jahr räumt vor allem unter den Jungpflanzen auf. In vielen Fällen kann sogar die natürliche Verjüngung der Bestände nur dann erfolgen, wenn einige außergewöhnlich gute Jahre aufeinanderfolgen. Nur dann können die Jungpflanzen von Sträuchern mit ihren Wurzeln in besser wasserversorgte Tiefen vordringen, um damit später auch trockene Jahre zu überstehen. Daher findet man in den Beständen oft viele gleichaltrige Pflanzen, die auf einzelne, günstige Aussaatjahre zurückgehen.

Auch wenn viele Pflanzen während außergewöhnlicher Dürreperioden vertrocknen, so ist es doch erstaunlich, daß überhaupt Kreaturen in der Lage sind, tagaus, tagein eine Sonne zu ertragen, die uns in wenigen Stunden den Garaus machen würde, müßten wir sie ungeschützt aushalten. Wüstenpflanzen überleben dies u.U. über Jahre hinweg ohne einen Tropfen Regen. Kakteen und Sukkulente schrumpfen dann ganz erheblich, und der für die Kakteengebiete der südwestlichen USA typische Kreosotbusch *(Larrea divaricata)* verliert einen Großteil seiner Zweige.

Abbildung 3: Schwantesia borchardii bei Augrabies (Südafrika).

Der »Ertrag« eines Lebens unter derartigen Bedingungen ist verständlicherweise gering: Viele Sukkulente wachsen Jahr für Jahr nur um Millimeter, und bei verzweigten Pflanzen wächst vielleicht eine Hälfte minimal fort, während die andere zu einem holzkohleartigen, anorganischen Gebilde mumifiziert (wie auf dem obigen Foto). Mit den Photosyntheseprodukten wird das Ab-

sterbende ersetzt und vielleicht ein neues Blattpaar anstelle des vorjährigen gebildet, mit »Wachstum« hat dieses Verhalten kaum etwas gemein. Auch die
Lebenden Steine der Gattung *Lithops* verlagern alljährlich ihre Lebenskraft
von dem alten Blattpaar in ein neues und können im seltenen Falle besonders
günstiger Bedingungen einmal mit zwei statt einem neuen Körperchen aus
dieser Verjüngung hervorgehen. Eine stattliche, vier- oder fünfköpfige Gruppe, die eine Fläche von fünf Quadratzentimetern behauptet, kann das ganze
Resultat sein, das einem zwanzigjährigen Wüstendasein abzutrotzen war!
Zwar bildet jeder erwachsene *Lithops* jedes Jahr eine Blüte und streut Hunderte winziger Samen aus, doch wieviele keimen davon unter natürlichen Bedingungen, und: wieviele werden groß?

Eine der kuriosesten Pflanzen überhaupt ist *Conophytum burgeri:* Dieses
Extrem einer »nicht wachsenden« Pflanze kommt nur an einer ganz bestimmten Stelle nahe den Kupferminen von Aggeneys (Südafrika) vor. Das einzige
Blattpaar ist total zu einem rosafarbenen Gebilde von der Größe und Form eines Singvogeleis verschmolzen. Unter der pergamentenen Hülle alter Blattpaare wird alljährlich aus den Reserven des alten ein neuer Körper gebildet.
Alljährlich entwickelt das »Ei« an der Spitze eine einzige Blüte, daraus reift
eine Frucht. Niemals teilt sich die Pflanze oder bringt »Ableger« oder derglei-
chen hervor.

Der Reiz der *Lithops* und vergleichbarer Lebensformen ist das Steinartige,
Dürftige, nicht das Pflanzliche, Üppige. In fetter Erde und bei entsprechenden
Wasser- und Düngergaben wachsen die Lebenden Steine in Kultur schnell zu
fingerlangen, grünen Ungetümen heran, und *Conophytum burgeri* soll sich so
in Kultur zu Hühnereigröße aufpumpen lassen. Die Pflanzen selbst ziehen
also durchaus Nutzen aus günstigeren Bedingungen. An günstigeren Standorten jedoch läßt sich keine Konkurrenz denken, der sie nicht unterliegen
würden. Der einzig vorstellbare Standort für diese Zwerge ist die fast vegeta-
tionslose Steinwüste.

Das weitestgehende Zugeständnis der Pflanzen an den Wüstenalltag ist die
Fähigkeit, jederzeit in den »Zustand latenten Lebens« zu verfallen. Diese Fähigkeit eignet den meisten Moosen und Flechten sowie einigen Farnen, bei
Blütenpflanzen ist sie ausgesprochen selten. Flechten spielen in der Wüste eine
große Rolle, zieren als rote, braune oder schwarze Überzüge, die man kaum
für Lebewesen halten möchte, die Felsen und sorgen so für ein astrales Farben-
spiel in scheinbar toter Szenerie. Frühmorgens werden sie von Tau befeuchtet

und können Photosynthese betreiben, um bei steigender Sonne völlig auszu-
trocknen und ihre Lebensprozesse bis zum nächsten Morgen quasi auszu-
schalten.

Abbildung 4: Lithops olivacea bei den Kupferminen von Aggeneys (Südafrika).

Auch viele tausend Arten von Blütenpflanzen können im Zustand latenten
Lebens sogar viele regenlose Jahre überstehen — allerdings nur in Form ihrer
Samen. Daher sind die kurzlebigen einjährigen Pflanzen so wichtig für den
Aspekt der »blühenden Wüste« in Gebieten mit besonders unvorhersagbaren
Niederschlägen. Ist die Keimung einmal erfolgt, so steht allerdings alles auf
dem Spiel, und so ist es sinnvoll, daß das massenhafte Auskeimen dieser Pflanzen aus dem toten Wüstenboden nicht durch ein paar Spritzer ausgelöst wird,
sondern nur durch ergiebigen Regen, der den Boden gründlich durchfeuchtet.
Dann ist die Feuchtigkeit aber der Schlüssel dafür, daß über Nacht die Mond-
landschaft zu einem wahren Ideallebensraum wird, wie ihn keine Tropen-
pflanze genießt: heiße Tage mit enormer Sonneneinstrahlung, kühle Nächte,
die die Verluste durch Atmung gering halten, ein feuchter und oft gut mit
Nährstoffen versorgter Boden und, als das Wichtigste: keine Konkurrenz
durch Stauden oder Bäume. Die Verhältnisse ermöglichen es den kurzlebigen

Wüstenpflanzen, im Wettlauf mit der schwindenden Feuchtigkeit rechtzeitig zu Blüte und Samenreife zu gelangen. Sie speichern kein Wasser, sie bilden kein Holz, und ihre Blätter vertrocknen schon zur Blütezeit, und doch bestehen sie mit dieser Strategie genauso wie die ehrwürdigsten Kakteenveteranen.

Nachdem wir in Gedanken die besonders heißen Pflanzenstandorte besucht haben, wollen wir nun nach der Bedeutung der *Kälte* für die Pflanzen fragen. Anders als die Tiere haben die Pflanzen keine Möglichkeit, ihre Temperatur zu regulieren. Sie sind genauso heiß bzw. kalt wie ihre Umgebung — eine erhebliche Belastung für *Tephrocactus, Matucana, Oreocereus, Trichocereus* und andere Kakteen der peruanischen Puna in über 4000 m Höhe, wo tagsüber +30 und nachts darauf −20 °C gemessen werden.

Auch für unsere »gemäßigten« Breiten sind strenge Fröste typisch. Ein Winter kann fast frostfrei vergehen, während der nächste Dauerfrost von Dezember bis März bringt, der halbmetertief in den Boden eindringt. Man darf sich nicht der Illusion hingeben, als ob es bei Frost im Inneren der im beinhart gefrorenen Boden ruhenden Zwiebeln, Wurzelstöcke etc. einen Deut wärmer wäre als außerhalb. Pflanzen können nicht heizen. Das gilt um so mehr für Pflanzenteile, die über dem Erdniveau völlig ungeschützt der schneidend kalten Luft ausgesetzt sind, also in erster Linie die Gehölze. Auch unter ihrer Rinde und im Inneren der Knospen, wo bereits Blätter und Blüten für die nächste Saison ausgebildet sind (S. 154), kann es um nichts wärmer sein, als das Thermometer anzeigt. Außerdem kommt hier die austrocknende Wirkung der Frostluft hinzu. Die Nadelbäume, aber auch die winterkahlen Laubgehölze verlieren Feuchtigkeit und können sie so lange aus dem Boden nicht wieder aufnehmen, bis dieser auftaut. Ebenso ergeht es bei »Barfrost«, also bei Frost ohne Schneedecke, den an der Erdoberfläche liegenden Knospen oder Rosetten der Stauden und den Jungpflanzen der Winterannuellen (vgl. S. 149). Eine Laub- oder Schneedecke oder eine Glasur aus Eis schützt nicht vor der Kälte, mildert aber die sogenannte »Frosttrocknis«, und dies ist auch die einzige Funktion der Decke aus Stroh oder Fichtengrün, die der Gärtner über seine gefährdeten Kulturen breitet. Wintergrüne Gehölze wie Stechpalme, Kirschlorbeer oder Efeu haben bei strengem Frost besonders zu leiden. Ein besonderes Jammerbild bieten dann die bei uns nicht heimischen Rhododendren, und es ist erstaunlich, daß ihre hängenden, zigarettenartig zusammengerollten Blätter je wieder ihre Funktion aufnehmen können.

Erstaunlich frosthart ist ein immergrüner Zwergstrauch der Alpen, *Loise-*

leuria procumbens. Dieser wächst im Hochgebirge an windexponierten Süd-
hängen, die ständig »aper« (schneefrei) sind, und muß dort −30 bis −40 °C
völlig ungeschützt ertragen.

Die Pflanzen der gemäßigten und kalten Zonen bereiten sich im Herbst
durch einen Prozeß der Abhärtung auf den Winter vor. Die Lebensprozesse
werden gedrosselt, und der plasmatische Inhalt der Zellen wird so verändert,
daß ein Gefrieren des Wassers verhindert wird. Denn die Bildung von Eiskri-
stallen in den Zellen tötet diese, nicht die Temperatur an sich. Mit bestimmten
Methoden kann man im Labor die Eiskristallbildung beim Abkühlen verhindern, und dann überleben abgehärtete Pflanzenteile sogar die Temperatur flüs-
sigen Stickstoffs (−195 °C). Unter natürlichen Bedingungen überstehen z. B.
die Fichtennadeln im Winter immerhin −40 °C. Im Sommer, in aktivem und
»enthärtetem« Zustand, erfrieren sie schon bei −7 °C.

Die tiefste Temperatur unseres Erdballs wurde in Wostok gemessen, also in
3400 m Höhe auf dem ewigen Eis der Antarktis. Im Winter fällt das Thermometer auf −80 °C, im »Sommer« werden kaum je −30 °C erreicht, und die mittlere Jahrestemperatur liegt bei −56 °C. Hier wachsen keine Pflanzen. Anders
im ostsibirischen Verchojansk, in der Nähe des Kältepols der Nordhalbkugel
bei Ojmjekon. Auch hier werden im Winter −70 °C gemessen. Der Boden ist
ganzjährig bis in eine Tiefe von 150 bis 400 m (tatsächlich: Meter!) gefroren,
von denen im Sommer bestenfalls die oberen 150 cm auftauen. Doch klettert
die Temperatur hier von Mai bis September über den Gefrierpunkt, und der
kurze Sommer mit durchschnittlich 78 Tagen über 10 °C ermöglicht sogar das
Wachstum von 12–15 m hohen Wäldern. Die bestimmenden Baumarten sind
die Lärche *Larix gmelinii* und die Birke *Betula exilis*, aber zu ihren Füßen
wachsen eine ganze Anzahl von Pflanzen, die uns nur allzu vertraut sind: unser Zierstrauch *Potentilla fruticosa*, Rauschbeere, Preiselbeere, Krähenbeere
und Sumpfporst, die wir auch aus den heimischen Mooren kennen, der Estra-
gon *Artemisia dracunculus*, *Campanula glomerata*, *Galium verum*, *Crepis tec-
torum*. Und in den Teichen stehen wie hierzulande Schilf *(Phragmites
communis)* und Blaugrüne Flechtbinse *(Scirpus tabernaemontani)*. Sogar unsere Waldkiefer *(Pinus sylvestris)* finden wir in Jakutien. All diese Pflanzen überleben monatelang einen Frost, bei dem Fisch, Fleisch und andere Lebensmittel
in tausend Stücke zerspringen, wenn man sie fallen läßt.

Für winterschlafende Pflanzen scheint die Zeit stillzustehen und die Dauer
der Ruhe von geringer Bedeutung zu sein. Es ist erstaunlich, wie kurz die Ve-

getationszeit im Verhältnis zur Winterruhe werden kann, z. B. in den »Schnee-tälchen« der Alpen in 3000 m bis 3200 m Höhe. Hier bleibt der Schnee, vor Sonne geschützt, bis in den Juni liegen. Die Pflanzen der Schneetälchen, also Kriechweide, Gletscherhahnenfuß, Alpenglöckel u.a. sind nur für höchstens drei Monate frei von Schnee. In niederschlagsreichen Jahren jedoch weicht der Schnee nur für zwei Monate, und es kommt vor, daß der erste September-schnee schon vor dem »Ausapern« fällt. In diesem Fall verschlafen die Pflan-zen unter dem Schnee einfach ein Jahr.

Es ist schon bemerkenswert genug, daß ruhende, abgehärtete Pflanzen so-wohl extrem strenger wie langandauernder Kälte trotzen können. Auf unsere heimischen Pflanzen oder die in den Alpen oder in Sibirien wartet jedoch ein kurzer, aber intensiver Sommer mit angenehmen Temperaturen. Um so mehr verdienen jene Pflanzen unsere Bewunderung, die die Kälte nicht in einem tie-fen Schlaf überdauern, sondern in der Vegetationszeit bei voller Aktivität er-tragen. Besuchen wir dazu noch einmal den Páramo in den hohen Anden Südamerikas. Direkt unter dem Äquator fehlen die Jahreszeiten, doch nimmt mit der Höhe die Durchschnittstemperatur ab. In 3500 bis 4000 m Höhe kann es sich tagsüber auf 15–20 °C erwärmen, doch nach Sonnenuntergang fällt die Temperatur unter den Gefrierpunkt. Diese tageszeitlichen Schwankungen dringen kaum in den Boden ein, und besonders warme oder kalte Monate feh-len. Daher stellt sich überall in den Tropen bereits in 30 cm Tiefe exakt die mittlere Jahrestemperatur ein. Diese beträgt aber in über 3500 m Höhe nur 3–5 °C, und die dort wachsenden Pflanzen kennen also an ihren Wurzeln zeit-lebens keine anderen Temperaturen als solche knapp über dem Gefrierpunkt — für jeden Pflanzenfreund eine unerträgliche Vorstellung. Die Flora der An-den, also der Bestand an »verfügbaren« Pflanzengattungen und -familien, ist ja wohlgemerkt eine tropische, und so kann der Botaniker in diesen eisigen Hö-hen mit vor Kälte schmerzenden Händen und fühllosen Zehen Fuchsien, Bro-melien, Orchideen und Anthurien bewundern, und Passionsblumen von unwirklicher Schönheit, aber fast unerfüllbaren Kulturansprüchen. Welche Kälteverträglichkeit ist nun erstaunlicher, die einer heimischen Sumpfdotter-blume, die zwar monatelang im Eis einfrieren kann, sich aber zur Wachstums-zeit sommerlicher Temperaturen erfreut, oder die der »tropischen« Pflanzen des Páramo, die zeitlebens kaum wärmer werden als das Bier im Kühlschrank?

Auch vor unserer Haustür gibt es Pflanzen, die Kälte und Frost nicht ru-hend, sondern bei voller Aktivität ertragen, nämlich die Moose. Viele von ihnen überdauern den Sommer ausgetrocknet in scheintotem Zustand und haben ihre Vegetationszeit in der feuchten Jahreszeit. Im naßkalten Herbst leben sie auf, haben Zuwachs und entwickeln ihre Sporenkapseln — und können während dieser Lebensprozesse beliebig oft einfrieren. Zudem ist für diese Moose jeder Frost ein Barfrost, da sie grundsätzlich apere Stellen wie Baumstämme, Mauerkronen und Felsen besiedeln, an denen sich gewiß kein Schnee hält. Als im Winter assimilierende Pflanzen wären sie schlecht beraten, wenn sie an Stellen wüchsen, wo sie von Laub und Schnee bedeckt werden.

Ohnehin scheinen die extremen Kältetoleranzen den sogenannten »Niederen Pflanzen« vorbehalten: Bestimmte Krustenflechten können noch bei konstanten Minustemperaturen Photosynthese betreiben und eine positive Stoffbilanz erzielen, und selbst die Gletscher sind nicht ohne Pflanzen: Auf dem blanken Schnee lebt die Grünalge *Chlamydomonas nivalis*.

Kaum ein Naturraum unserer Erde ist frei von Pflanzen. Unzählige Arten bewohnen den tropischen Wald, von den vornehmen Balkons in lichten Höhen mit den Orchideen, Bromelien und anderen Epiphyten bis zu den düsteren Kellern im tiefen Waldesschatten. Trübes Dämmerlicht herrscht auch am Boden der Gewässer, wo in einigen Metern Tiefe noch die Armleuchteralgen und die eigenartigen Brachsenkräuter aushalten, während bestimmte

Abbildung 5: Die Bromelie Guzmania melinonis, ein Epiphyt, im Regenwald Amazoniens.

Rotalgen im Meer gar bis 268 m hinabsteigen. In dunkelsten Felsspalten kann man mit viel Glück das Leuchtmoos *Schistostega* finden, das die spärlichen

Lichtstrahlen mit linsenartig geformten Zellen sammelt und aus bestimmtem Blickwinkel in elfenhaftem Goldgrün erstrahlt. Selbst tief unter der Erde wachsen Streifenfarn *(Asplenium trichomanes)* und andere grüne Pflanzen, nämlich im Schein der Funzeln, die die Tropfsteinhöhlen für die Besucher erhellen.

Pflanzen wachsen in der sengenden Sonne der Wüste und können dort mehrere regenlose Jahre überstehen, andere ertragen im sibirischen Winter ohne Schneedecke −70 °C oder sind bei Temperaturen um den Gefrierpunkt herum voll aktiv. Manche ertragen regelmäßiges Feuer, andere sind so kurzlebig, daß sie als Unkräuter zwischen Hacke und Pflug immer wieder zur Samenreife gelangen oder als ephemere (heméra=gr. Tag) Wüstenpflanzen mit der Feuchtigkeit eines einzigen Gewittergusses auskommen (denn als »Einjährige« kann man Pflanzen kaum bezeichnen, deren Lebenszeit sich eher in Tagen als in Jahren mißt). Auf vergifteten Böden findet sich eine eigene Kollektion besonders duldsamer Pflanzen, in abflußlosen Tonpfannen, deren Boden versalzen und nach Regen auch noch überschwemmt ist, wachsen die faszinierendsten Kakteen, und in der Mangrove vor den tropischen Küsten steigen die Gehölze sogar als Gezeitenwald ins Meerwasser.

Abbildung 6: »Stockwerke« im Regenwald Amazoniens.

Überall sind die Pflanzen sowohl von den abiotischen Faktoren ihrer Standorte als auch von der Konkurrenz bestimmt. In günstigen Lebensräumen ist auch die Zahl der Mitbewerber groß, die Pflanzen aber, die sich konkurrenzarme Freiräume erschließen wollen, müssen in bezug auf die eine oder andere Widrigkeit ihres Standortes hart im Nehmen sein. Jede Pflanze ist also ein Spiegelbild der Bedingungen ihres Standortes und der Konkurrenzsituation an diesem Standort.

Aber sie ist es nicht nur. Die Vielfalt der pflanzlichen Lebensformen ist um Dimensionen größer als die der möglichen Variationen der Standortfaktoren. Der Regenwald gestattet den Besitz von Blättern aller möglichen Größen, Formen und Oberflächen, während etwa die Wüste den Pflanzen eine Reduktion der wasserverdunstenden Oberfläche und Annäherung an die Kugelform nahelegt. Und dennoch sehen nicht alle Wüstenpflanzen gleich aus, denn immerhin bringen die Pflanzenarten ja auch jeweils unterschiedliches »Ausgangsmaterial« in Form ihrer verwandschaftsbedingten Eigenschaften mit. Keine Pflanze kann baumförmig wachsen, wenn die Familie, zu der sie gehört, nicht die Möglichkeit des Dickenwachstums vorsieht, und wo nur vier Blütenblätter zum Familienbesitz gehören, kann keine magnolienartige Blüte ausgebildet werden. Über die quasi von der Physik der Standorte vorgegebenen Auflagen kann sich keine Pflanze hinwegsetzen, und ebenso ist jede Art an die in der Verwandtschaft gegebenen Möglichkeiten gebunden. Und doch bleiben den Pflanzen auch unter härtesten Bedingungen jeweils Freiräume, auf eine gegebene ökologische Fragestellung »spezifisch« (also je nach »Spezies«, nach Art verschieden) zu antworten. In den folgenden Kapiteln wird, etwa bei der Betrachtung der Wuchs- und Lebensformen, deutlich werden, auf wie unterschiedliche Weise auch unter gleichen Bedingungen das Bestehen in Raum und Zeit realisiert werden kann. Und schließlich geht es in der belebten Natur nicht nur um das statische Fortbestehen ihrer »Ausstellungsstücke«, sondern immer gleichzeitig auch um Fortpflanzung, Ausbreitung und Weiterentwicklung. Pflanzen haben also nicht nur die Anforderungen ihres Standortes zu meistern und gegen Mitbewerber um Licht, Wasser und Nährstoffe zu bestehen, sondern auch durch Fortpflanzung für die Zukunft zu sorgen.

In den folgenden Kapiteln wird aus dem Zusammenwirken von in der Verwandtschaft festgelegten Eigenheiten und äußeren Faktoren ein Teil der unüberschaubaren Formenvielfalt der Pflanzen erklärt werden — aber eben nur ein Teil. Daneben mag auch etwas anderes deutlich werden: Je mehr wir von dieser Vielfalt kennenlernen, desto weniger können wir die Pflanzen allein als Summe und notwendiges Resultat der auf sie einwirkenden Faktoren ansehen und begreifen.

LEBEWESEN PFLANZE

GRUNDLEGENDE LEBENSPROZESSE

Wenn wir spazieren gehen oder auch nur aus dem Fenster gucken und etwas »Grünes« sehen, so ist es in der Regel ein Vertreter der *Samenpflanzen*, die denn auch unsere alltägliche Vorstellung von »normalen« Pflanzen prägen und deshalb der Hauptgegenstand dieses Buches sind. Müßten wir aus dem Gedächtnis ihre Gestalt beschreiben, so fiele uns vielleicht folgendes ein: Aus dem Boden wächst ein aufrechter *Sproß* empor mit einer stabförmig gestreckten *Achse* (normalerweise sprechen wir, je nach Dicke, von einem Stengel oder Stamm) und grünen *Blättern*, die seitlich daran sitzen. Zu gegebener Zeit wird unsere Normalpflanze *Blüten* und später *Früchte* tragen, die Samen enthalten, aus denen wieder neue Pflanzen auskeimen. Am Boden geht der Stengel in die *Wurzeln* über, bleiche Gebilde, die nach unten wachsen und daher in der Regel unseren Blicken entzogen sind. Daß dieses Schema nicht für alle Samenpflanzen zutrifft, ist ja schon an den Gewächsen des tropischen Regenwaldes geschildert worden, doch auch hierzulande gibt es als Ausnahme z.B. unterirdische Sproßachsen. Grob gesehen entsprechen aber die meisten Samenpflanzen doch unserer Vorstellung. Diese Gruppe hat es im Laufe der Evolution auch geschafft, zur dominierenden Abteilung des Pflanzenreichs zu werden. In Lehrbüchern wird geschätzt, daß um die 58% aller Pflanzenarten zu ihr gehören.

Einen Teil der restlichen Pflanzengruppen, z.B. die Farnpflanzen, würde man als Laie gut und gerne für gerade nicht blühende Samenpflanzen halten wollen. Von wieder anderen, wie etwa den Hutpilzen, »weiß« man, daß sie zu den Pflanzen gehören, obwohl ihnen grüne Blätter ganz und gar fehlen. Dagegen fallen einem wohl so andersartige Gestalten wie etwa Algen, Schimmelpilze oder Bakterien nicht spontan ein, wenn man z.B. für »Stadt, Land, Fluß ...« noch eine Pflanze braucht. Da sie plötzlich im Gartenteich, auf Konfitüre oder als rote Flecken auf dem Joghurt auftauchen und »immer mehr« werden, also wachsen, wird man sie zwar schon für Lebewesen halten, ist aber vielleicht verwundert, daß auch sie zum Pflanzenreich gehören sollen.

Darum müssen wir uns zuerst einmal einiger Dinge vergewissern: An welchen Merkmalen erkenne ich ein Lebewesen, ja, was bedeutet eigentlich »Leben« in der Biologie? Was sind insbesondere Pflanzen, und wie unterscheiden

sie sich von anderen Lebewesen? Welches sind ihre wichtigsten Lebensvorgänge? Welche Gruppen von Organismen gehören zum Pflanzenreich, und in-
wiefern sind darin die Samenpflanzen, unser »Modellfall«, etwas Besonderes?

Normalerweise grübeln wir über solche »einfachen« Fragen gar nicht nach,
sondern nehmen vieles als selbstverständlich hin. Es lohnt sich aber, genauer
hinzuschauen! Man entdeckt vielleicht manches, was einen bereichert, weil es
hilft, neue Zusammenhänge zwischen längst Bekanntem herzustellen. Um den
gegenwärtigen Kenntnisstand (oder den Stand des gegenwärtigen Irrtums) zu
erreichen, brauchte die Wissenschaft Jahrhunderte, und ihre Geschichte ist aus
unserer Sicht eine Geschichte von Irrtümern, Fehlinterpretationen, neuen Untersuchungen mit neuen Methoden, Verbesserungsvorschlägen und erneuten
Irrtümern und Korrekturen, die immer auch abhängig waren von den philosophischen Zeitströmungen. Ein Resultat dieses Bemühens ist die in der Biologie weitgehend anerkannte Vorstellung, daß es im Laufe der Jahrmillionen
eine Entwicklung der Organismen gegeben hat, die von einfachen Lebewesen
zur heutigen Fülle geführt hat — wobei man aber nicht vergessen darf, daß viele Formen, etwa die Saurier oder die Baumarten der »Steinkohlenwälder«, von
der Bühne des Lebens auch schon wieder abgetreten sind. Als Triebkräfte dieser Entwicklung werden »Variation« und »Auslese der Geeignetsten« angesehen. Es wäre nun verlockend, einen Gang durch die Reihe der Organismen
anzutreten sozusagen unter dem Motto »schneller–höher–weiter«. Die Evolution als reinen Optimierungsvorgang anzusehen wäre aber eine allzu einsei-
tige Sichtweise. Man sollte die Mannigfaltigkeit der Merkmale in der Natur
nicht einzig unter dem engen Gesichtspunkt der »Nützlichkeit« sehen und
nicht allzu platt mit »Anpassung« argumentieren (Dornen, die uns als vorzüg-
licher Schutz vor Freßfeinden erscheinen, brauchen es für das Maul einer
hungrigen Ziege noch lange nicht zu sein). Für sehr viele Probleme, die sich
Lebewesen stellen, etwa jene, die mit Fortpflanzung und Sexualität zusammenhängen, gibt es in der Natur nicht nur eine, sondern zwei oder drei Lösungen, wie weiter unten ausgeführt wird. Da sie bis heute nebeneinander
existieren, haben sie sich offensichtlich alle (in einem gewissen Umfang) bewährt. Man kann mit naturwissenschaftlichen Argumenten nicht erklären,
warum das so ist; der Grund für die beglückende Mannigfaltigkeit bleibt im
Dunkeln.

Mineralreich, Pflanzenreich, Tierreich

Viele Dinge oder Begriffe werden dadurch sinnfällig, daß man sie anderen Dingen oder Begriffen gegenüberstellt. Wer Pflanzenreich sagt, denkt als Gegensatz ans Tierreich. Vertreter dieser beiden Reiche können als Lebewesen zusammengefaßt und gegen die Einzelgegenstände des »Mineralreichs«, wie man zu Zeiten des großen schwedischen Naturforschers Carl von LINNÉ (1707–1778) sagte, oder der unbelebten Natur abgegrenzt werden. Die Mineralien und Gesteine können sich zwar unter dem Einfluß physikalischer Kräfte wie Hitze und Druck verändern (sogenannte metamorphe Gesteine), es gibt aber niemals so etwas wie »Junge«, also keine Fortpflanzung, auch wenn in gewissen Gegenden, etwa auf der Alb, die alten Bauern und vor allem Bäuerinnen meinten, die Steine, die sie in mühsamer Arbeit aus den Äckern und Weinbergen herausgesammelt und zu heute noch sichtbaren Wällen angehäuft haben, wüchsen immer wieder nach.

Mit unseren heutigen chemischen Kenntnissen kann man das »Mineralreich« als das Reich der Gegenstände charakterisieren, die aus anorganischen chemischen Verbindungen bestehen, während die Lebewesen aus sog. »organischen« chemischen Verbindungen aufgebaut sind.

Lange dachte man, daß organische Verbindungen, für die ein Gerüst aus Atomen des Elements Kohlenstoff charakteristisch ist, nur in Lebewesen (= Organismen, daher die Bezeichnung »organisch«) und nur dank einer besonderen »Lebenskraft« entstehen können. 1828 gelang WÖHLER ein eindrucksvoller Gegenbeweis: er konnte den organischen, von Organismen ausgeschiedenen Harnstoff mit den Reaktionen der anorganischen Chemie synthetisieren. Damit fiel die Grenze zwischen den früher für unvereinbar gehaltenen Teilen der Chemie. Heute versteht man unter organischer Chemie die Chemie der Kohlenstoff-Verbindungen.

Obwohl man jetzt prinzipiell eine Vielzahl von organischen Stoffen, die wir aus Lebewesen kennen, durch »künstliche« Synthese aus anorganischen Verbindungen herstellen könnte, benützt die chemische Industrie doch gerne als Ausgangsstoff ihrer Synthesen natürliche Vorkommen organischer Stoffe wie Kohle oder Erdöl. Schon lange begnügt sie sich auch nicht mehr mit dem Nachbau »natürlicher«, in Organismen vorkommender Moleküle. Die mengenmäßig wichtigsten Produkte sind heute die sogenannten »Kunststoffe«, also in der Natur nicht vorkommende Verbindungen wie PVC und andere Polymere, die umgangssprachlich unter »Plastik« laufen. Die natürlichen Lagerstätten organischer Stoffe, die bergmännisch abgebaut werden, stammen aber aus Organismen. In der Kohle verraten darin eingebettete »Versteinerungen«, daß es sich um Ablagerungen großer Landpflanzen handelt, das Erdöl hat sich wahrscheinlich aus Algen und anderen Wasserlebewesen gebildet.

Die Zusammensetzung der Lebewesen aus organischen Verbindungen ist nach wie vor ein praktikables Abgrenzungskriterium gegenüber der unbelebten Natur. Vor allem gibt es kein Lebewesen, das nicht eine der chemischen Verbindungen der Erbanlagen aufwiese: Desoxyribonucleinsäure (DNA) oder Ribonucleinsäure (RNA). Wichtiger ist aber, daß Pflanzen und Tiere, solange sie leben, in ständigem Stoffaustausch mit ihrer Umgebung stehen. Es werden Stoffe aufgenommen, im Organismus umgebaut und andere wieder abgegeben. Man spricht vom *Stoffwechsel*, der die Grundlage des schieren Überlebens, aber auch des Wachstums und damit der Fortpflanzung ist. Zwei wichtige Stoffwechselvorgänge werden weiter unten vorgestellt: die Atmung (Dissimilation) und die Photosynthese.

Außer Stoffwechsel und Vermehrung ist auch noch *Reizbarkeit* und Reaktion auf Reize eine Eigenschaft, die nur bei Lebewesen vorkommt. Hier liegt der Einwand nahe, daß das ja wohl nur für Tiere, aber nicht für Pflanzen gelten könne. Wenn wir eine Amsel im Kirschbaum antreffen, die sich über die süßen Früchte hermacht, und in die Hände klatschen, so fliegt die Amsel weg, der Kirschbaum bleibt aber stehen. Die Amsel hat auf den Lärm, also den Reiz, mit Bewegung, dem Wegfliegen, reagiert, während am Kirschbaum keine Veränderung wahrzunehmen ist. Man sollte sich aber vor einem vorschnellen Urteil hüten. Reize setzen immer bestimmte Empfänger (Rezeptoren) voraus, und nicht jeder Organismus ist mit den gleichen ausgestattet. Wir Menschen sind, im Gegensatz zur Honigbiene, weder imstande, das Polarisationsmuster am Himmel zu sehen, noch die Farbe des ultravioletten Lichtes wahrzunehmen, obwohl wir diese Erscheinungen mittelbar mit physikalischen Apparaten nachweisen können. Auf geeignete Reize kann eine Pflanze sehr wohl reagieren, unter anderem auch mit Bewegung.

Natürlich gilt im allgemeinen, daß Tiere beweglich sind, Pflanzen aber ortsfest eingewurzelt. Festsitzende Tiere wie Seeanemonen und Korallenpolypen haben deswegen bei der Einordnung auch Schwierigkeiten gemacht. LINNÉ hat diese Gruppe, die verräterischerweise auch schon Anthozoa = Blumentiere genannt wurden, unter die Pflanzen eingeordnet, allerdings in die »Kryptogamia«, die in seinem System ziemlich stiefmütterlich behandelt werden.

Das ortsfeste Leben der Pflanzen bedeutet aber nicht, daß sie deshalb bewegungsunfähig sind, die Blätter etwa führen alle »Entfaltungsbewegungen« aus. Da Pflanzenbewegungen meistens an Wachstumsvorgänge gebunden sind, laufen sie so langsam ab, daß wir sie nicht direkt beobachten können. Hier hilft der Zeitrafferfilm, der einem das Öffnen einer Blüte, mit stimmungsvoller Musik untermalt, gern im Vorspann eines »Naturfilms« vorführt. An warmen Sommerabenden kann man aber dem Aufblühen der Nachtkerzen *(Oenothera)* »live« zusehen. Die gelben, vierzähligen Blüten dieser aus Amerika eingeschleppten Arten öffnen sich beim Einnachten in gut fünf Minuten. Besonders schnell und auf verschiedene Reize (z.B. Berührung, Hitze) ansprechend ist die Bewegung der Fiederchen, Fiedern und Blattstiele bei der »Sinnespflanze« *Mimosa pudica,* die man in jedem botanischen Garten »ärgern« kann.

Es ist auch nicht immer offensichtlich, auf welchen Reiz die Pflanze reagiert. Wer im Vorfrühling Winterlinge in seinem Garten hat, kann ein Experiment machen. Nachts sind die Blüten geschlossen und öffnen sich, wenn die Sonne herauskommt. Es wäre also naheliegend, im Licht den Reiz und in der Öffnungsbewegung die Reaktion zu sehen. Dies ist aber nicht so, denn wenn man in der Morgendämmerung eine Blüte abbricht und in der warmen Hand ins Haus trägt, öffnet sie sich auf den Wärmereiz hin in etwa fünf Minuten.

Fassen wir kurz die charakteristischen Merkmale von Lebewesen zusammen: sie bestehen aus organischen Verbindungen, betreiben Stoffwechsel, vermehren sich und können auf Reize reagieren.

Unterschiede zwischen Pflanze und Tier: Offene und geschlossene Gestalt

Der grundlegende Unterschied zwischen Amsel und Kirschbaum liegt, wie wir eben gesehen haben, nicht im Unvermögen der Pflanze, auf Reize mit Bewegungen zu reagieren, sondern im »Bauplan«.

Die Amsel legt in ihr Nest Eier, aus denen kleine Amseln schlüpfen, die wie die Alten einen Kopf, einen Leib, einen Schwanz, aber zwei Beine und zwei Flügel haben. Dank der Fürsorge der Eltern wachsen sie rasch heran, sind nach etwa zwei Wochen ausgewachsen und im nächsten Jahr geschlechtsreif. Ein Amselleben währt, ohne Nachbars Katze und Zusammenstöße mit Glastüren, etwa zehn Jahre.

Der Kirschbaum trägt Kirschen, aus deren Kernen junge Kirschbäume erwachsen. Meistens haben sie einen Stamm, aber die Zahl der Wurzeln, Äste

und Zweige ist nicht festgelegt, geschweige denn die der Blätter. Am jährlichen
Austrieb neuer Blätter und Zweige wird deutlich, daß Jahr für Jahr Teile hin-
zukommen — der Baum bekommt jährlich »Zuwachs«, er ist nie »ausgewach-
sen«. Die unbestimmte Zahl der Organe hängt nicht davon ab, daß der
Kirschbaum einfach älter wird als die Amsel, sondern ist in einem anderen
Bauprinzip begründet.

Die Gestalt des Tieres ist in ihrem Ziel, dem ausgewachsenen Organismus,
aber auch in ihren Entwicklungsschritten festgelegt. Der Bauplan eines Tieres
kann im Laufe der Entwicklung einige Wechsel des Erscheinungsbildes mit
sich bringen, die viel auffallender sind als die verschiedenen Federkleider des
Amseljungen. Die Entwicklung der Schmetterlinge verläuft über oft verschieden gefärbte Raupenstadien und die Puppe bis zum geflügelten, geschlechtsreifen Falter. Die verschiedenen Abschnitte des Lebens folgen sich
unumkehrbar, und jeder ist durch eine bestimmte Anzahl innerer und äußerer
Organe gekennzeichnet. Man spricht daher bei Tieren von einer *geschlossenen
Gestalt.*

Demgegenüber ist die Zahl der Elemente bei einer Pflanzenart meist in weiten Bereichen variabel und viel stärker von Umweltbedingungen abhängig als
bei Tieren. Das sieht man oft bei Wiesen- oder Ackerpflanzen, z.B. der Weichen Trespe *(Bromus hordeaceus)*, einem einjährigen Gras, oder bei der Kamille *(Matricaria recutita)*, deren Samen auf den Rand eines Feldwegs gefallen
sind. Neben den stattlichen Formen im guten Boden gibt es alle Übergänge bis
zu winzigen Hungerformen mit extrem reduzierter Blatt- und Blütenzahl, die
man mit einem normalen Bestimmungsbuch niemals bestimmen könnte. Ihre
wenigen Samen wachsen aber unter guten Bedingungen wieder zu ganz normalen Pflanzen heran. Im Frühsommer sieht man manchmal besonders kleinwüchsige Hummeln, die ersten, unter Mühen von der vielbeschäftigten
Königin herangezogenen Mitglieder ihres Volkes. Auch sie sind »Hungerformen«, aber die Nahrungsknappheit führt hier nie zu einer Verringerung der
Zahl der Organe, nur zu einer Verminderung der Gesamtgröße, denn eine
Hummel mit nur zwei statt vier Flügeln wäre nicht lebensfähig, während Samenbildung in einer Rispe mit vielen oder wenigen Einzelblüten gleich gut
möglich ist.

Natürlich wächst auch ein Kirschbaum nicht in den Himmel, und auch er
erliegt im Laufe der Zeit den vielen Schädigungen durch Hitze und Kälte,
Trockenheit, Pilz- oder Lausbefall, doch ist es möglich, durch ein Pfropfreis

die alte, liebgewordene Sorte auf einen jungen Baum zu übertragen. Das ge-
pfropfte Zweigende wächst auf der Unterlage an, und seine Knospen entwik-
keln sich zu Ästen, die ein zweites Kirschbaumleben lang ausdauern. Da die
Pflanzen in der Regel reichlich mit Knospen versehen sind, aus denen wieder
eine ganze Pflanze herangezogen werden kann, sind sie potentiell unsterblich;
sie haben eine *offene Gestalt* (mehr dazu im Kapitel »Wie sich Pflanzen fortpflanzen«).

Osmose und Turgor

Auch auf der Ebene der Zellen gibt es einen durchgreifenden Bauunterschied
zwischen (Höheren) Pflanzen und Tieren: Pflanzenzellen haben Zellulosewände, den tierischen Zellen fehlt eine Wand. Deshalb nehmen wir mit Gemüse und anderer pflanzlicher Nahrung auch »Ballaststoffe«, nämlich die
Zellwände zu uns, die für die geregelte Verdauung so wichtig sind, mit Fleisch
aber nicht.

Das *Protoplasma* (protos = das erste, plasma = Gebilde, also etwa »Urstoff«),
die Grundsubstanz aller Zellen, enthält als Hauptbestandteile Wasser und Eiweiß (bei Pflanzenzellen entfallen etwa 80% des Plasmagewichts auf Wasser,
10% auf Eiweiß). Eiweiß und weitere Verbindungen (z.B. Enzyme, Zucker)
sind in der Umgebung selten oder gar nicht vorhanden, aber für die Zelle lebensnotwendig. Da Stoffe sich eigentlich in Lösungen gleichmäßig verteilen
möchten (wie ein Würfelzucker im Tee: Konzentrationsausgleich durch Diffusion), ist es für jede Zelle in einer wässerigen Umgebung, etwa eine einzellige
Alge oder ein ebenfalls einzelliges Pantoffeltierchen, ganz wesentlich, nach außen eine Grenzschicht zu haben, welche wenigstens die großen Moleküle
nicht durchläßt und damit in der Zelle zusammenhält.

Die heute gängige Vermutung über das Entstehen von Leben geht davon
aus, daß unter den urweltlichen Bedingungen, einer sauerstofffreien Atmosphäre aus Wasserstoff, Wasserdampf, Methan und Ammoniak, einer viel stär-
keren UV-Einstrahlung als heute und reichlich »Blitzschlägen«, also elektri-
schen Entladungen, organische Verbindungen von selbst entstanden sind, und
zwar nicht nur kleine und relativ einfache wie etwa die Aminosäuren, die Bausteine der Eiweiße, und verschiedene Zucker, sondern auch große und komplizierte Verbindungen bis hin zu Nukleotiden, den Bausteinen der DNA. Unter geeigneten experimentellen Bedingungen kann man diese »Ursuppe«
nachkochen. Auf dem Weg von der Bereitstellung der benötigten organischen

Verbindungen zu sich selbst organisierenden und vermehrenden Lebewesen, also von der unbelebten zur belebten Natur, war vermutlich die Entwicklung einer geeigneten Grenzschicht der kleinen »Bläschen« (Mikrosphären), in denen sich die großen, sich selbst vermehrenden organischen Moleküle anreichern konnten, ein ganz entscheidender Schritt.

Die Plasmagrenzschicht der heutigen Zellen ist allerdings durchlässig für kleine Moleküle wie Wasser. Der Konzentrationsausgleich, der nicht durch das Ausschwärmen der großen Moleküle aus der Zelle heraus geschehen kann, findet nun andersherum statt: dauernd dringt Wasser in die Zelle ein, um die dort vorhandenen Stoffe zu »verdünnen«. Dieser Einstrom kann von der Zelle nicht abgestellt werden. Es ist ein rein physikalischer Prozeß, der unter dem Namen *Osmose* bekannt ist. Osmotische Vorgänge kommen immer dann zustande, wenn eine halbdurchlässige (semipermeable) Grenzschicht zwei Lösungen mit unterschiedlicher Konzentration an Teilchen trennt, welche die Grenzschicht wegen ihrer Größe nicht passieren können. Bis zum Konzentrationsausgleich fließt das Lösungsmittel Wasser durch die Membran auf die Seite mit der höheren Konzentration. So weit sind die Verhältnisse bei pflanzlichen und tierischen Zellen gleich.

Die solide Zellulosewand der Pflanzenzelle, die viel zu grob gebaut ist, um selbst große chemische Bausteine am Durchtritt zu hindern, stoppt aber schließlich doch den Wassereinstrom. Die Plasmagrenzschicht wird vom immer stärker anschwellenden Zellinhalt allseitig gegen die Zellwand gedrückt. Diese wird straff gespannt, aber endlich hält sie dem Zellinnendruck die Waage. Mit der gleichen Kraft drückt nun die Wand gegen den Zellinhalt, der sich jetzt nicht mehr vergrößern kann: es hat einfach keinen Platz mehr in der Zelle für weiteres Wasser. Das Pantoffeltierchen hat hingegen keine feste Zellwand. Wenn seine Zelle nicht platzen soll, muß das eindringende Wasser wieder herausgeschafft werden. Das geschieht unter Energieverbrauch mit einer besonderen Organelle, der Pulsierenden Vakuole, die ständig Wasser aus der Zelle herauspumpt, was im Mikroskop beobachtet werden kann. Teile einer Zelle, die eine ganz spezielle Aufgabe erfüllen, nennt man *Organellen*, in Analogie zu den vielzelligen Organen in einem vielzelligen Tier. Der Organelle »Pulsierende Vakuole« entspricht unter den Organen vielleicht am ehesten die Niere.

Nun leben ja die wenigsten Tiere und Pflanzen im Wasser, wobei Süßwasser viel problematischer ist als Meerwasser. Bei Algen entspricht nämlich die Konzentration in den Zellen der des Meeres, sonst ginge Wasser verloren. Landtie-

re werden mit dem eben geschilderten Problem auch nicht konfrontiert. Bei
den Pflanzen ist es allerdings anders. Die Zellulosewände muß man sich wie
Isoliermatten für den Hausbau vorstellen, jedoch nicht aus Glasfasern, sondern aus Zellulosefibrillen, die so dünn sind, daß man sie im Lichtmikroskop
nicht sehen kann. Dazwischen sind reichlich Lücken vorhanden, in denen
Wassermoleküle Platz haben. So befindet sich der Inhalt *(Protoplast)* jeder
Pflanzenzelle, solange die Pflanze gut mit Wasser versorgt ist, doch in einer
wässerigen Umgebung, die wir allerdings nicht direkt sehen können. Normalerweise drückt der Inhalt jeder Zelle von innen gegen die Zellwände, ganz wie
bei der einzelligen Alge, und die ganze Pflanze erscheint uns »knackig« oder
prall. Der Botaniker nennt das turgeszent: *Turgor* ist der Druck des Zellinhalts
auf die Zellwand. Mangelt es aber an Wasser, so welkt die Pflanze, weil der
Druck in den Zellen abnimmt. Die Protoplasten würden gerne Wasser aufnehmen, es wird ihnen aber in den Zellwänden nicht mehr zur Verfügung gestellt.
Äußerlich macht sich das Welken in schlaff herabhängenden Blättern oder nik-
kenden Blütenköpfen bemerkbar, wenn der Margeritenstrauß in der Hand
und nicht in einer Plastiktüte nach Hause getragen wird. Nach dem Einstellen
in Wasser »erholen« sich die Margeriten rasch, und auch die Tomaten im Garten heben nach dem Gießen ihre Blätter wieder dem Licht entgegen. Über die
Wurzeln oder die angeschnittenen Leitbündel wird Wasser aufgenommen, das
sich in allen Zellwänden verteilt, so daß sich auch die Zellinhalte wieder bedienen können. Wenn Zellen besonders viel Zucker enthalten und das Wasseran-
gebot sehr reichlich ist, wie etwa bei reifen Kirschen im Regen, kann der Innendruck der Zellen (der Turgor) so stark ansteigen, daß die Zellwände nicht
standhalten und zerreißen. Das sehen wir daran, daß die Kirschen platzen. Das
Turgor-System ist ein ganz wichtiger Stabilitätsfaktor, vor allem für junge oder
eher kurzlebige Pflanzenteile wie Blätter. Wir kommen bei den Wasserpflanzen und den Riesenkräutern nochmals auf dieses Festigungsprinzip zurück.

Oben wurde darauf Wert gelegt, daß die wichtige Plasmagrenzschicht halb-
durchlässig (=semipermeabel) sei, denn nur unter diesen Bedingungen gibt es
die Erscheinung der Osmose. Es wäre aber für die Pflanze fatal, wenn sie gar
keine Möglichkeit hätte, größere Moleküle oder Ionen in die Zelle aufzunehmen. Jede süße Kirsche zeigt, daß es diese Möglichkeiten geben muß, doch
handelt es sich dabei um einen aktiven Transport, der Energie verbraucht,
während die osmotischen Vorgänge sozusagen rein durch die Kräfte der Physik ablaufen.

Atmung und Photosynthese:
Energie, von der Sonne bezogen

Die Amsel in unserem Reiz-Reaktions-Beispiel hatten wir eben überrascht, als sie sich mit den süßen Kirschen Nahrung zuführte, also energiereiche Verbindungen, um daraus ihr Leben zu fristen. Auch wir sind ständig auf Energiezufuhr durch die Nahrung angewiesen. Wenn wir uns allerdings Energie sinnlich vorstellen und die chemischen Reaktionen bei ihrer Freisetzung verstehen wollen, dann eignen sich Beispiele, die außerhalb eines Organismus ablaufen, zunächst besser.

Energie erleben wir z.B. als Licht und Wärme am prasselnden Kaminfeuer, wenn Holzscheite verbrennen. Bei diesem Prozeß verbindet sich der Luftsauerstoff unter anderem mit dem Kohlenstoff aus den Zellulosefibrillen, die aus Tausenden von miteinander verbundenen, energiereichen Glucosemolekülen bestehen (Glucose ist eine ganz wichtige, weitverbreitete Sorte von Zuckermolekülen). Dabei wird die Energie als Wärme freigesetzt, was wir spüren. Die chemischen Endprodukte dieser Oxidation sind die energiearmen Verbindungen Kohlendioxid und Wasser. Auch in einem Tier oder im Menschen wird Energie beim Abbau von energiereichen Zuckermolekülen aus der Nahrung freigesetzt, und auch hier geschieht das unter Verbrauch von Sauerstoff, den wir mit der Atmung aufnehmen. Zur Atmung wird aber nicht nur die Sauerstoffaufnahme durch die Lungen gezählt, sondern auch, daß er, bei den Wirbeltieren über das Blut, in alle Körperzellen verteilt wird. Dort steht er für die sogenannte Zellatmung zur Verfügung. Der Abbau energiereicher chemischer Verbindungen findet in den Zellen nicht mit Feuer und Rauch statt, sondern viel subtiler unter dem Einfluß von Enzymen. Auch wird nicht alle Energie in Form von Wärme frei, sondern sie wird in andere chemische Verbindungen überführt, die vielleicht den Aufbau körpereigener Stoffe und neuer Zellen bewirken, oder die Energie wird in Bewegung umgesetzt. Dieser ganze Prozeß wird in der Biologie als *Atmung* oder *Dissimilation* bezeichnet, ganz gleich, ob die Sauerstoffaufnahme in den Körper nun über eine Lunge oder sonstwie zustande gekommen ist. Die Endprodukte der Atmung sind die gleichen wie die der Verbrennung: Kohlendioxid und Wasser. Außer der Atmung gibt es in Lebewesen, allerdings mit untergeordneter Bedeutung, noch weitere energieliefernde Vorgänge. Sie laufen ohne Sauerstoffaufnahme ab und werden unter dem Begriff »Gärung« zusammengefaßt.

Alle Lebewesen, Tiere wie Pflanzen, beziehen ihre zum Leben notwendige

Energie über den Abbau von energiereichen chemischen Verbindungen. Sie sind das Betriebsmittel des »Lebensmotors«. Die Tiere nehmen sie mit der Nahrung zu sich, die direkt oder indirekt (Nahrungskette!) aus Pflanzen besteht. Wie ernähren sich nun aber die Pflanzen?

Aus der Nährsalzlösung, die Blumenliebhaber ihren Balkonpflanzen regelmäßig zukommen lassen, könnte ein Tier keine Energie gewinnen. Die Stickstoff- und Phosphorverbindungen sind zwar für die Pflanze absolut lebensnotwendig, ebenso wie die Zufuhr von Kalium-, Calcium- und einigen weiteren Ionen, aber die Pflanze braucht diese Stoffe als Bestandteile der chemischen Verbindungen ihres Körpers und nicht als Betriebsmittel.

Die grünen Pflanzen sind als einzige Lebewesen (zusammen mit den grünen Vertretern der Bakterien im weitesten Sinn, den Cyanophyta, »Blaualgen«) imstande, die Energie des Sonnenlichtes direkt zu nutzen. Mit Hilfe dieser Energie bauen sie aus Kohlendioxid und Wasser selbständig die energiereichen Glucosemoleküle auf, die auch sie für ihre Lebensprozesse veratmen müssen. Weil hier Licht (phos) zum Aufbau (Synthese) von Kohlenhydraten genutzt wird, heißt dieser grundlegende Stoffwechselvorgang *Photosynthese*. Die große äußere Oberfläche der Blätter ist für diesen Lichtsammelprozeß natürlich sehr geeignet. Es existiert auch der ältere Name *Assimilation* (»Angleichung«, Anverwandlung), der allerdings auch auf weitere Vorgänge angewendet werden kann, etwa auf die Aufnahme von anorganischen Stickstoffverbindungen.

Photosynthese und Atmung (Assimilation und Dissimilation) sind in gewisser Weise reziproke Vorgänge. Die Photosynthese geht von den energiearmen Endprodukten der Atmung, Kohlendioxid und Wasser, aus und baut aus ihnen, unter Aufnahme von Lichtenergie, energiereiche Zuckermoleküle auf, wobei außerdem als weiteres Endprodukt Sauerstoff anfällt. Diese Endprodukte der Photosynthese sind wiederum die Voraussetzungen der Atmung: bei ihr werden die Kohlenhydrate unter Sauerstoffverbrauch zerlegt, und auf diese Weise wird die in ihnen enthaltene Energie für den Organismus freigesetzt und verwertbar gemacht. Tiere und Menschen, die grundsätzlich zur Photosynthese unfähig sind, sind also auf die »Arbeit« der Pflanzen angewiesen. Ohne die assimilierende Tätigkeit der Pflanzen könnten sie nicht leben. Freilich darf man nicht vergessen, daß auch die Pflanzen selber atmen müssen, um ihre internen Lebensvorgänge bestreiten zu können; nur erzeugen sie sich die Zucker, die sie verbrauchen, durch Photosynthese selber, oft allerdings nicht an dem Ort, an dem sie gebraucht werden, schließlich müssen auch die

Wurzeln im dunklen Boden versorgt werden. Zum Glück für uns übersteigt die Photosyntheseleistung der Pflanzen ihre Atmung bei weiten, so daß sowohl Sauerstoff, den die Pflanzen bei der Atmung natürlich auch verbrauchen, als auch energiereiche Verbindungen, zunächst in der Form von Glucosemolekülen erzeugt, im Überschuß entstehen.

Daß auch das Endprodukt Sauerstoff der Photosynthese eine lebenswichtige Voraussetzung für das tierische Leben darstellt, ist sicher wohlbekannt. Physiker konnten nachweisen, daß sich in der Geschichte unseres Planeten die Zusammensetzung der Lufthülle entscheidend verändert hat. Elementarer Sauerstoff war anfänglich darin nur in Spuren vertreten, allerdings gab es schon damals sauerstoffhaltige chemische Verbindungen wie z. B. Wasser oder Kalkstein. Erst durch die Tätigkeit der Pflanzen hat sich Sauerstoff in der Luft angereichert. Auch in dieser Hinsicht haben also die Pflanzen erst die Voraussetzungen für das Leben höherer Tiere und des Menschen geschaffen.

Der grüne Blattfarbstoff, das *Chlorophyll* (=Blattgrün), ist zur Aufnahme der Energie des Sonnenlichts unerläßlich. Zuerst scheint Chlorophyll in der Entwicklungsgeschichte der Lebewesen bei den Blaualgen (Cyanophyta) aufgetreten zu sein. Die Wissenschaft hat einige gute Gründe für die Annahme, daß die in höheren Pflanzen allgegenwärtigen Chlorophyllkörner, die man im Mikroskop gut sehen kann, ursprünglich freilebende Blaualgen waren. Farblose Zellen von tierischem Charakter hatten sie sich vielleicht zuerst als Nahrung einverleibt. Die Blaualgen konnten sich dann aber in einzelnen Zellen behaupten. Als Einmieter gaben sie der Wirtszelle für ihr sicheres Plätzchen und vielleicht gewisse Nährsalze bereitwillig Zucker ab, so daß sich ein Zusammenleben zu beiderseitigem Nutzen, eine *Symbiose*, entwickelte.

Auch heute gibt es noch symbiotische Lebensgemeinschaften zwischen einzelligen Algen und einfachen Tieren. Das einzellige Pantoffeltierchen *(Paramaecium bursaria)* lebt mit der Grünalge *Chlorella* zusammen, wobei ein Pantoffeltierchen bis zu tausend *Chlorella*-Zellen enthalten soll. Bei den vielzelligen Tieren kann man im Binnenland am ehesten dem Süßwasserpolypen *Chlorohydra viridissima*, einem sehr einfach gebauten Wassertier, begegnen, das seinen Namen »grüne Hydra« von den Algen-Einmietern hat. Heutige Symbiosepartner sind, wenn man sie künstlich trennt, meist noch einzeln lebensfähig. Das sind die Chloroplasten, wie die Chlorophyllkörner wissenschaftlich bezeichnet werden, allerdings nicht mehr, sie sind zu Organellen der Pflanzenzelle geworden. Das zeigt sich auch darin, daß ein Teil ihres Erbguts in den Zellkern geraten ist, allerdings nicht alles. Mit der Erbausstattung des Zellkerns allein können keine neuen Chloroplasten hergestellt werden, Plastiden (zu denen die Chloroplasten zählen) entstehen in allen Pflanzenzellen immer nur durch Teilung aus ihresgleichen.

Das läßt sich mit einem Versuch an Algen zeigen. Die einzellige, begeißelte Alge *Euglena*, die gelegentlich auch als Augentierchen bezeichnet wird und im jauchigen Abfluß von Misthaufen und Rübenblattmieten natürlich vorkommt, kann bei Zufuhr von organischen Stoffen (z.B. einer Zuckerlösung) auch im Dunkeln leben und sich durch Teilung vermehren. Da sich die Chloroplasten unter diesen Bedingungen aber nicht teilen, verarmen die Zellen immer mehr an Chloroplasten, und schließlich entstehen farblose Algenzellen, die keinen einzigen grünen Chloroplasten mehr haben. Wechselt man jetzt die Kulturmethode und bringt die Algen in ein rein anorganisches Nährmedium und ans Licht, so ergrünen die Algenzellen jedoch wieder, da sie noch Proplastiden, also ganz unentwickelte, selbst im Lichtmikroskop nicht sichtbare Jugendstadien der Chloroplasten enthalten, die sich jetzt teilen und ausdifferenzieren. Die *Euglena*-Zellen können sich ihren Zucker nun wieder selber synthetisieren. Behandelt man hingegen die *Euglena*-Zellen mit Wärme von etwa 30°C, werden die Proplastiden geschädigt und sterben ab, während der Rest der Zelle überlebt. Solche Zellen ergrünen nie mehr, wenn man sie ans Licht bringt, da die genetische Ausstattung im Kern nicht ausreicht, um neue Proplastiden oder Chloroplasten zu entwickeln.

Organismen, die mit Hilfe des Blattfarbstoffs Chlorophyll direkt die Energie des Sonnenlichts aufnehmen können, sind nicht auf die Zufuhr von Nahrung in Form von energiereichen organischen Verbindungen aus der Umwelt angewiesen, man nennt sie deshalb *autotroph* (autos=selbst, trophé= Nahrung), da sie sich gewissermaßen selber ernähren können. Lebewesen, die organische Verbindungen von außen als Energielieferanten aufnehmen müssen, nennt man *heterotroph* (heteros=fremd, anders). Dazu gehören alle Tiere samt den Menschen. Aber nicht alles, was zum Pflanzenreich gezählt wird, ist autotroph. *Euglena* ist ein Beispiel für einen Organismus, der je nach den Umweltbedingungen zwischen beiden Ernährungsformen wechseln kann. Und selbst unter den Blütenpflanzen gibt es einzelne bleiche Vertreter, die keine Photosynthese treiben können und deshalb darauf angewiesen sind, als Schmarotzer die Lebensadern ihrer grünen Verwandten anzuzapfen.

GROSSGRUPPEN DES PFLANZENREICHS

		I	II	III	IV
1	Name der Abteilung	*»Blaualgen«* (Cyanophyta)	*Bakterien**	*Pilze**	*Algen**
				*Flechten* Symbiose von Pilzen und Algen (ca. 20000)	
2	Artenzahl	ca. 2000	ca. 1600	ca. 90000	ca. 33000
3	Aussehen, Vorkommen	Einzelorganismus mikroskopisch klein, nur in Massen von Auge sichtbar	Einzelorganismus mikroskopisch klein	meist nur Sporenlager oder Fruchtkörper sichtbar, da sonst im Boden oder in Höheren Pflanzen lebend (symbiotisch oder parasitisch)	meist Wasserpfl.; mikroskopisch klein bis mehrere Meter groß
4	vegetativer Bau	Einzeller oder einfache Fäden	Einzeller	selten einzellige, meist aus Hyphen (Fäden) aufgebaute Pflanzenkörper	einzellige oder fädige bis komplizierte Pflanzenkörper
		**Thallophyten:** nicht in Sproß und Wurzel gegliedert, kein Leitgewebe			
5	Vermehrung	**Niedere Pflanzen**			
		Vermehrung durch einfache Zellteilung, keine Geschlechtsvorgänge		Vermehrung je nach Gruppe unterschiedlich, Geschlechtsvorgänge sind bekannt; z. T. Generationswechsel	
6	Verbreitungseinheit	normale Zellen		verschiedene Sporen (diploid oder haploid)	
7	Ernährung	autotroph	meist heterotroph	heterotroph	autotroph
8	Blattgrün, Farbstoffe	Chlorophyll a	kein Chlorophyll, oder Bakterienchlorophyll	kein Chlorophyll	Chlorophyll a, oft weitere Farbstoffe
9	Erbsubstanz	bildet Ringmolekül. Kein echter Zellkern. Reich **Prokaryota**		Reich **Eukaryota**	

V	VI	VII	VIII
Moose	*Farnpflanzen*	*Samenpflanzen*	
		Nacktsamer* (Gymnospermae); 2 Unterabteilungen: Cycadeen und Nadelhölzer (Koniferen)	Unterabteilung *Blütenpflanzen = Bedecktsamer* (Angiospermae)
ca. 26000	ca. 15000	ca. 800	ca. 235000
kleine Landpflanzen (kleiner als 30 cm) feuchter und schattiger Standorte, selten Wasserpflanzen	meist Landpflanzen, überwiegend feuchter Standorte; Blätter klein oder recht große Wedel	Landpflanzen, meist Gehölze. Cycadeen: große Wedel; Koniferen: Nadeln oder Schuppenblätter	Landpflanzen, selten Wasserpfl.; alle Wuchsformen vom Baum bis zum winzigen Kraut
z.T. in Stämmchen, Blättchen und Rhizoiden gegliedert, z.T. Thallus	Pflanze in Sproßachse mit Blättern und Wurzeln gegliedert. Leitgewebe		
»weder noch«	**Kormophyten**		

Höhere Pflanzen

Geschlechtsvorgänge mit Neukombination des Erbguts sind die Regel, regelmäßiger Wechsel zwischen haploider und diploider Generation

Hauptgeneration haploid	Hauptgeneration diploid		
durch Reduktionsteilung (Meiose) entstandene, haploide Sporen (Meiosporen)		Samen, frei auf Fruchtblatt oder Samenschuppe	Samen, im Fruchtknoten eingeschlossen

autotroph

Chlorophyll a und b, Carotinoide

in mehrere Chromosomen verpackt und von einer Kernhülle umgeben.
Echter Zellkern.
Reich **Eukaryota**

Die vorstehende Tabelle ist ein Versuch, die Hauptgruppen der Pflanzen mit ihren für die Unterscheidung wichtigen Merkmalen vorzustellen. Der Übersichtlichkeit halber sind einige der Gruppen (mit * markiert) in ihrem alten Umfang dargestellt. Heute werden sie (z.B. in STRASBURGER, Lehrbuch der Botanik) in zwei oder mehr Abteilungen unterteilt. »Abteilungen« sind systematische Kategorien, die in der formalen Hierarchie einen sehr hohen Rang (gleich nach dem Reich) einnehmen. Andere in der Tabelle verwendete Gruppennamen ohne Rangbezeichnung sind hingegen nicht oder nicht mehr Bestandteile der systematischen Hierarchie (die im Kapitel »Benennung der Pflanzen« vorgestellt wird), sondern fassen einige Abteilungen nach mehr praktischen Gesichtspunkten zusammen. Weil die Gruppierung der Pflanzen schon eine lange Geschichte hinter sich hat, muß es eigentlich nicht verwundern, daß im Laufe der Zeit verschieden eingeteilt wurde, da immer wieder andere Merkmale bei der Gliederung der Lebewesen überhaupt, aber auch bei den Pflanzen, als besonders einschneidend angesehen wurden.

Ein neues Einteilungskriterium:
Prokaryota und Eukaryota

Leider sind manche Merkmale nur mit aufwendigen modernen Untersuchungsmethoden sichtbar zu machen und daher im allgemeinen Bewußtsein wenig verankert. So wird in neuerer Zeit, etwa seit 1970, das »Reich« der *Prokaryota* dem Tier- und Pflanzenreich gegenübergestellt, die man als *Eukaryota* (Echtkernige) zusammenfassen kann. Erst mit dem Elektronenmikroskop, das ab 1940 zur Verfügung stand, wurde die Erforschung der Feinmerkmale der Zellorganellen möglich, allerdings auch erst, nachdem man in den fünfziger Jahren geeignete Präparationsmethoden entwickelt hatte. Man wußte damals schon, daß alle Lebewesen zwar die gleiche komplizierte chemische Verbindung Desoxyribonucleinsäure (abgekürzt DNA) als stofflichen Code der Erbanlagen (=Gene) enthalten, entdeckte aber jetzt, daß nicht alle Zellen einen Zellkern haben, der durch eine besondere Membran vom Zytoplasma abgegrenzt wird. Nur in diesen echten Kernen (eu=echt; karyon=Nuß, übertragen auf Zellkern), also bei den Eukaryoten, ist die DNA in Portionen, genannt *Chromosomen*, aufgeteilt. Bei den Prokaryota liegt ein DNA-Ringmolekül ohne Abgrenzung durch eine Kernhülle im Plasma. Hier spricht man auch nicht von Chromosomen, welche vermutlich die Voraussetzung für »normale« Geschlechtsvorgänge sind (siehe S.83ff, wo auf die Chromosomen genauer eingegangen wird). Bei den Prokaryota kennt man keine solchen Geschlechtsvorgänge, aber die Bakterien haben doch eine Möglichkeit, einzelne Gene auszutauschen.

Man kann sich natürlich fragen, was denn diese neu entdeckte Gruppe der Prokaryota (oder besser, die neu als Gruppe erkannte oder aufgefaßte Ansammlung längst bekannter Organismen) in einem Botanikbuch eigentlich verloren hat. Ein Teil der Prokaryota, die Cyanophyta oder Blaualgen, enthalten wie die »normalen« Pflanzen Chlorophyll, das sonst ein sehr gutes Charakteristikum für Pflanzen ist. Wie im Abschnitt über die Photosynthese dargelegt wurde, vermutet man ja sogar, daß die Chloroplasten der grünen Eukaryoten einverleibte Blaualgen sind. Aus diesen Gründen passen die Prokaryoten besser zu den Pflanzen als zu den Tieren. Es sind aber sicher auch historische Gründe, denn früher rechneten die Blaualgen, wie der Wortteil »Algen« ja andeutet, zu dieser pflanzlichen Großgruppe. Man darf das System der Lebewesen, trotz seiner formalen Strenge, einfach nicht zu ernst nehmen. Es ist ein Versuch, das Durcheinander der vielen Formen »aufzuraumen« oder doch übersichtlich zu machen. Jede neue Erkenntnis, und die der Unterschiede zwischen Pro- und Eukaryoten, die sich nicht nur auf den Zellkern, sondern auch auf den Wandbau oder die Fortpflanzung erstrecken, ist sicher eine wesentliche, bringt das alte systematische Gefüge ins Wanken. Da sich die wenigsten Lehrbücher sowohl mit Pflanzen als auch mit Tieren befassen, ist es ein leichtes, jeweils einfach wegzulassen, was nicht ins Konzept paßt oder mühsam zu erklären wäre. Deshalb wird man gerade bei den hohen systematischen Kategorien auch am wenigsten Übereinstimmung zwischen verschiedenen Büchern finden. Hier geht es aber darum, einige Einblicke zu gewinnen, und darum sollte man sich nicht daran stören, daß etwa der Begriff Pflanzenreich nicht immer im exakt gleichen Sinn und Umfang verwendet wird.

Alte Gruppennamen:
Thallophyten und Gymnospermen

Es gibt in der Systematik aber nicht nur neue Merkmale, die berücksichtigt werden wollen. Manchmal verliert auch ein altes Unterscheidungsmerkmal im Laufe der Geschichte an Bedeutung, aber die Namen der Gruppen, die es trennte, sind zählebig und werden oft noch weiter benützt, da sie jeder aus älteren Büchern kennt. War das System der Pflanzen ursprünglich einfach ein Hilfsmittel, um die Mannigfaltigkeit zu überblicken, so versucht man neuerdings, darin die Stammesgeschichte nachzuzeichnen. In der modernen Systematik (Kladistik) wird deshalb versucht, jede Gruppe durch Merkmale zu charakterisieren, die man als »neu« (=abgeleitet) in der Entwicklung der Lebewesen bewertet und die möglichst exklusiv nur in der zu charakterisierenden Gruppe auftreten sollten. Merkmale mit solchen Eigenschaften werden als *Synapomorphien* bezeichnet und begründen einen gut charakterisierten Verwandtschaftskreis. Verwandtschaft wird, ganz wie im familiären Leben, als Abstammungsgemeinschaft verstanden, Verwandte haben die gleichen Ahnen, und von diesen haben alle Verwandten das neue Merkmal geerbt. Das einigen Organismen gemeinsame *Fehlen* synapomorpher Merkmale begründet aber keineswegs ebenfalls Verwandtschaft. Das neue Merkmal kann ja nie erworben worden oder wieder verlorengegangen sein. Auch der gemeinsame Besitz von als »ursprünglich« bewerteten Merkmalen *(Symplesiomorphien)* beweist keine Abstammungsgemeinschaft, aber früher wurden Gruppen durchaus nach plesiomorphen Merkmalen benannt. So gibt es Namen für Gruppen, die nach heutiger Meinung aus heterogenen Teilen bestehen. Zwei Beispiele sollen das illustrieren.

In Zeile 4 der Tabelle werden die Farnpflanzen, Nacktsamer und Bedecktsamer unbestritten als »Kormophyten« zusammengefaßt, da bei allen der Pflanzenkörper (»Kormus«) aus Sproßachse, Blättern und Wurzeln besteht und Leitgewebe aufweist. (Dies sind alles neue Errungenschaften, also Synapomorphien.) Die Gruppe der Thallophyten hingegen wird hauptsächlich durch das Fehlen dieser Merkmale zusammengehalten, und das ist höchst unbefriedigend. Die Moose stehen zwischen diesen beiden Gruppen und passen in keine von beiden richtig hinein.

Die Gruppe der Nacktsamer ist durch Samen charakterisiert, die *nicht* in einen Fruchtknoten eingeschlossen sind, was als ursprüngliches Merkmal gewertet wird (Symplesiomorphie). Man kennt aber bis jetzt keine gemeinsamen Vorfahren ihrer beiden Teilgruppen, der Palmfarne (Cycadeen) und der Nadelgehölze (Koniferen). Daher gelten die Nacktsamer als *polyphyletisch*, d.h., man vermutet, daß diese Teilgruppen von verschiedenen Ursprungsgruppen abstammen. Gerade hier wird aber immer noch gern der Begriff Nacktsamer (Gymnospermae) verwendet, der ja durchaus tauglich ist, wenn man nur den Gegensatz zu den Bedecktsamern (Angiospermae) betonen will, allerdings nicht, wenn man damit eine Abstammungsgemeinschaft benennen möchte.

DIE »NIEDEREN« PFLANZEN

Cyanophyta oder »Blaualgen«

Bevor man den Unterschied zwischen Prokaryota und Eukaryota kannte, hat man die prokaryotischen Cyanophyta zu den Algen gerechnet, wie das der deutsche Name Blau-*Algen* auch noch andeutet. Mit den Algen haben sie die Vorliebe für feuchte Stellen gemein. Sie kommen im Wasser, aber auch auf feuchter Erde oder an Felsen vor. Meist sind sie einzellig oder bilden in der Regel einfache Fäden. Mit bloßem Auge kann man sie nur sehen, wenn sie in Massen auftreten. Sie unterscheiden sich von den Grünalgen durch ihr dunkles, bläuliches, oft auch bräunliches Grün, meist haben sie auch einen dumpfen, muffigen Geruch. Am leichtesten kann man sie aber an offenen, vegetationslosen Stellen in Trockenrasen erkennen, weil sie dort die einzigen »Algen« sind. Bei trockenem Wetter findet man dort manchmal dunkle, schwarzgrüne »Häute« von wenigen Zentimetern Durchmesser, die bei Regen zu rundlichen, olivbraunen Klumpen aufquellen. Diese Gebilde erinnern vom Aussehen her stark an Schafsködel, fühlen sich aber ganz angenehm, nicht schmierig, sondern eher fest an. Es handelt sich um Kolonien der Rosenkranzalge *(Nostoc)*. Unter dem Mikroskop sieht man, in eine Gallerte eingebettet, die Fäden aus rundlichen Zellen, welche zum deutschen Namen geführt haben.

Bakterien

Die Bakterien haben einen schlechten Leumund, da in ihren Reihen viele Krankheitserreger vorkommen. Es gibt aber auch sehr viele Bakterien, die außerordentlich nützlich sind, auch wenn ihre Tätigkeit, wie die anderer dienstbarer Geister, leicht mißachtet wird. Den Bakterien (und Pilzen) als heterotrophen Organismen verdanken wir es nämlich, daß wir unser Leben nicht zwischen Bergen von Pflanzen- und Tierleichen verbringen müssen, denn sie bauen gestorbene Lebewesen ab. Man kann sich natürlich fragen, ob Bakterien überhaupt in ein Pflanzenbuch gehören. Ein Grund dafür sind die deutlichen Gemeinsamkeiten mit den Blaualgen, die auch schon als Cyano-*Bakterien* bezeichnet wurden. Es gibt auch bei den Bakterien selbst eine kleine Gruppe, nämlich die Purpurbakterien, die Photosynthese betreiben. An ihnen sind sogar ganz wichtige Erkenntnisse über den genaueren Ablauf der Photosynthese gewonnen worden. Andererseits ist es vielleicht auch nur Gewohnheit, in Botanikbüchern auch die Bakterien mit abzuhandeln, denn zu den Tieren passen sie auch nicht besser.

Pilze

Mit den Pilzen beginnt das Reich der Eukaryota. Wenn wir das Wort Pilze hören, stehen vor unseren geistigen Augen vielleicht Steinpilze oder Eierschwämmchen, Maronen oder prächtig rote, weißgesprenkelte Fliegenpilze. Uns läuft das Wasser im Munde zusammen, wenn wir an Champignons in Sahnesoße denken, an Morcheln oder sogar an Trüffeln, die geheimnisvoll im Boden wachsen und die wohl die wenigsten Menschen je am Standort gesehen haben. Dies alles sind nur die sog. »Fruchtkörper« der Ständer- und Schlauchpilze (zu den Schlauchpilzen gehören Morchel und Trüffel), wie man die Basidiomyceten und Ascomyceten auf Deutsch nennt. Der Hauptteil des Pilzorganismus lebt als ausgedehntes Geflecht (Myzel) aus fast unsichtbar feinen Fäden (Hyphen) im Boden. Genaugenommen werden an oder in den »Fruchtkörpern« nicht vielzellige Samen, sondern in Massen einzellige Sporen gebildet, die der Vermehrung und Ausbreitung dienen. Wer einen frischen Hutpilz findet, kann den Hut ohne Stiel einen Tag auf ein Blatt Papier legen und dann sorgfältig abheben — dann findet man alle Lamellen fein säuberlich durch die oft dunklen, herausgefallenen Sporen auf dem Papier abgebildet. Beim Bovist entsteht ein kugeliger »Fruchtkörper«, der in seinem »Bauch« die Sporen birgt. Es macht auch dem Erwachsenen noch Spaß, einen trockenen Bovist so zu drücken, daß eine Sporenwolke wie der Rauch eines Vulkans aufsteigt.

Es ist bekannt, daß viele Speisepilze nur unter ganz bestimmten Bäumen vorkommen. Sehr viele Pilze gehen Lebensgemeinschaften mit Baumwurzeln ein, in die sie hineinwachsen, entweder nur zwischen die äußersten Zellen oder sogar in die Rindenzellen hinein. Diese Symbiose wird mit dem Namen *Mykorrhiza* belegt und ist für die meisten unserer Waldbäume lebenswichtig. Manche Forscher meinen, daß sogar 80% aller Höheren Pflanzen eine Mykorrhiza haben. Vom Symbionten zum *Parasiten* ist der Weg nicht weit. Manche Pilze wie etwa der Hallimasch zerstören mit der Zeit die Bäume, auf deren Wurzeln sie siedeln. Die meisten Pilze entnehmen ihre Nahrung jedoch nicht aus lebenden, sondern aus abgestorbenen Pflanzenteilen und leben ganz unscheinbar im Boden und in der Humusauflage. Als *Saprophyten* (sapros= verfault) sind sie neben den Bakterien die wichtigsten stoffabbauenden Organismen (=Destruenten, Zerstörer).

Viele Pilze gehören nicht zu den Großpilzen, deren Fruchtkörper wir kennen, sondern zu weiteren systematischen Gruppen. Darunter gibt es auch Vertreter, die schlimme Pflanzenkrankheiten wie den falschen Mehltau oder die Kartoffelfäule verursachen und großen Schaden anrichten. (Im Sommer vor dem berüchtigten »Steckrübenwinter« des ersten Weltkriegs sind die meisten Kartoffelpflanzen an Pilzkrankheiten eingegangen, so daß die Menschen von den eigentlich als Viehfutter vorgesehenen Steckrüben leben mußten. Die massenhafte Auswanderung von Iren nach Nordamerika war eine Folge von Hungersnöten, welche die Kartoffelfäule im 19. Jahrhundert in Irland auslöste.) Die meisten chemischen Pflanzenschutzmittel richten sich daher gegen Pilze.

Als Nichtlandwirte nehmen wir von bestimmten Pilzen erst Notiz, wenn der Schimmel einmal vergessene Speisereste befällt. Einige Schimmelarten sind zu Kulturpflanzen in und auf Käsesorten wie Camembert und Gorgonzola geworden. Anderen mikroskopisch kleinen Pilzen, den Hefen, verdankt die Menschheit Wein und Bier, aber auch lockeres Brot, denn sie bauen Zuckermoleküle unter Sauerstoffabschluß zu Alkohol und Kohlendioxid ab (alkoholische Gärung). Und schließlich gibt es noch Pilze, die »lebensfeindliche« Stoffe abgeben, mit denen sie sich gegen Bakterien behaupten. Wir setzen diese Stoffe als Antibiotika ein (z.B. liefert der Pinselschimmel *Penicillium glaucum* das Penicillin).

Vermutlich sind die Pilze keine Gruppe, in der sich alle Mitglieder von den gleichen Stammeltern herleiten lassen. Manche Botaniker halten die Pilze (oder doch einige Teilgruppen) überhaupt für eine besondere Gruppe der Eukaryota, die als weiteres, eigenes Reich (neben Pflanzen und Tieren) aufzufassen wäre. Gegen die Einordnung der Höheren Pilze ins Pflanzenreich spricht etwa die generelle Heterotrophie oder die Wandsubstanz Chitin, die sonst nur noch im Außenskelett der Gliedertiere vorkommt. Neuerdings wurde mit dem Kollagen bei den Pilzen ein weiterer mit den Tieren gemeinsamer Stoff entdeckt, aber die Pilze zu den Tieren zu rechnen, hat noch niemand ernsthaft vorgeschlagen.

Bei einigen Niederen Pilzen wird eine Verwandtschaft mit bestimmten Algen vermutet, weil sich die Geschlechtsvorgänge ähneln. Hier ist es denkbar, daß diese Gruppe von algenartigen Vorfahren abstammt, aber ihr Chlorophyll im Laufe der Entwicklung verloren hat. Daraus kann man aber keine Folgerungen für den Rest der Pilze ableiten.

Algen

Algen haben in den letzten Jahren oft Schlagzeilen gemacht, wenn sie auf beliebten Badegewässern, wie etwa der Adria, in überreichem Maße auftauchten. Dabei erntet der Mensch nur, was er, mit Abwässern ins Meer gespült, an »Dünger« eingebracht hat. Die verschiedenen Baustoffe, welche die Organismen brauchen, können sich nämlich gegenseitig nicht vertreten, so daß der Stoff, der am seltensten ist, zum begrenzenden Faktor wird: er bestimmt, wie viel die Pflanzen von den übrigen Nährsalzen aufnehmen und verarbeiten können *(Gesetz des Minimums)*. Lange Zeit spielten Phosphorverbindungen diese Rolle. Seitdem aber den Waschmitteln Phosphate beigemischt wurden, die über das Abwasser in die Gewässer gelangten, konnten die Algen auch mehr von den reichlich vorhandenen, aus Fäkalien stammenden Stickstoffverbindungen aufnehmen. Sie »florierten« daher und färbten als »Wasserblüten« ganze Seen grün oder rot. Zwar produzieren Algen als autotrophe Pflanzen Sauerstoff, der wird aber wieder verbraucht, wenn die Algenwatten absterben und abgebaut werden. Wenn tote Algen an bestimmten Stellen zusammengeschwemmt werden, wird dort mehr Sauerstoff für die Abbauvorgänge verbraucht als durch die Photosynthese gebildet, der Abbau geht jetzt unter Faulschlammbildung weiter, man sagt, das Gewässer »kippt um«. Kläranlagen, welche Phosphate aus dem Wasser ausfällen, und das Verbot dieses Waschmittelzusatzes haben etwa in der Schweiz zu einer deutlichen Eindämmung übermäßigen Algenwachstums in Seen geführt.

Da manche Algen glitschig sind, erregen sie bei vielen Menschen Ekelgefühle. Die verliert rasch, wer einmal an einer felsigen Meeresküste Algen gesammelt und untersucht hat, da viele der Meeresalgen schon fürs bloße Auge oder doch unter dem Mikroskop wunderbare Muster zeigen. Wen sein Urlaub an die Meeresküste der Bretagne oder eine andere Küste mit starkem Tidenhub verschlägt, der kann bei Ebbe die eindrückliche Zonierung der Großalgen studieren. Es empfiehlt sich aber, zunächst den Tidenkalender genau anzusehen, sonst wird man, in die Algen vertieft, leicht auf irgendeinem Felsen von der Flut vom Festland abgeschnitten. Zuoberst, nahe der Hochwasserlinie, findet man die relativ wenigen marinen Grünalgen, die aber hinter den Braunalgen zurücktreten. Diese besetzen mit verschiedenen Formen der Blasentange *(Fucus*-Arten) die oberen Uferfelsen. Tiefer stehen die Riementange, der einfache bandartige Zuckertang *(Laminaria saccharina)* und die sonderbar gelappten »Blätter« von *Laminaria hyperborea* und verwandten Arten, die wie Palmenkronen auf schwankenden Stämmen sitzen und bei normalem Niedrigwasser kaum aus den Fluten auftauchen. Im Pazifik vor Amerikas Westküste gibt es Riesenbraunalgen von bis zu 25 Metern Länge, manche Bücher sprechen gar von 60 Metern. Im Schutz der derben Tange wachsen die zierlichen Rotalgen, die viel kleiner und feiner sind und ganz entzückende Verzweigungsmuster zeigen.

Selbst unter den Bedingungen eines Pensionszimmers oder am Strand kann man mit einigem Geschick solche Algen zu Herbarbelegen (oder zu Kartengrüßen) präparieren, man braucht dazu nur eine flache Schale (Einliter-Eispackung), ein Kunststoff-Frühstücksbrettchen, das in die Schale hineinpaßt (oder eine Glasscheibe), gut geleimtes Schreibmaschinen- oder Tintendruckerpapier und einen Damenstrumpf nebst Zeitungen. Wer eine Pflanzenpresse besitzt, kann sie hier gut einsetzen. Im Meer treiben in der Nähe von Spülsäumen oft Stücke von gut erhaltenen Rotalgen, die man in einem Eimerchen in Meerwasser sammelt. In die flache Schale füllt man ebenfalls Meerwasser und taucht das Brettchen mit einem Blatt Papier darauf so ins Wasser, daß eine schräge Fläche entsteht. Über dem Papier breitet man nun eine in der Größe passende, im Wasser schwimmende Alge aus. Dabei muß der untere Teil dort über dem Papier schweben, wo es fast die Wasseroberfläche erreicht. Hebt man nun das Brettchen etwas an und hindert die Alge mit der Hand oder einem Pinsel am Wegflutschen, so legt sie sich flach auf das Papier. Vorsichtig wird das Brettchen mit dem Papier immer weiter aus der Schale gehoben und die Alge Stück um Stück schön ausgebreitet. Ist die Alge fertig aufgelegt, packt man das Blatt auf eine Zeitung, bedeckt die Pflanze mit einem Stück Damenstrumpf (oder Verbandgaze) und deckt eine weitere Zeitung darüber. Diese Wechsellagerung kommt nun mit weiteren in die Pflanzenpresse oder zwischen zwei Pappen. Wenn man täglich mindestens einmal die feuchten Zeitungen wechselt, sind die Algen bald trocken. Durch Schleimstoffe ihrer Oberfläche kleben sie in der Regel gut am Papier. Der Strumpf verhindert, daß das gleiche auch auf der Seite der abdeckenden Zeitung passiert.

Als autotrophe Organismen enthalten alle Algen Chlorophyll, doch wird das Blattgrün leicht von anderen Farbstoffen überdeckt, die zu den Namen Braunalgen und Rotalgen führten. Dank dieser Zusatzpigmente können die Rotalgen auch noch das spärliche blaue Licht in mehreren Metern Tiefe ausnützen, darum können sie Meeresteile bewohnen, in denen die Braun- und Grünalgen nicht mehr konkurrenzfähig sind. Solche tief unten wachsenden

Meeresalgen fallen oft auch bei Ebbe nicht trocken, aber an schattigen Kaimauern unter Landungsbrücken findet man oft ähnlich lichtarme Standorte mit den kleineren, besonders schönen Rotalgenformen der Gattungen *Plumaria* oder *Callithamnion*. Ihre botanischen Namen, die übersetzt »Daunenfeder« bzw. »Schönzweig« lauten, weisen auf die zierliche Schönheit dieser Algen hin.

Im Süßwasser leben vor allem kleine, einzellige oder fädige Grünalgen und einige weitere kleinwüchsige Algengruppen, nur die Armleuchteralgen (*Chara*-Arten), die man gelegentlich im kalten Wasser am Grunde von Kiesgruben findet, können gut 30 Zentimeter hohe, verzweigte Gestalten bilden. Aus vielen Gründen vermutet man unter den Grünalgen die Ahnen der Höheren Pflanzen. Besonders die Armleuchteralgen spielen als »Ahnen« oder Ahnenmodell für einige Botaniker eine Favoritenrolle.

Flechten

Die Abteilung *Flechten*, die in einem besonderen Feld der Tabelle steht, bezeichnet zusammenfassend eine besonders merkwürdige Gruppe von Doppelwesen. In den Flechten haben wir nämlich Symbiosen von Pilzen mit einzelligen Algen vor uns. Die gegenseitige Abhängigkeit der Partner ist oft so groß, daß sie getrennt nicht mehr lebensfähig sind. Man kann sich natürlich fragen, ob es eigentlich sinnvoll ist, diese in jeder Beziehung heterogene Gesellschaft, die sowohl Pilze aus verschiedenen Verwandtschaftsgruppen als auch verschiedene Grünalgen und prokaryotische Blaualgen umfaßt, als systematische Gruppe zu behandeln. Einmal ist es einfach Gewohnheit, zum anderen haben die Flechten Merkmale und Inhaltsstoffe entwickelt, die weder bei Pilzen noch bei Algen allein auftreten und damit ein Stück weit rechtfertigen, die Flechten als etwas »Eigenes«, »Selbständiges« aufzufassen. Da die zusammengesetzte Natur der Flechten ziemlich bekannt ist, staunt man vielleicht viel zu wenig darüber, daß in der Evolution der Pflanzen auch so sonderbare Nebenwege zu »Doppel- oder Mischorganismen« wie den Flechten eingeschlagen wurden. Im Vergleich zu der vermuteten Einverleibung von Blaualgen als Chloroplasten in heterotrophe Zellen (vgl. S. 62) sind die Flechten jedoch noch recht »durchsichtig« zusammengesetzte Doppelwesen. Da normalerweise die Pilze die Gestalt der Flechte bestimmen, werden die Flechten in moderneren Systemen nach ihren Pilzpartnern gruppiert und als Anhang der Pilze behandelt, behalten aber immer eine Sonderstellung.

Flechten sind die Pionierpflanzen, die am weitesten gegen unwirtlich kalte, zeitweise trockene Regionen wie in der Arktis oder Antarktis oder in den Hochlagen der Gebirge vorstoßen. Da sie nicht auf Erde angewiesen sind, sondern nacktes Gestein besiedeln können, dringen sie auch zuerst auf neugeschaffenen Fels vor, wie er in den Lavaströmen der Vulkane vorliegt. Die Besiedelung so extremer Standorte hat ihre Kehrseite, Flechten sind oft sehr dünne, krustige Überzüge, deren Pflanzenkörper sich pro Jahr kaum um Millimeter vergrößert. In Feuchtgebieten, besonders in nebelreichen Gegenden mit Baumwuchs, gedeihen auch größere Flechten, die wie Bärte von den Ästen herunterhängen. Auf ihnen können sich dann weitere Pflanzen ansiedeln. Auch die Flechten an der Kältegrenze bieten kleinen Moosen »Siedlungsraum« und werden mit der Zeit von ihnen überwuchert. In den letzten Jahren sind Flechten als Indikatoren für die Luftverschmutzung ins Bewußtsein der Öffentlichkeit getreten.

SEXUALITÄT UND GENERATIONSWECHSEL

Die Moose, Farn- und Samenpflanzen werden in der Tabelle (S. 64) vor allem durch den Merkmalskomplex 5: Vermehrung als Gruppe der Höheren Pflanzen zusammengehalten. Sie sind generell zur sexuellen Fortpflanzung fähig und zeigen dabei immer einen Wechsel zwischen einer diploiden und einer haploiden Generation (die Begriffe *diploid* und *haploid* werden im Abschnitt »Chromosomen, Gene, DNA: Die Träger des Erbguts« ab S. 83 erklärt). Zwar gibt es auch unter den Algen Vertreter, bei denen sowohl sexuelle Fortpflanzung als auch Generationswechsel auftritt (innerhalb der Grünalgen vermutet man ja die Ahnen der Höheren Pflanzen). Deutlich unterscheiden sich aber bei den Algen und Höheren Pflanzen die Behälter, in denen die Geschlechtszellen entwickelt werden, und weitere Details, die erst später interessieren.

Was bedeutet Fortpflanzung? Ist sie immer mit Sexualität verbunden? Gibt es bei Pflanzen überhaupt Sexualvorgänge? Was bedeutet eigentlich »männlich« und »weiblich«, und gab es schon immer zwei und nur zwei Geschlechter? Diese Fragen haben die Biologen von etwa 1750 bis 1900 in Atem gehalten.

In der Frage der Sexualität ist der Mensch zuerst einmal ganz naiv von sich selbst ausgegangen. Dieser Weg wird gewissermaßen auch im folgenden Abschnitt beschritten. Zuerst werden die Grundzüge der sexuellen Fortpflanzung dargestellt, die generell für Lebewesen gelten; danach werden die Unterschiede zwischen den uns vertrauten Wirbeltieren und den Höheren Pflanzen hervorgehoben. Und wie sich zeigen wird, sind diese Unterschiede ganz beträchtlich! Zwar sind viele Begriffe von Tieren auf Pflanzen oder von Pflanzen auf Tiere übertragen worden, sie suggerieren aber oft eine Übereinstimmung, wo sich durch genaue Beobachtung große Unterschiede zeigten. Trotzdem sind viele dieser Begriffe heute noch im Gebrauch — sie sind die Spuren, die der lange und langwierige Erforschungsweg in der Sprache hinterlassen hat.

Urzeugung und die Entstehung des Lebens

Als »Sexualvorgang« ist dem Menschen bei den Säugetieren und sich selber wohl am frühesten die Begattung aufgefallen, denn sie ist ja bei Säugern von außen leicht zu beobachten. Den Bauern dürfte sie sicher früh als notwendige Voraussetzung für Jungtiere bekannt gewesen sein. Der im weiblichen Körper verborgene eigentliche Geschlechtsvorgang der Befruchtung wurde aber erst gegen Ende des 19. Jahrhunderts endgültig aufgeklärt, auch wenn die beweglichen Spermazellen, »Samentierchen« genannt, (bei Säugetieren) bereits um 1670 entdeckt wurden.

Der Zusammenhang zwischen dem Vorgang der Begattung und dem Ingangsetzen einer Schwangerschaft war der Menschheit vermutlich jedoch nicht »schon immer« bekannt, selbst bei sich selber nicht. In älteren Anthropologiebüchern wird die Meinung vertreten, manche Eingeborene Mikronesiens hätten selbst im 19. Jahrhundert Begattung und Geburt von Kindern nicht in einen Kausalzusammenhang gebracht, sondern geheimnisvolle Quellen oder Steine als Orte der Empfängnis der Kinder vermutet. Falls diese Berichte wahr sind, sollten wir nicht allzu überheblich lächeln. In der wissenschaftlichen Literatur Europas gibt es genug Berichte, daß Mäuse aus alten Hemden, die man in einer Scheune liegengelassen hat, entstehen können, oder »Würmer« in Kleie. Ein Teil der Mäuse-Beobachtung ist ja auch richtig, nur läßt sich das Mäusenest besser entdecken als die Maus, die es angelegt hat. Die Wissenschaftler, die an die spontane Entstehung von Mäusen oder »Ungeziefer« oder wenigstens von Mikroorganismen glaubten, waren Anhänger der im Mittelalter allgemein verbreiteten Idee, daß Leben immer wieder von neuem entstehen könne (Vorstellung der Urzeugung von Leben aus z.B. Schlamm oder Erde, *generatio spontanea*). Erst PASTEUR hat in der zweiten Hälfte des 19. Jahrhunderts mit sorgfältigen Experimenten bewiesen, daß auch nicht die kleinste Mikrobe aus dem Nichts entstehen kann, wenn man in einer Nährlösung vorher wirklich alles Leben sorgfältig abgetötet hat (Vorgang des »Pasteurisierens«) und die Flasche so verschließt, daß von außen keine Sporen hineinfallen können.

Heute herrscht die Auffassung, daß alle Zellen von Zellen (omnis cellula a cellula: VIRCHOW 1855) und damit alle Lebewesen von anderen Lebewesen abstammen. Bei einzelligen Organismen geschieht dieser *Fortpflanzung* genannte Vorgang bei jeder Zellteilung. Eine sogenannte Mutterzelle teilt sich in zwei kleinere Tochterzellen, genauer: sie geht in ihnen auf. Die Organismenzahl vergrößert sich dabei von eins auf zwei, es findet eine Vermehrung statt. Bei einem vielzelligen Organismus kann sich auch ein mehrzelliger Teil ablösen, wie etwa bei einem sogenannten Ableger, der bewurzelten Zweigspitze einer Forsythie oder Brombeere, deren Verbindung zur Mutterpflanze dann mit der Zeit unterbrochen wird. Bei vielzelligen Organismen gehen meist nicht alle

Zellen in die Nachkommen ein, ganz bestimmt nicht, wenn Geschlechtszellen gebildet werden. Damit entstehen die ersten Leichen, während Einzeller als potentiell unsterblich gelten. Fortpflanzung ist bei Vielzellern das Abtrennen eines lebensfähigen Teils von einem sogenannten »Mutter«-Organismus, der aus einem Lebewesen zwei macht. Wenn der Vorgang wiederholt stattfindet, tritt eine Vermehrung ein. Mit der Fortpflanzung ist die Entstehung des Lebens selbst jedoch noch nicht erklärt. Es muß einmal eine erste Zelle entstanden sein. Hier springt nun die »Ursuppen«-Hypothese ein (vgl. S. 57).

Die Rolle von Vater und Mutter

Die ungeschlechtliche, also vegetative Vermehrung, wie oben bei den »Ablegern« geschildert, ist bei den Pflanzen nach wie vor sehr wichtig und weit verbreitet (vgl. S. 363 ff), fehlt jedoch bei den Wirbeltieren. Hier geht es aber um die geschlechtliche oder sexuelle Fortpflanzung, bei der Lebewesen in der Regel eine Mutter und einen Vater haben. Nur selten stammen die »Kinder« nur von einem Elternteil allein ab (Parthenogenese, d.h. Entwicklung unbefruchteter Eier, z.B. bei Insekten, etwa bei Stabheuschrecken oder Blattläusen).

Lange Zeit wußte man über die wirkliche Rolle von Vater und Mutter bei den höheren Tieren nur bruchstückhaft Bescheid. Heute wissen wir: zwei sogenannte Geschlechtszellen (Gameten), von jedem Elter eine, verschmelzen zu einer Zelle (Syngamie, Befruchtung), die Zygote heißt und zum Ausgangspunkt des Tochterorganismus wird. Bis zu dieser Erkenntnis war es aber ein langer und steiniger Weg.

Die Spermazellen der Säugetiere wurden vom holländischen Linsenschleifer und Mikroskopebauer LEEUWENHOEK zwar schon 1677 entdeckt. Die Benennung Samenzelle (auch Sperma bedeutet ursprünglich nichts anderes als »Same«) stammt von der Vorstellung her, daß der mütterliche Körper sozusagen der Nährboden sei, wie die Erde für einen Pflanzensamen. Nach Entdeckung der Samenzellen entwickelten einzelne Forscher die Vorstellung, daß sich ein solches Gebilde allein zum Kind entwickle. Diese Vorstellung beflügelte den zweiten Entdecker der Samenzellen auch dazu, im Kopf des Spermiums einen winzigen Menschen zu sehen, der sich nach damaliger Auffassung im mütterlichen Körper nur noch vergrößern mußte und alle künftigen Generationen schon in sich trug. Anderen Forschern galten die beweglichen Spermazellen jedoch noch lange Zeit als Parasiten in den Hoden! Die befruchtende Funktion wurde in gewissen Perioden der Geschichte der Samenflüssigkeit zugeschrieben. Wieder andere Forscher sahen in den Eiern, die man bei Säugetieren lange vor ihrer Entdeckung 1827 postuliert hatte, den eigentlichen Ursprung der »Kinder«. Die Samenflüssigkeit sollte die Eier sozusagen nur zur Entwicklung anregen. Die großen Eier der Vögel, die den Menschen natürlich seit langem bekannt waren und immer als Vergleich dienten, sind im streng biologischen Sinne bei der Ablage gar keine Eizellen mehr, sondern enthalten bereits den jungen Embryo, jedenfalls läßt sich an ihnen die Befruchtung selbst nicht mehr studieren. Entsprechendes gilt auch von den Insekteneiern. Die einzigen Wirbeltiergruppen, bei denen die Befruchtung der Eier außerhalb des Körpers stattfindet, sind die Fische und Frösche, und die liegen außerhalb des Erfahrungsbereichs der meisten Menschen, damals wie heute.

Eigentlich bieten die Pflanzen viel schönere Beobachtungsmöglichkeiten zur Entwicklung der Sexualität, wie wir gleich bei den Gameten einer Grünalge sehen werden. Zu LINNÉS Jugendzeit hatte man gerade entdeckt, daß Blütenpflanzen nur dann keimfähige Samen bilden, wenn Blütenstaub auf die Narbe gelangt, die Blüte also bestäubt wird. Die eigentlichen Zusammenhänge zwischen Bestäubung und Samenbildung waren damals aber bei weitem noch nicht verstanden, sondern wurden erst in der zweiten Hälfte des 19. Jahrhunderts durch HOFMEISTER und STRASBURGER endgültig geklärt. LINNÉ mißverstand die Bestäubung, die vielleicht eher mit der Begattung (Kopulation) bei Säugetieren verglichen werden sollte, als Befruchtung. Diesem Irrtum ist zuzuschreiben, daß er die Blütenpflanzen mit dem gut sichtbaren Bestäubungsvorgang als *Phanerogamia* bezeichnete, also die »öffentlich und mit Gepränge Heiratenden«, und die Sporenpflanzen als *Kryptogamia*, die im verborgenen Heiratenden. LINNÉ hielt die Staubbeutel (Antheren) der Staubblätter für die männlichen Geschlechtsorgane und den Stempel für das weibliche Organ, aber an den Kryptogamen konnte er entsprechende Organe nicht entdecken (wegen noch zu schlechter Lupen, wie er dachte). Gerade an Vertretern der Kryptogamen bekommen aber heutzutage die Biologiestudenten den Generationswechsel vorgeführt, weil er hier viel leichter zu beobachten ist als bei den Phanerogamen, wie man sie heute nennt. Linné legte allerdings sein Hauptaugenmerk auf die Phanerogamen, während die Kryptogamen in seinem System eher die »Schmuddelecke« bilden, in der er unklare Fälle sammelte (vgl. »Blumentiere«, S.54).

Gameten aus dem Bilderbuch

Beginnen wir also mit einer Algengattung, die geradezu bilderbuchmäßig die verschiedenen Möglichkeiten der Ausbildung von Geschlechtszellen zeigt. Zur großen Gattung *Chlamydomonas* gehören einzellige Grünalgen, die eine Zellwand besitzen und sich mit zwei gleichlangen Geißeln fortbewegen. Ist eine Zelle ausgewachsen und gut ernährt, teilt sich ihr Inhalt je nach Art in zwei, vier, acht oder sechzehn (2^1, 2^2, 2^3 oder 2^4) Zellen (durch ein bis vier Teilungsschritte), die dann notgedrungen zunächst kleiner sind als die Ursprungszelle. Wir können uns merken, daß Zellteilungen zu mehr, aber kleineren Zellen führen, also (bei Einzellern) der Vermehrung dienen. Soll aber eine bestimmte Zellgröße gehalten werden, muß Zellteilung immer mit Zellwachstum abwechseln. Die neu entstandenen Zellen werden aus der Mutterzellwand entlassen und wachsen auf deren Ausgangsgröße heran, wodurch sie wieder teilungsfähig werden. Das ist ein Beispiel für ungeschlechtliche Fortpflanzung, und damit scheinen die meisten *Chlamydomonas*-Arten gut auszukommen.

Bei etwa 10% der *Chlamydomonas*-Arten legen sich aber plötzlich zwei Zellen mit ihren Geißelspitzen aneinander, die Geißeln verdrillen sich und die Zellen beginnen zu verschmelzen. Aus zwei Zellen wird also eine einzige, was nun ja wirklich nicht der Vermehrung dient! Erst wenn sich diese viergeißelige Zelle wieder teilt, in der Regel in vier Zellen, sehen wir eine schwache Vermehrung der Organismenzahl. Den Vorgang der Verschmelzung nennt man *Befruchtung* oder *Syngamie*, die Zellen, die ihn ausführen, sind die Geschlechtszellen oder *Gameten* (gametes=Gatte). Die bei der Vereinigung entstehende Zelle heißt *Zygote*. Dies ist der Grundvorgang jeder *geschlechtlichen Fortpflanzung*.

Die vier Zellen, die bei der Teilung der Zygote entstehen, haben wieder nur zwei Geißeln, wachsen heran und teilen sich in vegetative Tochterzellen. Unter bestimmten Umweltbedingungen entstehen aus ihnen durch Teilung wieder Zellen, die sich als Gameten offenbaren, indem sie mit anderen Zellen verschmelzen. Einer beliebig herausgegriffenen zweigeißeligen Zelle kann man nicht ansehen, ob sie eine vegetative Zelle oder ein Gamet ist, das sieht man erst an ihrem Verhalten. Experimente lassen darauf schließen, daß Gameten, die keinen Partner zur Vereinigung finden, sich wie vegetative Zellen teilen können.

Nicht jede Geschlechtszelle verbindet sich jedoch mit jeder. *Chlamydomo-*

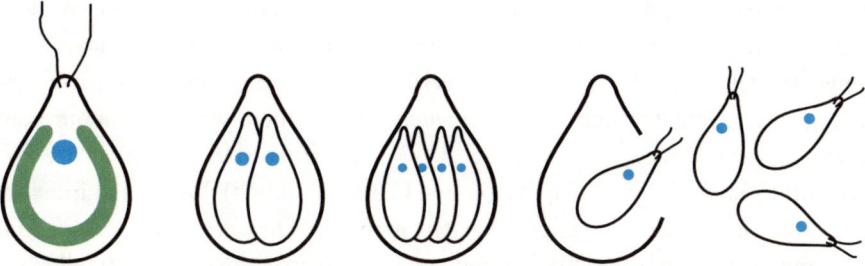

Abbildung 7: Ungeschlechtliche Fortpflanzung bei Chlamydomonas. Blau sind die (haploiden) Zellkerne, grün ist der Chromatophor (= Blattgrünträger) der Ausgangszelle dargestellt.

nas-Arten lassen sich gut in Reagenzgläsern vermehren. Es ist möglich, ganze Kulturröhrchen mit den Nachkommen einer einzigen Zelle zu füllen. Bei einigen Arten vereinigen sich die Gameten innerhalb der vegetativ entstandenen Nachkommenschaft einer Einzelzelle (*Isogamie:* Verschmelzung Gleicher), bei anderen Arten funktioniert dies nicht. Hier vereinigen sich nur Zellen aus verschiedenen Kulturen. Äußerlich sieht man keinen Unterschied zwischen den verschmelzenden Zellen; sie unterscheiden sich nur darin, ob sie sich paaren oder nicht. Offenbar gibt es schon so etwas wie zwei »Geschlechter«. Da sie morphologisch völlig gleich sind, behilft man sich mit den Bezeichnungen + und –. Zwei Gameten, die verschmelzen, bekommen einfach entgegengesetzte »Vorzeichen« (+Gamet und –Gamet).

Bei anderen Arten unterscheiden sich die Gameten auch äußerlich, nämlich in der Größe *(Anisogamie)*. Schließlich gibt es Arten, bei denen in manchen Zellen durch sechs oder sieben Teilungsschritte 64 (2^6) oder 128 (2^7) kleine, blaßgrüne, zweigeißelige Gameten entstehen. Einer von ihnen vereinigt sich

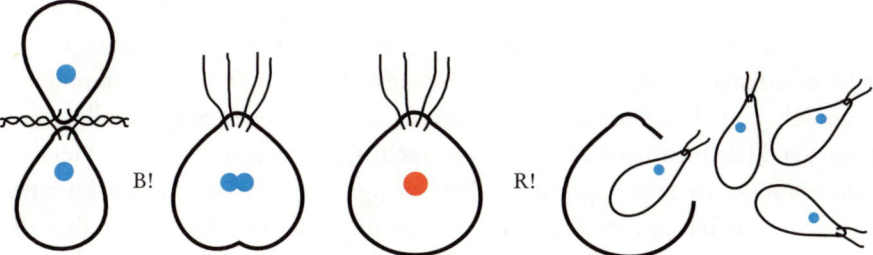

Abbildung 8: Geschlechtliche Fortpflanzung bei Chlamydomonas — Isogamie. B! steht für die Gametenverschmelzung, R! für die Reduktionsteilung, rot ist der (diploide) Zellkern der Zygote gezeichnet.

mit einer großen Zelle, die sich damit ebenfalls als Gamet verrät. In einzelnen vegetativen Zellen hat sich der ganze Inhalt nämlich in eine geißellose Zelle umgewandelt und die alte Zellwand verlassen. Diese passiv im Wasser treibenden, großen Gameten nennt man *Eizellen*. Die kleinen, wuseligen kann man jetzt als *Spermatozoiden* (Samentierchen) bezeichnen (bei Tieren ist die Bezeichnung *Spermien* für die beweglichen Gameten üblich). Wenn sich Eizellen und Spermatozoiden vereinigen, spricht man von *Oogamie*. Zum ersten Mal bei einer Alge wurde das Eindringen eines Spermatozoids in eine Eizelle von PRINGSHEIM 1855 beobachtet. Aus dieser Zeit stammen auch die ersten Beobachtungen vom Eindringen von Spermazellen in die inzwischen entdeckten Eizellen der Säugetiere.

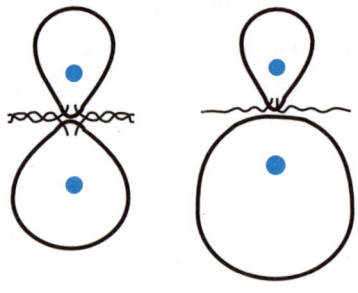

Abbildung 9: Anisogamie und Oogamie. Die unbegeißelte Zelle ist die Eizelle.

Bei den Pilzen gibt es nicht nur die Extreme + und –, sondern auch Zwischenformen, wobei sich nur solche Organismen miteinander vereinigen können, deren Geschlechtsausprägung »deutlich genug« von der des Partners verschieden ist. Als Modell sollen die verschiedenen »Geschlechter« hier mit den Werten +3, +2, +1, 0, −1, −2 und −3 belegt werden. Vereinigen können sich Zellen, deren Wert z.B. um »3« voneinander abweicht. Vereinigungspartner sind z.B. +3 und 0, +2 und -1 usw. So ist der Stamm 0 in bezug auf Stamm +3 als −Organismus, in bezug auf Stamm -3 als +Organismus aufzufassen.

Im Verlauf der Evolution haben sich aber in allen anderen Gruppen zwei Geschlechter durchgesetzt. Bei der geschlechtlichen Fortpflanzung ist die Oogamie zum Regelfall geworden. Sie ist die einzige Form geschlechtlicher Fortpflanzung bei allen Höheren Pflanzen und Tieren. Zwei Merkmale unterscheiden dabei generell die beiden Gametensorten: Eizellen sind groß und unbegeißelt und damit unbeweglich, Spermatozoiden oder Spermazellen sind hingegen klein und begeißelt und damit recht agil. Eizellen sind in der Herstellung »teuer«, aus einer vegetativen Zelle wird nur eine einzige Eizelle, Spermatozoiden werden immer in großer Menge produziert, müssen sich aber die Plasmamenge ihrer Ursprungszelle zu vielen teilen, darum sind sie entsprechend klein und »billig«. Zwischen den beiden Gametensorten gibt es eine klare Arbeitsteilung. Die Eizelle bringt die Vorräte mit, aber das Spermatozoid

muß sie aktiv aufsuchen. Da dies gefährlich und unsicher ist, hilft sich die Natur, indem sie Spermatozoiden in Massen produziert. Bei der Benennung der
pflanzlichen Gameten haben ganz offensichtlich die Tiere Pate gestanden. Die
kleinen, durch Geißeln beweglichen Geschlechtszellen der Pflanzen gleichen
ja auch äußerlich etwas den Spermazellen der Tiermännchen. Sie werden daher
Spermatozoiden genannt und als »männlich« bezeichnet. Die Spermazellen
der Tiere haben allerdings einen beweglichen »Schwanz« zur Fortbewegung
statt der Geißeln. Vermutlich hat auch der große, unbegeißelte Gamet von
Chlamydomonas den Namen Eizelle aus dem Tierreich übernommen. Der Eizelle wird das Prädikat »weiblich« zugeordnet. Daß aber unbeweglich, passiv
mit weiblich, hingegen beweglich, aktiv mit männlich assoziiert wird, hat wohl
auch mit dem kulturellen Hintergrund des benennenden Menschen zu tun.

Als Fazit können wir festhalten: In der Gattung *Chlamydomonas* gibt es nebeneinander ungeschlechtliche (vegetative) und geschlechtliche (generative)
Fortpflanzung. Bei der geschlechtlichen Fortpflanzung kann man verschiedene Stufen beobachten: von der Isogamie über die Anisogamie bis zur Oogamie. Innerhalb der Gattung kann man natürlich diese morphologische Reihe
als Stufen in der Evolution interpretieren. Für andere Organismen liefert
Chlamydomonas bestenfalls ein »Modell«. Man kann sich »denken«, daß die
Entwicklung auch da über entsprechende Zwischenstufen gelaufen ist, aber
man hat keinen Beweis dafür.

Im Fall der Isogamie sind bei *Chlamydomonas* die Gameten nur durch ihr
Verhalten von vegetativen Zellen zu unterscheiden. Auf der Entwicklungsstufe der Oogamie sind aber Eizellen und Spermatozoiden schon so stark spezialisiert, daß sie nicht in ein vegetatives Leben zurückkehren können. Finden sie
keinen Verschmelzungspartner, gehen sie zugrunde.

Chromosomen, Gene, DNA:
Die Träger des Erbguts

Warum vereinigen sich plötzlich Zellen, wodurch die Individuenzahl ja zunächst verkleinert wird? Offensichtlich kommen die meisten *Chlamydomonas*-Arten doch auch ohne die Befruchtung ganz gut zurecht. Heute ist die
klare Antwort: Bei der Gametenvereinigung kommt das Erbgut von zwei
Lebewesen zusammen. Es wird, in anderer Mischung, an die Nachkommen
weitergegeben. Dieser Vorgang heißt *Rekombination* und gilt als eine Voraussetzung des Evolutionsgeschehens, also der Veränderung (und, nach Meinung

einiger Wissenschaftler, der Verbesserung) der Organismen im Laufe der Generationen.

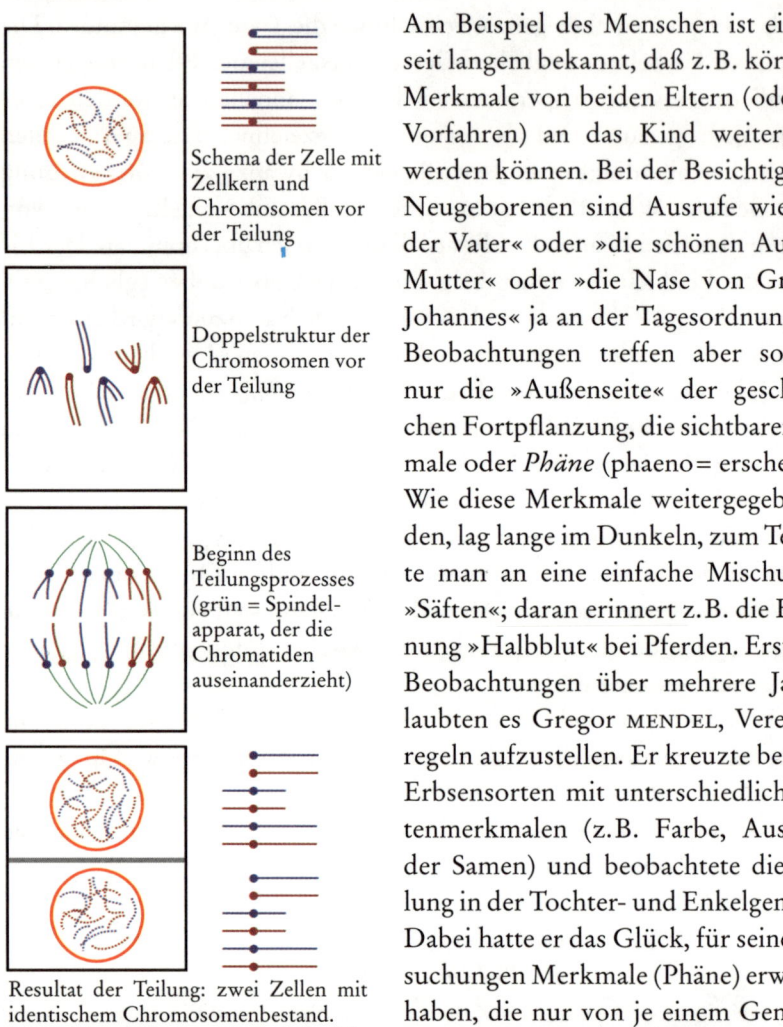

Schema der Zelle mit Zellkern und Chromosomen vor der Teilung

Doppelstruktur der Chromosomen vor der Teilung

Beginn des Teilungsprozesses (grün = Spindelapparat, der die Chromatiden auseinanderzieht)

Resultat der Teilung: zwei Zellen mit identischem Chromosomenbestand. Die Zahl der *Chromatiden* ist jedoch in beiden Zellen halbiert.

Abbildung 10: *Mitose.*

Am Beispiel des Menschen ist eigentlich seit langem bekannt, daß z.B. körperliche Merkmale von beiden Eltern (oder deren Vorfahren) an das Kind weitergegeben werden können. Bei der Besichtigung des Neugeborenen sind Ausrufe wie: »ganz der Vater« oder »die schönen Augen der Mutter« oder »die Nase von Großvater Johannes« ja an der Tagesordnung. Diese Beobachtungen treffen aber sozusagen nur die »Außenseite« der geschlechtlichen Fortpflanzung, die sichtbaren Merkmale oder *Phäne* (phaeno = erscheinen).

Wie diese Merkmale weitergegeben werden, lag lange im Dunkeln, zum Teil dachte man an eine einfache Mischung von »Säften«; daran erinnert z.B. die Bezeichnung »Halbblut« bei Pferden. Erst genaue Beobachtungen über mehrere Jahre erlaubten es Gregor MENDEL, Vererbungsregeln aufzustellen. Er kreuzte bestimmte Erbsensorten mit unterschiedlichen Blütenmerkmalen (z.B. Farbe, Ausbildung der Samen) und beobachtete die Verteilung in der Tochter- und Enkelgeneration. Dabei hatte er das Glück, für seine Untersuchungen Merkmale (Phäne) erwischt zu haben, die nur von je einem Gen abhängen (was durchaus nicht immer der Fall ist). Für MENDEL war das Gen noch eine rein hypothetische Größe.

Erst 1943 wurde endgültig bewiesen, daß die *Gene*, die »Erbfaktoren«, eine materielle Existenz haben: nämlich als eine charakteristische Abfolge von Basen auf der DNA-Doppelspirale. Wie wir schon wissen (vgl. S.66), ist die DNA,

der wichtigste Bestandteil des Zellkerns, bei den Eukaryota in einzelne Portionen zerteilt, die *Chromosomen*. Bestimmte Farbstoffe färben nur die DNA se-
lektiv an, Chromosomen (chroma=Farbe, soma=Körper) sind einfach die
färbbaren, oft stäbchenförmigen Körper, die man während einer Zellteilung
im Lichtmikroskop sehen kann; zwischen den Teilungen sind sie sehr lang und
dünn und deshalb als Einzelkörper nicht unterscheidbar. Die Gene liegen wie
Perlen auf einer Schnur in einer bestimmten Reihenfolge hintereinander auf
bestimmten Chromosomen. Das hatte man übrigens durch scharfsinnige Versuche schon herausgefunden, bevor es möglich war, die Basenabfolge direkt zu
bestimmen.

Die Chromosomen sind individuell unterscheidbar, nämlich an ihrer Größe, an der Länge ihrer »Arme« und an der Lage der Einschnürung. Alle Zellen
eines Organismus enthalten den gleichen Chromosomensatz. Denn es gibt einen Mechanismus, der bei jeder Zellteilung, die immer mit einer Kernteilung
gekoppelt ist, die Chromosomen in gleiche Längshälften spaltet und auf die
Tochterzellen verteilt. Eine solche normale Kernteilung heißt *Mitose*. Damit
die DNA-Menge durch wiederholte Mitosen nicht immer weniger wird, muß
sie zwischen zwei Teilungen vorsorglich verdoppelt werden. Dabei entstehen
auch die identischen Längshälften der Chromosomen, die Chromatiden, die
auf die Tochterkerne verteilt werden; diese Doppelstruktur vor der Teilung ist
bei geeigneten Objekten im Lichtmikroskop zu sehen.

Wie ist es möglich, das genetische Material vor der Teilung identisch zu ver-
doppeln? Die DNA hat ebenfalls eine Doppelstruktur. Sie besteht aus zwei
Längssträngen, an denen seitlich in unterschiedlicher Reihenfolge vier organische Basen sitzen, die sozusagen als Buchstaben der Gene dienen. Zu einem
Gen gehören etwa 500–3000 Basenpaare, die wie die Sprossen in einer Leiter

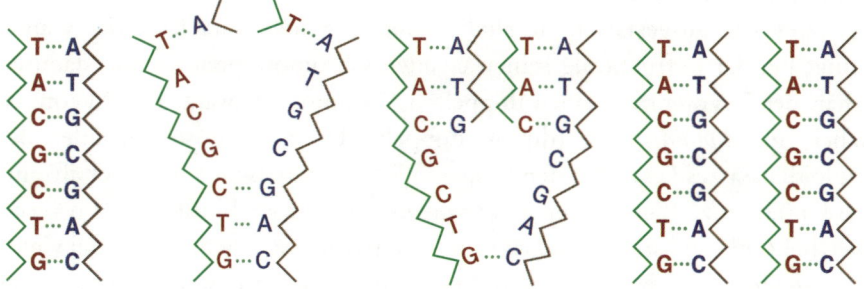

Abbildung 11: Schema der DNA-Replikation. Resultat: zwei identische Doppelstränge.

die beiden Längssträge verbinden. Dabei können nur je zwei der Basen (Adenin=A und Thymin=T einerseits, Guanin=G und Cytosin=C andererseits) miteinander Wasserstoffbrücken bilden. Wo also im einen Strang Adenin steht, gibt es im anderen Strang immer Thymin, und auf der Höhe von Cytosin immer Guanin. Deshalb bestimmt die Abfolge der Basen des einen Strangs die des anderen und umgekehrt. Wenn ein Enzym die beiden Längssträge trennt, dient jede Hälfte als »Form« oder »Matrize« für die andere Hälfte. Diese identische Verdopplung der DNA findet zwischen den Teilungen statt; deshalb gibt es vor der nächsten Teilung in jedem Chromosom zwei Doppelstränge DNA, in jeder Chromatide einen. Bei der Mitose erhält jeder Tochterkern pro Chromosom einen Doppelstrang.

Wenn bei der Ergänzung der Einzelstränge zum Doppelstrang Fehler passieren, ist eine *Mutation* entstanden, in der Regel werden aber die Gene identisch verdoppelt, so daß alle Zellen eines Organismus die gleiche genetische Ausstattung haben. Obwohl Mutationen seltene Ereignisse sind, sind sie doch sehr wichtig für den Fortgang der Evolution, denn nur so können neue Merkmale entstehen. Von vielen Genen kennt man nicht nur eine, sondern zwei oder mehrere Varianten=*Allele* (allos=anders), die wohl ursprünglich durch Mutationen entstanden sind. Ein bekanntes Beispiel ist das ABO-System bei den Blutgruppen mit den Allelen A, B und O.

Die Mitose hat eigentlich nichts mit der sexuellen Fortpflanzung zu tun. Man muß sie aber kennen, um die andere Art der Kernteilung richtig zu verstehen: die *Reduktionsteilung* oder *Meiose*. Denn es sind zwei Vorgänge, die die sexuelle Fortpflanzung ausmachen: die Gametenverschmelzung und die Reduktionsteilung. Wenn sich zwei Gameten vereinigen, so ist das nicht nur eine Vereinigung der Zellen, sondern in der Regel auch der Zellkerne (nur die Pilze tanzen hier aus der Reihe). Die Gameten sind mit einem einfachen Chromosomensatz ausgestattet, sie sind *haploid* (haplos=einfach). Jeder Gamet bringt bei der Befruchtung seinen eigenen Chromosomensatz mit, dadurch erhält der Zygotenkern einen doppelten Chromosomensatz. Die Zygote ist daher eine *diploide* Zelle (diplos=doppelt). Die Chromosomenzahlen des haploiden Satzes liegen bei den Höheren Pflanzen zwischen n=2, der absoluten Untergrenze (bei *Haplopappus gracilis*, einem Korbblütler), und n=etwa 630 (bei *Ophioglossum reticulatum,* der Natterzunge, einem Farn). Bei vielen Pflanzen liegt die Chromosomenzahl des haploiden Chromosomensatzes aber zwischen n=7 und n=20.

Damit sich die Chromosomenzahl nicht bei jeder Befruchtung erneut verdoppelt, muß sie spätestens bei der Gametenbildung wieder auf den haploiden Stand zurückgeführt werden. Das schafft die *Reduktionsteilung (Meiose)*, die in zwei Schritten abläuft. Beim ersten Schritt treten je die beiden formgleichen Chromosomen des doppelten Satzes, die ursprünglich aus der Eizelle und dem Spermatozoid stammen, paarweise zusammen und ordnen sich in die Ebene der späteren Trennwand zwischen den Tochterzellen ein. Dabei ist es gleichgültig, ob sich die Chromosomen, die aus der Eizelle stammen, »rechts« oder »links« der späteren Teilungsebene befinden, auch liegen nicht alle Chromosomen, die aus der Eizelle stammen, auf der gleichen Seite (entsprechendes gilt für die Chromosomen aus dem Spermatozoid). Bei der Teilung rücken die ganzen, eben noch gepaarten Chromosomen auseinander (wir erinnern uns, bei der Mitose sind es nur die Chromosomenlängshälften!). Durch diesen Trick wird dreierlei erreicht:

Vor der Teilung: Diploider Zellkern mit doppeltem Chromosomensatz.

Es stammen:

 vom Spermatozoid,

von der Eizelle.

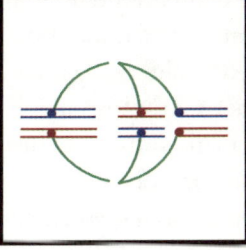

1. Reduktionsteilung: paarweise Anordnung der *ganzen* Chromosomen, bei *zufälliger* Ausrichtung. Beginn des Auseinandertretens.

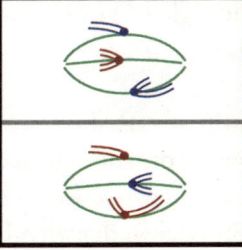

Resultat der 1. Teilung: zwei haploide Zellen mit *unterschiedlichem* Chromosomenbestand. Beginn der zweiten Teilung (normale Mitose).

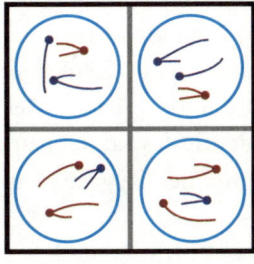

Resultat der 2. Teilung: vier haploide Zellen (Tetrade), davon je zwei genetisch identisch.

Abbildung 12: *Reduktionsteilung.*
◯ diploider, ◯ haploider Kern.
▬ alte Zellwand, ▬ neue Zellwände.
Chromosomen immer schematisch dargestellt.

- Jede Tochterzelle enthält nur noch einen Chromosomensatz, die Chromosomenzahl wird also *reduziert* (daher der Name Reduktionsteilung).
- Dank der Paarung vor der Teilung erhält jede Tochterzelle von jeder Chromosomensorte je einen Vertreter, die *gleichmäßige Verteilung* der verschiedenen Chromosomen ist also gewährleistet.
- Die Chromosomen der Tochterzellen stammen jeweils *teilweise aus der Eizelle und teilweise aus dem Spermatozoid,* weil die Orientierung der Paare ja zufällig war. Nehmen wir einen haploiden Chromosomensatz von drei Chromosomen an — dann könnten z.B. in einer Tochterzelle die Chromosomen 1 und 3 aus dem Spermatozoid stammen, Chromosom 2 aber aus der Eizelle; in der anderen Tochterzelle muß es entsprechend umgekehrt sein.

Diese neue Mischung der Chromosomen hat nur dann Auswirkungen, wenn die Eizelle und das Spermatozoid sich in ihrem Allelbestand unterschieden haben, was normalerweise auch der Fall ist. Die Vielfalt der Allele ist wohl im Laufe der Zeit durch Mutationen entstanden. Deshalb enthalten die bei der Reduktionsteilung entstandenen Tochterzellen jetzt eine andere Genmischung als die »ursprünglichen« Gameten, aus deren Verschmelzung der Organismus hervorgegangen ist, bei dem wir die Reduktionsteilung gerade beobachten.

Soweit der erste Schritt der Reduktionsteilung. Danach schließt sich als zweiter Schritt immer eine normale Mitose mit Längsteilung der Chromosomen an, die doch noch eine gewisse »Vermehrung« bewirkt. Manchmal wird sogar die Wandbildung zwischen den vier Tochterzellen bis nach der zweiten Reifeteilung verschoben, und oft hängen sie noch einige Zeit als Tetrade (tetra=vier) zusammen. (Tetraden sind ein äußerer Hinweis auf die Reduktionsteilung, denn das beweisende Zählen der Chromosomen ist doch recht mühsam.) Das Resultat der kompletten Meiose: vier haploide Zellen, von denen je zwei genetisch identisch sind. Genau dieses Resultat wird bei *Chlamydomonas* erreicht, wo aus der Zygotenwand vier haploide Zellen entlassen werden.

Zusammenfassend kann man feststellen: Durch die Verschmelzung zweier Gameten (die Befruchtung einer Eizelle durch ein Spermatozoid) werden zwei haploide Chromosomensätze mit wahrscheinlich unterschiedlichem Genbestand (durch Mutation entstanden) kombiniert und in anderer Weise bei der Reduktionsteilung wieder auf die haploiden Tochterzellen verteilt. Dadurch entstehen Lebewesen mit immer wieder anderen Genkombinationen (Rekombination des Erbguts) — das ist wohl der Sinn der sexuellen Fortpflanzung. Aus dieser immer wieder neuen genetischen Vielfalt können nun, nach der klassischen Evolutionstheorie, die am besten angepaßten Genkombinationen von der Umwelt ausgelesen werden (Selektion). Voraussetzung der Evolution sind also Veränderung des Erbguts *(Mutation)*, neue Mischung durch Befruchtung und Reduktionsteilung *(Rekombination)* und schließlich Auswahl der geeignetsten Kombinationen *(Selektion)*.

Die Höheren Pflanzen und ihr Generationswechsel

Bei allen Organismen mit sexueller Fortpflanzung, und dazu gehören alle Höheren Pflanzen und Tiere, sind die beiden wichtigsten Ereignisse im Verlauf eines Fortpflanzungszyklus die *Reduktionsteilung* und die *Vereinigung der Gameten*. Wenn diese beiden Ereignisse unmittelbar aufeinander folgten, würden sich Gameten (haploid) und Zygoten (diploid) dauernd abwechseln. Das kommt aber in der Natur nicht vor. Es treten entweder in der haploiden oder in der diploiden Zelle oder in beiden normale (mitotische) Teilungen auf, die eine sog. *Generation* begründen. Diese Mitosen führen entweder zu Wachstum (z.B. bei Tieren) oder zu vegetativer (ungeschlechtlicher) Vermehrung (z.B. bei *Chlamydomonas*).

Die Tiere, die wir kennen, und auch wir Menschen, sind diploide Wesen, aus der Zygote entsteht durch Mitosen der vielzellige Körper. Sie sind zudem auch (abgesehen von ein paar Fischen, die ihr Geschlecht wechseln) eingeschlechtliche Organismen; jedes Einzelwesen ist entweder ein »Männchen« oder ein »Weibchen«. In den männlichen Keimdrüsen, den Hoden, entstehen durch Reduktionsteilung die Spermazellen, in den weiblichen Keimdrüsen, den Eierstöcken, die Eizellen. Erst bei der Gametenbildung selbst tritt die Reduktionsteilung ein, nur die Gameten sind haploid. Falls sie nicht mit einem andersgeschlechtlichen Gameten verschmelzen können, sterben sie ab. Sie sind (vom Spezialfall der Parthenogenese abgesehen) nicht teilungsfähig.

Bei den Höheren Pflanzen ist vieles anders. Alle haben einen *Generationswechsel*, das heißt, ein haploider Organismus und ein ganz anders gestalteter diploider Organismus wechseln regelmäßig ab. Das ist eigentlich sehr merkwürdig, denn der Genbestand dieser beiden Organismen ist im Prinzip gleich, sie haben die gleichen Chromosomen, nur einmal als einfachen, das andere Mal als doppelten Satz. (Vermutlich kommen in beiden Generationen verschiedene Gene zur Wirkung.) Sowohl die durch die Reduktionsteilung entstehenden haploiden Zellen als auch die durch die Befruchtung entstehenden diploiden Zellen teilen sich durch Mitosen und bilden vielzellige Pflanzenkörper.

Formal läuft der Entwicklungszyklus wie folgt ab: *Zwei Gameten*, eine Eizelle und ein Spermatozoid, *vereinigen sich zur diploiden Zygote*. Aus dieser Zelle geht durch normale Zellteilungen die *diploide Generation* hervor. Auf diesem Organismus findet zu bestimmten Zeiten in besonderen Organen die *Reduktionsteilung* statt, und zwar in vielen benachbarten Zellen gleichzeitig. Dadurch entstehen meist viele haploide Zellen mit derber Wand, die in der Regel zur Ausbreitung der Pflanze beitragen: die *Sporen*. (Genauer: Meiosporen, weil durch Meiose entstanden.) Die sporenproduzierende Pflanze wird daher als *Sporophyt* bezeichnet, die Behälter, in denen die Sporen entstehen, als *Sporangien*. Die Sporen verhalten sich nicht als Gameten, sondern keimen durch normale Zellteilungen (Mitose) zur haploiden Pflanze aus. Diese *haploide Generation* heißt *Gametophyt*, denn erst an ihr entstehen die Gameten, wiederum in bestimmten Behältern, den *Gametangien*. Bei den Höheren Pflanzen gibt es immer vielzellige Gametangien, welche entweder eine einzige Eizelle enthalten (dann sind es *Archegonien*) oder viele Spermatozoiden (dann heißen sie *Antheridien*, der Name kommt daher, weil die Botaniker nach LINNÉ bei den Kryptogamen nach Antheren, also Staubbeuteln suchten). Abbildung 14 auf S. 92/93 zeigt Archegonien und Antheridien bei Moosen und Farnen. Bei den sog. Niederen Pflanzen existieren solche mehrzelligen Gametangien nicht. So wandelt sich z. B. bei *Chlamydomonas* der Inhalt einer Zelle zu einer Eizelle um, oder durch mehrere Teilungen in einen Schwarm von Spermatozoiden; die alte Zellwand ist hier der Behälter der Gameten.

Ein gemeinsames Merkmal aller Höheren Pflanzen ist auch, daß die Eizellen in den Archegonien liegenbleiben und dort befruchtet werden. Deshalb beginnt auch die Embryonalentwicklung des Sporophyten bei allen Gruppen im Schutze des Archegoniums.

Bei den Algen gibt es, wie wir bei *Chlamydomonas* sahen, auch noch Beispiele für die dritte denkbare Variante: Alle Zellen sind haploid außer der Zygote. In diesem Fall ist die Zygote nur zur Reduktionsteilung, aber nicht zu einer gewöhnlichen Mitose fähig, wohl aber können sich die haploiden Zellen mitotisch teilen. Bei Algen ist oft die Zygote besonders dickwandig und kann als »Ruhestadium« das Austrocknen eines nur periodisch wasserführenden Tümpels überdauern.

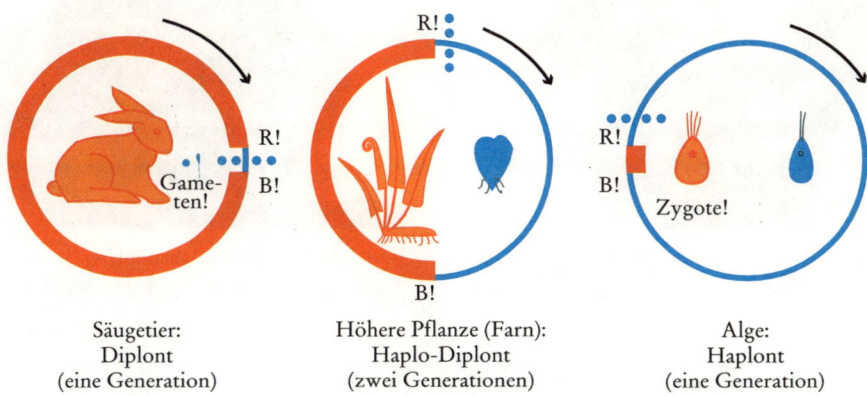

Säugetier:
Diplont
(eine Generation)

Höhere Pflanze (Farn):
Haplo-Diplont
(zwei Generationen)

Alge:
Haplont
(eine Generation)

Abbildung 13: *Lebewesen mit und ohne Generationswechsel.*
Es bedeuten: R! = Reduktionsteilung, B! = Befruchtung, roter dicker Kreis: diploide Phase,
blauer dünner Kreis = haploide Phase. Haploide oder diploide Zellen, die sich nicht mitotisch
teilen, zählen nicht als Generation (links: Gameten, rechts: Zygote).

Die Höheren Pflanzen sind mit ihrem Generationswechsel ebenso erfolgreich wie die diploiden Tiere ohne Generationswechsel. Man kann also nicht
sagen, daß einer der drei beschriebenen Lebenszyklen prinzipiell besonders
vorteilhaft sei, und hat ein Beispiel mehr, daß nebeneinander mehrere Möglichkeiten im Laufe der Evolution realisiert und beibehalten wurden.

Manche Forscher sehen aber in der diploiden Lebensweise einen Vorteil. In
diploiden Lebewesen ist jedes Gen in allen Zellen zweimal vorhanden, in seiner mütterlichen und seiner väterlichen Version. Wenn eines der beiden Allele
zu den gerade herrschenden Umweltgegebenheiten nicht so gut paßt, kann oft
das andere, passendere einspringen, der Organismus wird in seinem Überleben nicht beeinträchtigt. Das ist ein Schutzmechanismus, der erlaubt, daß
Allele, die vielleicht unter anderen Bedingungen als den gegenwärtigen günstig
sind, nicht sofort wieder durch die gerade herrschenden Selektionsfaktoren
ausgelöscht werden, sondern in einer Population erhalten bleiben. Falls sich
die Umweltbedingungen dann ändern, sind vielleicht schon Organismen mit
zu diesem Zeitpunkt vorteilhaften Allelen vorhanden, die sich nun kräftig vermehren können.

Junge Pflanzen (Gametophyten)
eines Laubmooses *(Funaria)*

Thallus (Gametophyt)
eines großen Lebermooses *(Conocephalum)*

Archegonium

leeres Antheridium

vergrößerter Archegonien-
bauch, der einen jungen
Sporophyten enthält

Moose —
Gametophyt und Sporophyt
Abbildung 14a

Oben: *Gametophyten* der zwei großen Klassen der Moose. Beim Laubmoos ist die Gliederung in Stämmchen und Blättchen erkennbar, das Lebermoos bildet, wie die meisten Großformen dieser Klasse, einen Thallus.

Mitte: gemischtgeschlechtlicher *Gametangienstand* an der Stämmchenspitze des Gametophyten von *Bryum caespititium*, mit (schon leeren) Antheridien und drei Archegonien.

Unten: Sporenkapsel und Seta des *Sporophyten*, der mit dem unsichtbaren Fuß im Gametophyten steckt.

unreife und reife Sporenkapseln
(Sporophyt) eines Laubmooses

(unselbständiger)
Sporophyt

Gametophyt

Farm mit länglichen
Sori und Schleiern
vom *Asplenium*-Typ

Polypodium
(Tüpfelfarn),
Sori ohne Schleier

Dryopteris (Wurmfarn),
Fiedern verschieden alt,
mit nierenförmigen Schleiern

Echte Farne —
Sporophyt und Gametophyt
Abbildung 14b

Brutpflänzchen zur vegetativen
Vermehrung auf dem
Blatt eines tropischen Farns

Oben: Ausschnitte aus Fiedern des *Sporophyten*
verschiedener Farne, mit unterschiedlichen Sori
(= Sporangienhaufen).
Unten: stark vergrößerte Darstellung des winzigen selbständigen Farn-*Gametophyten* von *Polypodium.*

Freier Archegonienhals (rot) und eingesenkte Eizelle (dunkelblau). Zur Befruchtung öffnet sich der Hals an der Spitze, und
die Halskanalzelle (hellblau) verschleimt.

Längsschnitt   Aufsicht

Links: zwei Antheridien im Längsschnitt (mit Spermatozoiden)
Mitte: in Aufsicht (zwei Ringzellen und Deckelzelle)
Rechts: zwei leere Antheridien

0,1 mm

1 mm

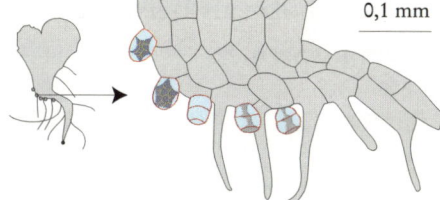

Älterer Gametophyt mit Archegonien

Junger Gametophyt mit Antheridien

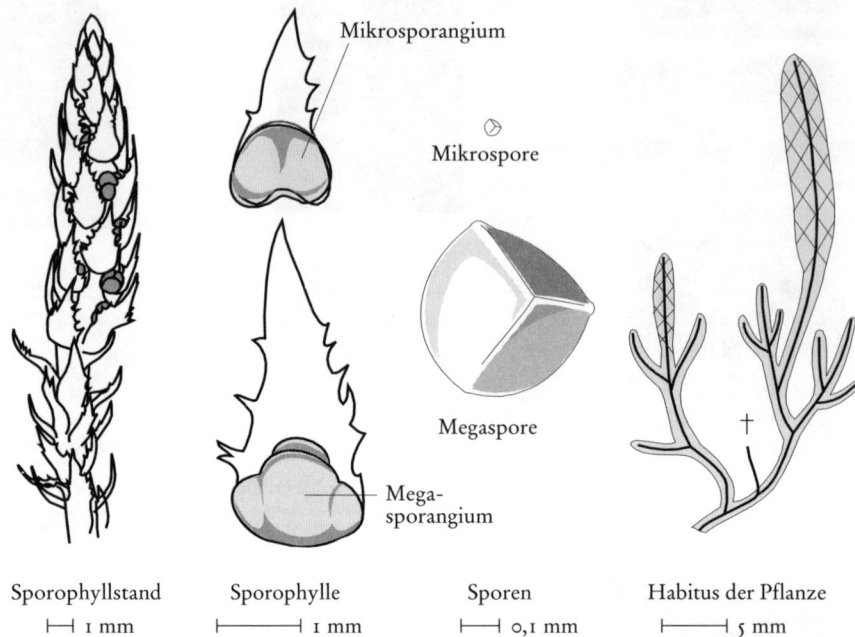

Mikrosporangium

Mikrospore

Megaspore

Mega-
sporangium

Sporophyllstand	Sporophylle	Sporen	Habitus der Pflanze
⊢─┤ 1 mm	⊢────┤ 1 mm	⊢──┤ 0,1 mm	⊢────┤ 5 mm

Abbildung 15: Heterosporie bei Selaginella selaginoides, der alpinen Moosfarnart.
Das Kreuz markiert die Lage des vorjährigen abgestorbenen Sporophyllstandes.

Selaginella, eine heterospore Farnpflanze

Nadelgehölze als Beispiele der
Gymnospermen

⊢1cm⊣

Abbildung 16:
Zapfen der Douglasie.

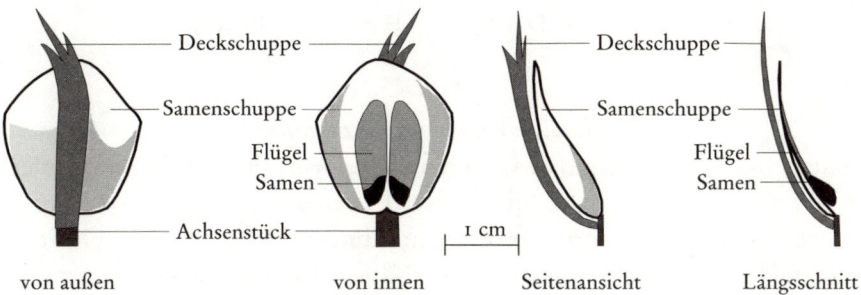

Deckschuppe — Deckschuppe

Samenschuppe — Samenschuppe

Flügel — Flügel

Samen Samen

Achsenstück 1 cm

von außen von innen Seitenansicht Längsschnitt

Abbildung 17: *Schuppenkomplex des Douglasienzapfens.*

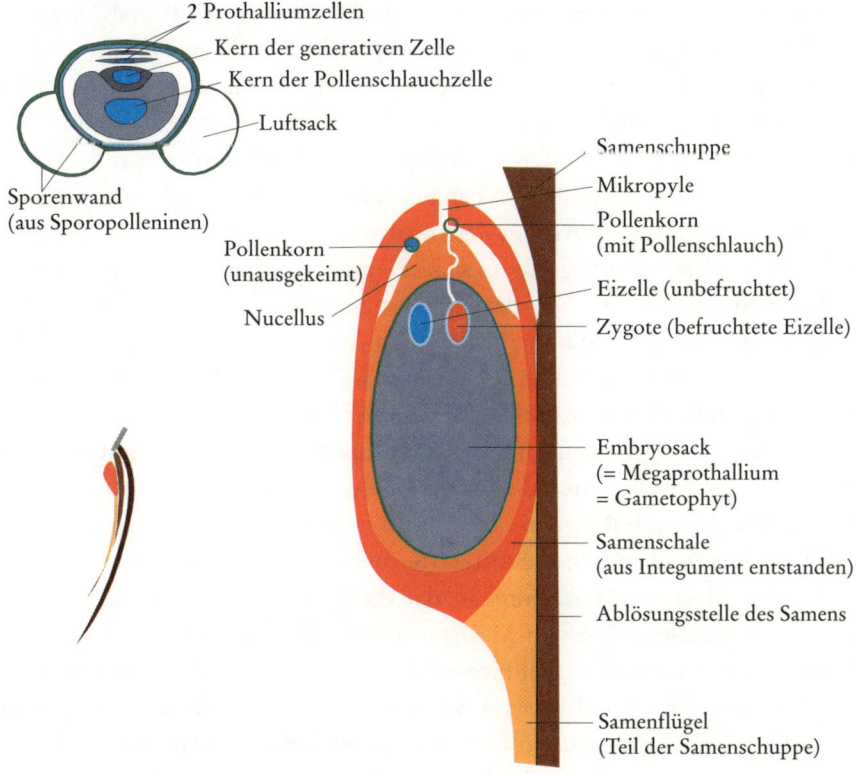

2 Prothalliumzellen

Kern der generativen Zelle

Kern der Pollenschlauchzelle

Luftsack

Sporenwand
(aus Sporopolleninen)

Samenschuppe

Mikropyle

Pollenkorn
(mit Pollenschlauch)

Pollenkorn
(unausgekeimt)

Eizelle (unbefruchtet)

Nucellus

Zygote (befruchtete Eizelle)

Embryosack
(= Megaprothallium
= Gametophyt)

Samenschale
(aus Integument entstanden)

Ablösungsstelle des Samens

Samenflügel
(Teil der Samenschuppe)

Abbildung 18: *Pollenkorn und Samenanlage der Kiefer.*
Links unten zum Vergleich: Schuppenkomplex der Douglasie mit Samenanlage. Die Lagebeziehung Samenschuppe/Samenanlage entspricht der bei der Kiefer. Allerdings ist bei der Kiefer die Deckschuppe sehr klein und mit der Samenschuppe verwachsen.

DIE GRUPPEN DER »HÖHEREN PFLANZEN«

Moose:
Die haploide Generation dominiert

Bei den *Moosen* ist die haploide Generation die kleine Pflanze, die wir kennen. Sie bildet Polster auf dem Waldboden oder überzieht Baumstrünke, Stammansätze oder Mauern und Felsbrocken mit dünnen Belägen, selten bildet sie flache Lager auf nacktem Boden. Die größten Moose erreichen etwa 30 cm Höhe, die meisten sind aber viel kleiner. Entweder ist ein einzelnes Moospflänzchen in Stämmchen, Blättchen und wurzelartige Fäden (Rhizoiden) gegliedert wie bei den Laubmoosen und einigen Lebermoosen, oder es bildet, beim Rest der Lebermoose, einen sogenannten *Thallus*, ein flaches, meist etwas gabelig gelapptes Gebilde, das der Unterlage aufliegt. Darum sind die Moose in der Übersichtstabelle zwischen der alten Gruppe der Thallophyten und jener der Kormophyten angesiedelt. Die Gametangien entstehen bei den polsterbildenden Laubmoosen an der Spitze der beblätterten Sprößchen, die Antheridien und Archegonien stehen manchmal zusammen, aber meistens getrennt an verschiedenen Ästen oder sogar in getrennten Polstern. Sie sind so klein, daß man sie von Auge kaum sieht. Beim Frauenhaarmoos *(Polytrichum)* und dem Sternmoos *(Mnium-*Arten), häufigen polsterbildenden Moosen unserer Wälder, fallen die Stämmchen mit den Antheridienständen durch stärker abgespreizte oberste Blättchen auf, die man früher, in falscher Analogie zu den Blütenpflanzen, als »Moosblüten« bezeichnet hat.

Spermatozoiden werden im Überschuß produziert, da sie einen risikoreichen Weg zur Eizelle schwimmend zurücklegen müssen. Sie schwimmen im Wasserfilm, der nach Regen die Moospolster oder Thalli überzieht, angelockt von besonderen chemischen Stoffen (Sexuallockstoffe=Pheromone), welche die Eizelle aussendet. Man nimmt an, daß die Spermatozoiden auch durch aufspritzende Regentropfen von Moospolster zu Moospolster verfrachtet werden können, denn vermutlich messen die durchschwommenen Strecken nur nach Zentimetern. Pro Moosstämmchen wird meistens nur ein Archegonium befruchtet. Aus der Zygote entwickelt sich, durch das zunächst mitwachsende Archegonium geschützt, der Embryo der diploiden Generation.

Die diploide Generation, der Sporophyt, bleibt zeitlebens von der haploiden Generation abhängig, aus der er alle nötigen Nährstoffe bezieht. Der Sporophyt ist in der Regel viel kleiner (2–5 cm lang) und äußerlich viel weniger stark gegliedert als die haploide Generation und besteht, abgesehen vom (unsichtbaren) Fuß, der den Gametophyten anzapft, aus einem Kapselstiel (Seta) und einer Sporenkapsel, die schließlich eine große Zahl von Sporen entläßt. Es sind die vielen Sporen, die wirksam zur Vermehrung und Ausbreitung beitragen, denn eine haploide Moospflanze bildet pro Vegetationsperiode (viele Moose sind ausdauernde Pflanzen) nur wenige Archegonien und daher Eizellen. Es kann daher nur wenige Zygoten geben, und damit auch nur eine geringe Zahl von Sporenkapseln.

Bei den Laubmoosen keimt die Spore nicht sofort zum beblätterten Moospflänzchen aus, sondern zunächst entsteht ein einzellreihiger Faden, der sich rasch verzweigt. Auf einem geeigneten Nährboden kann dieses *Protonema* (erster Faden) genannte Jugendstadium eine ganze Petrischale füllen. Mit der Zeit entstehen daran ganz viele Knospen der oben geschilderten beblätterten Moospflänzchen, so daß aus einer Spore ein ganzes Moospölsterchen entstehen kann. Am Protonema findet also eine Art vegetativer Vermehrung statt, mit der Zeit verschwindet es und die einzelnen Moosstämmchen werden isoliert.

Farnpflanzen:
Erfindung der Heterosporie

Zu den *Farnpflanzen* werden nicht nur die Farne mit den großen Wedeln, die in ihrer Jugend so dekorativ eingerollt sind, sondern einerseits auch die kleinblättrigen Gruppen der Bärlappe *(Huperzia, Lycopodium, Diphasium)*, Moosfarne *(Selaginella)* und Brachsenkräuter *(Isoetes)* gerechnet, die in Mitteleuropa nur an besonderen Standorten vorkommen und überhaupt selten bis sehr selten sind, andererseits die ebenfalls kleinblättrigen Vertreter der Schachtelhalme (einzige Gattung weltweit: *Equisetum*), die im Ackerschachtelhalm sogar ein lästiges Unkraut stellen.

Bei allen Farnpflanzen ist die sporenbildende diploide Generation, der Sporophyt, die Pflanze, die wir vielleicht kennen. Verglichen mit dem Sporophyten ist die haploide Generation, der Gametophyt, winzig klein (einige Millimeter bis höchstens Zentimeter). Außer bei den echten Farnen hat man kaum die Chance, diese Generation je in freier Wildbahn zu sehen, und leicht kultivieren lassen sich auch nur die Gametophyten der echten Farne und der Schachtelhalme. Wer unter seinen Grünpflanzen auch Farne hält, wird die sehr zarten, oft herzförmigen, dunkelgrünen »Blättchen«, welche die Farngametophyten darstellen, in einem Nachbarblumentopf auf dem Fensterbrett meistens auch erst dann entdecken, wenn daran ein junger, hellgrüner Farnsporophyt heranwächst.

Auf der Unterseite des *Prothalliums*, wie der Gametophyt hier bezeichnet wird, entstehen in vielen Fällen zuerst die kugeligen Antheridien, meist etwas später die Archegonien. Auch hier werden die Spermatozoiden in den Wasserfilm entlassen, der sich zwischen Boden und Thallus befindet. Die Eizelle wird im Archegonium befruchtet, aber der Embryo wird, anders als bei den Moosen, ganz schnell selbständig, indem er seine erste Wurzel in den Boden senkt und sein erstes, noch sehr kleines und einfaches Blatt entfaltet. Sobald eine Eizelle befruchtet wird, stellt das Prothallium sein Wachstum ein und stirbt ab, wenn der junge Sporophyt selbständig geworden ist. Wenn es jedoch zu keiner Befruchtung kommt, überlebt ein solches Prothallium in Kultur über Jahre als »alte Jungfer«, trägt aber zur Population seiner Art nichts bei.

Das Prothallium mit der daran hängenden jungen Farnpflanze erinnert etwas an ein Laubmoos-Protonema mit den Knospen der beblätterten Sprößchen. Betrachtet man aber die daran beteiligten Generationen, besteht ein entscheidender Unterschied: beim Farn handelt es sich um zwei verschiedene Generationen (Gametophyt und Sporophyt), beim Laubmoos nur um die Jugend- und Altersform der gleichen (gametophytischen) Generation.

Bei den Farnen sind die einzelnen Sporangien kleiner als bei den Moosen. Oft bilden sie Gruppen auf der Unterseite der Wedel (die Wedel kann man in diesem Fall *Sporophylle* nennen, also sporangientragende Blätter) und werden während ihrer Entwicklung in vielen Fällen von einem kleinen, einschichtigen Häutchen, dem Schleier, geschützt. Schön ist das beim gewöhnlichen Wurmfarn *(Dryopteris filix-mas)* oder bei einem seiner Verwandten im Mai zu sehen. Wenn die Sporangien reifen und braun werden, vertrocknen die nierenförmigen Schleier und legen die Sporangien frei. Wer eine Lupe mit Fuß besitzt, kann zusehen, wie sich die reifen Sporangien beim Austrocknen öffnen und die Sporen wegschleudern. Meistens guckt man aber nicht so genau hin und sieht die ganzen Sporangiengruppen nur als braune Punkte oder Strichelchen auf der Unterseite der Wedel.

Die hauptsächlich tropische Gruppe der Moosfarne (Gattung *Selaginella*), die mit wenigen Arten in den Alpen und im Mittelmeergebiet vertreten ist, zeigt in besonders übersichtlicher Weise eine Entwicklung, die vermutlich auch in der Stammesgeschichte der Samenpflanzen abgelaufen ist und darum großes theoretisches Interesse verdient (vgl. Abbildung 15, S. 94). Bei *Selaginella selaginoides*, einer etwa 3 cm hohen Alpenpflanze, die man, beim Mittagessen auf einer mageren Weide sitzend, plötzlich zwischen seinen Knien im kurzen Gras entdeckt, stehen die Sporangien einzeln in den Achseln der obersten Blätter als kleine, etwa 1 mm große gelbe Kügelchen. Guckt man genau hin, am besten mit einer Lupe, sieht man zwei verschiedene Formen. Die oberen sind etwas abgeflacht und glatt, die unteren zeigen vier Buckel. Untersucht man ihren Inhalt unter dem Mikroskop, findet man in den glatten sehr viele sehr kleine Sporentetraden (von Meiosporen, also durch Reduktionsteilung entstanden, s. S. 87 und 90). Diese kleinen Sporen nennt man *Mikrosporen*. In jedem buckeligen Sporangium steckt aber nur eine einzige Sporentetrade, und die einzelnen Sporen sind so groß, daß man sie knapp von Auge sehen und mit den Fingern fühlen kann. Sie werden als *Megasporen* bezeichnet. Man nennt die Sporangien, nach den darin gebildeten Mikro- und Megasporen, *Mikrosporangien* und *Megasporangien*. Sie unterscheiden sich zwar in der Form etwas, sind aber etwa gleich groß. Da sich die Sporen so deutlich in der Größe unterscheiden, spricht man bei *Selaginella* von *Heterosporie* (heteros = verschieden). Im Gegensatz dazu haben die Bärlappgewächse, die z. T. auf den ersten Blick wie etwas gröbere Pflanzen von *Selaginella selaginoides* aussehen, nur eine einzige Sporensorte, sie sind *isospor* (iso=gleich). Auch die meisten echten Farne sind isospor.

Sowohl die Mikrosporen als auch die Megasporen werden bei *Selaginella* entlassen und fallen, vom Winde verweht, irgendwo auf die Erde. Die Gametophyten wachsen hier aber gar nicht mehr aus der Sporenwand heraus und entwickeln sich nicht zu grünen, autotrophen Pflanzen. Vielmehr leben sie ganz aus den Vorräten, die in der Spore vorhanden sind. Die winzige Mikrospore erlaubt mit ihren geringen Vorräten nur die Entwicklung eines winzigen *Mikrogametophyten*, der in der Mikrosporenwand liegenbleibt, ein aus wenigen Zellen bestehendes Gebilde, in dem man fast nur noch ein Antheridium sehen kann, das wenige Spermatozoiden entläßt. In der Megaspore, ebenfalls innerhalb der Wand, entwickelt sich der *Megagametophyt* (oder das *Megaprothallium*). Die riesige Sporenzelle teilt sich noch in über hundert kleine Zellen auf und bildet nach und nach (wohl um die Wahrscheinlichkeit einer Befruchtung zu erhöhen) einige Archegonien aus, die mit ihren Hälsen etwas aus der klaffenden Megasporenwand herausragen. Sie müssen ja für die schwimmenden Spermatozoiden zugänglich sein. Wenn eine Befruchtung eintritt, müssen die Vorräte des Megaprothalliums auch noch für die ersten Stadien der Embryoentwicklung ausreichen. So viel »Vorrat« kann nur in die ungewöhnlich großen Megasporen gepackt werden. Aber schon bald wird auch bei *Selaginella* der Sporophyt selbständig.

Erinnern wir uns: die Prothallien der echten Farne tragen meistens zuerst Antheridien und später, wenn sie etwas größer sind, Archegonien. Die männlichen und weiblichen Gameten werden am gleichen Gametophyten, nur manchmal in zwei zeitlich aufeinanderfolgenden Phasen erzeugt, aber eigentlich ist der Gametophyt zwittrig. Das ist anders bei *Selaginella*. Die Mikroprothallien oder Mikrogametophyten entwickeln immer nur männliche Gameten, die Spermatozoiden (und sterben ab, wenn diese entlassen sind), die Megagametophyten bilden nur Eizellen. Es gibt hier ganz klar männliche und weibliche Prothallien. Man kann eigentlich schon an der Größe der Sporen das Geschlecht der Prothallien voraussagen, die Unterscheidbarkeit von »männlich« und »weiblich« ist hier also schon auf die Sporen vorverlegt. Auch bei den Sporen, nicht nur bei den Gameten, ist groß mit weiblich, klein mit männlich assoziiert.

*Entwicklung des Samens
als Vermehrungs- und Ausbreitungseinheit*

Die Samenpflanzen erscheinen in unserer Aufstellung mit einer nur ihnen eigenen, neuen Verbreitungseinheit, dem *Samen*. Zwar dienen sowohl Sporen als auch Samen zur Ausbreitung, aber in ihrer Entstehung und in ihrem Bau sind sie ganz verschieden, und auch die Verbreitungsmittel unterscheiden sich. Sporen sind bei den höheren Pflanzen immer einzellig und entstehen direkt durch die Reduktionsteilung, sie werden in der Regel durch den Wind befördert; die Samen hingegen sind immer vielzellig und daher viel größer als die Sporen, ihre vielfältigen Transportmittel werden ab S. 408 behandelt. Bei den Gymnospermen umfassen die Samen sogar klar erkenntlich Zellen, die zu drei ineinandergeschachtelten Generationen gehören!

Man ist versucht, mit dem Begriff »Sporen« etwas Urtümliches zu verbinden, gibt es sie doch auch schon bei den Niederen Pflanzen, z.B. den Pilzen. Das stimmt aber nicht, auch hat die »Erfindung« der Samen keineswegs das Verschwinden der Sporen zur Folge. Der ganze Fortpflanzungszyklus mit Sporophyt, Sporangien und Sporen, Gametophyten, Gametangien und Gameten, kurz, der ganze Generationswechsel, wie er eben bei der heterosporen *Selaginella* geschildert wurde, kommt auch bei allen Samenpflanzen vor, aller-

dings ist die haploide Generation immer versteckt und zum Teil extrem reduziert. Erst 1851 veröffentlichte HOFMEISTER seine Erkenntnisse über diese
verborgene haploide Generation bei den Gymnospermen, bei den Angiospermen wurden die Verhältnisse noch später geklärt.

Begeben wir uns also am Beispiel der Kiefer auf die Suche nach den Sporen!
Nach dem Fahndungsbild sind Zellen gesucht, die durch Reduktionsteilung
entstanden sind und derbe Wände mit besonderen Auflagerungen besitzen
und zudem durch den Wind verbreitet werden.

Ende Mai, wenn auf den Magerrasen die ersten Orchideen blühen, findet
man an Gebüschsäumen gelegentlich auch niedrige blühende Kiefern, an denen alle Teile, die uns jetzt interessieren, in Reichweite liegen. Fast am Ende
einiger Zweige, aber an der Basis des neuen Jahrestriebs, sitzen kleine bräunli-
che Gebilde, aus denen der Wind ein gelbes Pulver entführt, den *Pollen*, der
aus den *Pollenkörnern* besteht. Sie stammen aus den Pollensäcken der Staubblätter, wo sie durch Reduktionsteilung entstehen. Ihre Wände besitzen eine
Auflage aus den gleichen ungewöhnlich dauerhaften Substanzen wie die Sporen der Farnpflanzen. Also entsprechen sie den Sporen, genau genommen den
Mikrosporen. Wir können folgern, daß der *Pollensack* dem *Mikrosporangium*
entspricht, das *Staubblatt* ist dann das Blattorgan, das die Mikrosporangien
trägt (das *Mikrosporophyll*), und die ganze Kiefer stellt den *Sporophyten* dar.
Man kann sich natürlich darüber ärgern, daß hier wieder neue Namen für »alte
Bekannte« auftauchen, aber als die Bezeichnungen Staubblatt, Pollensack und
Pollenkorn vergeben wurden, hat man den Zusammenhang mit dem Genera-
tionswechsel der Farnpflanzen noch nicht einmal geahnt.

Die Staubblätter stehen in großer Zahl an kurzen Seitenachsen, die nicht
mehr weiterwachsen, man kann diese Kurztriebe darum »männliche Blüten«
nennen (auf die Definition der Blüte kommen wir auf S. 221 noch zurück). Am
Grund des kräftigen, langen Jahrestriebes stehen meist ganz viele »männliche
Blüten«, erst darüber kommen die vegetativen Kurztriebe mit den zwei Nadelblättern.

Nachdem die Mikrosporen, welche die männlichen Gametophyten bilden
werden, sich in den Pollenkörnern noch einigermaßen gut erkennen ließen,
fehlt noch das »weibliche« Geschlecht. Wo sind die *Megasporangien* zu finden? Sie liegen in den *Zapfen*. Wenn die Kiefer stäubt, findet man am Baum
Zapfen in drei Altersstadien: zuäußerst an den Zweigspitzen ganz kleine rote,
auf der Höhe der ersten dicken Seitenzweige unter der Astspitze sitzen grüne

Zapfen, und noch eine Etage tiefer sind es die braunen, verholzten. Diese haben im vergangenen Winter ihre geflügelten Samen in den Wind gestreut.

Leider sind Kiefernzapfen besonders hart. Besser untersucht man noch »grüne« Zapfen von Lärchen oder Douglasien, die manchmal vom Sturm heruntergeschlagen werden, denn meistens sitzen sie in den obersten Ästen. Die Zapfen unserer heimischen Nadelbäume (aus der Familie der Kieferngewächse) sind aus Schuppenpaaren aufgebaut, deren »Partner« direkt übereinander stehen. Die Paare selber sind in spiraliger Anordnung um die Zapfenachse herum angeordnet. Am fertigen Zapfen wird die obere der beiden Schuppen, die sogenannte *Samenschuppe*, meist so groß, daß sie die untere, die *Deckschuppe*, verdeckt. Nur bei der Douglasie *(Pseudotsuga menziesii)*, die mancherorts als ausländischer Waldbaum kultiviert wird und auch in städtischen Parks zu finden ist, überragt sie mit ihrer feinen Spitze auch am fertigen, braunen Zapfen noch die Samenschuppe (s. Abbildung 17, S. 95). Auf den Samenschuppen liegen bei den Kieferngewächsen immer zwei *Samenanlagen* symmetrisch zueinander links und rechts der Mittellinie. Am besten sieht man sie, wenn man einen noch grünen Zapfen durchschneidet oder auseinanderbricht. In diesem mittleren Entwicklungsstadium zeichnet sich der Samenflügel schon schwach auf dem äußeren Teil der Samenschuppe ab, die Samenanlagen liegen leicht schräg zur Schuppenachse und sind mit ihrer freien Spitze nach innen, zum Zentrum des Zapfens gerichtet. Für die Beobachtung der Deckschuppe ist die Kiefer ungeeignet. Sie bleibt winzig klein und verwächst früh mit der Samenschuppe.

Im Kern der Samenanlage, dem *Nucellus*, findet man schließlich das gesuchte *Megasporangium*. Der Nucellus wird eingehüllt vom *Integument*, einem Wulst, der am Grund des Nucellus angelegt wird und ihn beim Wachsen rasch überholt, fast so, wie wenn man einen zuvor aufgerollten Strumpf über den Fuß zieht. Das Integument läßt an der Spitze eine kleine »Pforte« offen (die *Mikropyle*), sie ist zur Zapfenachse gerichtet. Innerhalb dieses Nucellus findet die Reduktionsteilung in einer einzigen, großen Zelle statt, wobei zwangsläufig vier Zellen, die Megasporen, entstehen, von denen aber drei absterben. Die vierte nimmt etwa den Raum der Mutterzelle ein und wächst weiter heran. Da es sich bei der großen Zelle um eine Spore handelt, entwickelt sie nach Abschluß ihres Wachstums noch die sporenübliche Wandauflage. Durch die Reduktionsteilung verrät sich der Nucellus als Megasporangium. Die einzige Megaspore wird aber nicht mehr (wie bei *Selaginella*) aus dem Sporangium entlassen, sondern bleibt im Nucellus liegen. Das ist (neben der Heterosporie) der entscheidende Entwicklungsschritt, der zur Samenbildung führt.

Wenn wir mit unserer Deutung der Mikro- und Megasporen richtig liegen, können wir jetzt ein *Mikro-* resp. ein *Megaprothallium* mit *Antheridien* resp. *Archegonien* erwarten.

Beginnen wir beim Pollenkorn (s. Abbildung 18 links, S.95). Es entspricht einer Mikrospore, solange es nur aus einer Zelle besteht. Aber schon im Pollensack entwickelt sich innerhalb der Wand des Pollenkorns der winzige *Mikrogametophyt*, die männliche haploide Generation (bei *Pinus* besteht er zur Zeit des Verstäubens nur aus vier Zellen, später kommen noch drei weitere dazu). Das Gebilde ist so stark reduziert, daß ein Antheridium nicht mehr auszumachen ist. Mit dem Wind und großem Glück gelangen die Pollenkörner, die jetzt den jungen Mikrogametophyten enthalten, bei der Kiefer zwischen die Zapfenschuppen der roten Zäpfchen an den äußersten Zweigspitzen und da in einen Flüssigkeitstropfen, den der Nucellus durch die Mikropyle ausgeschieden hat. Wenn er eintrocknet, »schlürft« er die hineingefallenen Pollenkörner durch die Mikropyle auf den Nucellus (Vorgang der *Bestäubung* bei Gymnospermen). Hier »keimt« nun eine Zelle des Mikrogametophyten doch noch zu einem Schlauch aus, der die Pollenkornwand durchbricht und in den Nucellus eindringt. Damit verankert sich der Mikrogametophyt und ernährt sich vermutlich auch aus den Vorräten des Nucellus, aber sonst kehrt Ruhe ein, die Entwicklung des Mikrogametophyten geht erst etwa ein Jahr später weiter. Die meisten Pollenkörner gehen bei der Verfrachtung durch den Wind verloren. Zur Blütezeit der Kiefern kann man auf Pfützen oder Waldwegen gelbe Schlieren sehen. Es ist zusammengeschwemmter Kiefernpollen, in abergläubischeren Zeiten sprach man vom »Schwefelregen«.

Wenn die Pollenkörner den Nucellus erreicht haben und der Pollenschlauch in den Nucellus eindringt, liegt noch die einzige und zu diesem Zeitpunkt einzellige Megaspore im Nucellus, dem »Sporenbehälter«. (Dieses Gebilde bekam zuerst den Namen *Embryosack*, bevor man die Zusammenhänge mit den heterosporen Farnpflanzen kannte.) Im Ruhejahr des Mikrogametophyten auf dem Nucellus wächst der Zapfen vom kleinen roten Stadium zum fast schon ausgewachsenen grünen heran. Während dieser Zeitspanne »keimt« die Megaspore, aber nur innerlich, das heißt, wie bei *Selaginella* wird die Megaspore in viele hundert Zellen zerlegt, die das *Megaprothallium* bilden (s. Abbildung 18 rechts, S.95). Da die Megaspore ja nicht entlassen wird, bleibt auch das daraus entstandene Megaprothallium im Kontakt mit dem Nucellus und bezieht Nähr- und zukünftige Speicherstoffe daraus, so daß es enorm wachsen kann. Das ist vielleicht der »Zweck« des Einschließens. Am Megagametophyten entwickeln sich drei bis fünf zwar reduzierte, aber gerade noch erkennbare Archegonien gleichzeitig. Sie enthalten je eine Eizelle.

Halten wir fest: Der Megagametophyt, also die weibliche haploide Generation, liegt im Inneren der besonderen Sporenwandauflage und eingeschlossen im vielschichtigen Nucellus. Diese »Neuerung« hat den »Nachteil«, daß kein Spermatozoid mehr eine Chance hätte, die Eizelle schwimmend zu erreichen, wie das bei den Moosen und Farnpflanzen mit den aus dem Prothallium herausragenden Archegonienhälsen möglich ist. Hier muß also ein anderes Verfahren zur Übertragung der männlichen Gameten »erfunden« worden sein. Der Einschluß der Megaspore hat aber auch einen »Vorteil«, er ist nämlich eine notwendige Voraussetzung der Samenbildung.

Ungefähr ein Jahr nach der Bestäubung, im Stadium der grünen Zapfen, sind die Eizellen reif zur Befruchtung. Jetzt wächst der Pollenschlauch vollends durch den Nucellus hindurch, durchbricht die Megasporenwand und dringt in ein Archegonium ein. Eine Zelle des Mikrogametophyten hat sich erst jetzt in zwei *Spermazellen* geteilt, die keine Geißeln mehr besitzen. Sie geraten in die Pollenschlauchzelle hinein und durch den Pollenschlauch zur Eizelle eines Archegoniums. Eine Spermazelle verschmilzt mit der Eizelle, die andere geht bei den Gymnospermen zugrunde, wie auch der Kern des Pollenschlauches.

Nach der Befruchtung entsteht aus der kompliziert »geschichteten« Samenanlage durch weitere Differenzierungs- und Wachstumsvorgänge der *Same*. Die äußerste Schicht, das *Integument*, entwickelt sich zur kräftigen, viele Zellen dicken Samenschale, die einen Teil der Samenschuppe als Flügel mitnehmen wird. Samenschale und Flügel sind Teile der diploiden Kiefer, also des »alten« Sporophyten. Sie repräsentieren die älteste am Samen beteiligte Generation. Der Megagametophyt (=das Megaprothallium), also die haploide Generation, füllt seine Zellen mit Reservestoffen, die als Starthilfe für den Keimling bei der Keimung des Samens vorgesehen sind. Die Reservestoffe stammen aus dem alten Sporophyten, der sie an den Gametophyten weitergibt. Im Pinienkern essen wir hauptsächlich dieses Nährgewebe. Während seiner Entwicklung im Samen kann auch der Embryo noch von der Nährstoffzufuhr aus dem alten Sporophyten profitieren. Der Embryo repräsentiert den neuen diploiden Sporophyten. Er liegt zentral im Nährgewebe. Die blühende und samenbildende Kiefer steht zum Embryo im Samen nicht im Verhältnis von Mutter und Tochter, sondern eher im Verhältnis von »Oma« und Enkelin. Damit haben wir die drei Generationen, die zusammen den Gymnospermensamen bilden!

Bei der Kiefer dauert es von der Bestäubung bis zum reifen Samen gut anderthalb Jahre. Das ist viel länger als bei allen anderen Gattungen der Familie. Die Samen der Douglasien, Lärchen, Fichten und Tannen sind schon im ersten Winter nach der Bestäubung reif.

Gymnospermen und Angiospermen

Unter Samenpflanzen faßt man die Nacktsamer oder *Gymnospermen* (gymnos=nackt, sperma=Samen) und die Bedecktsamer oder *Angiospermen* zusammen. Allerdings sind die Samenanlagen nur bei den allerwenigsten Gymnospermen ganz ungeschützt (wie man nach der Bezeichnung »nackt« denken könnte) und von außen sichtbar angeordnet (z.B. bei *Ginkgo* oder *Cycas*). In den Zapfen der Nadelhölzer, der hierzulande bekanntesten Gruppe der Gymnospermen, sind die Schuppenpaare so dicht gepackt, daß man sich wundern muß, wie der Blütenstaub eigentlich zwischen ihnen hindurch zu den Samenanlagen vordringen kann.

Die *Gymnospermen* sind eine kleine Gruppe (weltweit etwa 800 Arten), die einige sehr altertümliche Vertreter umfaßt (*Ginkgo*, Cycadeen). Die Nadelhölzer der Familie der Kieferngewächse sind zwar im Nadelwaldgürtel Eurasiens und Nordamerikas sehr individuenreich vertreten, aber auch nur mit wenigen Arten.

Die *Angiospermen* (aggeios=Gefäß, Behälter) sind die weitaus größte Pflanzengruppe, fast alles, was in diesem Buch beschrieben wird, bezieht sich auf diese auch *Blütenpflanzen* (im engeren Sinn) genannte Gruppe. Bei ihnen sind die Samenanlagen in einen Fruchtknoten eingeschlossen, der sich zur *Frucht* weiterentwickelt und je nach Typ die Samen entläßt oder mit ihnen zusammen verbreitet wird (vgl. S. 251 ff und S. 408 ff). Man könnte die Angiospermen daher mit Fug und Recht »Fruchtpflanzen« nennen, nur ist leider dieser Begriff noch nicht eingeführt. Im Zusammenhang mit der Fortpflanzung ist vor allem wichtig, daß der Pollen nicht mehr direkt auf die Mikropyle der Samenanlagen abgeladen werden kann, sondern von einem speziell differenzierten Gewebe der Fruchtblattspitze, der sogenannten Narbe, aufgefangen wird. Schon auf der Narbe (und nicht erst auf dem Nucellus) beginnen die Pollenschläuche auszuwachsen. Durch besondere Gewebe der Fruchtblätter werden sie zu den Samenanlagen geleitet, in die sie in der Regel durch die Mikropyle eindringen.

Der Mikrogametophyt ist schon bei den meisten Gymnospermen im Vergleich zu *Selaginella* ziemlich stark reduziert. Bei der Kiefer besteht er nur aus insgesamt sechs Zellen, von denen aber zwei schon während der Entwicklung wieder absterben. Bei den Angiospermen geht die Reduktion sogar noch weiter: es werden überhaupt nur noch drei Zellen im Mikroprothallium gebildet, die Pollenschlauchzelle und die zwei Spermazellen.

Beim Megagametophyten sind die Unterschiede zwischen Gymnospermen und Angiospermen noch viel größer. Bei den Gymnospermen ist er noch ziemlich gut entwickelt, sogar größer als bei *Selaginella*, denn er übernimmt eine neue Aufgabe als Nährgewebe oder *Endosperm*. Das Megaprothallium der Angiospermen ist dagegen aufs äußerste reduziert, von einem Archegonium kann nicht mehr die Rede sein. Im Normalfall teilt sich der Kern der überlebenden Megaspore, die auf ihre besondere Wandauflage verzichtet, nur noch dreimal. Dadurch entstehen im Embryosack, wie hier das winzige Megaprothallium heißt, acht $(=2^3)$ Kerne. Sechs davon umgeben sich mit einer Zellwand, wobei die einzige Eizelle die größte Zelle wird. Sie liegt auf der Seite der Mikropyle. Die beiden Kerne, die sozusagen lose im Embryosack liegenbleiben, vereinigen sich zu einem diploiden Kern. Auch hier dringt der Pollenschlauch (mit zwei Spermazellen), nachdem er die Mikropyle passiert hat, durch den Nucellus in das stark reduzierte Megaprothallium ein, aber hier verschmelzen beide Spermakerne mit anderen Kernen. Der eine befruchtet ganz normal die Eizelle, der andere tut sich mit dem eben gebildeten diploiden Kern im Rest der Megaspore zusammen (manchmal vereinigen sich die beiden Kerne aus dem Megaprothallium und der zweite Spermakern auch in einem Rutsch). Man spricht deshalb bei den Angiospermen (im Gegensatz zu den Gymnospermen) von einer *doppelten Befruchtung*. Neben der diploiden Zygote ist ein *triploider Kern* (mit drei Chromosomensätzen) entstanden, aus dem durch Teilungen ein triploides Nährgewebe ganz neuer Art hervorgeht, das *Sekundäre Endosperm*.

Der Vorteil scheint der zu sein: Bei den Gymnospermen ist das Nährgewebe zum größten Teil schon fertig entwickelt, wenn es zur Befruchtung einer Eizelle kommt. Wenn die Befruchtung ausbleibt, war das eine Fehlinvestition.

Bei den Angiospermen wird die Entwicklung des Nährgewebes erst in Gang gesetzt, wenn auch eine Zygote gebildet wird. Diese legt erst einmal eine Ruhepause ein, bis sich das Endosperm so weit entwickelt hat, daß es den jungen Embryo ernähren kann, dann entwickeln sich beide Gewebe nebeneinander weiter.

Das ist aber nur das Grundmuster. Die Menge des Endosperms variiert stark zwischen den verschiedenen Pflanzenarten, bei einigen Pflanzen werden auch die Nährstoffe zuletzt nicht im Endosperm, sondern gleich im Embryo gespeichert (vgl. das Kapitel »Der Keimling, eine vollständige Minipflanze«, S. 112 ff). Es gibt zudem ganz winzige, möglicherweise reduzierte Samen, die gar kein Endosperm mehr entwickeln, wie die der Orchideen. Aber auch sie sind immer noch mehrzellige Gebilde, während die Sporen der Höheren Pflanzen immer Einzelzellen sind.

Fassen wir zusammen: Es gibt auch bei allen Samenpflanzen, anders als bei den Höheren Tieren, noch den etwas befremdlich wirkenden Generationswechsel, auch wenn die haploide Generation von außen nicht mehr zu sehen ist. Wenn wir die *haploiden Gametophyten* nochmals Revue passieren lassen: dem stattlichen, schwellenden Moospolster mancher Laubmoose entspricht bei den echten Farnen das recht kleine und sehr zarte, dunkelgrüne, thallusartige Prothallium, das bei der heterosporen *Selaginella* nur mehr ein verstecktes Leben in der Mikro- oder Megasporenwand führt, als Mikro- und Megaprothallium. Ähnlich ist es beim Mikroprothallium der Samenpflanzen. Beim Megaprothallium der Samenpflanzen kommt etwas Neues hinzu: die Megaspore wird nicht mehr entlassen, und deshalb bleibt auch das Megaprothallium im Megasporangium (hier: im Nucellus der Samenanlage) eingeschlossen. Bei den Angiospermen ist das Megaprothallium maximal reduziert auf den meist achtkernigen Embryosack. Und während die Prothallien bei *Selaginella* voll auf die Vorräte der Spore angewiesen sind, kann bei den Samenpflanzen ständig »nachgeliefert« werden. Die Megagametophyten werden vom Nucellus (also einem Teil des Sporophyten) versorgt, ebenso die Mikrogametophyten bei den Gymnospermen, wenn sie die Pollenschläuche in den Nucellus treiben. Bei den Angiospermen landen die Pollenkörner mit den Mikrogametophyten im Inneren auf der Narbe, deshalb versorgen hier bestimmte Bereiche der Fruchtblätter den wachsenden Pollenschlauch. (Bei Pflanzen mit langen Griffeln, etwa Lilien, muß der Pollenschlauch mehrere Zentimeter lang werden.)

Ganz anders ist es mit den *diploiden Sporophyten*. Bei den Moosen sind es unselbständige, unverzweigte Gebilde, die aus einem Saugfuß, mit dem sie auf dem Gametophyten schmarotzen, einem Kapselstiel und einer einzigen Sporenkapsel bestehen. Schon ganz anders präsentieren sich die selbständigen Sporophyten der Farnpflanzen, die bei tropischen Baumfarnen gut drei Meter Stammhöhe erreichen können und an den über meterlangen Wedeln Millionen von Sporangien tragen, oder beim heimischen Riesenschachtelhalm, den man eher in Süddeutschland und der Schweiz als in Norddeutschland antrifft und der immerhin noch anderthalb Meter groß werden kann. Bei den Samenpflanzen bildet der Sporophyt (die diploide Generation) die mannigfaltigsten Pflanzenkörper von der stecknadelkopfwinzigen Zwerglinse *(Wolffia arrhiza)*, einer Verwandten der Entengrütze, bis zu den hundert Meter hohen Mammutbäumen. Im Prinzip kann man sagen, daß der diploide Sporophyt im Laufe der Evolution zugelegt hat, der Gametophyt jedoch reduziert wurde, aber bei aller unterschiedlichen Gewichtung der beiden Generationen, verzichtet wird auf keine!

Noch interessanter ist es, wenn wir auf die Ausgangsfrage zurückgehen, die Entwicklung der *Geschlechtlichkeit* oder der *Geschlechter*.

Der versteckte Generationswechsel bei den Blütenpflanzen war LINNÉ noch gänzlich unbekannt, ja er hielt, wie wir schon wissen, die Sexualvorgänge bei dieser Gruppe für besonders offensichtlich, weshalb er sie Phanerogamen (öffentlich Heiratende) nannte. Wie sehr er sich täuschte, können wir nach dem letzten Abschnitt ermessen. Hat er wenigstens mit seiner Zuordnung von »männlich« für die Staubblätter und »weiblich« für den Stempel recht behalten?

In den Pollenkörnern sah man zu Linnés Zeit das männliche Prinzip, heute würden wir sagen, etwas Analoges zu den Spermazellen der Tiere, deren Bedeutung man damals auch noch nicht richtig erkannt hatte. Wo aber steckt bei der Pflanze nach Linnés Meinung das Ei? Das sahen die damaligen Botaniker in der ganzen Samenanlage, die bis heute den wissenschaftlichen Namen *Ovulum* (kleines Ei) trägt. Wir wissen aber, daß die eigentlichen Spermazellen, nebst wenigen anderen, erst im Inneren des Pollenkornes stecken, ebenso die Eizelle in der Samenanlage.

Eigentlich kann man nur den Gameten ein Geschlecht zuordnen, das man an ihrem unterschiedlichen Verhalten bei der Befruchtung ablesen kann. Doch bei den Samenpflanzen bilden die Gametophyten jeweils nur eine Sorte Gameten, weshalb man mit einem gewissen Recht die Attribute »männlich« und »weiblich« schon auf die Gametophyten vorverlegen kann, ja sogar über die Sporen und Sporangien bis zu den Sporophyllen. Deshalb wurde oben der Staubblätter tragende Kurztrieb bei der Kiefer als »männliche« Blüte bezeichnet. Entsprechend gelten die Blätter (Fruchtblätter der Cycadeen und Angiospermen) oder Schuppen (Samenschuppen der Koniferen), welche die Samenanlagen (also die Megasporangien) tragen, als »weibliche« Organe. Eigentlich ist es einfach eine Gewohnheit, daß man auf Teile eines Sporophyten die Bezeichnungen »männlich« und »weiblich« anwendet, aber einen verzwickten Zusammenhang dieser Blütenteile mit den männlichen und weiblichen Gameten haben wir ja eben kennengelernt.

Bei den Gymnospermen sind die männlichen und weiblichen Blütenorgane in der Regel getrennt, ihre Blüten sind eingeschlechtig (wobei man bei den Koniferen besser von weiblichen Zapfen als von Blüten oder Blütenständen sprechen sollte). Sie kommen entweder auf der gleichen (diploiden) Pflanze vor, dann nennt man die Pflanzenart *einhäusig* (die Pflanze ist das »Haus«, die Blüten sind sozusagen die »Bewohner«). Bei den Cycadeen trägt eine Pflanze nur Staubblätter in männlichen Blüten, die andere nur Fruchtblätter in weiblichen Blüten. Solche Pflanzenarten sind *zweihäusig*. Bei den Angiospermen enthalten die Blüten meistens sowohl männliche wie weibliche Organe, die Blüten sind *zwittrig*.

Folgen wir den vermuteten (!) Stufen der Entwicklung der Geschlechtlichkeit noch einmal. Bei *Chlamydomonas* sahen wir zuerst Isogameten, denen man zum Teil noch gar kein Geschlecht zuordnen kann (und die sich außer wie Gameten auch noch wie vegetative Zellen verhalten können). Darauf folgt eine erste, noch unsichtbare, nur vom Verhalten abzuleitende Differenzierung von + und –Gameten, die über äußerlich verschiedene Gameten (Anisogamie) schließlich zur Oogamie mit eigentlichen Geschlechtszellen und damit Geschlechtern führt. Die Spermatozoiden und Eizellen, die sich nicht mehr vegetativ teilen können, zeigen eine deutliche Arbeitsteilung. (Der »Zweck« von zwei Geschlechtern scheint zu sein, daß bei der Befruchtung möglichst nicht erbgleiche Gameten verschmelzen.) Die Oogamie ist offenbar das Erfolgsmodell, jedenfalls kommt nur sie bei allen Höheren Pflanzen vor, wobei die einzige Eizelle immer im Archegonium festgehalten wird. Dort entwickelt sich nach der Befruchtung aus der Zygote auch der Embryo (deshalb kann man die Höheren Pflanzen auch als *Embryophyta* zusammenfassen).

Eine analoge Entwicklung, wiederum von Gleichem zu Verschiedenem, findet man auch bei den Sporen, wo die Entwicklung vermutlich von der Isosporie (z.B. Moose) zur Heterosporie (z.B. *Selaginella*) fortschritt, die nun bei allen Samenpflanzen herrscht. Mit der Heterosporie ist die geschlechtliche Bestimmung der jetzt immer eingeschlechtlichen Gametophyten gekoppelt. Fossilien lassen vermuten, daß verschiedene Gruppen der urtümlichen Farnpflanzen mit Heterosporie »experimentiert« haben, das heißt, daß sie wohl mehrmals unabhängig »erfunden« wurde. Heute gibt es nur ganz wenige Gattungen, die heterospor sind, aber keine Samen entwickeln. Heterosporie ohne Samenbildung scheint eher eine Sackgasse der Evolution zu sein, denn es ist nicht ganz unproblematisch, wenn (wie bei *Selaginella*) ganz verschieden große Sporen dem Wind (oder Wasser) zur Ausbreitung anvertraut werden. Warum sollten eigentlich die beiden unterschiedlich großen Sporen und damit die verschiedengeschlechtlichen Gametophyten so nah zusammenzuliegen kommen, daß die Spermatozoiden die Eizellen schwimmend erreichen können? Dazu ist wohl einige Gunst des Zufalls nötig. In Analogie zum Festhalten der Eizelle im Archegonium wird bei den Samenpflanzen nun auch noch die Megaspore im Megasporangium festgehalten. Das ist der entscheidende Schritt (nach Entwicklung der Heterosporie), der zur Samenbildung führt. Für den Embryo ist das eine praktische Sache. Er wird in der Samenanlage besser ernährt und geschützt als in einem kleinen weiblichen Gametophyten. Aber der Einschluß schafft neue Probleme. Ist es jetzt nicht noch viel schwieriger, die Mikrosporen mit ihrem eingeschlossenen winzigen Mikrogametophyten überhaupt in die Nähe der Eizelle zu bringen? Wie wir gesehen haben, setzen die Gymnospermen auf den Wind als Überträger und auf eine Massenproduktion an Pollen. Die Angiospermen oder Blütenpflanzen im engeren Sinn haben darüber hinaus ganz eigene, überaus reizvolle Übertragungswege gefunden, die im Kapitel über die Blütenökologie vorgestellt werden. Auch hier gibt es für ein Problem wieder einmal viele Lösungen.

DIE GESTALT DER SAMENPFLANZEN

DIE GRUNDORGANE

Stellt man sich einmal einige Pflanzen dieser Gruppe vor, so erscheinen vor dem geistigen Auge vielleicht so unterschiedliche Formen wie die schlankstämmige Fichte, der dickstämmige Lindenbaum mit seinen ausladenden Ästen, der Forsythienbusch, dessen Zweige und Ruten im Frühling so schön blühen, der Kohlkopf mit seinem stammartigen Strunk oder die Porreestange, die nur aus Blättern zusammengesetzt erscheint. Stamm, Zweig, Ast, Rute, Strunk — wir haben ganz unterschiedliche Bezeichnungen gebraucht, und mancher mag befürchten, daß mit der genaueren Betrachtung weiterer Pflanzen die Flut der Begriffe ins Uferlose anschwellen wird. Zum Glück ist es nicht so. Schon lange versuchen Wissenschaftler, die vielfältigen Erscheinungen unserer Umwelt unter einheitlichen Gesichtspunkten zu sehen. In bezug auf die Pflanzen ist Goethes Suche nach der »Urpflanze« und sein »Versuch, die Metamorphose der Pflanzen zu erklären«, besonders bekannt geworden. In diesem Werk versucht Goethe, alles, was seitlich an einem Stengel sitzt, also Laub, Kelch, Krone, Staubfäden und Fruchtknoten als »Abwandlungen« *(Metamorphosen)* des einen Organtyps »Blatt« zu erklären.

Das Verfahren, viele Erscheinungen unter einem Begriff zusammenzufassen, ist ein weit verbreitetes und wichtiges wissenschaftliches Prinzip. Der allgemeine Begriff, z.B. Sproßachse für Stengel, Stamm, Ast oder Zweig, ist dann natürlich viel »abstrakter« und weniger anschaulich als die speziellen Benennungen der Einzeldinge. Man könnte nun mit der Definition der »Grundorgane« *Sproßachse, Blatt und Wurzel* beginnen, denn mehr sind es bei den Samenpflanzen nicht. Notgedrungen wären die Definitionen aber blaß und unanschaulich. Vielleicht ist es daher zweckmäßiger, zuerst einen Samen genau anzusehen und beim Keimen zu beobachten, denn er enthält schon in einfachster Form die ganze Pflanze. Wenn man von einem solchen anschaulichen Einzelbeispiel ausgeht und bei dessen Beschreibung Begriffe einführt, bleibt es nicht aus, daß dieses Beispiel erst einen Teil des Begriffsinhalts verdeutlicht. Der ganze Begriffsumfang offenbart sich erst nach und nach. Der große Vorteil dieses Verfahrens ist aber, daß wir an alltägliche Erfahrungen anknüpfen können.

Der Keimling, eine vollständige Minipflanze

Im Winter setzt man sich gerne bei Kerzenschein zu einer Vesper mit Äpfeln und Nüssen an den warmen Ofen, wenn draußen der Wind pfeift und es Stein und Bein friert. Die Nüsse, wie sie um den Nikolaustag in den Läden angeboten werden, sind entweder ganze Früchte, etwa die Haselnuß *(Corylus avellana)* oder die Erdnuß *(Arachis hypogaea)*, oder sogenannte Steinkerne, wie bei der Walnuß *(Juglans regia)* oder der Mandel *(Prunus dulcis)*, das heißt, daß bei diesen beiden über der harten Nußschale noch eine weiche, grüne Schicht saß, die aber vertrocknet und abgefallen ist. Wenn wir zunächst eine Erdnuß knakken, was ja ohne weiteres mit der Hand geht, so fallen uns ein bis drei rotbraune Samen in die Hand. Es ist ein leichtes, die dünne, papierartige Samenschale abzustreifen. Im Falle des Erdnußsamens, aber auch in all unseren anderen Beispielen, sehen wir innerhalb der Samenschale direkt den Keimling *(Embryo)*, da in diesen Samen die Reservestoffe im Keimling selber und nicht in einem besonderen Nährgewebe gespeichert werden, wie man es etwa in den Getreidekörnern findet. Eigentlich sollen diese Speicherstoffe den Keimling bei der Keimung unterstützen und der Jungpflanze ermöglichen, erst einmal Wurzeln zu schlagen und erste Blätter zu entfalten. Sie machen aber auch für uns die Samen als Nahrungsmittel so wichtig; ohne Getreide (Reis, Hirse, Weizen, Mais) könnte man sich die Ernährung vieler Völker gar nicht vorstellen.

Der Erdnußkern, der jetzt nackt vor uns liegt, besteht hauptsächlich aus zwei spiegelbildlich gleichen, innen gegeneinander abgeplatteten, außen rundlichen Körpern. Diese eßbaren Teile sind die beiden *Keimblätter (Kotyledonen)*. Sie brechen leicht von der kurzen *Keimachse* ab, die erst sichtbar wird, wenn wir ein Keimblatt entfernen. Die Keimachse geht am einen Ende äußerlich unmerklich in die kurze *Keimwurzel (Radicula)* über, deren Spitze zwischen den Keimblättern bis zur Samenschale vorstößt. Am anderen Ende sitzt die *Sproßspitze (Plumula)*, an der man bei genauem Hinsehen (vielleicht auch mit Hilfe einer Lupe) schon das erste, noch winzige und in diesem Fall noch nicht grüne *Laubblattpaar* entdecken kann. Es sind also bereits im Samen, in ihrer charakteristischen »Verknüpfung«, alle Teile vorhanden (en miniature, daher auch die Verkleinerungssilbe »-ula« bei Plumula und Radicula), die zu einer Samenpflanze gehören: eine längliche Sproßachse, die auf ihrer basalen Seite in die Wurzel übergeht und seitlich die Keim- und manchmal schon die ersten Laubblätter trägt.

An der Sproßspitze, zwischen den jüngsten Blättern versteckt, liegt das *Bil-*

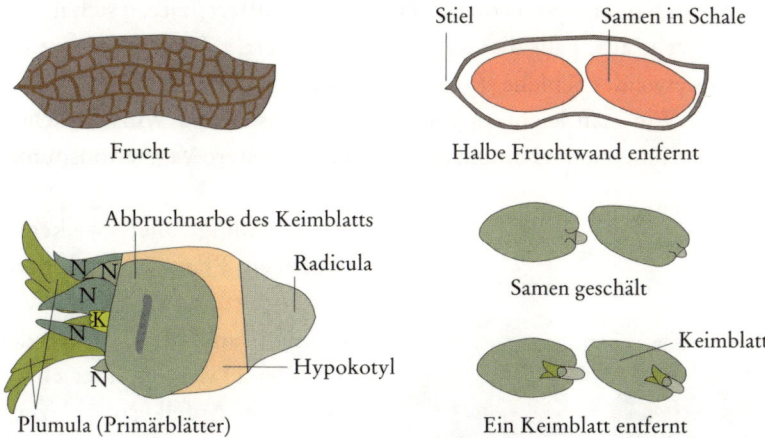

Abbildung 19: *Frucht, Samen und Keimling der Erdnuß.*
Einige Besonderheiten des Erdnußkeimlings: Sowohl die Keimblätter als auch die Primärblätter
haben Nebenblätter (N), und es gibt auch bei den Keimblättern Achselknospen (K).

dungsgewebe (*Apikalmeristem*, apex=Spitze, Scheitel), das die Sproßachse
verlängern und weitere Blätter abgliedern wird. Man nennt diese Stelle auch
Vegetationspunkt. Das ist natürlich nicht ein mathematischer, dimensionsloser
Punkt, sondern er besteht, geschätzt, aus etwa fünfzig Zellen. Dem *Sproßvegetationspunkt* liegt an der Wurzelspitze der *Wurzelvegetationspunkt* gegenüber. Diese beiden Pole werden durch die Keimwurzel und die Keimachse
verbunden, der Keimling ist von seiner ersten Anlage an polar gebaut: schon
in der Samenanlage wird der Wurzelpol des Embryos festgelegt. Er liegt immer auf der Seite der Mikropyle (vgl. S. 102 und Abb. 21, S. 116). Der Sproßpol
entsteht auf der dem Wurzelpol entgegengesetzten Seite des zunächst fast kugeligen Embryos. Durch das Wachstum der Keimblattanlagen wird der Embryo bald herzförmig und der Sproßpol gerät in die Einkerbung zwischen den
jungen Keimblättern. Soweit bekannt, kann sich ein Sproßvegetationspunkt
nicht in einen Wurzelvegetationspunkt umwandeln und umgekehrt.

Die beiden Bildungsgewebe sind vielleicht das Wichtigste am Keimling. Sie
liefern die Zellen, die zu den Grundorganen (Sproßachse und Blätter einerseits, Wurzel andererseits) bestimmt werden und sich, nach weiteren Zellteilungen, zu deren Dauergeweben ausdifferenzieren. Die Zellen der Bildungsgewebe selber, wenigstens diejenigen, die direkt den Scheitel bilden,
erliegen aber dieser Bestimmung zu einem Grundorgan nicht, sie bleiben im-

mer meristematisch oder »embryonal«, das heißt, sie differenzieren sich nie zu einem Dauergewebe aus. Falls dies doch einmal passiert, z.B. an der Spitze eines Sproßdorns etwa der Schlehe *(Prunus spinosa)*, geht damit der Vegetationspunkt verloren. Wie man leicht an verzweigten Achsen und Wurzeln sehen kann, haben die Pflanzen die Fähigkeit, mit der Zeit weitere Vegetationspunkte anzulegen.

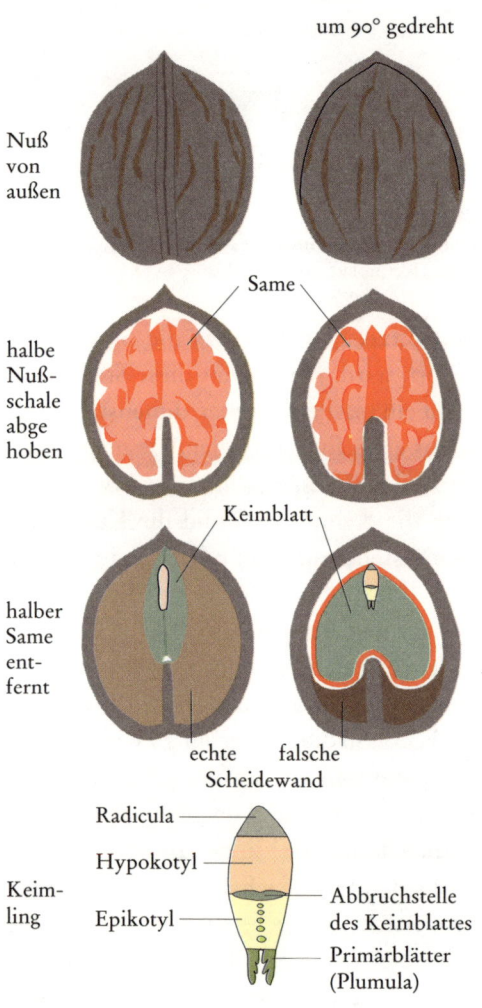

Abbildung 20: *Walnuß: Steinkern, Same und Keimling.*

Die Keimlinge aller zweikeimblättrigen Pflanzen sind nach diesem Grundplan gebaut, wir könnten uns bei der Mandel oder der Haselnuß, aber ebensogut am Apfelkern überzeugen, doch lassen sich die Samenschalen nicht so leicht entfernen und die trockenen Keimblätter nur schwer auseinanderlegen. Bei der Walnuß herrscht zwar ebenfalls der gleiche Bauplan, aber die Keimblätter sind hier nicht einfache, glattflächige Körper, sondern je in zwei buckelige Hälften geteilt, die in die vier Fächer zwischen den echten und falschen Scheidewänden passen, die zusammen das »Nußkreuzchen« bilden. Die Keimblätter sind eng von der gelblichen Samenschale umhüllt, die man nur an den frischen, noch feuchten Nußkernen gut entfernen kann. Später muß man den Samen einige Zeit einweichen oder kurz aufkochen, wenn man ihn schälen und die Keimblätter auseinanderklappen will. Dabei wird man entdecken, daß die »Nußhälften«, die sich so gut als Kernersatz in eine Dattel einlegen lassen oder eine Praline zieren, aus je der Hälfte beider Keimblätter bestehen (Abb. 20 links)! Die Grenze zwischen den Keimblättern liegt nämlich in der Ebene des umlaufenden Wulstes, senkrecht zu der Ebene der echten Scheidewände, welche die Mitten der Schalenklappen verbinden (Abb. 20 rechts). Am Nußkern verläuft die Grenze entlang der scharfen Kante am einheitlichen Teil des Samens, der zur Spitze der Nuß gerichtet ist. Wenn man die kurze Keimwurzel und die winzige Sproßspitze mit der Plumula sehen will, muß man diesen Teil entlang seiner Kante auseinanderlegen. Allerdings klappt das nicht bei allen Nüssen gleich gut. Am schonendsten öffnet man die Nüsse nicht mit dem Nußknacker, sondern hebelt sie mit einem kleinen Schraubenzieher auf, den man in die Schwachstelle des umlaufenden Wulstes bohrt. An dieser Stelle trat das Leitbündel in die Nuß ein, das den Samen versorgt hat.

Der Same keimt

Die zum Essen gekaufte Erdnuß kann man leider nicht mehr zum Keimen bringen, weil sie geröstet in den Handel kommt. Aber auch die Bohnen gehören zur gleichen Familie der Schmetterlingsblütler und sind bestens geeignet für Keimungsexperimente. Früher, als man in der Schule noch Schiefertafeln benützte und deshalb auch Schwammbüchsen mit einem feuchten Schwämmchen in Gebrauch waren, brachte von Zeit zu Zeit ein Kind Bohnenkerne mit, die dann in ein paar Tagen in der feuchten Büchse keimten. Heute kann man das in einem leeren Marmeladeglas (mit Deckel) auf einem feuchten Papiertuch ausprobieren. Zuerst nimmt der Same Wasser auf, er quillt. Wenn man trockene Erbsen dicht in eine kleine Flasche mit engem Hals füllt und Wasser dazugießt, zersprengen die quellenden Samen sogar das Glas.

Die Samen sind nämlich besonders trockene Pflanzenteile. Bohnenkerne oder Maiskörner enthalten nur etwa 10 Gewichtsprozente Wasser, in Kopfsalatblättern aus dem Inneren des Kopfes sind es hingegen über 90 %. Wasser ist für alle Lebensvorgänge eine unabdingbare Voraussetzung, und erst durch den Wasserentzug bei der Reifung werden die Samen in einen Zustand latenten Lebens versetzt, der je nach Pflanzenart und Umgebungsbedingungen wenige bis viele Jahre dauern kann. Der Mumienweizen, der angeblich keimfähig in ägyptischen Pyramiden gefunden wurde, gehört allerdings ins Reich der Fabel, da Weizenkörner, selbst bei der niedrigen Lagertemperatur von etwa 4 °C

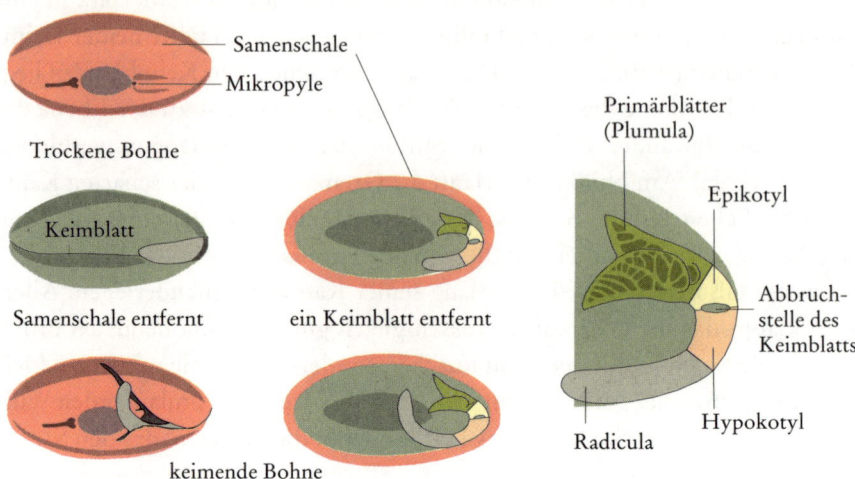

Abbildung 21: *Same und Keimling der Bohne.*

in Saatzuchtfirmen, nur etwa zehn Jahre keimfähig bleiben. Die bis jetzt ältesten bekanntgewordenen Samen, die noch auskeimten, sind die einer arktischen Lupinenart, die im Permafrostboden Alaskas, also eingefroren, 10000 Jahre überdauerten. Ihr Alter hat man mit physikalischen Mitteln aus der Verteilung von Kohlenstoffisotopen in der Samenschale bestimmen können. In modernen »Samenbanken« werden Samen, die schon natürlicherweise bei der Reifung fast ganz austrocknen, durch Gefriertrocknung und Aufbewahrung bei sehr niedrigen Temperaturen in einen Dauerzustand überführt, der ihnen sozusagen ewiges Leben verleihen soll, da ihre Keimfähigkeit angeblich auf Tausende von Jahren verlängert wird — allerdings hat das noch niemand ausprobieren können. Es gibt aber auch Samen, etwa die der Eiche, welche ein Austrocknen überhaupt nicht ertragen und schnell absterben, wenn man sie nicht gleich nach der Reife in feuchte Erde packt. Das Quellen ist ein rein physikalischer Vorgang, er funktioniert auch noch an alten, längst abgestorbenen Erbsen. Aber ohne die Wasseraufnahme, die den Zustand latenten Lebens keimfähiger Samen beendet, könnten Lebensvorgänge wie das Wachstum gar nicht einsetzen.

Wie wir bei unserem Bohnenkeimexperiment sehen können, beginnt das Wachstum des Keimlings mit der Verlängerung der Keimwurzel, die bei allen Samenpflanzen als erste aus der Samenschale herausdrängt.

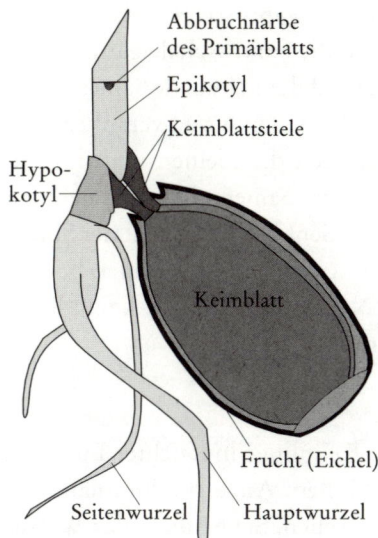

Abbruchnarbe
des Primärblatts

Epikotyl

Keimblattstiele

Hypo-
kotyl

Keimblatt

Frucht (Eichel)

Seitenwurzel   Hauptwurzel

Abbildung 22: Gekeimte Eichel.

Wer in seinem Garten oder in dessen Nähe einen Nußbaum hat, gräbt im Frühling immer wieder keimende Nüsse aus, die Eichhörnchen im Herbst eingebuddelt haben. Aus der harten Nußschale dringt zuerst die zähe Keimwurzel hervor, die sich stracks dem Erdmittelpunkt zuwendet und bald eine Länge von mehreren Zentimetern erreicht. Die Keimwurzel ist zur Spitze der Nuß gerichtet und tritt dort auch aus. Es ist zwar auf der gegenüberliegenden Seite eine Schwachstelle in der holzigen Schale vorhanden, sie wird aber nicht zum Auskeimen der Wurzel benutzt (vielleicht läßt sie das Quellungswasser ein). Die Keimblätter bleiben in der Nußschale liegen, sie entwickeln aber am Grunde Blattstiele (die sie im Samen noch nicht haben), welche den Sproßvegetationspunkt, ebenfalls an der Austrittstelle der Wurzel, aus der Nußschale herausstemmen. Erst jetzt, zeitlich etwas gegenüber der Wurzel verzögert, kann der Sproß sein Wachstum in entgegengesetzter Richtung, aber gerader Fortsetzung der Keimwurzel und Keimachse aufnehmen.

Man kann Keimpflanzen aber auch in der Küche beobachten. Heutzutage werden ja allerlei Sämereien, z.B. »Alfalfa« = Luzerne *(Medicago sativa)*, Senf *(Sinapis alba)* oder Kresse *(Lepidium sativum)* zum Keimen gebracht, um als schmackhafte und gesunde Zutat etwa in Salat oder als Brotbelag Verwendung zu finden. Seit die chinesische Küche in deutschen Landen Einzug gehalten hat, stehen die »Sprossen« der Sojabohne *(Glycine soja)* auf manchen Speisekarten. Eigentlich wird dabei nur das englische Wort »sprout« (to sprout=sprießen, keimen)

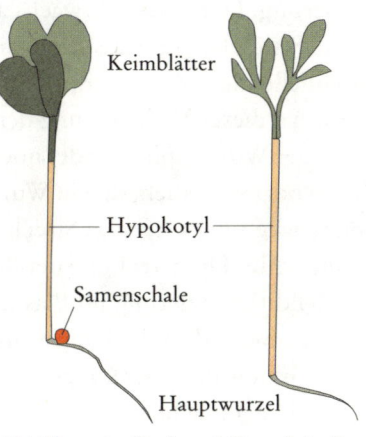

Keimblätter

Hypokotyl

Samenschale

Hauptwurzel

Abbildung 23: Senf- und Kressekeimling.

eigenwillig eingedeutscht. Man könnte statt von »Sprossen« ganz gut von Soja-Keimlingen sprechen. Bei der Kresse wird die Samenschale ganz schleimig-klebrig, wenn sie befeuchtet wird. Damit wird der keimende Samen an einem feuchten Plätzchen festgehalten, bis sich die Keimwurzel verankert hat. Bei den Senf- und Kressekeimlingen befreien sich die kleinen und dünnen Keimblätter, anders als bei der Walnuß, bald aus der Samenschale und nehmen als grüne Blättchen die Photosynthese auf. Beim Senf haben sie statt der Spitze eine kleine Kerbe, man sagt deshalb, sie sind oben etwas ausgerandet, bei der Kresse sind die Keimblätter sogar dreigeteilt. Normalerweise sind Keimblätter aber einfach und ungeteilt, in der Form meist rundlich-oval.

Die Wurzel

An den jungen Wurzeln kann man, wenn die Keimlinge in feuchter Luft und nicht in Wasser gezogen werden, sogar mit bloßem Auge rundum nahe der Spitze ein weißes Pelzchen von Wurzelhaaren sehen. Sie nehmen das Wasser und die Nährsalze auf, die die Pflanze zum Wachstum braucht. Die Keimwurzel wird zur Hauptwurzel und verankert die junge Pflanze normalerweise im Boden. Damit haben wir die zwei Hauptfunktionen der Wurzeln normaler Landpflanzen schon kennengelernt: *Verankerung* und *Wasser- und Nährsalzaufnahme*.

Ein beliebter Versuch ist es, die Spitze einer jungen Wurzel mit Tuschestrichen in gleichen Abständen zu markieren und dann die Verlagerung der Marken im Laufe der Zeit zu beobachten. Dabei entdeckt man eine deutliche Zonierung. Durch den Zuwachs an Zellen im Vegetationspunkt wird der vorderste Strich langsam aus der Nähe der Wurzelspitze verdrängt. In der direkt anschließenden Zone vergrößert sich der Abstand zwischen den Strichen stark. An dieser Verlängerung der Wurzel sind zwei Prozesse beteiligt. In der Nähe der Wurzelspitze findet noch eine enorme Zellvermehrung statt, aber die Zellen beginnen auch, sich in Wurzellängsrichtung zu strecken. Weiter von der Spitze weg überwiegt das Streckungswachstum, das der Streckungszone den Namen gibt. Die Streckung der Wurzelzellen beruht vor allem darauf, daß bei der Zelldifferenzierung im Plasma ein großer Saftraum, die Vakuole, entsteht und sich besonders die Längswände verlängern.

Erst hinter der Streckungszone beginnt die Wurzelhaarzone. Falls auch da Marken angebracht wurden, haben sie ihren Abstand nicht verändert, in der Wurzelhaarzone findet kein Längenwachstum mehr statt. Da die Wurzelhaare nur kurze Zeit, oft nur wenige Tage, funktionsfähig sind und bald absterben, müssen spitzenwärts immer neue gebildet werden. An der markierten Wurzel verschiebt sich die Wurzelhaarzone mit der Zeit Strich um Strich spitzenwärts.

In der Erde muß sich die Wurzelspitze mühsam den Weg durch Erdkrümel, Sandkörner und Steinchen suchen. Das bekommt einem Bildungsgewebe schlecht, das an der Oberfläche liegt. Tatsächlich ist der Wurzelvegetationspunkt auch von der *Wurzelhaube* überzogen, einem Gewebe, das sozusagen zum »Verbrauch« bestimmt ist. Wie ein Fingerhut mit dickem Boden schützt die Wurzelhaube den Wurzelvegetationspunkt. Sie ist aber auf der ganzen Innenfläche damit verwachsen und vergrößert sich durch Zellen, welche das Bildungsgewebe in die Wurzelhaube abgibt, hauptsächlich jedoch durch Zellteilungen in der Wurzelhaube selber. Dafür gehen an der Oberfläche immer Zellen »durch Abrieb« verloren, auch am Rand der Haube zur fertigen Wurzel hin. Dadurch wird die Haut der fertigen Wurzel (die *Rhizodermis*) erst freigelegt. Am Vegetationspunkt steckt sie noch mitten im Gewebe.

Die Zellverlängerung in der Streckungszone treibt den Vegetationspunkt im Schutze der Wurzelhaube durch das Erdreich voran. Erst wenn die Zellstreckung abgeschlossen ist, wachsen in den Rhizodermiszellen die zarten Wurzelhaare aus. So werden sie nicht durch das Längenwachstum der Wurzel durch die Erde geschleift. Bald befriedigen die Wurzelhaare der Hauptwurzel den steigenden Bedarf der wachsenden Pflanze nicht mehr, da die Wurzelhaarzone nicht wesentlich vergrößert werden kann. Darum werden Seitenwurzeln angelegt. Auch bei blühreifen Pflanzen sind die Wurzelhaare kurzlebig, und deshalb werden auch hier laufend neue Seitenwurzeln gebildet. Da aber der durchwurzelte Bodenbereich einer Pflanze nicht beliebig groß ist (Nachbarpflanzen machen auch ihre Ansprüche geltend und die Transportwege sollten nicht zu lang sein), gehen Teile der feinen Wurzeln einer Pflanze nach einiger Zeit zugrunde und werden durch Neubildungen ersetzt.

An Wurzeln entstehen seitlich immer nur Wurzeln, niemals Blätter, so daß das Fehlen von Blättern als äußerlich leicht sichtbares Unterscheidungsmerkmal von Wurzeln und unterirdischen Sproßachsen (=*Rhizomen*) verwendet werden kann. Rhizome tragen wenigstens in ihrer Jugend Schuppenblätter, von denen selbst nach ihrem Verschwinden doch die Abbruchnarben zurückbleiben. Dieses Unterscheidungskriterium ist darum wichtig, weil man an ihrer Lage über oder unter der Erde Achsen und Wurzeln nicht sicher unterscheiden kann. Wie schon berichtet wurde, gibt es in den Tropen reichlich

Pflanzen mit Luftwurzeln, die zum Teil sogar grün sind und assimilieren. In Mitteleuropa hingegen bilden viele Pflanzen unterirdische Sprosse aus. Es gibt zwischen Achsen und Wurzeln auch grundlegende Unterschiede in der Anordnung des Leitgewebes, aber die lassen sich nur an Gewebeschnitten unter dem Mikroskop feststellen.

Der anatomische Bau der fertigen Wurzel wird hier nur ganz grob vorgestellt, zwei Schichten im Inneren sind aber so wichtig, daß sie besprochen werden sollten: die *Endodermis* (wörtlich: »innere Haut«) und der *Perizykel*. Im Zentrum der Wurzel sitzt der *Zentralzylinder* aus langgestreckten Zellen, die sich teilweise zu Leitgewebe (zur Wasser- und Stoffleitung) differenzieren. Seine äußerste Schicht ist der Perizykel. Nach außen grenzt die *Wurzelrinde* an (mit der Endodermis als innerster Schicht). Sie wird von der Rhizodermis umschlossen, die an der Spitze noch von der Wurzelhaube bedeckt wird.

Im Wurzelvegetationspunkt gibt es nur ganz wenige Zellen, die sich nie differenzieren werden: die *Initialen*. Im Idealfall besitzt jeder der vier Wurzelbereiche ein eigenes Initialen-Stockwerk, der Wurzelvegetationspunkt ist also sehr »ordentlich« aufgebaut. Man mag vermuten, daß sich gerade die Initialen rasch und unablässig teilen. Das stimmt aber nicht, Wurzelinitialzellen teilen sich nur etwa alle drei Wochen. Die meisten Teilungen finden im Übergangsbereich des Vegetationspunkts zur Streckungszone statt. Zwischen zwei Teilungen vergeht aber auch da mindestens ein Tag.

Die *Endodermis* verhindert durch wasserundurchlässige Einlagerung in alle radialen Zellwände (Zellwände, die senkrecht zur Oberfläche der Wurzel orientiert sind), daß Wasser und darin gelöste Stoffe ohne Kontrolle, nur durch Diffusion, in die Wurzel eindringen, oder daß bei Trockenheit über die wasserführenden Zellwände gar Wasser aus der noch saftigen Pflanze in den trockenen Boden verlorengeht. Diese Wandeinlagerungen sind vergleichbar mit einer Sperrschicht in einem Hausfundament, das in diesem Fall »aufsteigende« Feuchtigkeit am Eindringen hindern soll (Diffusion; das Wasser fließt nach physikalischen Gesetzen dahin, wo es trockener ist, oder wo die Konzentration der gelösten Stoffe höher ist). Wasser und gelöste Stoffe können nun nicht mehr im *Apoplasten* (der Gesamtheit der Zellwände) transportiert werden, sondern müssen den Weg durch die halbdurchlässigen Grenzschichten der *Protoplasten* nehmen (vgl. den Abschnitt über Osmose und Turgor, S. 57). Das kostet zwar Energie, aber die Pflanze kann auch eine gewisse Auswahl der aufzunehmenden Salzionen treffen.

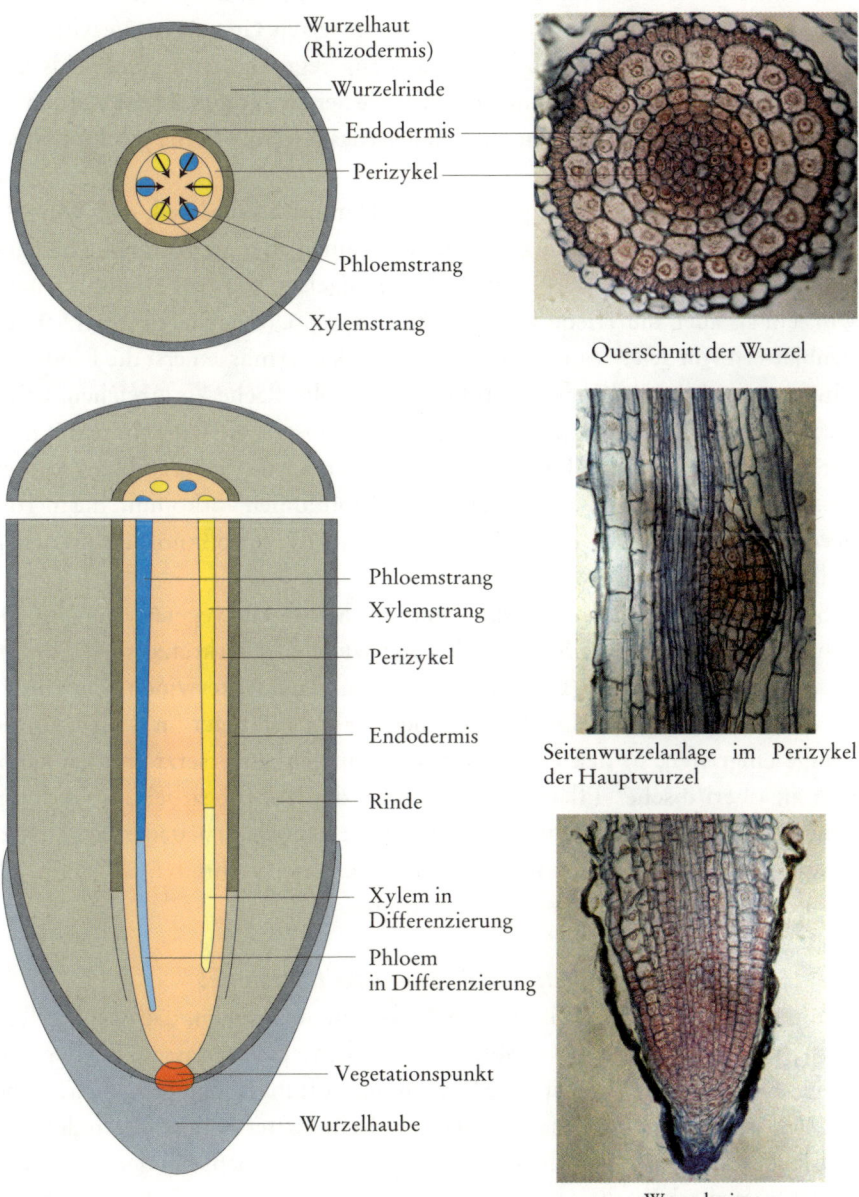

Wurzelhaut
(Rhizodermis)

Wurzelrinde

Endodermis

Perizykel

Phloemstrang

Xylemstrang

Querschnitt der Wurzel

Phloemstrang

Xylemstrang

Perizykel

Endodermis

Rinde

Xylem in
Differenzierung

Phloem
in Differenzierung

Vegetationspunkt

Wurzelhaube

Seitenwurzelanlage im Perizykel
der Hauptwurzel

Wurzelspitze

Abbildung 24: Quer- und Längsschnitte durch eine Wurzel (schematisch und als Fotos).
Die Pfeile geben die Differenzierungsrichtung von Xylem und Phloem an.

Direkt innerhalb der Endodermis liegt der *Perizykel.* Diese meist eine Zell-
lage dicke Schicht besteht aus wenig spezialisierten Grundgewebezellen. Sie
kann an bestimmten Stellen zu Teilungen angeregt werden und dann als Bildungsgewebe fungieren: in ihm entstehen die Seitenwurzeln. Meist werden sie
im Anschluß an die wasserleitenden Zellen (das *Xylem,* vgl. S. 156) des Leitgewebes angelegt.

Wie schon erwähnt, ist es geradezu ein Definitionsmerkmal, daß Wurzeln
keine Blätter tragen. Bei einigen Pflanzen können aber an Wurzeln, ebenfalls
im Perizykel, unterirdische *Sproßknospen* angelegt werden. Sowohl Seitenwurzeln als auch die Triebe wurzelbürtiger Sprosse (die man an ihren Schuppenblättern von Seitenwurzeln unterscheiden kann) müssen erst die Rinde der
Mutterwurzel durchdringen, um die Pflanzenoberfläche zu erreichen, beide
werden weit innen (endogen) angelegt. Sproßknospen an Wurzeln nennt man
auch Wurzelbrut. Ein schönes Beispiel ist der Kleine Sauerampfer *(Rumex
acetosella),* der gelegentlich als Unkraut in Topfblumen vorkommt, die in Torf
gezogen werden. Beim Austopfen findet man die Sproßknospen zwischen
Ballen und Topfwand.

Solche wurzelbürtigen Knospen sind ein Mittel zur vegetativen Vermehrung (vgl. S. 363), von dem z. B. Unkräuter wie die Ackerkratzdistel *(Cirsium
arvense),* die Zaunwinde *(Calystegia sepium)* und die Ackerwinde *(Convolvu-
lus arvensis)* profitieren. Die Wurzeln liegen zum Teil tiefer im Boden, als die
Pflüge eingreifen, so daß von diesen Wurzelteilen aus ersetzt werden kann,
was an oberirdischer Pflanzenmasse durch die Bodenbearbeitung verloren
geht. Selbst losgerissene Wurzelstücke können so noch zu neuen Pflanzen heranwachsen. Wurzelbrut ist im Pflanzenreich weiter verbreitet, als man nach
der Lektüre von Lehrbüchern denken könnte.

Keimblätter und Sproßvegetationspunkt

Schon an den Keimlingen in der Küche konnte man sehen, daß wenige Tage
nach der Wurzel auch die Keimblätter die Samenschale verlassen. Bei der normalen Keimung in Erde wird die Samenschale oft im Boden festgehalten und
die sich verlängernde Keimachse zieht die Keimblätter heraus. Besonders gut
sichtbar ist das bei der normalen Gartenbohne (aber nicht bei der Feuerboh-
ne!). Oberirdisch erscheint zuerst die Keimachse, und zwar als kleiner Bogen,
der sich dann streckt und die beiden Keimblätter emporhebt. Manchmal bleibt
die Samenschale aber auch an einem Keimblatt hängen. Wer aus Spaß am Gärt-

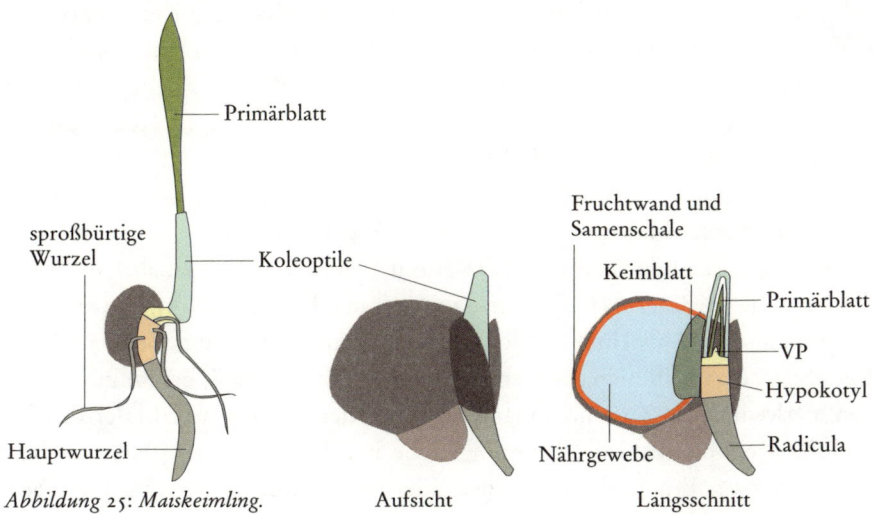

Abbildung 25: Maiskeimling.   Aufsicht   Längsschnitt

nern seine Gemüsepflanzen selber aussät, hat vielleicht auch Porree darunter. Hier dringt nur ein einziges langes, zunächst geknicktes Keimblatt je Samen aus der Erde, das sich schließlich streckt und an seiner Spitze die Samenschale mit dem Rest des Nährgewebes aus der Erde herauszieht und sie wie ein winziges Käppchen »aufbehält«. Damit weist sich der Porree als Vertreter der einkeimblättrigen Pflanzen aus. Auch die Getreidearten gehören zu den Einkeimblättrigen, sind aber schlechte Beispiele, um daran den typischen Bau des Keimlings kennen zu lernen, denn bei ihnen bleibt das Keimblatt klein und zeitlebens in der Samenschale eingeschlossen. Vor dem ersten Laubblatt dringt bei den Gräsern, zu denen die Getreidearten gehören, eine weißliche Scheide aus dem Samenkorn heraus, die sogenannte Koleoptile, über deren Natur sich die Botaniker streiten. Besonders schön kann man an Getreidekeimlingen allerdings sehen, daß neben der Keimwurzel schon sehr früh weitere Wurzeln auswachsen, die der Keim-*Achse* entspringen. Solche Wurzeln nennt man »sproßbürtig«. Bei den Einkeimblättrigen übernehmen sie bald die Funktion der Hauptwurzel, die nach wenigen Wochen abstirbt.

Die Zahl der Keimblätter ist bei den Blütenpflanzen das namengebende Unterscheidungsmerkmal zwischen der Klasse der Einkeimblättrigen (Monokotyledonen) und der Zweikeimblättrigen (Dikotyledonen). Auf weitere Unterschiede wird später eingegangen (vgl. S. 155 ff). Es gibt aber auch Pflanzenarten, die immer mehr als zwei Keimblätter haben, und zwar bei den Nadelgehölzen. In Norddeutschland muß man sich im Wald nach Keimlingen der Fichte *(Picea abies)* oder Kiefer *(Pinus sylvestris)* umsehen, in Süddeutschland kommt noch der besonders schöne Keimling der Weiß- oder Edeltanne *(Abies alba)* dazu. Diese Keimlinge sind mit mehreren nadelartigen Keimblättern versehen, die alle dem Ende der Keimachse entspringen. Bei der Weißtanne sind es häufig acht Keimblätter, die sternförmig ausgebreitet werden, bei der Fichte und Kiefer bilden sie eher ein halbaufrechtes Büschel.

Zwar verspricht der Name Dikotyledonen zwei Keimblätter, aber nicht jedes Individuum einer Art, die man dazu rechnet, hat auch wirklich zwei Kotyledonen. Als Ausnahme findet man manchmal auch drei oder nur ein Keimblatt. Das sieht man gar nicht so selten bei der Walnuß; bei ihr gibt es einen merkwürdigen Zusammenhang zwischen der Fruchtblattzahl der Frucht und der Keimblattzahl des Keimlings. Die Frucht »normaler« Walnüsse besteht aus zwei Fruchtblättern. Die beiden Schalenhälften entsprechen aber nicht, wie man vielleicht erwarten könnte, den beiden an der Frucht beteiligten Fruchtblättern. Der umlaufende Wulst mit der vorgebildeten Trennungslinie markiert vielmehr die Mitte und damit die Symmetrieebene der beiden Fruchtblätter, und die beiden Klappen setzen sich je aus den Hälften der beiden Fruchtblätter zusammen. Die echte Scheidewand in der Mitte der Klappen markiert die Verwachsungsebene der beiden Fruchtblätter (vgl. den Abschnitt »Fruchtblätter«, S. 244). Manchmal findet man aber auch Nüsse, deren Schale aus drei Fruchtblättern besteht und die drei vorgebildete Trenngewebestreifen haben. Das Innere einer solchen Frucht ist dann auch mit einem sechsteiligen »Nußkreuzchen« versehen, und der Keimling paßt sich der Situation an und hat drei statt zwei Keimblätter. Schließlich gibt es auch noch Nüsse mit nur einer vorgebildeten Öffnungsstelle zwischen Basis und Spitze (der Wulst ist nur einseitig), die wohl nur aus einem einzigen Fruchtblatt aufgebaut werden. Ihr Keimling ist nur mit einem einzigen Keimblatt ausgestattet. Dieses schöne Beispiel zeigt, daß es neben der Regel auch immer die Ausnahme gibt und daß Pflanzenteile auf ihre Umgebung Bezug nehmen. Hier richtet sich der Keimling (neuer Sporophyt) nach der Frucht (Teil des alten Sporophyten), in der er entsteht, und das ist genaugenommen nicht seine Mutter, sondern eher die »Oma« (Genaueres kann man auf S. 100 ff nachlesen).

Wenn der Samen seine Vorräte nicht in den Keimblättern, sondern in einem separaten Nährgewebe speichert, werden die Nährstoffe über das eine Keimblatt oder beide Keimblätter in die Jungpflanze übernommen. Ein großer

Nährgewebevorrat wird über lange Zeit abgebaut, das Keimblatt bleibt in diesem Fall immer im Samen (Getreide, Kokospalme). Ist der Vorrat klein, so ist er bald aufgezehrt, die Keimblätter verlassen die Samenschale, um zu assimilieren. Beim Porree geschieht das nur teilweise; der Same bleibt über dem Boden lange an der Keimblattspitze hängen und wird noch vollends ausgelutscht. Auch wenn die Nahrungsvorräte für die Jungpflanze im Keimling selbst und da meist in den Keimblättern gespeichert sind, gibt es zwei Möglichkeiten. Oft bleiben die dicken Speicherkotyledonen in der Samenschale im Boden liegen, wie bei der Walnuß, der Eiche oder der Roßkastanie, oder sie werden über den Boden herausgehoben und ergrünen, wie bei der Buche, deren Keimlinge alle paar Jahre ganz üppig erscheinen. Im ersten Fall streckt sich bei der Keimung das Stengelstück über den Kotyledonen, das *Epikotyl*, im zweiten Fall die Keimachse selber, das *Hypokotyl*.

Bei den Blütenpflanzen bleibt es in der Regel im ersten Lebensjahr nicht bei der Bildung von Keimblättern. Zum Teil sind schon im Samen weitere Blattanlagen vorhanden, z.B. in der Plumula der Erdnuß (vgl. Abb. 19, S. 113), oder sie werden gleich bei der Keimung angelegt, was besonders nötig ist, wenn die Pflanze ihre Keimblätter in der Samenschale beläßt und nicht zum Assimilieren über den Boden bringt.

Wenn die Keimblätter über die Erde kommen, liegt zwischen ihnen versteckt der Sproßvegetationspunkt, der nun genauer vorgestellt wird. Er ist weniger übersichtlich gebaut als der Wurzelvegetationspunkt.

Der auffälligste Unterschied zum Wurzelvegetationspunkt ist, daß der Sproßvegetationspunkt Blätter ausgliedert. Die Blattanlagen werden nicht direkt am Scheitel des Vegetationspunkts angelegt, sondern an seinem Rand im Anschluß an die schon vorhandenen Blattanlagen. Das ist die einzige Stelle, wo überhaupt an einem Sproß Blätter gebildet werden können! Da die Blattanlagen sehr rasch wachsen, überdecken sie den Vegetationspunkt sehr bald, wodurch er geschützt, aber auch der Beobachtung entzogen wird. Diese Anordnung von jungen Blättern über dem Vegetationspunkt nennt man *Knospe*, wobei die Zahl der daran beteiligten Blätter und damit die Größe der Knospe je nach Pflanze und Jahreszeit schwankt.

Es ist ohne Binokular mit einer zehn- bis vierzigfachen Vergrößerung und ganz feine Pinzetten kaum möglich, Winterknospen unserer Gehölze fein säuberlich Blatt um Blatt zu zerlegen, bis man auf die jüngsten Anlagen stößt, doch gibt es ein paar Gemüsepflanzen, die sozusagen überdimensionierte

Knospen sind und zunächst als Modelle dienen sollen. Entblättert man einen Kohlkopf oder besser, weil die Blätter glatter sind, einen Chinakohl oder eine Chicorée-»Stange«, so trennt man Blätter ab, die alle zum Zentrum des »Kopfes« geneigt sind und jedes immer alle jüngeren umfassen. Außen sitzen die größten, nach innen werden sie immer kleiner, zarter und jünger. Wenn man sie am »Strunk« sorgfältig abtrennt, wird man sehen, daß zwischen ihren Ansatzstellen kaum Lücken liegen. Für eine normale, den Winter überdauernde Knospe können wir folgende Befunde übernehmen: Ein Sproßvegetationspunkt wird eingehüllt von vielen noch unentfalteten Blättern, die sich alle über die Sproßspitze neigen und mit ihren Ansatzstellen die Achse zunächst fast lückenlos bedecken. Die ältesten Blätter schützen durch ihre Lage die kleineren inneren. Sie stehen zuunterst oder zuäußerst, je nachdem, ob das kurze Achsenstück in der Knospe eher kegelförmig oder flach ist.

Was man am Gemüse nicht sehen kann, ist der Vegetationspunkt selber, denn dieser Teil ist hier nicht größer als in einer normalen Knospe. Er nimmt als winzige, schwach gewölbte Fläche die Sproßspitze ein. Ganz ähnlich wie beim Wurzelvegetationspunkt teilen sich auch die zentralen Zellen des Sproßvegetationspunkts nur selten, die meisten Teilungen finden am Rand statt, also am Übergang zur Blattbildungszone.

Mit ihrer Basis bedecken die jungen Blätter zunächst die Achsenoberfläche fast vollständig, erst mit der Zeit wachsen und verlängern sich die Achsenstücke zwischen den Anheftungsstellen der Blätter. Dadurch erreicht der Sproß seine Normalform, eine Achse, an der in gewissen Abständen Blätter sitzen. Man bezeichnet die Stellen, an denen ein, zwei oder mehr Blätter ansitzen und die manchmal etwas dicker sind, als *Knoten (Nodi)*, die dazwischenliegenden Achsenabschnitte als *Internodien* (= zwischen den Knoten). Es gibt aber auch Bereiche in Pflanzen, an denen die Achsenstreckung unterbleibt, etwa in Blattrosetten oder Blüten. Dann ist in Büchern oft von »gestauchten« Achsen die Rede, wir wissen jetzt aber, daß hier gar nichts »gestaucht«, sondern einfach ein Zustand aus der frühen Entwicklungsgeschichte *(Ontogenese)* beibehalten wird.

Spätestens wenn ein Blatthöcker erscheint, ist dieser Sektor der Vegetationspunkts »verplant« und sein Schicksal besiegelt. Es ist aber (noch) nicht bekannt, wie eigentlich die Plätze festgelegt werden, an denen die Blatthöcker durch ein anderes Wachstum und Teilungsmuster sich über den glatten Vegetationspunkt erheben. Man kann ein Wechselspiel zwischen den schon vorhandenen Blättern und dem Zentrum des Apikalmeristems vermuten, erscheint die jüngste Blattanlage bei spiraliger Blattstellung doch meistens da, wo zwischen den schon vorhandenen Blättern und einem kreisförmig gedachten Meristem die größte Lücke liegt.

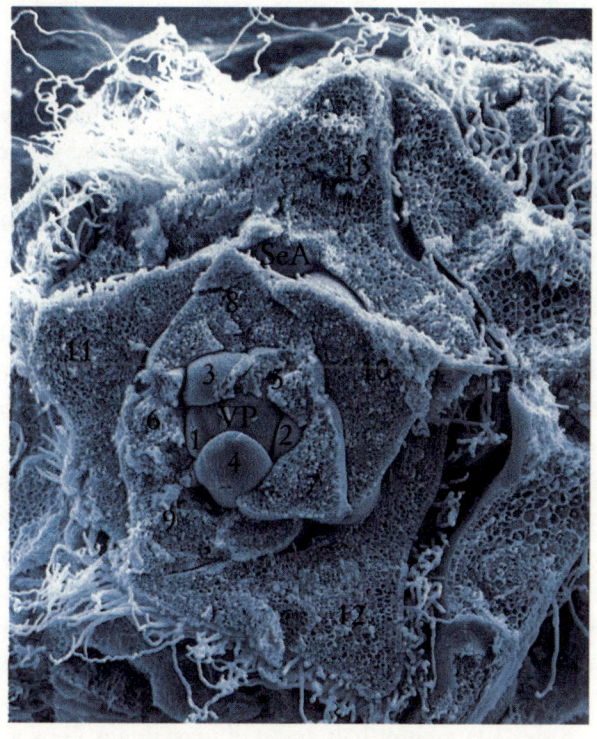

1 mm

Abbildung 26: Sproßvegetationspunkt der Kornblume (Centaurea cyanus) unter dem Rasterelektronenmikroskop. Erst durch das Abbrechen der älteren Blätter wird der Vegetationspunkt (VP) überhaupt sichtbar. Die Zahlen bezeichnen die Blattanlagen, die nacheinander in spiraliger Folge ausgegliedert werden (Blatt 1 ist das jüngste). Oben in der Mitte sitzt in der Achsel von Blatt 13 schon die Anlage einer Seitenachse (SeA).

Die Blätter: Pflanzenteile, die einmal »ausgewachsen« sind

Eine Blattanlage, die eben an der Basis des Vegetationspunkts ausgegliedert wurde, ist dazu bestimmt, ein Blatt zu bilden, das eines Tages ausgewachsen und ausdifferenziert sein wird und nach einer oder mehreren Vegetationsperioden abstirbt. Darin unterscheidet sie sich vom Vegetationspunkt, der, wenigstens in seinen zentralen Zellen, frei von jeder Bestimmung und Differenzierung zu einem Dauergewebe bleibt und damit potentiell unsterblich ist. Die Festlegung auf eine bestimmte Zukunft ist den Zellen der jungen Blattanlage aber überhaupt noch nicht anzusehen. Sie sind ebenso klein und plasmareich (das nennt man auch embryonal oder meristematisch) wie die des Vegetationspunkts und entfalten eine rege Teilungstätigkeit. Die Differenzierung der Zellen setzt erst später ein.

Was ist mit *Differenzierung* gemeint? Es ist der Vorgang, durch den die meristematischen Zellen in die Zellen der Dauergewebe der erwachsenen Pflanze übergehen. Sie unterscheiden sich in ihrem Bau und sind je nach Funktion mehr oder weniger stark spezialisiert. Schließlich sind sie z.B. Zellen des Leitgewebes mit charakteristischen Wandverdickungsmustern, die zum Teil planmäßig absterben (s.S. 159), harte Faserzellen oder Zellen der Oberhaut (Epidermis). Einige Zellen werden aber auch nur zum »Grundgewebe« oder *Parenchym* differenziert, was hauptsächlich durch Zellvergrößerung und die Bildung einer großen Vakuole geschieht. Solche wenig spezialisierten, aber trotzdem ausgewachsenen Zellen sind prädestiniert, sich bei Bedarf wieder zu teilen. Etwa nach Verletzungen können die aus dem angrenzenden Parenchym entstandenen Zellen die Wunde verschließen und auch ein Ersatzabschlußgewebe bilden. Planmäßig werden bei manchen Pflanzen Parenchymzellen zur Bildung von Kambien herangezogen (vgl. S. 160). Stark spezialisierte Zellen sind aber meist nicht mehr teilungsfähig und bleiben, was sie geworden sind.

Die Differenzierung setzt im Blatt nach und nach ein, aber schließlich werden alle Zellen davon erfaßt, es bleibt kein Bildungsgewebe im Blatt selbst zurück. Nur in der Blattachsel hält sich teilungsfähiges Gewebe, das *Blattachselmeristem*, das früher oder später zu einem Seitentrieb auswachsen kann (siehe weiter unten). Die sogenannte Blattachsel liegt an der Achse, der das Blatt entstammt (darum *Abstammungsachse*), und zwar unmittelbar über der Anheftungsstelle des Blattes. Im Bezug auf sein Achselmeristem oder die daraus entwickelte Seitenachse bekommt das Blatt die Bezeichnung *Tragblatt*. Von verschwindend wenigen Ausnahmen abgesehen, entsteht ein Seitensproß immer nur in der Achsel eines Tragblatts.

Wenn wir die Entwicklung und Differenzierung eines Blattes im einzelnen untersuchen, sehen wir folgenden Ablauf: Die zunächst ganz aus meristematischen Zellen bestehende Blattanlage vergrößert sich durch Zellteilungen. In der zukünftigen Mittelrippe setzt die Zelldifferenzierung zuerst ein. Dadurch hebt sich der noch meristematische Blattrand als Randmeristem von der Rippe ab. Zunächst vergrößert sich die Blattfläche noch durch die Tätigkeit des Randmeristems, aber lange bevor die Endgröße des Blattes erreicht ist, wird auch der Rand in den Differenzierungsprozeß einbezogen. Nach Abschluß der zuletzt diffusen Zellvermehrung differenzieren sich nach und nach alle Zellen. Damit gewinnt das Blatt seine endgültige Größe und Funktionsfähigkeit. Je nach Pflanzenart altert das Blatt nach einer oder mehreren Vegetationsperioden und stirbt schließlich ab. Meistens wird es durch ein besonderes Trenngewebe, das auch die Wunde verschließt, von der Sproßachse abgetrennt. Diesen Mechanismus entdeckt man nur, wenn Stürme im Sommer Äste abknicken oder sehr frühe Fröste die Blätter töten, bevor das Trenngewebe fertig differenziert ist; in diesen Fällen bleiben die Blätter vertrocknet an den Zweigen hängen. Auch starkes Licht, etwa von Halogenlampen an großen Kreuzungen, verhindert den normalen herbstlichen Laubfall, wie man an Straßenbäumen verschiedener Arten immer wieder beobachten kann. Vermutlich wird normalerweise die abnehmende Tageslänge als Ankündigung für den Herbst wahrgenommen und löst die Bildung des Trenngewebes aus.

Im Gegensatz zum Blatt können Sproßachse und Wurzel dank ihrer Vegetationspunkte, die »Dauermeristeme« sind, im Prinzip unbegrenzt weiterwachsen, das ist die Voraussetzung für die »offene Gestalt« der Pflanzen im Gegensatz zur geschlossenen Gestalt der Tiere. Aber trotz dieser potentiellen Unsterblichkeit gibt es doch äußere und vielleicht auch innere Ursachen, die dafür sorgen, daß »die Bäume nicht in den Himmel wachsen«.

Laubblätter

Die meisten Blätter eines Baumes oder Strauchs sind der Photosynthese dienende Laubblätter, darum soll dieser wichtige Blattyp vorangestellt werden. Am »normalen« Laubblatt kann man meist drei Abschnitte unterscheiden: Blattgrund, Blattstiel und die grüne Blattfläche, die Blattspreite.

Mit dem *Blattgrund* ist das Blatt an seiner Achse angeheftet. Normalerweise ist der Blattgrund ganz unscheinbar, aber bei einigen Pflanzen, etwa den Doldenblütlern, ist er zu einer deutlichen Scheide ausgewachsen, die wir beim Fenchel *(Foeniculum vulgare)* als Gemüse essen. Bei manchen Pflanzen erheben sich vom Blattgrund links und rechts kleine Blättchen oder Zipfel, die

Ranken-Platterbse
(Lathyrus aphaca):
Blattspreite zur
Ranke umgebildet

Nebenblätter

Scheiden-Platterbse
(Lathyrus ochrus):
Blattspreite auf
Ranken und wenige
Fiedern reduziert;
Blattstiel verbreitert,
bildet »Flügel«
am Stengel;
Nebenblätter (Pfeile)
winzig

Gras-Platterbse
(Lathyrus nissolia):
Blattspreite
reduziert (s.o.);
Blattstiel verbreitert,
gleicht einem
Grasblatt;
Nebenblätter winzig

Abbildung 27: Blatt-Metamorphosen.

sogenannten *Nebenblätter* (Stipeln). Oft dienen sie in der Knospe als Schutzorgane für die eigentliche Blattfläche und fallen nach der Blattentfaltung ziemlich bald ab. Unter Buchen sieht man sie nach dem Laubaustrieb zu kleinen braunen »Nadeln« zusammengerollt und vertrocknet in Massen liegen. Besonders groß und bizarr zerschlitzt sind die bleibenden Nebenblätter beim Gartenstiefmütterchen *(Viola x wittrockiana)* und seinem unscheinbaren wilden Verwandten, dem Acker-Stiefmütterchen *(Viola arvensis).* Hier übernehmen sie teilweise Aufgaben der Blattspreite. Bei einigen Schmetterlingsblütlern, zum Beispiel der Ranken-Platterbse *(Lathyrus aphaca)* und gewissen Erbsensorten *(Pisum sativum)*, ist die Blattspreite ganz zu einer Ranke umgewandelt, und die großen Nebenblätter sind die einzigen Blatteile, die assimilieren können.

Der *Blattstiel* schließt sich an den Blattgrund an und trägt die grüne Blattspreite, also die hauptsächlich Photosynthese treibende Blattfläche. Fehlt der Blattstiel, so spricht man von einem sitzenden Blatt. Die Blattstiele können die Blätter ins richtige Licht rücken. Es ist immer wieder beobachtenswert, wenn die Buchen im Mai frischgrün und noch zart in der Sonne prangen, wie wenige Blätter der unteren Äste direkt von weiter oben liegenden Blättern beschattet werden. Die unteren Blätter finden dank der Blattstiele die Sonnenflecken, welche die oberen durchlassen, jedenfalls sieht man auf ihnen das Muster von Schatten- und Lichtflecken nicht, wie man es im Sommer auf dem Waldboden entdecken kann. Auch junge Ahorne ordnen die Spreiten ihrer drei oder vier Blattpaare an der Sproßspitze fast ohne Überschneidung der Blattflächen an.

Die *Blattspreite* kann ganz unterschiedlich gestaltet sein. Diese kleine Übersicht befaßt sich nur mit »normalen«, der Photosynthese dienenden Blättern von Pflanzen, die während der Vegetationsperiode in der Regel gut mit Wasser versorgt werden, also fallen die Blätter mitteleuropäischer Pflanzen in diese Kategorie, aber ebenso die feuchter tropischer Gebiete.

Die Blattspreite kann eine einheitliche, zusammenhängende Fläche bilden, dann ist das Blatt *einfach*, oder sie kann aus mehreren Teilflächen bestehen, dann ist das Blatt *zusammengesetzt*, und die Teilstücke der Spreite heißen *Fiedern*. Betrachten wir das gefiederte Blatt etwa des Nußbaums oder der Esche, so finden wir eine ungerade Zahl von Fiedern, die paarweise in zwei Reihen an einem stielartigen Blatteil angeheftet sind, der *Blattrhachis*, welche durch die unpaare Endfieder gekrönt wird. Die Blattrhachis setzt den Blattstiel fort, ganz entsprechend der Mittelrippe im einfachen Blatt. Esche und Nußbaum haben *unpaarig gefiederte* Blätter.

Bei den Schmetterlingsblütlern gibt es zum Teil auch *paarig gefiederte* Blätter, weil die Rhachis in einem kleinen Spitzchen oder in einer Ranke endet. Die einzelnen Fiedern können gestielt sein, etwa bei der Zaun-Wicke *(Vicia sepium)*, wo die Stielchen allerdings kurz sind. Es gibt aber in der Verwandtschaft der Schmetterlingsblütler oder Hülsenfrüchtler auch Beispiele, bei denen die Stiele der Fiedern so lang sind, daß sie auch ihrerseits Seitenfiedern tragen können. In den Parks wird gelegentlich die am Stamm mit schrecklichen Dornen verzierte Gleditschie *(Gleditsia triacanthos)* gepflanzt,

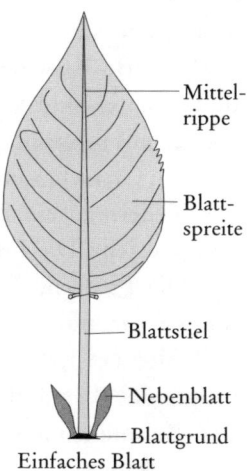

Mittel-
rippe

Blatt-
spreite

Blattstiel

Nebenblatt

Blattgrund

Einfaches Blatt

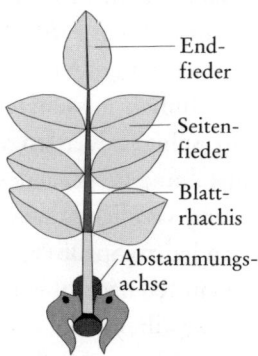

End-
fieder

Seiten-
fieder

Blatt-
rhachis

Abstammungs-
achse

Zusammengesetztes Blatt

Fiedern zu Ranken umgebildet

Abbildung 28: Blatt-Typen.

die zu einem sehr großen Baum werden kann und einem nach Herbststürmen rotbraune, bis 30 cm lange und etwa 4 cm breite platte »Bohnen« (Hülsen) auf den Weg wirft. Falls Zweige in Reichweite sind, findet man daran doppelt gefiederte Blätter, und wenn man Glück hat, auch »unentschlossene«, die teils einfache, teils ihrerseits gefiederte Seitenfiedern haben (Abb. 29, S. 135; ähnlich ist es beim Giersch, siehe Abb. 30, S. 136). Wenn es nötig ist, diese unterschiedlichen Fiedern auseinanderzuhalten, so wählt man in der Botanik ein Numerierungssystem. Die Fiedern direkt an der Blattrhachis sind Fiedern 1. Ordnung. Die Fiedern, die am Stiel einer Fieder erster Ordnung sitzen, sind Fiedern 2. Ordnung, und so kann man weiterzählen.

Viel seltener ist, daß alle Fiedern statt von der Blattrhachis von einem Punkt am Ende des Blattstiels entspringen. Solche Blätter nennt man gefingert. Bekannte Beispiele sind Lupine (*Lupinus polyphyllus*) und Roßkastanie (*Aesculus hippocastanum*).

Nach eigener Erfahrung ist es nicht leicht, Studienanfängern zu erklären, warum z.B. ein Fiederblatt mit zwei Reihen seitlicher Fiedern etwas anderes ist als ein Seitenzweig mit zweizeilig angeordneten Blättern, da beide äußerlich sehr ähnlich aussehen können und auch die gleiche Funktion haben. Die Unterschiede werden vielleicht klar, wenn diese beiden Gebilde nach ihrer Entstehung (Ontogenese) und nach ihrer Stellung im Bauplan (dem Lagekriterium) verglichen werden.

An jedem Sproßvegetationspunkt werden die einzelnen Laubblätter immer »von unten nach oben«, also spitzenwärts (akropetal) angelegt. Bei der Fiederbildung gibt es aber verschiedene Ausgliederungsvarianten. Wie bei einem einfachen Blatt schließt das Randmeristem auch beim Fiederblatt die Spreite zunächst als zusammenhängende Linie ein. Aber schon früh stellt das Randmeristem sein Wachstum zwischen je zwei Fiederanlagen ein; es »zerfällt« in Teilmeristeme, die dann je nur eine Fieder liefern. Die erste Fieder kann an der Basis der späteren Blattrhachis ausgegliedert werden und die Fiederbildung zur Spitze des Gesamtblatts fortschreiten, aber es gibt auch Blätter, an denen die Fiedern in der Reihenfolge von der Blattspitze zur Basis in Erscheinung treten oder die erste Fieder etwa in der Mitte des Blattes erscheint und die anderen sich nach oben und unten anschließen. In den Achseln der Blätter bleiben Restmeristeme zurück, die zu Seitensprossen auswachsen können, aber im Fiederblatt werden alle Zellen differenziert, es gibt keine Meristeme in den »Fiederachseln«.

Ein Fiederblatt und ein zweizeilig beblätterter Zweig unterscheiden sich auch in ihrer Stellung in der Gesamtpflanze. Seitenzweige können nur in der Achsel eines Tragblatts stehen. Das kann zwar schon abgefallen sein, aber an der Abbruchnarbe kann man seine frühere Existenz noch leicht feststellen. Blätter stehen jedoch nie in der Achsel eines anderen Blattes (oder nur scheinbar, an einer ganz kurzen Seitenachse, aber dann stimmt die Ausrichtung des fraglichen Gebildes zur gestreckten, sichtbaren Achse nicht).

Als Faustregel zur Unterscheidung von Fiederblättern und zweizeilig beblätterten Seitenachsen kann man sich merken: eine Seitenachse endet immer in einer Knospe mit einem Vegetationspunkt (oder in einer Blüte) und nicht in einem endständigen Blatt, aber die Rhachis im Fiederblatt kann eine Endfieder tragen. Das Lagekriterium hilft einem aber nur, im Zusammenhang stehende Pflanzenteile zu unterscheiden. Findet man eine abgetrennte Fieder einer unbekannten Pflanze, so kann man am losgelösten Stück oft nicht sagen, ob es sich dabei um ein ganzes Blatt oder nur um einen Blatteil handelt.

Große Fiederblätter können ganze Zweige ersetzen. In Gärten findet man als schönes Beispiel gelegentlich *Aralia spinosa*, ein Bäumchen aus der Familie der Araliengewächse, zu der auch der heimische Efeu gehört. Die schlanken, unverzweigten, mit Stacheln bewehrten Stämmchen (in den USA deshalb »Teufels Wanderstock« geheißen) tragen an der Spitze eine Rosette von meterlangen, mehrfach gefiederten Blättern. Damit spart sich die Pflanze den Bau von Zweigen, muß aber Jahr für Jahr ein verzweigtes Fiedertraggerüst neu aufbauen, da die Blätter im Herbst abfallen. Offenbar hat sich in der Masse der Gehölze dieses Modell nicht durchgesetzt, wenn wir von den »Schopfbäumen« der Tropen absehen, deren bekannteste Vertreter die Palmen mit ihren riesigen gefiederten Wedeln sind.

Unter den krautigen Pflanzen sind Christophskraut (*Actaea spicata, A. rubra*, Hahnenfußgewächse), Geißbart (*Aruncus dioicus*, Rosengewächse) und Astilbe (Steinbrechgewächse) drei Beispiele nicht näher verwandter Stauden (siehe S. 172) schattiger Standorte mit dem gleichen Bauplan und einem auffallend ähnlichen Habitus (äußere Erscheinung). Die Hauptachse ist kaum verzweigt und trägt nur wenige, dafür sehr große, mehrfach gefiederte Blätter. Auch bei den Doldenblütlern gibt es schöne Beispiele mehrfach gefiederter Blätter, etwa bei der Engelwurz (*Angelica sylvestris*), die man im Sommer an etwas lichteren Waldstraßenrändern finden kann, oder beim Liebstöckel (*Levisticum officinale*) im Gewürzbeet.

Abbildung 29a: Einfache Blätter

fingernervig

fiedernervig

ungeteilt

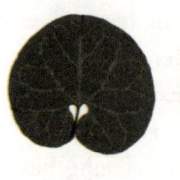

Osterluzei
Aristolochia

Knoblauchsrauke
Alliaria

Buche
Fagus

Hainbuche
Carpinus

gelappt

Spitzahorn
Acer platanoides

Silberahorn
Acer saccharinum

Feldahorn
Acer campestre

Eiche
Quercus

Acer monspessulanum

tief fiederspaltig

Storchschnabel
Geranium

Greiskraut
Senecio

Grevillea

Abbildung 29b: Zusammengesetzte Blätter

gefingert

gefiedert

Endfieder

Seiten-
fieder

Nebenblätter

gefingert
Fingerkraut, *Potentilla*

dreizählig zusammengesetzt
Erdbeere, *Fragaria*

unpaar gefiedert
Rose, *Rosa*

Gleditsia
Am gleichen Baum gibt es
nebeneinander einfach und doppelt
gefiederte Blätter

Fieder 2. Ordnung

zusammengesetzte

Fieder 1. Ordnung

einfache

unvollständig doppelt gefiedert:
Einzelne Fiedern 1. Ordnung sind einfach, die anderen
sind ihrerseits nochmals gefiedert.

einfach paarig gefiedert
(so nennt man Blätter ohne Endfieder;
die Seitenfiedern müssen nicht in Paaren stehen!)

Abbildung 30:
Variationen der Blattfiederung beim Geißfuß oder Giersch
Aegopodium podagraria

einfach
dreizählig
zusammengesetzt

Endfieder ungeteilt
Seitenfieder zweiteilig

eine Seitenfieder zweiteilig,
die andere dreiteilig

Endfieder dreizählig,
Seitenfiedern zweizählig — daher der
Name »Geißfuß«
»Normalfall«

doppelt dreizählig
zusammengesetzt

Die Blätter dieser Seite bilden eine morphologische Reihe. Sie entspricht etwa der zeitlichen Abfolge der Blattausgliederung: einfach dreizählige Blätter werden früher gebildet als doppelt dreizählige.

Große zusammengesetzte Blätter können also durchaus die Funktion von Zweigen oder Zweigsystemen übernehmen, umgekehrt gibt es aber auch Zweige, die beim »Laubfall« im Herbst wie Fiederblätter behandelt werden. Zwei Gattungen der Nadelholzfamilie Taxodiaceae, die Sumpfzypresse *(Taxodium distichum)* aus Florida und der Urweltmammutbaum *(Metasequoia glyptostroboides)* aus China, die bei uns gelegentlich in Parks anzutreffen sind, werfen im Herbst nicht nur die Nadeln ab, wie es die Lärche tut, sondern ganze benadelte einjährige Zweiglein, die manchmal sogar in sich nochmals verzweigt sind. Genau genommen haben wir hier »Zweigfall«, nicht nur Laubfall.

Einfache Blätter können ungeteilt sein, z. B. die der Rotbuche, oder gelappt, z. B. von Eiche oder Ahorn, oder geteilt, z. B. beim Orientalischen Mohn *(Papaver orientale)* der Gärten. Die »Einschnitte« zwischen den Lappen oder Zipfeln können schließlich fast bis zur Mittelrippe reichen. Dadurch entstehen vor allem bei den Kreuzblütlern und den Korbblütlern Blätter, die fast wie Fiederblätter, also zusammengesetzte Blätter aussehen, etwa bei der Skabiosen-Flockenblume oder beim Greiskraut. Weil das Erscheinungsbild so ähnlich ist, kann man sich oft nur schwer entscheiden, wenn ein Pflanzenbestimmungsbuch nach der genauen Blattform fragt.

Je nach Längen-Breiten-Verhältnis werden verschiedene Formen ungeteilter Blätter unterschieden. Eine Reihe mit zunehmender Breite bei gleicher Länge umfaßt folgende Begriffe: lineal, schmallanzettlich, lanzettlich oder oval (je nach Gestalt der Spreitenbasis und Spitze), breitlanzettlich, rund. Dazu gibt es Blattformen wie nierenförmig, herzförmig, eiförmig usw., die sich selber erklären, und verschiedene Sorten der Randgestaltung wie gesägt, gezähnt oder gekerbt. Sie werden beim Bestimmen von Pflanzen gebraucht, aber in der Regel vorn im Bestimmungsbuch erklärt oder abgebildet, weshalb wir uns nicht weiter damit befassen müssen.

Schuppenblätter

Nicht alle Blätter dienen in erster Linie der Photosynthese, sie können auch Schutz- oder Speicherorgane sein. In den Speicherkotyledonen haben wir schon ein Beispiel dafür kennengelernt. An unterirdischen Sproßachsen (Rhizomen), etwa bei den Zahnwurzarten *(Dentaria)* oder beim Sauerklee *(Oxalis acetosella)*, treten dickliche Schuppenblätter als zusätzliche Speicherorgane auf. Normalerweise speichern Rhizome aber im Rindengewebe der Sproß-

achse. Die Schuppenblätter dürften in diesen Fällen mehr dem Schutz des
Vegetationspunkts beim Vordringen im Boden dienen. Da sich Rhizomspitzen
im Frühling oft aufrichten, um einen oberirdischen Sproß mit Laubblättern
und Blüten zu bilden, stehen die Schuppenblätter am Rhizom unter den Laubblättern. Das gilt auch für die Schuppenblätter, die den Winter über die Knospen der Gehölze einhüllen. Nach ihrer Lage werden sie deshalb als Nieder-
blätter den Hochblättern gegenübergestellt. Geht nämlich die Pflanze vom
vegetativen, auf Wachstum und Reservestoffanhäufung ausgerichteten
Zustand in den blühfähigen über, werden oft nur noch vereinfachte Blätter
oder kleine Schuppenblätter als Tragblätter der Blütenstände und Blüten ausgebildet. Gelegentlich werden die obersten Laubblätter, z.B. beim Weihnachtsstern *(Euphorbia pulcherrima)*, oder die Hochblätter, z.B. beim Blu-
menhartriegel *(Cornus florida, C. kousa)*, mit in den Dienst der Anlockung
von Bestäubern gestellt. Sie sind dann ansehnlich groß und zuletzt weiß oder
bunt gefärbt.

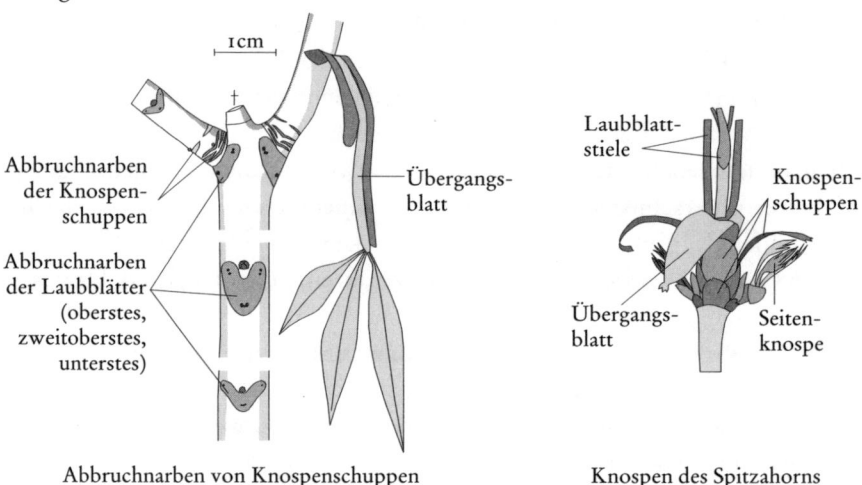

Abbruchnarben von Knospenschuppen   Knospen des Spitzahorns
und Laubblättern der Strauchigen Roßkastanie   in der Entfaltung

Abbildung 31: Abbruchnarben, Knospenschuppen und Übergangsblätter.

Sowohl zwischen den Niederblättern in ihrer Funktion als Knospenschuppen und den Laubblättern als auch zwischen den Laubblättern und den schuppenförmigen Hochblättern gibt es manchmal oder regelmäßig Übergänge,
welche die »Metamorphosenidee« Goethes illustrieren. Vor allem bei jungen
Eschen und Ahornen lohnt sich die Suche nach inneren Knospenschuppen, die

über dem vergrößerten Blattgrund eine kleine Spreite tragen. Zwischenformen sind ein gutes Indiz dafür, daß auch die Endglieder einer »morphologischen Reihe« Abwandlungen des gleichen Grundorgans sind.

Was die Blattstellung mit dem goldenen Schnitt zu tun hat
Die Blätter können ganz unterschiedlich am Stengel verteilt sein. Bei der Blattstellung unterscheidet man zunächst, ob pro Knoten nur ein Blatt oder mehrere Blätter an der Achse sitzen.

Zwei Blätter an einem Knoten sind in der Regel auf gegenüberliegenden Stengelseiten angewachsen. Man nennt diese Blattstellung *gegenständig*. Ein gutes Beispiel sind die Lippenblütler, zu denen die Taubnesseln (*Lamium*-Arten) und als bekannte Zimmerpflanze die Buntnessel (*Coleus blumei*-Sorten) gehören. In dieser Familie sind die Stengel ausgeprägt vierkantig. Deshalb sieht man besonders gut, daß die Ansatzstellen der Blattpaare von Knoten zu Knoten um 90° gedreht sind. Dadurch stehen die Blätter des oberen Paars über den Lücken zwischen den Blättern des nächstunteren Paars. Aufeinanderfolgende, gegenständige Blattpaare sind fast immer in dieser Weise »gekreuzt«, die Blattstellung ist nicht nur gegenständig, sondern *kreuzgegenständig*. Das führt zu einer gleichmäßigen Verteilung der Blätter um den aufrechten Stengel herum, die allen einen guten Lichtgenuß beschert. Wenn im Prinzip kreuzgegenständig beblätterte Pflanzen allerdings fast waagerecht abstehende Seitentriebe entwickeln, wäre es für die Belichtung eigentlich zweckmäßiger, wenn alle Blätter seitlich angeordnet wären. Tatsächlich verdrehen manche Pflanzen an solchen Ästen ihre Internodien so, daß eine zweizeilige Blattstellung (s. u.) vorgetäuscht wird. Ein sehr schönes Beispiel bieten die Fuchsien.

Stehen drei oder mehr Blätter an einem Knoten, so sprechen Bestimmungsbücher wie etwa der SCHMEIL (*Flora von Deutschland*) oder der ROTHMALER (*Exkursionsflora von Deutschland*) von *Blattquirlen* oder *Blattwirteln*. Beispiele mit dieser Blattstellung sind in unserer Flora eher selten. Es gibt einige Wasserpflanzen mit dreiblättrigen (Wasserpest, *Elodea canadensis*) oder mehrblättrigen Wirteln (Hornblatt: *Ceratophyllum*, Tausendblatt: *Myriophyllum*, Tannwedel: *Hippuris vulgaris*). Das beste Beispiel bei den Landpflanzen ist der Gewöhnliche Gilbweiderich (*Lysimachia vulgaris*) und sein in Gärten gerne kultivierter Verwandter, der Punktierte Gilbweiderich (*Lysimachia punctata*). Kräftige Triebe des Gilbweiderichs haben vier Blätter pro Knoten, etwas schwächere drei und ganz dünne Triebe nur zwei. Das zeigt nicht nur, daß wir berechtigt sind, gegenständige Blattpaare als Sonderform des Wirtels aufzufassen. Es läßt auch erkennen, daß es einen Zusammenhang gibt zwischen der Größe des Vegetationspunkts (die sich auf die Stärke des Sprosses auswirkt) und der Zahl der Blattanlagen, die gleichzeitig daran ausgegliedert werden können. Blattanlagen sind an allen Sproßspitzen einer Art etwa gleich groß, also haben an schwachen Vegetationspunkten einfach weniger davon in einem Kreis Platz. Auch die Blätter aufeinanderfolgender mehrzähliger Blattwirtel stehen »auf Lücke«.

Die meisten Pflanzen haben aber nur ein Blatt pro Knoten. Man spricht hier von einer *zerstreuten, wechselständigen* oder *schraubigen* Blattstellung. Auch hier werden die Blätter im Prinzip so arrangiert, daß alle möglichst viel Sonne bekommen, also möglichst gleichmäßig um eine aufrechte Achse herum angeordnet sind.

Hier gibt es nun verschiedene Verteilungsmuster. Jeder, der einmal Lauch/ Porree *(Allium ampeloprasum)* zum Essen vorbereitet hat, weiß, daß bei dieser Pflanze die Blattspreiten streng nach zwei Seiten ausgerichtet sind und zwei »Zeilen« bilden. Das fällt besonders auf, wenn man von oben auf die Pflanze sieht. Die Blätter stehen aber nicht gegenständig, denn jedes Blatt setzt mit seiner stengelumfassenden Scheide einzeln an die Achse an und umschließt das nächstinnere oder -obere Blatt und damit alle weiteren. Allerdings sind die Knoten wie bei der Küchenzwiebel *(Allium cepa)* ganz am Grund der Pflanze in einem kurzen »Zwiebelkuchen« zusammengedrängt. Manche Seggenarten *(Carex spec.)* zeigen von oben betrachtet nicht zwei, sondern drei Blattzeilen. Wenn man schließlich seinen kräftig wachsenden jungen Gummibaum auf der Fensterbank einmal genauer ins Auge faßt und vielleicht einen weichen Wollfaden von Blattansatz zu Blattansatz von unten nach oben um den Stamm herumwickelt, wobei die Blätter in der Reihenfolge ihres Alters, also ihrer Ausgliederung am Vegetationspunkt, berührt werden, so bemerkt man, daß die Drehrichtung nicht umspringt und der Faden ungefähr eine Schraubenlinie nachzeichnet. Genaugenommen kann man den Faden in zwei Richtungen von Blatt zu Blatt führen, in der Botanik wählt man immer die Richtung mit dem kürzeren Weg von Blatt zu Blatt. Wenn man einen kräftigen, gleichmäßig gewachsenen Gummibaum mit genügend Blättern vor sich hat, so entdeckt man, daß das sechste Blatt ziemlich genau über dem ersten steht, das siebte über dem zweiten und das achte über dem dritten. Meistens fehlen dann weitere Blätter an der Pflanze, um die Beobachtung fortzusetzen.

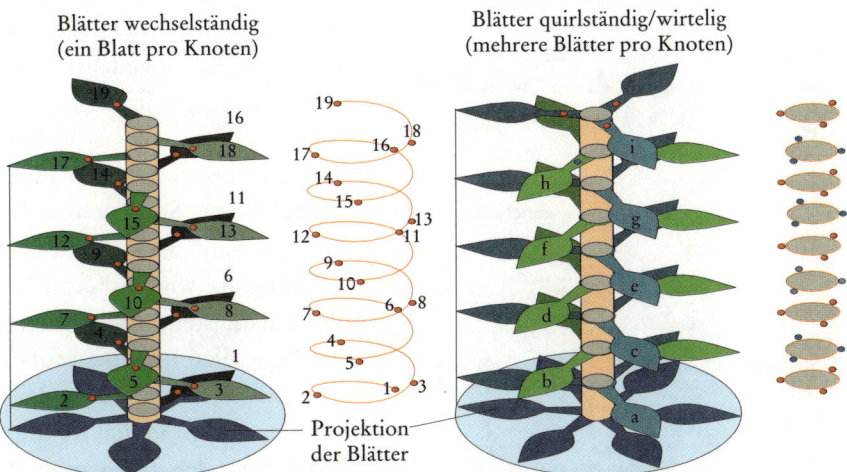

Idealisierte Darstellung der Sproßachse mit Knoten und Blättern. Bei wechselständiger Blattstellung verbindet eine Schraubenlinie die Blätter: »genetische Spirale«. Bei wirteliger Stellung stehen die Blätter in Kreisen, jeweils »auf Lücke«.

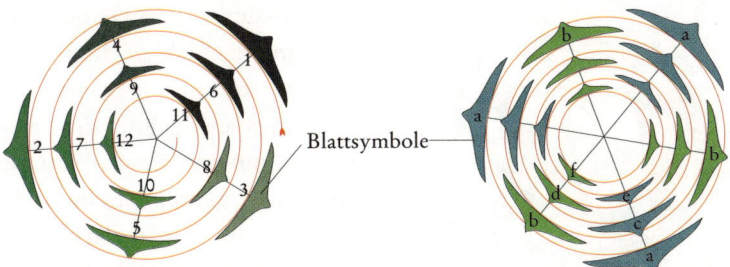

Diagramm-Darstellungen. Das unterste Blatt wird zuäußerst eingetragen.

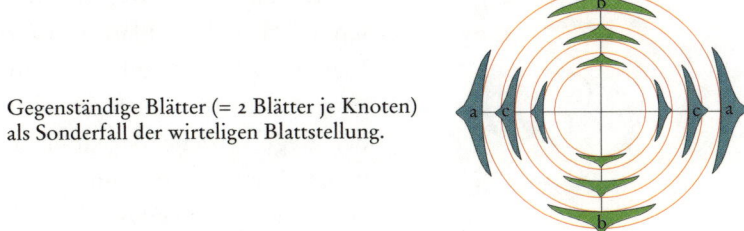

Gegenständige Blätter (= 2 Blätter je Knoten) als Sonderfall der wirteligen Blattstellung.

Abbildung 32: Wechselständige (schraubige) und quirlige (wirtelige) Blattstellungen.

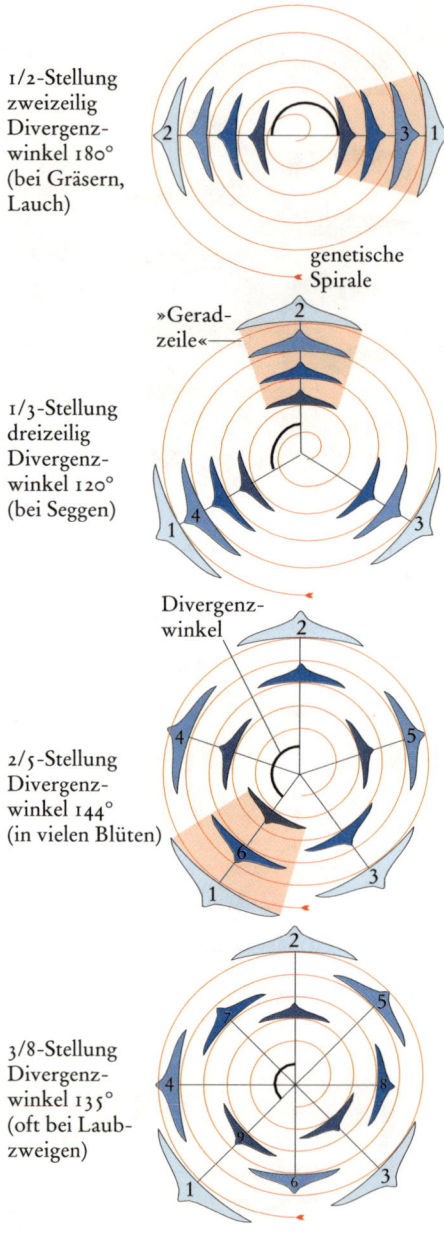

1/2-Stellung
zweizeilig
Divergenz-
winkel 180°
(bei Gräsern,
Lauch)

genetische
Spirale

»Gerad-
zeile«

1/3-Stellung
dreizeilig
Divergenz-
winkel 120°
(bei Seggen)

Divergenz-
winkel

2/5-Stellung
Divergenz-
winkel 144°
(in vielen Blüten)

3/8-Stellung
Divergenz-
winkel 135°
(oft bei Laub-
zweigen)

Abbildung 33:
Diagramme häufiger schraubiger Blattstellungen.

Um Blattstellungsverhältnisse anschaulich zu machen, wählt man eine schematische Darstellungsweise, das sogenannte Diagramm. Dabei projiziert man die Blätter in Form eines stilisierten Blattquerschnitts auf eine Ebene senkrecht zur Sproßachse. Die Schraubenlinie von Blattansatz zu Blattansatz wird dabei als Spirallinie dargestellt. Das unterste, also älteste Blatt trägt man auf der Spirale zuäußerst ein, die folgenden weiter innen in den richtigen Winkelabständen (man mißt die Winkel zwischen den Mittelrippen aufeinanderfolgender Blätter). Der Abstand beträgt beim Gummibaum etwa 144° oder 2/5 des Umfanges. Man findet die Zahl am schnellsten, wenn man die Umgänge zählt, die man braucht, um von einem Blatt auf einer bestimmten Stammseite zum nächsten genau darüberliegenden zu gelangen. Dabei wird auch noch festgehalten, wieviele Blätter auf diesem Weg angetroffen werden. Von Blatt 1 bis zu Blatt 6 trifft man auf zwei Umgängen fünf Blätter an. Da sie in der Regel gleiche Abstände haben, teilt man 2 · 360° durch 5 und erhält den Abstandswinkel (Divergenzwinkel) von 144°. Hätten wir eine Berberitzenrute mit un-

serem Wollfaden umwunden, immer von Dornblatt zu Dornblatt, so hätten
wir in drei Umgängen acht Blätter gezählt, weil erst das neunte Blatt über dem
ersten liegt. Der Abstand von Blatt zu Blatt beträgt in diesem Beispiel 3/8 oder
135°. Man spricht in diesem Fall auch gerne von einer 3/8-Stellung, im vorangegangenen Beispiel von einer 2/5-Stellung. Der Porree ordnet seine Blätter
nach der 1/2-Stellung an (=zweizeilige Blattstellung), da das dritte Blatt über
das erste fällt und nur ein Umgang nötig war, um es zu erreichen. Die Segge
ordnet ihre Blätter mit einem Abstandswinkel von 1/3 an (dreizeilige Blattstellung). Solche Beobachtungen haben die Botaniker schon immer fasziniert, und
man hat in Blattrosetten, etwa beim Wegerich *(Plantago media)*, an den Schuppen von Nadelbaumzapfen oder den Blüten in den Körbchen von Kardenge-
wächsen oder Korbblütlern noch weitere Stellungsmuster mit anderen Ab-
standswinkeln gefunden. Es ist nicht zufällig, daß alle zuletzt genannten Beispiele Pflanzenteile betreffen, an denen sich die Internodien nicht verlängern
und die Blätter in direktem Kontakt stehen, denn nur so fallen die Muster
überhaupt ins Auge.

Beispiel	Zahl der Umgänge/Blätter	Divergenz-winkel
Porree *(Allium ampeloprasum)*	1/2	180°
Segge *(Carex spec.)*	1/3	120°
Gummibaum *(Ficus elastica)*	2/5	144°
Berberitze *(Berberis vulgaris)*	3/8	135°
Zapfen der Douglasie *(Pseudotsuga)*	5/13	138,46°
Zapfen der Kiefer *(Pinus)*	8/21	136,14°

Man kann die Folge der festgestellten Werte für Umgänge und angetroffene
Blätter auch einfach als Zahlenfolge ansehen und bemerkt dann, daß zwischen
den Zahlen bestimmte regelhafte Beziehungen bestehen. In den Zählern und
Nennern treten, nur etwas verschoben, die gleichen Ziffern auf, welche folgende Reihe bilden: 1-1-2-3-5-8-13-21, das heißt, jede neue Zahl ist die Summe

ihrer beiden Vorgänger. Diese Zahlenreihe heißt nach einem italienischen Mathematiker *Fibonacci-Reihe*. Betrachtet man die Gradangaben der Beispiele in der Tabelle, so fällt auf, daß immer eine größere mit einer kleineren Zahl abwechselt, daß aber die Differenz zwischen zwei folgenden Zahlen immer geringer wird. Die Reihe der Brüche mit den Fibonacci-Zahlen tendiert zu einem Grenzwert (Limitdivergenz), der bei 137° 30 Minuten und einigen Sekunden liegt. Dieser Winkel teilt den Kreisumfang in ein längeres Stück a und ein kürzeres b, deren Längen in einem ganz besonderen Verhältnis zueinander stehen. Der ganze Kreisumfang (a+b) verhält sich zum längeren Stück (a) wie das längere (a) zum kürzeren (b): (a+b)/a = a/b. Das ist die Teilung des Kreisumfangs im sogenannten »Goldenen Schnitt«, der seit den alten Griechen als besonders schöne Proportion von Bauteilen gilt. Etwa im Goldenen Schnitt sind zum Beispiel auch die Seiten dieses Buches aufgeteilt. Bei aller Begeisterung über die Schönheit der Stellungsmuster in Blattrosetten, Zapfen und Blütenköpfchen und ihren Zusammenhang mit der Kunst des klassischen Altertums darf man aber nicht vergessen, daß es in natura oft sehr schwierig ist, zu entscheiden, ob man es nun mit einer 3/8- oder einer 5/13-Stellung zu tun hat, da die Unterschiede in der Größe des Meßfehlers liegen und die Blätter, die an der Pflanze in einer sogenannten Geradzeile genau übereinander liegen sollten, doch meistens ein bißchen gegeneinander verschoben sind.

Seitenachsen, Seitenwurzeln: Schlafende Augen und verschwundene Zellen

Es wurde schon erwähnt, daß in den Achseln der meisten Blätter Blattachselmeristeme zurückbleiben, die sich zu Achselknospen entwickeln können. Diese treiben ganz unterschiedlich schnell aus, je nach Pflanzenart, Lage in der Gesamtpflanze und Umwelteinflüssen. Jeder Gärtner, der gerne buschige Pflanzen hat, z.B. von Pelargonien oder Fuchsien, weiß, daß er an Jungpflanzen die Spitze des Haupttriebs abknipsen muß, um die Seitenknospen (gärtnerisch »Augen« genannt) zum Wachstum anzuregen. Genau genommen geht von der Spitze der Hauptachse eine Hemmung durch ein Pflanzenhormon aus, das ein Austreiben der Seitenknospen unterdrückt. Bei manchen Büschen treiben normalerweise nur die obersten Seitenknospen aus, die unteren verharren jahrelang als äußerlich unsichtbare »schlafende Augen«. Auf die vertraut der Gärtner, der seine Hecke endlich einmal wieder der Grundstücksgrenze anpassen muß, indem er sie kräftig »ins alte Holz« zurückschneidet.

Die Seitentriebe stehen fast immer in der Achsel eines Blattes, das dann, in Beziehung zu seinem Achseltrieb, als *Tragblatt* (oder Deckblatt) bezeichnet wird. Die Zweigstellung wiederholt also die Blattstellung, was etwa dann nützlich zu wissen ist, wenn man im Winter die Blattstellung unbelaubter Bäume erkennen möchte. Das Achselmeristem (=Bildungsgewebe) liegt direkt unter der Hautschicht, die Seitentriebe entstehen also ganz außen in der Pflanze. Manchmal wird offenbar nicht das ganze Achselmeristem verbraucht und es erscheint nach einiger Zeit eine zweite oder sogar dritte Achselknospe. Solche überzähligen Knospen werden als *Beiknospen* bezeichnet (s. S. 180).

Mit den Seitenknospen haben wir im Prinzip den Grundbauplan aller Samenpflanzen fast fertig beschrieben. Allerdings soll nicht verschwiegen werden, daß es Unterschiede in der Anzahl der Achselknospen gibt. Bei den zweikeimblättrigen Pflanzen wird im Prinzip wohl in den Achseln fast aller Blätter ein Achselmeristem wenigstens für Notfälle bereitgehalten. Bei den Einkeimblättrigen ist die Neigung, oberirdisch verzweigte Sproßsysteme anzulegen, sehr gering, es gibt z.B. keine verzweigten Palmen, abgesehen von ganz wenigen Arten mit gegabelten Stämmen. Unsere heimischen Einkeimblättrigen verzweigen sich fast nur im Blütenstand. Die unterirdischen Sprosse verzweigen sich zwar aus den Achseln ihrer Schuppenblätter (die Maiglöckchen vermehren sich erfreulich, oder sie wuchern, je nachdem, was der Gärtner in der Ecke seines Gartens gerne haben möchte), aber sie sind dem Auge entzogen. Bei den Nadelhölzern aus der Familie der Kieferngewächse, die uns am vertrautesten ist, gibt es nur Achselknospen in den Achseln weniger Nadelblätter, wobei die meisten direkt unter der Endknospe sitzen. Darum eignen sich Kiefern und Fichten auch so schlecht als Heckenpflanze, denn sie haben keine schlafenden Augen, aus denen sie nach Rückschnitt wieder austreiben können. Ganz anders ist es bei der Eibe, die mit einem großen Vorrat davon ausgerüstet ist und sich darum dazu hergibt, in die Form eines Eichhörnchens oder doch einer Kugel oder Pyramide zurechtgestutzt zu werden.

Da Blätter bei uns meistens nur einen Sommer leben, ergibt sich für die Gehölze das Problem, daß durch die Sproßvegetationspunkte nur die jüngsten Achsenabschnitte (Jahreszuwächse) mit Blättern versehen werden können, denn Blätter können ja nur am Rand des Vegetationspunkts angelegt werden. Der letztjährige Zuwachs müßte daher eigentlich kahl bleiben. Wie man aber leicht sehen kann, ist das meist nicht so, denn am letztjährigen Astabschnitt wachsen einige der Blattachselmeristeme zu ganz kurzen Seitenachsen aus, die wie in einer Rosette einige Blätter tragen. Man nennt solche Triebe *Kurztriebe*, in der Regel leben sie über viele Jahre und tragen die Hauptmenge aller Blätter einer Baumkrone.

Zum Abschluß noch ein kurzer Blick auf die *Seitenwurzeln:* im Gegensatz zu den Seitensprossen, die außen (exogen) angelegt werden, entstehen die Seitenwurzeln immer tief im Inneren der Mutterwurzel (endogen), im Perizykel (vgl. die Abbildung 24 auf S. 121). Auch die sproßbürtigen Wurzeln werden endogen angelegt, oft in einer Blattlücke der Sproßachse. Um an die Oberfläche zu gelangen, müssen beide Wurzeltypen zuerst das Rindengewebe ihres Abstammungsorgans durchdringen. Dabei »verschwindet« das »im Wege liegende« Rindengewebe spurlos, man findet keine zusammengeschobenen Zellwandreste am Rande der Seitenwurzeln oder sproßbürtigen Wurzeln, soweit sie in ihrem Trägerorgan stecken. Dieses wird nicht auf dem kürzesten Wege durchwachsen, die Austrittsstelle braucht nicht direkt über der Anlegungsstelle zu liegen. Seitenwurzeln können in Wurzeln (wenn man deren Längsausdehnung ins Auge faßt) fast an jeder beliebigen Stelle angelegt werden, wobei auch keine akropetale Reihenfolge eingehalten wird. Sie unterliegen nicht den strengen Stellungsvorgaben der Seitenachsen. In Sproßachsen entstehen sie gerne an den Knoten, aber auch an Internodien kann man sproßbürtige Wurzeln antreffen (wie beim Efeu, vgl. S. 168).

Die große Vielfalt der Pflanzengestalten, die uns besonders dann auffällt, wenn wir uns nicht in der gewohnte Umgebung befinden, läßt sich also, von wenigen Ausnahmen abgesehen, auf die Variation der Grundorgane Sproß (mit Sproßachse und Blättern) und Wurzel zurückführen, die in ihrer Stellung zueinander festgelegt sind. Deswegen kann man sagen, daß den Samenpflanzen ein weitgehend einheitlicher Bauplan zugrunde liegt. Die Variationen, die oft mit den Lebensbedingungen zusammenhängen, ergeben allerdings eine große Vielfalt an Einzelgestalten, mit der sich die folgenden Kapitel befassen.

DIE WUCHSFORMEN

HOLZSTAUDEN, RIESENKRÄUTER UND »GANZ NORMALE« FORMEN

Obwohl im Prinzip alle Blütenpflanzen nach dem gleichen Grundplan gebaut sind, präsentieren sie sich doch in ganz verschiedener »Tracht«, das bedeutet nämlich das gebräuchliche Wort *Habitus* für die äußere Erscheinung, die für jede Art charakteristisch ist. Auch diese Mannigfaltigkeit versucht man mit einigen Kategorien übersichtlich zu gliedern. Hätten allerdings die ersten Botaniker in den Tropen gelebt, wären wohl manche Begriffe anders gefaßt worden. In diesem Abschnitt geht es jedoch zunächst einmal um die klassischen Wuchsformen aus unserer heimischen Umwelt, da für diese Flora (Gesamtheit der Pflanzen eines Gebiets) die Begriffe geprägt wurden.

Manche Menschen meinen, man könne sich an den Blumen viel mehr freuen, wenn man sie nicht tatsächlich oder mit Begriffen zergliedere und sich auch nicht um ihre Namen, schon gar nicht die lateinischen, kummere. Es ist aber doch auch schön, wenn man alte Bekannte begrüßen kann, und sprachlich gefaßte Merkmale oder Erklärungsversuche regen dazu an, Pflanzen zu vergleichen und damit genauer zu betrachten, was oft eine Quelle neuer Freuden ist. Allerdings sollte man nie vergessen, daß Begriffe nur Versuche und Hilfsmittel des Menschen sind, um im eigenen Kopf die äußere Mannigfaltigkeit überschaubar zu machen (meist sagt man: zu verstehen), und sich die Pflanzen natürlich nicht nach diesem Gedankengebäude zu richten haben. Beides ist reizvoll, die Regeln zu suchen und über die Ausnahmen zu staunen.

Lebenszweck aller Organismen, auch der Pflanzen, ist es, Nachkommen zu erzeugen, wobei Blüten und Samen eine herausragende Bedeutung haben. Wie lange dauert es aber, bis eine eben gekeimte Pflanze zum ersten Mal blüht? In der minimalen *Generationsdauer* (genaugenommen: des Sporophyten, was auf S. 89 näher beschrieben wird) gibt es sehr große Unterschiede. Jeder, der sein neues Häuschen mit jungen Bäumchen umgibt, muß sich auf Jahre des Wartens und Wachsens gefaßt machen, ehe die ersten Bucheckern, Eicheln, aber auch Äpfel, Birnen oder Kirschen heranreifen. Merkwürdigerweise sprechen die Förster von der *Mannbarkeit*, wenn sie das Alter meinen, in dem ein Baum das erste Mal fruchtet. Bei der Eiche sind es etwa dreißig Jahre, ein Kirschbaumsämling braucht etwa acht Jahre bis zur ersten Blüte. In den Jahren davor wird nur in die bleibende Existenzgrundlage investiert. Im Prinzip kann jetzt so ein Baum Jahr um Jahr blühen und fruchten, bis er eines fernen Tages stirbt. Gerade bei den Waldbäumen und bei manchen Apfelsorten wechseln allerdings Jahre mit reichem Fruchtansatz (Mastjahre) mit fast blütenlosen Jahren ab. Es gibt aber auch Pflanzen wie die Schotenkresse *(Arabidopsis thaliana)*, die nur einige Wochen braucht vom Keimen im Frühling bis zur Samenreife im Sommer. Sie ist wie geschaffen für Vererbungsversuche, weshalb die unscheinbare Schotenkresse auch die genetisch am besten untersuchte höhere Pflanze ist. Was einem zoologisch ausgerichteten Genetiker seine Taufliege *(Drosophila)*, ist seinem botanischen Kollegen die Schotenkresse, denn mit diesem Versuchsobjekt kann er in Kultur, also geschützt vor den Unbilden der Witterung, mindestens drei Generationen im Jahr erzielen.

Einmal blühen und sterben

Wie oft blüht eine Pflanze in ihrem Leben? Meistens hängt es sehr stark von den Umwelteinflüssen (wie Nährstoffversorgung, Beschattung) ab, ob z.B. eine Kaiserkrone Jahr um Jahr ihren Blütenkranz anlegt oder nur als mickriger grüner Stengel ohne Blüten erscheint. Wirklich interessant ist eigentlich nur, ob eine Pflanzenart nur ein einziges Mal in ihrem Leben blüht oder ob sie das mehrfach kann.

Eine Schotenkressenpflanze schließt ihre Hauptachse mit einer langen Blütentraube ab und bildet, wenn sie besonders kräftig gewachsen ist, auch noch die eine oder andere Seitenachse, ebenfalls mit Blütenstand, aber bald hat sie ihren Vorrat an Achselknospen für Seitensprosse und Blütenstände verbraucht und stirbt nach der Samenreife ab. Sie blüht in ihrem Leben nur ein einziges Mal, sie ist *hapaxanth* (hapax=einmal, anthos=Blüte).

Läuft die ganze Entwicklung einer Pflanze von der Keimung bis zur Samenreifung in einem Jahr ab, so handelt es sich um eine *Einjährige* oder *Annuelle* (Gärtner und Baumschuler, aber auch Botaniker verwenden in Listen und Bestimmungsbüchern besondere Zeichen als Abkürzungen für die Lebensformen: einjährig=⊙). Wenn der Entwicklungszyklus sogar ganz im Sommerhalbjahr abläuft, spricht man von einer *Sommerannuellen*. Die Schotenkresse gehört in diese Kategorie. Weitere Beispiele von Sommereinjährigen gibt es unter den Unkräutern: den eigentlich sehr hübsch und meist rot, selten blau blühenden Gauchheil *(Anagallis arvensis)* und die Garten-Wolfsmilch *(Euphorbia peplus)*; unter den Gewürzen: Dill *(Anethum graveolens)* oder Borretsch *(Borago officinalis)* und unter dem Sommerflor: Sommer- oder

Bechermalve *(Lavatera trimestris)*, Ringelblume *(Calendula officinalis)* und Schlafmohn *(Papaver somniferum)*.

Nur einmal blühende (hapaxanthe) Pflanzen brauchen aber nicht so kurzlebig zu sein wie die eben genannten Beispiele. Viele Ackerunkräuter keimen schon im Herbst und überdauern den Winter zwischen der Saat des Wintergetreides, um im nächsten Sommer zu blühen. Sie stammen aus dem Mittelmeerraum, wo der trockene Sommer die eigentliche Zäsur im Jahreslauf ist, und keimen mit den Herbstregen, denn durch den milden Winter mit seltenen Schneetagen werden sie nicht ernstlich am Wachsen gehindert. Solche Pflanzen nennt man *Wintereinjährige*. Dazu gehört der Feld-Rittersporn *(Consolida regalis)*, der in seiner Heimat im östlichen Mittelmeergebiet in die Getreidefelder eingewandert ist, als der Getreidebau in der sehr langen Geschichte der Menschheit begann, er wurde zum »Ackerunkraut«. Nach Mitteleuropa kam der Feld-Rittersporn wohl zusammen mit dem Getreidebau, wo er jetzt an wärmebegünstigten Stellen ein gehätscheltes »Ackerwildkraut« geworden ist, wenn man nicht ihn oder seinen nahen Verwandten *(Consolida ajacis)* als »Zierpflanze« in den Garten holt. Das zeigt auch, wie subjektiv ein und dieselbe Pflanze eingestuft wird. Den Getreidebauern stört sie, den Naturschützer entzückt sie, und der Gärtner nimmt sie in Kultur und liest die blühfreudigste Sorte aus, die sogar erst im Frühling ausgesät werden muß, um im Sommer zu blühen.

Eine ähnliche Karriere hat auch die Kornblume *(Centaurea cyanus)* durchlaufen. Es gibt aber auch Gartenblumen, die man schon rechtzeitig im Sommer des Vorjahres aussäen muß, wenn sie in der nächsten Vegetationsperiode blühen sollen, etwa die Marienglockenblume *(Campanula medium)* oder das schon erwähnte Gartenstiefmütterchen *(Viola x wittrockiana)*, das auch nicht nur im Frühling, sondern bis weit in den Sommer hinein blühen würde, wenn man es nur ließe und nicht wegen der Sommerbepflanzung frühzeitig ausrisse.

Unter den Unkräutern kommen auch Pflanzen vor, die man schon in allen Monaten des Jahres mit Blüten angetroffen hat, wenn ein milder Winter das zuläßt. Dazu gehören das Gemeine Kreuzkraut *(Senecio vulgaris)* und die Vogelmiere *(Stellaria media)*. Sie keimen auch zu unterschiedlichen Zeiten im Jahr, je nach den gerade herrschenden lokalen Bedingungen auf dem Acker oder Gartenbeet. Deshalb kann man die Unterscheidung Sommer- oder Wintereinjährige hier nicht treffen. Es ist natürlich theoretisch möglich, daß mehrere Generationen pro Jahr heranwachsen, aber praktisch ist wohl nicht

nachzuweisen, woher die Samen wirklich stammen, da Acker- und Gartenbö-
den einen Vorrat von Samen enthalten, die mit der Bodenbearbeitung nach
oben kommen und nach Jahren des Liegens vom Licht zum Keimen stimuliert
werden.

Der Rote Fingerhut *(Digitalis purpurea)*, der Waldschläge auf saurem Boden, etwa im Solling oder im Harz, im Sommer in ein rotes Blütenmeer verwandeln kann, braucht von der Keimung bis zur Samenreife zwei ganze
Vegetationsperioden. Im ersten Jahr wird nur eine ordentliche Blattrosette gebildet, im zweiten folgt dann der gut meterhohe Blütentrieb, und nach der Samenreife stirbt die Pflanze ab. Solche Pflanzen nennt man *Zweijährige*
(Zeichen = ⊙). Zu ihnen gehören auch einige Wiesenblumen, z.B. die Wilde
Möhre *(Daucus carota)* und der Wiesen-Pippau *(Crepis biennis,* bi-ennis =
zwei-jährig). Im Garten gedeiht der Fingerhut sonderbarerweise auch auf
nicht-saurem, neutralem Boden ganz gut. Manche der zu Tausenden gebildeten Samen keimen an ungünstigen Stellen, etwa zwischen Terrassenplatten,
und schaffen es in einer Vegetationsperiode nicht, eine kräftige Rosette zu bilden. Sie nehmen sich dann noch ein Jahr Zeit, um zu wachsen, und blühen erst
im dritten Jahr. Wie so vieles in der Botanik, ist auch die »Zweijährigkeit« etwas Relatives.

Die Ein- und Zweijährigen sind mitteleuropäische Beispiele für krautige
hapaxanthe Pflanzen. In warmen Ländern gibt es allerdings auch Einmalblüher, die viel länger leben. Das sind Pflanzen, die jahrelang in ihrem vegetativen
Pflanzenkörper Reservestoffe ansammeln, um dann in einem Jahr einen riesigen Blütenstand zu bilden und nach der Samenreife abzusterben. Das bekannteste Beispiel ist die amerikanische Gattung *Agave*, von der mehrere Arten als
Gartenpflanzen ins Mittelmeergebiet und auf die Kanaren gebracht wurden
und zum Teil verwildert sind. Die Pflanzen bestehen aus einer Rosette fleischiger, bis meterlanger Blätter und treiben, wenn die Zeit gekommen ist, eine
mehrere Meter hohe Blütenstandsachse mit hoher Blütenzahl. Selten kommen
auch Agaven, die in Botanischen Gärten als Kübelpflanzen kultiviert werden,
zur Blüte, und manchmal wird an einem Stab markiert, wie weit die Sproßspitze jeden Tag mit ihrem Wachstum gekommen ist. Es werden Längenzuwächse
von über 10 cm/Tag gemessen, was ungewöhnlich viel ist für eine Sproßver-
längerung. In Mittel- und Südamerika werden bei bestimmten Agavenarten
die Knospen der Blütenstände ausgeschnitten, solange sie noch in der Rosette
stecken. Die Rosette gibt nun über Tage größere Mengen eines Zuckersaftes

aus den angeschnittenen Leitbündeln (s. S. 156) ab, der zur Tequilabereitung verwendet wird.

Erst seit neuestem ist den Gartenliebhabern aus eigener Erfahrung bekannt, daß auch Bambusarten, also Verwandte unserer Gräser, hapaxanth sind. Sie brauchen Jahre und Jahrzehnte, bis sie genug Kräfte gesammelt haben, um zu blühen. Nach der Fruchtreife sterben sie ab, obwohl sie sich eigentlich basal verzweigen können. Vermutlich erfaßt das Blühen alle Triebe der Pflanze gleichzeitig. Da in ihrer Heimat die Nachbarpflanzen auch aus Samen des letzten Blühereignisses stammen, kommt es in China vor, daß in ganzen Landstrichen plötzlich alle Bambuspflanzen einer Art blühen, fruchten und absterben. Das ist dann für die Pandabären, die auf Bambusblätter als Futter angewiesen sind, eine Katastrophe, und gelegentlich kann man am Radio hören, daß die seltenen Tiere eingefangen und umgesiedelt werden müssen, weil vorübergehend ihre Nahrung gänzlich ausgefallen ist. In Europas Gärten sind nicht Sämlinge eines Fruchtjahrgangs, sondern abgetrennte Stücke einer einzelnen Pflanze, die nach England gelangte, in Kultur. Diese Pflanzen gehören also alle zu einem Klon (vgl. S. 367) und blühen nun alle innerhalb weniger Jahre.

Auf der sicheren Seite: ausdauernde Pflanzen

Die meisten Pflanzen blühen mehrmals in ihrem Leben: sie sind *pollakanth* (pollácis=oft). Die Blütezeit ist bei manchen Arten nur kurz, bei anderen eine längere Periode, aber eigentlich alle, bis auf die Kulturrosen und die Gänseblümchen, blühen nur einmal pro Jahr in der für sie charakteristischen Jahreszeit. Diese Pflanzen sind ausdauernd *(perennierend,* per=durch, anni=Jahre). Man nimmt an, daß die ausdauernde Lebensweise die ursprünglichere ist, denn Pflanzen sind damit sozusagen auf der »sicheren Seite«. Klappt es in einem Jahr nicht mit der Samenbildung, so können sie es im nächsten wieder versuchen, während die Einmalblüher alles auf eine Karte setzen nach dem Motto: Blühen und fruchten, jetzt oder nie!

Die ausdauernden Pflanzen müssen sich in den gemäßigten Klimazonen allerdings mit dem Problem auseinandersetzen, wie man über einen manchmal wochenlang kalten Winter kommt, und einen bleibenden Pflanzenkörper aufbauen, der winterliche Kälte und Trockenheit durch gefrorenen Boden übersteht. Im folgenden werden zwei unterschiedliche Strategien vorgestellt. Man kann entweder die ganze Pflanze so winterfest machen, daß sie auch oberirdisch überdauern kann. Damit ist die Möglichkeit verbunden, mit dem Zuwachs vieler Jahre einen sehr großen Pflanzenkörper aufzubauen, wie etwa einen Baum. Die Alternative sind Pflanzen, die jeden Winter ihre oberirdischen Triebe preisgeben und nur mit kleinen Sproßbereichen an der Bodenoberfläche oder im Boden überdauern. In beiden Fällen ist es wichtig, Knospen und darin besonders geschützte Bildungsgewebe (Meristeme) über den Winter zu bringen und Reservestoffe für den Austrieb bereitzuhalten.

Die Gehölze

Betrachten wir zuerst die größten Pflanzen, die Gehölze. Wenn nicht Menschen Mitteleuropa bewohnten, wäre es von Wald bedeckt. Nur an zu nassen Stellen, also in den Gewässern selber, in Mooren oder an quelligen Stellen, oder dort, wo es zu trocken ist, an sonnigen, felsigen Abbrüchen, stehen von Natur aus keine Bäume und nur wenige Sträucher. Ferner hat der Wald eine Nord- und eine Höhengrenze, er fehlt in den hohen Lagen der Alpen, ab etwa 1800 m, weil dort und im Norden die Vegetationsperiode zu kurz wird, um den neuen Zuwachs winterfest »auszureifen«. Im Prinzip kann man sich merken, daß in Mitteleuropa natürliche Bedingungen herrschen, die fast überall das Wachstum von Wald zulassen. Das muß man sich als Naturliebhaber immer wieder vor Augen halten. Die orchideenreichen Halbtrockenrasen, die auch mit anderen schönblühenden Arten prangen und bei Naturschützern so hoch im Kurs stehen, sind in diesem Sinne keine »natürlichen« = Klimaxgesellschaften (Pflanzengesellschaften, die sich ohne Zutun des Menschen an einem bestimmten Standort im Laufe der Zeit von selbst einstellen und nicht mehr durch andere verdrängt werden), sondern Relikte einer wenig intensiven (extensiven) Nutzung durch den Menschen, etwa als Schafweide oder einschürige Wiese. Die modernen Naturschützer kümmern sich paradoxerweise darum, dieser alten Kulturlandschaft gegen die natürliche Natur Platz zu verschaffen, indem sie gegen die Verbuschung und die Wiederbewaldung vorgehen.

Im Wald sind Sträucher an lichte Stellen gebunden, heute stehen sie vor allem an Waldrändern, die ja großenteils auch Straßenränder sind. In der Naturlandschaft hatten sie nur da eine Chance, wo ein überalterter Baumbestand zusammenbrach, denn unter dem Kronendach etwa eines alten Buchenwaldes gedeihen sie nicht mehr. Solche Wälder wirken leer und feierlich wie Säulenhallen oder Kirchenschiffe.

Die Gehölze, also Bäume (Zeichen = ♄) und Sträucher (Zeichen = ♄), legen ihre Erneuerungsknospen an den Zweigspitzen an, die Jahr für Jahr um ein Stück verlängert werden. Hier werden also alle Triebe des Vorjahres in den bleibenden Pflanzenkörper aufgenommen, der dadurch Jahr um Jahr größer wird. Für laubwerfende Pflanzen steckt hier ein Problem. Blätter können ja nur an einem wachsenden Vegetationspunkt abgelegt werden, erscheinen also am neuen Jahrestrieb, die vorjährigen Astbereiche sind aber nackt, da sie ihre Blätter im Herbst abgeworfen haben. Zwar ist es im Inneren einer Baumkrone oder eines Busches weniger hell als an seiner Oberfläche. Trotzdem braucht die Pflanze eine größere assimilierende Blattmasse, als sie an ihren diesjährigen Fortsetzungszweigen entwickeln kann. So legt sie an rückwärtigen Astpartien im Inneren der Krone kleine Seitenachsen an, die jedes Jahr an ihrem Ende gerade so viel weiterwachsen, daß sie ein kleines Büschel Blätter (so etwa drei bis fünf) tragen können. Die Ansatzstellen der Blattstiele liegen wie bei Rosettenblättern dicht beieinander. Solche Triebe nennt man *Kurztriebe*, während die Fortsetzungstriebe mit gestreckten Internodien *Langtriebe* heißen. Bei unseren Obstbäumen sind die Kurztriebe auch darum wichtig, weil sie die Blüten tragen. Wenn ein solcher Kurztrieb mehrere Jahre alt ist, hat er sich auch auf einige Zentimeter verlängert, der Gärtner spricht dann von einem »Fruchtnagel«.

In Parks und Gärten wird nicht selten das Judasbaumblatt (»Kuchenbaum«, *Cercidiphyllum japonicum)* angepflanzt, ein großer Strauch mit gegenständigen, nierenförmigen Blättern, die eine schön gelbe Herbstfärbung bekommen und kurz vor dem Laubfall nach Lebkuchen duften. Auch die älteren Astpartien, nicht nur die neuen Jahrestriebe, scheinen mit Blattpaaren besetzt zu sein. Allerdings kann auch das Judasbaumblatt anstelle eines abgefallenen Blattes kein neues entwickeln. Die scheinbar gegenständige Beblätterung kommt so zustande: im zweiten Lebensjahr entsteht in jeder Langtrieb-Blattachsel ein Kurztrieb. Er trägt nur ein einziges Laubblatt, das täuschend genau die Lage des im Herbst zuvor abgefallenen Blattes einnimmt (welches das Tragblatt des Kurztriebs war). Das wiederholt sich nun über Jahre. In aller Regel gehen dem einzelnen Laubblatt genau drei Schuppenblätter voraus, welche die Kurztriebknospe schützen; die Pflanze kann also ziemlich genau zählen, denn nur so kommt das Laubblatt in die »täuschende« Lage. Damit sind aber noch nicht alle Besonderheiten aufgezählt. Die zusammengenommen vier Blätter, die jedes Jahr an einem Kurztrieb gebildet werden, sind nicht gegenständig (wie an den Langtrieben), sondern wechselständig und zweizeilig angeordnet. An ein und demselben Busch gibt es also zwei Blattstellungsmuster, je nachdem, ob die Blätter zu einem Lang- oder Kurztrieb gehören.

Wir sind daran gewöhnt, daß im Herbst die Blätter von den Bäumen fallen, aber das ist nur in der gemäßigten Zone eine Selbstverständlichkeit und betrifft fast nur die Blütenpflanzen (Bedecktsamer). Von den europäischen Nadelbäumen (die zu den Nacktsamern gehören) verliert nur die Lärche ihre Nadeln. Die Kälte erlaubt also das Überleben von derben Nadelblättern, während immergrüne Laubblätter von Blütenpflanzen, von Ausnahmen (etwa *Rhododendron*) abgesehen, nur seltene und geringe Fröste ertragen können. Die Nadelbäume kommen deshalb vegetationsbestimmend in kühlen Klimazonen vor. Daß in der Nadelwaldzone die Laubbäume fehlen, liegt allerdings nicht an der Winterkälte, sondern an der Kürze der »guten« Vegetationszeit im Sommerhalbjahr. Nur in weniger als vier Monaten liegt die mittlere Tagestemperatur über 10 °C, und in dieser Zeit können kaum Vorräte angesammelt werden. Es ginge über das Vermögen der Bäume, sich unter diesen Bedingungen alljährlich neue Blätter zuzulegen, die nach einmaligem Gebrauch wieder weggeschmissen werden. Die Nadeln der Nadelbäume werden daher in der Regel über viele Jahre ökonomisch genutzt.

Laubwerfende Gehölze müssen fürs nächste Jahr gerüstet sein, denn im Frühling wird das Laub gleich gebraucht, man müßte es eigentlich »nur aus dem Schrank nehmen« können. Tatsächlich sorgen die Gehölze vor. Sie legen die neuen Laubblätter bis im August des Vorjahres an und verstauen sie fein säuberlich gefaltet oder gerollt in ihren Knospen. Die jungen Blätter brauchen im folgenden Frühling nur noch entfaltet zu werden und ihre Endgröße zu erreichen, was zwar auch noch durch Zellteilung, aber hauptsächlich durch Zellstreckung geschieht. Die Zuckermoleküle, die bei der Bildung der neuen Zellwände verbraucht werden, hat die Pflanze über den Winter als Stärke in Stamm und Zweigen gespeichert.

In den Winterknospen sind die jungen Laubblätter durch die derben Knospenschuppen so gut geschützt, daß sie heil durch den Winter kommen. Es ist aber nicht so, daß die Knospenhülle in einer zweiwöchigen Kälteperiode mit −8 °C den Frost abhalten könnte. In der Knospe ist es so kalt wie außerhalb. Wichtig ist aber, daß keine langen Eisnadeln im Inneren der Zelle entstehen, welche die Grenzschichten des Protoplasmas (s. S. 57) zerstören. Genau das passiert nämlich, wenn wir (lebende!) Erdbeeren oder Kirschen in der Kühltruhe einfrieren: sie sind nach dem Auftauen matschig, weil die Eiskristalle die Plasmagrenzschicht zerstört haben und der Zellsaft einfach auslaufen kann, statt die Zellen prall zu füllen. Die Gefahr, die durch die Knospenschuppen gebannt werden kann, ist nicht das Gefrieren (das müssen die einzelnen Zellen regeln), sondern das Austrocknen der jungen Blätter. An kalten Wintertagen ist das ganze Bodenwasser gefroren und kann von der Pflanze nicht aufgenommen werden. Im Wipfel der Bäume verliert die Pflanze an sonnigen Tagen aber Wasser durch Verdunstung, weil die kalte Luft ja auch recht trocken ist. Besonders betroffen sind die Nadelbäume mit ihrer wegen der Nadeln großen Oberfläche. In langanhaltenden Kälteperioden kann es bei ihnen zu Trockenschäden kommen (Frosttrocknis).

Zusammenhang zwischen innerem Bau und Eignung als Gehölz
Unter den mitteleuropäischen Gehölzen (Bäume oder Sträucher) sind nicht alle hier vorkommenden Gruppen der Samenpflanzen vertreten. Außer den Nadelgehölzen (die zu den Nacktsamern gehören) sind es von den Blüten pflanzen nur die zweikeimblättrigen Pflanzen (Dikotyledonen), welche diese Wuchsformen verwirklichen, nicht aber die Einkeimblättrigen (Monokotyledonen). Der Grund für diesen Unterschied liegt im inneren Bau, der im Fall der Dikotyledonen (und Gymnospermen) der Wuchsform Baum viel mehr entgegenkommt. Deshalb müssen wir uns jetzt mit den Unterschieden im Bau der Zweikeimblättrigen und der Einkeimblättrigen befassen. Die Verhältnisse bei unseren Nadelhölzern gleichen in den Grundzügen denen der Zweikeimblättrigen.

Ein auch äußerlich sichtbarer Unterschied betrifft die Verzweigung der oberirdischen Sprosse. Die Dikotyledonen behalten in fast allen oberirdischen Blattachseln Seitensproßmeristeme und entwickeln auch viele zu Seitenknospen, während die Einkeimblättrigen sich oberirdisch kaum verzweigen, außer im Blütenstand. Noch wichtiger sind die Unterschiede im inneren, zellulären Bau, die sich auf die Eignung als Gehölz auswirken. Leider sind sie ohne optische Hilfsmittel nicht zu erkennen und sollen auch nur so weit dargestellt werden, als sie zum Verständnis der Wuchsformen nötig sind.

Bis jetzt haben wir als Unterschied zwischen den Zweikeimblättrigen und den Einkeimblättrigen erst das namengebende Merkmal, die Zahl der Keimblätter, kennengelernt. Die Laubblätter der beiden Klassen der Blütenpflanzen unterscheiden sich aber ebenfalls, und zwar ziemlich augenfällig, hinsichtlich ihrer Adern oder Nerven, also der meist auf der Unterseite etwas vortretenden Blattbereiche, in denen die dickeren Leitbündel verlaufen. (»Adern« und »Nerven« sind wieder einmal schöne Beispiele für Begriffe aus der tierischen Anatomie, die auf Pflanzen übertragen wurden, obwohl die Ähnlichkeit der gleich benannten Erscheinungen nur mäßig ist und sie eine völlig andere Funktion haben.) Bei den Zweikeimblättrigen zweigen die Hauptseitennerven vom Mittelnerv ab und sind miteinander durch deutliche Verbindungsnerven (Anastomosen) vernetzt. Man spricht von *Fiedernervatur* oder *Netznervatur*. Bei abgefallenen Pappelblättern verwittern die weicheren Blattpartien früher als die Nerven, so daß das Netz der Leitbündel als »Gerippe« des Blattes übrigbleibt. Bei den Einkeimblättrigen, z. B. bei den Gräsern, der Tulpe oder bei der altmodischen Zimmerpflanze Clivie *(Clivia miniata)*, verlaufen die Hauptnerven parallel zueinander in Längsrichtung des bandartigen oder höchstens lanzettlichen Blattes, und die Verbindungsnerven zwischen ihnen sind mit bloßem Auge nicht zu sehen. Hier spricht man von *Parallelnervatur*.

Kinder machen sich manchmal den Spaß, zu zweit Wegerichblätter auseinanderzureißen und die Zahl der herausgezogenen »Fäden« als Zahl der Schätze oder künftigen Kinder zu deuten. Diese »Fäden« sind die Blattleitbündel. Normalerweise liegt nur eines in jeder »Seitenader«. Die *Leitbündel* bestehen aus Gruppen von langgestreckten Zellen, die der Wasser- und Stoffleitung dienen. Man kann zwei Gewebebereiche unterscheiden: im *Phloem* werden organische Stoffe (Zucker, Aminosäuren) transportiert, im *Xylem* Wasser und darin gelöste Salze geleitet. Die eigentlichen leitenden Zellen werden meist noch von ebenfalls langgestreckten Festigungszellen (Fasern) begleitet.

Die meisten Blattspreiten der Dikotylen verschmälern sich zur Basis hin. Im Blattstiel (oder der Blattbasis bei sitzenden Blättern) sind sehr häufig nur drei Leitbündel vorhanden, die vom Blatt in die Achse übergehen und das Leitgewebe des Blattes im Stengel fortsetzen. Man sieht die Querschnitte dieser Bündel von bloßem Auge ganz gut auf den frischen Abbruchnarben großer Blätter (z. B. Roßkastanie, Ahorn), wenn im Herbst die Blätter abfallen. Bei den einkeimblättrigen Pflanzen, die häufig stengelumfassende Blattscheiden haben, treten sehr viele Leitbündel vom Blatt in den Stengel über, was man beim Porree gut sehen kann.

Die Leitbündel der Blätter setzen sich also in der Sproßachse fort, sie wechseln aber ihren Namen, man nennt sie jetzt *Blattspuren*. Sehr oft setzt sich das Achsenleitgewebe nur aus Blattspuren zusammen.

Wie sieht nun die Leitbündelversorgung einer Sproßachse überhaupt aus? Bei einer zweikeimblättrigen Pflanze wie der spiralig beblätterten Sonnenblume bietet sich dieses Querschnittsbild: In der (noch ziemlich jungen) Achse liegen alle Bündelquerschnitte in einem Kreis, wobei die einzelnen, ungleich großen Bündel durch Grundgewebestreifen getrennt sind. Räumlich gesehen bilden die annähernd achsenparallelen Bündel ein lückiges Rohr. Die drei Leitbündel »unseres« Blattes treten unter dem Blattansatz an den Leitgewebehohlzylinder heran, ordnen sich in die schlitzförmigen Lücken zwischen die schon vorhandenen Bündel ein und ziehen (nach einer deutlichen Richtungsänderung) basalwärts (s. Abbildung 35, S. 162).

Bei den Einkeimblättrigen, etwa beim Porree, ordnen sich die Blattspuren nicht in einen Leitbündelhohlzylinder ein, sondern sind über den ganzen Achsenquerschnitt zerstreut. Man sieht sie als dunklere Punkte, wenn man eine Porree-Stange oder eine Küchenzwiebel ganz unten quer abschneidet, man könnte sie auch in einem Maisstengel finden. Ein einzelnes kräftiges Bündel dringt dort schräg abwärts fast bis zur Achsenmitte vor, biegt dann um und verläuft schräg abwärts nach außen. Schwache Bündel dringen weniger weit zur Mitte vor, bevor auch sie umbiegen (Abbildung 36, S. 163).

In den Büchern wird meistens behauptet, daß sich die Blattspuren weiter unten an die Bündel älterer Blätter anschließen. Dahinter stehen zwei Überlegungen. Schneidet man einen Dikotylen-Stengel auf unterschiedlichen Höhen durch, so trifft man immer etwa die gleiche Zahl von Bündeln. Ohne Anschluß, so wird gefolgert, müßte man unten eine höhere Bündelzahl haben als oben. Man stellt sich auch vor, daß über die »Abzweigungen«, wenn man das System in Fließrichtung des Wassers (von der Wurzel zu den Blättern) ansieht, ein zusammenhängendes Leitungssystem aufgebaut werde.

Genaue Untersuchungen an Dikotylen, die aber nur die leichter zu beobachtenden Xylemzellen betreffen, zeigen allerdings ein anderes Bild (zum Beispiel bei der Schleifenblume *Iberis umbellata*). Die Differenzierung der Xylemzellen setzt an einem jungen Sproß am Übergang von Blatt und Achse ein und setzt sich aufwärts ins Blatt, aber abwärts in die Achse fort. Findet man zuoberst in der Blattspur eines jüngeren Blattes z. B. vier fertige Xylemzellen nebeneinander, so sind es weiter unten nur noch drei oder zwei und schließlich bleibt eine einzige übrig, bis auch sie verschwindet. Die »Wasserleitung« des untersuchten Blatts endet unten blind zwischen Parenchymzellen, von einem Anschluß an wasserleitende Xylemzellen eines Nachbarbündels kann zum

Untersuchungszeitpunkt nicht die Rede sein. Warum funktioniert die Wasserleitung trotzdem? In den wasserleitenden Zellreihen des Xylems (hier, in der
jungen Blattspur: Tracheiden, siehe Seite 171) ist ein relativ schneller Transport
über weitere Strecken möglich. Im Nahbereich wird aber Wasser über die Zellwände (im *Apoplasten*) verteilt. So kann offenbar genug Wasser in die blind
endenden Tracheiden der jungen Blattspuren einsickern, um den Bedarf des
wachsenden *Iberis*-Blattes zu befriedigen.

Der eben geschilderte Zustand ist bei Zweikeimblättrigen meist nicht der
endgültige, erst durch den sekundären Zuwachs (siehe weiter unten) werden
die ursprünglich getrennten Bündel verbunden. Da die Einkeimblättrigen kein
normales sekundäres Dickenwachstum haben, müssen hier die Blattspuren
der jüngeren Blätter wirklich an die Bündel der älteren Blätter anschließen.
Zum Teil werden auch Anastomosen zwischen den Bündeln ausgebildet.

Wo werden die Bündel der Sproßachse (die Blattspurstränge) angelegt?
Dazu müssen wir zur Sproßspitze zurückkehren. Im Bereich unterhalb der al-
lerjüngsten Blattanlagen sieht man an einem Längsschnitt, daß in der Mitte der
Sproßachse die schon vakuolisierten Zellen des Marks am nächsten an die meristematische Spitze heranreichen. Auch unter der Oberhaut (Epidermis) folgt
der vakuolisierte Bereich der Rinde der fortwachsenden Spitze, aber zwischen
Mark und Rinde bleiben meristematische Zellen zurück. Manchmal bildet dieser Meristemrest einen Gewebehohlzylinder, in der Regel bleiben aber nur
Längsstränge erhalten, die mit den Blattanlagen in Kontakt stehen und die
man Prokambiumstränge nennt. Sie sind die Vorläufer oder Jugendstadien der
Leitbündel und verbinden die Achse mit dem jungen Blatt.

Es ist nicht einfach, sich vorzustellen, wie aus den embryonalen, isodiame-
trischen Zellen (Zellen, die in allen Richtungen etwa gleiches Ausmaß haben)
im jungen Blatt und der daran angrenzenden Achse einerseits die langgestreckten Zellen des künftigen Leitgewebes, andererseits die Grundgewebezellen entstehen sollen. Die Nachbarzellen des zukünftigen Leitgewebes
behalten nämlich ihre isodiametrische Form. Da die Zellen aber durch ihre gemeinsamen Wände aneinanderhängen und nicht wie tierische Zellen aneinander vorbeigleiten können, entstehen Spannungen zwischen den sich
streckenden Zellen im Prokambiumstrang und ihren Nachbarn (in Rinde und
Mark oder im Grundgewebe des Blattes). Diesen Spannungen begegnen die
Grundgewebezellen durch Querteilungen. So erhält eine Prokambiumzelle im
Laufe ihres Streckungswachstums immer mehr isodiametrische Nachbarzel-

len, weil diese sich teilen. Dieses faszinierende Phänomen, über dessen Steuerung noch kaum etwas bekannt ist, hat immerhin schon den Namen »Koordiniertes Wachstum« bekommen (s. Abbildung 34, S. 161).

In Längsrichtung setzt die Zelldifferenzierung im Prokambiumstrang am Übergang Achse/Blatt ein. Im Querschnitt setzt sie an zwei Stellen ein: ganz zuäußerst, zur Stengeloberfläche hin, werden die ersten Zellen fertig, die zum *Phloem* gehören, also dem Teil, der in den sog. Siebröhren organische Stoffe (Saccharose, Aminosäuren) leitet. Die Siebröhren bestehen aus lebenden Zellen. Stoffleitung in ihnen ist mit Energieverbrauch verbunden. (Neben den Siebröhrengliedern gibt es im Phloem noch weitere Zellsorten: Geleitzellen, Phloemparenchym und manchmal Phloemfasern.) Ein klein bißchen später werden ganz zuinnerst (zur Achsenmitte hin) die ersten Zellen des *Xylems* funktionsfähig, die den wasserleitenden Teil des Leitbündels bilden. Nachdem sie ihre Wände in charakteristischer Weise verdickt haben, sterben interessanterweise die Zellen des Xylems ab, die der Wasserleitung dienen. Erst dadurch werden sie als Kapillaren funktionsfähig. Es gibt zwei Typen von wasserleitenden Elementen, die Tracheiden und die Tracheen. Sie werden auf Seite 171 behandelt.

Die Differenzierung im Leitbündel schreitet von außen und innen auf die Mitte des Zellstrangs hin voran. Zwischen Phloem (außen) und Xylem (innen) bleiben bei den Zweikeimblättrigen teilungsfähige Zellen erhalten. Dieses Restmeristem heißt jetzt *Kambium*. Bündel mit Kambium nennt man *offene Leitbündel*. Bei den einkeimblättrigen Pflanzen, wo viele Leitbündel von einem Blatt in den Stengel übertreten und dort über den ganzen Stengelquerschnitt zerstreut sind, werden alle Zellen der Prokambiumstränge differenziert, entweder zu Phloem, das auch hier zur Oberfläche des Stengels gerichtet ist, oder zu Xylem, das zum Zentrum des Stengels weist. Solche Leitbündel nennt man *geschlossene Leitbündel*. Sie enthalten kein Kambium.

Die beiden Unterklassen der Blütenpflanzen unterscheiden sich also nicht nur durch die Leitbündelanordnung, sondern auch durch das Kambium. Damit haben wir endlich das Gewebe erreicht, das entscheidend ist für die »Eignung als Gehölz«. Denn wenn sich bei einem Gehölz der Stamm und die Zweige von Jahr zu Jahr nur verlängerten, wäre die Standfestigkeit bald nicht mehr gegeben. Die europäischen Holzpflanzen haben aber als Zweikeimblättrige (oder Nadelhölzer) in ihren Leitbündeln als Bildungsgewebe das Bündel-Kambium, das zunächst die einzelnen Leitbündel verdickt, indem es nach innen Zellen ins Xylem, nach außen ins Phloem abgibt. Bald regt es jedoch auch die zwischen den Leitbündeln liegenden Zellen an, sich ebenfalls zu teilen (Bildung des *interfaszikulären* Kambiums: Bündel=Faszikel), so entsteht ein Kambiumhohlzylinder, der schon im ersten Lebensjahr seine Teilungstätigkeit aufnimmt (normales kambiales=*sekundäres Dickenwachstum*). Die vom Kambium abgegebenen Zellen differenzieren sich zu den verschiedenen Zellsorten des Phloems und Xylems und werden noch in der gleichen Vegetationsperiode funktionsfähig. Sie schließen auch die Lücken zwischen den Einzelbündeln, so daß Wasser jetzt auch seitlich verschoben werden kann. Dadurch entsteht die Kontinuität im Leitgewebe, die in der jungen Pflanze noch nicht gegeben ist. Mit dem Kambium können nun die Sproßachsen Jahr für Jahr in die Dicke wachsen.

Bei Gehölzen gibt es eine umgangssprachliche Bezeichnung für die vom Kambium abstammenden Teile des Leitgewebes. Das Phloem heißt *Bast*, das Xylem einfach *Holz*. Das Holz enthält neben den wasserleitenden Zellen und dem lebenden Holzparenchym einen großen Anteil an Holzfasern, die für die nötige Festigung sorgen und das Holz zum begehrten Baustoff machen. Das kambiale Dickenwachstum kommt aber nicht nur bei den Gehölzen, sondern bei fast allen Dikotylen vor, auch bei Einjährigen. Wer schon Sonnenblumen mit der Axt gefällt hat, weiß, wie stark der Zuwachs im Stengel eines Krautes sein kann.

In der Regel wird pro Jahr mehr Holz als Bast gebildet. Das ist ein glücklicher Umstand. Die Kambiumtätigkeit führt nämlich dazu, daß der in die Dikke wachsende Holzteil das Kambium selbst, aber auch den Bast und die ganz außen anschließende Rinde »vor sich herschiebt« und damit in eine Lage bringt, wo diese Gewebeschichten in ihrem Umfang eigentlich weiter sein müssen, als sie angelegt wurden. Die genannten Gewebe müssen sich deshalb durch geeignete Teilungen (auch ein Beispiel für koordiniertes Wachstum) der neuen Situation anpassen. Das gelingt einer dünnen Schicht leichter als einer dicken. Das Kambium liegt also vergleichsweise weit außen in einem Baumstamm. Bei der Buche mit ihrer glatten Rinde nimmt der Abstand vom Kambium zur Oberfläche im Laufe der Jahre und Jahrzehnte kaum zu.

Weil die einkeimblättrigen Pflanzen nicht über Bündelkambien verfügen und sie, wegen der zerstreuten Anordnung der Bündel, auch schlecht zu einem einheitlichen Hohlzylinder verbinden könnten, bleibt dieser Pflanzengruppe das normale kambiale Dickenwachstum verwehrt. Wenn dicke Stengel gebil-

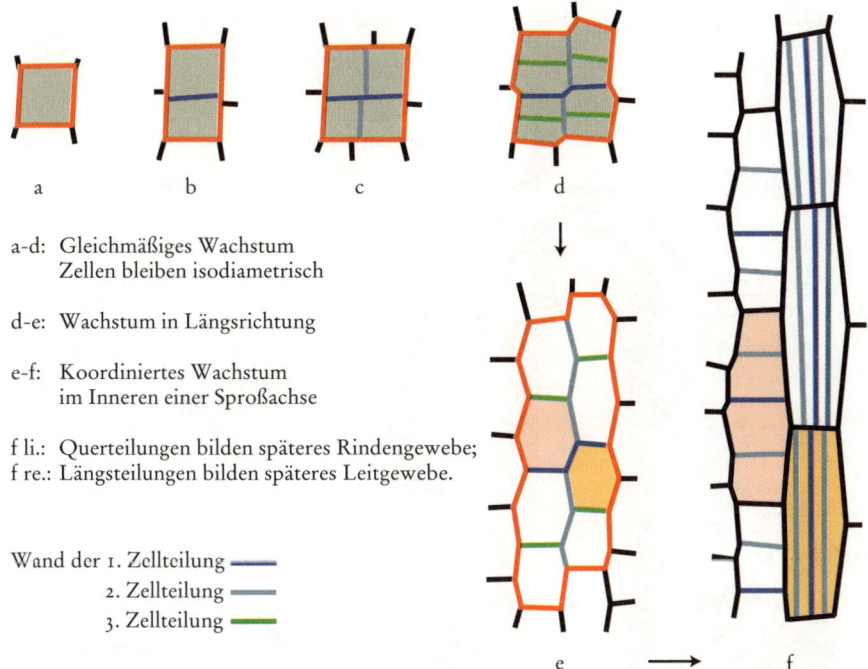

a–d: Gleichmäßiges Wachstum
Zellen bleiben isodiametrisch

d–e: Wachstum in Längsrichtung

e–f: Koordiniertes Wachstum
im Inneren einer Sproßachse

f li.: Querteilungen bilden späteres Rindengewebe;
f re.: Längsteilungen bilden späteres Leitgewebe.

Wand der 1. Zellteilung ——
2. Zellteilung ——
3. Zellteilung ——

Abbildung 34: Gleichmäßiges und koordiniertes Wachstum (vgl. S. 159).

det werden sollen, wie beim Mais, geht das nur darüber, daß der Vegetationspunkt schon von vornherein stark vergrößert wird (sogenanntes *primäres
Dickenwachstum*), bevor der Stengel richtig mit dem Längenwachstum los-
legt. Das hat zur Folge, daß ein Maisstengel am Grunde aussieht wie ein Kegel,
der auf der Spitze steht. Die Stengelbasis ist deshalb instabil, und der Mais muß
sie mit dicken und zähen sproßbürtigen Wurzeln abstützen. Das kann man gut
an den Stoppeln beobachten, die nach dem Ackern der Maisfelder manchmal
noch herumliegen.

Unter den Einkeimblättrigen gibt es kaum Bäume und Sträucher, der
Hauptgrund dürfte das Fehlen des kambialen Dickenwachstums sein. Wenn
doch Bäume vorkommen, können die Stämme nicht »normal und allmählich«
in die Dicke wachsen, sondern müssen gleich an der Basis und auf ganz kurze
Distanz ihren Vegetationspunkt auf den Durchmesser des künftigen Stammes
bringen, und erst wenn sie das erreicht haben, kann das Längenwachstum beginnen. Die Palmen wachsen z. B. nach diesem Muster. Von wenigen Ausnah-

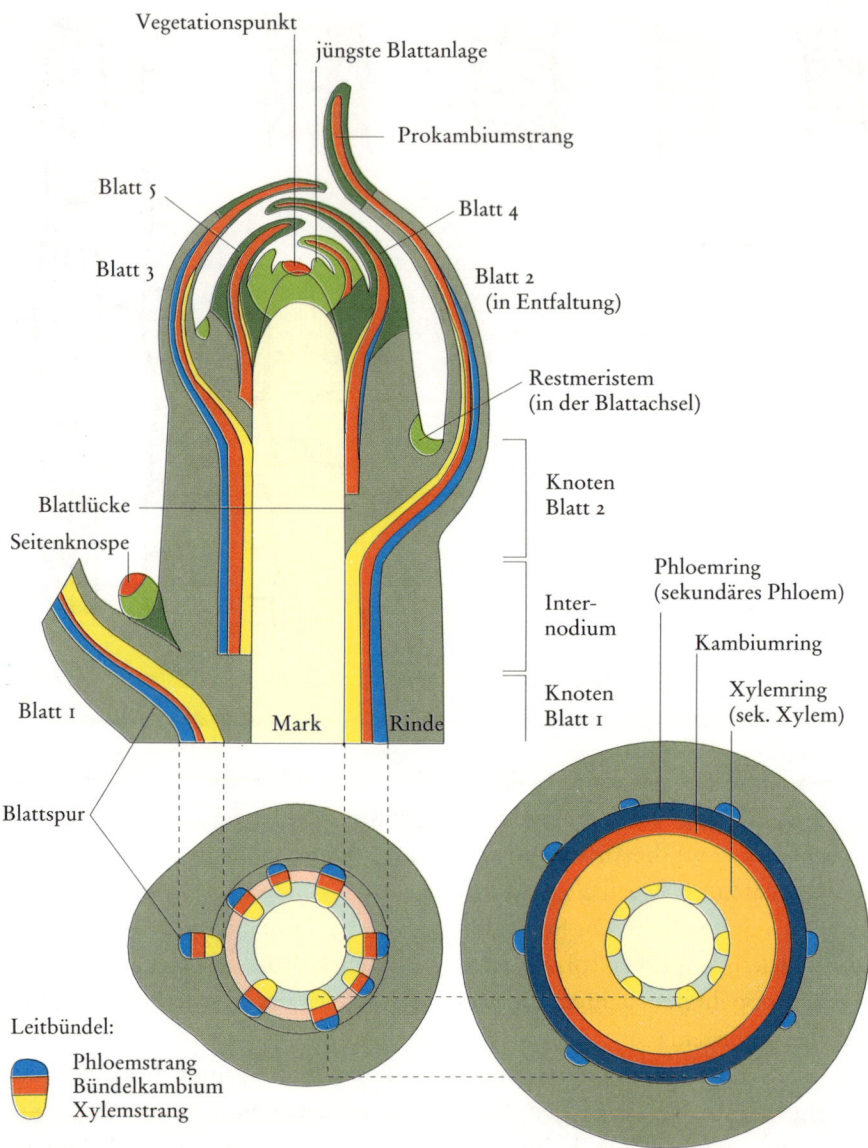

Abbildung 35: Leitbündelanordnung und Dickenwachstum bei zweikeimblättrigen Pflanzen (vgl. S. 157).
Oben: Längsschnitt durch den Sproß mit Vegetationspunkt.
Unten: Querschnitte im primären und sekundären Zustand.

men abgesehen, haben sie unverzweigte, überall gleich dicke Stämme. Bei Kübelpalmen sieht man allerdings an der schwankenden Stammdicke, wann es ihnen schlecht ging im zu kleinen Topf und wann sie wieder bessere Wuchsbedingungen hatten. Im Blätterschopf der Palmen sind die Blütenstände die einzigen Seitenachsen; die großen Fiederblätter ersetzen, was ihre Assimilationsleistung anbelangt, belaubte Seitenzweige. Die Monokotylen neigen überhaupt nicht dazu, ihre oberirdischen Achsen zu verzweigen und Äste zu bilden. Eine gewisse Ausnahme sind die Schraubenbäume *(Pandanus spec.)* der Tropen. Sie stützen ihre nach oben dicker werdenden Stämme durch sehr kräftige, sparrig abstehende, sproßbürtige Stützwurzeln nach allen Seiten hin ab. Es gibt Arten, die sich ziemlich stark verzweigen und so noch dem am nächsten kommen, was bei den Zweikeimblättrigen Büsche sind.

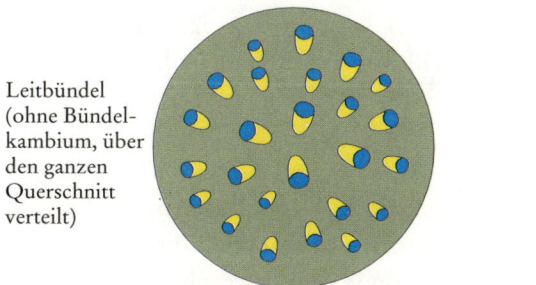
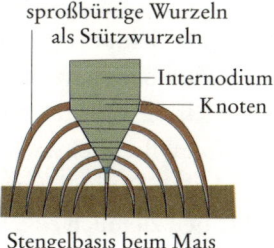

Leitbündel
(ohne Bündel-
kambium, über
den ganzen
Querschnitt
verteilt)

sproßbürtige Wurzeln
als Stützwurzeln

Internodium
Knoten

Stengelbasis beim Mais

Abbildung 36: Leitbündelanordnung und primäres Dickenwachstum bei Einkeimblättrigen.

Unter den Monokotylenbäumen haben nur die Drachenbäume (z.B. *Dracaena draco* der Kanaren) eine eigene Art des »nachträglichen« allmählichen Dickenwachstums gefunden. Die Pflanzen verzweigen sich nach Abschluß des Stammlängenwachstums zu einer kompakten, halbkugeligen Krone und verdicken auch ihre Stämme, aber durch ein Kambium, das unabhängig von den ursprünglichen Leitbündeln angelegt wird. Es liefert hauptsächlich nach innen Zellen, die sich teils zu Holzelementen, teils zu Bastelementen differenzieren. Man spricht hier von anomalem sekundärem Dickenwachstum.

Jahrringe und Alter von Gehölzen

Kehren wir nach dem Vergleich der Dikotylen mit den Monokotylen und ihren eher exotischen Schopfbäumen zu den typischen Dikotylenbäumen Mitteleuropas zurück. Ab Spätsommer oder Herbst ruht die Teilung der Kam-

biumzellen, sie wird im Frühling erst kurz vor dem Laubausbruch wieder aufgenommen. Da die Kambiumzellen und ihre noch nicht differenzierten
Abkömmlinge besonders zarte Zellen sind, kann man sie ziemlich leicht zerstören. Wer sich eine Weidenpfeife machen will, nützt diesen Umstand aus.
Durch Klopfen mit dem Taschenmessergriff kann man im Frühling kurz vor
dem Laubaustrieb das Kambium zerstören und den Holzteil aus dem Rinden-
und Bastteil herausziehen, der dann als Flötenrohr dient.

Im Frühling kommt es vor allem darauf an, die Stoffe zu mobilisieren, die
für die wachsenden Zellwände der Blattzellen gebraucht werden, also bekommt zunächst der Bast neue Zellen, da die alten vor Wintereinbruch aus
dem Dienst genommen wurden und dann wohl absterben. Wasser wird beim
Wachstum zur Vergrößerung des Zellinhalts zwar auch gebraucht, aber die
Zellen, die der Wasserleitung dienen, sterben ja nach Abschluß der besonderen
Wandverdickungen planmäßig ab, ehe die Wasserleitung in den nun leeren
Zellen überhaupt beginnen kann. Deshalb verändern sie sich über den Winter
nicht und können weiterhin benützt werden. Nach einigen Wochen bekommt
aber auch der Holzteil neuen Zuwachs. Die ersten neuen Wasserleitungszellen
des Holzteils wachsen ziemlich stark in die Dicke, sie sind also weitlumig
(Frühholz). Die im Sommer zuletzt gebildeten Zellen schaffen das nicht mehr,
sie bleiben ziemlich eng, aber sie bilden manchmal besonders dicke Wände aus
(Spätholz). Innerhalb einer Vegetationsperiode geht das Frühholz »gleitend«,
also mit Zwischenformen ins Spätholz über, aber der Übergang vom Spätholz
des Vorjahrs zum Frühholz des Folgejahrs ist besonders deutlich und schon
mit dem Auge als Jahrringgrenze auf der Schnittfläche gefällter Bäume zu sehen. An den *Jahrringen* (= Zuwachs eines Jahres aus Früh- und Spätholz) kann
man abzählen, wieviel Jahre ein Baum gelebt hat, bevor er gefällt wurde. Breite
Jahrringe verraten gute Jahre mit ausreichend Wärme und Regen, schmale
Jahrringe entstehen vermutlich in Trockenjahren oder nach besonders kalten
Wintern. Man kann also die unterschiedlichen Jahrringbreiten als Strichcode
lesen, den Klima und Wetter in das Holz der Bäume »geschrieben« haben, und
zwar in alle Stämme, die unter den gleichen Bedingungen gewachsen sind. Alle
Bäume eines Waldes haben deshalb die gleiche Abfolge von schmalen und
breiten Jahrringen, wenn man das Muster vom Kambium aus betrachtet, denn
natürlich liegen die Jahre z.B. von 1980–1990 in den Bäumen unterschiedlich
weit vom Zentrum weg, je nachdem, wie alt sie sind. Man kann das Jahrring-
breitenmuster nutzen, um mit Holz aus unterschiedlich alten Bäumen, deren

Lebenszeit vielleicht 10–20 Jahre überlappt, eine Art Eichskala zu erstellen, die mittlerweile bis weit in die Zeit der Frühgeschichte hineinreicht. Findet man nun in Ausgrabungen Holzgegenstände oder Balken in alten Häusern, so kann man deren Jahrringmuster mit der Eichskala vergleichen und daran ablesen, wann das fragliche Holzstück gewachsen ist und damit der Gegenstand oder das Gebäude ungefähr gemacht wurde. Dieser angewandte Zweig der Botanik heißt *Dendrochronologie* (dendron=Baum, chronos=Zeit, also: Lehre von der Zeitbestimmung anhand von Bäumen) und ist eine wichtige Hilfswissenschaft für die Historiker und Archäologen. Angaben, daß man jetzt das älteste Gebäude einer Stadt gefunden habe, beruhen meistens auf der Datierung von Balken, an denen noch etwas Rinde und Kambium erhalten blieb, denn bei diesen kann man das Jahr des Holzschlags genau feststellen, und das Haus kann höchstens gleichalt oder es muß jünger sein.

Die uns geläufige Erscheinung von Hölzern mit Jahrringen gibt es nur in Klimagebieten mit regelmäßig aufeinanderfolgenden Jahreszeiten. In den feuchten Tropen können die Bäume das ganze Jahr gleichmäßig in die Dicke wachsen. Sie bilden keine Jahrringe, und es ist viel schwieriger, ihr Alter abzuschätzen.

Vielleicht ist es an dieser Stelle auch interessant, einmal einige Zahlen über das erreichbare Alter langlebiger Bäume zu zitieren.

Laubbäume	Alter	Nadelbäume	Alter
Buche *(Fagus sylvatica)*	200 Jahre	Lärche *(Larix decidua)*	400 Jahre
Linde *(Tilia cordata)*	800 Jahre	Fichte *(Picea abies)*	600 Jahre
Eiche *(Quercus robur)*	2000 Jahre	Eibe *(Taxus baccata)*	1800 Jahre
Feigen-Art *(Ficus religiosa)*	2500 Jahre	Mammutbaum *(Sequoia-dendron giganteum)*	3000 Jahre
		Pinus longaeva	4500 Jahre

(Angaben aus: Rainer FLINDT, *Biologie in Zahlen*, Stuttgart/New York 1985).

Der Mammutbaum ist nicht nur der Baum mit dem zweithöchsten geschätzten Alter, sondern auch einer der dicksten (Durchmesser der Stammbasis 11 m, Affenbrotbaum 15 m) und höchsten (ca. 80 m, ausnahmsweise 135 m). Nur der Küstenmammutbaum *(Sequoia sempervirens)* und Eucalyptusbäume erreichen mit 100 m und 128 m durchschnittlich noch größere Höhen. Da die Nadelbäume wie die zweikeimblättrigen Pflanzen Jahr für Jahr in die Dicke wachsen, indem das Kambium immer neue Zellen liefert, sind die ältesten lebenden Zellen der langlebigen Bäume in der Regel viel weniger alt als der ganze Baum. Die leitenden Zellen, ebenso wie die weiteren Zellsorten im Phloem, sterben, wie schon erwähnt, etwa ein Jahr nach ihrer Differenzierung ab. Auch die langlebigen Elemente des Holzes, die Holzparenchymzellen, erreichen nur ein Alter von etwa 20 Jahren. Im Zentrum bestehen die Stämme der Nadelgehölze und Dikotylen nur aus toten Zellen. Falls Pilze das Holz infizieren, kann es auch zu hohlen Bäumen kommen, besonders alte Kopfweiden oder Linden mit weichem Holz verlieren oft das Zentrum ihrer Stämme. Andere Arten imprägnieren den Kern der Stämme mit fäulniswidrigen Stoffen, die oft gefärbt sind. Solche Kernholzbereiche sind in der Tischlerei besonders beliebte Hölzer. Die noch ungefärbten, teilweise lebenden peripheren Bereiche heißen Splintholz. Im Gegensatz zu den relativ kurzlebigen Zellen in einem Dikotylenbaum müssen die Einkeimblättrigen, die kein Kambium haben, mit ihren Zellen zur Stoffleitung ein ganzes Palmenleben aushalten, das auch etwa 80 Jahre währen kann.

Bäume, Sträucher, Lianen

Wie unterscheiden sich nun eigentlich *Bäume und Sträucher?* Vielleicht denkt man zuerst daran, daß der Unterschied in der Größe liegt, aber das trifft den Kern der Sache nicht. Es ist vielmehr die typische Form, die diese beiden Gruppen trennt. Bäume haben, wenn ihnen kein Unglück während des Wachstums zustößt, nur einen einzigen Stamm, der sich bei Laubbäumen in der Krone in einzelne Äste auflöst. Der Stamm erreicht seine Höhe erst nach jahrelangem Wachstum. Im Prinzip bleiben in den Achseln aller Blätter Meristemreste erhalten, zu Knospen entwickeln sich aber meistens nur die der obersten Blätter, die anderen sind schlafende Augen. Die obersten Knospen wachsen auch zu den kräftigsten und längsten Seitentrieben aus, das heißt, es werden die Zweig-Spitzen in ihrer Verzweigung gefördert *(akrotone Förderung)*. Damit wird erreicht, daß kräftige Äste nicht im Abstand der Blätter, sondern im viel größeren der Jahrestrieblängen aufeinander folgen. Die oberen Äste beschatten die älteren unteren ziemlich rasch, wodurch diese nach wenigen Jahren absterben, besonders in einem dichten Baumbestand. So entsteht der untere, astfreie Stammabschnitt, der uns am Baum besonders auffällt und charakteristisch dünkt. Der sekundäre Zuwachs in diesem Stammabschnitt liefert dann das besonders gute, weil gleichmäßige »astreine« Holz.

Ein Strauch hingegen hat meistens vom Grund auf mehrere Stämme. Ein gutes Beispiel ist die Hasel, deren Haupttrieb wie ein Baumstamm mehrere Meter Länge erreichen kann, aber schon bald von zunächst völlig geraden Ruten begleitet wird, die an seiner Basis entspringen und im ersten Jahr über zwei Meter hoch werden können. Hier wird die basale Verzweigung gefördert *(basitone Förderung)*. An den einzelnen Ruten setzt später allerdings auch Spitzenförderung ein, wenn diese im zweiten Jahr weiterwachsen. Die geraden basalen Rutenabschnitte wurden früher für allerlei Zwecke in Haus und Hof verwendet, so auch für die Flechtfüllungen in Riegelwerk, das, mit Lehm verschmiert, die Wände bildete, oder zu Gerüsten für bäuerliche Körbe. Nach einigen Jahren stirbt bei der Hasel der ursprüngliche Stamm ab. Er wird ersetzt durch die ältesten basalen Ruten, die inzwischen auch so aussehen wie der ehemalige Haupttrieb. Sträucher sind mehrstämmig, die Stämmchen aber eher kurzlebig, weshalb sich die Pflanze mit immer neuen Stämmen verjüngt.

Zu diesem basalen Wachstum kommt noch, daß manche Sträucher zusätzlich Wurzelsprosse entwickeln, so etwa die Schlehe *(Prunus spinosa)*, die damit undurchdringliche Dickichte bilden kann. Bei der Erhaltung von Halbtrokkenrasen (vgl. S. 152) stellen die Schlehen die Naturschützer vor besondere Probleme, da man diese Büsche kaum ausrotten kann.

Neben den Bäumen und Sträuchern gibt es mit den holzigen *Lianen* noch eine weitere Wuchsform, welche die Erneuerungsknospen hoch über dem Erdboden überwintert. Als Waldpflanzen konkurrieren sie mit Bäumen und Sträuchern um einen Platz an der Sonne, der für die Assimilation entscheidend wichtig ist. Ein großer Baum kann unter seiner Krone alle Mitbewerber unterdrücken, er braucht aber Jahrzehnte, um diese Größe zu erreichen. Die Sträucher können die Chance nutzen in der Zeit nach dem Zusammenbruch eines Baumriesen, bis dessen Nachfolger groß geworden sind. Da sie, viel früher als der Baum, schon nach wenigen Jahren blühen und fruchten, können sie sich fortpflanzen und die nächste Lücke besiedeln, wenn sie am alten Standort im Schatten der Bäume allmählich eingehen. Die Lianen schließlich wachsen rasch hoch hinaus, aber sie halten sich nicht damit auf, selber einen tragfähigen Stamm zu erzeugen, sondern benützen Sträucher und Bäume als Aufstiegshilfen. In Deutschland gibt es nur vier Pflanzenarten, die zu den Lianen mit ausdauernden Trieben zählen: Efeu *(Hedera helix)*, Waldrebe *(Clematis vitalba)*, Geißblatt *(Lonicera periclymenum)* und Weinrebe *(Vitis vinifera)*. Alle verfolgen unterschiedliche Strategien, um ans Licht zu kommen. Daneben gibt es noch Pflanzen, die nur für eine Saison windende oder rankende Triebe erzeugen, aber zum Teil auch ziemlich hoch werden können, wie z.B. der Hopfen *(Humulus lupulus)*. Als Sonderform der Stauden oder Geophyten werden solche Pflanzen weiter unten vorgestellt.

Der *Efeu* besiedelt sehr oft den Waldboden. Seine dünnen Triebe sind in der Laubstreu verborgen, nur die fünflappigen, immergrünen Blätter ragen daraus hervor. Trifft ein Trieb auf einen Baumstamm, so richtet er sich daran auf und befestigt sich mit zwei Reihen sproßbürtiger Wurzeln in ganzer Internodienlänge an der Rinde des Trägerbaums. Erreicht ein Efeutrieb endlich die Baumkrone, gibt es eine merkwürdige Verwandlung. Die Seitentriebe, die sich im Schatten ebenfalls mittels sproßbürtiger Wurzeln an der Unterlage angeheftet haben, ragen jetzt frei in den Raum. Auch ihre Blätter sehen jetzt anders aus: sie sind nicht mehr gelappt, sondern lanzettlich, und an diesen selbsttragenden, kräftigen Seitenachsen werden nun auch endlich Blütenstände ausgebildet, die ab September bis in den Oktober hinein blühen. Da jetzt das Blütenangebot nicht mehr so groß ist, werden sie eifrig von Wespen und Bienen besucht. Die schwarzen, beerenartigen, aber etwas harten Früchte reifen über Winter und werden im April gerne von Amseln gefressen, weil sonst kein ähnliches Angebot auf dem Markt ist. Nach dem verschiedenen Aussehen und Verhalten der Pflanze unterscheidet man die Jugendform von der Altersform, aus der es in der Regel kein Zurück mehr gibt. Macht man nämlich Stecklinge (vgl. S. 363) von Ästen der Altersform, so wachsen sie zu freitragenden Sträuchern heran, ohne je wieder Kriechtriebe zu entwickeln. Aus den Samen geht jedoch wieder die Jugendform hervor. (Im Botanischen Garten Göttingen gibt es allerdings an der Basis eines dicht mit Efeu bewachsenen Baumes Triebe der Altersform, die an der Spitze wieder Jugendblätter tragen!) Der Efeu ist nicht wählerisch, was sein Klettergerüst anbetrifft. Er wächst auch an Felsen und Mauern, wo die verschiedenen morphologischen Formen meist besser nebeneinander zu sehen sind als im Wald. Es sieht so aus, daß das Dunkel des Waldbodens für ein vegetatives Überleben und Ausbreiten ausreicht, aber nicht zur

Blüten- und Fruchtbildung. Efeupflanzen, die in die Altersform übergegangen sind, können erstaunlich dicke Stämme bekommen und recht alt werden. In der Literatur werden 400 Jahre angegeben. Ein besonders schönes Exemplar wächst an der Herrgottskirche in Creglingen (bei Rothenburg ob der Tauber).

Das windende *Geißblatt* mit seinen abends duftenden Blüten (die Duftnote ist als »chèvrefeuille« bekannt) hält sich hingegen nicht mit Kletterwurzeln, sondern es umwächst mit seinen dünnen Trieben geeignete, dünne Trägerstämmchen in Schraubenwindungen. In der Krone angekommen, verzweigt sich die Liane, legt ihre Zweige auf die des Trägers und blüht und fruchtet. Das Geißblatt hält sich eher an Sträucher als an alte Bäume und kommt vorwiegend an Waldrändern vor. Da seine Triebe recht zäh sind und sich eng an die Unterlage halten, können sie ihren Träger mit der Zeit im Dickenwachstum behindern. Die Trägerpflanze kann nur da dicker werden, wo die Liane nicht ist, und erhält dann eine Oberflächenform, die etwas an einen Korkenzieher oder Bohrer erinnert. Solche deformierten Stämmchen wurden früher gerne als Spazierstöcke genommen, man sieht sie heute noch gelegentlich bei wandernden Zimmergesellen.

Die *Waldrebe* ist die größte heimische Liane und gleicht am ehesten den Lianen der Tropen. In der sonst überwiegend krautigen Familie der Hahnenfußgewächse ist sie die einzige heimische und größte Holzpflanze. Sie windet nicht und hält sich auch nicht mit Haftwurzeln, sondern wickelt die Blattstiele oder deren Verlängerung, die Blattrhachis, um Zweige ihres Trägers. Die Blätter der Waldrebe sind doppelt zusammengesetzt. Da die ersten Anheftungspunkte oft ziemlich weit über dem Boden liegen, müssen junge Triebe der Waldrebe offenbar doch einige Meter Höhe ohne Halt an einer Unterlage erreichen können. Efeu und Geißblatt stehen im Gegensatz dazu auch in den unteren Stengelabschnitten in Kontakt mit den Trägern. Da bei der Waldrebe Teile des Blattes als Ranke fungieren, können nicht die ganzen Blätter, sondern nur die Fiedern abgeworfen werden. Die toten, vertrockneten Ranken halten über den Winter die Lianentriebe oben in den Bäumen fest, bis sie im nächsten Jahr von neuen Blättern an Seitenzweigen abgelöst werden. Auch die *Weinrebe*, die mit der Waldrebe nicht enger verwandt ist, obwohl man das nach dem deutschen Namen meinen könnte, hält sich mit verzweigten Ranken. Hier sind sie aber nicht Teile eines Blattes, sondern umgebildete Achsen von Blütenständen, was manchmal mit ein paar Beeren verraten wird.

Alle vier Lianen stimmen darin überein, daß ihre Sproßachsen viel zu dünn sind, um das Laubwerk selbständig zu tragen. Dabei benützt jedes unserer Beispiele andere Verankerungsmöglichkeiten: der Efeu sproßbürtige Wurzeln, die Waldrebe Blattranken, die Weinrebe Sproßranken und das Geißblatt windet mit seiner Achse.

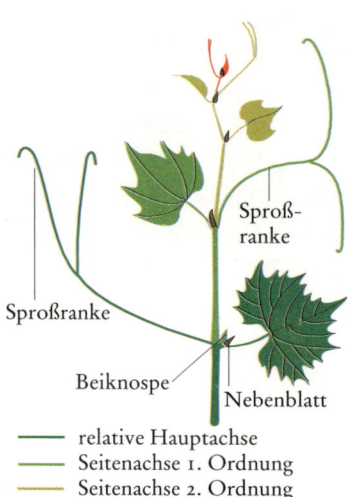

Sproß-
ranke

Sproßranke

Beiknospe
Nebenblatt

—— relative Hauptachse
—— Seitenachse 1. Ordnung
—— Seitenachse 2. Ordnung
—— Seitenachse 3. Ordnung

Abbildung 37: Sproßranken bei der Weinrebe. Jede Achsenordnung endet in einer Ranke. Ein Seitentrieb, der aus der Achsel des obersten Laubblatts entspringt, drückt die Ranke zur Seite und setzt die scheinbare »Hauptachse« fort (sympodiale Verkettung).

Häufig wird man gefragt: Schaden Lianen ihren Trägern? Sie sind keine Schmarotzer (siehe unten), das zeigt auch der Efeu, der gerne an leblosen Felsen oder Mauern klettert, sie benützen den Träger nur als Gerüst. Natürlich kann es sein, daß ein Vorhang von Waldrebe oder Geißblatt der Trägerpflanze Licht wegnimmt, aber meistens geht es ihr nicht »ans Lebendige«, man findet kaum je abgestorbene Trägerpflanzen. Es gibt aber auch ein Gegenbeispiel: In den USA wurde zur Begrünung von Böschungen ein japanischer Schmetterlingsblütler eingeführt, Kutzu *(Pueraria lobata)*, der auch als Liane in die Bäume klettern kann. In den Appalachen gibt es Waldränder, die bis in die Baumwipfel von Kutzu wie mit Tüchern abgedeckt erscheinen, so dicht ist das Geflecht der Zweige. Hier bekommen die Träger kein Licht mehr, sie erliegen der Übermacht der Lianen und sterben ab. Auch in den feuchten Tropen sind die sogenannten »Vorhanglianen« ein Zeichen der Störung und des Niedergangs der ursprünglichen Pflanzengesellschaft.

Von den heimischen Lianen zeigt die Waldrebe am besten deren typische Holzstruktur. Die ursprünglichen Bündel vereinigen sich nicht zu dem für Bäume charakteristischen Leitgeweberohr, das einen zylindrischen Holzkörper erzeugt, sondern sie bleiben durch ziemlich breite Streifen von Grundgewebe getrennt. Dadurch erhält der Lianenstamm eine Struktur, die mit einem aus Einzelsträngen zusammengesetzten Drahtseil verglichen werden kann und besonders gut Zugbelastungen widerstehen soll. Der dünne Lianenstamm muß ein ziemlich großes Blattwerk versorgen, die Wasserleitung hat daher besonders effektiv zu sein. Deshalb treten bei Lianen besonders weite wasserleitende Zellen auf, die man gerade noch von Auge sehen kann. Da die Durchflußmenge durch Röhren nach den Gesetzen der Physik nicht proportional zur Querschnittsfläche (und damit zum Quadrat des Radius), sondern zur 4. Potenz des Radius wächst, wirkt sich eine Vergrößerung des Gefäßdurchmessers sehr stark aus. Im Beispiel wird das an drei Röhren mit jeweils verdoppeltem Radius demonstriert:

	Rohr A	Rohr B	Rohr C
Verhältnis der Radien	1	2	4
Verhältnis der Querschnittsflächen	$1 = 1^2$	$4 = 2^2$	$16 = 4^2$
Verhältnis der Durchflußmengen	$1 = 1^4$	$16 = 2^4$	$256 = 4^4$
Anteil in %, wenn ein Behälter durch die Rohre A, B und C geleert wird	0,4 %	5,9 %	93,7 %

Als Zigaretten noch teuer und das Taschengeld klein war, haben Jugendliche mit dürren Stengelstücken der Waldrebe erste Rauchversuche gemacht. Das geht nur, weil die Wasserleitungsbahnen (Tracheen) recht weit sind und viel länger als der herausgeschnittene »Glimmstengel«. Im Teilstück gibt es oben und unten offene Röhrchen, durch die Luft durchgesaugt werden kann. Man kann auch Luft durchblasen und das mit Seifenlauge an der Austrittsseite sichtbar machen, es entstehen nämlich Seifenblasen.

Hier könnte man noch einen allgemeinen Blick auf die Länge von Wasserleitungsbahnen in Gehölzen werfen. Es gibt zwei Sorten wasserleitender Elemente: Tracheiden und Tracheen. Die *Tracheiden* sind langgestreckte Einzelzellen, deren Enden zugespitzt und geschlossen sind und die sich überlappen. Bei den Nadelhölzern, die nur Tracheiden besitzen, sind sie etwa 3–6 mm lang, selten bis 10 mm, was für Einzelzellen ungewöhnlich viel ist (die Elemente der Tracheen sind nur etwa 0,2 mm lang). Das Wasser muß immer wieder Zellwände durchqueren, weshalb der Wasserdurchfluß nur langsam vonstatten geht. Die Nadelgehölze bevorzugen daher in der Regel eher kühle und feuchte Wuchsgebiete (Nadelwaldgürtel im Norden Eurasiens und Nordamerikas, Araukarienwälder im Süden Chiles). Auch bei den Angiospermen treten noch Tracheiden auf, etwa im zuerst gebildeten Xylem der Blattspuren, aber

auch in den Blättern, wo sie in der Netznervatur gut zu beobachten sind. Im
Holz spielen sie aber nur eine untergeordnete Rolle. Die *Tracheen* stellen hier
die Hauptmasse der wasserleitenden Elemente. Sehr viele Zellen mit durchbrochenen Endwänden bilden lange Zellketten und damit durchgehende Röhren, die meistens einige Zentimeter lang sind (beim Ahorn sind ca. 4/5 der
Tracheen unter 4 cm lang, der Spitzenwert liegt bei 28 cm). Bei einzelnen Arten
(z.B. der Eiche) sind aber auch schon Tracheenlängen von über 10 m gemessen
worden, an denen Tausende von Zellen beteiligt sind. Die »Wasserfäden« in
diesen Kapillaren werden vom Boden bis ins Blattwerk »gezogen«. Treibende
Kraft ist die Verdunstung an den Blättern, und die hängt mit der Differenz
zwischen Wassergehalt im Boden (relativ hoch) und im Luftraum (relativ nied-
rig) zusammen. Im Gegensatz zur Stoffleitung, welche die Pflanze Energie
kostet, geschieht die Wasserleitung aufgrund physikalischer Kräfte, die außerhalb der Pflanze liegen.

Stauden: Überleben durch Ducken

Eine ganz andere Strategie, den Winter der gemäßigten Zonen zu überstehen,
verfolgen die *Stauden* (Zeichen = ♃). Wir kennen diese krautigen Pflanzen aus
den »Staudenbeeten« der Gärten, wo im Sommer Phlox, Brennende Liebe,
Schafgarbe und im Herbst die kleinköpfigen blauen und roten Herbstastern
und schließlich die Chrysanthemen oder Winterastern blühen. Allen eben aufgezählten Beispielen ist gemeinsam, daß an kräftigen Exemplaren mehrere
dicht belaubte Stengel nebeneinander im Laufe des Frühlings heranwachsen,
die dann im Sommer oder Herbst oben in einen Blütenstand übergehen. Nach
dem Fruchten sterben diese Stengel bis auf die untersten Anteile mit den
Erneuerungsknospen ab und können kurz über dem Boden abgeschnitten
werden. Der Jahreszuwachs wird also nur zu einem ganz kleinen Teil in den
überdauernden Bereich der Pflanze übernommen, und die Erneuerungsknospen liegen nicht an den Zweigspitzen, sondern an der Erdoberfläche. Es bleibt
nur ein ganz kurzes Stück der Sproßachse erhalten, und zwar das unterste
(basale), das nach dem Austreiben der Erneuerungsknospe zuerst gebildet
wird. Der größte Anteil am Jahreszuwachs geht zugrunde und muß Jahr für
Jahr neu produziert werden (man spricht denn auch von Erneuerungstrieben).
Die überdauernden, an der Erdoberfläche liegenden, basalen Stengelteile sind
mit sproßbürtigen Wurzeln ausgestattet, so daß man von solch einer Staude
mit dem Spaten Teile abstechen kann, die in einem anderen Garten leicht an-

wachsen und sich bald wieder vergrößern. Da zu viele Triebe an einer Stelle sich gegenseitig beengen und um die Nährstoffe konkurrieren, ist es zweckmäßig, wenn am Rande der Staude basale Zweige zuerst einmal waagerecht ein paar lange Internodien bilden, um in noch nicht durchwurzelte Erde zu kommen, und erst dann umbiegen und senkrecht emporwachsen. Das sind Übergangsformen zur Ausläuferbildung (vgl. S. 363 ff).

Mit der Zeit (nach einem bis wenigen Jahren) sterben auch die ältesten basalen Teile einer Staude ab. Im Garten fällt das nicht so auf, aber unter den ausdauernden Gräsern, die ja auch zur Wuchsform Staude gehören, gibt es in Trockengebieten etwa Australiens Beispiele, bei denen sich ein Grashorst zu einer dicht bewachsenen Fläche ausbreitet, deren Zentrum nach einiger Zeit abstirbt, so daß nur ein Grasring übrigbleibt. In freier Natur kommt im Herbst kein ordnungsliebender Gärtner, der die alten Triebe der Stauden fein säuberlich abschneidet. Sie bleiben zur Freude von Distelfinken und anderen Vögeln stehen, die in den Fruchtständen der Korbblütler noch einige Mahlzeiten finden, und brechen dann unter der Last von Regengüssen und Schnee zusammen. Dadurch bilden sie eine schützende Schicht für die etwa auf Bodenniveau liegenden überwinternden Knospen.

In der Landschaft treten die Stauden besonders schön als Hochstaudenfluren an feuchten, gut mit Nährstoffen versorgten Stellen in Bergregionen auf (z.B. nördliche Kalkalpen, Jura, andeutungsweise Rhön) und schmücken im Hochsommer lichte Waldstellen oder Tälchen mit ihrem bunten Blumenflor. Neben Blauem Eisenhut und gelbem Wolfs-Eisenhut *(Aconitum napellus, A. lycoctonum)* und violettblauem Wald-Storchschnabel *(Geranium sylvaticum)* kommen besonders viele Vertreter der Korbblütler vor: weißblühend die Großblättrige Schafgarbe *(Achillea macrophylla)*, blau der Alpen-Milchlattich *(Cicerbita alpina)*, gelb das Hain-Kreuzkraut *(Senecio nemorensis)*, rosa der Alpendost *(Adenostyles alliariae)* und rot die Kletten-Distel *(Carduus personata)*. Im Unterland gibt es große Staudenbestände längs der Flüsse, doch werden sie oft kilometerweit von eingeschleppten oder aus Gärten verwilderten nordamerikanischen Goldrutenarten *(Solidago canadensis, Solidago serotina)* beherrscht. Auch an Gräben und Bächlein findet man viele Stauden: Sumpf-Weidenröschen *(Epilobium palustre)*, Roßminze *(Mentha longifolia)* und Mädesüß *(Filipendula ulmaria)* sind einige davon.

Es gibt aber unter den Stauden noch einen weiteren Wuchstyp, jedenfalls unter den Gartenpflanzen. Diese Pflanzen haben nur einen oder wenige Stengel, und die Laubblätter stehen zur Hauptsache in einer basalen Rosette. Zu diesem Typ gehören die Pfingstrose *(Paeonia officinalis)* und der Orientalische oder Türken-Mohn *(Papaver orientale)*. Beide Pflanzen haben zu Speicherorganen umgebaute Wurzeln. Beim Mohn ist es eine Pfahlwurzel, die manchmal nach unten etwas »Beine« hat, bei der Pfingstrose sind mehrere Wurzeln in unterschiedlicher Ausdehnung verdickt. Beide Pflanzen haben die zusätzliche Möglichkeit, aus Wurzelstücken neue Pflanzen über Wurzelbrut zu entwickeln. Es hat den Anschein, daß von dieser Möglichkeit nur dann Gebrauch gemacht wird, wenn die Wurzeln verletzt werden. Das sieht man, wenn man versucht, einen Türken-Mohn umzupflanzen. Meistens bleibt ein Stück der Wurzel im Boden zurück, und nach längerer Zeit erscheint erneut eine Mohnpflanze an der Stelle, wo man sie weghaben wollte. Beim Umpflanzen von Pfingstrosen brechen leicht einige der Speicherwurzeln ab. Sie bleiben merkwürdigerweise prall, wenn man sie irgendwo im Schatten liegen läßt, und nach einiger Zeit sieht man daran Anzeichen von Knospen. Gräbt man die Wurzeln jetzt ein, dauert es aber sehr lange, bis zur nächsten Vegetationsperiode, bis sich die neuen Sprosse oberirdisch zeigen. Diese beiden Beispiele sind schon fast Übergangsbildungen, diesmal zu den Geophyten, die gleich anschließend behandelt werden.

Daß nicht an allen Speicherwurzeln Sproßknospen angelegt werden können, wissen die Dahlienliebhaber. Aus einer abgebrochenen Dahlien-Wurzelknolle kann man keine Pflanzen ziehen, sondern muß beim Vermehren der Pflanzen sorgfältig darauf achten, daß jedes Teilstück auch knospenführende Stengel erhält.

Hier lassen sich noch einige weitere Gartenpflanzen anschließen, die ebenfalls unterirdische Speicher besitzen, deren morphologische Natur aber zum Teil ziemlich unklar ist. Die Wunderblume *(Mirabilis jalapa)* aus Südamerika blüht im Jahr der Saat, wenn man die Pflanze im Warmen vorkultiviert und ihr einen günstigen Standort im Garten zuweist. Unterirdisch entwickelt sie eine rübenartige Pfahlwurzel, die man im Herbst ausgraben und frostfrei überwintern kann. Pfahlwurzeln sind besonders kräftige Hauptwurzeln, die meistens auf die Radicula des Keimlings zurückzuführen sind. Schöne Beispiele zeigt der Löwenzahn *(Taraxacum officinale)*. Wird die Wurzel noch deutlich verdickt, spricht man von einer Rübe, wobei man sich gut eine Mohrrübe vorstellen kann. Am Rübekopf findet man dicht gedrängt die Abbruchnarben der ältesten, schon abgestorbenen Laubblätter der Rosette, ein gewisser Achsenanteil gehört daher auch zur Rübe. Er ist auch wichtig als Ursprungsort der Erneuerungsknospen. Im zweiten und allen weiteren Lebensjahren vergrößert sich die Rübe bei *Mirabilis* zu einem großen »Klumpen«, von dessen oberem Ende Jahr für Jahr einjährige Blütentriebe entwickelt werden. Diese Wuchsform ist in Mitteleuropa selten und kommt nur bei Vertretern von wenigen Familien vor, die eigentlich wärmere Länder mit periodischen Trockenzeiten bewohnen und nur gerade mit diesen Arten ihr Areal besonders weit nach Norden ausgedehnt haben. Aus den Kürbisgewächsen ist es die Zaunrübe *(Bryonia dioica)* oder aus den Yamswurzgewächsen die Schmerwurz *(Tamus communis)*, deren nördliche Arealgrenze in Süddeutschland liegt. Die Triebe dieser Pflanzen klettern mit Ranken *(Bryonia)* oder winden sich um Stützen *(Tamus)* und könnten auf den ersten Blick für Lianen gehalten werden, doch die Triebe sind einjährig und sterben nach der Samenreifung ab. Auch der Hopfen *(Humulus lupulus)* hat eine recht ähnliche Wuchsform. Seine einjährigen Triebe winden, im Gegensatz zu fast allen anderen Windepflanzen, z. B. den Bohnen (Z-Windung), im Uhrzeigersinn (S-Windung). Da die Triebe mit steifen, nach rückwärts gerichteten Haaren besetzt sind, gleiten sie von der Unterlage nicht so leicht ab. Allerdings bildet der Hopfen unterirdisch keine Rübe, sondern ein verdicktes Rhizom.

Erdbewohner: Geophyten

Damit sind wir schon bei der nächsten Wuchsform angelangt, nämlich den *Geophyten* (Gaea = Erde, phyton = Pflanze, also »erdbewohnende Pflanzen«). Prinzipiell unterscheiden sie sich von den Stauden dadurch, daß die Erneuerungsknospen unter und nicht an der Erdoberfläche liegen. Der überdauernde Pflanzenteil ist also ganz unterirdisch, und im Winter kann man von der Existenz der Pflanze oft nicht das geringste ahnen. Praktisch ist es aber nicht immer leicht, die Lage der Erneuerungsknospen zu bestimmen, denn manchmal werden die der Stauden durch Laubstreu oder Erde überdeckt oder die der Geophyten durch ein wühlendes Tier oder Erdabtrag freigelegt, oder sie liegen so dicht an der Erdoberfläche, daß man sich schlecht entscheiden kann. Man kann deshalb die Geophyten auch zu den Stauden im weiteren Sinn rechnen.

Ganz ähnlich gebaut wie die Stauden sind die *Rhizom-Geophyten*. Die Erneuerungsknospen sitzen an *Rhizomen* (rhiza = Wurzel), das sind Sproßachsen, die wie Wurzeln in der Erde liegen, aber mit Schuppenblättern besetzt sind und in der Regel waagerecht wachsen. Sowohl der fachsprachliche (grie-

chische) Name Rhizom als auch der gängige deutsche Begriff »Wurzelstock«
trifft die morphologischen Gegebenheiten nur ungenau. Wir können uns aber
einfach merken, daß Rhizome unterirdische Achsen sind. In Rhizomen können gut Reservestoffe in Form von Stärke gespeichert werden. Sie erlauben der
Pflanze, im Frühling rasch auszutreiben (vgl. S. 217). Unter den Waldbodenpflanzen kommen recht viele Rhizomgeophyten vor, so auch das Salomons-
siegel *(Polygonatum odoratum)* und die (häufigere) Gemeine Weißwurz *(Po-*
lygonatum multiflorum).

Es gibt zwei Möglichkeiten für mehrjährige Rhizome. Entweder wächst die
Spitze des Rhizoms Jahr für Jahr ein Stück im Boden voran, und nur die Seitenachsen biegen um und bilden die aufrechten, oberirdischen Triebe mit den
Blütenständen, die wie bei den Stauden nach einer Vegetationsperiode absterben. Eine solche immer fortwachsende Hauptachse nennt man ein *Mono-*
podium (natürlich können auch oberirdische Sproßachsen Monopodien sein).
Die zweite Möglichkeit ist das *Sympodium*. Hier biegt die Spitze des Rhizoms
nach einiger Zeit um und bildet den oberirdischen Sproß mit Blütenstand, der
am Ende der Vegetationsperiode abstirbt. An der Umbiegungsstelle wird die

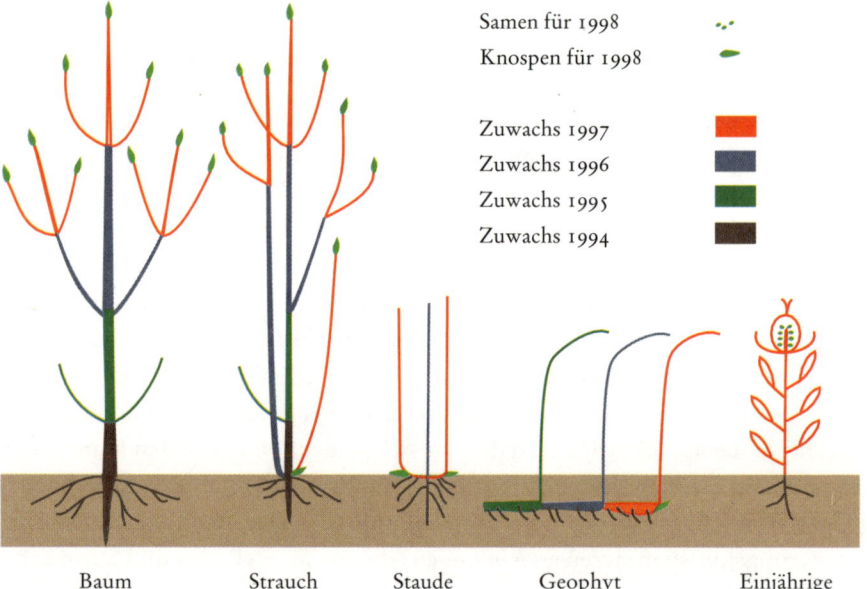

Samen für 1998
Knospen für 1998

Zuwachs 1997
Zuwachs 1996
Zuwachs 1995
Zuwachs 1994

Baum   Strauch   Staude   Geophyt   Einjährige

Abbildung 38: Schematische Darstellung der wichtigsten Wuchsformen.

Erneuerungsknospe angelegt, die im nächsten Jahr das Rhizom ein Stück weit verlängert, aber dann auch umbiegt, um oberirdisch zu blühen; die Grundachse ist also aus Teilen verschiedener Achsen zusammengestückelt. Beim sympodialen Rhizom des Salomonssiegels hinterläßt der abgestorbene Teil eines oberirdischen Jahrestriebs eine runde Abbruchnarbe, die als Abdruck von Salomos Siegel gedeutet wurde.

Bei beiden Rhizomtypen können, zusätzlich zur Endknospe, mehrere Erneuerungsknospen in den Achseln von Schuppenblättern angelegt werden. In diesem Fall verzweigt sich das Rhizom, und die Pflanze kommt mit vielen Trieben aus der Erde, ohne daß über dem Boden die Zusammenhänge klar ersichtlich sind. Rhizome umfassen oft viele Jahreszuwächse, aber schließlich sterben auch hier die ältesten Teile ab. Dadurch werden Seitenzweige vereinzelt, die einmal Bestandteil eines zusammenhängenden Rhizomsystems waren. Die Rhizome im Boden scheinen jedoch länger zu leben als die ebenfalls waagerecht wachsenden basalen Achsenbereiche der Stauden an der Bodenoberfläche.

Wenn das Rhizom besonders kurz und dick ist, spricht man von einer (Sproß-)*Knolle*; ihr Träger ist dann ein *Knollen-Geophyt*. Andeutungsweise ist eine Sproßknolle beim Aronstab *(Arum maculatum)* und ganz deutlich beim Lerchensporn *(Corydalis cava)* angelegt, doch muß man ziemlich tief graben, um sie zu finden. In vielen Fällen ist aber nicht das ganze Rhizom einheitlich verdickt, sondern nur einzelne Abschnitte daraus. Die Kulturpflanze Kartoffel *(Solanum tuberosum)* wächst nach diesem Prinzip. Wir sind vielleicht geneigt, die Kartoffel für eine einjährige Pflanze zu halten, da im April die »Pflanz«-Kartoffeln gelegt werden und man die Ernte im Spätsommer oder Herbst einfährt; aber die Knollen sind eben weder Früchte noch Samen, sondern Sproßabschnitte, was die »Augen« (End- und Seitenknospen), aus denen die »Keime« (Erneuerungstriebe) entstehen, ja deutlich zeigen. An ihrem Ursprungsort in den Anden holte, bevor der Mensch auftauchte, niemand planmäßig die Knollen aus dem Boden; auch bei uns überleben in milden Wintern nichtentdeckte Knollen im Gartenbeet. Nur während die Kartoffelstaude heranwächst, sind lebende Pflanzenteile von zwei Vegetationsperioden zeitgleich und in Verbindung miteinander vorhanden, nämlich die »Saatkartoffel« vom Vorjahr und die jungen diesjährigen Triebe. Im Sommer verschrumpelt die völlig ausgelaugte alte Knolle und stirbt ab, wenn sich Endtrieb und Seitentriebe gerade anschicken zu blühen. Die Lebensspanne eines einzelnen Triebes ist nicht länger als bei einer zweijährigen Pflanze. Im ersten Jahr wird eine Knolle an einem Seitentrieb ohne Laubblätter gebildet, im zweiten Jahr treibt sie Sprosse mit Laubblättern, die Blüten tragen und fruchten.

Auch beim dritten Typ der Geophyten, bei den *Zwiebel-Geophyten,* überlappen die aufeinanderfolgenden Jahrestriebe in ihrer Lebenszeit oft nur wenig. Wer sich im Herbst etwas Gutes tun will angesichts der unübersehbaren Zeichen der Vergänglichkeit, kann seinen Garten noch mit allerlei Blumenzwiebeln ausstatten und sich schon auf die Blütenpracht des nächsten Frühlings freuen. Mit den Zwiebeln versenkt der eifrige Gärtner, morphologisch gesehen, besonders dicke *Erneuerungsknospen* in den Boden, die sich, wie Kartoffelknollen, von sich aus selbständig gemacht haben oder die man von einer Mutterpflanze künstlich abgelöst hat. Die Zwiebeln bestehen (wie Knospen) aus einem kurzen Achsenabschnitt, der dicht von zusammenneigenden Blättern umgeben ist, nur sind die Blätter hier Schuppenblätter oder scheidenartige Blattbasen, die Reservestoffe speichern. Nicht immer ist es Stärke. Die Küchenzwiebel *(Allium cepa)* speichert Zucker in ihren Zellen, was man an gekochten Zwiebeln, die ihre Schärfe verloren haben, durchaus schmecken kann.

Wenn wir an Zwiebeln denken, meinen wir eigentlich immer Zwiebeln von Einkeimblättrigen, obwohl Zweikeimblättrige im Prinzip auch ähnliche Sproßformen erzeugen (z.B. Knöllchen der Knöllchen-Zahnwurz). Wir wollen uns jedoch hier auf die Einkeimblättrigen beschränken. In unseren Wäldern gibt es ein paar Beispiele von Zwiebelpflanzen. Die meisten Vertreter dieser Wuchsform stammen hingegen aus Ländern mit einer Trockenzeit. Mehr oder weniger tief im Boden gelagert, warten die Zwiebeln z.B. in Griechenland auf die ersten Herbstregen und beginnen dann zu treiben. Die dicke, männerfaustgroße Meerzwiebel *(Urginea maritima),* die Griechenlandreisende vielleicht kennen, wartet den Regen gar nicht ab und baut ihren meterhohen Blütenstand im Spätsommer ganz aus den Nährstoff- und Wasserreserven der dicken Zwiebel auf. Der Blütenstand wird vermutlich immer schon am Ende der letzten Vegetationsperiode angelegt. Die Laubblätter erscheinen erst nach den Blütenständen, manchmal erst beträchtliche Zeit später, bei der Meerzwiebel z.B. erst im Winter. Ähnliches gilt für die verschiedenen mediterranen Herbstzeitlosen *(Colchicum*-Arten). Eine Art dieser Gattung hat sich vom Mittelmeergebiet bis nach Mitteleuropa vorgewagt und ihre Blütezeit im Herbst beibehalten. Hier fällt nun der Winter als Zeit der Vegetationsruhe zwischen das Blühen und das Austreiben der Blätter, die erst Monate später im

Frühling erscheinen. Vermutlich kann die Pflanze nur so bei uns die kalten Winter überleben. Der wichtigste Teil der Blüte, der Fruchtknoten mit den befruchteten Samenanlagen, wird nämlich im Herbst gar noch nicht über die Bodenoberfläche gehoben, sondern bleibt unterirdisch gut verwahrt über Winter liegen. Erst zur Samenverbreitung erscheint die Kapsel auf der Oberwelt. Wer Krokusse im Garten hat, kann fast das gleiche auch hier beobachten, nur liegt die Blütezeit der meisten bei uns kultivierten Arten im Frühling. Im Mittelmeergebiet gibt es aber auch herbstblühende Krokusarten. Zu ihnen gehört u. a. der Safran *(Crocus sativus)*. Seine Narbenäste (vgl. S. 245) werden gesammelt, getrocknet und gemahlen und ergeben das Gewürz Safran. Auch bei den Krokussen erscheinen zuerst die Blüten, genau genommen auch nur deren obere Teile, dann strecken sich die Blätter, und erst, wenn diese schon fast vergangen sind, wächst der frühere Blüten-, jetzt Kapselstiel gerade so lang, daß die gelbbräunliche Kapsel knapp über die Bodenoberfläche herausgehoben wird und ihre Samen entlassen kann.

Wenn Blütenstände oder Einzelblüten in den Achseln der Zwiebelschuppen angelegt werden, kann der Vegetationspunkt der Zwiebel Jahr für Jahr monopodial weiterwachsen. Die alten Schuppenblätter vertrocknen und bleiben als papierartige Haut oder als Netzwerk der herausgewitterten Leitbündel an der Basis der Zwiebel erhalten. So ist das beim Krokus, wo die aktuelle Zwiebel in faserigen Hautresten auf einer Reihe von drei oder vier alten Zwiebelböden sitzt. Durch vegetative Seitenknospen können Tochterzwiebeln gebildet werden, die den Kontakt zur Mutter bald verlieren, aber unmittelbar neben ihr im Boden liegen, bis ein wühlendes Tier sie unbeabsichtigt verbreitet.

Wenn hingegen ein Blütenstand oder eine Einzelblüte die kurze Sproßachse in der Zwiebel beschließt, ist monopodiales Wachstum nicht mehr möglich, der Endvegetationspunkt wird bei der Blüten- oder Blütenstandsbildung verbraucht. Deshalb muß die Zwiebel seitliche Erneuerungsknospen anlegen, um überleben zu können. Sie ist zu sympodialem Wachstum gezwungen. Zu diesem Wuchstyp gehört die Küchenzwiebel *(Allium cepa)*, doch erlebt sie in der Regel weder Verzweigung noch Blühen, weil die Entwicklung zur blühfähigen Pflanze vom Samenkorn an meist drei Vegetationsperioden dauert. Im ersten Jahr entwickelt sich aus dem Samen die Steckzwiebel, welche man sich als nicht-professioneller Gärtner gerne kauft. Im zweiten Jahr zieht man daraus seine Zwiebeln, die man im Hochsommer erntet, wenn die Blätter »eingezogen« haben und vertrocknet sind, das heißt, alle Nährstoffe aus den grünen

Blatteilen in die bleibenden basalen Blatteile verlagert haben. Vergißt man eine Küchenzwiebel im Garten und folgt ein milder Winter, so blüht die Pflanze in ihrem dritten Lebensjahr. Aber fast auf jedem Zwiebelbeet blühen ein oder zwei Pflanzen auch schon im zweiten Lebensjahr. Die meisten Pflanzen der Küchenzwiebel sind eher Beispiele für hapaxanthe Pflanzen, weil die Neigung, seitlich Erneuerungsknospen anzulegen, ziemlich gering ist. Vermutlich hat man die Kultursorten der normalen Küchenzwiebel nach diesem Merkmal ausgelesen.

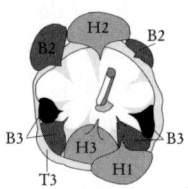

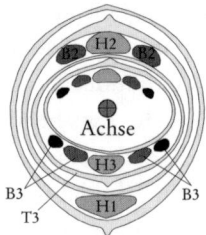

kollaterale Beiknospen
beim Knoblauch
(Allium sativum)

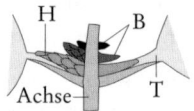

seriale Beiknospen bei
der Heckenkirsche
(Lonicera)

Abbildung 39: *Beiknospen.*
T = Tragblatt
H = Hauptknospe
B = Beiknospe(n)

Anders ist es bei den Schalotten oder beim Knoblauch *(Allium sativum)*, den wir ebenfalls aus der Küche kennen. Hier klappt es sehr gut mit der Anlage von Erneuerungsknospen. Von der alten Zwiebel, die geblüht hat, sind nur noch einige tote weiße Häute übrig. Nachdem wir die äußerste Haut abgepult haben, sehen wir eine Querreihe von Knoblauchzehen, die nichts anderes sind als die zwiebelförmigen Erneuerungsknospen. In der Achsel eines weißen, häutigen Tragblatts steht hier gleich eine ganze Serie von Seitenknospen.

Daß in einer Blattachsel gleich mehrere Seitenknospen angelegt werden, kommt bei beiden Klassen der Blütenpflanzen vor, allerdings in deutlich unterschiedlicher Weise. Bei den Einkeimblättrigen schließen sich an die mittlere Knospe, die »Hauptknospe«, seitlich noch einige weitere an, die Beiknospen stehen neben der Hauptknospe. Da sie zusammen eine *Quer*-Reihe Seite an Seite liegender (kollateraler) Knospen bilden, spricht man von *kollateralen* Beiknospen. Ein anderes Beispiel für kollaterale Beiknospen sehen wir in der »Hand« der Bananen. In der Achsel eines bunten, schuppenförmigen Hochblatts des Bananen-Blütenstands werden so viele »Bei«-Blütenknospen angelegt, daß sie durch die engen Platzverhältnisse in zwei Reihen gedrückt werden. Bei den Zweikeimblättrigen werden die wenigen Beiknospen über oder unter der Hauptknospe in einer aufsteigenden oder absteigenden Reihenfolge in einer *Längs*-Reihe angelegt; meist sind es nur eine oder zwei. Hier spricht man von *serialen* Beiknospen: Beispiele sind Geißblattarten, Fuchsien und Brombeeren. Als Hauptknospe wird die zuerst gebildete und größte Knospe angesehen. Die Haupt- und Beiknospen gelten in beiden Gruppen als Seitenknospen gleicher Ordnung, denn sie stehen ja alle in der Achsel des gleichen Tragblatts.

Die bisher besprochenen Wuchsformen sollen zur besseren Übersicht nochmals in Form einer Tabelle zusammengefaßt werden. Die einzelnen Gruppen sind so angeordnet, daß das Alter der Gesamtpflanze, aber auch das der jeweils lebenden Teile von oben nach unten abnimmt. Bei etwa gleichem Alter werden zuerst diejenigen mit sichtbaren, oberirdischen Knospen abgehandelt. Links stehen die Merkmale, die zur Unterscheidung der Typen herangezogen werden, rechts *kursiv* die Hauptgruppen der Wuchsformen, die zum Teil noch weiter unterteilt werden. Bei den Merkmalen stehen sich immer zwei (einmal sogar drei) Alternativen (unterschiedliche Merkmalsausprägungen) gegenüber, die gleich weit eingerückt sind, aber oft nicht direkt nebeneinander stehen, weil sich auch die Pflanzengruppe, die der ersten Alternative entspricht, durch weitere Merkmale noch in Teilgruppen zerlegen läßt. Ganz links und ganz rechts stehen Zahlen, die sozusagen Wegweiser zum nächsten Merkmalspaar sind. Die beiden Alternativen, »Satz und Gegensatz«, haben die gleiche Zahl, unterscheiden sich aber durch das Sternchen. Bei der kleinen Übersicht wäre das natürlich für das Verständnis nicht nötig gewesen, aber das Beispiel zeigt, wie »dichotome«, gabelige Schlüssel aufgebaut sind, die man normalerweise benützt, um Pflanzen zu bestimmen. In einem Bestimmungsbuch, das sich in der Regel auf die Flora eines bestimmten Gebiets bezieht, werden die Zeilen des Schlüssels meistens so angeordnet, daß Satz und Gegensatz unmittelbar hintereinander stehen und man einfach durch die Nummern auf das nächste Merkmalspaar verwiesen wird. Schlüssel ziehen sich nämlich oft über Seiten hin, und dann sind Einrückungen nur schlecht zu unterscheiden.

Übersicht und Schlüssel für europäische Wuchsformen

1	mehrfachblühend (pollakanth)	*Perennierende (Ausdauernde)*	2
2	Erneuerungsknospen weit über dem Boden	*Gehölze*	3
3	selbsttragende Sproßachsen		4
4	einstämmig	*Bäume*	
4*	mehrstämmig	*Sträucher*	
3*	auf Stütze angewiesen	*Lianen*	
2*	Erneuerungsknospen am oder im Boden		5
5	Erneuerungsknospen an der Bodenoberfläche	*Stauden*	
5*	Erneuerungsknospen im Boden	*Geophyten*	6
6	unterirdischer Sproß Rhizom	*Rhizom-Geophyten*	
6*	unterirdischer Sproß Knolle	*Knollen-Geophyten*	
6**	unterirdischer Sproß Zwiebel	*Zwiebel-Geophyten*	
1*	einmalblühend	*hapaxanth*	7
7	Lebensdauer mehr als ein Jahr		8
8	Lebensdauer viele Jahre	*Vieljährige (Mehrjährige)*	
8*	Lebensdauer zwei Jahre	*Zweijährige*	
7*	Lebensdauer ein Jahr	*Einjährige*	9
9	Keimung im Herbst	*Wintereinjährige*	
9*	Keimung im Frühling	*Sommereinjährige*	

Weder Fisch noch Fleisch: Zwischenformen

Viele der heimischen Pflanzen lassen sich mit obigem Schlüssel einer der Gruppen zuweisen, aber es gibt auch Fälle, wo Arten mit ihrer Wuchsform gerade zwischen zwei Gruppen stehen. Eine häufige wilde Rose, die Heckenrose oder Hundsrose *(Rosa canina)*, schiebt sich mit langen Jahrestrieben durch andere Büsche und klemmt sich mit abstehenden Fortsetzungs- und Seitentrieben fest. Als *Spreizklimmer* steht sie zwischen einem normalen Strauch und einer richtigen Liane. Das gilt auch für die sogenannten Kletterrosen der Gärten, die immer ein Gerüst brauchen und eine Hand, die sie anbindet.

Die Himbeeren und Brombeeren *(Rubus idaeus, Rubus fruticosus)* sind holzige Pflanzen, die in einem Jahr entweder aufrecht stehende (Himbeere) oder sich nach Spreizklimmerart durchs Gebüsch schiebende Triebe (Brombeere) entwickeln. Diese Triebe blühen und fruchten in ihrem zweiten Lebensjahr an kleineren Seitenzweigen und sterben dann ab. Gleichzeitig wird aber eine neue

Triebgeneration aus dem unterirdischen Teil der Pflanze gebildet. Zusätzlich gibt es Wurzelbrut. Wie eine Staude erneuert die Pflanze ihre Luftsprosse jedes Jahr von der Basis aus, aber diese Triebe haben eine Lebensspanne von zwei Vegetationsperioden. Die *Rubus*-Arten stehen also mit ihrer Wuchsform zwischen Staude und Strauch.

Manche Autoren unterscheiden bei den Sträuchern alle, die unter einem Meter Größe bleiben, als *Zwergsträucher*. Wenn man die Erikagewächse als Beispiel nimmt, findet man viele Vertreter: Schneeheide *(Erica herbacea)*, Heidekraut *(Calluna vulgaris)*, Heidel-, Moor- und Preiselbeere *(Vaccinium myrtillus, V. uliginosum, V. vitis-idaea)*, um nur die bekanntesten und häufigsten zu nennen. Auch die Rostblättrige Alpenrose *(Rhododendron ferrugineum)* paßt in der Regel in dieses Maß, doch gibt es im Tessin Stellen, wo die Alpenrosenbüsche ungewöhnlich groß werden und nicht mehr als Zwerge angesprochen werden können. Die Kategorie der Zwergsträucher kann überflüssig oder hilfreich sein, je nach der Frage, die man sich gerade stellt.

Auch die *Halbsträucher* sind eine Zwischengruppe, da die Erneuerungsknospen deutlich über der Bodenoberfläche liegen, aber der obere Teil der Jahrestriebe auch in normalen Wintern abstirbt. Eine Gewürzpflanze, die Weinraute *(Ruta graveolens)*, kann als Beispiel dienen.

Polsterpflanzen kann man fast in jedem Garten finden. Man pflanzt sie gerne an Böschungen, über oder in Mauern, manchmal widmet man ihnen sogar einen extra Steingarten. Im Frühling leuchtet das Goldgelb des Steinkrauts *(Alyssum saxatile)* neben den weißen Scheindolden der Immergrünen Schleifenblume *(Iberis sempervirens)*. Diese Pflanzen sind wie Sträuchlein verzweigt und noch ziemlich locker gebaut und behalten alle Triebe bis auf die Fruchtstände. Da die Zweige aber ziemlich weich bleiben, mag man sie nicht zu den Gehölzen rechnen, manchmal werden sie deshalb als Halbsträucher bezeichnet. Deutlich dichter sind Blaukissen *(Aubrieta)*, das seinem Namen alle Ehre macht, roter Phlox *(Phlox subulata)* und allerlei Nelken *(Dianthus*-Züchtungen). Die zuletzt aufgezählten Pflanzen bilden dicke Matten von dicht aneinandergeschmiegten Zweiglein, die zwar mehrere Vegetationsperioden aushalten und auch Erneuerungsknospen nahe an den Zweigspitzen, unter den alten Blütenständen tragen, aber mit ihren überall dünnen, kaum verholzten Sprossen nicht die Assoziation »Halbstrauch« erwecken. Anders als die Stauden entwickeln die lang über den Boden hinstreichenden Zweiglein kaum sproßbürtige Wurzeln, deshalb lassen sich diese Pflanzenmatten am Rand leicht vom Boden abheben. Bei Nelken bewurzeln sich manchmal künstlich abgetrennte Äste.

Wie der Steingarten andeutet, ist die Heimat vieler Polsterpflanzen das Gebirge, wo sie zum Teil Felsspalten bewohnen, aber auch im Schutz größerer Steine auf Schutthalden wachsen. Besonders die Spaltenbewohner haben in der Regel nur eine einzige, zähe Hauptwurzel, die das ganze, oft halbkugelige Polster festhält und ernährt. Zwischen den sehr eng stehenden, beblätterten Zweigenden und dem Fels werden die eigenen alten Blätter und alles, was Wind und Wasser an Staub und Pflanzenresten heranwehen oder -schwemmen, festgehalten und als Inhalt eines pflanzeneigenen Blumentopfs mit feinen Wurzeln ausgebeutet. In den Alpen werden diese harten Polster meist nur etwa faustgroß. Beispiele sind die eher seltenen Mannsschildarten *(Androsace spec.)*, das Stengellose Leimkraut *(Silene acaulis)* und die Zwergmiere *(Minuartia sedoides)*. Diese Hochalpenpflanzen eignen sich in der Regel nicht für den Garten. Man sollte sie deshalb dort besuchen, wo sie wachsen, und nicht versuchen, sie zu verpflanzen. Dabei kann man diese Pflanzen nur kaputtmachen, weil die tiefen Wurzeln im felsigen Grund nicht auszugraben sind.

Auch die Schuttbewohner brauchen eine gute Verankerung, da ihr Wurzelgrund beweglich ist. Diese Gruppe besitzt aber die Fähigkeit, sproßbürtige Wurzeln zu entwickeln. Wenn durch Rutschungen des Gerölls Polsterteile abgetrennt werden, können diese nur überleben, wenn sie sich erneut verankern können. Schuttbewohnende Polster sind in der Regel ziemlich lose gebaut. Beispiele solcher Pflanzen sind Gänsekressearten *(Arabis alpina, A. caucasica)* und Hornkrautarten *(Cerastium alpinum, C. tomentosum, C. uniflorum)*.

An die kleinen festen Polsterpflanzen der Alpen erinnern sehr viel größere Gebilde in den Hochlagen der Anden. In den Páramos wächst *Azorella*, eine Gattung der Doldengewächse, deren Polster fast meterbreit werden und auch ziemlich hoch über die umgebende Vegetation herausragen. In Reiseberichten werden sie gelegentlich »vegetabilische Schafe« genannt, da man sie von weitem für schlafende Tiere halten könnte. Die Oberfläche dieser Polster ist dicht mit kleinen Blattrosetten bestückt. In den Hochlagen von Peru und Bolivien, in etwa 4500 Metern Höhe, bilden wollig behaarte Arten der Cactaceengattung *Tephrocactus* ebenfalls dichte, schafgroße Polster.

Als weitere Form von Polsterpflanzen treten in den höheren Lagen der Insel Kreta und auf anderen mediterranen Gebirgen, aber auch an Küstenfelsen Mallorcas die sogenannten Hohlkugel-Dornpolster auf. Es handelt sich um lockere, halbkugelige Zwergsträucher, deren Oberfläche von Dornen starrt. Zum Teil wird das ganze Blatt zum Dorn, z. B. die gräßlich stechenden Blätter von *Acantholimon*, zum Teil nur die Blattrhachis, wenn die Fiedern in der sommerlichen Trockenheit verwelkt und abgefallen sind, wie bei den *Astragalus*-Arten, oder Teile der Blütenstände bilden Sproßdornen, wie bei *Launaea cervicornis* auf Mallorca.

Gehölz oder nicht Gehölz?

In den Tropen beginnen manche Pflanzen, z. B. aus der Familie der Korbblütler, ihr Leben so, daß man sie zunächst für Einjährige halten möchte, denn schon im ersten Lebensjahr beginnen sie zu blühen. Da ja kein »böser Winter« der Pracht ein Ende bereitet, wächst die Pflanze weiter, und plötzlich erscheinen die Blütenköpfe hoch oben zwischen den Zweigen anderer Gehölze. Man weiß nicht, ob man die Pflanze nun als Spreizklimmer oder als Strauch oder als kleinen Baum bezeichnen soll — die in Europa entwickelten Begriffe erweisen sich hier als unzureichend. Oft findet man an Pflanzen mit diesem Wuchs Nebentriebe, die vom Boden ausgehen und den ursprünglichen Haupttrieb mit der Zeit ersetzen. Das sieht man schön bei den Engelstrompeten (*Brugmansia*-Arten), die bei uns als Kübelpflanzen kultiviert werden, und weiteren Vertretern der Nachtschattengewächse.

Auch der Wunderbaum (*Ricinus communis*) gehört zu den Pflanzen, die schon im ersten Lebensjahr blühen, was sich Gärtner bei uns zunutze machen, welche diese auffällige Pflanze gerne in die Betonkübel der Fußgängerzonen plazieren. Jeder Mitteleuropäer hält diese Zierpflanze für einjährig und staunt nicht schlecht, wenn er auf einer Schutthalde oder in einem Bachtobel in Sizilien ein (verwildertes) mehrere Jahre altes *Ricinus*-Gebüsch von einigen Metern Höhe antrifft. *Ricinus* stammt eigentlich aus Ostafrika und ist eine der wenigen Kulturpflanzen afrikanischer Herkunft. Heute ist die Pflanze in allen wärmeren Ländern verwildert. Das Öl der hübsch gesprenkelten Samen wirkt als Abführmittel, wird aber hauptsächlich technisch verwendet, als hochwertiges Maschinenöl. Eine Zeitlang waren die schönen Samen für Halsketten im Handel. Da sie aber neben dem Öl noch ein sehr giftiges Eiweiß enthalten, verschwanden sie wieder aus dem Bastelangebot.

Riesenkräuter

Die eben geschilderten etwas »liederlichen« tropischen Pflanzen erreichen zwar die Größe von Gehölzen, aber so richtige Bäume oder Sträucher sind sie halt doch nicht mit ihrem weichen, wenig widerstandsfähigen Holz. In zwei ganz unterschiedlichen Lebensräumen der Tropen trifft man auf Pflanzen, auf welche die Bezeichnung *Riesenkräuter* paßt: gewaltige Pflanzen, die keine Gehölze sind und zum Teil auch ganz ohne die festigenden Eigenschaften des Holzes auskommen, also in allen Teilen »krautig« sind. Man rückt ihnen daher auch nicht mit der Säge, sondern mit der Machete zuleibe.

In den Hochlagen der Anden, im sog. Páramo, aber auch auf tropischen Gebirgen in Afrika, auf Madagaskar und Hawaii sowie, in etwas kleinerem Format, auf den Kanaren gibt es Pflanzen, die ihr Leben mit einer dichten Rosette großer Laubblätter beginnen. Die Rosette bildet Blatt um Blatt, und mit der Zeit kommt dann doch ein Stamm zustande (ähnlich wie bei den Kurztrieben von Obstbäumen, vgl. S. 153, die mit der Zeit auch ganz schön lang werden). Dieser Stamm sieht bei manchen Riesenkräutern viel dicker aus, als er eigentlich ist. Denn die ältesten Blätter der Rosette sterben zwar schließlich ab, bleiben aber bei bestimmten Arten als Bekleidung an der Achse hängen und schützen das lebendige Innere gegen fast allnächtliche Fröste oder gelegentliche Feuer. Die südamerikanischen Espeletien, Vertreter der Korbblütler, tragen ihre Köpfchen in seitlichen Blütenständen, der Stamm bleibt unverzweigt und trägt nur *eine* Rosette. Dagegen entwickeln die in der alpinen Stufe afrikanischer Gebirge wachsenden *Senecio*-Arten (ebenfalls Vertreter der Compositae), die sich in ähnlicher Tracht zeigen, einen endständigen Blütenstand. Und so muß die *Senecio*-Pflanze nach einem »Blühereignis« aus den Achseln der obersten Blätter ein oder zwei Tochterrosetten bilden, um ein weiteres Mal zu blühen — zehn oder mehr Jahre später. Auch andere Pflanzenfamilien tragen mit einzelnen Vertretern zum Wuchstyp der *Schopfrosettenpflanzen* bei, etwa die Bromeliengewächse mit der andinen Gattung *Puya*. Nach vielen Jahren, in denen unter reichlich unwirtlichen Bedingungen (vgl. S. 46) Vorräte gesammelt wurden, blühen alle »reifen« Pflanzen eines Standorts gleichzeitig mit einer langen, endständigen Blütenkerze. *Puya raimondii* kann auf ihrem bis drei Meter langen Stamm einen bis zehn Meter langen Blütenstand tragen, und noch größer wird mit 15 m ein Vertreter der Lobeliaceae (Nachbarfamilie der Glockenblumengewächse) auf Hawaii. Bei diesen Arten stirbt, wie bei den Agaven, mit der Fruchtreife die ganze Pflanze ab, sie sind hapaxanth. *Puya rai-*

mondii bildet Tausende von Samen, aber nur ganz wenigen gelingt es, zu keimen und neue Rosetten zu etablieren. Auf den Kanaren sind es Vertreter der Gattung Natternkopf *(Echium)* aus der Familie der Rauhblattgewächse, die ähnliche Wuchsformen haben, aber nur Größen bis gut zwei Meter erreichen. Neben den hapaxanthen Arten gibt es auch *Puya-* und *Lobelia*-Arten, die an der Basis des alten Stammes Erneuerungstriebe entwickeln können. Im ganzen ist allerdings erst wenig über das Wachstum und die Wuchsleistungen dieser erstaunlichen Krautriesen bekannt.

Auch in tiefen Lagen trifft man in den Tropen auf Riesenkräuter. Sie gehören zur Familie der Bananengewächse (Musaceae) und nah verwandten Familien *(Heliconia*-Arten, Strelitzien) oder auch zur Aronstabverwandtschaft (Araceae), alles einkeimblättrige Pflanzen.

Die Bananenverwandtschaft ist ausgezeichnet durch meist große Blätter, die bei vielen Vertretern mehrere Meter lang sein können. Sie passen nicht in das oben (s. S. 156) gegebene Schema des europäischen Monokotylenblatts, denn sie haben eine deutliche Mittelrippe, von der sehr viele parallele Seitennerven abgehen. Daß diese durch ganz feine Anastomosen verbunden sind, zeigt folgende Beobachtung: Man sieht gelegentlich Blätter, die in einer bestimmten Höhe von einer ganzen Reihe Löcher perforiert sind. Darunter, aber auch darüber ist die Blattspreite grün und gut mit Wasser versorgt, obwohl einige der Seitennerven unterbrochen sind. Die Verletzungen können dank der Anastomosen also »umgangen« werden. Die Löcher kommen dadurch zustande, daß sich eine Raupe quer durch das junge Blatt gefressen hat. In der Knospenlage, also vor der Entfaltung, sind in dieser Verwandtschaft die Blätter von Rand zu Rand zu einer engen Röhre aufgerollt. Auch die Aronstabgewächse haben für Monokotyledonen sehr ungewöhnliche Blätter mit ganz deutlicher Netznervatur.

Obwohl die Bananengewächse und die Aronstabgewächse nicht nahe verwandt sind, haben sie doch ein ähnliches Wuchsprinzip entwickelt. Die dikken, basal verbreiterten Blattstiele, welche die riesigen Blätter tragen, treten zu *Scheinstämmen* zusammen. Das Prinzip können wir beim Porree studieren, wo röhrenartige Blattscheiden dicht gepackt ineinanderstecken. Bei der Bananenverwandtschaft gibt es zwar keine geschlossenen Blattscheiden, aber die eine Blattstielkante umgreift die andere, so daß jedes Blatt das nächstinnere vollständig umschließt. Da die Blattstiele ziemlich dick sind, ergeben sich arm- bis schenkeldicke Pakete von Blattstielen, die sehr fest sind und dem Wind trotzen, der an den großen Blättern zaust und die Blattspreiten nicht selten in parallele Fragmente zerschleißt. Zunächst setzen alle Blätter ganz in Bodennähe an der kurzen Sproßachse an. Sie verlängert ihre letzten Internodien erst, wenn der Vegetationspunkt sich anschickt, einen großen Blütenstand zu bilden, der dann durch das Blattstielrohr durchgeschoben werden muß, um die Blüten im Freien zu entfalten. Nur bei *Ravenala*, dem Baum der Reisenden aus Madagaskar, werden Internodien schon ziemlich früh im Leben der Pflanze gestreckt, weshalb diese Gattung einen echten Stamm entwickelt. (Ein Beispiel für einen Scheinstamm, in diesem Fall einer Bananenpflanze *(Musa)*, ist auf dem Vorsatzblatt dieses Buches zu sehen.)

Manche Bananen- und *Heliconia*-Arten können samt Blütenstand sechs bis acht Meter Höhe erreichen und sind für die Wuchsform Staude ganz schön riesig. Als Stauden bezeichnet man sie, weil nach der Fruchtreife der blühende Trieb mitsamt seinen Blättern abstirbt. Er hat aber schon vorher basale Seitentriebe, sogenannte »Kindel« angelegt, durch die sich die Banane vegetativ vermehren kann. Diese Fortpflanzungsweise (mehr dazu auf S. 363 ff) ist für die Kulturbananensorten besonders wichtig, denn die Früchte bilden keine fruchtbaren Samen aus, das Bananenessen wäre sonst eine ziemliche »Spuckerei«. Nur die verkümmerten Samenanlagen kann man in reifen Bananen als dunkle Punkte entdecken. Sie liegen nahe am Innenwinkel jeder der drei Portionen Fruchtfleisch, in die Bananen manchmal zerfallen. Man spricht bei der samenlosen Fruchtbildung von *Parthenocarpie*, wobei das Wort (parthenos = Jungfrau, karpos = Frucht) an die Parthenogenese, die »Jungfernzeugung« im Tierreich anklingt, bei der Insekten unbefruchtete Eier legen, aus denen bei den Hautflüglern immer Männchen hervorgehen.

Allerdings liegt hier der Fall doch anders. Kulturbananen haben die geschlechtliche Vermehrung ganz aufgegeben, ihre Samenanlagen verkümmern früh. Wenn das bei einer »gewöhnlichen« Pflanze passiert, wächst der Fruchtknoten nicht weiter und fällt ab. Unter Roßkastanien oder Obstbäumen kann man im Frühsommer die mißratenen Früchte liegen sehen. Bei den Kulturbananen läuft aber die Fruchtentwicklung weiter, und es wird das gehaltvolle Fruchtfleisch in seiner Aufreißverpackung angelegt, wie wenn Tiere zur Verbreitung der Samen angelockt werden müßten. Es gibt aber gar keine Samen, die Frucht allein ist für die Pflanze eigentlich ganz überflüssig. Die Menschen haben sich gerade diese angenehm kernlosen Früchte als wichtiges Obst auserkoren, das in gewaltigen Mengen und auf riesigen Flächen (wo früher artenreicher Regenwald stand) angebaut wird. Wie allerdings die Bananenzüchtung mit samenlosen Früchten überhaupt möglich ist, bleibt das Geheimnis der großen Bananenkompagnien.

DIE UMWELT ALS GESTALTERIN

An den Wuchsformen Mitteleuropas zeigt es sich, daß es sich einerseits lohnt, verschiedene Kategorien herauszuarbeiten, die ja meist durch mehrere Merkmale unterschieden werden können, daß es aber andererseits einfach auch Pflanzen gibt, die »zwischen allen Stühlen« (sprich: Kategorien) sitzen. Solche Zwischenformen können als Modelle dienen, wenn man sich überlegt, daß die Vielfalt der heutigen Wuchsformen wohl von einer einzigen Ursprungsform ausgegangen sein dürfte. In den Lehrbüchern wird die Meinung vertreten, daß die ursprünglichsten Blütenpflanzen Bäume waren. Argumente werden oft nicht ausdrücklich genannt. Es können vor allem zwei angeführt werden:

- die ursprünglicheren Gruppen der rezenten (heute noch lebenden) Samenpflanzen, die Nacktsamer, sind Gehölze, meistens Bäume.
- Fossilfunde sprechen ebenfalls für ein frühes Auftreten von Baumformen. Viele Gruppen der Farnpflanzen, deren heutige Vertreter kleinwüchsig sind (z.B. Bärlappgewächse, Schachtelhalme), hatten im Erdaltertum, durch Fossilien belegt, die Größe von Bäumen. Auch die vermutlich ersten Samenpflanzen, die ausgestorbenen Farnsamer, die man für Vorfahren der heutigen Samenpflanzen hält, waren groß und baumförmig (Schopfbaumtyp mit großen, wedelartigen Blättern).

Beim Argumentieren mit Fossilien muß man jedoch damit rechnen, daß kleine und zarte Formen weniger gut überliefert werden als relativ robuste Bruchstücke von Bäumen. So treten z.B. Moose als Fossilien erst relativ spät auf.

Bei den klassischen Wuchsformen kann man annehmen, daß sich im Erscheinungsbild der Pflanzen »innere« Baupläne offenbaren. Unter den gleichen oder doch sehr ähnlichen Umweltbedingungen wachsen auf einer Waldlichtung Bäume, Sträucher, Stauden und Geophyten nebeneinander. Im einzelnen wird die Pflanzenverteilung vermutlich durch die Konkurrenz um Licht geregelt. Es gibt aber Pflanzen, deren besondere Wuchsform von *einem* Umweltfaktor (Wasserfülle, Wassermangel, Nährstoffmangel, Lichtmangel) ganz besonders geprägt wird.

Wasser- und Sumpfpflanzen

Beginnen wir die kleine Übersicht über die »Spezialisten« mit den Wasserpflanzen. Je nachdem, ob sie mit allen ihren Teilen im Wasser untergetaucht sind, ihre Blätter auf der Wasseroberfläche schwimmen lassen oder nur mit dem unteren Teil im Wasser stehen, unterscheidet man *submerse Pflanzen*, *Schwimmblattpflanzen* und *Sumpfpflanzen*.

Auch Wasserpflanzen betreiben Photosynthese, brauchen also Licht. Deshalb können sie nur die obersten Meter eines Gewässers besiedeln. Das gilt besonders für nährstoffreiche Seen, denn wenn im Sommer die einzelligen, schwebenden Algen (Plankton) gut gedeihen, ist das Wasser des Sees ziemlich undurchsichtig. Wenn man zu Meßzwecken eine weiße Blechscheibe allmählich einsinken läßt, kann sie schon in wenigen Metern Tiefe »unsichtbar« werden. Aber auch in sauberem Meerwasser ist die Hauptmasse der Algen (Rot- und Braunalgen=Tange) auf die obersten 15 m beschränkt (etwa an der Kanalküste), nur Spezialisten unter den Rotalgen können bis in über 100 m Tiefe gefunden werden. Da größere Süßwasserseen aber in der Regel tiefer sind als ihr lichtdurchfluteter Bereich, sind sie für im Boden wurzelnde Gewächse nur ganz am Rande ein geeigneter Wuchsort.

Einige Blütenpflanzen (neben vielen Süßwasseralgen) haben sich deshalb vom Boden unabhängig gemacht und schwimmen losgelöst im Wasser *(submers)*. Man sieht sie erst an der Oberfläche, wenn sie ihre Blütenstände zur Bestäubung der Blüten in den Luftraum emporstrecken. Am auffallendsten ist der Wasserschlauch mit großen, dottergelben Blüten, der in Teichen und anderen Kleingewässern vorkommt (als »fleischfressende Pflanze« wird er uns auf S.454 noch einmal begegnen). Eine besonders attraktive, jung freischwimmende Pflanze in Norddeutschland ist die Krebsschere (vgl. auch S.367). Im Herbst taucht die Rosette ab und sinkt auf den Teichgrund, im Frühling werden die Zellzwischenräume der neuen Blätter mit Gas gefüllt, damit erhalten sie Auftrieb, und die Rosette treibt jetzt dicht unter der Wasseroberfläche, wobei die Blattspitzen in die Luft ragen. Die Wasserlinsen (Lemnaceae) sind besonders kleine und fast bis zur Unkenntlichkeit der Organe vereinfachte Wasserpflanzen (sie werden zu den Einkeimblättrigen gerechnet), die teils untergetaucht schwebend *(Lemna trisulca)*, teils auf der Oberfläche treibend *(Lemna minor)* meist in Gräben, Tümpeln und Teichen gedeihen und oft so dichte Überzüge von »Entenflott« oder »Entengrütze« bilden, daß man versucht ist, diese grünen Flächen zu betreten. Einer ihrer Vertreter, die Zwerglinse *(Wolffia arrhiza)*, ist mit knapp 1 mm Durchmesser des Pflanzenkörpers die kleinste Blütenpflanze der Welt. Man kann sie gelegentlich in botanischen Gärten bestaunen, nach SCHMEIL, *Flora von Deutschland*, ist sie in einigen Teilen Deutschlands heimisch. So soll sie bei Potsdam vorkommen.

Andere Pflanzen bilden in geeigneter Tiefe ganze Unterwasserwiesen. Da sie mit Wurzeln oder Haftorganen im Grund verankert sind, können sie meist nur in Ufernähe gedeihen. Die tiefsten Lagen werden oft von Arten der größten Süßwasseralgen, den Armleuchteralgen, eingenommen. Im kalten Wasser von Kiesgruben findet man am ehesten die Stinkende Armleuchteralge *(Chara foetida)*, die über 30 cm Höhe erreicht und in Knoten mit »Seitenästen« und Internodien gegliedert ist. Auch die mannigfaltigen und schwer zu bestimmenden Laichkräuter, die manchmal mit ihren flutenden Trieben fast die Oberfläche erreichen und dem Schwimmer um die Beine streichen, bilden ausgedehnte Bestände. In kleineren Weihern kann man mit Glück Wasserpest *(Elodea canadensis)*, Tannwedel *(Hippuris vulgaris)* oder Tausendblatt *(Myriophyllum)* finden, alles Pflanzen mit quirlständigen, kleinen oder in fast fadenförmige Zipfel zerschlitzten Blättern. Großflächige Blätter würden vermutlich dem bewegten Wasser zu große Angriffsflächen bieten. Je nach Tiefe des Wurzelgrundes bildet der Tannwedel völlig untergetauchte Sprosse oder ragt mit der oberen Hälfte in den Luftraum. Interessant sind die Wasserhahnenfußarten. Die Pflanze von *Ranunculus aquatilis* wurzelt im Boden flacher Teichpartien und bildet Unterwassertriebe mit fein zerschlitzten Blättern. Vor der Blütezeit werden an den Zweigspitzen runde Schwimmblätter ausgebildet (ein Beispiel für *Heterophyllie*, verschiedene Blattformen an derselben Pflanze), welche an der Wasseroberfläche liegen und dazu beitragen, daß sich die Blüten über das Wasser erheben können und den Teich mit ihrer weißen Pracht überziehen. *Ranunculus fluitans* wächst in raschfließenden Gewässern und hat sich in den letzten Jahren besonders in Bächen und Flüssen stark vermehrt. Er bildet meterlange Triebe mit fein zerschlitzten Blättern, die in der Strömung fluten. Da die Pflanzen dicht und buschig sind, erreichen sie durch ihre Masse beinahe die Wasseroberfläche und bringen ihre Blüten ohne Schwimmblätter in den Luftraum.

Die reinen *Schwimmblattpflanzen*, die ebenfalls im Boden wurzeln, können sich allerdings große Blätter leisten, da sie diese an der Oberfläche ausbreiten. Auch sie besiedeln stehende Gewässer. An meterlangen Stielen gehalten, schwimmen z. B. die Seerosenblätter auf der Wasseroberfläche, nur die jungen, noch zusammengerollten erscheinen für kurze Zeit darüber. Jeder botanische Garten, der etwas auf sich hält, kultiviert in einem beheizten Becken (Wassertemperatur mindestens 26–28 °C) die *Victoria amazonica*, die größte Seerose der Welt aus dem Mittellauf des Amazonas (z. B. bei Manáus). Die metergroßen Blätter gleichen riesigen Kuchenblechen mit ihrem aufgebogenen Rand, der vielleicht das Eintauchen bei Wellenschlag verhindern soll. An einer Stelle ist er aber unterbrochen, denn das Regenwasser muß auch von der Spreite ablaufen können. Die Blattunterseite zeigt fingerdicke, vortretende Blattrippen, die das Blatt versteifen, so daß es gut und gerne einige Schaufeln Sand tragen kann. Angaben in der Literatur sprechen von 100 kg Tragkraft pro Blatt. Viel niedlicher ist es, wenn man ein zweijähriges Kind auf so einem Blatt fotografiert, ein beliebtes Sujet aller Gartenprospekte. Es gibt aber auch in anderen Familien Beispiele von Schwimmblattpflanzen, so unter den Laichkräutern. Auch die seltene Seekanne *(Nymphoides peltata)* gehört dazu.

Die *Sumpfpflanzen* schließlich stehen, je nach Wasserstand, nur mit den Wurzeln oder bis zur Mitte im Wasser. In diesem Bereich dominieren bei uns grasartige Pflanzen: z. B. Schilf (Familie der Süßgräser: Gramineae), Binsen (Binsengewächse: Juncaceae) und Seggenarten (Familie der Sauergräser: Cyperaceae), allerdings gibt es in Gräben und in der Uferpartie auch Vertreter der Zweikeimblättrigen: die Bachbunge, ein Ehrenpreis *(Veronica beccabunga)*, oder verschiedene Doldengewächse.

Eine der häufigsten Binsen, die Flatterbinse *(Juncus effusus)*, gedeiht nicht nur an Gewässern, sondern auch auf feuchten Waldwegen. Es ist gar nicht leicht, bei ihr die freudig grünen, glänzenden Stengel und Blätter zu unterscheiden, beide sind rund, etwa gleich dick und gleich lang. Beide haben auch den gleichen anatomischen Bau. Im Frühsommer dürfte man vorwiegend die drehrunden, halmartigen Blätter antreffen, bis dann die Blütentriebe heranwachsen, die sich durch ihren Blütenstand als Sproßachsen ausweisen. Der Blütenstand ist zwar morphologisch gesehen endständig, er wird aber von einem Laubblatt, das sich genau in die Fortsetzung seiner Abstammungsachse drängt, zur Seite gedrückt. Stengel und Blätter fühlen sich weich an, etwa zwei Drittel des Querschnitts werden von einem weißen, schwammigen Gewebe eingenommen, dessen Zellen zuletzt tot und lufterfüllt sind und darum weiß erscheinen. Nur die äußeren Grundgewebeschichten sind grün und enthalten die Leitbündel, die, soweit es der geringe Platz noch zuläßt, nach dem Bauplan der Einkeimblättrigen zerstreut angeordnet sind. Auf der Außenseite der Leitbündel liegen kleine Faserstränge, und die Epidermis (Oberhaut) ist ziemlich derb. Die Festigung wird hier nicht mit harten und darum schweren Geweben erreicht, sondern durch eine technisch perfekte Anordnung von (relativ dünnen) Festigungssträngen in einem Rohr aus lebenden, prallen Zellen, das bei der Flatterbinse mit »pflanzlichem Styropor«, eben dem weißen, schwammigen Gewebe gefüllt ist. Unter dem Mikroskop sieht man, daß dessen Zellen zu oft sechsstrahligen Sternen ausgewachsen sind, die mit (fast) allen Armen Kontakte zu Nachbarzellen halten und ein räumliches Netzwerk bilden. Andere Binsenarten wie *Juncus inflexus*, die Graugrüne Binse, sind weniger verschwenderisch. Sie behalten nur in Abständen von einigen Millimetern Gewebescheiben in ihren sonst hohlen Stengeln, die dadurch gekammert werden.

In den Achsen und Blättern ganz vieler Sumpf- und Wasserpflanzen trifft man auf röhrenförmige, längsverlaufende Hohlraumsysteme, die oft durch querliegende Gewebeplatten gekammert sind. Sehr oft sind die Querwände aus Sternzellen zusammengesetzt, die an das Füllgewebe der Binse erinnern. Bei den meisten Beispielen verteilen sich über den Querschnitt viele dieser Röhren. Die langgestreckten Pflanzenteile sind sozusagen hauptsächlich aus Röhren zusammengesetzt. Alle diese Röhren haben Wände aus turgeszenten Zellen, deren Verbund wie die Wand einer Traglufthalle oder eine Parafolie durch Innendruck der verbundenen Kompartimente (»Zellen«) »steif« wird. Mit diesem Bauprinzip wird eine erstaunliche Stabilität bei geringem Materialaufwand erreicht, ganz ähnlich wie bei Verpackungen aus mehrlagiger Wellpappe. (Vgl. die REM-Aufnahmen auf Seite 340.)

In den Büchern wird meistens von Luftgewebe *(Aerenchym)* gesprochen, da die Röhren ja sehr große *Interzellularen* darstellen. Auch in »normalem« Grundgewebe lösen sich die Zell-»Ecken« etwas voneinander ab, da jede stark vakuolisierte, turgeszente Zelle eigentlich die Kugelform anstrebt. Die dadurch entstehenden Lücken werden Interzellularen genannt und sind mit Luft gefüllt, weil oberirdische Pflanzenteile in der Epidermis Spaltöffnungen haben, die einen Gasaustausch mit der Atmosphäre erlauben. In vielen Sumpf- und Wasserpflanzen sind die Interzellularen aber besonders groß und oft auch schon mit einer Lupe zu sehen. Über ihre Funktion wird spekuliert, meistens wird angenommen, daß über diese Luftkanäle die Rhizome oder Wurzeln mit Sauerstoff für die Atmung versorgt werden. Das ist etwa bei der Seerose *(Nymphaea)* ganz einleuchtend. Sowohl die Blüten- als auch die Blattstiele werden von vier großen und einigen kleinen durchgehenden Kanälen durchzogen, die über das Blatt und die Spaltöffnungen mit der Atmosphäre in Verbindung stehen. Bei Schwimmblättern liegen die Spaltöffnungen auf der Blattoberseite.

Wie ist es aber mit der Gasfüllung der Interzellularen bei submersen Pflanzen bestellt? Die Interzellularen entstehen erst in einem gewissen Abstand vom Vegetationspunkt im anfänglich kompakten Gewebe (bei dem alle Zellen lückenlos aneinander grenzen). Sie haben keinen Kontakt mit der Luft. Im Wasser lösen sich Gase jedoch nur relativ schlecht. Der Kohlendioxid-Gehalt des Wassers ist mit $0,3 cm^3/l$ zwar gering, aber dieses Gas ist auch in der Atmosphäre nicht in höherer Konzentration vorhanden. Also fallen die Unterschiede nicht ins Gewicht. Beim Sauerstoff ist der Anteil aber deutlich verschieden. Bei $20°C$ lösen sich in einem Liter luftgesättigten Wassers nur etwa $6,4 cm^3$ Sauerstoff, in einem Liter Luft sind aber $210 cm^3$ Sauerstoff enthalten. Daran kann man die schlechte Sauerstoffversorgung von Wurzeln im Gewässergrund schon ablesen. Die untergetauchten Sprosse können das gelöste Kohlendioxid, aber auch Wasser und Mineralstoffe direkt über ihre Oberfläche aufnehmen, weshalb untergetauchte, frei schwimmende Wasserpflanzen auf ihre Wurzeln verzichten. Das Wasser muß in der Pflanze dann auch nicht weit geleitet werden, entsprechend schwach entwickelt ist der Xylemteil der Leitbündel. Ob aber auch Sauerstoff (O_2) und elementarer Stickstoff (N_2), der Hauptbestandteil der atmosphärischen Luft, aufgenommen werden und ob damit die Interzellularen gefüllt werden, kann man leider nirgends nachlesen. Denkbar wäre auch, daß Sauerstoff, der bei der Photosynthese anfällt, in die inneren Hohlräume abgegeben wird, oder auch Kohlendioxid als Endprodukt der Atmung.

Als weitere Funktion des Aerenchyms wird angegeben, daß gasgefüllte Hohlräume die Schwimmfähigkeit erhöhen. Das ist sicher nicht für alle Pflanzen gleich wichtig, kann aber für solche, deren Zweige horizontal auf die Wasserfläche hinauswachsen, Bedeutung haben, etwa für die Bachbunge (*Veronica beccabunga*). Für manche Pflanzen ist vielleicht einfach die Leichtbauweise interessant. In den scheinstammbildenden Riesenkräutern der tropischen Tiefländer aus der Bananen- und der Araceenverwandtschaft finden wir genau dieses Luftröhren- oder Kammerbauprinzip, das sonst für Sumpf- und Wasserpflanzen typisch ist. Offenbar ist an ihren Wuchsorten die gleichmäßige Wasserversorgung so sicher gegeben, daß das Turgorprinzip (Festigung durch pralle Zellen) selbst für mehrere Meter hohe Riesenkräuter ausreicht. Ungewöhnlich ist übrigens, daß in der Bananenverwandtschaft, aber auch bei Sumpfgräsern und Seggen die in Längsreihen angeordneten Luftkammern durch frühes, gezieltes *Absterben* von Gewebe entstehen.

Zum Schluß soll noch erwähnt werden, daß sogar das Meerwasser als Lebensraum von spezialisierten submersen Blütenpflanzen erobert wurde. Man vermutet dabei eine Rückkehr von Landpflanzen ins Wasser. An der Nordseeküste gedeiht das Seegras *(Zostera marina)*, dessen schmale, bandartige Blätter gelegentlich angespült werden. Bis in 10 m Tiefe bildet es Unterwasserwiesen. Am Strand des Mittelmeers findet man an manchen Stellen braune golf- bis tennisballgroße Kugeln zu Wällen am Sandstrand aufgehäuft, die aus ziemlich fest verfilzten Fasern bestehen. Sie stammen von der untermeerischen Blütenpflanze *Posidonia*, deren Rhizomfragmente mit anhaftenden Fasern der Blattleitbündel neben den Bällen am Strand zu finden sind. Durch die Wellenbewegung werden die Leitbündel der abgestorbenen Blätter zu den sogenannten »Seebällen« zusammengefügt und -gewalkt.

Pflanzen trockener Standorte

Nicht nur Wasser-»Fülle«, auch Wassermangel oder Trockenheit prägt das Aussehen von Pflanzen. Im Mittelmeergebiet ist der Sommer die Trockenzeit und damit die wichtigste Zäsur im Jahreslauf. Viele Sträucher und Bäume überstehen sie mit harten, glänzenden, immergrünen Blättern, man spricht deshalb von *Hartlaubvegetation*. Die nicht sehr großen Blätter sind mit einer soliden *Cuticula* (einer wachshaltigen, wasserundurchlässigen Auflage auf den Hautzellen) überzogen. Die Cuticula unterbindet unkontrollierte Wasserverluste durch die Oberfläche. Zur Aufnahme von Kohlendioxid müssen allerdings winzige Lücken zwischen den Hautzellen, die *Spaltöffnungen*, geöffnet werden, und zwar dann, wenn das Sonnenlicht die Energie zum Umbau des Kohlendioxids in Zucker liefert (Photosynthese), also am Tage. Das kostet die Pflanze aber Wasser, das (in Form von Dampf) durch die Spalten aus der innen feuchten Pflanze in die trockene Luft entweicht. Zum Glück kann die Pflanze ihre Spaltöffnungen schließen, wenn der Wasserverlust bedrohlich wird, aber dann fehlt ihr CO_2 zum Aufbau von energiereichen chemischen Verbindungen. Die Pflanze steht vor dem Dilemma: Lieber verhungern oder verdursten?

Offenbar sind die Pflanzen gute Kaufleute und öffnen ihre Spaltöffnungen vor allem in den kühleren Morgen- und Abendstunden, wenn CO_2 wegen der dann höheren relativen Luftfeuchtigkeit für weniger »Wasserwährung« zu bekommen ist. In den heißen Mittagsstunden werden die Spalten dichtgemacht, allerdings muß dann die Pflanze auch darauf verzichten, das schöne Mittagssonnenlicht zu nutzen, da sie dann aus CO_2-Mangel nicht assimilieren kann. Mitunter werden sogar Strukturen nötig, um allzuviel Licht abzuwehren oder zu vermeiden. Die glänzende, fast spiegelnde Oberfläche vieler Hartlaubblätter und die weißen Haarfilze vieler Mittelmeerkräuter werden auch als Lichtschutz interpretiert. Unter einer weißen Wachsschicht bergen sich die Jugendformblätter einiger *Eucalyptus*-Arten. Diese ziemlich breiten Blätter spreizen ganz normal schräg von den Zweigen ab. Erst an älteren Pflanzen tritt die Altersform der Blätter auf. Die Altersblätter sind lang, schmal und leicht sichelförmig gebogen und hängen an langen Blattstielen senkrecht von den Zweigen herunter, so daß sie der Mittagssonne nicht die Fläche, sondern nur die Kante zuwenden. Eucalyptusbäume werfen daher wenig Schatten. Im Mittelmeergebiet (und weltweit in warmen Ländern) werden Eucalyptusarten angebaut. Sie stammen aus Australien, wo es unter ähnlichen Klimabedingungen wie im Mittelmeergebiet ebenfalls ausgedehnte Bereiche mit Hartlaubvegetation gibt. Die Hartlaubblätter haben ihren Namen von eingelagerten Festigungselementen, verholzten, faserartigen oder sternförmig verzweigten Zellen (z.B. beim Ölbaum, *Olea europaea*) in den meist dunkelgrünen Blättern. Sie verhindern ein Zusammenfallen der Spreite bei nicht optimaler Wasserversorgung. In Trockenperioden sind hier die Blattzellen nicht mehr so prall gefüllt wie bei den Sumpfpflanzen und fallen deshalb als formgebende Elemente aus.

Die Hartlaubgewächse prägen zwar das Erscheinungsbild der Vegetation, z.B. in den tieferen Lagen Griechenlands oder an der Küste Italiens und Spaniens. Einige Straucharten darin treiben allerdings im Frühling ganz mitteleuropäisch »normale«, weiche, aber kleine Blätter, die so lange benutzt werden, wie die Wasserversorgung noch gut ist. Am Anfang der sommerlichen Trockenzeit werden sie abgeworfen, und für den Rest des Jahres sind diese *Rutensträucher* allein auf die Assimilationsleistung ihrer grünen Zweige angewiesen. Ein schönes Beispiel ist der goldgelb blühende Binsenginster (*Spartium junceum*) mit runden, binsenartigen Trieben. *Ephedra*, das Meerträubel, ist ein weiterer Rutenstrauch, der überhaupt keine Laubblätter mehr ausbildet. Die Gattung kommt mit mehreren Arten z.B. im Mittelmeergebiet vor und hat einige versprengte Vorposten in Südtirol, im Vintschgau und dem zentralen Wallis sowie in den Dünen der Bretagne. Diese Pflanzengattung gehört zu den Nacktsamern, aber nicht zu den Nadelgehölzen und hat keine nahen Verwandten mehr. Der Inhaltsstoff Ephedrin wird in Hustensaft und anderen schleimlösenden Mitteln als Medikament genutzt und hat als Dopingmittel Schlagzeilen gemacht. Die Wuchsform Rutenstrauch ist eine Möglichkeit, sich mit einer Trockenzeit zu arrangieren. Daß es nicht die einzige ist, zeigt der

Umstand, daß *Ephedra* als Spreizklimmer oft in Hartlaubgebüschen oder Zypressen wächst, also mit ganz anderen Pflanzengestalten vergesellschaftet ist.

Wird das Klima noch trockener, legen manche Pflanzen Wasserspeicher an. Man spricht dann von Sukkulenz (succus = Saft). Vor allem zwei Familien mit sukkulenten Blättern werden hier vorgestellt: die Dickblattgewächse, die auch mitteleuropäische Vertreter haben, und die hauptsächlich in Südafrika beheimateten Mittagsblumengewächse. Die große Familie der Dickblattgewächse (Crassulaceae, crassus = dick) speichert das Wasser in großen Grundgewebezellen in den Blättern. Kanarenreisende kennen vielleicht die schönen gestielten Rosetten der Gattung *Aeonium*, die auf den Kanaren viele nur dort vorkommende (= endemische) Arten entwickelt hat. Bei uns in den Alpen kommen einige schönblühende Arten der Gattung Hauswurz *(Sempervivum = immer lebend)* vor, deren Rosetten direkt auf dem Boden sitzen und nicht aus flachen, sondern aus dreikantigen Blättern zusammengesetzt sind. In Trockengebieten Südafrikas gibt es Vertreter der Dickblattgewächse, die mit ihren dichtgepackten Blätter nicht flache Rosetten, sondern kugelige Körper aufbauen, die wie ca. 2 cm kleine Minifußbälle aussehen. Die Kugelform kommt mit der geringsten transpirierenden (= wasserabgebenden) Oberfläche pro Volumen aus.

Es gibt aber auch weniger extreme Formen unter den Dickblattgewächsen, etwa unsere Arten von Fetthenne oder Mauerpfeffer mit dicken, walzenartigen Blättchen. Der Scharfe Mauerpfeffer *(Sedum acre,* acer = scharf) kann sogar Kiesdächer besiedeln, die in heißen Sommern zeitweise sehr trockene Standorte sein können. Besonders auffällig ist diese Pflanze zur Blütezeit, wenn man eine Stadt von einem Kirchturm aus betrachtet und überall die gelben Flächen mit Mauerpfeffer sieht. Die »Schärfe« oder Säure des Mauerpfeffers rührt daher, daß er, wie viele andere Dickblattgewächse (und auch Arten anderer, meist sukkulenter Familien), dazu übergegangen ist, die Spaltöffnungen nachts zu öffnen und aus der kühleren Nachtluft, die nicht ganz so trocken ist wie die Sonnenglut des Tages, das lebensnotwendige Kohlendioxid aufzunehmen. Es wird dann, da ja nachts kein Sonnenlicht zur direkten Verarbeitung zur Verfügung steht, in eine organische Säure eingebaut, welche die Pflanze in den großen Wasserzellen speichert. Im Licht des Tages kann die Pflanze bei geschlossenen Spaltöffnungen das Kohlendioxid wieder aus diesen Verbindungen abspalten und der normalen Photosynthese zuführen. (Man nennt Pflanzen mit dieser Fähigkeit CAM-Pflanzen: CAM = Crassulacean acid metabolism, »Säurestoffwechsel der Crassulaceae«. CAM-Pflanzen können unter »normalen« Bedingungen aber auch ganz regulär am Tag die Spalten öffnen und CO_2 direkt in den Photosyntheseprozeß einschleusen.)

Fast jeder Botanische Garten hat eine Raritätenecke mit *»Lebenden Steinen«* (s. Abbildung 4, S.43). Ihre kleinen, in den Boden versenkten Pflanzenkörper werden liebevoll zwischen Kieseln ähnlicher Form und Größe versteckt, so daß sich der Gartenbesucher einem »Suchbild« gegenüber sieht. Man kann sie als extreme Anpassungsformen der Mittagsblumengewächse (Mesembryanthemaceae) auffassen. Darum werfen wir zuerst einen Blick auf die normalen Mitglieder dieser Familie, die alle sukkulente, unterschiedlich große, gegenständige Blätter haben. Der Spanien- oder Italientourist kennt großblättrige Vertreter dieser Familie als große, rote oder gelbliche »Körbchenblumen« von niedrigen Blumenbeeten auf Verkehrsinseln oder an Hoteleingängen (*Carpobrotus*-Arten). Was wie ein Asterblütenköpfchen aussieht, ist in diesem Fall aber eine große Einzelblüte mit ganz vielen schmalen Blütenkronblättern und vielen Staubblättern. Hier haben wir den seltenen Fall, daß eine Blüte einen Blütenstand nachahmt (vgl. S.223). Dreht man die Blüte um, sieht man nur vier bis sechs, meist fünf, große, grüne Kelchblätter. Auch der Fruchtknoten ist meist vier- bis sechszählig. Die Familie ist fast ganz auf Südafrika beschränkt, nur einige salzertragende Arten sind in Küstenfelsen der Bretagne und Englands verwildert. Im trockenen Westen Südafrikas dominieren die Mittagsblumengewächse in einem Vegetationstyp aus etwa halbmeterhohen Sträuchlein mit über 90% der Pflanzenindividuen und wohl auch der größten Artenzahl. In der Trockenzeit sind nur noch wenige der fast nadelförmigen, aber sukkulenten, 1–2 cm langen Blättchen erhalten, die allerdings nicht grün, sondern wie die Zweige braun oder rötlich gefärbt sind. Dieser triste Pflanzenteppich überzieht die flacheren Geländepartien und dient in der feuchten Jahreszeit mit frischen Austrieben als Schafweide. Das Fleisch der hier geweideten Schafe soll besonders würzig schmecken. Sicher bietet in der Blütezeit das Meer von weißen und roten Blütensternchen auch einen schönen Anblick. Besucht man aber in noch trockeneren Landstrichen die Felsrippen der nicht sehr hohen Berge, die aus der Ebene aufragen, so ändert sich die Vegetation sehr stark. Vertreter der Mittagsblumengewächse findet man erst bei näherem Hinsehen, so gut sind die Pflänzchen der Gattungen *Conophytum* oder *Lithops* (lithos = Stein, ops = Auge, Angesicht) in Felsritzen oder sandigen

Partien getarnt. Jede Pflanze besteht nur aus einem lebenden Blattpaar, ein bißchen verborgener Achse und einigen Wurzeln. Die walzlichen, sukkulenten Blätter sehen an der Spitze wie gestutzt aus. Die ebenen Endflächen liegen paarweise auf Bodenniveau und haben bei *Lithops* etwa die Größe eines Groschens, der Rest der 1–3 cm langen Blätter ist im Boden eingesenkt. Die Endfläche der Blätter ist oft mit weißen Sprenkeln gemustert und sieht sonst dunkel-durchscheinend grünlich oder rotbraun aus. Die direkt dem Licht ausgesetzten Zellschichten enthalten kein Chlorophyll. Sie lassen das Licht ins Innere des Blattes eintreten, wo, hinter den wasserspeichernden Zellen, erst die assimilierenden Gewebe liegen. Die einzige sichtbare Blattfläche ist hier also zu einem Fenster umgebaut. Bei der Gattung *Fenestraria* (fenestra=Fenster) mit mehreren schmalen Blattpaaren sind die Fenster an den Blattspitzen wie eine Linse gewölbt. Fensterblätter sind jedoch nicht auf die Familie der Mittagsblumengewächse beschränkt, es gibt sie auch bei einigen kleinblättrigen Arten der ebenfalls südafrikanischen Gattung *Haworthia* (einer Einkeimblättrigen aus der Verwandtschaft von *Aloe*).

Eine zweite Gattung der Mittagsblumengewächse, *Conophytum* (übersetzt: Kegelpflanze), wächst in Felsspalten oder in mehr steinigem Gelände. Auch sie besitzt, wie *Lithops*, die meiste Zeit ihres Lebens gleichzeitig nur zwei Laubblätter, die aber bis auf einen kleinen, nabelartigen Spalt verwachsen sind. Auch diese Blätter sind bis auf ihr abgestutztes Ende in den Boden versenkt, sie erreichen aber als Paar kaum Pfenniggröße. Geht es der *Lithops-* oder *Conophytum*-Pflanze gut, erscheint einmal im Jahr eine Blüte aus der Spalte zwischen den Blättern. Da die Blüte die Sproßachse abschließt, muß sich die Pflanze nun verzweigen. Aus einer Blattachsel (seltener aus beiden) treibt neu das Blattpaar der Seitenachse aus, wobei die Pflanze, soweit es geht, alle Stoffe (auch das Wasser) aus den alten Blättern in die neuen verlagert. Von den alten Blättern bleiben nur weiße Häute zurück, welche die neuen Blätter seitlich umhüllen und sich Jahr um Jahr am Grunde der Pflanze ansammeln. Bei *Cheiridopsis peculiaris* aus einer verwandten Gattung, die nur in einem sehr kleinen Areal (bei Steinkopf) vorkommt, umhüllen die weißen Reste des vorjährigen, ebenfalls verwachsenen Blattpaars das aktuelle Blattpaar fast vollständig. Die Pflanzen sitzen, da hier das lebende Blattpaar nicht in den Boden eingesenkt ist, wie weiße Eier im gleißenden Licht öder Kiesflächen. Vermutlich dient das abgestorbene Blattpaar als Lichtschutz.

Blattsukkulenten gibt es auch unter den Korbblütlern. Manche werden als

Zimmerpflanze gehalten, etwa die »Erbsenpflanze« *(Senecio rowleyanus)* oder
eine andere Greiskrautart *(Senecio macroglossus)*, die ihre gelappten Blätter als
panaschierten (weiß gefleckten) Efeu tarnt. Weitere Arten der Riesengattung
Senecio haben walzliche Blätter. Unter den Einkeimblättrigen stellen die Gattungen *Sansevieria* (Bogenhanf), *Haworthia* und *Gasteria* ein Kontingent bekannter blattsukkulenter Zimmerpflanzen, aber auch *Aloe* und *Agave* sind
hierher zu rechnen. Bei allen dient großzelliges Grundgewebe als Wasserspeicher. Sie sind an Trockenheit mit periodischen Regengüssen angepaßt, denn
einmal im Jahr müssen die Speicher gefüllt werden.

Spektakulärer und oft größer als die Blattsukkulenten sind die *Stammsukkulenten*, die im Rindengewebe des Stamms Wasser speichern. Sie bilden
ausdauernde, kugelige oder meist säulenförmige, wenig verzweigte Pflanzenkörper, deren Oberfläche manchmal kegelförmige Auswüchse zeigt, aber sehr
oft längsgerippt ist. Die Längsrippen könnten eine Anpassung an unterschiedliche Füllzustände des Wasserspeichers sein. Zu dieser Wuchsform gehören
sehr viele Arten der Familie der Kaktusgewächse. Nicht alle Kaktusgewächse
sind allerdings ausgesprochene Sukkulenten. Erst die Blüte verrät, daß es sich
bei der als primitiv geltenden Gattung *Pereskia* um ein Kaktusgewächs handelt
(Blütenmerkmale sind allgemein für systematische Gruppierungen viel geeigneter als »vegetative« Merkmale, vgl. S. 228 ff). *Pereskia* bildet an »ganz normalen« Achsen normale, schwach sukkulente, bleibende Blätter aus, in deren
Achseln allerdings statt Seitentrieben oder Knospen nur Dornengruppen stehen. Auch die Opuntien legen an den sukkulenten Achsen noch kleine walzliche Blätter an, die aber (wie die Blätter der Rutensträucher) bald wieder
abfallen. Bei den meisten Arten sind auch die Blätter der Hauptachse zu Blatt-
dornen umgebaut oder reduziert. Die Seitenachsen sind minimal entwickelt,
man findet von den Seitensprossen (wie bei *Pereskia)* eigentlich nur eine
Gruppe von Dornblättern, die in der Achsel des Tragblattdorns oder des abgefallenen oder reduzierten Laubblatts an der Hauptachse stehen. Die Dornen
sind häufig noch in ein Nest von feineren Stacheln oder Haaren eingebettet.
Solche Dornengruppen nennt man *Areolen*. Sie sind charakteristisch für den
vegetativen Pflanzenkörper der Kaktusgewächse. Die Stacheln der Opuntien
sind besonders widerlich, weil sie Widerhaken tragen. Bei der leisesten Berührung bleiben sie in der Haut stecken und reißen von der Pflanze ab. Wegen der
Widerhaken kann man sie kaum wieder herausziehen. Deshalb sind die eigentlich schmackhaften Früchte der Opuntien (die Kaktusfeigen) mit Vorsicht zu

schälen und zu genießen. Die Kakteen sind, mit Ausnahme der epiphytischen Gattung *Rhipsalis*, auf den Süden der USA, Mittel- und Südamerika beschränkt. Sie bewohnen meistens Trockengebiete, einige epiphytische »Blattkakteen« (die Sprosse sind bei ihnen blattartig abgeflacht) kommen allerdings auch im feuchten Regenwald vor.

Manche Leute verwenden »Sukkulente« und »Kaktus« als Synonyme, aber das stimmt nicht, wie schon die Gruppe der Blattsukkulenten zeigte. Gerade bei der Stammsukkulenz tritt aber ein Phänomen auf, das genauer untersucht werden sollte, die *Konvergenz* (vgl. zu diesem Begriff auch Abb. 58, S. 394). Einige nicht verwandte Pflanzengruppen, hauptsächlich Arten der Gattung Wolfsmilch *(Euphorbia)*, aber auch Vertreter der Apocynaceae *(Pachypodium,* »Madagaskarpalme«), Asclepiadaceae *(Hoodia,* Abb. 62, S. 459), Korbblütler *(Kleinia)* und Weingewächse *(Cissus)* sowie Vertreter der auf Madagaskar endemischen Didieriaceae *(Alluaudia)* ahmen die Säulenform mancher Kakteen täuschend ähnlich nach. Der »Typus« Stammsukkulente wird also aus ganz verschiedenen Richtungen, von ganz unterschiedlichen Verwandtschaftsgruppen aus »angestrebt«, wobei jede der verschiedenen Arten von den Mitteln ausgeht, die sie eben aus ihrer Familie mitbringt. Das zeigt sich vor allem an der »Bewehrung«.

Im allgemeinen Sprachgebrauch unterscheidet man nicht zwischen Dornen und Stacheln, beides sind »Piekedinger«, einen seriösen Überbegriff gibt es nicht. In der Botanik werden jedoch mit »Stachel« und »Dorn« durchaus unterschiedliche Dinge bezeichnet. Wenn ein Seitensproß seinen Vegetationspunkt verkleinert und absterben läßt, sich aber dann bis zur Spitze verhärtet, entsteht ein Sproßdorn. Manchmal bleiben auch verhärtete Achsenstücke des Blütenstands als Dornen erhalten. Wird eine Blattanlage nicht mit flächigen Spreitenhälften versehen und verhärtet die Mittelrippe oder Blattrhachis, entsteht ein Blattdorn. Lanzenartig spitze »Ganzblattdornen«, zum Blutabnehmen bestens geeignet, hat die hochandine Polsterpflanze *Abromeitiella* (Bromeliengewächse), ebenso *Acantholimon* (Bleiwurzgewächse) aus dem Balkan. Bei manchen Fiederblättern bleibt die harte Rhachis nach dem Fall der Fiedern als Dorn zurück. Auch Nebenblätter können zu Dornen umgewidmet werden. Dornen sind also ganze Organe oder wenigstens Organteile (Nebenblattdornen), die den ziemlich strengen Stellungsgesetzen für Organe gehorchen. Als umgewandelte Organe sind sie mit Leitgewebe versehen. Stacheln hingegen enthalten kein Leitgewebe, sie entstehen aus Oberflächen- und oberflächennahen Zellen, ähnlich wie Haare, nur sind sie größer und werden hart. Meist (aber nicht immer) nehmen sie keine bestimmte Stellung im Bauplan ein.

Dornen und Stacheln gelten als gegen Pflanzenfresser unter den Säugetieren gerichtet. Es leuchtet ein, daß Wasservorräte in einem Trockengebiet verteidigt werden »möchten«. Wie »nützlich« Dornen und Stacheln in dieser Beziehung wirklich sind, wird im Kapitel »Tiere leben von Pflanzen« behandelt. Neben einer möglichen Abwehr von Fraßfeinden sind Dornen und Stacheln auch gute Enterwerkzeuge für Spreizklimmer (z.B. Stacheln der Rosen).

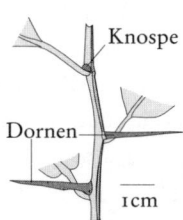

Sproßdornen beim Weißdorn

Aber zurück zu den Stammsukkulenten: an ihnen werden die Blätter entweder früh (selten relativ spät: *Alluaudia*) abgeworfen oder nur in reduzierter Form ausgebildet. Zusätzlich wird die glatte Stammoberfläche zu Längsrippen umgestaltet oder bildet stumpfkegelige Auswüchse. Die Dornen oder dicken Stacheln wurden schon erwähnt. Meistens wird diese *konvergente* Abwandlung des allgemeinen Grundbauplans als Anpassung an bestimmte Umweltverhältnisse, hier eine ausgeprägte Trockenzeit, gedeutet. Solche Meinungen sind ganz schwierig zu beweisen. Offenbar ist diese

Stacheln bei der Brombeere

Abbildung 40:
Dornen und Stacheln.

Wuchsform den herrschenden Bedingungen gut angepaßt (sonst würde man sie nicht so häufig antreffen). Wird sie aber von den heißen, trockenen Bedingungen am Standort der Pflanzen erzwungen? Das ist wohl nicht so, denn neben dieser Wuchsform kommen in den gleichen Gebieten auch noch andere Pflanzengestalten vor. Die Umstände erzwingen nicht eine einzige Wuchsform, aber bestimmte Wuchsformen erweisen sich als offenbar so gut an die Bedingungen angepaßt, daß sie mehrfach unabhängig entwickelt wurden.

Man kann sich angesichts der dickfleischigen alpinen Hauswurzrosetten fragen, ob unter den hier herrschenden Umweltbedingungen Sukkulenz eigentlich nötig sei, denn neben der Hauswurz findet man meistens ganz normale krautige Pflanzen. Vielleicht wird hier einfach ein Merkmal, das für die

Familie typisch ist, mitgebracht und hilft dann, besonders trockene Sommer leichter zu überstehen. Es gibt unter den Crassulaceae eine seltene (ebenfalls sukkulente) *Sedum*-Art *(Sedum villosum),* die in Mooren und feuchten Wiesen wächst und Sukkulenz nun wirklich nicht »braucht«, sie aber mitschleppt, weil es eben in der Familie so Sitte ist.

Da gerade bei den Sukkulenten besonders viele »schöne« Konvergenzen ausgebildet sind, werden sie in vielen Botanischen Gärten besonders herausgestellt, um so mehr, als diese Gruppe ihre eigene Liebhabergemeinde hat. Ein Besuch lohnt sich! Geräumige, für das Publikum eingerichtete Schauhäuser gibt es in den Botanischen Gärten von Berlin (Botanisches Museum), Frankfurt (Palmengarten), Hamburg (Planten un Blomen), Hannover (Herrenhäuser Gärten), Heidelberg (Universität), Jena (Universität), München (Universität) und Zürich (Universität und Städtische Sukkulentensammlung). Die Aufzählung erhebt nicht Anspruch auf Vollständigkeit. Viele weitere Universitätssammlungen stehen, was die Zahl der kultivierten Arten betrifft, nicht hinter den als Schausammlungen konzipierten, zum Teil kommunalen Einrichtungen zurück, aber die Gewächshäuser sind oft für Besuchergruppen zu eng und nur zeitweise für das Publikum geöffnet. In manchen dieser Sammlungen sind die Pflanzen nach Herkunft getrennt, in anderen aber die ähnlichsten, nicht verwandten Gestalten zusammengepflanzt. Wenn sie gerade blühen, sieht man leicht, daß sie zu verschiedenen Familien gehören. Die sukkulenten Vertreter der sehr großen Gattung *Euphorbia,* die wir bei uns als einjähriges Unkraut oder als Staude kennen, zeigen alle die gleichen, blumenartigen Blütenstände wie die bei uns wachsenden Arten (Cyathien, »Scheinblüten«, vgl. die Abbildung »Blumentypen« auf S. 388). Die sukkulenten Euphorbien legen dünne, kurzlebige Blätter an, die bald abfallen. Die Nebenblätter werden meist zu Dornen umgebildet, die an jeder Stengelkante paarweise in zwei Reihen stehen, zwischen sich eine Blattabbruchnarbe. (Seltener werden aus Blütenstandsanlagen, die dann aber meist fehlschlagen, einzelne blattachselständige Sproßdornen entwickelt.) Beim Erkennen der Säulen-Wolfsmilcharten kann man sich an den Merkspruch halten: Sie haben zwei Hörner (Nebenblattdornen in Paaren) und geben Milch (giftiger Milchsaft, der beim Anritzen reichlich ausfließt, was man in botanischen Gärten den Pflanzen jedoch nicht antun sollte). Auch die »Madagaskarpalme« *(Pachypodium)* der Hundsgiftgewächse (Apocynaceae) hat nur kurzlebige Blätter. Über jedem Blatt steht ein langer Stachel oder eine Gruppe von Stacheln (sie sind ausnahmsweise recht ortstreu), die an den eher schlanken säulenförmigen Stämmen erhalten bleiben. Auch sie führt giftigen Milchsaft.

Konvergenzen gibt es aber nicht nur bei den Stammsukkulenten, sondern auch z.B. bei den Rutensträuchern oder bei Pflanzen einer weiteren Wuchsform aus Trockengebieten. Diese Arten überdauern mit einer korkgepanzerten Knolle oder einem kurzen, fleischigen, in Korkhäute gehüllten, aber nicht auffallend grünen Stamm die Trockenzeit und treiben in der feuchteren Jahreszeit mehr oder weniger umfangreiche »normale« Sproßsysteme mit »normalen« Blättern, die bei Wassermangel dann preisgegeben werden. Solche Pflanzen gibt es bei den Yamswurzgewächsen (Dioscoreaceae), den Weingewächsen *(Cissus)*, den Kürbisgewächsen *(Momordica)* und den Dickblattgewächsen (Botterboom, *Tylecodon paniculatus*, in Südafrika).

Salzpflanzen

Wer seinen Urlaub gerne an der Nordsee verbringt, kennt von der Wattküste den Queller *(Salicornia europaea)*, die Sode *(Suaeda maritima)* und vielleicht noch das Salzkraut *(Salsola kali)* mit etwas stechenden Blättern. Alle diese Pflanzen sind sukkulent. Verwandte Arten und Gattungen kommen an anderen Meeresküsten vor. Auch weitere Pflanzen der Salzwiesen, etwa die Salz-Aster *(Aster tripolium)*, haben dickliche Blätter. Warum zeigen solche Pflanzen Sukkulenz, wenn sie doch zeitweise im oder nah am Wasser stehen und die Nordseeküste ja auch mit Regen nicht schlecht versorgt wird?

Zwar steht der Queller zeitweise im Wasser, aber es ist das Salzwasser der Nordsee. Vom Salzstreuer auf dem Eßtisch wissen wir, daß normales Kochsalz Feuchtigkeit anzieht, es ist *hygroskopisch*. Wörtlich bedeutet dieser Begriff, daß ein hygroskopisches Objekt »nach Wasser Ausschau hält«. Heute ist das Tafelsalz sehr reines NaCl, so daß diese für den Haushalt störende Eigenschaft nicht mehr gut zu beobachten ist. Aber Straßen, die im Winter abends prophylaktisch mit Salz gestreut werden, zeigen diesen Effekt noch. Das Salz zieht aus der Luft Wasser an. Die Straßen sind am Morgen feucht, aber nicht die »ungesalzten« Bürgersteige. Wegen dieser »wasseranziehenden Kraft« und den Gesetzen der Osmose ist es für Pflanzen nicht möglich, aus der Salzlösung, die Meerwasser ja ist, nur das Wasser aufzunehmen und das Salz zurückzulassen.

Der Queller nimmt also das Salz notgedrungen mit auf. Für die chemischen Umsetzungen seines Stoffwechsels verbraucht er aber nur das Wasser, das Salz reichert sich in den Zellen an. Auch hier entfaltet es seine »wasseranziehende

Kraft«. Im Laufe der Vegetationsperiode wird das Gewebe der Salzpflanzen immer salziger und sukkulenter. Schließlich sind die Salzpflanzen so salzig, daß sie mindestens die Blätter abwerfen müssen, oder die Pflanzen sind einjährig, wie die aufgezählten Arten der Nordseeküste, und gehen nach der Samenreife ein.

»Lichtpflanzen« = Epiphyten

Nicht nur das Wasser ist eine wesentliche Voraussetzung für das Pflanzenwachstum, sondern auch das Licht. Das wurde schon am Anfang dieses Buches bei der Schilderung der tropischen Regenwälder deutlich. Hier soll nur kurz die morphologische (gestaltbezogene) Seite des Lebens als Epiphyt oder Liane gestreift werden. Beiden Wuchsformen ist gemeinsam, daß sie ihren »Platz an der Sonne« wortwörtlich nur »zu Lasten« anderer Pflanze einnehmen können, die sie als Träger benützen; seltener werden tote Trageinrichtungen wie Felsen, Mauern oder Leitungsdrähte besiedelt. Beide Wuchsformen brauchen Hafteinrichtungen, welche bei Epiphyten die ganzen Pflanzen, bei den Lianen die einzelnen Äste in den Baumwipfeln befestigen. Bei den Epiphyten aus den Familien der Bromeliengewächse und der Orchideen sind es überwiegend Haftwurzeln (die allerdings beim Spanischen Moos, *Tillandsia usneoides*, fehlen), während Lianen sich entweder um Trägerstrukturen winden, sich mit sproßbürtigen Wurzeln an ihre Unterlage »ankleben« oder als Spreizklimmer oft mit eindrücklichen, zu »Wurfankern« umgebauten Trieben versehen sind, die sich mit rückwärts gerichteten Dornen und Stacheln bewehren. Besonders einige Palmenarten (Rattan-Palmen; *Calamus* und weitere Gattungen) durchweben ganze Waldsäume und verwandeln sie in einen »Stacheldrahtverhau«, dem nur mit der Machete beizukommen ist. Die dünnen Stämme werden, ganz oder gespalten (und dann als Peddigrohr bezeichnet), genutzt zum Flechten von Korbmöbeln, den bekannten Rattanmöbeln.

Man könnte denken, Lianen und Epiphyten unterscheiden sich durch den Ort der Samenkeimung: Lianen keimen im Boden, Epiphyten gleich an ihrem luftigen Wuchsort in den Baumkronen. Aber auch hier gibt es Übergänge. Wenn es einer Liane gelingt, nachdem sie die Krone erreicht hat, genügend sproßbürtige Wurzeln zu bilden, um die Pflanze bei täglichen Regengüssen mit Wasser zu versorgen, so kann sie die Stengelverbindung mit dem Boden aufgeben. Die Liane wandelt sich zum Epiphyten. Vertreter der Aronstabgewächse wie der »Baumfreund« *(Philodendron, Monstera)*, die als Einkeimblättrige ja nicht normal in die Dicke wachsen können und deshalb vielleicht auch Nachschubprobleme bekämen, aber viele sproßbürtige Wurzeln entwickeln, sind für diese Wuchsform prädestiniert. Andererseits bilden manche Epiphyten lange Luftwurzeln, die schließlich den Boden erreichen und die Pflanze von den täglichen Tropengewittern unabhängiger machen.

In der sehr großen Gattung der Feigen *(Ficus)* kommen zwei Baueigentümlichkeiten zusammen, welche sonderbare Wuchsformveränderungen im Laufe des Lebens ermöglichen. Auch »normale« baumförmige Feigenarten der Tropen bilden aus Stamm und Zweigen dünne, bindfadenartige Luftwurzeln, die nach Bodenkontakt sekundär in die Dicke wachsen können. Die ziemlich waagerecht streichenden untersten Äste der Krone werden schließlich durch armdicke Wurzeln abgestützt. Mit der Zeit kann eine einzige Pflanze ein ganzes Wäldchen bilden, wobei alle »Stämme«, bis auf den einen der Keimpflanze, eben eigentlich Wurzeln sind. Man sollte, falls man gerade die Gelegenheit hat, nicht versäumen, sich solche sonderbaren Bäume im Botanischen Garten von Palermo oder in Puerto de la Cruz auf Teneriffa (Jardin de Aclimación de la Orotava) anzusehen. Kreuzen sich zwei solche Wurzeln oder geraten Wurzeln mit Ästen in Kontakt, so verwachsen diese Teile im Laufe ihres Dickenwachstums nachträglich miteinander.

Feigen bilden weiche Früchte aus, die gerne von Vögeln verzehrt werden, die in Baumkronen ihre Schnäbel abwischen und natürlich auch koten. Es ist nicht verwunderlich, daß bestimmte Feigenarten in Baumkronen keimen. Die Jungpflanzen überleben eine Zeitlang als Epiphyt. Vermutlich braucht aber die wachsende Pflanze mehr Wasser, als ein normaler Epiphyt leicht gewinnen kann, weshalb Luftwurzeln bis auf den Waldboden entwickelt werden. Diese hängen zum Teil frei herunter, sie schmiegen sich aber auch gerne dem Stamm des Trägerbaums an. Wenn sie Bodenkontakt erhalten haben, verdicken sie sich. Ohne Kenntnis der Lebensgeschichte ist unsere auf dem Baum gekeimte Feige in diesem Altersstadium nur schwer von einer Liane zu unterscheiden. Besonders auf der Stammoberfläche des Trägerbaums verwachsen Wurzeln, die sich überkreuzen, und bilden dadurch ein Gitter um den Trägerstamm, das den Träger in seinem Dickenwachstum behindert. Schließlich stirbt der Träger ab, da er vom ehemaligen Aufsitzer, der im Laufe der Zeit viele Zweige entwickelt hat, auch noch stark beschattet wird. Nach dem Vermodern des Trägerstamms steht der ehemalige Epiphyt als Baumriese mit »Gitterstamm«, der eigentlich aus verwachsenen Wurzeln besteht, anstelle seines Trägers im Wald. Feigen mit dieser Lebensgeschichte werden als Würgerfeigen bezeichnet, und in manchen Schilderungen sind sie fast so gruselig wie die Riesenschlange *Boa constrictor*. Bei Pflanzen kann natürlich von einem aktiven Würgen nicht die Rede sein. Die Konkurrenz um Licht und Nahrung aus dem Boden vollzieht sich völlig lautlos über Jahre. Auch bei unseren »normalen«, nebeneinander im Boden wurzelnden Waldbäumen gibt es sie. Im übrigen kann sich die »siegreiche« Würgerfeige nicht dagegen wehren, daß auf ihren Ästen wieder Feigensamen landen und keimen. Wir Menschen nehmen gerne Partei für die Lebewesen, die gerade kräftig wachsen und voll im Leben stehen, manchmal bedauern wir auch die Opfer, aber Vergehen ist auch ein notwendiger Teil des Lebens.

Ernährungsspezialisten

Sicher sind Licht und Wasser neben CO_2 die wichtigsten Stoffe, die eine Pflanze aufnehmen muß, um Zucker aufbauen zu können. Die Pflanze selber besteht großenteils aus Kohlenhydraten, gemessen am Anteil des Trockengewichts. Kohlenhydrate sind Stoffe, die durch Zusammenbau von Glucosemolekülen entstehen: einerseits die Reservestoffe Stärke oder in anderen Pflanzengruppen Inulin, die wir gerne als Nahrungsmittel essen, andererseits der universale Wandbaustoff Zellulose, den wir hauptsächlich in Form von Papier oder Holz (zusammen mit Lignin) nutzen. Im Cytoplasma, in dem die Lebensvorgänge ablaufen, herrschen aber Eiweiße und eiweißähnliche Stoffe vor, die außer Kohlenstoff, Sauerstoff und Wasserstoff weitere Atomsorten enthalten: Stickstoff, Phosphor und Schwefel, aber auch Magnesium (im Chlorophyll), Eisen, Kalium und Calcium. Die Pflanzen nehmen diese Stoffe in Form von anorganischen Verbindungen, als Salze auf. Es ist das Verdienst des Chemikers Liebig, nebenher Erfinder des Fleischextrakts, herausgefunden zu haben, daß die Pflanze solche »Nährstoffe« braucht, die man dem Boden in Mist, Gülle oder Kompost oder aber als »Kunstdünger« zuführen muß. Die Nährsalze selber unterscheiden sich in Kunstdünger oder Mist nicht, aber in den sogenannten »organischen« Düngern sind auch noch Humusstoffe enthalten, welche die Bodenstruktur günstig beeinflussen.

Daß Pflanzen mit dem Wasser Salze aufnehmen müssen, haben wir bei den Salzpflanzen gesehen. Dort handelte es sich hauptsächlich um Kochsalz, dessen Komponenten zum Aufbau körpereigener Substanzen nicht genutzt werden. In einem gewissen Umfang können die Pflanzen zwar auswählen, wieviel von welchen Stoffen sie aufnehmen, aber sie können keine Stoffe ganz draußen lassen. Das sieht man, wenn man den Pflanzensaft mit der Bodenlösung vergleicht.

Die anorganischen Nährstoffe der Pflanzen stammen überwiegend aus abgestorbenen Pflanzen und Tieren, die am und im Boden durch Bakterien und Pilze abgebaut werden, aber sie sind nur Bestandteil eines Kreislaufs zwischen den Körpern der gerade lebenden Organismen und denen ihrer unmittelbaren Vorgänger. Daß ein Feld an Nährsalzen verarmen muß, wenn Jahr um Jahr die Ernte weggefahren wird, leuchtet ein. Deshalb muß die Düngung das Defizit ausgleichen, das sonst durch den Abbau der abgestorbenen Pflanzenteile wettgemacht würde. Letztlich stammen die Nährsalze aus der Verwitterung der Gesteine. Stickstoffverbindungen entstehen in geringem Umfang durch Reaktionen des gasförmigen Luftstickstoffs bei Blitzeinwirkung mit dem Luftsauerstoff. Das reine Stickstoffgas (mit ca. 79 % größte Komponente der Luft) können Höhere Pflanzen nicht angreifen und in ihren Stoffwechsel einbeziehen, das schaffen nur einige Mikroorganismen (Bakterien und Blaualgen). Einige Höhere Pflanzen leben mit solchen Mikroorganismen zu beiderseitigem Nutzen zusammen (in Symbiose). Bei uns sind es die Schmetterlingsblütler und die Erle, in deren Wurzeln, die manchmal zu Knöllchen anschwellen, die Mikroorganismen leben. Bei *Psychotria*, einer tropischen Rubiacee, gibt es außerdem auch Bakterienkolonien, die in den Blättern leben und von außen als dunkle Punkte erscheinen. Die Mikroorganismen erhalten von der höheren Pflanze Zucker (Assimilate), die sie verbrauchen für die chemische Umwandlung des Luftstickstoffs, dafür bekommt die Höhere Pflanze dann diese für sie verwendbaren Stickstoffverbindungen, die immer ein kostbares Gut sind.

Es gibt nun Stellen, wo Pflanzennährstoffe, besonders Stickstoff und Phosphor, besonders rar sind. In Mitteleuropa sind das die Hochmoore. Die abgestorbenen Pflanzenteile können unter den dort herrschenden Bedingungen nicht abgebaut werden, sondern sammeln sich als Torf an, ihre Nährstoffe gelangen nicht in den Stoffkreislauf zurück. Da Hochmoore nur durch Regenfälle bewässert werden, ohne den Einfluß von mineralstoffhaltigem Bodenwasser, erhielten sie bis in die jüngste Vergangenheit nur eine ganz geringe Nährstoffzufuhr durch eingewehten Staub (auch Blütenstaub). Das hat sich in den letzten Jahrzehnten mit der Luftverschmutzung durch Stickoxide (NO_x) deutlich gewandelt.

Einige Pflanzen der Moore sind deshalb dazu übergegangen, sich durch den Fang von Insekten den Speiseplan etwas reichhaltiger zu gestalten. Diese »fleischfressenden« Pflanzen werden im Kapitel »Pflanzen leben von Tieren« näher vorgestellt.

Schmarotzer

Andere Pflanzen haben eine weitere Möglichkeit entwickelt, zu Nährstoffen zu gelangen. Statt mit den eigenen Wurzeln Wasser und Salze aufzunehmen, zapfen sie lieber die Wurzeln oder Stengel anderer Pflanzen an. Statt Wurzeln entwickeln solche Pflanzen sogenannte Saugorgane=*Haustorien*, welche gezielt in den Xylembereich der Leitbündel ihres Wirts eindringen. Bei uns ist die Mistel *(Viscum album)* das auffälligste Beispiel eines solchen *Halbschmarotzers*. Die Mistelbüsche sitzen wie Epiphyten in den Bäumen. Doch Epiphyten kann man ohne Schaden für das Leben der Pflanze vom Trägerbaum herunternehmen und auf einem Rindenstück weiterkultivieren, wie jedes Gewächshaus mit Orchideen und Bromelien zeigt. Eine Mistel kann man aber nicht unbeschadet vom Apfelbaum herunterheben, denn die Hauptachse verschwindet im Apfelzweig, wo mit der Zeit ein ausgedehntes Haustorium heranwächst. Da die Mistel grün ist, also Chlorophyll enthält, kann sie selber assimilieren, sie klaut von ihrem Träger nur anorganische Stoffe (Nährsalze) und Wasser. Ihre Blätter bleiben auch im Winter grün, deshalb fallen Misteln vor allem im Winter in den kahlen Baumkronen auf. Dann sieht man auch, daß diese Pflanzenart zweihäusig ist, nur ein Teil der Büschel trägt die milchweißen, im Inneren klebrigen Beeren, aus denen früher Vogelleim gekocht wurde. In Norddeutschland wachsen Misteln nur auf Laubbäumen (Pappel, Apfelbaum, Eberesche, Robinie, Bergahorn, Linde). Auf Eichen sind sie extrem selten. Asterix-Leser wissen natürlich auch, warum: Der Druide eines kleinen gallischen Dorfes braute daraus seinen Zaubertrank. In Süddeutschland und der Schweiz gibt es Misteln auch auf der Weißtanne *(Abies alba)*, und in den inner- und südalpinen Trockentälern, wo die Waldkiefer *(Pinus sylvestris)* eigentlich heimisch ist, auch auf dieser Baumart. Heute werden die Nadelholzmisteln meist als eigene Arten eingestuft.

Wegen ihrer abweichenden Lebensart erschien die Mistel den Menschen seit jeher als etwas Besonderes. So verwundert es nicht, daß man der Mistel schon immer geheime und unheimliche Kräfte zutraute. Davon zeugen alte Namen wie Hexennest oder Hexenkraut (Schweiz und Elsaß) oder in Mecklenburg

Marentaken (Mahr = Nachtgespenst). Die Pflanze spielt deshalb in Brauchtum und Aberglaube eine Rolle. In der Signaturenlehre, die von Merkmalen der Pflanze auf deren Wirkung schloß, galt die Mistel als Heilmittel gegen Epilepsie (»Fallsucht«), weil sie nicht vom Baum auf den Boden fallen kann. Sie wird aber auch in der anthroposophischen Medizin bei der Tumorbekämpfung eingesetzt.

In Südeuropa scheinen die Eichenmisteln häufiger zu sein, es handelt sich bei diesen Pflanzen aber um einen Vertreter einer anderen Gattung, nämlich *Loranthus europaeus*. Im Sommer sehen sie täuschend aus wie unsere Misteln, im Winter und im frühen Frühling fehlen ihnen aber die Blätter, sie sind sommergrün. Ihre Beeren sind auch nicht milchweiß, sondern gelb. Die Pollenkörner von *Loranthus* haben ein ganz eigentümliches, unverwechselbares Oberflächenmuster. Das macht man sich zunutze, wenn ein Lebensmitteluntersuchungsamt herausfinden will, ob der Heidehonig oder Bayerische Waldhonig wirklich aus der angegebenen Gegend und nicht aus dem Mittelmeergebiet stammt, da *Loranthus* nördlich der Alpen nur im Osten vorkommt.

Australien beherbergt eine ungewöhnlich große Zahl von Arten aus der Verwandtschaft der *Loranthaceae*, die auf den verschiedensten Wirtsarten parasitieren, wobei jede Art ihren speziellen Wirt hat. Es ist sehr merkwürdig, daß dort viele Mistelgewächse im Aussehen täuschend ihrem Wirt gleichen. Da ja der sammelnde Botaniker nicht als Auslesefaktor in Betracht kam bei der Herausbildung dieser Ähnlichkeit und größere laubfressende Tiere außer dem Koalabär fehlen, hat man keine Erklärung für dieses Phänomen.

Es gibt aber auch bodenlebende Pflanzen, die auf den Wurzeln ihrer Nebenpflanzen parasitieren. »Äußerlich« fällt der Zusammenhang nicht auf, man wundert sich allenfalls über das kleine Wurzelwerk mancher Kräuter. Bei uns ist es besonders die Familie der Rachenblütler, die einige bodenlebende Halbschmarotzer enthält. Im Unterland sind es die einjährigen Gattungen Augentrost *(Euphrasia)*, Wachtelweizen *(Melampyrum)* und Klappertopf *(Rhinanthus)* mit weißen, gelben oder weißgelben Blüten in traubigen Blütenständen. Bei den seltenen Wachtelweizenarten sind die Tragblätter der Blüten lebhaft rot oder violett gefärbt *(Melampyrum arvense, Melampyrum cristatum, Melampyrum nemorosum)*. In den Alpen kommen als mehrjährige Beispiele noch der düsterviolette Alpenhelm *(Bartsia alpina)*, den Linné seinem frühverstorbenen Schüler Bartsch gewidmet hat, und der eher seltene Alpenrachen *(Tozzia alpina)* dazu. Auch im Mittelmeergebiet gibt es noch einige schönblühende Halbschmarotzerarten. Es sind dort alles einjährige Kräuter, die wenig wählerisch beim Anzapfen von Nachbarpflanzen sind. Da Einjährige zur Arterhaltung völlig auf ihre Samen angewiesen sind, können Vorkommen der attraktiven »roten« Wachtelweizenarten durch Abpflücken gefährdet werden. Diese Gattung hat für Schmarotzer ungewöhnlich wenige und große Samen, die ihr den deutschen Namen gegeben haben.

Auch die Familie der »Leinblattgewächse« (Santalaceae) hat in Australien ihren Verbreitungsschwerpunkt. In der mitteleuropäischen Flora ist sie nur mit einigen Arten der Gattung Leinblatt *(Thesium)* vertreten. Unsere *Thesium*-Arten sind kleine, ziemlich seltene Halbsträuchlein oder Stauden mit kleinen, weißen Blüten und leicht bräunlichgrünen, schmalen Blättern, die auf Alpenmatten, Trockenrasen und in lichten Wäldern gedeihen. Die australischen Verwandten sind richtige Büsche oder sogar meterhohe Bäume, die an den Wurzeln ihrer Nachbarn saugen. Warum sie auf diese merkwürdige Lebensweise verfallen sind, ist unbekannt. Wie ihre Wirte beweisen, ist an ihrem Wuchsort auch ein Leben als gewöhnliche Selbstversorgerpflanze möglich.

Alle bisherigen Beispiele sind Pflanzen, die noch selber assimilieren können und nur an den Wurzeln Haustorien ausbilden oder die Wurzeln ganz durch Haustorien ersetzen und damit die wasserleitenden Gewebe ihrer Wirte anzapfen. Die Vollparasiten gehen noch einen Schritt weiter. Sie entnehmen ihrem Wirt auch die Assimilate, brauchen daher selber keine Laubblätter und kein Chlorophyll mehr und wandeln ihre Gestalt viel stärker ab als die Halbschmarotzer.

In diese Gruppe gehört die einheimische »Seide« oder der »Teufelszwirn« *(Cuscuta europaea)*, den man selten auf Brennesseln oder anderen Pflanzen findet. Wie ein Gewirr von gelben oder roten, ziemlich feinen Fäden liegen die dünnen Zweiglein auf der Wirtspflanze, wobei sie an den Stellen, die direkten Kontakt zum Wirt haben, kleine Haustorien in seinen Stengel treiben. Laubblätter sind nicht mehr vorhanden, nur im Zusammenhang mit den Blütenknäueln treten noch Schuppenblättchen auf. Wie der Name Teufelszwirn andeutet, war die Pflanze unseren Altvordern nicht geheuer. Die Floren führen die Seide als Mitglieder der Doldengewächse, oder sie stellen sie direkt daneben in eine eigene Familie Seidengewächse, da die recht kleinen, eigentlich sehr niedlichen Blüten doch stärker von gewöhnlichen Doldenblüten abweichen. In Australien gibt es eine viel größere Pflanze *(Cassytha)*, die im Prinzip nach dem gleichen Plan gebaut ist und mit etwa zwei Millimeter dicken Achsen ganze Büsche umspinnt. Sie gilt als Mitglied der Lorbeergewächse, einer sonst rein holzigen Pflanzenfamilie.

Die meisten Vollparasiten leben jedoch unterirdisch und strecken nur die Blütenstände über den Boden. Bei den ersten Spaziergängen zu den Frühlingsblühern in den Laubwäldern findet man, gerne am Fuß von Haseln oder Hainbuchen, die roten Blütenstände der Schuppenwurz *(Lathraea squamaria)*, die auch zu den Rachenblütlern gerechnet wird. Das Rhizom steckt etwa 10 cm tief im Boden und ist dicht mit fleischigen, weißen Schuppenblättern besetzt. An den senkrecht aus dem Boden hervorwachsenden Blütentrieben sind sie dünn und rotgefärbt wie zuletzt auch die ziemlich engen, röhrigen Blütenkronen, die alle nach der Unterseite der nickenden Traube gerichtet sind. Im Habitus sehen auch die Sommerwurz-Arten *(Orobanche spec.)* ähnlich aus, die erst im Sommer gelegentlich auf Magerrasen oder Wiesen zu finden sind. Die Schuppenblätter der Blütenstandsstiele sind hier gelbbräunlich, die Blüten oft stattlich, deutlich zweilippig und weiß mit bunten Zeichnungen oder gelblich oder violett. Manchmal werden sie wegen der attraktiven Blüten für Orchideen gehalten, mit denen sie allerdings nichts zu tun haben. Die Sommerwurzgewächse gelten als Nachbarfamilie der Rachenblütler (Scrophulariaceae). Sie sind in der Wahl ihrer Wirte nicht sehr wählerisch, obwohl manche danach benannt werden, sondern befallen in wärmeren Gegenden (z.B. im Nahen Osten) oft auch Kulturpflanzen, was ernsthafte Ernteausfälle verursachen kann. Bei uns sind sie selten und richten kaum Schäden an, auch wenn der deutsche Name »Kleewürger« Schlimmes befürchten läßt. Einige Arten sind Einjährige, andere dauern als Geophyten aus wie auch die Schuppenwurz.

Langlebende Schmarotzer würden sich selber das Leben verkürzen, wenn sie ihren Wirt rasch abtöteten. Hier muß es eine Balance zwischen den beiderseitigen Interessen geben. Bei kurzlebigen Parasiten ist das anders. Sie müssen, wie z.B. die einjährigen Sommerwurzarten, nur ihre vielen, meist winzigen Samen zur Reife bringen, dann ist für sie der Wirt bedeutungslos. Er kann also erschöpfend »ausgesogen« werden. Die winzigen Samen werden zu Tausenden erzeugt. Im Boden können sie jahrelang darauf warten, daß neben ihnen eine Wirtswurzel vorbeiwächst und damit die Keimung auslöst. Der Keimling des Parasiten attackiert sie als erstes mit einem Haustorium. Die Kontaktzone zur Wirtswurzel vergrößert sich zu einer kleinen Knolle, von der der Blütenstand ausgeht. Durch ihre große Zahl und lange Lebensdauer können Sommerwurz-Samen ein Feld für Jahre verseuchen.

Bereist man im Frühling die Mittelmeerküste Tunesiens, so kann man da mit etwas Glück zwei weitere ausdauernde Vollparasiten entdecken. Unter den schönblühenden Sträuchlein der Zistrosen *(Cistus spec.)* findet man manchmal nicht rote Ostereier, sondern die leuchtend roten Knospen der Blütenstände von *Cytinus hypocistis* (hypo=unter, cistis=Cistus), die zunächst nur rote Schuppenblätter tragen. Später streckt sich die Blütenstandsachse etwas, und in den Achseln der Tragblätter erscheinen die Blüten. Unten stehen die etwas größeren weiblichen Blüten, oben die männlichen. Die einfache Blütenhülle ist je nach Unterart gelblich oder weiß mit roter Spitze. *Cytinus* kommt auch in Südfrankreich, Spanien und Kreta vor, fehlt aber in anderen Teilen Griechenlands. Verblüfft bei *Cytinus* mehr die auffällige Farbe des Blütenstands, der als einziger Teil der Pflanze sichtbar ist, so ist die Gestalt beim Malteserschwamm *(Cynomorium coccineum)* noch absonderlicher. Da diese Pflanze sich als Wirt Salzpflanzen aus der Familie der Meldengewächse (Chenopodiaceae) ausgesucht hat (also Verwandte des Quellers und der Sode), muß man sie an solchen Küstenstreifen suchen, wo hinter der eigentlichen Wasserlinie Sandbänke flache, zeitweise von Meerwasser beeinflußte Bereiche abgetrennt haben. Die Meldengewächse beginnen ihr Wachstum erst ziemlich spät im Frühling und sehen noch halbtot aus, wenn zwischen ihnen gut daumendicke und handlange kolbenartige Gebilde aus dem Boden dringen. Ihre Gestalt hat der Pflanze auch den Namen »Hundsrute« (=Penis) eingetragen. Die Oberfläche sieht zunächst aus wie aus lauter winzigen schwarzroten Glasperlen zusammengesetzt. Es sind die wenigen Tragblätter und die Knospen der vielen winzigen männlichen und weiblichen Blüten, welche die bleistift- bis kleinfingerdicke Blütenstandsachse überziehen. Der Name Malteserschwamm kommt daher, daß getrocknete Blütenstände vom Malteserorden angeblich als blutstillendes Mittel eingesetzt wurden. Manche Autoren meinen, daß der Malteserschwamm verwandt sei mit der tropischen Familie der Balanophoraceae, die in Ostasien bis Australien verbreitet ist. Auch bei den Vertretern dieser Familie durchbrechen nur die Blütenstände den Boden. Junge Triebe erinnern an braune Bauchpilze oder an Hutpilze vor der Entfaltung des Hutes. Am unteren Rand des eiförmigen Körpers erscheinen, einigermaßen als Blüten kenntlich, die weiblichen Blüten, der Rest des Blütenstands ist von stark reduzierten männlichen Blüten bedeckt. In Ostasien lebt auch die absonderlichste Familie parasitischer Pflanzen, die Rafflesiaceae. Ihr Pflanzenkörper soll in der Form von Zellsträngen, fast wie das Myzel eines Pilzes, den Wirtspflanzenkörper aus der Familie der Weingewächse durchziehen, aus dem nur die Blüten des Parasiten einzeln hervorbrechen. Eine Art, *Rafflesia arnoldii*, entwickelt eingeschlechtliche Einzelblüten von fast einem Meter Durchmesser und sechs Kilogramm Gewicht. Das sind die größten Blüten, die im Pflanzenreich vorkommen.

Unter den heimischen Orchideen ist in europäischen Wäldern die merkwürdig braunrosa Nestwurz *(Neottia nidus-avis)* eigentlich nicht selten. Diese nicht grüne Pflanze sieht wie ein Vollparasit aus, attackiert aber keine Höheren Pflanzen mit Haustorien, sondern läßt sich ganz von ihren Mykorrhizapilzen aushalten, welche Nährstoffe aus abgestorbenen Pflanzenteilen mobilisieren. Solche Pflanzen nennt man *Saprophyten* (sapros=verfault). In Europa gehören noch weitere, allerdings seltene Orchideenarten zu diesem Ernährungstyp, z.B. der Dingel *(Limodorum abortivum)* und der Widerbart *(Epipogium aphyllum)*. Es ist nicht verwunderlich, daß gerade unter den Orchideen, die in ihrer Jugend alle von Mykorrhizapilzen als »Ammen« abhängen, diese sonderbare Lebensform auftritt. Ein weiteres europäisches Beispiel eines Saprophyten, der bleiche Fichtenspargel *(Monotropa hypopitys)*, gilt als nah verwandt mit den Heidekrautgewächsen und Wintergrüngewächsen, die alle mit Mykorrhiza leben.

DIE BLÜTE

FRÜHJAHR IM KALKBUCHENWALD

Nach einem langen, oft nur naßkalten und trüben Winter ohne Sonne über schimmerndem Schnee sehnt man sich nach frischem Grün und den ersten Blumen. In einem lichten Laubwald an einem Sonnenhang finden wir gegen Mitte oder Ende März, was wir suchen. Außerhalb des Waldes sind zwar die Getreidefelder und Rapsäcker auch schon grün, aber noch blumenlos. An Böschungen oder auf den Wiesen ist noch wenig von neuer Vegetation zu sehen, und die Magerwiesen und Trockenrasen bleiben noch einige Wochen winterlich fahl.

Die erste einheimische Pflanze, die je nach Wetter schon im Februar oder Anfang März blüht, ist allerdings kein Kraut, sondern ein kleiner, ziemlich seltener Strauch lichter Wälder, der meistens nur als Einzelpflanze angetroffen wird. Das ist der Seidelbast *(Daphne mezereum)* mit vierzähligen, roten Blüten, die sehr stark duften. Für einen Vergleich der verschiedenen Gestaltungsmöglichkeiten der Blüten sind aber die frühlingsblühenden Kräuter besser geeignet.

Die Frühblüher im Wald sind fast alle ausdauernde Kräuter. Das Überdauern des Winters ist geradezu eine Voraussetzung für den frühen Blühtermin. Was sich zu unserer Freude jetzt an Blumen entfaltet, wurde als Knospe schon im Vorjahr angelegt und braucht jetzt nur noch in die Größe zu wachsen, was zu einem guten Teil einfach über Zellvergrößerung bewerkstelligt wird. Aber selbst dazu braucht die Pflanze, neben Wasser zum Aufpumpen der Zellen, auch Baustoffe für die wachsenden Zellwände. Die Zellulose als hauptsächliche Wandsubstanz setzt sich aus Zuckermolekülen zusammen, die über Winter in unterirdischen Speicherorganen in Form von Stärke gespeichert waren.

Einige der Pflanzen haben im Boden oder wenigstens in der Laubstreu versteckte, flach hinstreichende Stengel, sogenannte Rhizome (s.S.175), welche als Speicherorgane dienen, so etwa die beiden Windröschenarten *(Anemone nemorosa* und *A. ranunculoides)*, der Sauerklee *(Oxalis acetosella)*, die Haselwurz *(Asarum europaeum)* oder das Moschuskraut *(Adoxa moschatellina)*. Beim Aronstab *(Arum maculatum)* ist das Rhizom sogar etwas knollig verdickt. Das Scharbockskraut *(Ranunculus ficaria)* hat dicke Speicherwurzeln, und der Bärlauch *(Allium ursinum)* benützt die Basis einiger Blätter als Zwie-

bel, die aber mehr an eine magere Knoblauchzehe erinnert als an eine Küchenzwiebel. Beim seltenen Märzbecher *(Leucojum vernum)* oder Blaustern *(Scilla
bifolia)* sind die Zwiebeln viel besser ausgebildet. Durch die Bildung von
Tochterzwiebeln oder Verzweigungen des Rhizoms können sich diese Pflanzen vegetativ vermehren (vgl. S. 363 ff), denn mit der Zeit sterben die verbin-
denden Rhizomteile ab. Es fällt ja auch ins Auge, daß am Waldboden die
meisten Pflanzenarten in Gruppen von vielen Stengeln auftreten, die oft dicke
Pflanzenteppiche bilden, ganz besonders deutlich zeigt das das Bingelkraut
(Mercurialis perennis). Vegetationskundler sprechen dann von einem Vorkommen in »Herden«.

Mit Vorräten gut ausgestattet, können die Waldbodenpflanzen im Frühling
zeitig loslegen und wenigstens mit dem Blühen beginnen, bevor die Waldbäume ihr Laub entfaltet haben und den Waldboden wieder in Schatten tauchen.
Die Frühlingsblüher blühen aber nicht nur früh, die meisten tragen auch schon
frische, noch hellgrüne Blätter, denn diese müssen rechtzeitig damit beginnen,
die Reservestoffe fürs nächste Jahr anzusammeln, also Photosynthese zu
betreiben (siehe S. 60).

Die ersten Kräuter, die frische Blätter zeigen, sind das Scharbockskraut und
das Bingelkraut, die schon im Februar austreiben. Besonders spät, etwa Mitte
April, erscheinen die neuen Blätter jedoch beim Leberblümchen *(Hepatica nobilis)* und bei der Haselwurz, die zu Beginn der Blütezeit noch die lederigen,
dunkelgrünen, vorjährigen Blätter tragen. Diese sehen nach einem eher milden
Winter noch ganz gut aus und sind durchaus noch funktionsfähig. Es gibt also
zwei Methoden, früh im Jahr schon Photosynthese zu betreiben und unter
dem Schatten der Baumkronen sein Leben zu fristen: das Scharbockskraut und
das Moschuskraut, die Buschwindröschen oder der Bärlauch setzen auf
Schnelligkeit und haben den sichtbaren Teil ihres Lebenszyklus bis zum Frühsommer (Ende Juni) schon wieder abgeschlossen. Ihre oberirdischen Teile sind
dann schon gelb geworden und vertrocknet, weil alle mobilisierbaren »Wert-
stoffe«, auch die Komponenten des grünen Blattfarbstoffs, in die unterirdischen, speichernden Pflanzenteile verlagert wurde. Die Gärtner nennen diesen
Vorgang »Einziehen«. Andere Waldbodenpflanzen sind mit viel dauerhafte-
rem Laub versehen, das sich je nach Kälte weit in den Winter hinein hält oder
ihn sogar grün und lebend übersteht. Die einen nutzen den Frühling mit noch
ziemlich sonnigen Bedingungen am Waldboden, die anderen haben sich darauf
eingerichtet, sich mit dem schwachen Licht im Schatten der Bäume zu begnü-

gen. Da sie pro Zeiteinheit nicht so viel Licht und damit Energie bekommen wie eine Sonnenpflanze, müssen sie den Zeitraum ausdehnen, in dem assimiliert werden kann, und das ist auch bei niedrigen Temperaturen ab etwa 5 °C im Spätherbst und Winter noch möglich, wenn es nach dem Laubfall am Waldboden wieder heller ist. Der Waldmeister *(Galium odoratum)*, die Goldnessel *(Lamium galeobdolon)* oder die Sternmiere *(Stellaria holostea)* behalten ihre Blätter weit in den Winter hinein, bis ihnen der Frost den Garaus macht. Einige wenige Arten, eben das Leberblümchen und die Haselwurz, sind mit Laubblättern ausgestattet, die sozusagen planmäßig den Winter überdauern. Die Blätter sind also wintergrün, aber nicht immergrün, denn im Frühling werden sie durch neue ersetzt. Im Gegensatz zu wintergrünen Blättern überdauern »immergrüne« Blätter mehrere Vegetationsperioden lebend. Beispiele von Pflanzen mit immergrünen Blättern sind bei uns Efeu, Immergrün *(Vinca minor)* und Stechpalme *(Ilex aquifolium)*.

Wurzeln, Stengel und Blätter sind zwar für das Leben einer Einzelpflanze unerläßliche Voraussetzungen, aber besonders anziehend finden wir die Pflanze dann, wenn sie blüht. Das farbenhungrige Auge weidet sich an der weißen Pracht der Buschwindröschen, am zarten Schwefelgelb der Schlüsselblumen und an den kräftig goldenen Sprenkeln, welche das Gelbe Windröschen in das mannigfache Grün des Blätterteppichs setzt. Das Lungenkraut, meist als Einzelpflanze eingestreut, öffnet seine roten Knospen und färbt im Verlauf des Blühens seine Blüten zu prächtigem Blau um. Die Leberblümchen zeigen ein fast rührendes Hellblau, das nicht so sehr in die Weite wirkt, während die Veilchen bei genauerer Betrachtung besondere Muster und Haarkrägelchen in ihren Blüten vorzeigen. Ganz klar dominieren Gelb, Weiß und Blau, Rot ist selten und nur als blaustichige Variante zu sehen, etwa bei der Gefleckten Taubnessel oder, am leuchtendsten, bei der Frühlingsplatterbse, die im April kräftig rotviolette Fanfaren zum Farbkonzert des Frühlingswaldes beiträgt. Diese Blüten verblassen zu einem stumpfen Blau, das ganz zum Schluß merkwürdig ins Grünliche schlägt. Die Blumen bereiten uns Augenlust, aber auch die Nase kann sich am zarten Duft der Schlüsselblumen ergötzen. Diese Vorliebe für die Blumen teilen wir mit vielen Tieren, welche die Blüten besuchen und in ihnen herumwuseln. Falls die Blüte Nektar, d.h. eine Zuckerlösung anbietet, bedienen sich Hummeln und Bienen daran über ihren eigenen Bedarf hinaus. Die im »Honigmagen« transportierten Überschüsse werden im Nest oder Stock hervorgewürgt und in bestimmten »Zellen« der Waben gespeichert. Auch die im Haarpelz hängengebliebenen Pollenkörner werden mit geeigneten Bürstchen an den Beinen abgefegt und, mit etwas Nektar angefeuchtet, in besondere Vertiefungen der Hinterbeine gedrückt, bis sich dort je nach der Farbe des Blütenstaubs der besuchten Blüten weiße, gelbe, orangerote oder violette »Höschen« bilden. Der Blütenstaub oder Pollen besteht aus plasmareichen und somit auch eiweißreichen Zellen, die ein ideales Aufzuchtfutter für die rasch wachsenden Insektenlarven sind. Die Insekten befliegen also die Blüten, um für sich und ihre Nachkommen Futter zu finden, und da die meisten Blütenbesucher gute Augen haben, wirken die bunten Blütenblätter auf diese Tiere wie Wirtshausschilder.

Es ist ja bekannt, daß aus Blüten Früchte werden, welche die Samen enthalten, aus denen unter geeigneten Bedingungen junge Pflanzen keimen. Die Samen sind also eine weitere Möglichkeit für die Pflanze, sich zu vermehren und auszubreiten. Die Bildung keimfähiger Samen ist aber an einige Vorbedingungen geknüpft, die erst etwa um 1740 wissenschaftlich exakt aufgeklärt wurden. Der Botanische Garten Berlin besaß eine »weibliche« Zwergpalme *(Chamaerops humilis)*, die seit Jahren blühte, aber nie keimfähige Samen hervorbrachte, denn in den Blüten mancher Palmen kommen nur entweder Staubblätter oder Fruchtblätter vor. Man nennt solche Blüten dann »männlich« oder »weiblich« und Pflanzen wie die Zwergpalme, die nur ein Geschlecht Blüten auf einer Pflanze tragen, zweihäusig. Die Zwergpalme ist bemerkenswert durch die Tatsache, daß sie als einzige Palme an wenigen Stellen in Italien und Spanien das europäische Festland besiedelt; sonst kommt sie noch auf den Inseln des westlichen Mittelmeers und in Nordafrika vor. Der Botanische Garten Jena hatte nun zum Glück eine Zwergpalme mit Blüten, welche allein mit Staubblättern ausgestattet waren, und dank der guten Postkutschenverbindung war es 1749 möglich, einen Ast eines »männlichen« Blütenstands aus Jena nach Berlin zu bringen und dort über den »weiblichen«, nur mit Fruchtblättern versehenen Blüten auszuschütteln, so daß der Blütenstaub auch auf die Narben der Fruchtblätter fiel. Nach dieser Maßnahme, die man Bestäubung nennt und worunter man ganz allgemein die Übertragung von Blütenstaub der gleichen Art auf die Narbe versteht, brachte die Berliner Palme erstmals keimfähige Samen hervor. Das Experiment, das später als »Experimentum berolinense« (Berliner Experiment) in die Bücher einging, wurde noch ein paarmal wiederholt, immer mit dem gleichen günstigen Resultat. Wir können daraus entnehmen, daß in der Regel keimfähige (fertile) Samen nur dann entstehen, wenn

Blütenstaub der gleichen Art auf die Narbe gelangt, also die Blüte bestäubt wird. Offensichtlich sind für die »Fortpflanzung« besonders die Staub- und Fruchtblätter der Blüte wichtig, und nicht die Blütenhülle, die uns, so bunt und groß, oft als erstes ins Auge fällt. Die allgemeinste Blütendefinition lautet denn auch: *Eine Blüte ist eine Achse mit begrenztem Wachstum, die entweder Staubblätter oder Fruchtblätter oder beides trägt.* (Das entspricht den Mikro- und Megasporophyllen aus dem Kapitel »Sexualität und Generationswechsel«.) Die Blütenhülle wird in der Definition nicht einmal erwähnt.

Was ist nun der Unterschied zwischen der vegetativen Vermehrung und der geschlechtlichen, den beiden Vermehrungsweisen, die eben geschildert wurden? Bei der sogenannten vegetativen Vermehrung durch Verzweigen des Rhizoms und Absterben der Verbindung entstehen lauter Einzelpflanzen, die eigentlich nur verselbständigte Teile der Ursprungspflanze sind. Betrachtet man die Blüten einer Gruppe eng benachbarter Buschwindröschen, so kann man vielleicht sehen, daß alle sieben oder acht Blütenhüllblätter haben und auf der Außenseite der Blütenhülle rötlich angehaucht sind, während die Nachbargruppe sechszählige, reinweiße Blüten hat, die vielleicht auch erst zwei Wochen später aufblühen. Innerhalb einer vegetativ entstandenen Pflanzengruppe, eines Klons, variieren die Merkmale nur wenig, aber man findet deutliche Unterschiede, wenn man Blüten aus verschiedenen Klonen eines Waldes vergleicht. Da nun die verschiedenen Blütenmerkmale unterschiedlich verbunden auftreten, kann man darin einen Beweis für Geschlechtsvorgänge sehen, oder doch einen Hinweis darauf. Beim Menschen hat ja manchmal auch ein Kind die Nase des Vaters und die Augenfarbe der Mutter.

Wir wissen, daß es in der Regel nötig ist, daß Pollenkörner auf die Narbe gelangen, damit fertile Samen entstehen. Was aber sind Pollenkörner? Sie sind nicht die männlichen Geschlechtszellen selber, wie LINNÉ meinte (und wohl viele Menschen meinen, vgl. S. 79), aber sie enthalten die Spermazellen. Das Pollenkorn landet im Idealfall auf einer Narbe der gleichen Art und wächst zu einem zarten, von Auge nicht sichtbaren Schlauch aus, der bei den Blütenpflanzen in die Narbe eindringt, durch den Griffel in den Fruchtknoten herunterwächst und dort in eine Samenanlage eintritt. In seinem Inneren werden zwei kleine, männliche Geschlechtszellen transportiert, die Spermazellen heißen. Die Samenanlage enthält zu diesem Zeitpunkt im Embryosack die große Eizelle, mit der sich eine der beiden Spermazellen aus dem Pollenschlauch vereinigt (mehr über Befruchtung s. S. 100 ff). Durch die geschlechtliche Fortpflanzung wird es verständlich, daß, um beim Buschwindröschen zu bleiben, vielleicht eines Tages eine frühblühende Pflanze mit sechszähligen, außen rosa behauchten Blüten auftritt, die Merkmale ihrer Eltern in einer neuen Kombination enthält.

Geschlechtsvorgänge sollen die genetische Mannigfaltigkeit steigern. Deshalb ist es weit wirkungsvoller, wenn Pollenkörner einer anderen, vielleicht weiter entfernten Pflanze der gleichen Art auf die Narbe einer bestimmten Blüte fallen, als wenn sie aus einer anderen Blüte der gleichen Pflanze stammen oder aus dem gleichen Klon. Die Pflanzen sind also in der Regel »daran interessiert«, Blütenstaub weiträumig auszutauschen. Da Pflanzen aber ortsfest sind, brauchen sie für den Austausch des Blütenstaubs geeignete Überträger. Bei uns kann das der Wind sein, oder Insekten werden als Boten geködert. Da der Wind, im Gegensatz zu den Insekten, den Pollen nur passiv verfrachtet, bilden windbestäubte, sogenannt windblütige Arten sehr viel mehr Pollenkörner pro angelegte Eizelle aus als insektenblütige Pflanzen, da ja die Insekten beim Blütenbesuch auch eigene Zwecke verfolgen und Blumen gezielt aufsuchen. Bienen oder Hummeln beuten in einem bestimmten Zeitraum nur Blüten einer einzigen Pflanzenart aus, sie sind *blumenstet.* Das sieht man auch daran, daß die Pollenhöschen einer Biene einfarbig sind, obwohl die gleichzeitig blühenden Pflanzenarten durchaus verschiedene Pollenfarben haben können. Die Blumenstetigkeit ist für die Bienen durchaus zweckmäßig, denn als Insekt muß man lernen, wie eine bestimmte Blumenform am besten »zu nehmen« ist. Je öfter eine Biene das »übt«, desto rascher gelingt das Ausbeuten. Für die Insekten ist das wichtig, denn sie müssen mit möglichst wenig Aufwand sammeln, sonst kommt zuwenig »Gewinn« heraus, also z. B. Nektar oder Pollen für das Bienenvolk. Diese Blumenstetigkeit ist natürlich für die Pflanzen äußerst praktisch, da ihnen mit einer bunten Mischung von Pollenkörnern verschiedener Pflanzenarten auf der Narbe nicht gedient ist. Es gibt komplizierte Erkennungsreaktionen zwischen auskeimendem Pollenschlauch und Narben- oder Griffelgewebe, welche nur Pollenschläuche der eigenen Art oder allenfalls von ganz nahen Verwandten durchlassen.

Andererseits stoppen einige Pflanzen das Wachstum der Pollenschläuche des *eigenen* Pollens im Griffel, um Selbstbestäubung zu verhindern; solche Pflanzen sind *selbststeril.* Der Pollen vom gleichen Individuum bringt ja nur Spermazellen mit, die recht ähnliche Gene wie die Eizelle enthalten. Andere Pflanzen, etwa die Primel (Abbildung 48, S. 235) oder das Lungenkraut, haben mechanische Vorkehrungen, welche Selbstbestäubung verhindern. Schaut man sich die Blüten verschiedener Schlüsselblumen an, so kann man zwei Blütentypen unterscheiden. Bei den einen sieht man in der Mündung der gelben Kronröhre das grüne Narbenköpfchen, die Staubblätter sind ganz in der Röhre eingeschlossen (langgriffliger Blütentyp). Bei anderen Pflanzen sitzen die Staubbeutel in der Kronröhrenmündung, aber die Narbe ist in der Röhre verborgen, denn der Griffel ist nur kurz (kurzgriffliger Blütentyp). Besucht ein Insekt eine langgriffelige Blüte, wird sein Rüssel ziemlich weit vorn mit Pollen bepudert. In einer kurzgriffligen Blüte liegt dieser Bereich genau auf Narbenhöhe. Hier wird jetzt der Rüssel höher und damit näher am Kopf des Insekts erneut mit Pollen belegt. Er liegt genau in Höhe der Narbe einer langgriffligen Blüte, es kann also nur Pollen von langgriffligen auf kurzgrifflige Blüten übertragen werden und umgekehrt. Pflanzen mit verschiedenen Griffellängen nennt man *heterostyl*.

Obwohl an einer Blüte die äußere Hülle nicht nur uns, sondern auch den tierischen Bestäubern besonders ins Auge fällt, wissen wir jetzt, warum die Staubblätter oder Fruchtblätter ganz besonders wichtig sind und nur sie in der kürzesten Blütendefinition erwähnt werden. Sie schließt ja nicht aus, daß auch eine Blütenhülle vorhanden ist, es muß aber nicht sein. Wenn Staub- *und* Fruchtblätter in derselben Blüte vorkommen, nennt man die Blüte zwittrig. Die Staubblätter sitzen weiter außen oder unten, die Fruchtblätter weiter innen oder oben, je nachdem, ob die Blütenachse ein flacher Kegel oder eine schlanke Säule ist. Vor wenigen Jahren erregte eine neugefundene Pflanze von einem der geheimnisvollen Inselberge in Venezuela Aufsehen, bei der die Staubblätter über den Fruchtblättern stehen sollen. Wenn die Beobachtung zutrifft und der fragliche Pflanzenteil wirklich eine Blüte und kein Blütenstand ist, wäre die Botanik um ein Beispiel reicher, daß es eigentlich keine Regel ohne Ausnahme gibt. Aus diesem Grund steht in diesem Buch auch so oft »meistens« oder »in der Regel«, aber gerade die Sonderfälle verhindern, daß es einem Botaniker schnell langweilig wird.

Blütenstände

Apropos Blütenstand: neben dem Wort Blüte wurde wiederholt auch das Wort *Blume* gebraucht. Umgangssprachlich werden die Wörter als Synonyme behandelt, aber in der Botanik hat man ihnen je eine eigene Bedeutung zugewiesen. Die oben gegebene Blütendefinition faßt die wichtigsten morphologi-

schen, also Baumerkmale zusammen. Mit dem Wort Blume bezeichnet der
Blütenökologe die gestaltliche Einheit, welche die Bestäuber besuchen. Im
Falle des Buschwindröschens ist die besuchte Einheit Blume im morphologischen Sinn eine Einzelblüte. Tummelt sich die Biene auf dem Köpfchen eines
Gänseblümchens *(Bellis perennis)* oder eines Huflattichs *(Tussilago farfara)*, so
besucht sie eine Blume, die nach den Kategorien des Morphologen einem Blütenstand entspricht. Unter der Lupe entpuppt sich das Köpfchen als eine Ansammlung von Einzelblüten, die alle der Blütendefinition genügen.

Blütenstände sind Sproßbereiche, in denen Blüten ziemlich eng benachbart
vorkommen. Sie sind meistens lockerer angeordnet als in einem Köpfchen, so
daß sie auf uns (und wahrscheinlich auch auf die Insekten) nicht mehr als Blume wirken. Nach der Definition (S. 221) sind Blüten immer Endabschnitte von
Sprossen; im Blütenstand gibt es daher reichlich Verzweigungen, an deren charakteristischen Mustern man die Blütenstandsformen auch unterscheidet.

Bei der Schlüsselblume oder dem Bärlauch bilden die gestielten Einzelblüten eine einfache *Dolde*, da alle Stiele von der Spitze des Blütenstandsstiels ausgehen. Im *Köpfchen* der Korbblütler sind die ungestielten Blüten ganz eng
zusammengepfercht und von Hüllblättern umgeben. Damit auf engem Raum
überhaupt so viele Blüten beisammenstehen können, wird die Blütenstandsachse, der Köpfchenboden, verbreitert. Hingegen rücken die Blüten in der
Traube während des Blühens auseinander, weil die Internodien zwischen den
blütentragenden Knoten nachträglich in die Länge wachsen. Das ist schön an
der Schleifenblume *(Iberis)* im Garten zu sehen, einem Kreuzblütler. Wie man
in der nebenstehenden Abbildung sieht, repräsentiert jede Blüte eine Seitenachse, und normalerweise stehen sie, wie alle Seitenachsen, in der Achsel eines
Tragblattes. Diese Tragblätter sind im Blütenstandsbereich meistens als Schuppenblätter ausgebildet und werden in dieser Region der Pflanze als *Hochblätter* bezeichnet. Bei den Kreuzblütlern allerdings werden entgegen allen Regeln
höchstens an den untersten Blüten Tragblätter ausgebildet, sonst fehlen sie
spurlos und werden auch gar nicht angelegt. Alle diese Beispiele von *einfachen
Blütenständen* enthalten nur Blüten »gleicher Ordnung«, sie sind alle Seitenblüten der gleichen Blütenstandsachse.

Komplizierter sind die *zusammengesetzten Blütenstände*. Bei der Hain-
Sternmiere schließt eine (End-)Blüte die Hauptachse mit ihren gegenständigen
Blättern ab. In den Achseln des obersten Blattpaars steht je eine Blüte 1. Ord-
nung, aber ihrem Kelch geht ein Paar Hochblätter voran, die man *Vorblätter*

nennt. Aus deren Blattachseln entspringen hier die Blüten 2. Ordnung, die
auch wieder Vorblätter besitzen, usw. Die Vorblätter der Blüten 1. Ordnung
werden also hier zu den Tragblättern der Blüten 2. Ordnung. Aus diesem Ver-
zweigungsprinzip ergibt sich ein gabelig gebauter Blütenstand, der im Prinzip
aus lauter gleichen Elementen zusammengesetzt ist. Solche Blütenstände
nennt man *Dichasien* oder *Zymen*. Andere Vertreter der Nelkengewächse tragen nicht nur in den Achseln des obersten Blattpaars, sondern auch weiterer
Blätter dichasiale Teilblütenstände. Der Gesamtblütenstand heißt dann *Thyrsus*. Wenn sich der komplexe Teilblütenstand immer nur aus der Achsel *eines*
Vorblatts verzweigt, entstehen *monochasiale* Teilblütenstände.

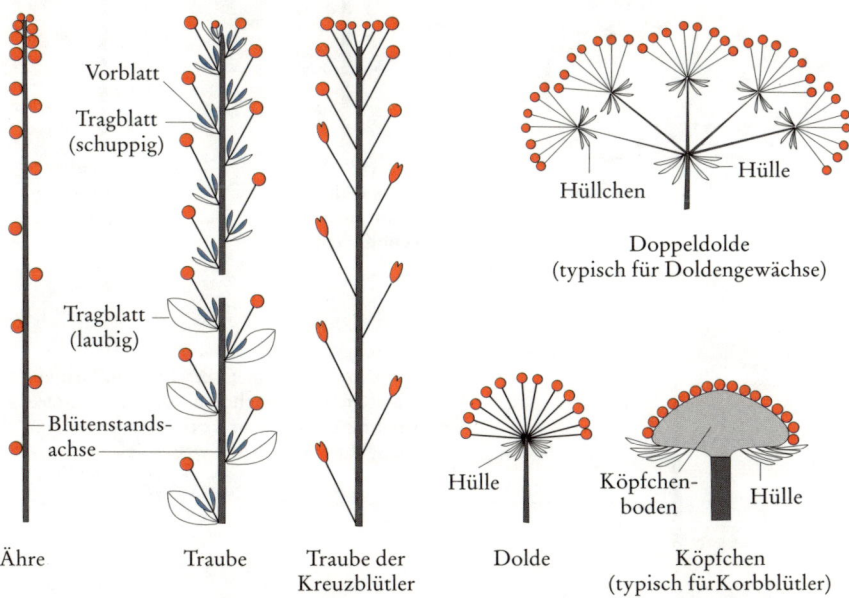

Alle Blüten ● sind Seitenblüten gleicher Ordnung. Die Blütenstiele tragen höchstens ein Paar
Vorblätter ⅃, in deren Achseln keine Seitenknospen angelegt werden.

Traube:	Internodien zwischen Tragblattknoten gestreckt (bei Kreuzblütlern fehlen Vor- und Tragblätter); Blüten gestielt
Ähre:	Internodien gestreckt, Blüten ungestielt
Dolde:	keine Internodienstreckung, Blütenstiele »von einem Punkt aus«; Hüll- blätter wohl Tragblätter der Blüten
Köpfchen:	Abstammungsachse zum Köpfchenboden verbreitert, Hüllblätter in der Regel Hochblätter, nicht Tragblätter der Blüten
Doppeldolde:	Einfache Blütenstände können zu Doppeldolden oder Doppeltrauben zusammentreten, Doppelköpfchen sind sehr selten

Abbildung 41: *Einfache Blütenstände.*

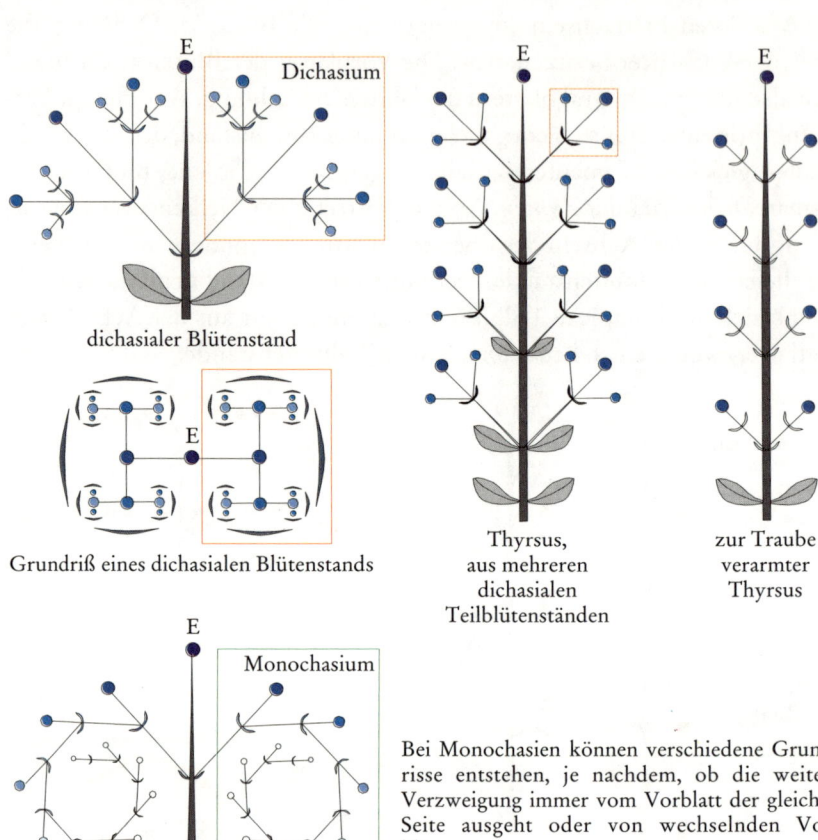

Bei Monochasien können verschiedene Grundrisse entstehen, je nachdem, ob die weitere
Verzweigung immer vom Vorblatt der gleichen
Seite ausgeht oder von wechselnden Vorblättern.

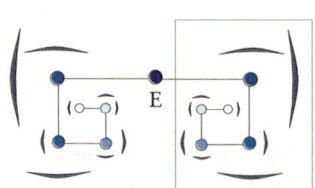

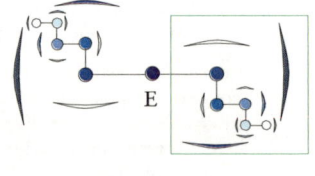

Grundrisse monochasialer Blütenstände
(Verzweigung immer aus dem Vorblatt   (Verzweigung aus den Vorblättern
der gleichen Seite)   wechselnder Seiten)

Abbildung 42: Komplexe Blütenstände I. Zymöse Blütenstände. E = Endblüte.

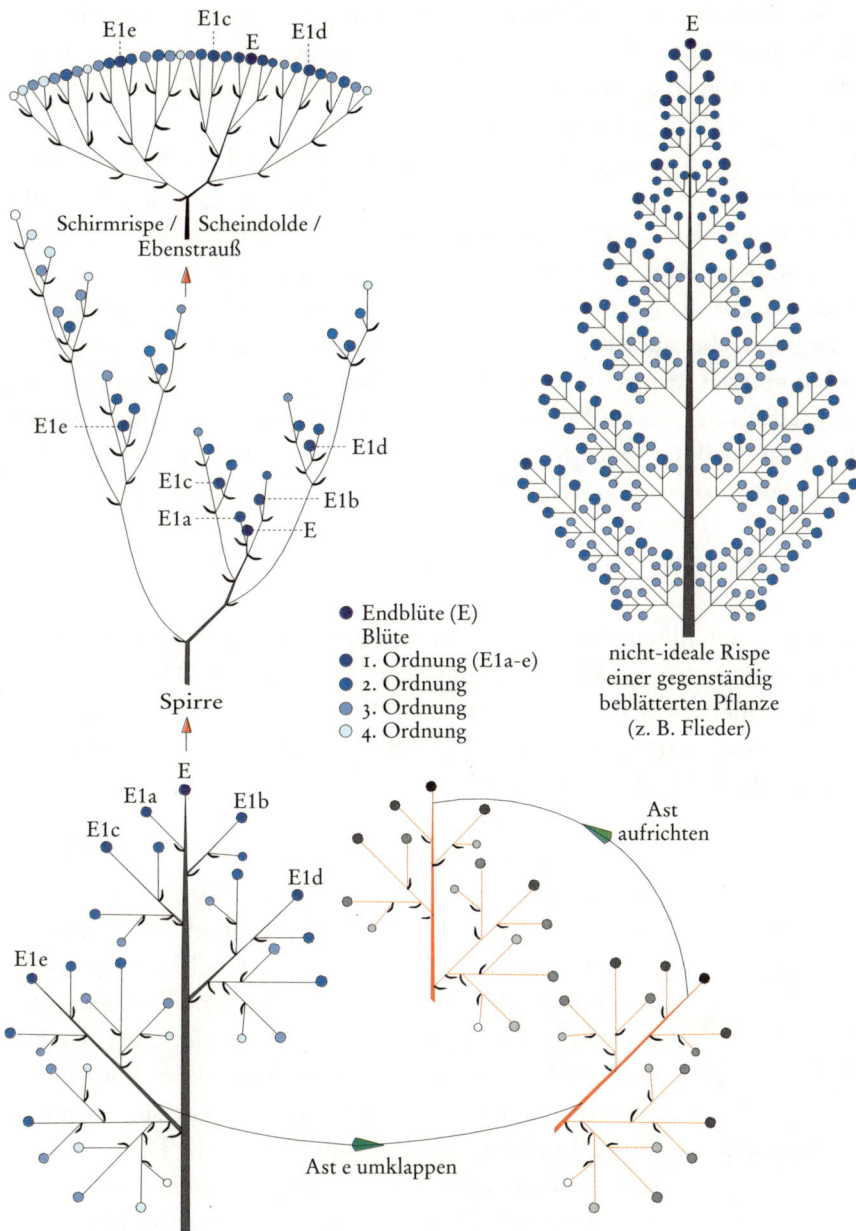

Idealschema der Rispe: Jeder Ast wiederholt, was an der Hauptachse über ihm steht.

Abbildung 43: Komplexe Blütenstände II. Formen der Rispe.

Eigentlich gibt es nur noch *einen* weiteren Typ zusammengesetzter Blütenstände, die *Rispe*. Im Prinzip wiederholt hier jeder Ast alles, was an der Hauptachse über ihm steht. Die unteren sind meist länger und stärker verzweigt als
die oberen, so daß sich eine pyramidale Gesamtform ergibt (etwa beim Flieder). Abb. 43 unten zeigt eine »klassische« Rispe, bei der die Äste von unten
nach oben immer kürzer und einfacher werden. Es leuchtet ein, daß diese Ide-
alform in der Natur nur zufällig verwirklicht wird; häufig findet man mehrere
gleich stark verzweigte Seitenäste. Rispen können aber auch in einer ganz anderen »Tracht« daherkommen. In einigen Gattungen der Binsengewächse und
Sauergräser, aber auch beim Mädesüß (*Filipendula*, Rosaceae), übergipfeln die
langen unteren Rispenäste die oberen, der Gesamtblütenstand bekommt eine
Trichterform; in diesem Fall spricht man von einer *Spirre*. Manchmal werden
aber auch alle Blüten einer Rispe in eine Ebene eingeordnet, die dann als *Eben-
strauß* oder *Scheindolde* einer echten Dolde täuschend ähnlich sieht.

BLÜTENSYMMETRIE UND BLÜTENORGANE

Zurück zu den Blüten. Sie sind bei den Samenpflanzen fast allgemein vorhanden und vereinigen auf kleinem Raum ganz viele Merkmale. Deshalb sind sie
für das Unterscheiden der verschiedenen Pflanzenarten besonders geeignet.
Das soll hier am Beispiel der Frühlingsflora im Kalkbuchenwald und einiger
ergänzender Beispiele gezeigt werden.

Symmetrie der Blüte

*Abbildung 44:
Diagramm einer
radiären Blüte
(hier: Monokotyle,
z.B. Bärlauch).*

Viele Blüten sind im Umriß rundlich oder sternförmig und
meist aus drei, vier, fünf oder sechs gleichen Sektoren
(»Kuchenstücken«) zusammengesetzt. Solche Blüten nennt
man *radiär* oder radiärsymmetrisch (Symbol ✳). Gute Beispiele sind der Sauerklee (*Oxalis acetosella*) oder der Bärlauch (*Allium ursinum*). In einer dreizähligen Blüte gibt es
drei Symmetrieebenen, die alle »das Gleiche spiegeln«.
Durch Drehung lassen sich die Bilder zur Deckung bringen. Im Gegensatz dazu stehen die *zygomorphen* Blüten
(zygos = Joch), die nur eine einzige Symmetrieebene haben
(Symbol ↓). In der Frühlingsflora gehören z.B. die Frühlingsplatterbse (*Lathyrus vernus*), der Lerchensporn (*Cory-*

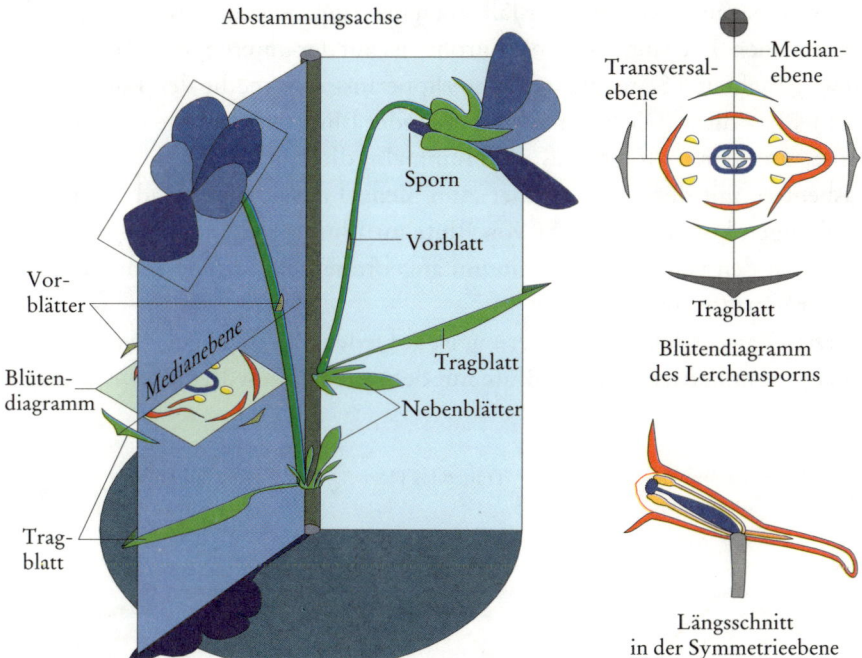

Abbildung 45: *Medianebene und Zygomorphie bei Stiefmütterchen und Lerchensporn.*

Stiefmütterchen: Normalfall der Zygomorphie: Symmetrieebene der Blüte und Medianebene fallen zusammen.

Lerchensporn: Sonderfall der Zygomorphie: Symmetrieebene steht senkrecht zur Medianebene (fällt mit *Transversalebene* zusammen)

dalis cava) und die Veilchenarten *(Viola reichenbachiana, Viola hirta*, vgl. Abbildung 45 und 47), aber auch die Lippenblütler, vertreten durch die Goldnessel *(Lamium galeobdolon)*, dazu. Bei der Ausbeutung solcher Blüten richtet sich das besuchende Tier, das ja selber auch nur eine Symmetrieebene hat, meist so aus, daß seine und die Symmetrieebene der Blume übereinanderfallen oder wenigstens parallel ausgerichtet sind. Da die Pflanze durch diesen Trick mit einer bestimmten Position des Bestäubers rechnen kann, ist es ihr möglich, den Pollen gezielt auf das Tier zu übertragen und mit kleineren Mengen auszukommen. In radiären Blüten werden die Insekten nicht veranlaßt oder gar gezwungen, eine bestimmte Position einzunehmen, hier ist in der Regel die Staubblattzahl und die Pollenmenge je Samenanlage höher.

Zygomorphe Blüten sind fast immer Seitenblüten, z. B. im Blütenstand des

Fingerhuts, einer Traube. Hier fällt auch ins Auge, wie diese Blüten normalerweise stehen. Die lange Blütenkronröhre ist auf der unteren, zum Tragblatt der
Blüte gerichteten Seite zu einer Unterlippe ausgezogen, die den Hummeln als
Landeplatz dient. Die Symmetrieebene jeder Blüte trifft auf die Blütenstandsachse, und daraus folgt, daß die Hummeln, die einen Fingerhutblütenstand
ausbeuten, mit dem Kopf immer zum Stengel ausgerichtet sind. Ohne viele
Drehungen können sie leicht von Blüte zu Blüte pendeln, zumal die Blüten
nicht um den ganzen Stengel herum angeordnet sind, sondern nur in einem
Sektor von etwa 90–120°.

Diese »praktische« Orientierung ist auf jeden Fall dann gegeben, wenn die
einzige Symmetrieebene der Blüte mit der sogenannten *Medianebene* zusam-

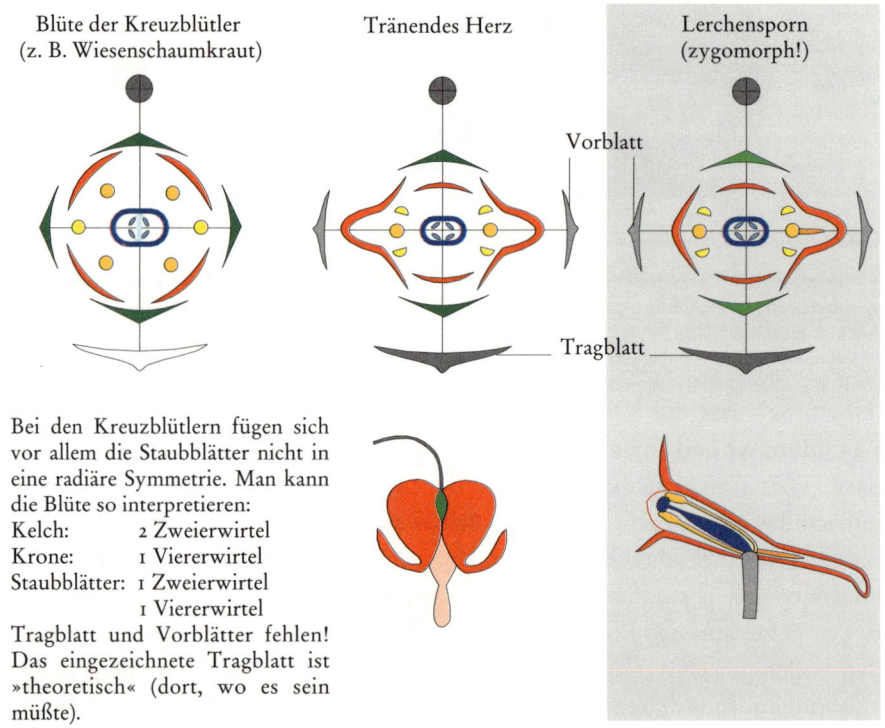

Blüte der Kreuzblütler
(z. B. Wiesenschaumkraut)

Tränendes Herz

Lerchensporn
(zygomorph!)

Vorblatt

Tragblatt

Bei den Kreuzblütlern fügen sich
vor allem die Staubblätter nicht in
eine radiäre Symmetrie. Man kann
die Blüte so interpretieren:
Kelch: 2 Zweierwirtel
Krone: 1 Viererwirtel
Staubblätter: 1 Zweierwirtel
               1 Viererwirtel
Tragblatt und Vorblätter fehlen!
Das eingezeichnete Tragblatt ist
»theoretisch« (dort, wo es sein
müßte).

Abbildung 46: Disymmetrische Blüten. Die beiden Symmetrieebenen spiegeln Verschiedenes, daher sind die Blüten nicht radiärsymmetrisch. Zum Vergleich der »quer-zygomorphe« Lerchensporn, der in Zahl und Anordnung der Teile mit dem Tränenden Herz übereinstimmt.

menfällt. Das ist die Ebene, die durch die Abstammungsachse und die Mitte des Tragblatts einer Blüte geht. Diese wichtige Ebene ist in der Abbildung 45 eingezeichnet. Tatsächlich ist bei den meisten zygomorphen Blüten die Symmetrieebene mit der Medianebene identisch — aber nicht bei allen. Beim Lerchensporn ist der seltene Fall verwirklicht, daß die Symmetrieebene senkrecht zur Medianebene steht. Das hat sich offensichtlich nicht bewährt, denn die Blütenstiele drehen die Blüte nachträglich so, daß jetzt die Symmetrieebene doch fast auf die Blütenstandsachse trifft.

Der Vollständigkeit halber sei erwähnt, daß es auch Blüten mit nur zwei Symmetrieebenen gibt, die senkrecht zueinander stehen, aber Verschiedenes spiegeln (Symbol ✛, die Bilder lassen sich nicht durch Drehen übereinanderlegen). Das schönste Beispiel für diesen seltenen Fall ist eine Zierpflanze, das »Tränende Herz« (*Dicentra spectabilis*, siehe nebenstehende Abbildung). Genau genommen gehören aber auch alle Kreuzblütler (Cruciferae/Brassicaceae) zu diesem Symmetrietyp. In den Bergwäldern der Alpen und im Jura sind großblütige Zahnwurzarten *(Dentaria)* anschauliche Beispiele. Mehr im Norden wird diese Sippe durch die Knöllchenzahnwurz *(Dentaria bulbifera)* vertreten, die aber oft kaum Blüten und statt dessen kleine Seitensprosse in der Form von Brutknöllchen entwickelt. Hier muß man auf die Schaumkrautarten *(Cardamine pratensis, C. amara)* warten, die im Mai an lichteren Waldstraßenrändern oder *(Cardamine pratensis)* auf etwas feuchteren Wiesen oder Parkrasen erscheinen, oder sich an den Goldlack *(Cheiranthus cheiri)* aus den Gärten halten. Schließlich gibt es auch noch asymmetrische Blüten (z. B. das Blumenrohr, die Zierpflanze *Canna indica)*, doch nicht bei einheimischen Familien. Man darf nämlich den Begriff der Symmetrie auch nicht allzu pingelig anwenden. In der Regel ist die Gestaltung der Blütenhülle und die Anzahl und Position der Staubblätter maßgeblich für die Einteilung in radiäre und zygomorphe Blüten. Die Zahl der Staubblätter wird aber nur bis zur doppelten Menge der Blütenhüllblätter eines Kreises genau ausgezählt, alles, was darüber ist, gilt als »viele« (als Abkürzung verwendet man dafür gern das Zeichen ∞=»unendlich«, man sollte es aber als »viele« lesen). Auf keinen Fall spricht es gegen die Radiärsymmetrie, wenn eine fünfzählige Blüte mit 10 Staubblättern nur drei statt fünf Fruchtblätter hat (z. B. die Große Sternmiere).

Radiäre Blüten

Diagramme

Seltenes »Normal«-Diagramm
Limnanthes douglasii

Sauerklee, *Oxalis*
Storchschnabel, *Geranium*

Reiherschnabel
Erodium moschatum

Zygomorphe Blüten

Diagramme   Schnitte
                     (in der Symmetrieebene)

Fahne
Flügel
Schiffchen

Schiffchen

Schmetterlingsblütler (z. B. Platterbse)

Kapuzinerkresse   *Tropaeolum peregrinum*
                     (Sporn am Kelchblatt)

Sporn
am Kronblatt

Veilchen, Stiefmütterchen
Viola

Abbildung 47: Diagramme radiärer und zygomorpher Blüten.
Die Schnitte halbieren die Blüten in der Symmetrieebene. Blütenhüllblätter und Staubblätter, die
man mit dem Schnitt trifft, sind ausgefüllt; neben der Schnittebene liegende Teile sind nur als
Umriß gezeichnet. Staubfadenröhre der Schmetterlingsblütler und Fruchtknoten von *Tropaeo-
lum* sind in Aufsicht dargestellt.
Das »Normaldiagramm« in der linken oberen Ecke hat fünf Organkreise, alle mit fünf Elementen.
Die Organe aller Kreise alternieren (stehen auf Lücke). In der Natur ist dieser »ordentliche« Fall
selten.
Die hier gewählten Farben der Blütenorgane werden allgemein in Blütendiagrammen verwendet:
Kelch = grün, Krone = rot, Staubblätter = gelb, Fruchtblätter = blau.

Von außen nach innen:
Ein Gang durch die Blütenorgane

Da die systematische Botanik ja vom Vergleichen lebt, ist es sinnvoll, die Beschreibung von Blüten immer nach dem gleichen Schema abzufassen, man kann dann viel leichter entsprechende Angaben vergleichen. Dabei geht man von außen nach innen (bzw. von unten nach oben) vor. Als erste Blütenorgane werden die Blätter der *Blütenhülle* gezählt und beschrieben, die grün, weiß oder farbig sein können. Dabei fällt auf, daß einige unserer Beispiele eine *doppelte Blütenhülle* haben, deren verschiedene Blätter immer »auf Lücke«, also abwechselnd angeordnet sind. Dazu gehören etwa der Sauerklee, die Große Sternmiere, die Schlüsselblume, das Lungenkraut, aber auch die Frühlings-Platterbse und das Veilchen. Der äußere Blätterkranz, der *Kelch* (Abkürzung K vom Fachwort *Kalyx*, das einzelne Kelchblatt heißt mit dem Fachwort *Sepalum*), ist in diesen Beispielen grün. In der Knospe umschließt er alle inneren Blütenorgane und schützt sie während ihrer Entwicklung. In der offenen Blüte wird er meistens von der Krone an Länge übertroffen. An der verwelkten Blüte und Frucht bleibt der Kelch oft grün und vergrößert sich manchmal auch noch, während die Kronblätter häufig vertrocknen oder abfallen. Die Kelchblätter stehen entweder unverbunden nebeneinander, z.B. sind die Kelchblätter des Sauerklees weitgehend frei voneinander, oder sie sind zu einer Röhre vereinigt wie bei der Schlüsselblume oder beim Lungenkraut. Nur die kurzen Kelchzipfel sind hier frei.

Kelchblätter sind häufig grün, aber das muß nicht grundsätzlich so sein. Immer dann, wenn man zwei unterschiedlich gestaltete Blütenhüll-»Kreise« findet, kann man den äußeren »Kelch« nennen. Bei der Fuchsie, einer beliebten Zierpflanze, ist er oft rot gefärbt und durchaus an der Anlockungsfunktion beteiligt. Auch bei einem bekannten Vertreter der Hahnenfußgewächse, der Akelei *(Aquilegia vulgaris)*, unterscheiden sich die Kelch- und die Kronblätter (hier oft Nektarblätter genannt, vgl. S. 253) nicht in der blauen oder violetten Farbe, jedoch deutlich in der Gestalt.

Der innere Kranz der Blütenhülle, die *Krone* (Abkürzung C für *Corolla*, das einzelne Kronblatt heißt mit dem Fachwort *Petalum*), ist in der Regel bunt oder weiß und meistens zarter und darum hinfälliger als der Kelch. Hauptsächlich dient sie als »Werbefläche« und ist nur in den wenigen Tagen nötig, in denen eine Blüte eben für Besucher attraktiv ist. Deshalb leuchtet es sofort ein, daß es genügt, wenn die Krone gerade bis zur Blütezeit ihre volle Größe erreicht, aber davor, um in der jungen Knospe Platz zu sparen, noch klein bleibt. An den dicken Knospen des Klatschmohns *(Papaver rhoeas)* kann man leicht nachprüfen, daß die vier Kronblätter lange Zeit kürzer sind als die Staubblätter und auch erst ganz zuletzt ihre schön rote Färbung erhalten. Es gibt allerdings Fälle, wo der Kelch nur sehr unvollkommen entwickelt wird. Hier muß die Krone für den nötigen Knospenschutz sorgen und hüllt sehr rasch das Blüteninnere ein. Meist verjüngen sich die Kronblätter zu ihrer Ansatzstelle hin, während Kelchblätter meist recht breit an der Achse ansetzen.

Es gibt Pflanzen mit freien Kronblättern, z. B. Sauerklee, Große Sternmiere, aber auch das zygomorphe Veilchen, neben solchen mit zur *Kronröhre* verwachsenen inneren Blütenhüllblättern, z. B. Schlüsselblume, Lungenkraut und die Korbblütler. Im zweiten Fall rechnet man die Pflanzen unter die »Sympetalen«, also Verwachsenkronblättrigen. Die Unterscheidung zwischen freien und verwachsenen Kronblättern kann man allerdings nicht nach dem ersten Eindruck treffen. Es gibt Beispiele, die den Anschein verwachsener Kronen erwecken, und zwar nicht nur beim beobachtenden Menschen, sondern auch beim blütenbesuchenden Insekt, obwohl ihre Kronblätter frei angelegt werden. Die roten und weißen Lichtnelken sowie weitere Vertreter der Gattung Leimkraut *(Silene)* täuschen Stieltellerblumen (s. S. 388) mit langen Kronröhren dadurch vor, daß die *Kelch*blätter zu einer ziemlich langen Röhre verwachsen sind. Die Kelchröhre hält die schmalen Basalteile der völlig freien Kronblätter zusammen. Interessanter sind aber die zygomorphen Blüten aus der großen Familie der Schmetterlingsblütler (s. Abbildung 47). Bei ihnen sind zwei Kronblätter an der Spitze verbunden und bilden das Schiffchen. Diese Verbindung oder »Verwachsung« an der Spitze passiert nachträglich (»postgenital«) durch eine Verzahnung der Blattränder, aber die schmalen Basalteile der Schiffchenblätter bleiben ganz frei. Das Schiffchen dient als Umhüllung der Staubbeutel, die erst zurückweicht und Pollen freigibt, wenn sich ein Bestäuber mit der richtigen Größe und entsprechendem Gewicht richtig auf die Blüte setzt. Der Landeplatz für Insekten sind aber die Flügel. Oft sind sie mit dem Schiffchen durch druckknopfartige Verbindungen vereinigt. Der Druck der bestäubenden Hummel auf die Flügeln führt daher zum Freilegen der Staubbeutel oder zur Abgabe einer Pollenportion an der Schiffchenspitze. Beim Lerchensporn liegen die Verhältnisse ähnlich.

Die Kronröhre der echten Sympetalen dagegen wird immer schon ganz früh in der Entwicklungsgeschichte der Blütenanlage sichtbar (kongenitale Ver-

wachsung). Sie wird »am Stück« angelegt und ist nicht das Resultat einer
Fusion zuvor freier Teile. Oft erweitert sie sich in einen Saum, der am Rand in
einzelne Zipfel oder Lappen aufgelöst ist, etwa bei der radiären Schlüsselblume. Diese Zipfel entsprechen den einzelnen, verwachsenen Kronblättern.
Trotzdem wurden Pflanzen mit verwachsener Krone früher als »einkronblätt-
rig« bezeichnet. Die Krone, die bei der Schlüsselblume ja auch als Ganzes ab-
fällt, wurde offenbar als Einheit betrachtet, nicht als Vielheit verwachsener
Einzelteile. Bei zygomorphen Blüten mit verwachsener Krone ist es aber oft
wirklich schwierig, die Zahl der beteiligten Kronblätter in der fertigen Blüte
herauszufinden, denn hier bildet die Krone sehr oft eine (meist dreiblättrige)

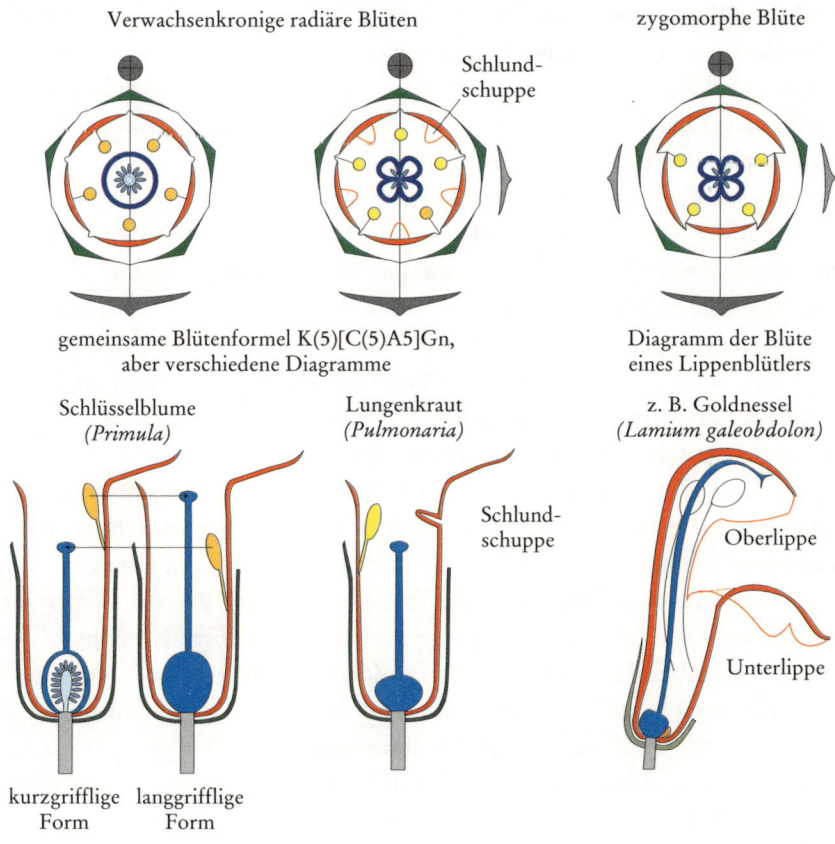

Verwachsenkronige radiäre Blüten

zygomorphe Blüte

Schlund-
schuppe

gemeinsame Blütenformel K(5)[C(5)A5]Gn,
aber verschiedene Diagramme

Diagramm der Blüte
eines Lippenblütlers

Schlüsselblume
(Primula)

Lungenkraut
(Pulmonaria)

z. B. Goldnessel
(Lamium galeobdolon)

Schlund-
schuppe

Oberlippe

Unterlippe

kurzgrifflige
Form

langgrifflige
Form

Abbildung 48: Diagramme und Längsschnitte verwachsenkroniger Blüten.

Unterlippe und eine (meist zweiblättrige) Oberlippe aus. Während die Unterlippe häufig dreizipflig gestaltet ist, käme man als unbefangener Beobachter bei der einheitlichen Oberlippe kaum auf den Gedanken, daß sich darin zwei Kronblätter verstecken. Im Kapitel über die Entwicklungsgeschichte wird aber einsichtig, daß die Oberlippe der Rachenblütler und Lippenblütler wirklich aus zwei Kronblättern besteht.

Die Pflanzenarten mit zygomorphen Blüten sind nicht gleichmäßig auf freikronige und verwachsenkronige verteilt. In Mitteleuropa gehören drei Fünftel der zygomorphen Arten zu den »Sympetalen« (Verwachsenkronigen).

Das Perigon

Nicht alle Pflanzen des Frühlingsbuchenwalds haben aber eine doppelte Blütenhülle aus zwei unterschiedlich gestalteten Sorten von Blütenhüllblättern. Die Blüten beider Anemonenarten weisen nur lauter gleichgestaltete Blätter auf. Beim Gelben Windröschen sind es oft fünf, selten mehr. Beim weißen sind es oft sechs, aber auch sieben bis acht werden häufig gezählt.

Bei einem Gelben Windröschen kann man kurz vor dem vollständigen Öffnen der Blüte sehen, daß sich die Ränder der fünf Blütenhüllblätter noch überdecken. Bei zwei Blättern liegen beide Ränder außen, zwei weitere haben zwei innenliegende Ränder, und eines hat einen Rand außen und einen innen. Sie sind genau so angeordnet, wie es in einer Laubblattrosette mit 2/5-Stellung der Blätter der Fall ist. Man kann daraus den Schluß ziehen, daß auch die Blütenhüllblätter des Windröschens nacheinander längs einer einzigen Schraubenlinie, der genetischen Spirale, angelegt worden sind.

Bei der halboffenen sechszähligen Blüte eines Buschwindröschens trifft man oft folgendes Bild an: drei Blütenblätter liegen mit beiden Rändern außen, und zwischen ihnen ist je ein Blütenblatt mit innenliegenden Rändern zu finden. Zwar sind alle Blätter etwa gleich groß und gleich gefärbt. Wegen ihrer Menge und Lage schleicht sich doch der Zweifel ein, ob man hier nicht doch zwei Kreise mit je drei Gliedern, einen äußeren und einen inneren, vor sich habe. Andererseits spricht die Verwandtschaft mit dem Gelben Windröschen dafür, daß trotz der abweichenden Randdeckung doch alle Blätter längs einer Spirallinie an der Blütenachse ansetzen. Für Bestimmungszwecke werden solche Blütenhüllen als *einfache* aufgefaßt, weil alle Blütenblätter gleich gestaltet sind.

Bei den Einkeimblättrigen ist eine Blütenhülle mit drei äußeren und drei inneren Blättern die Regel. Man findet sie bei uns in den Blüten des Märzbechers *(Leucojum vernum)*, des Bärlauchs (Abb.44 auf S.228) oder des Gelbsterns *(Gagea lutea)*. Meist sind die Blätter weitgehend gleich gestaltet. Manchmal unterscheiden sich aber die äußeren drei von den inneren drei sowohl in der Größe als auch in der Färbung, ganz deutlich etwa beim Schneeglöckchen *(Galanthus nivalis)*, aber auch bei der Einbeere, die allerdings vierzählige Blü-ten-»Kreise« zeigt. Liegt hier schon eine doppelte Blütenhülle vor? Sobald sich die Blätter etwas unterscheiden, was ja schon durch die unterschiedliche Lage der Ränder geschieht, ist man in Beschreibungen und Bestimmungsbü-chern geneigt, von zwei »Kreisen« zu sprechen.

Noch anders liegen die Verhältnisse bei den unscheinbaren Blüten des Bin-gelkrauts *(Mercurialis perennis)*. Hier sind die Blüten eingeschlechtlich, und die männlichen und weiblichen sitzen auf verschiedenen Pflanzen. Unter den Staubblättern oder Fruchtblättern findet man nur drei bis vier kleine grüne Schüppchen, die zwar die Knospenhülle bildeten, aber an der offenen Blüte keine Insekten herbeilocken. Das ist bei dieser Pflanze auch nicht nötig, denn sie wird vom Wind bestäubt. Nach Farbe und Größe gleicht diese einfache Blütenhülle nicht sonderlich der bunten Hülle eines Windröschens oder Gelb-sterns. Man könnte sie eher mit einem Kelch vergleichen. Hat das Bingelkraut einstmals auch eine Krone gehabt und sie im Laufe der Zeit zurückgebildet? Oder war die Blütenhülle immer einfach? Ist vielleicht die einfache Blütenhül-le gar der ursprüngliche Zustand? Und wo kommen die Blütenhüllblätter überhaupt her? Solche Fragen drängen sich auf bei Überlegungen zur Evolu-tion der Blütenhülle. Darauf wird später näher eingegangen (S.292 ff).

Für Zwecke der Bestimmung zieht man sich aus praktischen Gründen so aus der Affäre: man heftet den Blütenhüllen aus lauter (nahezu) gleichgestalte-ten Blättern das Etikett *Perigon* an (peri=drum herum, goneis=Eltern; Ab-kürzung P). Das Fachwort für ein einzelnes Perigonblatt ist *Tepalum*, ein Kunstwort (Anagramm), das durch Umstellung aus »Petalum« gebildet wur-de. In der Wissenschaft dient es auch als neutraler Ausdruck (Oberbegriff) für jede Art Blütenhüllblatt. In Bestimmungsbüchern wird der Begriff Perigon aus praktischen Gründen auf alle Pflanzen mit mehr oder weniger einheitli-cher Blütenhülle angewendet, ob deren Blätter nun in schraubiger Anordnung anzutreffen sind, wie die fünf bis neun Blütenhüllblätter der Windröschenar-ten, oder in (scheinbar oder tatsächlich) zwei Kreisen, wie bei einzelnen Blüten des Buschwindröschens oder beim Märzenbecher. Sogar eine einfache, wenig-

blättrige Hülle wie beim Bingelkraut oder der Wiesenraute fällt in Bestimmungsbüchern unter den Begriff Perigon. Das erleichtert die Kurzbeschrei-
bung der Blüten mit sogenannten Blütenformeln (siehe Tabelle S. 258), aber
gibt natürlich keine Antwort auf die Frage, in welchem Verhältnis die »Perigonblätter« zu Kelch oder Krone anderer Arten stehen.

»Vegetative Zutaten«

Die Abgrenzung der Blütenhülle nach »unten«, zum sogenannt vegetativen
Teil des Sprosses hin, ist nicht immer so klar wie beim Veilchen, das lange Blütenstiele hat. Dadurch werden seine Blüten deutlich vom Rest der Pflanze abgesetzt und aus der Achsel der hier laubigen Tragblätter herausgehoben (vgl.
das Stiefmütterchen, *Viola tricolor*, auf Abbildung 45, S. 229). Untersucht man
den Blütenstiel genauer, so entdeckt man etwa in seiner Mitte zwei kleine, nahe
beieinanderstehende Schuppenblätter, die *Vorblätter*. In anderen Fällen rük-
ken Hochblätter aber ganz dicht an die Blüten heran. Ein unbefangener
Betrachter eines Leberblümchens ist geneigt, dieser Blüte einen grünen, dreiblättrigen Kelch und eine fünfblättrige, blaue Krone zuzusprechen. Die spitz-
findigen Morphologen sehen das aus folgenden Gründen anders:

• Zur Fruchtzeit hat sich das Internodium zwischen der grünen Hülle und
  dem Fruchtknoten gestreckt.
• Die blauen Blätter tragen keine Nektardrüsen, wie das bei den echten Kronblättern (=Nektarblättern) der Hahnenfußgewächse üblich ist (vgl. S. 253).
• Viele Anemonenarten, die nahe Verwandte des Leberblümchens sind, tragen unter der Blüte ebenfalls eine Hochblatthülle oder einen Laubblattwir-
  tel (bzw. Schweinwirtel) aus drei Blättern, freilich weiter abgerückt.

Deshalb faßt man die drei grünen, schuppenartigen Blätter unter der Blüte des
Leberblümchens lieber als Hochblätter denn als Kelch auf. Die blauen Blütenhüllblätter gelten dann als Perigon.

Es gibt aber andere Pflanzen, z.B. bei den Malvengewächsen die Gattung
Malve selber, wo eine meist regelmäßige Zahl von Hochblättern dicht an den
Kelch heranrückt und dann *Außenkelch* genannt wird. Bei den Rosengewächsen tritt der Begriff Außenkelch etwa bei den Fingerkräutern ebenfalls auf,
aber hier sind die Außenkelchblätter noch fester in die Blüte einbezogen (vgl.
REM-Tafel 2). Sie stehen, wie die Kelchblätter, am oberen Rand des Blütenbechers.

Staubblätter

Nach der Blütenhülle betritt man bei der Beschreibung der Blüten das »Männerhaus«. Das ist eine etwas saloppe Übersetzung des Fachbegriffs *Androeceum* (aner=Mann, oikos=Haus), der in der Blütenformel mit A abgekürzt wird. Das Androeceum umfaßt die Gesamtheit der Staubblätter. Die Windröschen, das Leberblümchen oder die Hahnenfußarten *(Ranunculus spec.)* sowie die Wiesenraute haben davon so viele, daß sie nicht einzeln ausgezählt werden. Ganz ähnlich ist es bei den Rosengewächsen, die im Frühling hauptsächlich durch blühende Obstbäume, die Erdbeere *(Fragaria vesca)* und die ersten Fingerkräuter *(Potentilla sterilis, Potentilla tabernaemontani=neumanniana)* vertreten sind. Falls man sich die Mühe machte und die vielen Staubblätter tatsächlich auszählte, würden die Werte von Blüte zu Blüte schwanken. Die Staubblätter werden bei den Vertretern der Hahnenfußgewächse, jedenfalls bei unseren Beispielen aus dem Frühlingswald, in spiraliger Folge von unten nach oben angelegt. Bei den Rosengewächsen ist das anders, wie das Kapitel »Blütenentwicklung« zeigen wird.

Viele Staubblätter (in einer einzigen Blüte) können durchaus auch eine Schauwirkung haben und deshalb eine bunte Blütenhülle ersetzen. Unter den Pflanzen unserer Liste bietet nur die Gattung Wiesenraute, die überwiegend im Süden und Südosten Deutschlands vorkommt, ein Beispiel. Die Blütenhülle besteht nur aus wenigen grünlichen Schüppchen. Einige Arten der Gattung sind zur Windbestäubung übergegangen und daher nicht besonders für ein Auge gestaltet. Aber die in Auwäldern und Alpenrosengebüschen vorkommende Akeleiblättrige Wiesenraute hat durchaus attraktive Blütenstände, die sich aus vielen »puscheligen« Blüten zusammensetzen, da hier die vielen und langen Staubfäden attraktiv violett oder weiß gefärbt sind und Insekten anlocken. In Nordamerika und Asien kommen allerdings auch sehr schönblühende Wiesenrauten-Arten vor, etwa *Thalictrum dipterocarpum* (in China), die zusätzlich zu den Staubfadenpinseln zwar kleine, aber intensiv gefärbte Blütenhüllblätter tragen. Aus dem Blumenhandel kennt man aber die bezaubernden gelben Fadenbällchen der »Mimosen«, die zur Gattung *Acacia* gehören, oder es kommen gelegentlich Knospen von Eucalyptusblüten in den Handel, die ihren silbernen Kelchdeckel abwerfen und dann mit einer Fülle gelber oder roter Staubblätter prangen.

Ganz anders sieht es beim Sauerklee und bei der Großen Sternmiere aus. Hier findet man genau zehn Staubblätter. Fünf stehen vor den Kelchblättern und fünf vor den Kronblättern. Wenn man sie für eine Detailbeschreibung auseinanderhalten muß, kann man sie nach ihrer Lage als Kelch- respektive Kronstaubblätter bezeichnen. Oft unterscheiden sich die beiden Gruppen in der Länge der Staubfäden und im Zeitpunkt, zu dem sich die Staubbeutel öffnen, deshalb werden sie in der Blütenformel getrennt aufgeführt (A 5+5 statt A 10). Ähnlich wie die Blätter der Blütenhülle bei Monokotyledonen werden sie in beschreibenden Texten gerne als zwei Kreise bezeichnet. Das ist auch darum berechtigt, weil in einer von zwei nah verwandten Gattungen manchmal ein Kreis ausfällt, z.B. beim Reiherschnabel *(Erodium)*, einer Nachbargattung des Storchschnabels *(Geranium)* (vgl. Abb. 47, S. 232 und die REM-Tafeln 6 und 7).

Alle bisherigen Beispiele hatten, wenigstens bei flüchtiger Betrachtung, freie Staubfäden (= Filamente). Wie Blattstiele die Blattspreite tragen sie oben einen einzigen Staubbeutel (= Anthere), der aber deutlich in zwei symmetrische Hälften gegliedert ist (die Theken = Behälter, vgl. Biblio*thek*), die sich wiederum aus zwei Pollensäcken zusammensetzen (s. REM-Tafel 7). Wo die Pollensäcke einer Theke längs aneinandergrenzen, klafft später ein Längsschlitz, der die beiden angrenzenden Pollensäcke gleichzeitig öffnet. Selten werden statt Längsschlitzen nur runde Poren zum Ausstreuen der Pollenkörner gebildet, etwa bei den Heidekrautgewächsen (z.B. *Erica* und *Calluna*). Die Insekten müssen solche Staubbeutel in geeigneter Weise »melken«, um an den Pollen zu kommen. Ebenso selten sind kleine Klappen, die als Dächlein über der Öffnung stehenbleiben. Bei der Berberitze und Mahonie gibt es pro Theke eine große Klappe, aber beim Lorbeer *(Laurus nobilis)* wird jeder der vier Pollensäcke mit einer eigenen kleinen Klappe geöffnet.

Neben der Mehrheit der Pflanzen mit freien Staubfäden gibt es auch solche, etwa die Malvengewächse (z.B. *Hibiscus*), bei denen die Staubfäden im unteren Teil eine gemeinsame Röhre bilden. Später durchwächst der Griffel diese Röhre, um die kugeligen, langhaarigen Narben herauszustrecken. Darum ist die Bezeichnung Säule, die man gelegentlich auch für Staubfadenröhre lesen kann, eigentlich falsch. Bis auf einen sind auch die Staubfäden bei der Frühlings-Platterbse bis über die Mitte zu einer oben offenen Rinne verwachsen (Abbildung 47, S. 232), doch braucht es einiges Geschick, um sie in einer Blüte freizulegen. Bei einigen anderen Schmetterlingsblütlern bilden alle 10 Staubfäden eine einheitliche Staubfadenröhre.

Bis jetzt wurden Pflanzen mit unabgezählt vielen Staubblättern oder mit doppelt so viel Staubblättern wie Kronblättern vorgestellt (dann wird meist von zwei Staubblattkreisen gesprochen). Es gibt aber auch Pflanzen, die nur so viele Staubblätter wie Kronblätter haben (ein »Staubblattkreis«) oder sogar noch weniger. Unter unseren freikronblättrigen Beispielen sind das nur die Doldengewächse und die Veilchen. Viel häufiger tritt dieses Merkmal zusammen mit verwachsenen Kronblättern auf.

In den meisten verwachsenkronigen (sympetalen) Blüten findet man auch noch eine weitere Art der Verwachsung. Die Staubfäden bilden zwar keine reine Staubfadenröhre, sie setzen aber auch nicht einzeln innerhalb der Krone an die Blütenachse an, sondern sind in ihrem unteren Teil (jeder für sich) mit der Kronröhre verbunden. In der Blütenformel wird dies mit einer eckigen Klammer um Krone und Androeceum ausgedrückt. Der Bereich, in dem Kronblätter und Staubfäden miteinander verbunden sind, nennt man *Kron-Staubblatt-Röhre* (etwa bei *Primula* oder *Pulmonaria*, Abbildung 48, S. 235).

Das gilt auch für die Korbblütler. Sie zeichnen sich überdies dadurch aus, daß die Staubbeutel, obwohl frei angelegt, schon früh im Laufe ihres Wachstums mit den Rändern verkleben und als *Antherenröhre* eine funktionelle Einheit bilden. Verfolgt man ein Staubblatt von der Achse bis zur Spitze, sieht man nacheinander drei Abschnitte: zuunterst ist es Teil der Kron-Staubblatt-Röhre, dann folgt ein freier Staubfadenabschnitt, und oben bildet sein Staubbeutel einen Teil der Antherenröhre. Besonders gut kann man den Blütenbau der Korbblütler an den schön großen Blüten in den großen, blauen Köpfen der Bergflockenblume *(Centaurea montana)* untersuchen, die man Ende Mai in lichten Wäldern etwas höherer Lagen, aber auch in vielen Gärten findet. Die freien Staubfadenabschnitte zwischen Antherenröhre und Kron-Staubblatt-röhre sind reizbar und ziehen sich zusammen, wenn ein Insekt seine Zunge in die enge Röhre steckt oder ein Mensch mit einer Nadel in den Blüten herumstochert. Dadurch wird die Antherenröhre etwas »heruntergezogen« und der Griffel, der wie ein Kolben in einer Injektionsspritze in der Basis der Antherenröhre steckt, drückt oben ein Würstchen Pollen aus der Röhrenmündung heraus. Da sich die Staubfäden wieder erholen und erneut reizbar sind, der Griffel aber langsam weiterwächst, wird der Pollen in einzelnen Portionen abgegeben.

Meistens wechseln die Staubblätter eines einzigen Kreises mit den Kronblättern oder den freien Zipfeln einer verwachsenen Krone ab. Sie stehen also auf den gleichen Radien wie die Kelchblätter und damit zwischen den Kronblättern (etwa beim Lungenkraut); deshalb werden sie als Kelchstaubblätter bezeichnet. In unseren Beispielen stehen sie nur bei der Schlüsselblume vor den Kronzipfeln (Abbildung 48, S. 235); hier gibt es nur die fünf Kronstaubblätter. Das ist auch einer der Gründe, warum man die Primelgewächse heute nicht mehr zur Unterklasse der Asteridae zählt. Im System von CRONQUIST, das auf Seite 291 vorgestellt wird, werden nur diejenigen Vertreter der früheren systematischen Gruppe der Sympetalen zur neu gefaßten Gruppe (Unterklasse) der Asteridae gerechnet, die nur Kelchstaubblätter haben.

Beim Lungenkraut, aber noch schöner beim Beinwell, der im Sommer an Gräben weiß oder violett blüht, kann man bei flüchtiger Betrachtung leicht glauben, zehn Staubblätter vor sich zu haben. Auf den Radien zwischen den Kronzipfeln ragen die fünf Staubbeutel in die Kronröhre hinein, und zusätzlich vor den Kronzipfeln nochmals fünf dreieckige Strukturen, die *Schlundschuppen*. Guckt man von oben in die Kronröhre, verdecken die Schlundschuppen die Staubbeutel. Bei vielen Vertretern der Rauhblattgewächse (Boraginaceae) kommen solche lokalen Auswüchse der Kronblätter vor. Betrachtet man die Kronröhre von außen ganz genau, so findet man unter der Mitte der Kronzipfel je einen winzigen Eingang in jede Schlundschuppe. Das ist bei den Blüten des Beinwells *(Symphytum officinale)* besonders deutlich zu beobachten. Die Schlundschuppe ist nämlich eine hohle Vorstülpung eines kleinen Teiles der Kronröhre, die durch lokal verstärktes Flächenwachstum zustandekommt (Abbildung 48 bei *Pulmonaria*). Beim Vergißmeinnicht *(Myosotis-Arten)* sind die Schlundschuppen kurz und mehr nach oben, in Verlängerung der Kronröhre, ausgerichtet. In jungen Blüten sind sie leuchtend gelb und bilden einen auffälligen Ring um den Eingang der Kronröhre. Solche Muster in Blüten werden »Saftmale« genannt, sie dienen der »Lenkung« des Insekts, das die Blüte schon fast erreicht hat. Beim Vergißmeinnicht werden die Schlundschuppen mit dem Altern der Blüten weiß. Die bestäubenden Insekten lernen rasch, dieses Zeichen zu lesen, und besuchen die jetzt nektarlosen Blüten mit dem weißen Saftmal nicht mehr. (Vgl. auch S. 392.)

Eine Besonderheit in der Staubblattzahl tritt bei vielen zygomorphen Blüten mit verwachsener Krone auf. Hier wird dasjenige Staubblatt, das in der Symmetrieebene liegt, unterdrückt, so daß nur noch vier Staubblätter vorhanden sind. Ein Beispiel dafür ist die Goldnessel *(Lamium galeobdolon)* als Vertreter der in dieser Hinsicht recht einheitlichen Familie der Lippenblütler. Bei einigen wenigen Gattungen, in der heimischen Flora bei den Salbeiarten (z. B.

Wiesensalbei, *Salvia pratensis*, oder Klebrige Salbei, *Salvia glutinosa*), wird die Staubblattzahl sogar auf zwei beschränkt, die beiden anderen können noch als winzige Reste in der Kronröhre gefunden werden. Wenn man genau hinguckt, entdeckt man, daß an jedem Staubbeutel nur eine Hälfte (Theke) mit ihren beiden Pollensäcken noch Blütenstaub bildet, die andere ist zu einer Druckplatte am Eingang der Kronröhre umgebildet. Ein langer Arm, der sonst ganz schmal und unscheinbar die beiden Theken verbindet, ist beweglich an der Spitze des kurzen Staubfadens befestigt. Streckt eine Biene oder Hummel ihren Kopf in eine Salbeiblüte, werden die Druckplatten berührt und damit die Arme so gedreht, daß die pollenführenden Staubbeutelhälften das Insekt am Rücken bepudern. In einer zweiten Blühphase liegt die Griffelspitze mit den Narben genau dort, wo bei einem späteren Blütenbesuch ein eingepuderter Insektenrücken vorbeistreift. Nur dank diesem Präzisionsmechanismus in der Pollenübertragung können sich Pflanzen mit zygomorphen Blüten die Reduktionen der Staubbeutel überhaupt leisten.

Kann man bei den Lippenblütlern sozusagen nur das Ergebnis der Staubblattreduktion feststellen, so findet man in der Familie der Braunwurzgewächse (Scrophulariaceae) sozusagen »Zwischenstufen«. Die Königskerze hat noch fast radiäre Blüten mit fünf allerdings schon ein bißchen verschieden gestalteten Staubblättern. Die Braunwurz selber, die im Sommer an Waldstraßenrändern düster braunrot blüht, ist eindeutig zygomorph. Bei ihr ist das hinten in der Mitte liegende Staubblatt nur noch als kleine Schuppe in der Blütenkrone erhalten. Solche pollenlosen, also steril gewordenen Staubblätter nennt man *Staminodien*. Auch das kleine Ackerunkraut »Orant« *(Chaenorhinum minus)* hat ein winziges Staminodium (REM-Tafel 9). Die meisten Braunwurzgewächse haben nur die vier fertilen Staubblätter behalten und das Staminodium verloren, aber in wenigen Gattungen ist ihre Zahl auch auf zwei reduziert, etwa bei den Pantoffelblumen *(Calceolaria)*, die beliebte Zierpflanzen sind.

Wir haben unter unseren Beispielen nur einige wenige zygomorphe Blüten mit freien Kronblättern. Bei ihnen ist die Staubblattzahl in der Regel nicht reduziert. Die Schmetterlingsblütler haben noch 5+5 Staubblätter wie ihre vermuteten radiären Verwandten oder Vorfahren, auch beim Lerchensporn unterscheidet sich das Androeceum nicht von dem des Tränenden Herzens. Das Veilchen hat ebenfalls noch alle fünf Staubblätter seines einzigen Kreises. Anders ist es bei der ebenfalls zygomorphen, freikronigen Kapuzinerkresse *(Tropaeolum majus, T. peregrinum).* Hier sind im Prinzip Kelch- und Kron-

staubblätter vorhanden, aber in beiden Staubblattkreisen fehlt das Staubblatt
auf der Symmetrieebene (Abbildung 47).

Fruchtblätter

Zuinnerst in der Blüte stößt man schließlich auf die Fruchtblätter, die mit dem
Fachwort *Karpelle* genannt werden. Sie stellen das »Frauenzimmer«, das *Gynoeceum* dar (Abkürzung G, Gynaeka = Frau). Bei den allermeisten Pflanzenarten sind die Fruchtblätter so gut zu einem einheitlichen Gebilde verwachsen,
daß diese Einheit, der *Stempel*, zuerst wahrgenommen wurde. Ebenso wurde
ja zuerst auch eine Blütenkrone aus verwachsenen Blättern als *ein* Kronblatt
aufgefaßt. Zur Blütezeit sind die Stempel oft noch so klein, daß sie ohne Binokular nur schwer genau zu untersuchen sind. Wer also Pflanzen bestimmen
möchte und auf knifflige Fragen zur Detailgestalt der Fruchtblätter stößt, sollte sich an die schon deutlich größeren unreifen Früchte halten, denn meistens
sind, abgesehen von der Größe, noch keine gravierenden Veränderungen gegenüber der Blütezeit eingetreten.

Der Stempel gliedert sich in drei übereinanderliegende Abschnitte. Der
Fruchtknoten sitzt direkt an der Blütenachse und ist die größte Komponente.
Um sich Einblick zu verschaffen, halbiert man am besten eine junge Frucht
quer zur Längsachse mit einer Rasierklinge. Der grüne Knoten erweist sich im
Inneren als hohl. Es kann ein einheitlicher Hohlraum sein, dann ist der
Fruchtknoten *ungefächert* (etwa beim Veilchen). Häufiger wird er durch
längsverlaufende *Scheidewände (Septen)* unterteilt (*gefächerter* Fruchtknoten). Wir kennen die Kammerung des Fruchtinneren ja auch von Äpfeln und
Tomaten. Der Hohlraum ist aber nicht leer. Zur Blütezeit enthalten die *Fruchtfächer*, wie man die Höhlungen in Fruchtknoten nennt, eine bis viele Samenanlagen, je nach Pflanzenart. Es sind meistens weiße oder blaßgrüne winzige
bis kleine Kügelchen oder Walzen, die mit sehr feinen Stielchen angeheftet
sind. In gefächerten Fruchtknoten sitzen die Samenanlagen meistens im Zentrum, in den Winkeln zwischen den Scheidewänden. In ungefächerten Fruchtknoten sitzen sie an der Außenwand oder am Boden, seltener hängen sie von
der Spitze herab. Früher hat man in der Samenanlage eine Geschlechtszelle gesehen oder sie doch wenigstens damit verglichen. Das erklärt, weshalb sie noch
heute mit dem Fachwort *Ovulum* (= kleines Ei; Plural Ovula) benannt wird.
Daher hat auch der Fruchtknoten seine wissenschaftliche Bezeichnung *Ovar*
(Eierstock).

Meistens geht der Fruchtknoten an der Spitze in den *Griffel* (Stylus) über. Das ist ein stielartiger Abschnitt, der vermutlich die Funktion hat, die *Narbe* (= Stigma) an seiner Spitze in eine Position zu bringen, in der sie leicht mit Pollenkörnern belegt werden kann. Zum Auffangen der Pollenkörner sind die Zellen der Narbenoberfläche in manchmal ziemlich große Papillen ausgezogen, die der Narbe ein sammetiges Aussehen geben. Es gibt auch Pflanzen, z.B. die Glockenblumengewächse, bei denen die empfängnisbereite Narbe ein wenig Sekret zum Ankleben des Pollens ausscheidet, man spricht in diesen Fällen von feuchten Narben.

Die Narbe kann ein einheitliches Köpfchen bilden, wie bei der Schlüsselblume. Da in diesem Fall auch noch der Fruchtknoten ungefächert ist, hat man keinerlei Anhaltspunkte mehr, um die Zahl der daran beteiligten Fruchtblätter zu bestimmen. Oft ist die Narbe aber lappig oder bildet einen Stern, weil die Fruchtblätter nicht ganz bis zur Spitze verwachsen sind. Die Zahl der Lappen oder Strahlen stimmt mit der Zahl der am Stempel beteiligten Fruchtblätter überein. Selten gabelt sich die Spitze jedes Fruchtblattes in zwei Äste, und dann ist die Zahl der Narbenäste natürlich doppelt so groß wie die Zahl der Fruchtblätter. Besonders schöne Beispiele sind die Begonien und die Kürbisse und unter den heimischen Pflanzen die Gattung Wolfsmilch *(Euphorbia)*.

Der Verwachsungsbereich benachbarter Fruchtblätter kann aber auch schon weiter unten enden, im Griffel selbst oder am Übergang Fruchtknoten-Griffel, z.B. bei der Großen Sternmiere, bei der auf einem einheitlichen Fruchtknoten drei getrennte Griffel mit je einer Narbe sitzen, entsprechend der Zahl der Fruchtblätter. Bei den Steinbrecharten *(Saxifraga)* oder bei der nah damit verwandten Bergenie der Vorgärten *(Bergenia)* findet man Beispiele für in diesem Falle zwei Fruchtblätter, die nur im unteren Teil des Fruchtknotenabschnitts verwachsen sind, sich oben aber trennen und jedes für sich in

bis zur Spitze	bis zur Narbe	bis Übergang	nur im	nicht verwachsen:
(Narbenköpfchen)	(Narbenlappen)	Fruchtknoten/Griffel	Fruchtknoten	freie Fruchtblätter

Abbildung 49: Fruchtblätter — unterschiedliche Grade der Verwachsung.

Griffel und Narbe enden. Der Gesamtfruchtknoten hat eine Form, die etwas an ein Ziegeneuter erinnert.

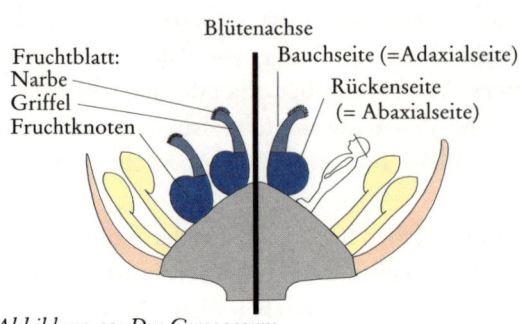

Fruchtblatt:
Narbe
Griffel
Fruchtknoten

Blütenachse
Bauchseite (=Adaxialseite)
Rückenseite
(= Abaxialseite)

Abbildung 50: Das Gynoeceum.
Hier wird von freien Fruchtblättern ausgegangen.

Wenn auch deutlich über 90% aller Blütenpflanzenarten verwachsene Fruchtblätter haben, so gibt es doch auch einige mit *freien Fruchtblättern.* (Die sehr große Artenzahl der »Hülsenfrüchtler«, bei uns durch die Schmetterlingsblütler vertreten, verringert die Zahl der Pflanzen mit verwachsenen Fruchtknoten ganz deutlich, denn in dieser Verwandtschaft liegt überhaupt nur ein Fruchtblatt vor.) Nach der heute herrschenden Meinung hatten die vermuteten Ahnen der Blütenpflanzen freie Fruchtblätter, deshalb sieht man in Arten mit noch heute freien Fruchtblättern besonders ursprüngliche Pflanzengeschlechter. Vor allem die Magnoliengewächse und verwandte Familien, alles Gehölze, werden als besonders primitiv angesehen. In der mitteleuropäischen Flora kommen keine Vertreter dieser Verwandtschaftsgruppe wild vor, einigen Magnolien und dem Tulpenbaum *(Liriodendron tulipifera)* kann man aber in Vorgärten und Parkanlagen begegnen. Unter den einheimischen Pflanzen hält man jedoch die krautige Familie der Hahnenfußgewächse für entferntere Verwandte der Magnoliengewächse. Tatsächlich sind bei den meisten Hahnenfußgewächsen freie Fruchtblätter zu finden, wenigstens auf den ersten Blick. Das dienlichste Beispiel für unsere Zwecke ist die Nieswurz. In der schwäbischen Alb und im Jura gedeiht die Stinkende Nieswurz *(Helleborus foetidus)*, die in lichten Wäldern zur Frühlingsflora gehört. In der Göttinger Gegend gibt es einzelne Vorkommen der Grünen Nieswurz *(Helleborus viridis)*, von denen man vermutet, daß sie auf Gartenvorkommen zurückgehen. In Gärten wird an geschützten Stellen gelegentlich die Christrose *(Helleborus niger)* gezogen, die in den Süd- und Ostalpen heimisch ist und dort schon im Winter blüht, oder *Helleborus orientalis*, die es in einer weißblütigen und einer rotblütigen Form gibt (Abb. 54, S. 254). Alle *Helleborus*-Arten haben ziemlich große Fruchtblätter, die rasch heranwachsen. Ihr unterster Abschnitt, der Fruchtknotenabschnitt, ist eine schwach seitlich zusammengedrückte Röhre. In Verlängerung des Karpellrückens erstreckt sich der Griffel, der eine kleine, unscheinbare Narbe trägt. Die Bezeichnungen Rücken- und Bauchseite sind auch wieder zoologische Übertragungen, die den Vorteil haben, viel anschaulicher zu sein als die Fachbezeichnungen *Abaxialseite* und *Adaxialseite*. Man muß sich nur vorstellen, daß anstelle eines Blütenorgans ein Männchen in der Blüte steht, das zur Blütenmitte guckt (Abbildung 50). Seine Bauchseite ist zur Blütenachse hin gerichtet (=ad-axial), sein Rücken von der Achse weg (=ab-axial).

Drückt man mit Gefühl auf die Bauchseite eines fast reifen Fruchtblatts der Nieswurz, so springt es in der Mitte mit einem Längsriß auf. Die Öffnungsstelle war vorher schon als etwas eingetiefte Linie zu sehen. Man kann die beiden Blatthälften auseinanderklappen und sieht, daß die inzwischen ziemlich groß gewordenen Samenanlagen an den Rändern des Längsrisses angeheftet sind. Von diesem Bild ist man auch bei der ersten und einfachsten *Modellvorstellung* des Fruchtblatts ausgegangen. Man stellt sich ein normales Laubblatt vor, dessen Spreite zusammengefaltet ist und im so gebildeten Innenraum an den nachträglich miteinander verbundenen Blatträndern die Samenanlagen trägt (Abb. 51). Durch die zusammengefaltete Blattspreite mit ihren verzahnten Rändern werden die Samenanlagen geschützt. Das Fruchtblatt der Nieswurz ist (im größeren oberen Abschnitt) tatsächlich zusammengefaltet (plikat: plica=Falte), und auf seiner Bauchseite verzahnen sich die Fruchtblattränder erst im Laufe ihrer Entwicklung zu einer Naht. Im unteren Bereich der Naht sitzen die Samenanlagen je in einer Reihe längs der Fruchtblattränder, also in zwei Reihen neben der Naht. Doch diese Bauchnaht (Ventralnaht) endet, bevor der Grund des Fruchtblatts ganz erreicht ist. Ganz zuunterst findet man am unversehrten Blatt einen von vornherein rundum in sich geschlossenen Abschnitt. Man nennt ihn schlauchförmig (ascidiat: ascus=Schlauch; Abb. 51). Allerdings reißt hier das Fruchtblatt beim Daraufdrücken leicht ein.

Dieser Schlauchabschnitt läßt sich nicht von einem normalen, flachen Laubblatt herleiten. Eine *zweite* Modellvorstellung des Fruchtblatts geht deshalb von einem *Schildblatt* aus. Unter den Laubblättern gibt es, etwa bei der Kapuzinerkresse, als seltenen Sonderfall merkwürdige schirmförmige Gestalten, Schild- oder peltate Blätter. Der Blattstiel setzt nahe der Mitte von unten an die rundliche Blattspreite an. Falls der Blattrand schwächer wächst als die Blattfläche, entsteht eine Art »Spitztüte«, an deren tiefster Stelle der Blattstiel ansetzt. Man kann sich nun vorstellen, daß die Mündung dieser Tüte seitlich

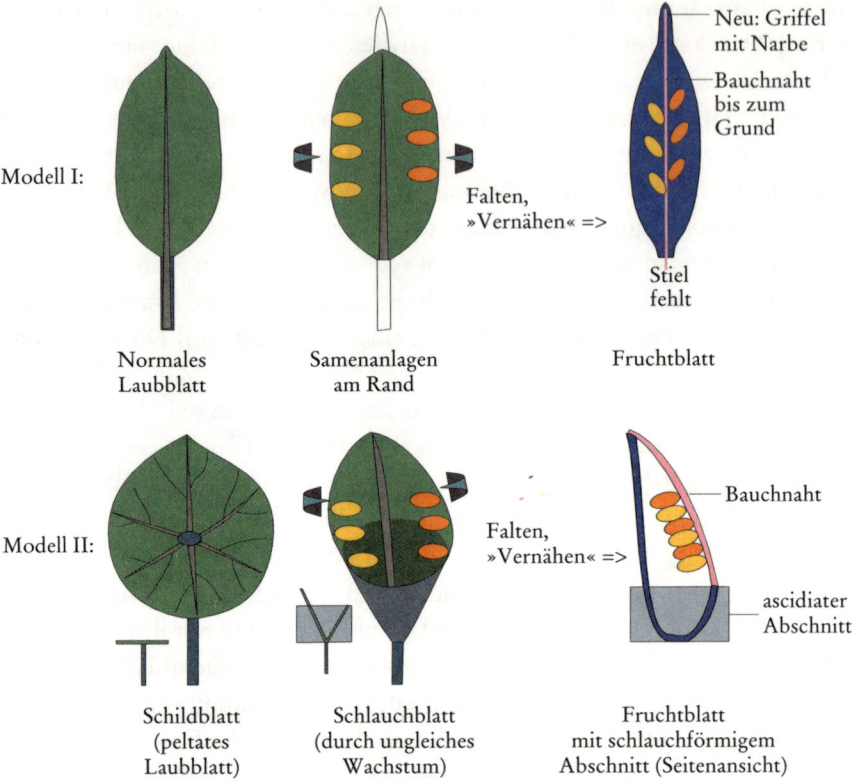

Modell I:

Normales
Laubblatt

Samenanlagen
am Rand

Falten,
»Vernähen« =>

Neu: Griffel
mit Narbe

Bauchnaht
bis zum
Grund

Stiel
fehlt

Fruchtblatt

Modell II:

Schildblatt
(peltates
Laubblatt)

Schlauchblatt
(durch ungleiches
Wachstum)

Falten,
»Vernähen« =>

Bauchnaht

ascidiater
Abschnitt

Fruchtblatt
mit schlauchförmigem
Abschnitt (Seitenansicht)

Abbildung 51: Modellvorstellungen zur Erklärung des Fruchtblatts.

zusammengedrückt wird, also das Blatt in seinem oberen Abschnitt zusammengefaltet ist, und hat damit ein besseres Modell für ein einzelnes, freies Fruchtblatt, das unten aus einem in sich geschlossenen ascidiaten und oben aus einem plikaten Abschnitt besteht. Der Blattstiel ist beim Fruchtblatt meist verkürzt oder fehlt ganz.

Wir haben eben Modellvorstellungen betrachtet. Im Kapitel zur Blütenentwicklungsgeschichte werden wir sehen, inwieweit diese Vorstellungen sich mit der tatsächlichen Entwicklung (der Ontogenese) der Fruchtblätter decken.

Bei genauerem Hinsehen entdeckt man allerdings bei der Nieswurz, daß die Fruchtblätter einer Blüte oft gar nicht so frei sind, wie es die Theorie verlangt, vor allem, wenn man mehrere Blüten untersucht. Ziemlich oft sind die Karpelle im Blütenzentrum bis fast zum unteren Ende der Bauchnähte in der Mitte ihrer Bauchseiten miteinander verbunden, aber der Grad der Verwachsung kann sogar innerhalb einer Blüte schwanken. Das gilt eigentlich für alle Hahnenfußgewächse mit kleiner Fruchtblattzahl, also in unserer Liste auch für die Akelei, die meist fünf Fruchtblätter hat, und den Eisenhut mit drei Fruchtblättern.

Wie sieht es nun in einer Nieswurz-Blüte mit z.B. fünf wirklich freien Fruchtblättern mit dem Begriff »Stempel« aus? Hat sie fünf Stempel? Die Blüte der »Jungfer im Grünen« *(Nigella damascena,* auch ein Hahnenfußgewächs)* mit ebenfalls fünf, aber offensichtlich verwachsenen Fruchtblättern, besitzt jedenfalls nur einen Stempel. Hier liegt eine sehr unbefriedigende Ungereimtheit in der Definition der morphologischen Fachbegriffe. Das Wort Stempel (Pistill) ist für Gynoeceen mit verwachsenen Fruchtblättern geprägt worden. Man hat den Fall der freien Fruchtblätter damals einfach nicht mitbedacht, es gibt jedenfalls keinen Ersatzbegriff für »Stempel«, der sich auf die Summe der freien Fruchtblätter in einer Blüte bezieht (analog gilt das auch für den basalen Stempelabschnitt, den Fruchtknoten).

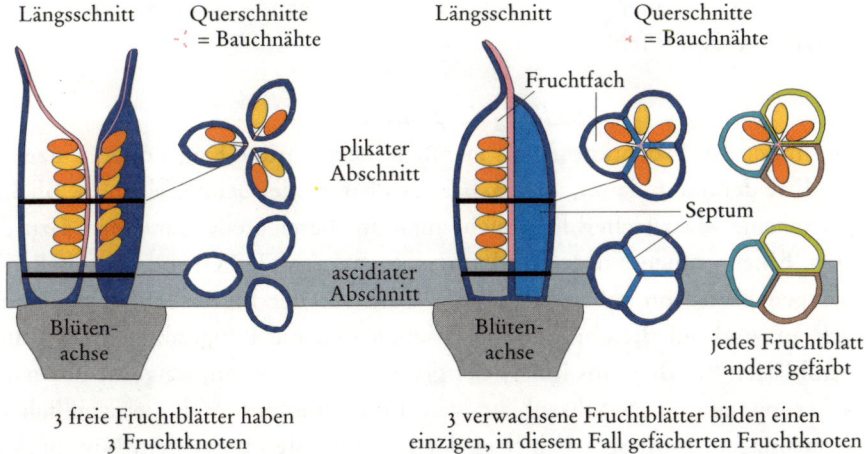

Abbildung 52: Freie und verwachsene Fruchtblätter.

Kehren wir mit den neuen Begriffen und Modellen wieder zum Normalfall mit verwachsenen Fruchtblättern zurück. In Abbildung 52 wird das Gynoeceum einer Blüte mit drei freien Fruchtblättern einem Pistill mit drei verwachsenen Fruchtblättern gegenübergestellt. Beim gefächerten Fruchtknoten sind die benachbarten Fruchtblätter über ihre ganzen Flanken verbunden. Die Scheidewände (Septen) zwischen den Fruchtfächern entpuppen sich als die verbundenen Seitenteile der Fruchtblätter. Anders als bei der Ventralnaht, wo im Laufe der Entwicklung wirklich freie Ränder nachträglich verwachsen, werden die Scheidewände aber »an einem Stück« angelegt. Vergleicht man ein einzelnes Fruchtblatt aus dem gefächerten Pistill mit einem freien Fruchtblatt, so entsprechen beide genau dem »zweiten Modell« von oben. Auch im gefächerten Fruchtknoten ist das Blatt oben zusammengefaltet, zuunterst in sich geschlossen. Man kann also auch im verwachsenen Fruchtknoten einen oberen *plikaten* und einen unteren *ascidiaten* Bereich unterscheiden. Da mehrere Fruchtblätter daran beteiligt sind, heißen die Abschnitte *symplikat* und *synascidiat*.

Wenn benachbarte Fruchtblätter solide von der Anlage an miteinander verbunden sind, ist es eigentlich nicht mehr nötig, daß jedes für sich seine Spreite bis auf einen winzigen Ventralspalt oder eine schwach verwachsene Ventralnaht zuschließt. Bei Pflanzen mit einem ungefächerten Fruchtknoten, der aus mehreren Karpellen besteht, sind die einzelnen Fruchtblätter nicht mehr zusammengefaltet, daher gibt es auch keine Scheidewände. Auch der basale synascidiate Abschnitt fehlt.

Stellung des Fruchtknotens

Man findet den Fruchtknoten als ziemlich kleine, grüne Kugel oder Walze in der Mitte der Staubblätter, so z.B. bei der Primel oder beim Gelbstern. Blickt man in eine Märzbecherblüte, sieht man an dieser Stelle nur einen Griffel ragen. Einen grünen Knoten findet man, wenn man den Grund der glockenförmigen Blüte von außen betrachtet. Kurz vor der Blüte schwillt der Stiel stark an, und auf diesem Gebilde erheben sich die Perigonblätter und die Staubblätter. Ein Blick ins Innere der grünen Anschwellung zeigt die normale Fächerung eines verwachsenblättrigen Fruchtknotens und die weißlichen Samenanlagen. In diesem Fall liegt der Fruchtknoten unter dem Niveau der Ansatzstelle von Blütenhüll- und Staubblättern, er ist *unterständig* und gewissermaßen in den Blütenstiel versenkt. Viele Botaniker sprechen von einem Achsenbecher, der den Fruchtknoten umschließt und mit dem er verwachsen ist. Vorsichtiger ist es, den neutralen Ausdruck *Blütenbecher* zu verwenden, denn eigentlich fehlen die Argumente, um die Achsennatur des Gewebes zu beweisen, das den Fruchtknoten bekleidet. Beim Bärlauch oder dem Gelbstern und den meisten anderen hier behandelten Beispielen sitzt der Fruchtknoten neben oder über dem Ansatz der Blütenhüll- und Staubblätter, er ist *oberständig*. Da wir inzwischen schon viele Beispiele für Übergänge und Zwischenformen kennengelernt haben, wird es niemanden verwundern, wenn es auch *halbunterständige* Fruchtknoten gibt: der Fruchtknoten ist in seinem unteren Teil mit dem kurzen Becher verwachsen, ragt aber mit seinem oberen Teil frei darüber hinaus. Solche Fruchtknoten gibt es in der Familie der Steinbrechgewächse. Eine weitere Sonderform bildet der Fall, bei dem freie oder unter sich verwachsene Fruchtblätter von einem Blütenbecher eingeschlossen sind, ohne mit ihm seitlich verbunden zu sein. Das sind *mittelständige* Fruchtknoten. Die Rosen mit ihren Hagebutten sind dafür ein gutes Beispiel: Man kann die Nüßchen, zu denen sich die vielen einzelnen Fruchtblätter entwickelt haben, leicht aus dem fleischigen Becher herausklauben, ohne das Gewebe des Bechers zu verletzen. Die Nüßchen sind also nicht mit dem Becher verwachsen, sitzen aber an seinem Grund fest.

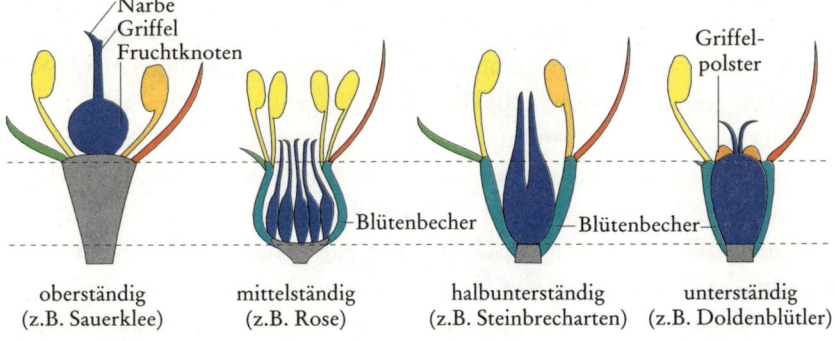

Abbildung 53: Stellung des Fruchtknotens.

Aus dem Fruchtknoten wird mit der Zeit die Frucht. Oft bleibt an ihr der Kelch erhalten, am Stiel der Frucht bei der Orange, an der Fruchtspitze beim Apfel, denn der Apfel hat (im Gegensatz zur Orange) einen unterständigen Fruchtknoten. In diesem Fall ist auch der Blütenbecher an der Fruchtwand beteiligt.

Früchte, die viele Samen enthalten, entlassen sie meistens vor oder im Laufe der Verbreitung, seltener zerfallen sie in einsamige Teile. Einsamige Früchte hingegen bleiben in der Regel geschlossen und werden mitsamt ihrem Samen verbreitet. Über die Verbreitung der Früchte und Samen gibt das Kapitel

»Vom Winde verweht ... und andere Verbreitungsweisen« Auskunft. Hier
sollen nur einige morphologisch-anatomische Fragen behandelt werden. Vor
allem: Wo können sich die reifen Früchte öffnen?

Beim einzelnen freien Fruchtblatt der Nieswurz öffnet sich bei der Fruchtreife die Ventralnaht wieder, der ursprüngliche Zustand wird also einfach wie-
derhergestellt. Ein solches Fruchtblatt wird (im Fruchtzustand) als *Balg*
bezeichnet. Wenn man auf die pralle *Hülse* einer Erbse drückt, platzt ebenfalls
die Ventralnaht, aber meist klafft noch leichter ein Schlitz gegenüber auf, dort,
wo das Mittelbündel (die Mittelrippe) des Fruchtblatts verläuft. Die Hülse ist
die einblättrige Frucht der Schmetterlingsblütler (=Hülsenfrüchte!). Aber
nicht nur an solchen Stellen von Fruchtblättern kann ein Trenngewebe eine
spätere Öffnung vorbereiten, die Pflanzen schaffen es, an den verschiedensten
Stellen ihre trockenen Kapseln zu öffnen. Bei den aus zwei Karpellen aufgebauten *Schoten* mancher Mohn- und Erdrauchgewächse oder der Kreuzblütler öffnen sich sehr große Klappen. Es bleibt nur da, wo die Fruchtblätter
verbunden sind, ein schmaler Rahmen stehen, an dem die Samenstielchen ansetzen. Das ist beim Lerchensporn besonders schön zu beobachten. Bei den
Kreuzblütlern ist in diesen Rahmen eine an der Frucht hell glänzende Scheidewand eingespannt. Deshalb benützt man die großen, geöffneten Schötchen
des Silberlings als »Trockenblume«. Bei den aus vielen Fruchtblättern zusammengesetzten eigentlichen *Kapseln*, etwa den Mohnkapseln, sind die Klappen
viel kleiner und öffnen pro Fruchtblatt nur eine kleine Pore unter der hier
strahligen, dachartigen Narbenscheibe. Besonders hübsche Beobachtungsob-
jekte sind die Porenkapseln der Glockenblumen. Der dreizählige Fruchtknoten ist in einen Blütenbecher versenkt, dessen Wandung durch die Leitbündel
des fünfzähligen Kelches deutlich strukturiert wird. Drei Poren öffnen die
Frucht so, daß jedes Loch zwei Fruchtfächer erschließt. Das gelingt gar nicht
so leicht, denn die Löcher können nicht da liegen, wo die fünf bis fünfzehn
dicken Rippen der Kelchleitbündel verlaufen. Außerdem ist auch die »Höhe«
der Poren interessant: Wenn die Früchte hängen, sitzen die Poren nahe dem
Fruchtstiel, wenn sie auf ihren Stielen stehen, dicht unter den Kelchblättern,
also immer »oben«. Sie sind also so angeordnet, daß nicht alle kleinen Samen
auf einmal herausfallen, sondern immer nur ein Teil herausgeschüttelt wird,
wenn ein vorbeistreifendes Tier oder der Wind den steifen Gesamtblütenstand
auslenkt und er in seine Ursprungslage zurückschnellt. Bei den eher seltenen
Deckelkapseln wird quer zur Längsachse der Frucht ein Trenngewebering an-

gelegt. Der obere Teil der Fruchtwand bricht schließlich als Deckel ab, z.B. beim Gauchheil *(Anagallis)*. Auf Seite 412 sind diese und andere Fruchtformen als Zeichnungen zu sehen.

Trenngewebe werden auch gebraucht, um in einigen Fällen bei der Samenreife ganze (einsamige) Fruchtblätter voneinander zu trennen, etwa die beiden »Nasen« einer Ahornfrucht, oder die beiden Fruchthälften bei den Doldengewächsen (s. S.412). Hier baumeln sie noch eine Zeitlang an einem dünnen, Y-förmigen Träger, bevor sie der Wind oder ein Tier mitnimmt. Früchte, die in ihre Einzelfruchtblätter zerfallen, heißen *Spaltfrüchte*.

Es können aber auch einsamige Teile gebildet werden, die nicht einem ganzen Fruchtblatt entsprechen. Unter den Pflanzen des Buchenwaldes gibt es in zwei Familien, den Rauhblattgewächsen und den Lippenblütlern, einen besonderen Fruchttyp. Vom zweiblättrigen Fruchtknoten lösen sich zuletzt vier einsamige Teile ab, die *Klausen*. Rauhblattgewächse und Lippenblütler gelten nicht als besonders eng verwandt, weshalb es merkwürdig ist, daß doch eine so ähnliche, aber komplizierte Fruchtform entwickelt wurde. Auch bei einigen Gattungen der Malvengewächse werden einsamige Teile des Fruchtknotens abgelöst, ein zentraler Rest, der die verwachsenen Bereiche der Fruchtblätter umfaßt, bleibt in der Mitte der Frucht zurück.

Wenn die Samen erst während der Verbreitung vereinzelt werden, handelt es sich meist um fleischige, mehrsamige Früchte, welche von Tieren ganz oder in Teilen gefressen werden. Ihre Samen sind mit einer widerstandsfähigen Samenschale ausgerüstet, damit sie unbeschadet den Verdauungstrakt eines Tieres passieren können.

Nektarien

Da ja Nektar ein wichtiger »Botenlohn« für die Bestäuber ist, könnte man vermuten, daß auch die Nektarien Blütenorgane sind. Nektardrüsen sind aber eigentlich nie ganze Blattorgane aus dem Blütenbereich, sondern nur lokale Gewebedifferenzierungen, die in und an den unterschiedlichsten Blütenorganen sitzen können. Bislang wurden nur die »Nektarblätter« erwähnt, die eine Spezialität der Hahnenfußgewächse sind. Es sind vielleicht ursprünglich kleine, schlauchförmige Blattorgane gewesen, die in ihrem Inneren durch eine Drüse Nektar ausscheiden und in dem oben offenen Schlauch für Blütenbesucher bereithalten. Bei der Nieswurz *(Helleborus)* sind die Nektarblätter noch solche einfachen, grünlichgelben Becher (siehe Abb. 54). Bei *Nigella* ist der

Eingang durch einen einseitig angehefteten, kompliziert gestalteten und ge-
färbten Deckel verschlossen. In der Gattung Hahnenfuß *(Ranunculus)* ist der
schlauchförmige Teil der Nektarblätter sehr stark reduziert. Statt dessen ist die
Rückenseite des Schlauchs zu einem großen Lappen ausgewachsen, der durchaus wie ein Kronblatt aussieht und auch dessen Funktion erfüllt. Der bauch-
seitige Lappen der Schlauchmündung ist klein und wird als Nektarschuppe
bezeichnet. Beim Scharbockskraut sind die kronblattartigen Zipfel allerdings
ziemlich schmal, dafür ist ihre Zahl noch nicht festgelegt und deutlich höher
als bei den übrigen Hahnenfußarten (manche Botaniker stecken das Scharbockskraut darum auch in eine eigene Gattung *Ficaria).* Bei der Akelei sind die
Nektarblätter in lange Sporne ausgezogen, in deren gekrümmter Spitze die
Nektardrüse sitzt. Zwei ähnliche, aber gestielte Nektarblätter verbergen sich
unter dem Helm (einem ausgesackten Kelchblatt) des Eisenhuts (Abb. 55). Im
Falle der Hahnenfußgewächse gibt es gute Gründe dafür, in den Nektarblättern Sonderformen der Kronblätter zu sehen. In der Gattung *Adonis* (Adonis-
röschen, Teufelsauge) haben die Kronblätter allerdings keine Nektardrüsen.
Das gilt auch für die drei kleinen, nicht gespornten Kronblätter des Eisenhu-
tes. Man vermutet, daß die Nektardrüsen in diesen Fällen im Laufe der Stammesgeschichte verloren gegangen sein könnten.

Abbildung 54: Blüte von Helleborus orientalis. Zwischen Blütenhülle und Staubblättern sind
deutlich die Nektarblätter zu erkennen.

Mit dem Begriff Nektarblatt wird ziemlich inkonsequent umgegangen. Man verwendet ihn außer bei den Hahnenfußgewächsen manchmal noch bei den Berberitzengewächsen, einer Nachbarfamilie, welche neben der alpinen Sokkenblume (der Name kommt von den kurzspornigen »Nektarblättern«) auch die holzigen Gattungen Berberitze und Mahonie umfaßt. Bei der Berberitze treten seitlich an den Kronblättern zwei orangegelbe Nektardrüsen auf, der Bau dürfte nichts mit den im Prinzip schlauchförmigen Nektarblättern der Hahnenfußgewächse zu tun haben. Verstreut über das System findet man weitere Fälle mit Nektardrüsen auf den Kronblättern, ohne daß sie »Nektarblätter« genannt würden, auch nicht beim Tulpenbaum aus der ursprünglichen Familie der Magnoliengewächse.

Bei den Malvengewächsen liegen die Nektarien, die in diesem Fall sonderbarerweise aus Pelzchen mehrzelliger Haare bestehen, auf den Kelchblättern. Die Kronblätter setzen mit einer schmalen Basis an die Staubblattröhre an und überdecken sich erst in einem gewissen Abstand vom Blütenzentrum. Dadurch entstehen »Durchgreifmöglichkeiten« für die Insektenrüssel, die an Stockrosenblüten schon aus Distanz als Flecken in der Blütenkrone in Erscheinung treten. Bei den Nelkengewächsen, aber auch in vielen anderen Familien, sind die Nektarien in die untersten Abschnitte der Staubfäden integriert. Sie können aber auch aus Teilen des Fruchtknotens hervorgehen. Entweder verdickt sich die Basis der Fruchtknotenwand und »schwitzt« den Nektar durch unbewegliche Spaltöffnungen, die sogenannten Saftspalten aus, oder die Fruchtknotenbasis ist einseitig (etwa bei Lippenblütlern) oder rundum von einer wulstigen Nektardrüse begleitet. Häufig nennt man solche Geweberinge Diskus, denn es gibt sie auch in Scheibenform. Allerdings ist nicht jede ringförmige

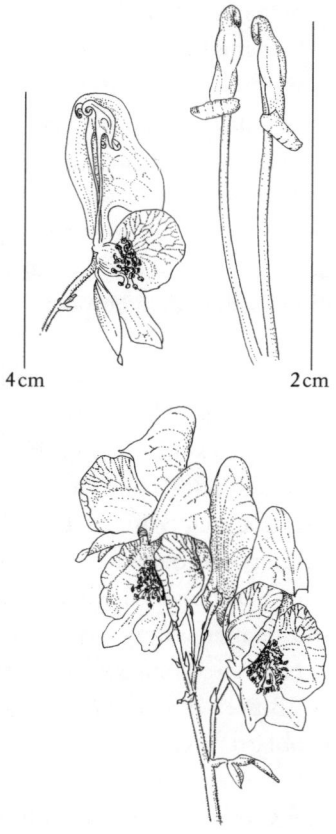

4 cm   2 cm

Abbildung 55: Gespornte Nektarblätter im »Helm« des Eisenhuts.

Gewebewucherung an der Blütenachse auch tatsächlich ein Nektarium, man muß schon den Austritt von Nektartröpfchen beobachten. Nektar läßt sich als Zuckersaft mit Harnzucker-Teststreifen nachweisen, weil in den meisten Nektaren auch ein gewisser Anteil Glucose neben der Saccharose vorkommt. Schöner ist es natürlich, wenn so reichlich Nektar gebildet wird, daß man ihn direkt schmecken kann (z.B. bei der Goldnessel). Liegt der Fruchtknoten unterständig und ist es in der Verwandtschaft üblich, die Nektardrüsen am Gynoeceum zu haben, so werden sie auf das »Fruchtknotendach« verlagert, wo sie, wie bei den Korbblütlern, in einem Ring die Griffelbasis umgeben oder, bei den Doldengewächsen, als zwei sogenannte Griffelpolster zwischen Griffel und Ansatzstelle der Staub- und Kronblätter auf der Spitze des Fruchtknotens thronen (Abb. 53, S. 251).

Manche Pflanzen verbergen ihre Nektarien, oft haben sie deshalb einzelne Blütenhüllblätter zu *Spornen* umgewandelt, in deren Spitze gewöhnlich die Nektardrüse sitzt. Das Rohr des Sporns dient dann zugleich als Aufbewahrungsort des Nektars. So ist das in den gespornten Nektarblättern der Akelei und des Eisenhuts, und auch im Kelchsporn bei der Kapuzinerkresse. Es muß aber nicht so sein. Der Kronsporn der Veilchen dient nur als Nektar*halter*, abgeschieden wird der Nektar von je einem Fortsatz der beiden Staubblätter, die direkt neben dem gespornten Kronblatt stehen (s. Abb. 47). Meist kommt pro Blüte nur ein Sporn vor, der dann die Zygomorphie der Blüte unterstreicht. Radiäre Blüten mit Spornen haben viele davon, es sind aber sehr seltene Spezialfälle; die Akelei dürfte allerdings jedem Blumenliebhaber vertraut sein. Manchmal sind Blütenhüllblätter auch nicht zu einer schlanken Röhre ausgezogen, sondern nur am Grund etwas »aufgetrieben«, man spricht dann von ausgesackten Blättern. Das Tränende Herz paßt am Rande in diese Kategorie. Bei ihm und beim Lerchensporn sitzen die Nektardrüsen am Grund des mittleren Staubblatts der beiden Gruppen, einseitig vor dem Sporn beim Lerchensporn, aber symmetrisch beim Tränenden Herz (Abb. 46).

Nektarien sind also keine einheitliche Organkategorie. Sie sind nicht einmal auf Blüten beschränkt und kommen auch auf Blättern, Blattstielen und Nebenblättern vor. Abb. 28 oben zeigt z.B. Nektarien am Grund der Blattspreite.

Die Aufzählung der wichtigsten Gestaltungsmöglichkeiten, welche bei den drei Organgruppen der Blüte (Blütenhüllblätter, Staubblätter, Fruchtblätter) und den Nektarien vorkommen, füllte einige Seiten. Damit ist wohl hinlänglich klar geworden, welche Fülle von Merkmalen in einer Blüte steckt. Blütenmerkmale sind dadurch natürlich bestens geeignet, unterschiedlich ähnliche Gruppen voneinander abzugrenzen oder zusammenzufassen.

Die Tabelle der Blütenformeln unserer Beispiele kann als Übersicht der wesentlichsten Gestaltungsformen von Blüten dienen. Blütenformeln geben Auskunft über Symmetrieverhältnisse und Art, Zahl und Verwachsung der Blütenorgane und haben den Vorteil, daß sie leicht in Text eingefügt werden können. Genaue Lagebeziehungen kann man ihnen aber nicht entnehmen. Die gleichlautenden Blütenformeln der Schlüsselblume und des Lungenkrauts verraten nichts über die unterschiedliche Anordnung der Staubblätter im Verhältnis zu den Kronzipfeln, die aber im Blütendiagramm ganz leicht gezeigt werden kann (Abb. 48). Für weitere Details, besonders bei zygomorphen Blüten, muß man auch Blütenlängsschnitte heranziehen, um einen anschaulichen Begriff der Blütengestalt zu bekommen.

Legende der Übersicht

Symmetrie (Sy):   * = radiär

                    + = disymmetrisch (zwei verschiedene Symmetrieebenen)

                    ↓ = zygomorph (eine Symmetrieebene)

Verwachsung: ( ) = innerhalb einer Organkategorie

                    [ ] = zwischen verschiedenen Organkategorien, meist zwischen Kronröhre und Staubfäden. Selten sind Staub- und Fruchtblätter verwachsen (z. B. bei Orchideen)

Blütenhülle: K = Kelch (Kalyx, Einzelblatt Sepalum)

                    C = Krone (Corolla, Einzelblatt Petalum)

                    P = Perigon (Einzelblatt Tepalum)

                    N = Nektarblätter, auch als Honigblätter (H) bezeichnet

A = Androeceum, Gesamtheit der Staubblätter (Stamina)

                    S wird hier als Abkürzung von Staminodium (reduziertes, nicht-fertiles Staubblatt) verwendet

G = Gynoeceum, Gesamtheit der Fruchtblätter (Karpelle)

                    <u>G</u> = Fruchtknoten oberständig

                    $\overline{G}$ = Fruchtknoten unterständig

AK = Außenkelch

? bedeutet: Zahl nicht sicher bestimmbar.

Pflanzen mit { } sind nicht Frühblüher im Buchenwald. Die meisten kommen später im Kapitel »Blütenentwicklung« vor.

ÜBERSICHT WICHTIGER BLÜTENTYPEN

Nr.	Artname	Familie	Sy	Blütenhülle		Andr.	Gyn.
Block I: Blüten mit (im wesentlichen) unbestimmter Zahl von Blütenorganen							
01	Buschwindröschen *Anemone nemorosa*	Ranunculaceae Hahnenfußgewächse	*	P6-8	—	A∞	G∞
02	Gelbes Windröschen *Anemone ranunculoides*		*	P5	—	A∞	G∞
03	Leberblümchen *Hepatica nobilis*		*	3 Hoch-blätter P5-8	—	A∞	G∞
04	Scharbockskraut *Ranunculus ficaria*		*	K3-5	N6-9	A∞	G∞
05	Wolliger Hahnenfuß *Ranunculus lanuginosus*		*	K5	N5	A∞	G∞
{06}	Wiesenraute *Thalictrum dipterocarpum*		*	K4	—	A∞	G einige
07	Stinkende Nieswurz *Helleborus foetidus*		*	K5	N8	A∞	G3-8
{08}	Jungfer im Grünen *Nigella damascena*		*	Hoch-blätter K5	N8-11	A∞	G(4-6)

Nr.	Artname	Familie	Sy	Blütenhülle			Andr.	Gyn.
{09}	Akelei *Aquilegia vulgaris*	Ranunculaceae Hahnenfußgewächse	*		K5 blau	N5 ge-spornt	A5+5 n-fach	G4-6
{10}	Gelber/Wolfs-Eisenhut *Aconitum lycoctonum*		→		K5 gelb	C3+N2	A∞	G3
{11}	Frühlings-Fingerkraut *Potentilla neumanniana*	Rosaceae Rosengewächse	*	AK5	K5	C5	A∞	G8
{12}	Johanniskraut *Hypericum spec.*	Hypericaceae Johanniskrautgew.	*		K(5)	C5	A∞	G(3-4)
{13}	Weg-Malve *Malva neglecta*	Malvaceae Malvengewächse	*	AK3	K(5)	C5	A∞	G(8)

Block II: »Mittleres Entwicklungsniveau« — Blüten, die zählen gelernt haben

Nr.	Artname	Familie	Sy	Blütenhülle			Andr.	Gyn.
14	Große Sternmiere *Stellaria holostea*	Caryophyllaceae Nelkengewächse	*		K5	C5	A5+5	G(3)
15	Sauerklee *Oxalis acetosella*	Oxalidaceae Sauerkleeegewächse	*		K5	C5	A5+5	G(5)
{16}	»Sumpfblume« *Limnanthes douglasii*	Limnanthaceae	*		K5	C5	A5+5	G(5)
{17}	Rundblättr. Storchschnabel *Geranium rotundifolium*	Geraniaceae Storchschnabelgew.	*		K5	C5	A5+5	G(5)

Nr.	Artname	Familie	Sy		Blütenhülle		Andr.	Gyn.
{18}	Moschus-Reiherschnabel *Erodium moschatum*	Geraniaceae Storchschnabelgew.	*	aus GÖ	K5	C5	A5	G($\underline{5}$)
				normal	K5	C5	A5+5S	G($\underline{5}$)
{19}	Kapuzinerkresse *Tropaeolum peregrinum*	Tropaeolaceae	→		K5	C5	A4+4	G($\underline{3}$)
20	Frühlings-Platterbse *Lathyrus vernus*	Papilionaceae/Fabaceae, Schmetterlingsbl.	→		K(5)	C5	A5+5 A(9)+1	G$\underline{1}$

Block III: Blüten mit ungleichzähligen Organwirteln

Nr.	Artname	Familie	Sy		Blütenhülle		Andr.	Gyn.
21	Wiesenschaumkraut *Cardamine pratensis*	Cruciferae/Brassicaceae, Kreuzblütler	÷		K2+2	C4	A2+4	G($\underline{2}$)
{22}	Tränendes Herz *Dicentra spectabilis*	Fumariaceae Erdrauchgewächse	÷		K2	C2+2	A2+4/2	G($\underline{2}$)
23	Hohler Lerchensporn *Corydalis cava*		→		K2	C2+2	A2+4/2	G($\underline{2}$)

Block IV: Blüten mit freier Krone, aber nur einem Staubblattkreis

Nr.	Artname	Familie	Sy		Blütenhülle		Andr.	Gyn.
24	Wald-Veilchen *Viola reichenbachiana*	Violaceae Veilchengewächse	→		K5	C5	A5	G($\underline{3}$)
{25}	Wiesenkerbel *Anthriscus sylvestris*	Umbelliferae/Apiaceae, Doldenblütler	*		K5 red.	C5	A5	G($\overline{2}$)

Block V: Blüten mit verwachsener Krone und einem damit verbundenen Staubblattkreis

Nr.	Artname	Familie	Sy		Blütenhülle		Andr.	Gyn.
26	Hohe Schlüsselblume *Primula elatior*	Primulaceae Primelgewächse	*		K(5)	[C(5)]	A5]	$G(\underline{5})$?
27	Echtes Lungenkraut *Pulmonaria officinalis*	Boraginaceae Rauhblattgewächse	*		K(5)	[C(5)]	A5]	G(2) Klausen
28	Waldmeister *Galium odoratum*	Rubiaceae Rötegewächse	*		K4 red.	[C(4)]	A4]	$G(\overline{2})$
{29}	Orant *Chaenorhinum minus*	Scrophulariaceae Braunwurzgewächse	→		K(5)	[C(5)]	A4+1S]	G(2)
30	Goldnessel, Gelbe Taubn. *Lamium galeobdolon*	Labiatae/Lamiaceae Lippenblütler	→		K(5)	[C(5)]	A4]	G(2) Klausen
{31}	Gänseblümchen *Bellis perennis*	Compositae/Asteraceae, Korbblütler	*	Scheibbl.	—	[C(5)]	A5]	$G(\overline{2})$
			→	Randbl.	—	C(5)	—	$G(\overline{2})$

Block VI: Pflanzen mit zwei verschiedenen Blütentypen

Nr.	Artname	Familie	Sy		Blütenhülle		Andr.	Gyn.
{31}	Gänseblümchen *Bellis perennis*	Compositae/Asteraceae, Korbblütler	*	Scheibbl.	—	[C(5)]	A5]	$G(\overline{2})$
			→	Randbl.	—	C(5)	—	$G(\overline{2})$
32	Moschuskraut *Adoxa moschatellina*	Adoxaceae Moschuskrautgew.	*	Endbl.	K2	[C(4)]	A4]	$G(\underline{4})$
			(↓)	Seitenbl.	K(3)	[C(5)]	A5]	$G(\underline{5})$

Nr.	Artname	Familie	Sy		Blütenhülle	Andr.	Gyn.
33	Bingelkraut *Mercurialis perennis*	Euphorbiaceae Wolfsmilchgewächse	*	männl. weibl.	P4 P3	A4-7 —	— G($\underline{2}$)

Block VII: Variabilität der Blüten der Einkeimblättrigen

Nr.	Artname	Familie	Sy		Blütenhülle	Andr.	Gyn.
34	Aronstab *Arum maculatum*	Araceae Aronstabgewächse	?	männl. weibl.	— —	A1-3? —	— G($\underline{2-3}$)?
35	Bärlauch *Allium ursinum*	Liliaceae Liliengewächse	*		P3+3	A3+3	G($\underline{3}$)
36	Vielblütige Weißwurz *Polygonatum multiflorum*		*		[P(3+3)	A3+3]	G($\underline{3}$)
37	Zweiblättr. Schattenblume *Maianthemum bifolium*		*		P2+2	A2+2	G($\underline{2}$)
38	Einbeere *Paris quadrifolia*		*		P4+4	A4+4	G($\underline{4}$)
39	Haar-Hainsimse *Luzula pilosa*	Juncaceae Binsengewächse	*		P3+3	A3+3	G($\underline{3}$)
40	Märzenbecher *Leucojum vernum*	Amaryllidaceae Amaryllisgewächse	*		P3+3	A3+3	G($\overline{3}$)

EIN GLIEDERUNGSVERSUCH NACH BLÜTENMERKMALEN

Die Übersicht ist so geordnet, daß Blöcke mit ähnlichen Blütenformeln erscheinen. Der erste Block (Nr. 1–13) umfaßt alle Arten mit unabgezählt vielen Staubblättern. Viele haben auch unabgezählt viele freie (oder fast freie) Fruchtblätter, aber andere, wie die Nieswurz, die Akelei oder der Eisenhut, haben die Fruchtblattzahl auch schon reduziert, und *Nigella* hat nur noch ziemlich wenige, aber deutlich verwachsene Fruchtblätter. In der Frühlingsflora des Kalkbuchenwaldes kommen aus dieser Gruppe nur Beispiele aus der Familie der Hahnenfußgewächse (Ranunculaceae) (Nr. 1–5 und 7) vor. Diese Familie hat nicht nur viele Staubblätter, sondern oft auch noch eine größere unbestimmte Zahl Blütenhüllblätter. Nur in einzelnen Gattungen (Akelei) herrschen in dieser Hinsicht schon strenge Regeln. Die große Mannigfaltigkeit in der Blütenhülle und die unbestimmte Zahl der Staub- und Fruchtblätter sind Argumente, diese Familie als ziemlich ursprünglich (primitiv) zu bewerten. Bei den drei letzten Beispielen dieses Blocks, die aus anderen Familien stammen, ist dagegen die Zahl der Blütenhüllblätter festgelegt.

Der zweite Block (Nr. 14–20) umfaßt Beispiele verschiedener Familien, die alle durch Blüten mit fünf Kreisen von Blütenorganen ausgezeichnet sind: zwei Kreise (Kelch und Krone) in der Blütenhülle, zwei Staubblattkreise und ein Fruchtblattkreis. Soweit die Blüten radiär gebaut sind, kommen in allen Kreisen auch gleich viele Elemente vor, nur das Gynoeceum weicht meist mit einer kleineren Fruchtblattzahl (drei, zwei, eines) ab. Der Reiherschnabel *(Erodium moschatum)* fällt allerdings mit nur einem Staubblattkreis scheinbar aus den übrigen Beispielen heraus. Nach allen Angaben in Bestimmungsbüchern und großen Florenwerken sollte die Gattung Reiherschnabel 5+5 Staubblätter aufweisen, nämlich einen Kreis pollenliefernde (fertile) Staubblätter und einen Kreis Staminodien, also nur noch Reste von Staubblättern ohne Pollenproduktion. An unserem Material, das für die Untersuchung zur Entwicklungsgeschichte aus den Beständen des Botanischen Gartens Göttingen eingesammelt wurde, fehlen nun unerwarteterweise diese Staminodien spurlos. Trotzdem wird der Reiherschnabel in der Liste neben seiner Nachbargattung *Geranium* aufgeführt.

Es ist, durch die Auswahl der Pflanzen bedingt, ein Zufall, daß nur solche mit fünfzähligen Blüten (fünf Elemente pro Kreis) aufgeführt sind. Im Sommer findet man im Weidenröschen *(Epilobium)* oder der Nachtkerze *(Oeno-*

thera) auch in unserer Flora vierzählige Beispiele, allerdings sind die fünfzähligen häufiger. Jedenfalls sind in diesem zweiten Block die Zahlenverhältnisse weitgehend festgelegt (die Pflanzen haben »das Zählen gelernt«), und darin sieht man einen Fortschritt in der Evolution gegenüber der ersten Gruppe. Zum Teil kommen verwachsene Kelchblätter vor, aber alle Beispiele dieser Gruppe haben freie Kronen. Pflanzen mit solchen Blütenmerkmalen nehmen ein mittleres Entwicklungsniveau ein, dem auch noch weitere Pflanzenfamilien angehören. Die Kombination von verwachsenen Kronblättern mit zwei Staubblattkreisen ist sehr selten, in der heimischen Flora findet man sie nur bei den Heidekrautgewächsen und den Pyrolaceae.

Die Beispiele 21–23 stimmen in der Festlegung auf bestimmte Zahlen mit den Beispielen 14–20 überein. Sie sind aber bemerkenswert durch die wechselnde Gliederzahl (zwei oder vier) pro Organkreis. Beim Tränenden Herz und beim Lerchensporn gibt es keinen deutlich grünen Kelch. Eigentlich ist es nur Konvention, den äußersten Blütenhüllkreis als Kelch zu bezeichnen, man könnte einfach auch sagen, die Blütenhülle bestehe aus drei vor allem in der Form verschiedenen Blattkreisen. Die Staubblätter zeigen hier die Besonderheit, daß nur zwei normale Staubbeutel mit vier Pollensäcken tragen, die anderen vier aber sozusagen nur halbe Staubbeutel mit zwei Pollensäcken. Hier ist aber nicht, wie beim Salbei, ein Schlagbaummechanismus zur präzisen Pollenübertragung die einleuchtende Erklärung für die Reduktion der Pollensackzahl.

Die nächste Gruppe (24–25) umfaßt freikronige Blüten mit nur einem Kreis Staubblätter. Diese Merkmalskombination ist ziemlich selten und vermutlich mehrfach in verschiedenen Verwandtschaftsgruppen durch Ausfall eines Staubblattkreises erreicht worden. (Beim Reiherschnabel haben wir ja gesehen, daß in einer Population einer Art offenbar plötzlich ein Blütenkreis fehlen kann.) Unter unseren Beispielen gehören nur die Veilchen und die sicher nicht näher damit verwandten Doldenblütler hierher.

Der Block mit den Beispielen 26–31 ist durch verwachsene Kronen und einen einzigen Staubblattkreis charakterisiert. Früher hat man sie alle wegen der verwachsenen Krone als Sympetalae (=Verwachsenkronige) zu einer systematischen Gruppe zusammengefaßt. Auf Grund der abweichenden Stellung der Staubblätter vor den Kronzipfeln, aber auch wegen des eigentümlichen Fruchtknotens werden die Primelgewächse heute jedoch nicht zur Großgruppe der Asteridae gerechnet, zu der immer noch die meisten Sympetalen gehören. Die Familien der Asteridae zeichnen sich aus durch vier miteinander abwechselnde Blütenkreise und eine Kron-Staubblatt-Röhre (hier die Beispiele 27–30). Die meisten Beispiele dieses Blockes haben fünf Glieder pro Blütenhüllkreis. Der Waldmeister *(Galium odoratum)* dagegen besitzt, ebenso wie weitere Vertreter der Rötegewächse (Rubiaceae), vierzählige Blüten. Eine weitere Besonderheit in dieser Familie: Der Kelch ist bei einigen Arten so klein, daß man eigentlich nur noch eine Krone findet. Hier spricht man aber, anders als beim Bingelkraut (vgl. S.237), nicht von einem Perigon, denn man ist sich ziemlich sicher, daß in diesen Fällen einmal ein Kelch vorhanden war, der dann reduziert wurde. Ähnlich liegen die Verhältnisse wohl auch bei den Korbblütlern, die vermutlich keinen echten Kelch mehr haben. Der Kelch könnte in den meisten Gattungen dieser Familie vollständig reduziert worden sein, statt dessen entsteht an derselben Stelle der Pappus (vgl. auch S.414) als Neubildung. In manchen Büchern wird allerdings der Pappus dem Kelch einfach gleichgesetzt. Auf keinen Fall darf man das jedoch so verstehen, daß jeder Pappusstrahl einem Kelchblatt entspricht.

Zygomorphe Blüten findet man in dieser Gruppe nicht nur bei den Lippenblütlern und Rachenblütlern, sondern auch unter den Korbblütlern. Beim Gänseblümchen rahmt z.B. eine Reihe zygomorpher, weißer Zungenblüten die gelben, radiären Scheibenblüten ein. In einer Teilgruppe der Korbblütler, zu der auch der Löwenzahn gehört, sind Zungenblüten allerdings die einzige Blütenform. Man kann die Krone der Zungenblüten als einseitig fast bis zum Grund aufgeschlitzte, ausgebreitete Röhren auffassen. Eigentlich ist es sehr sonderbar, daß bei ganz vielen Korbblütlern zwei Blütenformen nebeneinander auftreten, aber kaum ein Buch auf diese sonderbare Zweigestaltigkeit hinweist.

Das Gänseblümchen ist absichtlich zweimal in der Liste aufgeführt. Es gehört nicht nur zu den »Sympetalen«, sondern eben auch in eine Gruppe mit *Blütendimorphismus.* Sicher ist die Gruppe 31–33 durch dieses Merkmal nur formal zusammengehalten, es lohnt aber doch, diese Erscheinung einmal etwas genauer zu betrachten. Auch beim Moschuskraut, der unscheinbaren *Adoxa* (a=Verneinungssilbe, doxa=Meinung, Glaube, aber auch Glanz, Schein), treten nebeneinander zwei Blütentypen auf: Das Moschuskraut hat Zwitterblüten, die es in einer vier- und einer fünfzähligen Ausgabe gibt. Die kleinen, grünlichgelben Blüten mit reduziertem Kelch stehen meist zu fünft am Ende eines längeren Blütenstandsstiels in einem würfelförmigen Köpfchen, wobei die untere Würfelseite vom Stiel eingenommen wird, die anderen fünf von Blüten. Die Endblüte, die dem Stiel gegenüber steht, ist immer vierzählig und radiär, die vier seitlichen Blüten sind fünfzählig und leicht zygomorph.

Obligatorisch ist der Blütendimorphismus bei *getrenntgeschlechtigen* Blüten, die entweder nur Staubblätter oder nur Fruchtblätter enthalten, so z.B. beim Bingelkraut mit seiner einfachen Blütenhülle. Beim Aronstab sind die einzelnen männlichen Blüten so stark reduziert und in einer Zone des komplizierten Blütenstands so eng zusammengefaßt, daß es gar nicht mehr möglich ist, sie sicher einzeln abzugrenzen. Bei den weiblichen Blüten ist die Abgrenzung doch noch einfacher, da sie je aus einem mehrblättrigen Fruchtknoten bestehen. Allerdings ist die Fruchtblattzahl schwer zu bestimmen, da keine Narbenlappen und Scheidewände auftreten und Griffel ganz fehlen.

Die Blüten der Korbblütler dagegen sind im Prinzip zwittrig. Allerdings neigen sie dazu, im Zusammenhang mit dem Blütendimorphismus auch ihre Geschlechter zu trennen, wenigstens was die Funktion angeht. Die großkronigen Randblüten haben häufig nur noch reduzierte oder gar keine Staubblätter mehr, sie sind dann also zumindest funktionell weiblich. In einigen Fällen sind sie sogar ganz geschlechtslos und zu einem reinen Schauapparat reduziert, man kann sie also ganz zweideutig »Scheinblüten« nennen. Sie sind nicht mehr fertil, also nur noch »zum Schein« Blüten, aber sie tragen ganz erheblich dazu bei, »den Schein zu wahren« und die Blume »Compositenköpfchen« attraktiv zu machen.

Nach diesem Exkurs in den Blütendimorphismus kehren wir zum letzten Block der Tabelle zurück, zu dem der Aronstab ja schon zählt. Er faßt die Beispiele der einkeimblättrigen Pflanzen (Nr. 34–40) zusammen. Im Gegensatz zu den anderen Beispielen, die zu den Zweikeimblättrigen gehören und vier- oder fünfzählige Blüten haben, wenn denn die Zahl der Glieder eines Kreises überhaupt festgelegt ist, herrscht hier bei Zwitterblüten die Dreizähligkeit. Die zwei einzigen Ausnahmen der Liliengewächse in Mitteleuropa sind Schattenblume *(Majanthemum)* mit zweigliedrigen Kreisen und Einbeere *(Paris)* mit viergliedrigen Kreisen. Wenn man das Perigon als doppelte, aber gleichgestaltete Blütenhülle auffaßt, entsprechen die Beispiele 35–40 formal dem Block II mit den Beispielen 14–20, das heißt, es ist hier ein ähnliches mittleres Entwicklungsniveau mit fünfkreisigen Blüten erreicht. Darauf läßt sich aber keine nähere Verwandtschaft mit diesen Dikotyledonen begründen.

Wie wir oben gesehen haben, wird das Merkmal »verwachsene Krone« bei den Dikotyledonen ziemlich wichtig genommen. Auch unter den Monokotylen gibt es Pflanzenarten mit verwachsenem Perigon und darin integrierten Staubfäden, aber hier wird deswegen keine eigene Gruppe aufgestellt. Beispiele dafür sind die Weißwurzarten, die im Mai zur Blüte kommen. In unserer Liste erscheint der häufigste Vertreter, die Vielblütige Weißwurz *(Polygonatum multiflorum)*.

Die Haar-Hainsimse und andere Hainsimsenarten zeigen genau die gleiche Blütenformel wie die meisten Liliengewächse, haben aber ziemlich unscheinbare, windbestäubte Blüten. Ihre Blütenhülle ist nicht groß, weich und hinfällig, sondern klein und von häutiger, fast strohiger Konsistenz. Dadurch hält sie sich bis zur Fruchtreife.

Für die oben gewählte Blockeinteilung spielte die Zahl der Fruchtblätter eine ganz untergeordnete Rolle, sie eignet sich ganz schlecht als Einteilungskriterium. Eigentlich kann man nur zwei Kategorien unterscheiden, viele Fruchtblätter, die dann mehr oder weniger frei sind (Ausnahme *Malva*), oder wenige verwachsene Fruchtblätter, wobei in den überwiegenden Fällen nicht einmal die Gliedzahl der übrigen Blütenkreise erreicht wird. Fünfzählige, fünfkreisige Blüten mit fünf Fruchtblättern sind im Grunde ziemlich selten, in unserer Liste sind sie deutlich überrepräsentiert.

Die oft kleinere Fruchtblattzahl mag damit zusammenhängen, daß im Zentrum der Blütenanlage, deren Achse ja das Wachstum einstellt, nicht mehr so viel Platz ist, um viele Fruchtblätter zu bilden. Es spielt aber sicher auch eine Rolle, daß es ja eigentlich auf die Zahl der Samen ankommt, die gebildet werden, und die ist meist nicht eng von der Fruchtblattzahl abhängig.

In einigen Gattungen der Hahnenfußgewächse, etwa bei *Ranunculus,* enthält allerdings jedes Fruchtblatt nur einen Samen. Hier mag die große Zahl der Fruchtblätter vielleicht die geringe Zahl der Samen pro Fruchtblatt kompensieren, jedenfalls wird das für ein weiteres Hahnenfußgewächs, das kleine, einjährige Mäuseschwänzchen *(Myosurus minimus)* vermutet. Zur Blütezeit ist die ganze Pflanze nur 3–5 cm groß, die Blüten messen nur wenige Millimeter. Die Blütenachse trägt eine große Zahl freier, einsamiger Fruchtblätter. Damit sie auch als Früchtchen noch Platz auf der Blütenachse haben, streckt sich diese nach der Blüte von etwa zwei Millimetern bis zu einer Länge von etwa vier Zentimetern und bildet damit den namengebenden Mäuseschwanz!

Ähnlich wie beim Hahnenfuß liegen die Verhältnisse in der Gattung Fingerkraut *(Potentilla)* und ihren Verwandten, die ebenfalls viele freie, einsamige Fruchtblätter haben, die sich zu Nüßchen entwickeln. Unter den Pflanzen mit verwachsenen Fruchtblättern sind Beispiele mit mehr Gliedern im Gynoeceum als in den anderen Blütenkreisen sehr selten, aber zwei liegen in unseren Obstkörben: die Kiwi *(Actinidia chinensis)* und die Orange und ihre Verwandten (*Citrus*-Arten).

BENENNUNG DER PFLANZEN

Die Beispiele, die im vorangegangenen Abschnitt beschrieben wurden, waren nach »Ähnlichkeit« zu einigen Blöcken zusammengefaßt worden. Dabei wurden verschiedene und zum Teil auch ungleichwertige Merkmale verwendet. Die Blöcke I–V wurden hauptsächlich aufgrund der Zahl der Blütenorgane gebildet (die Zahl der Staubblätter ist dabei besonders stark gewichtet worden), Block VI aber aufgrund der verschiedenen Blütentypen, bei denen zum Teil Reduktionen von ganzen Organkreisen vermutet werden. Gruppierungen, die auf dem Fehlen eines Merkmals beruhen, sind selten »natürlich« (im Sinne eines Natürlichen Systems, siehe S. 68 und 286). Jede Gruppierung versucht, Übersicht zu schaffen. Der Zweig der Botanik, der sich mit der übersichtlichen Ordnung des Pflanzenreichs befaßt, ist die *Systematische Botanik*. Im Lauf der Geschichte sind schon viele Ordnungsversuche gemacht worden, sie lassen sich seit der Antike nachweisen. Wenn jetzt auf einige Abschnitte dieser Geschichte eingegangen wird, fangen wir am besten mit den Namen der Pflanzen an, denn die Namen spielen seit jeher eine wichtige Rolle beim Versuch, sich die Mannigfaltigkeit der Erscheinungen übersichtlich zurechtzulegen.

Schon immer haben die Menschen die Gegenstände um sich herum benannt, denn ohne solche Namen wäre es unmöglich, daß sich zwei Menschen über eine bestimmte Sache unterhalten, auf die gerade nicht gezeigt werden kann. Welche Dinge oder, in unserem Fall, Pflanzen werden aber unterschieden? Nach dem Zeugnis einer ehemaligen Lehrerin in Ghana werden dort Tiere und Pflanzen genau unterschieden und bezeichnet, soweit sie für den Menschen wichtig sind. Sogar kleine Abweichungen zwischen nahe verwandten Arten, wovon eine eßbar und die andere giftig ist, werden sicher erfaßt. Das Heer der nicht benutzten Tiere und Pflanzen bleibt jedoch namenlos, obwohl viele Formen ganz leicht zu unterscheiden wären.

Der Durchschnitts-Mitteleuropäer kennt nur wenige Pflanzen, denn die Schule vermittelt heutzutage »modernere« Aspekte der Biologie. Trotzdem werden Pflanzennamen in den Familien weitergegeben und ausgetauscht, wenn sich Naturliebhaber oder Naturschützer treffen. Dabei kommt dann zutage, daß eine Pflanzenart je nach Gegend verschiedene Namen haben kann. So gibt es für *Nigella damascena* aus unserer Liste die deutschen Namen »Gretchen im Busch« (BINZ), »Jungfer im Grünen« (SCHMEIL) oder »Braut in Haaren« (ROTHMALER).

Manche Namen beziehen sich auf eine einzelne Pflanzen-*Art*, z.B. Christrose *(Helleborus niger)* oder Scharbockskraut *(Ranunculus ficaria);* andere
meinen ganze Gruppen, z.B. Veilchen oder Platterbse. Namenszusätze trennen dann das Wald-Veilchen vom Rauhen Veilchen und vom Wunder-Veilchen
(Viola reichenbachiana, Viola hirta, Viola mirabilis). Solche Zusammenfassun-
gen ähnlicher Arten in Gruppen haben die Menschen unbewußt wohl schon
immer vorgenommen. In der systematischen Botanik heißen diese Gruppen
Gattungen. Häufig sind alte deutsche Bezeichnungen für Pflanzen eigentlich
Gattungsnamen, z.B. Ulme, Ahorn, Eiche und Linde. In diesen Fällen hat man
wohl eher nachträglich durch Zusätze einzelne Sippen unterschieden, als daß
vorher unterschiedene Arten zur Gattung zusammengefaßt wurden. Andererseits gibt es auch sehr alte, schon in der Antike benutzte Gruppennamen, die
man heute nicht mehr als systematische Kategorien auffaßt, etwa Bäume,
Sträucher und Kräuter. Sie bezeichnen jetzt unterschiedliche *Wuchsformen.*

Die *Art* (Species) ist in der Systematischen Botanik sozusagen die »Grundeinheit«. Es ist aber gar nicht so einfach, zu definieren, was eine Art ist. Etwas
flapsig kann man sagen, eine Art ist, was ein guter Systematiker dafür hält, und
damit ist eine gewisse Subjektivität angesprochen, die sich wohl nie ganz vermeiden läßt. »Gute« Arten unterscheiden sich in mindestens zwei oder drei
qualitativen (nicht nur die Größe betreffenden) Merkmalen und bewohnen
unterschiedliche Areale, die sich allerdings überlappen können.

In der Zoologie verfährt man bei der Artunterscheidung etwas anders. Hier
wird definiert: Innerhalb einer Art können alle Individuen untereinander fertile Nachkommen zeugen, die ebenfalls alle Artmerkmale tragen; zwischen
verschiedenen Arten entstehen aber höchstens unfruchtbare Bastarde (wie
z.B. das Maultier als Kreuzung von Pferd und Esel). Das Kreuzbarkeitskrite-
rium läßt sich aber aus verschiedenen Gründen nicht ohne weiteres auf Pflanzen anwenden. Bei Pflanzen müssen sich die Geschlechtspartner bekanntlich
nicht direkt begegnen wie bei den Tieren. Ein Beispiel für die Abgrenzungs-
probleme, die sich aus diesem Umstand ergeben, zeigen die Akeleien. In
Gärten werden bei uns gelegentlich zwei nordamerikanische Akelei-Arten angebaut. Die eine ist mit hellen Blüten und sehr langen Spornen an Nachtfalter
als Bestäuber angepaßt *(Aquilegia chrysantha)*, die andere, rot mit ziemlich
kurzen, geraden Spornen, an Kolibris *(A. canadensis)*, unsere heimische blaue
Art *(A. vulgaris)* dagegen wird von Bienen und Hummeln besucht. Alle drei
Arten sind also recht gut morphologisch und blütenökologisch gegeneinander

abgegrenzt. Doch die einheimischen Bienen oder Hummeln gehen manchmal auf die amerikanischen Arten »fremd«, weshalb bei Selbstaussaat im Garten manchmal Bastarde der europäischen Art mit den nordamerikanischen Arten oder der nordamerikanischen Arten untereinander auftreten, die sich als fertil erweisen. Die europäische Art hat keine inneren Kreuzungsbarrieren im Griffel (siehe S. 222) gegen die nordamerikanischen Arten errichtet, weil sie wegen der weit getrennten Areale unter natürlichen Bedingungen nicht mit einer Pollenübertragung aus Amerika durch Hummeln »rechnen« muß.

Beide Begriffe, sowohl Gattung als auch Art, benennen Gruppen untereinander ähnlicher Pflanzen, wobei im heute verwendeten, hierarchischen System die Gattung eine höhere Rangstufe einnimmt als die Art. Die Individuen einer Art sind sich ähnlicher als Pflanzen, die »nur« zur gleichen Gattung gehören. Gattungen werden zu *Familien* und Familien zu *Ordnungen* zusammengefaßt und diese schließlich zu *Unterklassen* und *Klassen* (z.B. die *Klassen* der Ein- und Zweikeimblättrigen). Damit sind die hauptsächlichen Rangstufen des hier verwendeten Systems (CRONQUIST 1981) aufgezählt (vgl. die Übersicht auf S. 291). Bei Bedarf können mit den Vorsilben »Über« und »Unter« noch Zwischenkategorien gebildet werden (wie beim Begriff »Unterklasse«). Jede Rangstufe über der Gattung hat eine charakteristische Endung, an der der Rang abgelesen werden kann (z.B. Familie: -aceae, Ordnung: -ales). Diese Endungen werden in der Regel an einen Gattungsnamen angehängt: Gattung *Rosa*; Familie Ros-aceae; Ordnung Ros-ales.

Etwas zugespitzt kann man behaupten: jedes Individuum repräsentiert die Art, zu der es gerechnet wird, insofern ist die Art ein Gegenstand der realen Welt. Eine Art könnte, mindestens theoretisch, durch einen einzigen Samen auf eine neuentstandene, pflanzenleere Insel übertragen werden. Alle systematischen Kategorien mit einem höheren Rang als die Art sind aber keine Gegenstände der realen Welt, die man z.B. pflücken kann, sondern nur menschliche Abstraktionen.

Manchmal möchte man eine Gruppe verwandter und darum ähnlicher Pflanzen bezeichnen, ohne daß es dabei auf die Rangstufe ankommt. Für diesen Zweck verwendet man das Wort *Sippe*, der Begriff kann daher ein bißchen wie ein Joker im Kartenspiel eingesetzt werden.

Aus der Antike sind viele Pflanzennamen überliefert worden, z.B. in Werken von THEOPHRAST, durch den das botanische Wissen von ARISTOTELES tradiert wurde, DIOSCORIDES, der Arzt war und Heilpflanzen aufzählte, oder des römischen Publizisten PLINIUS. Die spätmittelalterlichen Botaniker versuchten, diese Pflanzen in Mitteleuropa zu finden. Das Interesse war ganz handfest, da getrocknete Pflanzen (=Pflanzendrogen: dröge=trocken) damals die wichtigsten Heilmittel waren. Erst mit der Zeit wurde entdeckt, daß die mediterrane Pflanzenwelt der Griechen und Römer von der mitteleuropäischen verschieden ist und Pflanzen, welche die griechischen oder römischen Autoren beschrieben haben, nicht unbedingt in Deutschland wachsen. Auf einige mitteleuropäische Arten wurden aber trotzdem (und fälschlicherweise) antike Namen übertragen. So heißt der Seidelbast heute *Daphne mezereum*, obwohl schon in der Antike und auch noch jetzt in Griechenland der Lorbeer *(Laurus nobilis)* als »Daphni« bezeichnet wird.

Wenn ein Kind von Vater oder Mutter einen Pflanzennamen lernt, dann meistens, wenn beide gemeinsam die fragliche Pflanze vor Augen haben. Es ist viel schwieriger, jemandem, der die Pflanze nicht kennt, verständlich zu machen, was mit »Augentrost« gemeint ist, wenn die Pflanze nicht zur Hand ist. Ein Name allein genügt nicht, man muß auch zweifelsfrei wissen, welche Pflanzensippe damit gemeint ist. Dazu dienten schon immer Beschreibungen, die zur Zeit der ersten Kräuterbücher zum Teil sehr kurz waren. Der Gelbe Fingerhut *(Digitalis lutea)* konnte mit dem Wort »gelb« (=lutea) vom Roten Fingerhut *(D. purpurea)* ganz leicht unterschieden werden. In vielen Gruppen wurde eine großwüchsige Art von einer kleinen unterschieden, und manchmal gab es auch noch eine mittlere, oder die Blattform diente zur Unterscheidung *(Plantago major, P. media, P. lanceolata*=wörtlich übersetzt: Größerer, Mittlerer, Lanzettlicher=Spitz-Wegerich). Im Mittelalter und der frühen Neuzeit war Latein die internationale Wissenschaftssprache, in der die Pflanzen benannt und auch die Kräuterbücher abgefaßt wurden. Die meisten damaligen Wissenschaftler müssen Latein auch gesprochen haben, es war die Unterrichtssprache der Hochschulen. Vermutlich haben sie auch miteinander Lateinisch gesprochen. Es ist nichts darüber bekannt, daß der Schwede LINNÉ Holländisch, Englisch und Französisch konnte, obwohl er in Holland promoviert wurde und auch England und Paris besucht hat.

Schon früh traute man dem bloßen Wort nicht mehr so recht, und so kamen bald mit Holzschnitten bebilderte Kräuterbücher auf, von denen es auch schon im 16. Jahrhundert deutsche Fassungen gab, wegen der praktischen Bedeutung der Bücher für Kräutersammler und -händler (1532: »Kreuterbuch Contrafeyt« von Otto BRUNFELS; 1535: Kreuterbuch (2. Ausgabe mit Holzschnitten) von Hieronymus BOCK, 1543: New Kreuterbuch von Leonhard FUCHS). Diese Kräuterbücher enthalten die Beschreibung von etwa 500 Pflanzenarten, von denen etwa 400 in Deutschland vorkommen und 100 in Gärten angebaut wurden.

Mit der Zeit wurden immer mehr Pflanzen bekannt, zum Teil, weil mit den Entdeckungen auch Pflanzen anderer Kontinente nach Europa kamen, teils wohl auch, weil man genauer hingeguckt hat. Die lateinischen Beschreibungen, die damals zugleich die Namen waren (die sogenannten Phrasen), wurden durch weitere beschreibende Zusätze immer länger und unübersichtlicher. Deshalb hat LINNÉ ein zweites, zusätzliches Benennungssystem eingeführt (Trivialnamen aus zwei Wörtern), das sich rasch durchgesetzt hat und die alten Phrasennamen in kurzer Zeit verdrängte. Die Verlängerung der Phrasen sollen folgende Beispiele illustrieren:

1583 DODONAEUS	Digitalis purpurea	*(Phrase)*
	(=Roter Fingerhut)	
1596 BAUHIN	Digitalis purpurea, folio aspero	*(Phrase)*
	(=Roter Fingerhut, mit rauhem Blatt)	
1753 LINNÉ	*Digitalis purpurea*	*(neuer, binärer Name)*
	Digitalis foliolis calycinis ovatis, corollis obtusis: labio superiore integro *(Phrase, die jetzt zur Diagnose wird)*	
	(=*Digitalis* mit eiförmigen Kelchblättchen, stumpfen Kronblättern: Oberlippe ganz)	

1596 BAUHIN	Digitalis major lutea sive pallida, parvo flore	*(Phrase)*
	(=Großer gelber oder blasser Fingerhut, mit kleiner Blüte)	
1753 LINNÉ	*Digitalis lutea*	*(neuer, binärer Name)*
	(=Gelber Fingerhut)	
	Digitalis calycinis foliolis lanceolatis, corollis acutis: labio superiore bifido *(Phrase, die jetzt zur Diagnose wird)*	
	(=*Digitalis* mit lanzettlichen Kelchblättchen, spitzen Kronblättern: Oberlippe zweiteilig).	

Seit Linné bestehen Pflanzennamen also immer nur aus zwei Wörtern. Das erste bezeichnet die Gattung und gibt an, in welchen Verwandtschaftskreis eine

Art gehört; es ist somit der Name für eine Gruppe von Arten. Gattungsnamen sind z.B. *Anemone* oder *Ranunculus*. Der Gattungsname ist meist ein Wort griechischen oder lateinischen Ursprungs. Das zweite (nachgestellte) Wort wird heute generell klein geschrieben, es ist meistens lateinisch (oder wenigstens latinisiert, seltener griechisch). Es ist ein »bestimmendes Beiwort« (Artepitheton), sehr oft ein Eigenschaftswort, das die Farbe, Größe, den Wuchsort oder die Herkunft der Art näher bezeichnet, z.B. *Ranunculus auricomus* = Gold-Hahnenfuß, *R. lanuginosus* = Wolliger Hahnenfuß, *R. arvensis* = Acker-Hahnenfuß, *R. sardous* = Sardischer Hahnenfuß. In Mitteleuropa verfährt man bei der Benennung von Menschen ganz entsprechend. Unser Familien- oder Geschlechtsname bezeichnet eine Gruppe zusammengehörender Menschen, die Vornamen unterscheiden die einzelnen Mitglieder dieser Gruppe, z.B. *Franz Müller*, oder, wie es in südlichen deutschsprachigen Gegenden oft heißt, *Müller Franzl*. Manchmal ist das zweite Wort eines lateinischen Pflanzennamens kein Eigenschaftswort, sondern ein Eigenname, z.B. *ficaria* in *Ranunculus ficaria*. *Ficaria* war der Name, den der Botaniker DILLENIUS schon vor Linné dem Scharbockskraut zugeteilt hat. LINNÉ hat es dann zu seiner Gattung *Ranunculus* gezogen und den alten Gattungsnamen (aus einer Art Pietät) als Art-Epitheton verwendet.

In Linnés Werk *Species plantarum* von 1753 gehört zu jedem neuen, binären Pflanzennamen eine Beschreibung von einigen Zeilen Länge, die wir heute Diagnose nennen. Zunächst hat Linné diese Beschreibungen aber durchaus noch als Phrasennamen verstanden, was die eigentlich unnötige Nennung *Digitalis* am Anfang der Phrase in unseren Beispielen noch andeutet. Noch bis heute wird jedem Pflanzennamen, den eine neu entdeckte Art bekommt, eine lateinische Beschreibung beigegeben, die mit dem Namen veröffentlicht werden muß, damit der Name gültig ist. Meistens folgt ihr heutzutage eine Übersetzung in Englisch oder in der Muttersprache des Autors. Manchmal wird das Festhalten an einer lateinischen Beschreibung (das nur in der Botanik geübt wird) als altmodisch belächelt. Wenn eine Pflanze aber von einem chinesischen, japanischen oder russischen Botaniker neu beschrieben wird, ist man als Europäer natürlich froh über einen Text, dessen Schrift man kennt und den man wenigstens mit Hilfe eines Wörterbuches lesen kann (was natürlich für das »Neulatein« unserer Tage, das Englische, auch gelten würde).

Außer der Veröffentlichung des Namens mit der Beschreibung muß noch ein Herbarbeleg dieser Pflanze in einem anerkannten Herbar für die wissenschaftliche Öffentlichkeit hinterlegt werden, damit der Name gültig ist. Dieser Herbarbeleg heißt *Typus*, und ein Herbar ist um so wichtiger und berühmter, je mehr Typen es enthält. Diese und weitere Regeln gaben sich die Botaniker im Laufe der Zeit selber, und es ist eigentlich bemerkenswert, aber kaum im öffentlichen Bewußtsein, daß sie doch weltweit mehr oder weniger eingehalten werden. Neue Namen, welche den Nomenklaturregeln nicht entsprechen, werden von den übrigen Botanikern nicht beachtet, das ist die einzige Sanktion, welche die Einhaltung der Regeln erzwingt.

Linné selber besaß ein sehr großes Herbar, in dem die meisten Pflanzen enthalten sind, die er in *Species plantarum* beschreibt. Heute gehört es der »Linnean Society« und wird in London aufbewahrt. Wenn in Linnés Diagnosen ein Merkmal nicht erwähnt wird, kann man auch heute noch in seinem Herbar nachsehen, denn es ist doch sehr wahrscheinlich, daß Linné seine eigenen Herbarbelege für die Beschreibungen benützt hat. Man darf aber nicht meinen, daß Linné alle Arten neu entdeckt hat, die in seiner Aufzählung enthalten sind. Sie versucht ja, alle damals bekannten Arten zu erfassen, und viele waren den Wissenschaftlern schon vorher vertraut. Linné hat ihnen nur seine neuen Zweiwortnamen anstelle der bandwurmartigen Phrasennamen gegeben, wobei er durchaus ältere Namen (Anfangsteile von Phrasen) übernommen hat (z.B. *Digitalis purpurea*).

Mit den neuen, binären Namen hat Linné zwar eine Basis für eine übersichtliche Benennung der Pflanzen gelegt. Leider ist damit nicht allen Problemen von vornherein vorgebeugt worden. Erst im Laufe der Zeit zeigten sich Schwierigkeiten, denen man mit immer neuen Regeln für die korrekte Benennung von Pflanzen beizukommen versuchte. Im folgenden wird auf einige Probleme der richtigen Benennung *(Nomenklatur)* eingegangen.

Nicht alle Namen sind z.B. eindeutig einer und nur einer Art zuzuordnen, weil verschiedene Wissenschaftler nach Linné den gleichen Namen verschiedenen Arten gegeben haben. Solche gleichlautenden Namen für verschiedene Arten heißen *Homonyme*. Vielleicht hatten die Botaniker voneinander nichts gewußt oder nicht gemerkt, daß der Name schon vergeben ist. In diesem Fall hilft es, den Namen des Wissenschaftlers (meist abgekürzt) dem Artnamen anzufügen, um zunächst einmal die beiden Arten zu unterscheiden. So weiß man wenigstens, in wessen Sinn man einen Namen gebraucht. Ein vollständiger wissenschaftlicher Pflanzenname besteht deshalb aus folgenden Komponenten:

Artname: *Berberis*   *vulgaris*   L. (=Linné)
             Gattungsname   Artepitheton   Autor des Namens

Gelegentlich wird das Bestimmende Beiwort allein als Artname bezeichnet. Das ist falsch, denn es gibt viele Dutzend Arten mit dem Beiwort *vulgaris*, das »gemein«, also »überall vorkommend« bedeutet (z.B. *Aquilegia vulgaris, Pulsatilla vulgaris, Alchemilla vulgaris*); »vulgaris« allein würde keine der Arten hinreichend bezeichnen.

Da es doch unpraktisch ist, wenn Pflanzen mit gleichlautenden Namen auftreten, die nur verschiedene Autoren haben, wurde schon im 19. Jahrhundert die Regel aufgestellt, daß immer der älteste nach allen Regeln der Kunst vergebene Name der gültige ist. Dabei wird nicht hinter den 1. Mai 1753, das Erscheinungsdatum von Linnés *Species plantarum*, zurückgegangen, denn in diesem Werk werden für die Blütenpflanzen erstmals konsequent binäre Namen angewendet. Damit wird das Datum 1.5.1753 sozusagen zur »Stunde Null«. Allerdings gilt das nur für die Blütenpflanzen, für andere Gruppen werden andere (spätere) Werke zugrunde gelegt. Die Pflanzenart mit dem jüngeren Homonym muß nach den Benennungsregeln einen anderen Namen bekommen.

Diese *Prioritätsregel* hilft auch noch in einem anderen Fall. Leider kam es und kommt es immer noch vor, daß Forscher in verschiedenen Ländern, die voneinander nichts wissen, die gleiche Pflanzenart unter verschiedenen Namen beschreiben. Zum Teil sind vielleicht auch die Diagnosen so schlecht oder unvollständig, daß der zweite Botaniker »seine« Pflanze danach nicht bestimmen konnte. Unterschiedliche Namen für die gleiche Pflanzenart heißen *Synonyme*. So gibt es für ein kleines Nelkengewächs, die Bach- oder Quell-Sternmiere (*Stellaria*, nach stella=Stern), die gerne in Wagenspuren feuchter, grasiger Waldwege auf saurem Boden wächst, folgende Namen:

Namen der Bach-Sternmiere	Jahr	Ort der Publikation
1. *Stellaria alsine* Grimm (Alsine = alter Gattungsname)	1767	Nova acta Acad. Leopold. Carol. 3, appendix 313
2. *Stellaria uliginosa* Murr. (uliginosa = sumpfbewohnend)	1770	Prodr. Stirp. Gotting. 55
3. *Stellaria alsine* Hoffm.	1791	Deutschlands Flora ... ed. I, 153

Die Namen Nr. 1 und 3 lauten also auch noch gleich, haben aber verschiedene Autoren, sie sind zusätzlich *Homonyme*.

Unsere Beispielpflanze, die Bach-Sternmiere, ist in *Species Plantarum* noch nicht aufgezählt. Vermutlich wurde sie ursprünglich unter der Gattung *Alsine* geführt. Die Gattung *Alsine* war aber bei Linné ein ziemliches Konglomerat von Arten, die jetzt in ganz verschiedene Gattungen wie *Arenaria* und *Minuartia* usw. gestellt werden. Es ist denkbar, daß GRIMM und HOFFMANN unabhängig voneinander den alten Gattungsnamen zum Artepitheton dieser Art genommen haben, während MURRAY ein neues Artepitheton wählte. Lange Zeit war der zweite Name in den Floren gebräuchlich, bis entdeckt wurde, daß der Name *Stellaria alsine* Grimm noch älter ist und daher zu gelten hat (im Appendix, also im Anhang einer Zeitschrift, war er ja auch gut versteckt). Damit wird *Stellaria uliginosa* Murr. zum ungültigen Synonym. Da *Stellaria alsine* Hoffm. noch jünger ist als *Stellaria uliginosa* Murr., hatte dieser Name nie Chancen, als gültiger Name anerkannt zu werden. Die Namen *Stellaria uliginosa* und *St. alsine* wurden später noch für mindestens drei weitere Arten vergeben. Es sind alles ungültige Namen *(Nomina illegitima)*.

Wie findet man heraus, welche Namen, gültige und ungültige, es überhaupt gibt? Man könnte Bestimmungsbücher wälzen, aber selbst in Europa sind nicht alle Länder so gut mit Floren versorgt wie Deutschland oder die Schweiz. Zum Glück gibt es im »Index Kewensis« ein Gesamtverzeichnis, das anstrebt, alle Namen Höherer Pflanzen mit Autor, Publikationsort und -jahr der Diagnose aufzulisten. Meistens werden auch noch die Länder angegeben, wo die Pflanzenart vorkommt. Der *Index Kewensis* (in Kew bei London befindet sich der große Königliche Botanische Garten und ein großes Herbar) wurde schon im letzten Jahrhundert auf die Anregung und das Betreiben von Charles DARWIN hin begründet. Er erscheint auch unter den ersten Sponsoren, die es auch damals schon brauchte, damit ein so grundlegendes (aber staubtrockenes) wissenschaftliches Werk herausgegeben werden konnte. Inzwischen sind so viele Nachträge erschienen, daß die sehr großen Bände fast einen Meter Bücherbrett einnehmen. Seit neuestem gibt es das ganze Riesenwerk auf CD-ROM, was einem den Zugriff sehr erleichtert und das Nachschlagen in allen Ergänzungsbänden erspart.

Das konsequente Durchhalten der Prioritätsregel verspricht zwar, daß eines Tages nur noch die nach ihr gültigen Namen gebraucht werden, die Prioritätsregel hat aber auch Nachteile. Oft ist es wirklich schwierig, sich durch das

Gestrüpp der Namen und der damit gemeinten und oft nicht eindeutig zuzuordnenden Pflanzen durchzufinden. Linné hat sein Werk *Species plantarum* selber nicht als Ursprung einer neuen Nomenklatur (also einer Wissenschaft von den Namen) verstanden und in der zweiten Auflage selber viele Änderungen vorgenommen. »Leider« gab und gibt es unter den Botanikern Spezialisten, denen es offenbar Freude macht, für längst unter einem Namen allgemein bekannte Pflanzen ältere, und damit gültige, Namen aus schwer zugänglicher Literatur auszugraben, was dann zu Namensänderungen führt. Solche Änderungen haben vermutlich auch zum schlechten Ruf beigetragen, den die Systematische Botanik bei vielen modernen Biologen hat. Man kann hoffen, daß schließlich einmal alle noch nicht entdeckten alten, aber gültigen Namen bekannt sein werden und damit diese Quelle von Namensänderungen versiegt. Erst seit wenigen Jahren geht man mit der Prioritätsregel etwas flexibler um, denn es ist die Möglichkeit geschaffen worden, seit langem gebräuchliche, eindeutige Namen zu »konservieren«; ein solcher Name *(nomen conservandum)* unterliegt dann nicht mehr der Prioritätsregel.

Daß das Problem des gültigen Namens manchmal nicht an seinem Alter liegt, sondern an der Auffassung, was zu einer Art gehört, soll das zweite Beispiel illustrieren.

Vergleicht man den ROTHMALER und den SCHMEIL, so findet man für den Geißbart, eine dekorative Staude schattiger Waldschluchten in Süddeutschland und der Schweiz, folgende Namen:

ROTHMALER (1996)	SCHMEIL (1996)
1. *Aruncus dioicus* (Walter) Fernald	1. *Aruncus sylvestris* Kostel
2. *Aruncus vulgaris* Raf.	2. *Aruncus vulgaris* Raf.
3. *Aruncus sylvestris* Kostel	3. *Aruncus dioicus* auct.

(auct. = auctorum bedeutet »der Autoren« und wird immer dann angegeben, wenn andere Autoren den Namen nicht im Sinne seines ursprünglichen Autors verwenden.)

Der in Zeile 1 gesetzte Name wird in den beiden Büchern als der gültige Name angegeben, die anderen beiden sind ungültige Synonyme. Im Falle des Geißbarts ist zwischen den Bearbeitern des ROTHMALER und des SCHMEIL nicht das Alter des Namens strittig, sondern die Frage, ob in Nordamerika und Europa die gleiche Art vorkommt oder ob jeder Kontinent seine eigene Art hat, die der des anderen zwar sehr stark gleicht, sich aber vor allem im

Areal unterscheidet. Der Name *Aruncus dioicus* wurde nämlich 1939 für eine nordamerikanische Pflanze vergeben. Der Bearbeiter des SCHMEIL vertritt die Meinung, daß die europäischen Geißbärte nicht der gleichen Art angehören wie die nordamerikanischen, daher kommt das Artepitheton *dioicus* für die europäischen Pflanzen nicht in Frage. Sie müssen bei dieser Artauffassung einen eigenen Namen tragen. Schon RAFINESQUE (»Raf.«) war dieser Ansicht, er nannte die nordamerikanischen Geißbärte *A. americanus*, die europäischen aber *A. vulgaris*. Der Bearbeiter des ROTHMALER sieht die Sache anders, er faßt die europäischen Geißbärte mit den nordamerikanischen zu einer einzigen Art zusammen, für die dann der älteste Name *Aruncus dioicus* gilt. Da es in diesem Fall um eine Meinungsdifferenz über die Artumgrenzung geht, ist die Frage des richtigen Namens nicht ein für allemal zu lösen. Das Problem ist kein Nomenklaturproblem, sondern eins der systematischen Einordnung.

Der von ROTHMALER für gültig erklärte Name *Aruncus dioicus* (Walter) Fernald ist ungewöhnlich »jung« für einen gültigen Namen. Warum gelten nicht die lange vor 1939 vergebenen Namen von RAFINESQUE für die amerikanischen und europäischen *Aruncus*-Sippen? Hinter *Aruncus dioicus* stehen zwei Autorennamen. Darum lassen sich an diesem Beispiel gleich noch zwei weitere Dinge zeigen, nämlich einmal, was ein »Klammerautor« ist, und zweitens, wie verfahren wird, wenn ein Botaniker merkt, daß eine Art besser in einer anderen Gattung aufgehoben ist. Der Namensbestandteil »(Walter)«, der sogenannte »Klammerautor«, verrät, daß die Art ursprünglich in einer anderen Gattung stand. WALTER benannte noch vor Rafinesque den nordamerikanischen Geißbart als *Actaea dioica*, also als eine Art der Gattung Christophskraut *(Actaea)*. Schon oben (S.133) wurde darauf hingewiesen, daß sich die Gattungen *Aruncus* und *Actaea* im Habitus sehr stark ähneln, allerdings unterscheiden sie sich im Bau der Blüten. Heute wird die Gattung *Actaea* unter die Familie der Hahnenfußgewächse gerechnet, *Aruncus* aber unter die Rosengewächse, man hält die Gattungen also nicht für nahe verwandt. Den amerikanischen Geißbart hat FERNALD 1939 deshalb von der Gattung *Actaea* in die Gattung *Aruncus* übertragen. Bei dieser Umstellung blieb das Artepitheton *dioicus* erhalten. Da es in der neuen Gattung (hier *Aruncus*) dieses Artepitheton nicht schon gab, mußte es nach den Nomenklatur-Regeln übernommen werden. Der »Klammerautor« erinnert daran, daß es einen älteren Zustand in der Benennung unseres Beispiels gab, und erleichtert es sehr, die Geschichte einer Benennung zu rekonstruieren.

Die Verwandtschaft, in die man eine Art stellt, ist also eine zweite Quelle für Namensänderungen. Da man den Botanikern nicht verbieten kann, ihre Meinung über die Zugehörigkeit einer Art zu einer bestimmten Gattung und Familie zu ändern, läßt sich diese zweite Quelle von Namensänderungen leider nicht verstopfen.

Nicht immer gibt es bei der Umstellung einer Art in eine andere Gattung einen Klammerautor. Das Scharbockskraut heißt bei Linné *Ranunculus ficaria* L. (1753). HUDSON hat es 1768 aber wieder von *Ranunculus* abgetrennt und in die alte, von Dillenius aufgestellte Gattung *Ficaria* zurückgeführt, in der das Scharbockskraut jetzt *Ficaria verna* Huds. heißt. Warum hat es plötzlich ein neues Artepitheton? Anders als in der Zoologie erlauben die botanischen Namensregeln keine gleichlautenden Gattungsnamen und Artepitheta, das Scharbockskraut darf also nicht *Ficaria ficaria* heißen. Somit ist ein neues Bestimmendes Beiwort fällig, es darf in der Gattung nur noch nicht vorhanden sein. Die Zoologen haben hingegen nichts gegen gleichlautende Gattungsnamen und Artepitheta, wie der wissenschaftliche Name des Uhus, *Bubo bubo*, zeigt.

Die Benennungsregeln (Nomenklaturregeln) wurden auf internationalen Botanikerkongressen von den angesehensten Botanikern nach und nach aufgestellt. Sie sind im internationalen Code der Botanischen Nomenklatur niedergelegt, dessen erste Auflage 1867 erschien, die bis jetzt letzte 1995 (deutsche Fassung).

Die formal richtige Benennung von Pflanzenarten ist leider ein trockenes und auch ziemlich kompliziertes Kapitel der Botanik, dem sich die wenigsten Feldbotaniker mit Lust hingeben, aber es ist wichtig und nicht zu umgehen. All diesen Fragen müssen sich diejenigen Botaniker stellen, die eine systematische Bearbeitung einer Gattung durchführen und ihre Resultate in einer *Revision* oder einer sogenannten *Monographie* (=Einzelbeschreibung) der Gattung niederlegen. Die Revision befaßt sich nur mit einem Teil einer Gattung, z.B. allen Arten, die in einem bestimmten Gebiet (Land) vorkommen. Die Monographie hingegen behandelt alle Arten der Gattung, die genau beschrieben und gegeneinander abgegrenzt werden. Solche das ganze Areal der Gattung berücksichtigenden Überarbeitungen sind sehr nötig, denn die Feldbotaniker sind meistens nur in Teilarealen unterwegs. Wenn sie Pflanzen einer z.B. in Mitteleuropa wachsenden Art in Nordamerika sehen, die dort etwas größer sind, sind sie leicht geneigt, diese dann für eine neue, andere Art zu halten. Bei der Gesamtbearbeitung muß man sich entscheiden, ob die Unterschiede etwa zwischen dem etwas größeren amerikanischen Leberblümchen und dem europäischen wirklich so groß sind, daß die Trennung in zwei Arten berechtigt ist. Zuletzt ist es immer eine Meinung, die dann in der Monographie vertreten wird. Ein anderer Bearbeiter würde vielleicht anders entscheiden, aber absolute Kriterien, wie stark und wodurch sich Arten unterscheiden müssen, gibt es nicht.

Eine Monographie wird in der Regel anhand von Herbarmaterial durchgeführt, wobei die Typus-Belege der verschiedenen Arten immer genau untersucht werden müssen. Bei solchen Wiederbearbeitungen werden gelegentlich auch neue Arten entdeckt, die vorher unter einem falschen Namen liefen oder unbestimmt waren. Die Monographien der verschiedenen Gattungen, die in einem Land vorkommen, sind die Voraussetzung, um für dieses Gebiet eine *Flora*, das heißt, einen Katalog aller dort vorhandenen Arten aufzustellen. Besonders komfortabel ist es, wenn die Arten anhand eines *Schlüssels* (vgl. S.182 und 282) leicht bestimmt werden können. Alle diese Vorarbeiten sind unerläßlich, wenn man z.B. wissen möchte, welche Pflanzengesellschaften im Gebiet vorkommen (denn man muß ja alle Arten richtig benennen). Auch für praktische Fragen der Landschaftsplanung und des Naturschutzes braucht man gut begründete Kenntnisse über die Arten. Nur auf diesem Hintergrund kann entschieden werden, ob man einen bestimmten Trockenrasen unter Schutz stellen sollte, oder welche Trasse für eine neue Straße weniger interessante Feuchtwiesen unter sich begräbt. Solche Entscheide fallen oft nach dem Vorkommen seltener Arten, die dann natürlich richtig erkannt werden müssen.

Linnés Zweiwortnamen weisen jede Art auch gleichzeitig einer Gattung zu. Damit ist eine gewisse Gruppierung gegeben, die aber wegen der großen Gattungszahl noch keine wirkliche Übersicht über alle bekannten Arten schafft. Deshalb hat Linné die zu seiner Zeit bekannten Pflanzen künstlich, das heißt, nach willkürlich ausgewählten Merkmalen auf 24 Klassen aufgeteilt, welche die höchste Ebene in seinem hierarchischen System bilden. Er hat also nicht nur die Namen der inzwischen riesig anschwellenden Menge neu entdeckter Arten auf eine praktikable Länge verkürzt, er hat mit seinem System von 24 Klassen auch eine Übersicht über die Fülle der Arten geschaffen, die es den Botanikern erlaubte, einigermaßen die Übersicht zu behalten und vor allem auch, die Pflanzen zu bestimmen. Da offenbar die Staubblätter und Fruchtblätter für den Fortbestand einer Pflanzensippe so wesentlich sind, nahm sie

Linné als Haupteinteilungskriterien. Nach folgendem Schlüssel teilt Linné die Pflanzenarten seinen Klassen zu:

1 Öffentlich heiratende (Phanerogamen, Blüten für jedermann sichtbar)   2
  2 Geschlechter in einem Bett, Zwitterblüten   3
    3 Staubblätter alle frei   4
      4 Staubblätter alle gleich lang   Klassen 1–13
      4* Staubblätter unterschiedlich lang   Klassen 14–15
    3* Staubblätter verwachsen   Klassen 16–20
      (untereinander oder mit den Fruchtblättern)
  2* Geschlechter in verschiedenen Betten   Klassen 21–23
    (eingeschlechtige Blüten)
1* Verborgen heiratende   Klasse 24
  (Kryptogamen, Blüten nicht von Auge sichtbar)

Die Klassen von Linnés Systema sexuale

Klasse		Definition
1	Monandria	1 Staubblatt
2	Diandria	2 Staubblätter
3	Triandria	3 Staubblätter
...		...
9	Enneandria	9 Staubblätter
10	Decandria	10 Staubblätter
11	Dodecandria	12 Staubblätter
12	Icosandria	20 Staubblätter
13	Polyandria	viele Staubblätter
14	Didynamia	2 kurze und 2 lange Staubblätter
15	Tetradynamia	2 kurze und 4 lange Staubblätter
16	Monadelphia	alle Staubfäden verwachsen
17	Diadelphia	Staubblätter in zwei Bündeln verwachsen
18	Polyadelphia	Staubblätter in drei oder mehr Bündeln verwachsen
19	Syngenesia	Staubbeutel verbunden
20	Gynandria	Staubblätter und Fruchtblätter verwachsen
21	Monoecia	männliche und weibliche Blüten auf einer Pflanze

22	Dioecia	männl. u. weibl. Blüten auf verschiedenen Pflanzen
23	Polygamia	zwittrige und eingeschl. Blüten auf derselben Pflanze
24	Cryptogamia	keine Blüten sichtbar, keine Geschlechtsvorgänge beobachtbar

Die Klassen 1–13 werden nach der Zahl der Fruchtknoten oder Fruchtblätter weiter in Ordnungen unterteilt (Linnés Begriffe Klasse und Ordnung decken sich nicht mit den gleichlautenden Rangstufen der modernen Systeme):

	Monogynia 1 Fruchtknoten	Digynia 2 Frucht- blätter	...	Pentagynia 5 Frucht- blätter	Hexagynia 6 Frucht- blätter	Polygynia viele Frucht- blätter
1	Ordnung Monandria Monogynia (*Hippuris*)	Ordnung Monandria Digynia				
2	Diandria Monogynia (*Jasminum*)	Diandria Digynia				
...						
5	Pentandria Monogynia (*Primula*)	Pentandria Digynia (*Daucus*)		Pentandria Pentagynia (*Linum*)		
...						
10	Decandria Monogynia (*Rhododendron*)	Decandria Digynia		Decandria Pentagynia (*Oxalis*)		
...						
16	Monadelphia in Ordnungen eingeteilt nach der Zahl der Staubblätter:					

Monadelphia Pentandria
(5 verbundene Staubblätter)

Monadelphia Decandria
(10 verbundene Staubblätter)
z.B. *Geranium, Erodium* (!)

Linné stellt Fruchtknoten mit bis zur Narbe verwachsenen Fruchtblättern unter seine Monogynia. Sie haben aber nur in den seltensten Fällen bloß ein einziges Fruchtblatt, meist sind es mehrere, die bis zur Spitze verwachsen sind. Dann ist die Fruchtblattzahl von außen nicht auf den ersten Blick zu erkennen. Wenn wenigstens die Griffel einzeln zu sehen und zu zählen sind, stellt er sie, je nach der Griffelzahl, in die Di- bis Hexagynia.

Linnés System der Klassifizierung nach vorgegebenen Merkmalen hat den Vorteil, daß jede Art darin ihren Platz findet. Allerdings enthalten manche Klassen oder deren weitere Unterteilungen eine bunte Mischung von Gattungen und Arten, die wir heute nicht für nah verwandt halten. Die Ordnung Diandria Monogynia (zwei Staubblätter und ein Pistill aus bis zur Narbe verwachsenen Fruchtblättern) ist ein Beispiel für eine recht heterogen zusammengesetzte Gruppe. Sie umfaßt folgende Gattungen (Auswahl):

Gattung	Familie	Gattung	Familie
Chionanthus, Schnee-flockenstrauch	Oleaceae	*Circaea*, Hexenkraut	Onagraceae
Jasminum, Jasmin	Oleaceae	*Veronica*, Ehrenpreis	Scrophulariaceae
Ligustrum, Liguster	Oleaceae	*Pinguicula*, Fettkraut	Lentibulariaceae
Olea, Ölbaum	Oleaceae	*Verbena*, Verbene	Verbenaceae
Syringa, Flieder	Oleaceae	*Rosmarinus*, Rosmarin	Labiatae

In der linken Hälfte dieser Aufzählung finden wir lauter Gattungen, die man in unserem heutigen System in eine einzige Familie zusammenfaßt. Die Ölbaumgewächse (Oleaceae) zeichnen sich fast durchgehend durch Blüten mit zwei Staubblättern aus, sind aber im Kelch und in der verwachsenen Krone meist vierzählig. Aber auf der rechten Seite finden sich Gattungen aus ganz verschiedenen Familien. Die unteren vier Gattungen (Scrophulariaceae bis Labiatae) sind zweistaubblättrige Ausnahmen aus Familien mit zygomorphen, fünfzähligen Blüten, die in der Regel vier Staubblätter haben. Die meisten Gattungen der Scrophulariaceae und Labiatae stecken allerdings nicht in Klasse 4, sondern in Klasse 14: Didynamia, wegen der unterschiedlichen Länge der vier Staubfäden. Die Gattung *Circaea* mit der Blütenformel K2 C2 A 2 G($\overline{2}$), ein kleines, weißblühendes Kraut, das außer im Wald oft auch in Hecken von Gärten wächst, fällt ganz heraus. Diese Gattung hat radiäre Blüten mit nur zweizähligen Kreisen, was für Dikotyledonen ganz ungewöhnlich wenig ist.

Übrigens sind hier die Kronblätter so tief geteilt, daß man auf den ersten Blick vier Kronblätter sieht.

In Linnés Klassen geraten also neben Gattungen, die wir auch heute für verwandt halten (z. B. Gattungen der Oleaceae), Sammlungen von Gattungen, die nur »formal« durch Linnés Einteilungskriterium zusammengehalten werden. Manche Gattungen findet man bei Linné aber auch gar nicht an der Stelle, wo man sie sucht. Die Gattung *Geranium* (REM-Tafel 6) mit zehn Staubblättern und fünf freien Griffeln erwartet man unter den Decandria Pentagynia an der Seite von *Oxalis*, die Gattung *Erodium* (REM-Tafel 7) mit nur fünf Staubblättern unter den Pentandria Pentagynia neben *Linum*. Dann wären diese Gattungen, die wir heute für nahe verwandt halten und beide der Familie der Storchschnabelgewächse (Geraniaceae) zurechnen, in weit voneinander entfernten Klassen zu finden. Aber merkwürdigerweise hielt Linné die Staubfäden von *Geranium* für verwachsen und stellte seine Gattung *Geranium* in die Klasse 16, Monadelphia. Zwar sind die Staubfäden tatsächlich etwas verbreitert und überdecken sich, aber wie wir heute in Mikrotomschnitten (vgl. S. 298) leicht sehen können, sind sie durchaus frei. Linné faßte allerdings die Gattung *Geranium* weiter, als das heute üblich ist. Er unterteilt sie nach der Zahl der fertilen, also mit Staubbeuteln und Pollen ausgestatteten Staubblätter in drei Gruppen: solche mit sieben, mit fünf und mit zehn fertilen Staubblättern. In der ersten Gruppe stehen diejenigen Arten, die heute als Gattung *Pelargonium* abgetrennt werden; *Pelargonium zonale* ist eine der Urformen der »Geranien« auf den Fensterbänken. Zur zweiten Gruppe zählen die Arten, die heute der Gattung *Erodium* zugerechnet werden, so auch unser Beispiel *Erodium moschatum*. Die Arten mit zehn fertilen Staubblättern schließlich bilden die heutige Gattung *Geranium*. So landen Storch- und Reiherschnabel bei Linné schließlich doch in enger Verwandtschaft.

Auch an anderen Beispielen sieht man, daß Linné sich keineswegs immer an seine starren Einteilungskriterien gehalten hat, sondern manchmal mit »Tricks« Pflanzen gruppiert hat, deren Verwandtschaft er intuitiv erfaßte. So steckt er in die Klasse 15: »Tetradynamia« alle normalen Kreuzblütler mit zwei kurzen und vier langen Staubblättern, aber auch die Ausnahmen, die (durch Reduktion, wie wir heute glauben) weniger als sechs Staubblätter haben. Auch die Klasse 19: »Syngenesia« umfaßt alle Gattungen der Korbblütler, obwohl längst nicht alle Blüten hier überhaupt Staubblätter besitzen, dazu allerdings noch ein paar andere Gattungen, deren Antheren ebenfalls verklebt sind, wie

Veilchen *(Viola)* und Springkraut *(Impatiens)*, die wir heute, schon auf Grund der freien Kronblätter, ganz anders plazieren.

Linné selber war sich wohl bewußt, ein künstliches System geschaffen zu haben. Es sollte nur dazu dienen, die Artenfülle nachvollziehbar zu gliedern. Zu diesem Zweck ist gegen dieses System nichts einzuwenden. Es nimmt ja auch niemand daran Anstoß, daß in Bibliotheken die Bücher eines bestimmten Teilgebiets nach Größe geordnet werden, um die Regale besser auszunützen, obwohl das Format ein ebenso unpassendes Kriterium sein mag, gemessen am Inhalt, wie die Staubblattzahl bei Blütenpflanzen. Linné versuchte daneben auch, die Pflanzen nach allgemeiner Ähnlichkeit und nicht nach einem Katalog zuvor festgelegter Einteilungskriterien zu gruppieren. Er kam aber nicht dazu, den Entwurf eines »natürlichen« Systems zu vollenden. Er war im übrigen zunächst davon überzeugt, daß es so viele unveränderliche Pflanzenarten gebe, wie Gott am Anfang der Zeit geschaffen habe (und meinte, es seien insgesamt 10 000). Erst im Verlauf seiner Studien fand er Pflanzensippen (z.B. eine Form des Schöllkrauts mit zerschlitzten Blütenkronblättern), die nur durch einzelne Merkmale von der Normalform abwichen und sein Dogma, Arten seien unveränderlich, in Frage stellten. Im Botanischen Garten Uppsala, der Linné zu Ehren immer noch nach seinem System bepflanzt wird, kann man das abweichende Schöllkraut nach wie vor bewundern.

In neuester Zeit wird Linné von feministischen Forscherinnen vorgeworfen, in unzulässiger Weise das männliche Prinzip über das weibliche erhoben zu haben. Meiner Meinung nach wird das der Sache aber nicht gerecht. Auch in unserer kleinen Tabelle von Blütenformeln ergaben sich sinnvollere Gruppen durch eine Unterteilung nach der Staubblattzahl, als wenn man die Arten nach der Fruchtblattzahl gruppiert hätte. Das hängt wohl damit zusammen, daß die Fruchtblätter sozusagen dabei sind, ihre Individualität zugunsten der übergeordneten Einheit Stempel zu verlieren.

Etwa zeitgleich mit Linné versuchten Forscher in Paris (ADANSON, Brüder und Neffe JUSSIEU), die Blütenpflanzen in sogenannte »natürliche Familien« zusammenzufassen. So wie menschliche Familien gewisse typische Merkmale haben (z.B. Habsburger Unterlippe), so zeigen (in Analogie) auch weitgehende Übereinstimmungen bei Pflanzen eine natürliche Verwandtschaft an. Diese Verwandtschaft wurde aber auch von den Jussieus und Adanson noch recht statisch aufgefaßt, nicht im Sinne einer Abstammungsgemeinschaft. Zunächst hieß das, was wir heute Familie nennen, also eine Zusammenfassung von Gattungen, meistens *Ordo* und frühe Werke über eine natürliche Gliederung der Pflanzen »Ordines naturales«. Erst später setzte sich für Sippen dieses Umfangs der Begriff »Familie« durch.

Linné teilte das Pflanzenreich nach vorgegebenen Kriterien »von oben nach unten« ein, in Paris faßte man Ähnliches in übergreifende Gruppen zusammen (von unten nach oben), wobei je nach Gruppe unterschiedliche Kriterien verwendet wurden. Dieses Verfahren hat den Nachteil, daß einzelne Pflanzengruppen keinen sicheren Platz im System haben, sie sind *incertae sedis* (unsicherer Stellung) und sitzen sozusagen zwischen allen Stühlen. Das ist aber den meisten Systematikern ein Dorn im Auge. Manche Gruppen werden dann irgendwo hingestellt, und da auch spätere Forscher oft keine bessere Idee haben, bilden sie über lange Zeit an derselben Stelle im System ein schlecht passendes Anhängsel an eine andere Verwandtschaftsgruppe.

Die Merkmale, die man zur Umgrenzung der zunächst wohl »gefühlsmäßig erkannten« natürlichen Familien heranzog, sind je nach Gruppe verschieden. In manchen Familien reicht eine Blütenformel aus, um den Blütenbau fast aller Mitglieder zu beschreiben (z.B. bei den Kreuzblütlern und Doldenblütlern). In anderen Gruppen sind es vegetative Merkmale, welche die im Blütenbau eher heterogene Familie zusammenhalten, z.B. die oft gefiederten Blätter mit Nebenblättern bei den Rosengewächsen oder die oft handförmig geteilten Blätter der Hahnenfußgewächse. Die Auswahl der Merkmale ist bis zu einem gewissen Grad subjektiv, verschiedene Forscher haben gelegentlich unterschiedliche Familienkonzepte, da es keine verbindlichen Regeln gibt, wie groß die Unterschiede zwischen zwei Pflanzensippen sein müssen, daß sie zwei Arten darstellen oder zu zwei verschiedenen Gattungen gehören oder in zwei Familien gestellt werden müssen.

Heute ist es Brauch, eine Pflanzenfamilie nach einer Gattung zu benennen, so heißen die Rosaceae nach *Rosa*, die Ranunculaceae nach *Ranunculus*. Diese Benennungsregel ist aber auch erst im Laufe der Zeit aufgekommen. Gerade die zuerst erkannten Sippen, die im Umfang etwa unseren heutigen Familien entsprechen, hatten zum Teil »sprechende« Eigennamen nach einem auffallenden Merkmal bekommen. Im ganzen gibt es nur zehn Familien mit solchen »unregelmäßigen« Namen, in der mitteleuropäischen Flora sind es folgende sechs:

Alter, unregelmäßiger Name mit Übersetzung		Neuer, regelmäßiger Name mit namengebender Gattung
Cruciferae »Kreuzträger«, Kreuzblütler	=	Brassicaceae *Brassica*, Kohl/Kohlrabi/Raps
Umbelliferae »Doldenträger«, Doldenblütler	=	Apiaceae *Apium*, Sellerie
Labiatae Lippenblütler	=	Lamiaceae *Lamium*, Taubnessel
Compositae »Zusammengesetzte«, Korbblütler	=	Asteraceae *Aster*
Papilionaceae Schmetterlingsblütler	=	Fabaceae »*Faba*«, Saubohne (heute: *Vicia faba*)
Gramineae (von lat. gramen = Gras)	=	Poaceae *Poa*, Rispengras

Diese Familien sind besonders früh als natürliche Einheiten erkannt worden. Darum ist es schade, daß in neuerer Zeit die Floren dafür die »regelmäßig« gebildeten Namen bevorzugen, obwohl die alten nach dem Nomenklaturcode durchaus erlaubt und gültig sind, denn dadurch entschwindet ein Kapitelchen Wissenschaftsgeschichte dem allgemeinen Bewußtsein.

Die Idee einer allmählichen Veränderung der Arten im Laufe der Zeit kam erst um 1800 auf. Die Konsequenz daraus ist, daß man Arten und Artengruppen (Gattungen) als Abstammungsgemeinschaften aufzufassen lernte. Auch höhere systematische Kategorien haben nur Bestand, wenn sie »monophyletisch« sind, also alle ihre Mitglieder auf gemeinsame Ahnen zurückgeführt werden können. Darum mußte man den Namen »Gymnospermae« als systematische Einheit aufgeben (vgl. S.68). Vermutlich werden sich durch die neuen, auf Molekülmerkmalen basierenden systematischen Forschungen noch einige Familien als »polyphyletisch« und damit nicht »natürlich« erweisen.

LAMARCK glaubte, daß individuelle Veränderungen von Organen, die Lebewesen z.B. durch steten Gebrauch im Laufe ihres Lebens erwerben, an die Nachkommen vererbt werden können. Heute gibt es viele Argumente gegen Lamarcks Auffassung der Vererbung erworbener Eigenschaften, aber er war

doch ein wichtiger Wegbereiter des Evolutionsgedankens. Lamarck entwik-
kelte seine Theorien an Tieren, dabei wird leicht übersehen, daß er seine wissenschaftliche Laufbahn als Botaniker begann, eine Flora von Frankreich
schrieb und darum auch Autor vieler Pflanzennamen ist, z.B. der Scheidigen
Kronwicke (*Coronilla vaginalis* Lam.).

DARWIN hat dann dem Evolutionsgedanken zum Durchbruch verholfen. Er
stellte fest, daß z.B. Haustaubenrassen sich im Laufe der Generationen nicht
völlig gleichen, sondern immer einmal neue Merkmale auftreten. Da Züchter
oft an neuen, bizarren Formen Gefallen finden, versuchen sie, durch geeignete
Zuchtwahl das neue Merkmal auf viele Nachkommen zu übertragen. Damit
wird das Merkmal ausgelesen (=selektioniert). Für Tauben ist es sicher nicht
sehr praktisch, Federn an den Füßen zu haben, aber in einer Voliere mit genügend Futter und geringer Konkurrenz von Artgenossen läßt sich diese Behin-
derung wohl aushalten. Die Hand des Taubenzüchters, der die federfüßige
Taube in eine eigene Voliere setzt und damit ausliest (oder die gewöhnlichen
Tauben herausfängt, um sie zu braten), sieht Darwin im »normalen« Leben
darin, daß nur die an die gerade herrschenden Lebensumstände am besten angepaßten Individuen zur Fortpflanzung kommen und ihre Eigenschaften an
die Nachkommen weitergeben. Darwin hatte aber noch keine Ahnung von
Genen, ihrem Bau und ihren Vererbungsregeln. Heute kann man das so aus-
drücken: das Erbgut ist nicht unveränderlich, sondern die Gene verändern sich
mit einer bestimmten Rate, sie mutieren. Die meisten *Mutationen* sind keine
Verbesserung, aber falls sich die Lebensbedingungen zufällig gerade ändern,
könnte die neue Eigenschaft ja passender sein als die alte. Träger des neuen
Merkmals behaupten sich unter den gegebenen Umweltbedingungen besser
als die Träger des alten Merkmals, deshalb pflanzen sie sich zahlreicher fort,
wodurch sich das neue Merkmal in der Population durchsetzt.

Falls eine Pflanzenart am Übergang zwischen einem Feuchtgebiet und einem Trockenhang lebt, kann es im Laufe der Zeit dazu kommen, daß sich eine
ans Feuchte und eine ans Trockene angepaßte Teilpopulation herausbildet.
Blüht die Teilpopulation am Trockenhang zwei Wochen früher als die ans
Feuchte angepaßte Teilpopulation, weil ihr Wuchsort wärmer ist, überlappt
die Blütezeit der beiden Populationen kaum noch, so daß die unterschiedlichen Genmischungen in den Teilen getrennt bleiben. Die Unterschiede verstärken sich im Laufe der Zeit, und wenn man lange genug wartet, sind aus
einer alten zwei neue Arten entstanden. Sie haben sich trotzdem viele gemein-

same Merkmale bewahrt, die nicht dem Anpassungsdruck ans Feuchte oder Trockene unterliegen. Die *Evolutionstheorie* von Darwin liefert vor allem eine Erklärung dafür, warum man etwa innerhalb einer Familie Gattungen findet, die sich näher stehen, und andere, die durch mehr Merkmale getrennt sind. Was stärker verschieden ist, ist auf dem Evolutionsweg schon früh abgezweigt, was (noch) ziemlich ähnlich ist, hat sich erst vor kurzer Zeit getrennt. »Kurz« bedeutet aber im Zusammenhang mit Evolution mehrere Millionen Jahre. Man kennt die ältesten Fossilien von Blütenpflanzen aus der geologischen Zeit der Unteren Kreide, seither sind rund 100 Millionen Jahre vergangen.

Ein »natürliches System«

Auf der gegenüberliegenden Seite findet sich ein Überblick über das natürliche System der Angiospermen nach CRONQUIST, wie es in diesem Buch verwendet wurde. Die Unterklassen sind **fett**, die Familien normal gedruckt. Unten stehen die ursprünglichsten Gruppen, nach oben schließen sich die abgeleiteten an. In den Magnoliidae vermutet man die Ursprungsgruppe aller Angiospermen. Nebeneinanderstehende Gruppen stellen verschiedene, sozusagen parallele Entwicklungswege dar.

Es handelt sich um eine Auswahl, in die vor allem diejenigen Familien aufgenommen wurden, die im Kapitel »Die Blüte« eine Rolle spielen. In der »Übersicht wichtiger Blütentypen« (ab S. 258) sind Beispiele für Vertreter zahlreicher Familien zu finden. Einige weitere Beispiele, die in diesem Buch vorkommen:

Alismatidae: Hydrocharitaceae: *Stratiotes aloides*, Krebsschere
Arecidae: Arecaceae = Palmae: *Chamaerops humilis*, Zwergpalme
Commelinidae: Gramineae = Poaceae: *Zea mays*, Mais
Zingiberidae: Musaceae: *Musa sapientium*, Eßbanane
Magnoliidae: Magnoliaceae: *Liriodendron tulipifera*, Tulpenbaum
Hamamelidae: Fagaceae: *Fagus sylvatica*, Rotbuche
    Urticaceae: *Urtica dioica*, Große Brennessel
Rosidae: Onagraceae: *Fuchsia*, Fuchsie
    Umbelliferae = Apiaceae: *Daucus carota*, Wilde Möhre
Asteridae: Solanaceae: *Solanum tuberosum*, Kartoffel
    Convolvulaceae: *Calystegia sepium*, Zaunwinde

Monokotyledonen

Liliidae
Orchidaceae
Iridaceae
Amaryllidaceae
Liliaceae

Zingiberidae
Zingiberaceae
Musaceae

Commelinidae
Gramineae
Juncaceae
Commelinaceae

Arecidae
Arecaceae
Araceae

Alismatidae
Hydrocharitaceae
Alismataceae

Dikotyledonen

Asteridae
Compositae   Acanthaceae
Campanulaceae   Gesneriaceae
Gentianaceae   Scrophulariaceae
Boraginaceae   Labiatae
Convolvulaceae   Dipsacaceae
Solanaceae   Rubiaceae

Rosidae
Euphorbiaceae
Umbelliferae
Onagraceae

Papilionaceae   Balsaminaceae
                  Tropaeolaceae
                  Geraniaceae
                  Oxalidaceae
Saxifragaceae
Rosaceae

Hamamelidae
Urticaceae
Fagaceae
Corylaceae
Betulaceae

Magnoliidae
Aristolochiaceae
Nymphaceae
Magnoliaceae

Ranunculidae
Fumariaceae
Papaveraceae
Ranunculaceae
Berberidaceae

Dilleniidae
Cucurbitaceae   Violaceae
Primulaceae
Ericaceae
Malvaceae   Cruciferae
Hypericaceae

Caryophyllidae
Caryophyllaceae   Chenopodiaceae
Cactaceae
Aizoaceae

BLÜTENENTWICKLUNG

Zutaten zur Erschließung der Stammesgeschichte

Die Evolutionstheorie »erklärt« also, wie es durch die Entwicklungsprozesse Mutation (und Rekombination), Selektion und Isolation zu der beobachteten, abgestuften Ähnlichkeit kommt, die auch schon jedem früheren Versuch eines »natürlichen Systems« zugrunde lag. Sehr ähnliche und darum als nah verwandt angesehene Sippen haben aus der Sicht der »Evolutionisten« (Kladisten) einen langen gemeinsamen Evolutionsweg hinter sich, auf dem sie, noch ungetrennt, viele neue gemeinsame Merkmale (Synapomorphien) entwickelt haben. Sie gehen erst relativ kurze Zeit eigene Wege. Die Pfade weniger ähnlicher und damit weniger nah verwandter Sippen haben sich schon viel näher an den gemeinsamen Ahnen getrennt.

Wichtig ist bei der Herausbildung neuer Sippen, daß bald Kreuzungsbarrieren das Wiedervermischen abweichender Populationen verhindern. Man nimmt an, daß Artbildungsprozesse auch heute noch weitergehen. Es gibt einerseits Sippen, die über sehr lange geologische Zeiträume ziemlich gleich geblieben sind (etwa die Gattung *Ginkgo* seit dem Tertiär), und andererseits solche, in denen man gegenwärtig lebhafte Artbildungsprozesse vermutet (und die darum oft schwierig zu bestimmen sind, z.B. viele Orchideen oder Vertreter der Rosengewächse). Da aber bei der Herausbildung der heutigen Fülle an Pflanzenarten aus »Urformen« im Laufe der Zeit kein Botaniker dabei war und sich Pflanzen als Fossilien viel schlechter erhalten als Tierüberreste, konnte man den Gang der Evolution weder direkt beobachten noch kann man ihn aus den Fossilien leicht ablesen. Praktisch ist man nach wie vor hauptsächlich auf das sorgfältige Vergleichen von heute lebenden (=*rezenten*) Pflanzen angewiesen. Hier gibt es nun durchaus Fallstricke und Fußangeln.

Die Homologiekriterien

Ähnliche Baueigentümlichkeiten können durchaus auf recht unterschiedliche Weise zustandegekommen sein, denn verschiedene Wege führen oft auch ans (fast) gleiche Ziel. Andererseits können bestimmte Veränderungen (etwa Ausfälle von »Organkreisen«) unabhängig voneinander in ganz unterschiedlichen Zweigen des »Stammbaums« eintreten. Daher ist es wichtig, daß man darauf achtet, nur einander »entsprechende« *(homologe)* Strukturen zu vergleichen, also solche, die sich aus einer gemeinsamen Urform »ableiten« lassen. Die klassische vergleichende Morphologie hat daher Regeln aufgestellt, mit denen sie prüfen kann, ob Merkmale einander »entsprechen«, das sind die sogenannten *Homologiekriterien.*

- Da Tiere eine geschlossene Gestalt haben (s. S. 55), sind sie als Beispiele besser geeignet als Pflanzen, um das wichtigste Homologiekriterium, das *Lagekriterium,* zu demonstrieren.

Zum Bauplan der Wirbeltiere gehören ein Kopf, eine Wirbelsäule und vier Gliedmaßen, ein Paar in Kopfnähe, das andere in Schwanznähe. Man zieht daraus den recht allgemeinen Schluß, daß alle Wirbeltiere einer einzigen, in den Grundzügen einheitlichen Abstammungsgemeinschaft angehören und auf gemeinsame Ahnen zurückgehen. Nach dem Lagekriterium (gleiche Stellung im Bauplan) sind z. B. alle Vorderextremitäten der Wirbeltiere einander homolog, also die Brustflossen der Fische, die Flügel der Vögel, die Vorderbeine der Säugetiere und die Arme der Menschen, obwohl sie von außen ganz verschieden aussehen. Die Skelette lassen jedoch viel mehr Gemeinsamkeiten erkennen. An den Rumpf grenzen zwei übereinanderliegende Bereiche mit nur wenigen Knochen (z. B. Oberarm und Unterarm), an denen ein vielteiliges »Ende« sitzt (z. B. Hand). Zwar sind die Knochen bei verschiedenen Wirbeltieren in den Proportionen ganz unterschiedlich, sie nehmen aber weitgehend die gleiche Stellung zueinander ein, und genau das ist für das Lagekriterium wichtig. Man kann es nicht nur allgemein auf die Vorderextremitäten anwenden, sondern auch speziell einzelne Knochen miteinander homologisieren. Durch Reduktionen kann sich die Zahl der Knochen im »Endstück« auch verringern (z. B. im Handskelett der Vögel).

Wenn Anpassungen an eine bestimmte Umwelt, z. B. das Meer vorliegen, gleichen sich oft auch die äußeren Formen an: die Vordergliedmaßen der Meeresschildkröten (Reptilien), Pinguine (Vögel) und Robben (Säugetiere), die man in einem Wassertierzoo durch dicke Glasscheiben bei ihren Schwimmkünsten beobachten kann, sind in allen drei Fällen paddelartig. Diese große Ähnlichkeit ist hier sicher funktionell bedingt (Fortbewegung im Wasser) und in diesem Fall kein Ausdruck einer engen Verwandtschaft, gehören doch die genannten Tiere zu verschiedenen Klassen der Wirbeltiere. Diese funktionell bedingte Ähnlichkeit innerhalb eines gemeinsamen Bauplans wird mit dem Begriff der *Konvergenz* belegt.

Daß bei Anpassungen (z. B. ans Fliegen) aber auch ganz unterschiedliche Wege beschritten wurden, zeigt ein zweites Beispiel. Innerhalb der Säugetiere haben die Fledermäuse ihre Vorderbeine zu Flügeln umgebildet. Trotzdem sind die Vögel und die Fledermäuse nicht besonders eng verwandt, denn die Arm- und Handskelette der beiden Sippen sind deutlich verschieden. Bei den Fledermäusen wird die Flughaut hauptsächlich durch die verlängerten Finger aufgespannt, während das Handskelett der Vögel stark reduziert ist. Außerdem ist durch Fossilien belegt, daß sich die Entwicklungswege zu den Vögeln einerseits und den Säugetieren andererseits schon getrennt hatten, bevor die ersten Fledermäuse auftraten. Die »Umbauten« am Armskelett, die zum Flügel des Vogels und dem der Fledermaus führten, sind parallel und unabhängig voneinander geschehen. Vogel- und Fledermausflügel sind zwar im Prinzip homolog. Sie sind auch auf das gleiche funktionelle Ziel, das Fliegen, gerichtet, aber in ihrer Detailgestalt trotzdem nicht konvergent.

Ganz wie ein Spatz hat auch ein Schmetterling Flügel, mit denen er sich in die Lüfte erheben kann. Die Flügel beider Tiere haben also die gleiche Funktion, aber ein verschiedenes Aussehen: solche Organe nennt man *analog*. Sie sind überhaupt nicht nach dem Lagekriterium zu homologisieren, weil Insekten und Wirbeltiere ganz unterschiedliche Baupläne haben. Betrachten wir z.B. die Bauteile, welche die Festigkeit des Körpers garantieren: Insekten haben ein hartes Außenskelett und sind innen weich, während bei den Wirbeltieren die harten Knochen innen liegen und außen von den weichen Muskeln umgeben sind.

Von Homologie kann man also nur innerhalb eines gemeinsamen Bauplans sprechen. Bei den Blütenpflanzen gibt es nur einen einzigen Grundbauplan, nach dem Lagekriterium gelten alle Blätter als homolog. Schon GOETHE hatte diese Überzeugung vertreten.

• Ein weiteres Homologiekriterium ist das Vorkommen von *Übergangsformen*.

Ein einfaches Beispiel liefern die Ahorne, Eschen oder Kirschbäume. Ihre Winterknospen werden durch Schuppenblätter eingehüllt. Wenn die Knospen austreiben, fallen die äußersten harten Schuppen bald ab, die inneren Knospenschuppen vergrößern sich, auf die dann die Laubblätter folgen. Nach einigem Suchen findet man an einzelnen Knospen sogenannte Übergangsblätter, also Zwischenformen zwischen Schuppenblättern und Laubblättern. Sie zeigen unten die vergrößerte Blattbasis der inneren Schuppenblätter, tragen aber an der Spitze schon eine deutliche, wenn auch kleine Blattspreite (Abb. 31, S. 138). In den Extremen deutlich verschieden gestaltete Organe wie Knospenschuppen und Laubblätter werden durch ein vermittelndes Glied verbunden. Bei den obigen Beispielen ist pro austreibender Knospe nur ein intermediäres Blatt (oder ein Blattpaar) zu erwarten, beim Vergleich vieler Knospen findet man aber eine Menge Übergangsblätter, die mal mehr zum Schuppenblatt, mal mehr zum Laubblatt tendieren. Wenn man sie nach ihrer Ähnlichkeit anordnet, bekommt man eine Serie von Blättern, die einen allmählichen Übergang von einem typischen Schuppenblatt zu einem typischen Laubblatt zeigen. Solche Abwandlungsreihen morphologischer Merkmale, sogenannte *morphologische Reihen*, lassen sich nicht nur aus Elementen innerhalb einer Pflanze oder einer Pflanzenart zusammenstellen, sondern auch aus Elementen innerhalb einer Gruppen von verwandten Arten. Die Fruchtknoten in der Gattung Steinbrech *(Saxifraga)* liefern ein Beispiel. Wenn man die Blüten nach dem Grad der »Unterständigkeit« ihres Fruchtknotens ordnet, erhält man eine morphologische Reihe und sieht, daß fast ganz oberständige Fruchtknoten durch Übergänge mit fast ganz unterständigen verbunden sind. Aus dieser Beobachtung zieht man folgenden Schluß: oberständige und unterständige Fruchtknoten sind nicht grundsätzlich verschiedene Bildungen. Leider sagen einem morphologische Reihen nur, daß die beiden Endpunkte durch Zwischenformen miteinander verbunden sind und es sich bei ihnen um homologe Strukturen handelt, aber nicht, welcher »Merkmalszustand« (hier oberständig oder unterständig) der ursprüngliche und welcher der abgeleitete ist. Bei den Fruchtknoten ist die herrschende Meinung, daß wohl oberständige Fruchtknoten ursprünglicher sind, weil diese Form überhaupt bei den Blütenpflanzen häufiger ist. Man urteilt also nach einer allgemeinen Erwägung. Man kann auch vermuten, daß Arten mit ähnlicher Stellung des Fruchtknotens innerhalb der Gattung besonders eng verwandt sind. Aber vielleicht täuscht man sich auch, denn warum sollte es nur bei Flügeln und nicht auch bei unterständigen Fruchtknoten parallele, aber getrennte Wege zu einem ähnlichen Ziel gegeben haben? An dieser Stelle ist auch auf die Gefahr von Zirkelschlüssen hinzuweisen: Man kann morphologische Reihen nur dann aus Elementen verschiedener Arten und Gattungen zusammenstellen, wenn *auf andere Weise* bewiesen wird, daß diese Taxa verwandt sind. Die gerade aufgestellte morphologische Reihe beweist diese Verwandtschaft eben nicht.

• Das dritte und »schwächste« Homologiekriterium ist das der *speziellen Qualität*. Damit sind »besondere, etwas ungewöhnliche« Merkmale (von Organen oder Organteilen) gemeint, die nur selten auftreten.

Manche Nebenblätter tragen z.B. große, charakteristische Drüsen, welche in der Knospe die Schuppenblätter wie mit einem Lack »zusammenkleben«. Wer Roßkastanienknospen in der Vase treiben läßt, kennt diesen Lack. Nun gibt es Fälle von Pflanzensippen, die keine Nebenblätter haben, aber noch die Drüsen zwischen Blattstiel und Abstammungsachse. Man kann nun aus den Drüsen darauf schließen, daß die Vorfahren vielleicht wirklich einmal Nebenblätter mit solchen Drüsen hatten, die im Laufe der Stammesgeschichte bis auf die Drüsen reduziert wurden. Solche minimalen Reste (Rudimente) einmal vorhandener Organe sind bei Pflanzen eher selten, die Wirbeltiere dagegen schleppen gerade bei den Knochen öfter solche Organrudimente mit, die Hinweise zur Stammesgeschichte geben.

Vergleichende Morphologie

In der klassischen vergleichenden Morphologie werden neben dem vegetativen Bau vor allem die Blüten verglichen. Die ausformulierten Homologiekriterien wurden dazu erst in unserem Jahrhundert zu Hilfe genommen. Wenn es um die Beschreibung und Abgrenzung von Gattungen und Arten geht, die man dann mit Hilfe einer Flora bestimmen kann, werden morphologische Begriffe, z.B. Kronblatt oder Kelchblatt, wie »technische« Definitionen verwendet. In der *Taxonomie* muß das Wort »Krone« nur sicherstellen, daß sich der Leser darunter das Gleiche vorstellt wie der Schreiber, aber man muß dazu nicht wissen, was ein Kronblatt »eigentlich« ist. In der reinen *Morphologie* jedoch ist gerade dies die Frage. Hier geht es um die »Deutung« der Bauteile etwa einer Blüte. Man möchte z.B. abweichend gestaltete Kronblätter durch (reale oder »gedachte«) Zwischenglieder von der Normalform »ableiten« und sie dadurch in einen Zusammenhang bringen, ja, man möchte wissen, was die Welt der vielfältigen Einzelgestalten »im Innersten zusammenhält«.

Als an Hand der Frühlingsflora der artenreichen Kalkbuchenwälder verschiedene Blütentypen vorgestellt wurden, faßten wir vorläufig alle »einfachen« Blütenhüllen unter der (technischen) Sammelbezeichnung Perigon zusammen, obwohl ja schon da Zweifel an der Gleichartigkeit aller Perigone auftauchten. Jetzt müssen wir uns der schwierigen Frage nach dem »morphologischen Wert« oder der »morphologischen Natur« der verschieden aussehenden Perigone etwa einer Sumpfdotterblume, eines Bingelkrauts oder eines Märzbechers doch stellen. Man könnte denken, daß wenigstens bei den »doppelten« Blütenhüllen ganz klar gilt, daß gleich benannte Teile auch wirklich immer »das Gleiche« sind. Anders ausgedrückt: Sicher sind alle Teile der Blütenhülle Blätter und als solche einander homolog, wobei der Begriff Homologie hier sehr allgemein gebraucht wird. Etwas spezieller wird man normalerweise annehmen, daß der Kelch der einen Pflanzenart dem Kelch einer anderen homolog ist und entsprechend auch die Krone. In der Regel unterstellt man stillschweigend, daß in der Morphologie gleich benannte Organe einander auch wirklich homolog sind. Allerdings sollte man auch da nicht zu sicher sein.

Untrennbar mit der Frage nach der Natur der Blütenorgane ist auch die nach ihrer »Herkunft« verknüpft. Wird unter »Herkunft« ein realer Vorgang verstanden, der in der Zeit abläuft, so fallen zwei Prozesse darunter: die *Stammesgeschichte (Phylogenese)* und die *Entwicklungsgeschichte (Ontogenese)*. Nach der herrschenden Auffassung steuern die Gene die individuelle Entwicklung einer Pflanze aus der Zygote bis zum geschlechtsreifen Organismus, also die Ontogenese. Ebenso nimmt man an, daß sie sich im Laufe der Jahrmillionen währenden Evolution so verändert haben, daß es zu einer allmählichen Abfolge von immer neuen Arten kam (Phylogenese). Allerdings ist im einzelnen noch weitgehend unbekannt, wie Gene die Entwicklung zur fertigen Pflanze steuern und welche Gene es überhaupt in diesem Bereich gibt. Erst in den letzten Jahren sind einige interessante Gene entdeckt worden (homöotische Gene), welche die normale, meist sehr streng eingehaltene Abfolge der Organe in den Blüten (Blütenhülle, Staubblätter, Fruchtblätter) regeln. Eine bedeutende Strömung in der botanischen Morphologie dieses Jahrhunderts war weniger am damals noch rein hypothetischen »materiellen« Aspekt dieser Veränderungen in der Zeit (Ontogenese und Phylogenese) interessiert als am ideellen, nämlich am Zusammenhang der verschiedenen »Baupläne« der Organismen (idealistische Morphologie von TROLL, die auf Gedanken GOETHES zurückgeht). Leider wird in Lehrbüchern sehr wenig auf solche Hintergründe der verschiedenen Betrachtungsweisen eingegangen, und einiges an Kontroversen entsteht einfach dadurch, daß von den »philosophischen« Hintergründen zuwenig bekannt ist oder zur Kenntnis genommen wird.

Wie schon an anderen Stellen, spielt auch in der Morphologie der »Schatten der Geschichte« wieder eine Rolle. Ein kleiner Exkurs soll den Zusammenhang zwischen immer neuen Untersuchungsmöglichkeiten, den damit erzielten Beobachtungsresultaten und den daraus gezogenen Schlüssen vorstellen.

Ein Stück Technikgeschichte

Das Haupt-Untersuchungsgerät der vergleichenden Morphologie (wie auch der Taxonomie) war ursprünglich eine einfache Lupe mit Stativ (damit man die Hände zum Präparieren frei hat). Daraus hat sich dann das komfortablere Stereomikroskop (=Binokular) entwickelt. Untersuchungen mit dem Binokular kann man auch noch an Herbarmaterial durchführen, das ja verhältnismäßig billig und platzsparend aufzubewahren ist und das man auch verschicken kann. Getrocknete Blüten weicht man in Wasser mit etwas Spülmittel ein. Man kann sie dann ohne weiteres in ihre Bestandteile zerlegen (was für Bestimmungszwecke häufig schon genügt) und daran noch erstaunlich viele Details beobachten. Mit dem Binokular werden meist fertig differenzierte und ausgewachsene Sprosse und Blüten untersucht, denn diese Geräte ermöglichen nur etwa sechs- bis dreißigfache, maximal fünfzigfache Vergrößerung. Ganz geringe Differenzen in der Ansatzhöhe von Blütenorganen an der Achse oder kurze basale Verwachsungszonen entgehen leicht der Beobachtung.

Das gewöhnliche Mikroskop spielt für die Morphologie erst seit etwa hundert Jahren eine größere Rolle. Um 1880 wurden nämlich leistungsfähige *Mikrotome* entwickelt. Das sind Geräte, die es erlauben, z.B. eine Blütenknospe oder einen Fruchtknoten in eine lückenlose Serie von hundert und mehr so dünnen Schnitten zu zerlegen, daß sie im Durchlicht-Mikroskop auf der Stufe der Gewebe und Zellen untersucht werden können (die übliche Schnittdicke beträgt 10 µm, also 1/100 mm). Wer schon einmal eine Knospe quer geschnitten hat, weiß, daß dann alle abgeschnittenen Blütenteile auseinanderfallen. Für Mikrotomschnitte muß man Knospen daher besonders vorbereiten und in Paraffin »einbetten«, um alle Einzelteile im Zusammenhang zu behalten. Schließlich müssen die Schnitte gefärbt werden, ehe man sie im Mikroskop betrachten kann. Da die Präparation von Mikrotomschnitten recht aufwendig ist, wurde sie für taxonomische Zwecke kaum genutzt, sondern hauptsächlich zur Klärung morphologischer Fragen eingesetzt. Der oben (S. 244 ff) vorgestellte Grundbauplan der Fruchtknoten wurde z.B. an Mikrotomschnitten erarbeitet.

Wenn man etwas über den Ablauf der Entwicklungsgeschichte (Ontogenese) einer Blüte erfahren will, ist es wünschenswert, von ganz jungen Anlagen bis zur fertigen Blüte möglichst viele Knospenstadien zu untersuchen. Anhand von Mikrotomschnitten ist das im Prinzip schon möglich, doch ist die Orientierung der Schnitte schwierig (und genau quer oder längs getroffene

Knospen sind mehr oder weniger ein Glücksfall). Aus den flachen Schnitten muß sich der Botaniker ein dreidimensionales Bild im Kopf zusammensetzen. Das ist recht mühsam, und die so gewonnenen Erkenntnisse lassen sich auch nur schwer weitervermitteln.

Daß es sogar ohne Mikrotomschnitte möglich ist, junge Entwicklungsstadien zu präparieren, hat der französische Botaniker PAYER bewiesen. Schon 1857 gab er ein Werk heraus, das 154 Tafeln und Hunderte von Zeichnungen zur Blütenentwicklungsgeschichte in vielen Pflanzenfamilien enthält. Wegen ihrer Winzigkeit wird er die Knospen vermutlich unter dem Mikroskop (also mit seitenverkehrtem Bild!) präpariert haben. Solche Ganzpräparate sind so zart und vergänglich, daß die Zeichnungen eigentlich nur nach intensiver Betrachtung aus dem Gedächtnis entworfen werden konnten! Payers Werk wurde von zeitgenössischen und späteren Botanikern häufig zitiert. Man hat aber den Eindruck, daß sonst niemand die schwierige Präparation so junger Stadien beherrschte und deshalb viele Botaniker Payers Befunde nicht recht glaubten.

Erst die Entwicklung des Rasterelektronenmikroskops (REM) um 1970 brachte die ersehnte Möglichkeit, junge Entwicklungsstadien von Blüten und ihren Organen direkt und als räumliches Bild von außen zu untersuchen und fotografisch abzubilden. Viele Untersuchungen haben seitdem einen Großteil von Payers Beobachtungen bestätigt, und die Blütenentwicklungsgeschichte hat durch das REM einen starken Auftrieb erhalten. Zahlreiche alte Probleme erscheinen durch die neue Untersuchungsmöglichkeit in einem ganz neuen Licht.

Herkunft der Blütenhülle

Kehren wir nun zur Blütenhülle und ihrer Herkunft und Deutung zurück. Es ist naheliegend, daß man die Blütenblätter mit den oft unten angrenzenden, schuppenförmigen Hochblättern vergleicht und sie davon ableitet. Hochblätter sind jedoch oft die Tragblätter von Teilblütenständen oder Seitenblüten, während Blütenhüllblätter wie alle anderen Blütenorgane keine Achselknospen besitzen. Wenn Hochblätter »unter die Herrschaft der Blüte« geraten, verlieren sie die Achselknospen und erscheinen oft in bestimmter Zahl und Anordnung. Am Weihnachtsstern kann man sehen, daß auch Hochblätter manchmal bunt gefärbt sind, wie es sonst wenigstens für einen Teil der Blütenhüllblätter typisch ist.

Ein ganz altes, von LINNÉ nicht benütztes Einteilungskriterium trennt Blütenpflanzen mit »einfacher« und solche mit »doppelter« Blütenhülle. In den älteren Systematikbüchern wurden Blüten mit »einfacher« Blütenhülle denen mit »doppelter« vorangestellt (nach dem Prinzip: vom Einfachen zum Komplizierten), damit war aber ursprünglich noch keine Aussage zu einer wie auch immer gedachten »Evolution« verbunden. Da Kelch- und Kronblätter »auf Lücke« (dekussiert) stehen, nahm man als selbstverständlich an, daß sie in Wirteln angeordnet sind, wie es auch für dekussierte Blätter im vegetativen Bereich der Pflanze zutrifft (vgl. die Abbildung 32 auf S. 141). Die meisten Blüten ordnen ihre Hüllblätter nach diesem Muster an. Beim Perigon, etwa bei Anemonen oder der Trollblume *(Trollius)* findet man allerdings eine schraubige oder spiralige Stellung der Blütenblätter, die leicht an der Deckung der Blattränder abzulesen ist. Daß sie tatsächlich *nacheinander* angelegt werden, konnte man mit dem REM nachweisen. Die Perigonblätter sind nach dem Muster der Laubblätter in einer Blattrosette mit wechselständiger Blattstellung angeordnet. In beiden Fällen streckt sich die Achse zwischen den einzelnen Blättern nicht.

Neben der Blattanordnung in Kreisen gibt es in Blüten also auch Beispiele mit einer spiraligen Anordnung. Wenn Blütenblätter nicht besonders schmal sind (wie etwa die glänzend gelben inneren Blütenhüllblätter des Scharbockskrauts), passen nur vier oder fünf in der offenen Blüte nebeneinander, und auch dann noch überdecken sich in der Knospe ihre Blattränder. Sind aber sechs oder mehr Blütenblätter vorhanden, so stehen einige nach der Lage der Blattränder »außen« und andere »innen« (ein Beispiel sind sechszählige Buschwindröschenblüten, wo man oft den Eindruck von zwei Dreierquirlen hat, vgl. S. 236). Nach der Lage der Blätter könnte man also auf eine doppelte Blütenhülle schließen. Mit der Lupe oder dem Binokular kann man allerdings nicht sehen, ob die einen etwas weiter unten, die anderen etwas höher an der Achse stehen.

Das Begriffspaar »einfache« und »doppelte« Blütenhülle der Floren ist deshalb etwas irreführend, die Attribute *einheitlich* und *verschieden gestaltet* treffen die Unterschiede besser. Unter der doppelten Blütenhülle verstehen die Floren eine solche aus Kelch und Krone. Es gibt einige typische Unterschiede zwischen Kelch- und Kronblättern, die aber auch nicht ohne Ausnahme sind. Kelchblätter sind oft (aber nicht immer, z.B. Fuchsie) grün und eher derb, setzen meist mit ziemlich breitem Grund an der Blütenachse an und werden häufig durch drei Leitbündel versorgt. Oft sind sie langlebig und noch an der reifen Frucht vorhanden, wie wir es von Äpfeln und Apfelsinen kennen. Kronblätter hingegen sind weiß oder bunt, zart und hinfällig. Freie Kronblätter setzen mit schmaler Basis an die Achse an und werden nur durch ein Leitbündel versorgt. Perigonblätter können wie Kelchblätter oder wie Kronblätter differenziert sein oder auch eine Mischung der Merkmale zeigen.

Viele der oben zunächst als fünfblättrige Wirtel oder Kreise aufgefaßten Kelche haben eine Randdeckung, die der von schraubig angeordneten Blättern mit 2/5-Stellung entspricht. Schon EICHLER, der 1875/78 ein zweibändiges Werk mit Blütendiagrammen herausgab, hat betont, daß solche Kelche deswegen eigentlich als Ausschnitt aus einer »zusammengedrückten« Schraube zu verstehen sind. Das wird durch die REM-Aufnahmen bestätigt. Die Kronblätter schließen aber genau so an den Kelch an, wie wenn dessen Blätter in einem Quirl stünden. Der spitzfindige Mensch unterscheidet zwei Stellungstypen (schraubig oder in Kreisen), die offenbar für die Pflanze nur zwei Extreme sind, zwischen denen sie leicht wechseln kann. Das läßt sich schön in der Gattung *Magnolia* studieren. Hier ist die Zahl der meist einheitlich geformten Blütenhüllblätter ziemlich hoch. Bei der frühblühenden, ziemlich kleinwüchsigen Sternmagnolie *(M. stellata)* sind es über zehn schmale, reinweiße Blätter, wobei die Zahl nicht genau festgelegt ist. Andere Magnolienarten haben oft neun breitere Blütenblätter, die, nach der Deckung, in drei Dreierquirlen angeordnet sind, z.B. bei der am häufigsten angepflanzten, rosablühenden Tulpen-Magnolie *(M. x soulangeana, das x* im Namen weist darauf hin, daß es sich um einen Bastard mit einem eigenen Namen handelt). Ähnliche Dreierquirle gibt es bei vielen Einkeimblättrigen, die gleichgestaltete Blütenhüllen haben, aber nur sechs Blätter in zwei Kreisen oder ausnahmsweise nur vier Blätter in zwei Zweierquirlen. Wer als Kind mit dem Maßband seiner Mutter gespielt hat, weiß, daß sich die Zahlen und farbigen Abschnitte gegeneinander verschieben, wenn man die Wickelung enger oder loser dreht. Als Gedankenexperiment kann man sich vorstellen, daß anstelle eines fünfblättrigen Ausschnitts einer Blattspirale mit 2/5-Stellung ein Blatt weniger oder mehr angelegt wird. Die vier oder sechs Blätter müssen nur um ziemlich kleine Winkel verschoben zu werden, um sich in zwei Zweier- oder zwei Dreierquirlen mit gleichmäßigem Blattabstand anzuordnen, wobei die zwei Quirle den beiden Umgängen der 2/5-Spirale entsprechen (s. Abb. 56, S. 305). Bei der Magnolie ließen sich die drei Dreierquirle leicht von acht plus einem Blatt in schraubiger Blattstellung mit 3/8-Divergenz »ableiten«.

Bei *M. x soulangeana* sind alle Blütenblätter rosa und kronblattartig (auch bei den meisten Liliengewächsen ist die Blütenhülle bunt oder weiß, z. B. beim Bärlauch). Es gibt nun aber Magnolienarten, die drei grüne äußere und zweimal drei weiße innere Blütenhüllblätter haben. Ebenso findet man in mehreren Familien der Monokotylen die Differenzierung der Blütenhülle in einen grünen dreiblättrigen Kelch und eine bunte dreiblättrige Krone, etwa bei der bekannten Zierpflanze *Tradescantia.* Aber auch beim Schneeglöckchen *(Galanthus)* sind die Blütenhüllblätter verschieden groß und gefärbt, im Gegensatz zum Märzbecher *(Leucojum)* mit gleichgestalteten Blütenhüllblättern. In all diesen Fällen drängt sich der Gedanke auf, daß eine normalerweise einheitlich gestaltete Blütenhülle, nachdem sie vielleicht schon von einer schraubigen zu einer wirteligen Blattstellung übergegangen ist, in zwei unterschiedlich differenzierte Teile zerfällt.

Damit ist auch schon eine der gängigen Hypothesen genannt, die zur »Erklärung« der doppelten Blütenhüllen herangezogen wird. Viel häufiger trifft man in den Büchern einen anderen Erklärungsversuch: Zwar wird der Kelch von Hochblättern abgeleitet, aber nicht die Krone. In vielen Lehrbüchern liest man kurz und bündig, Kronblätter seien steril gewordene, also staminodiale Staubblätter, die zum Schauapparat verbreitert worden seien. Unter anderem geht diese Meinung auf GOETHE zurück, der sich in der Pflanze ein abwechselndes Ausdehnen und Zusammenziehen der aufeinanderfolgenden Seitenorgane dachte. Nachdem auf die ausgedehnten Laubblätter der zusammengezogene Kelch folge, müßten nun die zu Kronblättern ausgedehnten Staminodien den wirklichen Staubblättern vorangehen. In modernen Büchern wird oft überhaupt nicht begründet, wieso man die Krone von den Staubblättern ableitet. Seltener gibt es Hinweise auf drei Befunde:

- Bei der heimischen Weißen Seerose *(Nymphaea alba)* gibt es Übergangsformen (im Sinne des zweiten Homologiekriteriums) zwischen den schmalen innersten Kronblättern und den typischen Staubblättern, die bei dieser Art besonders breite Staubfäden (Filamente) haben.

- Bei sogenannten »gefüllten« Blüten stehen an Stelle der Staubblätter zusätzliche Kronblätter in der Blüte, die aber oft schmaler sind als die des ursprünglichen Kreises, etwa bei der gewöhnlichen roten Pfingstrose *(Paeonia officinalis)* der Gärten oder bei gefüllten Rosen. Hier wird das Lagekriterium bemüht. In gefüllten Blüten kommen dann gar keine oder nur noch wenige Staubblätter vor, deshalb sind sie eigentlich Mißbildungen.

- Unter etwa 50 Kirschblüten entdeckt man mit einiger Geduld eine, bei der ein Kronblatt nur halb ausgebildet ist und in der anderen Längshälfte aussieht wie ein halbes Staubblatt. Auch dies ist eine Mißbildung, die sich vielleicht so erklären läßt: das Umschalten zwischen dem Differenzierungsprogramm für Kronblätter und Staubblätter ist zeitlich nicht gut mit der Anlage der Blütenorgane koordiniert und fällt statt zwischen die Anlagen von zwei Blütenorganen mit der Anlage eines Blattes zusammen.

Zwar gibt es alle drei Phänomene, die zum Beweis für die Staubblattnatur der Kronblätter herangezogen werden, aber rechtfertigen sie wirklich die oben ausgesprochene Meinung über alle Kronblätter? Das Seerosenbeispiel betrifft eben nur die Seerose, und in den anderen beiden Fällen läßt sich der Einwand der Mißbildung nicht leicht entkräften. Unter etwa hundert Hahnenfußblüten findet man auch eine mit einer Zwitterbildung aus Kelch- und Kronblatt. Deshalb wird aber nicht behauptet, die Kronblätter seien umgebildete Kelchblätter oder umgekehrt. Man findet beim Goldhahnenfuß gelegentlich auch, allerdings viel seltener, Blütenorgane mit einer Mischung der Merkmale von Staub- und Fruchtblatt. Die drei Argumente sind vielleicht doch nicht so überzeugend, wie manche Bücher es darstellen.

Zwar gibt es einzelne Fälle (Nelkengewächse und Mittagsblumengewächse), bei denen auch die Entwicklungsgeschichte klar zeigt, daß die Kronblätter tatsächlich in einem Entwicklungszusammenhang mit den Staubblättern entstehen (siehe S. 344 und 347). Aber dies sind doch eher Ausnahmen, mit denen die Kronentwicklung in den meisten Blüten keine Ähnlichkeit hat. Die beiden Hypothesen über die »Herkunft« der Krone, der Zerfall einer einheitlichen Blütenhülle und der Umbau von Staminodien, sind jedenfalls nur für wenige kleine Gruppen mit einiger Sicherheit anzunehmen. Es ist jedoch noch ein dritter Weg denkbar.

Beim Leberblümchen (*Hepatica nobilis*, Synonym *Anemone hepatica*) wurde beschrieben (S. 238), wie ein Hochblattwirtel, der beim Buschwindröschen (noch) laubblattartig ausgebildet ist und weit von der Blüte weg steht, eng an das blaue Perigon heranrückt. Das Erscheinungsbild erinnert an eine doppelte Blütenhülle, aber aus den oben angeführten Gründen ist es sicherer, die drei grünen Blätter als Hochblätter anzusprechen, die »auf dem Wege sind«, als Außenkelch sich zu Blütenorganen zu »mausern«. Mit diesem Bild vor Augen kann man sich gut vorstellen, daß im Laufe der Evolution zweimal oder sogar dreimal Hochblätter der vegetativen Region der Pflanze in den Herrschaftsbereich der Blüte geraten sind, wobei es dann wohl oft zu einer Arbeitsteilung zwischen den äußeren und den inneren gekommen sein muß. Interessanterweise gibt es auch dann, wenn mehr als zwei Wirtel oder Gruppen von Blütenhüllblättern vorliegen, nur zwei verschiedene Ausprägungen der Hüllblätter. Bei den Malvaceen ist der Außenkelch gleich dem Kelch deutlich grün und kelchartig, bei den Passionsblumen mit ausgeprägtem Außenkelch gleicht sich hingegen der eigentliche Kelch der Krone in Stellung, Form und Färbung oft so stark an, daß sich diese beiden Blattkategorien täuschend ähnlich sehen.

Zusammenfassend läßt sich zur Herkunft der Blütenhülle folgendes sagen: Es sind sich eigentlich alle Botaniker einig, daß Hochblätter zu Blütenhüllblättern wurden. Es gibt aber mindestens drei denkbare Wege, wie Pflanzen zu doppelten Blütenhüllen gekommen sein könnten:

- Zerfall von Blattspiralen in Quirle und unterschiedliche Differenzierung der äußeren und der inneren;
- Anlage der Kronblätter im Zusammenhang mit der Staubblattausgliederung, sozusagen als kronblattartige Staminodien;
- Heranziehen von Hochblättern in verschiedenen Schüben, wobei wieder die inneren und äußeren eine verschiedene Differenzierung erfahren.

Allerdings hat man nur in wenigen Fälle begründete Vermutungen über die Herkunft der Krone, in den meisten Fällen hat man keine Anhaltspunkte, woher die Krone wirklich kommt. Deshalb braucht man nach wie vor den allgemeinen Begriff Krone (als dessen »Gegensatz« sich dann der Kelch ergibt), obwohl leise Zweifel an einer engen Homologie aller Kronen angebracht sind.

Nach all diesen Erörterungen kann man nun erneut die Frage nach dem *Perigon* stellen: Entsprechen die Perigonblätter eher dem Kelch oder der Krone einer doppelten Blütenhülle, oder sind sie etwas Drittes, Eigenständiges? Darauf gibt es je nach Gruppe unterschiedliche Antworten. Die Perigone der Hahnenfußgewächse lassen sich wohl ziemlich sicher als Kelchblätter auffassen, weil in dieser Familie die »Krone« und ihr homologe Blätter (z.B. die unscheinbaren Honigblätter der Nieswurz) in fast allen Fällen durch die typischen Nektardrüsen ausgezeichnet sind. Auch das »doppelte« Perigon der Einkeimblättrigen wird wohl besser mit dem Kelch der Zweikeimblättrigen verglichen, nicht mit Kelch *und* Krone. Beim einfachen und kleinen, grünen Perigon des Bingelkrauts schließlich drängt sich die Ähnlichkeit mit einem Kelch geradezu auf. Die Entscheidung, ob noch nie eine Krone vorhanden war oder ob eine verlorengegangen ist, muß jedoch weiterhin offen bleiben.

*Veränderung der Blattpositionen
beim Übergang von der genetischen Spirale zu Quirlen*

Blatt	2/5-Stellung	2x2 Blätter (Differenz)	2x3 Blätter (Differenz)	3/8-Stellung	3x3 Blätter (Differenz)
1	o	o	o	o	o
2	144	180 (+36)	120 (-24)	135	120 (-15)
3	288	270 (-18)	240 (-48)	270	240 (-30)
4	72	90 (+18)	60 (-12)	45	60 (+15)
5	216		180 (-36)	180	180 (0)
6	360		300 (-60)	315	300 (-15)
7				90	120 (+30)
8				225	240 (+15)
9				360	360 (0)

(Angaben: Winkel der Blatt-Medianebenen in Grad, relativ zu der von Blatt 1).

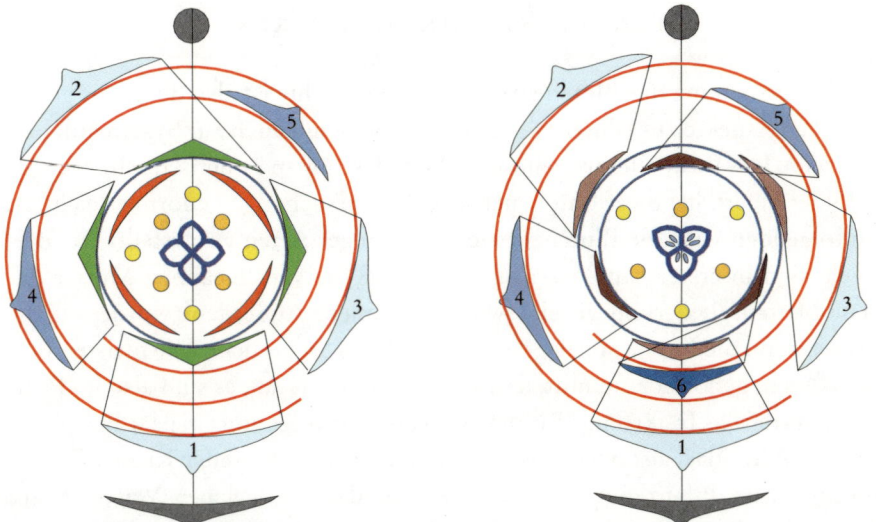

Abbildung 56: Gedankenexperiment zur Entstehung von 3- oder 4zähligen Quirlen aus der schraubigen Blattstellung mit 2/5-Divergenz (vgl. S. 301).
Links: Mögliche Entwicklung einer vierzähligen Blüte (etwa *Epilobium*, Weidenröschen).
Rechts: Mögliche Entwicklung des Perigons einer einkeimblättrigen Pflanze (etwa *Allium ursinum*, Bärlauch).

Eine Grundregel der klassischen Morphologie haben wir schon kennengelernt, nämlich daß aufeinanderfolgende gleichzählige Quirle (Wirtel, Kreise)
von Laubblättern so gegeneinander gedreht sind, daß die Blätter »auf Lücke«
stehen (alternieren, dekussiert sind). Im vegetativen Bereich ist mir nur eine
einzige Ausnahme bekannt. Diese Grundregel wurde von der klassischen
Morphologie nun auch auf die Blüten und ihre Organe übertragen und fast
wie ein Glaubenssatz hochgehalten. Allerdings findet man hier nicht allzu selten »Alternanz«-Störungen. In diesen Fällen stehen Kronblätter und Kronstaubblätter direkt übereinander, nach innen gefolgt von den Kelchstaubblät-
tern. Diese Unregelmäßigkeit muß frühere Forscher außerordentlich gestört
haben. Es wurden in langen Abhandlungen komplizierte Vermutungen über
den Ausfall von ganzen Organkreisen angestellt, um damit die *Alternanzregel*
zu retten. Einen solchen Ausfall eines Organkreises kann man an den fertigen
Blüten nicht mehr überprüfen, doch liefert das REM gerade zur Entwicklungsgeschichte des Androeceums unwiderlegbare Abbildungen, die nahelegen, lieber die absolute Gültigkeit der Alternanzregel aufzugeben als auf verschwun-
dene Staubblattkreise zu bauen, die durch nichts ihre Existenz verraten.

EINBLICKE DURCH DAS REM

Die Untersuchung der Blütenentwicklungsgeschichte ist also durchaus geeignet, neue Aspekte zur Blütenmorphologie und damit auch zur Systematik bei-
zutragen. Das Rasterelektronenmikroskop, das zudem ästhetisch sehr reizvolle Bilder liefert, hat diese ontogenetischen Untersuchungen enorm erleichtert.
Im folgenden wird die Blütenentwicklung einiger Arten vorgestellt. Die Beispiele sind in erster Linie so ausgewählt, daß die verschiedenen Muster der
Staubblattausgliederung gezeigt werden können. Außerdem wurde auf die
Frage, wann die Krone angelegt wird, eine Antwort gesucht. Die meisten Bei-
spiel-Arten gehören zum mittleren Entwicklungsniveau, es sind also im Prinzip fünfkreisige, freikronige Blüten. Sie werden gefolgt von ein paar Beispielen
aus den Asteridae, also vierkreisigen Blüten mit verwachsener Krone. Die ursprünglichste Pflanzengruppe, die Magnoliidae, in welcher Vertreter mit
durchgehend spiraliger Stellung aller Blütenorgane vorkommen, ist hier nur
durch *Thalictrum* vertreten. Es ist allerdings recht mühsam, auch für den Betrachter, unter den sehr vielen Elementen durch und durch spiraliger Blüten
wirklich die Anlegungsspirale (genetische Spirale) herauszufinden, in unserem

Beispiel läßt sich keine bis zuinnerst durchgehende Spirale aufzeigen. Auch in diesem Fall ist die Theorie das eine, die tatsächliche, »fehlerbehaftete« Blütenknospe aber ein zweites.

Sowohl für Schnitte als auch für REM-Untersuchungen braucht man frische Blüten und Knospen aller Altersstadien bis zu den jüngsten, Herbarmaterial ist für solche Untersuchungen nicht brauchbar. Zur Zeit der Segelschiffe war es ein großes Problem, lebende Pflanzen von Kontinent zu Kontinent zu übertragen, aber seit der Ära der Dampfschiffe geht das ganz gut, und im Jet-Zeitalter gibt es mehr Schwierigkeiten mit Naturschutzbehörden und Zollämtern, wenn exotische Pflanzen zur Kultur in botanische Gärten übertragen werden sollen, als mit den Verkehrsmitteln. Da inzwischen auch fast der hinterste Winkel im tropischen Urwald durch Straßenbau mit der Planierraupe erschlossen ist, stehen den Botanikern im Moment so viele Pflanzen für Untersuchungen zur Verfügung wie nie zuvor. Knospen und Blüten lassen sich zum Glück auch »fixieren«. Das bedeutet, daß Pflanzenteile so in Flüssigkeit konserviert werden, daß sie weder schrumpeln noch verschimmeln oder verfaulen. Auch im Haushalt gibt es ähnliche Konservierungsverfahren. Im Rumtopf halten sich Früchte über längere Zeit, oder verschiedene Gemüse in Essig. Blütenknospen werden meist in einem Gemisch von Alkohol, Essigsäure und Formalin eingelegt. Man kann solche Konserven wenn nötig über Jahre aufbewahren oder gleich weiterverwenden.

Der größte Vorteil der Rasterelektronenmikroskopie ist, daß man »plastische« Abbildungen mit einer ungewöhnlich großen Tiefenschärfe erhält. Jeder Fotograf weiß, daß der scharf abgebildete Bereich immer kleiner wird, je stärker man sich dem Objekt nähert. Deshalb ist es fast nicht möglich, wirklich dreidimensionale Objekte wie Blütenanlagen unter einem Stereomikroskop mit normalem Licht gut abzubilden, da ein Teil des Objekts immer »unscharf« ist (etwa auch bei den Fotos der Abb. 14, »Moose und Farne«, S. 92/93). Ein weiteres Problem ist, daß Knospen, ob frisch oder zuvor fixiert, während der Untersuchung in Luft vertrocknen und verschrumpeln.

Beim REM werden die in einem Spezialverfahren schonend getrockneten Knospen auf Aluminiumtischchen aufgeklebt und präpariert. Mit einer feinen Nadel werden die äußeren Blütenorgane abgebrochen (man kippt sie einfach nach außen), bis man auf die Teile stößt, die untersucht werden sollen. Ein Aluminiumträger kann eine ganze Menge Präparate aufnehmen. In einer besonderen Apparatur werden die Knospen mit einer hauchdünnen Goldschicht bedampft. Dann wird der Träger in die Untersuchungskammer des Elektronenmikroskops gebracht, in der man ein Vakuum erzeugt. Hier führt man nun (statt sichtbarem Licht) einen Elektronenstrahl längs eines Rasters (in Zeilen) über das Objekt. Hervorstehende Partien reflektieren viele Elektronen, die ein Detektor registriert, aus Höhlungen und Spalten in der Oberfläche finden nur wenige Elektronen wieder heraus, deshalb erscheinen sie dunkel. Durch Drehen und Kippen des Objekthalters rückt man die Blütenanlage ins »richtige Licht«, um das kleinste Höckerchen einer Blattanlage anhand seines Schattens deutlich sichtbar zu machen. Ein nachleuchtender Bildschirm sammelt die vielen Bildpunkte zu einem Gesamtbild (analog zu einem Fernsehbild, das ja auch nach und nach, Zeile für Zeile, aus einzelnen Punkten aufgebaut wird). Zur direkten Beobachtung wählt man einen raschen Strahlendurchlauf, der ein Gesamtbild erzeugt. Für die fotografische Aufnahme wird der Strahl langsamer und enger geführt. Eine Fotografie des ganzen, Zeile für Zeile erhellten Bildschirms dauert fast eine Minute.

Ob nun eine Knospe anhand des REM oder als Schnittserie unter dem normalen Lichtmikroskop untersucht wird, sie ist auf jeden Fall tot, oder anders ausgedrückt, man kann eine bestimmte Knospe nur in einem einzigen Altersstadium untersuchen, sie überlebt die Präparation nicht. Wenn man also Bildserien von ganz jungen Knospen bis zu fertigen Blüten präsentiert, ist in jedem Altersstadium ein anderes Blütenindividuum abgebildet. Nun untersucht man ja meistens Knospen derselben Pflanze, aber sicher derselben Art, weshalb man ein weitgehend »homogenes« Untersuchungsgut erwarten darf, jedenfalls bei Blüten, die »gut zählen« können. Trotzdem muß man immer auf individuelle Abweichungen gefaßt sein.

Die Bildserien können nach zwei Gesichtspunkten kommentiert werden. Man kann die Entwicklung jeder Art für sich nachzeichnen und auf Besonderheiten aufmerksam machen (das geschieht in den Bildlegenden). Im Text wird aber versucht, einen vergleichenden Gesichtspunkt zur Geltung zu bringen, weshalb, wie schon weiter oben, wieder die Blütenorgane in ihrer Entwicklung von außen nach innen abgehandelt werden.

Alle REM-Bilder sind im gleichen Maßstab dargestellt, deshalb sieht man auf den ersten Blick das Wachstum der einzelnen Primordien (Organ-Anlagen). Man kann auch leicht feststellen, daß es zwischen verschiedenen Arten doch deutliche Größenunterschiede in einem bestimmten Entwicklungsstadium gibt.

Legende der REM-Abbildungen

Die *Buchstaben* bezeichnen:
VP = Vegetationspunkt (des Blütenstands)
L = Tragblatt
V = Vorblatt
AK = Außenkelchblatt
K = Kelchblatt, Kelch
C = Kronblatt; O = Oberlippe, MU = Mittellappen Unterlippe, SU = Seitenlappen Unterlippe
S = Staubblatt; KS = Kelchstaubblatt, CS = Kronstaubblatt; Ko = Konnektiv, Th = Theka, Po = Pollensack, Ö = Öffnungsschlitz, Stf = Staubfaden, SB = Staubbeutel
F = Fruchtblatt; FrKn = Fruchtknoten, G = Griffel, N = Narbe, VSp = Ventralspalt
Ne = Nektarium
E' = Endblüte eines Teilblütenstands (Endblüte 1. Ordnung), E" = Endblüte 2. Ordnung usw. (vgl. Abbildung 42, S. 226)

Bloße Zahlen bezeichnen entweder ganze Blütenanlagen oder Primordien, deren Bestimmung noch nicht sicher zu entscheiden ist.
Im allgemeinen geben Zahlen die vermutete Ausgliederungsfolge vom ältesten zum jüngsten Primordium an (K1 ist die älteste Kelchblattanlage). Es gibt jedoch *eine Ausnahme:* Bei den ganzen Blütenanlagen und ihren Tragblättern (L) wurde umgekehrt verfahren, weil man den Präparaten nicht ansehen kann, wieviele Tragblätter und Blüten an der Pflanze bereits (weiter »unten«) ausgegliedert wurden. (1 ist also hier die *jüngste* Blütenanlage, in der Achsel von L1, dem *jüngsten* Tragblatt!)

Striche (etwa: S1, S1') bezeichnen paarweise angelegte Primordien (meist von Staubblättern).

Eine numerierte Liste der REM-Tafeln findet sich am Ende des Abbildungsteils (S. 341).

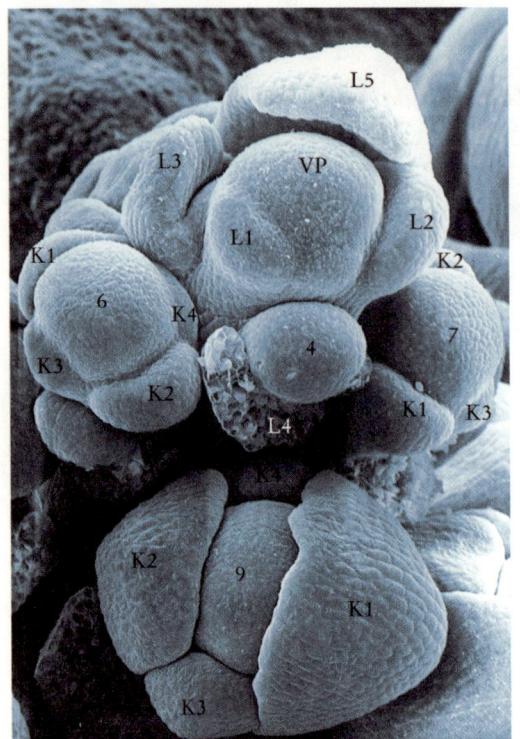

Th1

1: *Thalictrum dipterocarpum*
Wiesenraute

Thalictrum dipterocarpum gleicht stark der heimischen Akeleiblättrigen Wiesenraute. Diese Gattung entspricht mit ihrer vierzähligen Blütenhülle nicht dem »Normalbild« eines Hahnenfußgewächses, die Staub- und Fruchtblätter werden bei ihr aber ebenso in unbestimmter Zahl und spiraliger Anordnung angelegt wie beim Hahnenfuß selber.

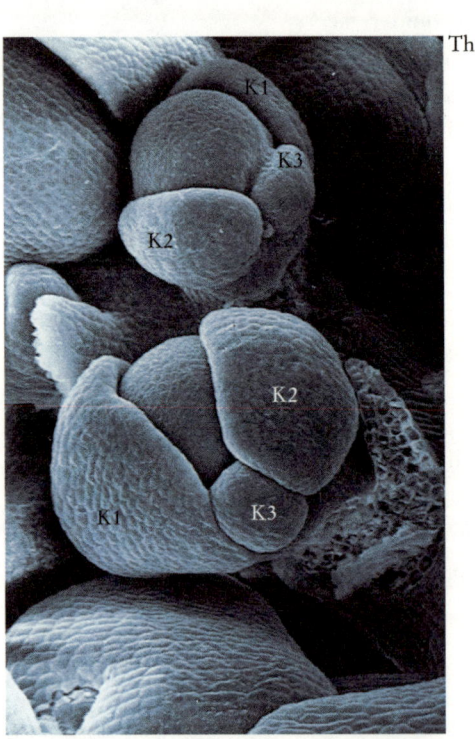

Th2

Am Blütenstand (Th1) sind die Tragblätter der untersten Blütenanlagen abpräpariert, nur die obersten fünf sind ganz oder teilweise erhalten. Das jüngste (L1) wird gerade ausgegliedert. Die vier Blütenhüllblätter (Kelchblätter) werden rasch hintereinander als transversales äußeres (K1, K2) und medianes inneres Paar (K3, K4) angelegt. Die Blütenanlage in der Achsel von L4 ist noch ohne Kelchblätter, die von Tragblatt 6 (links) und 7 (rechts) sowie von 9 (unten) jedoch schon mit allen Kelchblättern versehen. Aus der unterschiedlichen Größe der äußeren Kelchblätter schließt man, daß die Blütenhüllblätter ursprünglich wohl schraubig, nicht in Paaren angelegt wurden. In Th2 (oben) sitzt das Kelchblatt K3 deutlich höher oben als die Kelchblätter K1 und K2.

Erst wenn wenigstens die äußeren Kelchblätter entfernt werden, kann man die ersten Staubblattprimordien sehen, die von der Basis zur Spitze spiralig angelegt werden. Die »entblätterte« Knospe in Th3 ist etwa gleich alt wie die untere Knospe in Th2. Die Primordien in den Ecken zwischen den Kelchblättern fallen am Anfang etwas durch ihre Stellung und Größe auf (Th4), entwickeln sich aber zu ganz normalen Staubblättern. Die jüngsten Stadien der Fruchtblätter in Th4 unterscheiden sich in Form und Größe zunächst nicht von jungen Staubblättern. Erst durch die Delle (Th5, Aufsicht) sind sie eindeutig zu identifizieren.

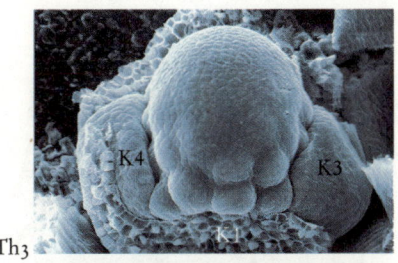

Th3

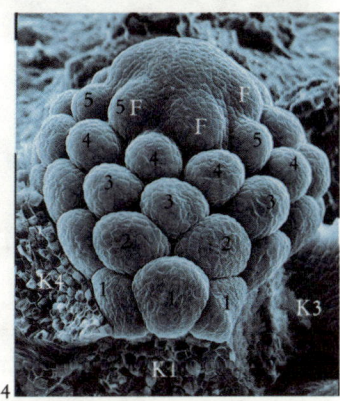

Th4

Th5

0,1 mm

Im Prinzip werden zumindestens die Staub- und Fruchtblätter spiralig angelegt, doch läßt sich in Th5 die genetische Spirale nicht nachzeichnen. Man findet aber sich kreuzende Scharen von »Schrägzeilen« (Primordien 1–5), die ebenfalls ein Hinweis auf spiralige Ausgliederung sind.

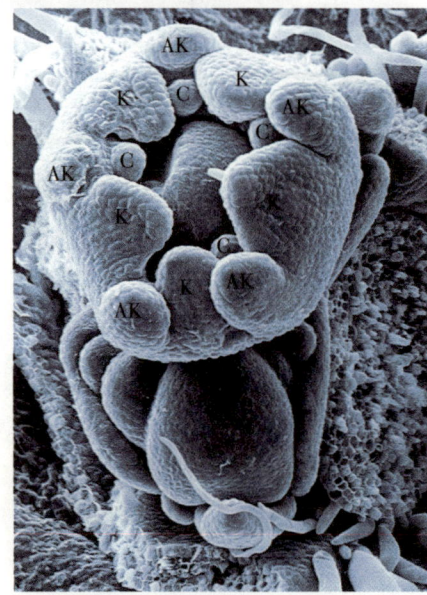

P01

P02

P03

2: *Potentilla norvegica*
Fingerkraut

Die jüngste Knospe (P01) zeigt schon alle fünf Kelchblattanlagen (K). Etwas weiter außen sind die deutlich kleineren Außenkelchprimordien (AK) zu finden, etwas weiter innen die Anlagen der Kronblätter (C). Alle drei Blattkategorien sitzen auf einer gemeinsamen, scheibenartigen Verbreiterung des Blütengrundes. Der Restvegetationspunkt erhebt sich fast halbkugelig über das Blütenzentrum. Die Kronblattanlagen vergrößern sich in den Stadien P02 bis P04 nur ganz wenig, die Kelchblätter wachsen stärker und verschließen in P05 die Knospe. Sie werden aber noch überholt von den schmaleren Außenkelchblättern.

Zwischen den Stadien P01 und P04 vergrößert sich die gemeinsame Basis, auf der die Außenkelch-, Kelch- und Kronblätter sitzen, zu einem schalenförmigen Blütenbecher. Auf dessen Innenseite erscheinen in P04 die ersten Staubblätter paarweise zu beiden Seiten jeder Kronblattanlage (S1, in P06–8 beschriftet).

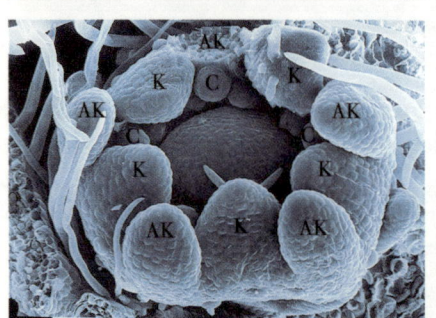

P04

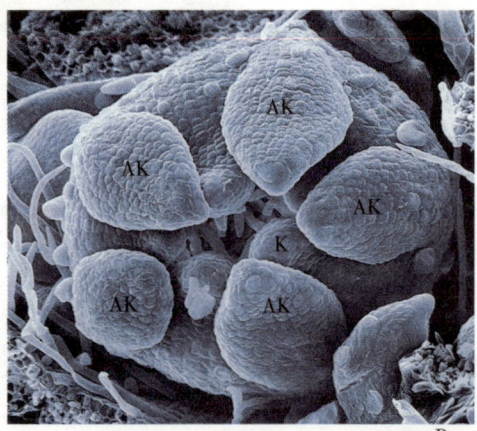

P05

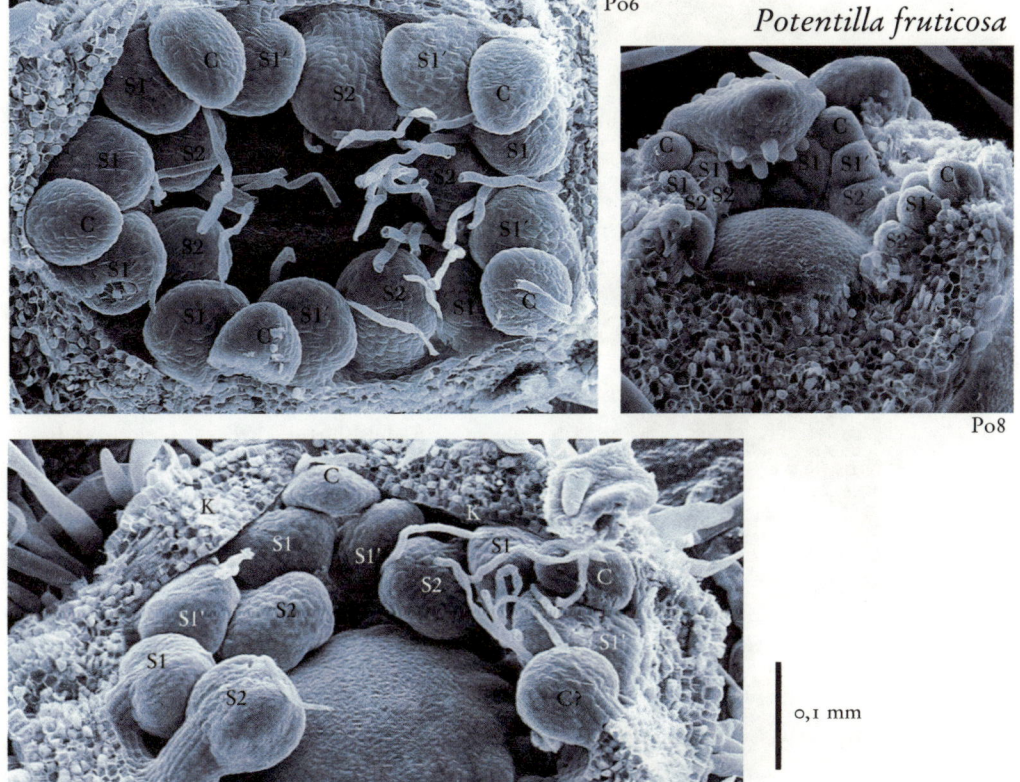

Po8

Po7

0,1 mm

Potentilla norvegica hat relativ wenig Staubblätter. Vor jedem Kelchzipfel erscheint nur noch eine weitere Staubblattanlage (S2). Diese fünf Kelch-staubblätter überholen bei *Potentilla norvegica* die anderen sehr bald in der Größe (Po6, Po7).

Bei *Potentilla fruticosa* (Po8) folgt auf das erste Staubblattpaar mindestens noch ein weiteres Paar auf der Becherinnenseite. Die Staubblätter vor den Kelchzipfeln sind jedoch noch nicht ausgegliedert. Wie bei *Thalictrum* werden die Staubblätter zentripetal angelegt, aber nicht auf einer Spirale, son-dern in lokalen Mustern in den fünf Sektoren zwischen den Kronblättern. Auf dem halbkugeligen Blütenzentrum erscheinen die vielen Fruchtblätter jedoch von unten nach oben in schraubiger Anordnung (Po7), ähnlich wie die Staub- und Fruchtblattprimordien bei *Thalictrum*.

3: *Hypericum annulatum*

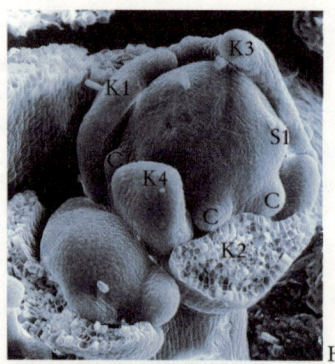

Hy1

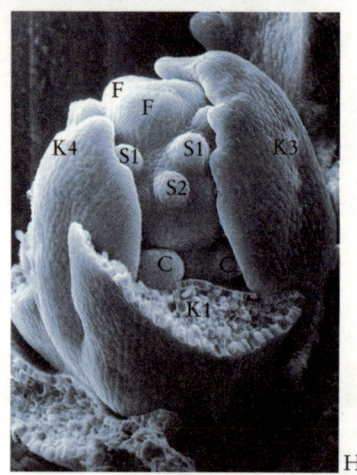

Hy2

Die deutlich ungleich großen Kelchblätter (K1–5) decken sich entsprechend der 2/5-Stellung (Hy1–3). Am hoch aufragenden Blütenvegetationspunkt sind in Hy1 unten die Kronblattanlagen (C) schon ausgegliedert. Gleichzeitig oder kurz danach (weil sie etwas kleiner sind) erscheinen nahe der Spitze die ersten Staubblattanlagen (S1). Der Bereich, auf dem die Staubblätter von oben nach unten, also zentrifugal, ausgegliedert werden, setzt sich unten durch einen Querwulst vom Petalenbereich ab (Hy2, 3).

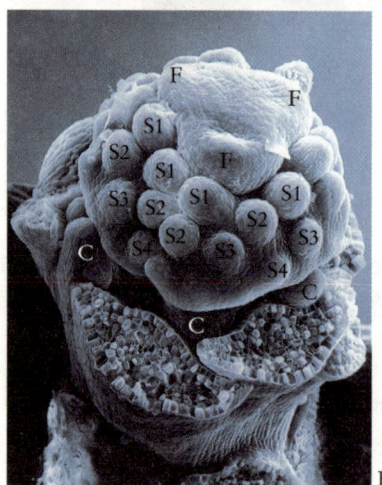

Hy3

Johanniskraut

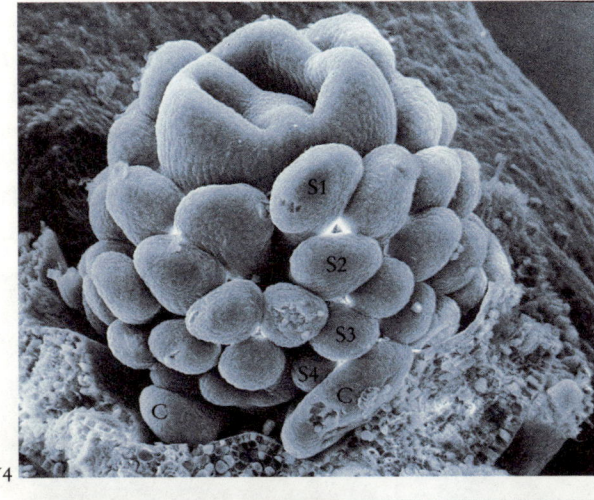

Hy4

0,1 mm

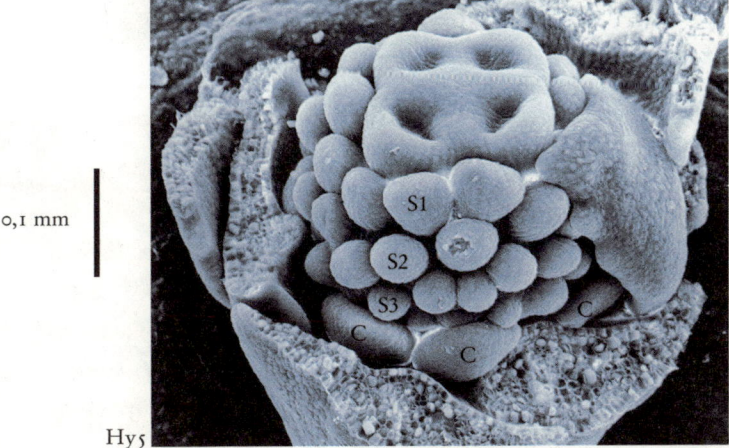

Hy5

Noch vor Abschluß der Staubblattausgliederung (S2–4) erscheint an der Blütenspitze (in Hy2) schon die Stempelanlage; es ist das Pflockstadium des jungen Gynoeceums aus meist drei Fruchtblättern (F). Kurz darauf treten die ersten Dellen der Fruchtfächer auf (Hy3). Meist werden drei (Hy4), seltener vier Fruchtblätter (Hy5) angelegt. Zunächst liegen die Septenkanten und freien Fruchtblattränder auf gleicher Höhe (Hy5) und senkrecht zur Blütenachse. Dann wachsen die Karpelle in der Rückenmitte stärker, wodurch sich die Karpellspitzen über die Vereinigungsstelle der Septen, die Querzone, erheben (Hy4).

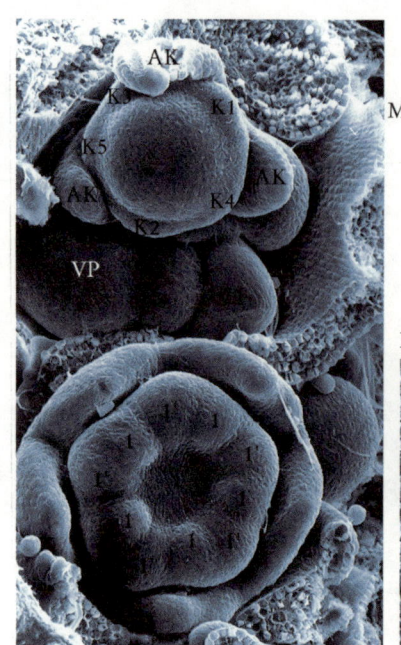

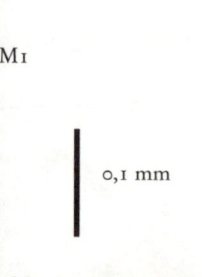

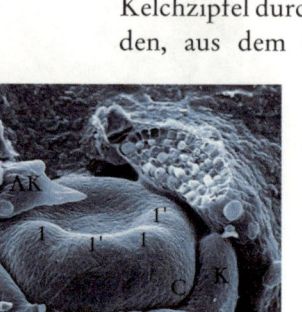

0,1 mm

Unter dem Kelch stehen drei Hochblätter, die dicht an die Blüte heranrücken und als Außenkelch (AK) bezeichnet werden (M1, M3). Schon im jüngsten Stadium (M1 oben) sind die Kelchzipfel durch einen Ring verbunden, aus dem sich die Kelchröhre entwickelt. Der Blütenvegetationspunkt gliedert dann einen massiven Ringwulst aus (M1 unten, M2), der in seinem Umriß fünfeckig ist, wobei die »Ecken« zwischen den Kelchzip-

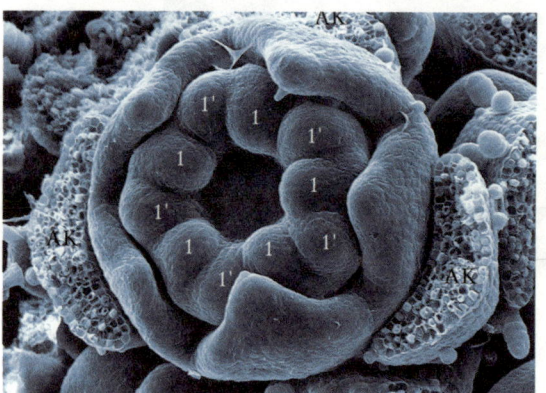

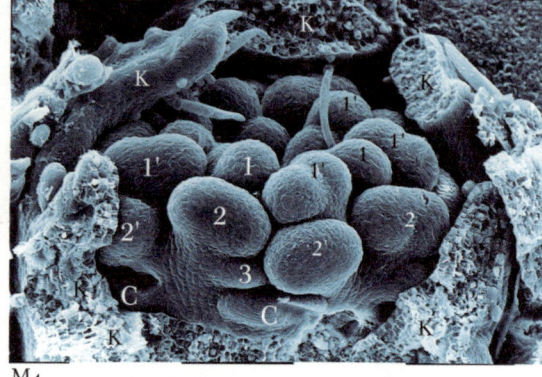

M3 M4

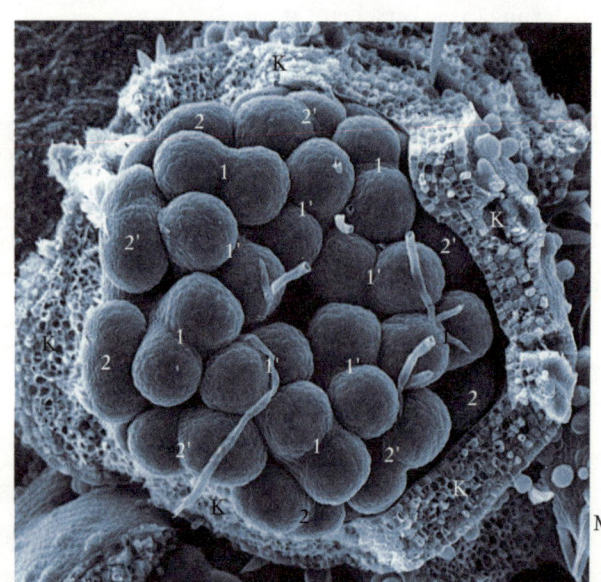

M5

feln liegen. In der Seitenansicht (M2) zeigt sich an der Unterkante des Ringwulsts in jeder »Ecke« eine etwas vorspringende Stelle. Dort steht später ein Kronblatt. Leider wird diese Stelle sehr früh vom Kelch verdeckt, so daß man das jüngste, deutlich abgesetzte Kronblattprimordium nicht sehen kann. Erst ein älteres Stadium in M4 erlaubt einen Blick auf diese Stelle.

Der Ringwulst ist früh in fünf Anlagenpaare gegliedert (1, 1').

Entweder das rechte (M5) oder das linke Primordium (M1, M3, M4) jeden Paares schiebt sich etwa weiter gegen das Zentrum vor. Auf diese ersten 10 Einzelanlagen folgen wenig später zentrifugal weitere ein oder zwei Staubblatthöcker (2, 2'; 3, 3'), welche auf der Außenseite des Ringwulsts zehn kurze Reihen bilden, die über der Kronblattanlage (C) zusammentreffen (M4). Merkwürdigerweise wird jetzt jede Staubblattanlage nochmals unterteilt, wobei wieder innen, bei den ältesten Anlagen (1, 1') begonnen wird (M4, M5). Diese Spalthälften entwickeln sich aber nur zu halben Staubblättern. Jede Hälfte differenziert sich zu einem (in unseren Bildern unsichtbaren) Staubfaden mit einer einzigen Theke, die sich mit ihren zwei Pollensäcken über die Staubfadenspitze krümmt (M6, M7) und damit eine vollständige Anthere vortäuscht. In M6 unten links ist ein Staubbeutel nur in einem Pollensack in zwei Hälften getrennt. Der zugehörige Staubfaden trägt hier wohl ganz normal beide Theken.

M6

M7

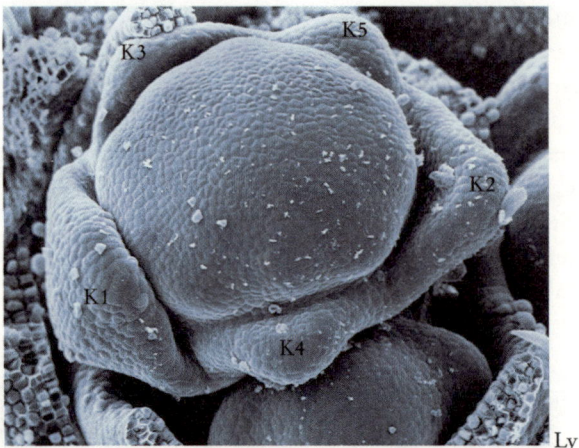

Der Kelch zeigt in der Größe
der Zipfelprimordien und in
deren Deckung eine 2/5-Stel-
lung. Der Restvegetationspunkt entwickelt eine fünfeckige Kante, deren Ecken und
Seitenmitten gleichzeitig als
schwach gewölbte Primordien
hervortreten (Ly 1).

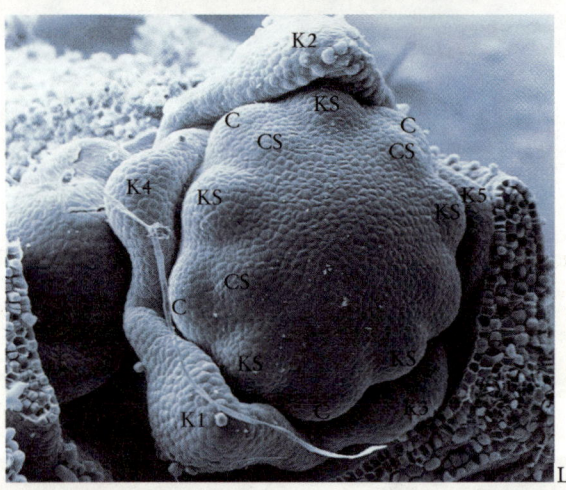

Die Eckprimordien zwischen
den Kelchzipfeln untergliedern
sich rasch in ein äußeres Kron-
und ein inneres Staubblatt-
primordium (Ly 2).

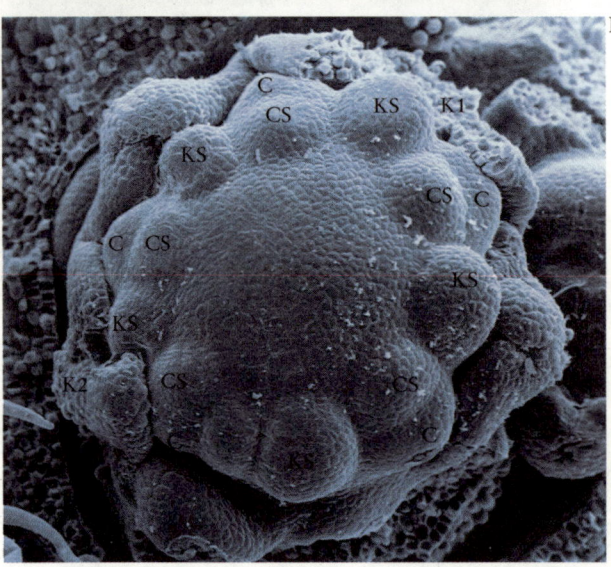

Die Kelchstaubblätter sind in
der ganzen Entwicklung etwas
größer als die Kronstaubblätter. In Ly 3 gibt es unten links
eine überzählige Staubblattanlage.

Der Restvegetationspunkt verändert sich nun zu einem fünfeckigen
Pflock, entsprechend der Fruchtblattzahl, wobei die Fruchtblätter hier
vor den Kelchblättern liegen (Ly4).
Zunächst vertiefen sich die fünf jungen Fruchtfächer durch Längenwachstum der Ovar-Außenwand und der Septen, deren Oberkanten ziemlich
lange senkrecht zur Blütenlängsachse verharren (Ly5). Erst später werden
sich die Fruchtblattspitzen über die Querzone erheben.

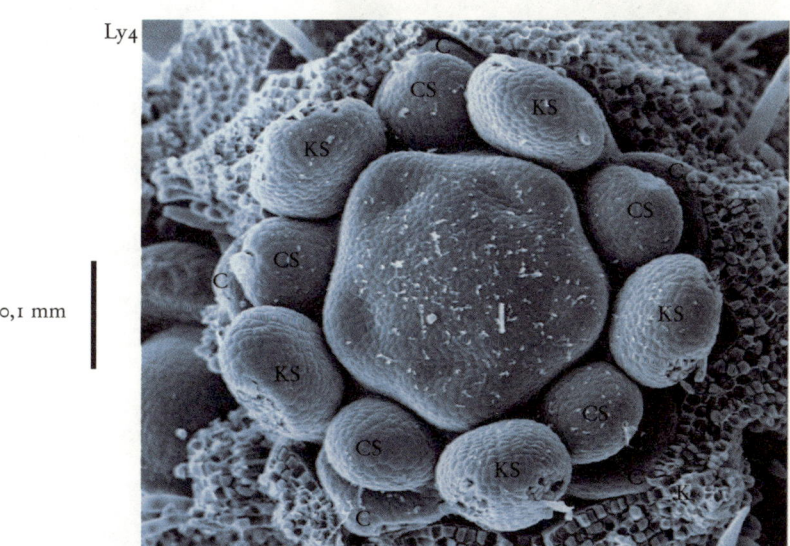

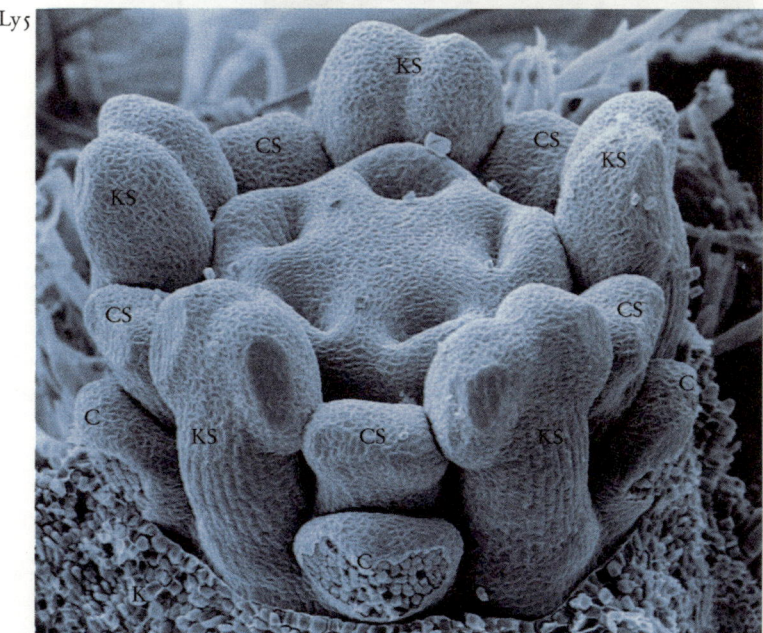

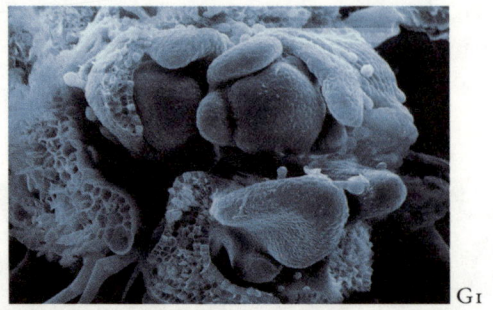

G1

Der Kelch wird spiralig nach dem 2/5-Muster angelegt (G2). Der Restvegetationspunkt hat nach der Kelchausgliederung einen fünfeckigen Umriß (G1 oben), wobei die Ecken zwischen den Kelchblättern liegen und die Plätze markieren, an denen die Kronblätter stehen werden. Auf seiner Oberfläche entstehen gleichzeitig 10 Staubblattanlagen (G2).

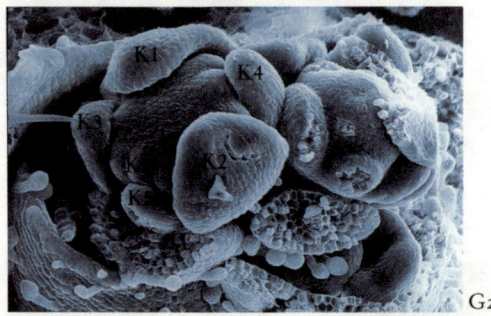

G2

0,1 mm

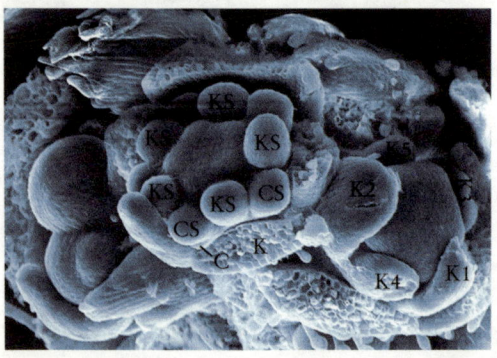

G3

Die Primordien der Kelchstaubblätter (KS) liegen weiter innen und wachsen rascher (G3–6). Am Grunde der Kronstaubblätter (CS) sieht man in G3 und G5 die zunächst winzigen Kronblattanlagen (C, in G3, G5, G7). Leider zeigen unsere Bilder die ersten freien Anlagen der Kronblätter nicht. Es wird deshalb nicht klar, ob Krone und Kronstaubblätter gleichzeitig oder nacheinander angelegt werden.

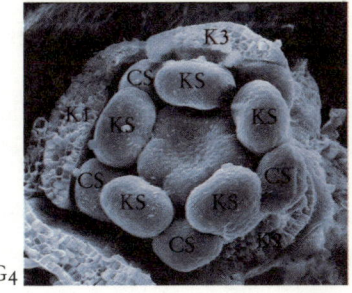

G4

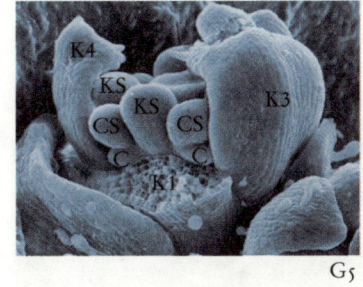

G5

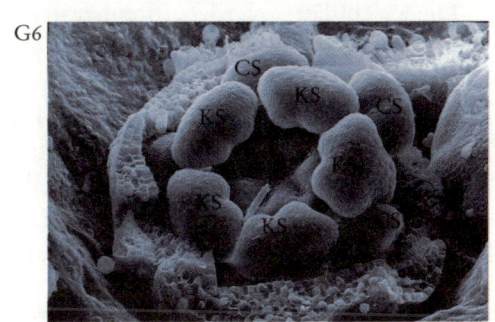

G6

Die fünfeckige Anlage des Stempels paßt sich zwischen die Kelchstaubblätter ein (G3, G4). Zunächst bildet sie einen Pflock (G3, in Seitenansicht in G5), dessen Oberfläche aber rasch vom schnell wachsenden Rand überholt wird (G4, G6).

In G7 erheben sich die Fruchtblattspitzen deutlich über den verwachsenen Teil des Fruchtknotens. Durch ungleichmäßige Wachstumsvorgänge werden sie später noch weiter ins Zentrum der Blüte verlagert, wobei gleichzeitig die Septenkanten senkrecht gestellt werden.

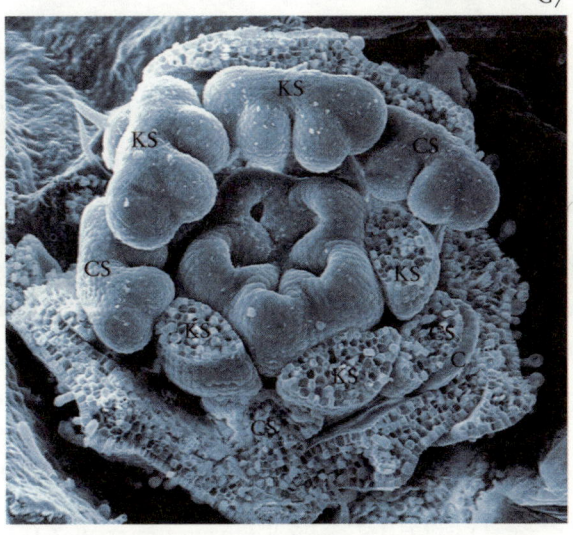

G7

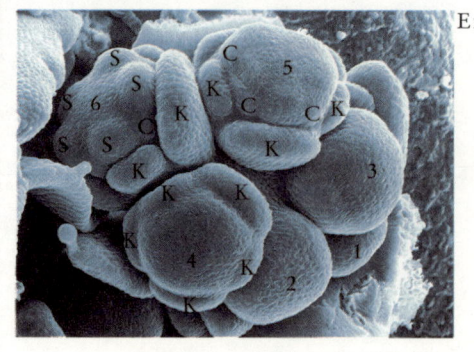

7: *Erodium moschatum*
Moschus-Reiherschnabel

Die Blüten im Teilblütenstand des Reiherschnabels stehen in einer Zickzacklinie, sie bilden eine sogenannte Wickel (E4, die jüngste Blütenknospe ist 1). Sie sind von der jüngsten zur ältesten Blüte numeriert.

Die Kelchblätter werden, offenbar in rascher Folge, nach dem 2/5-Muster angelegt. Die drei älteren Blüten haben schon den vollständigen Kelch, die drei jüngeren noch gar keinen. Zwischen den Kelchblättern erscheinen die Kronblattanlagen (C) und fast gleichzeitig die Kelchstaubblätter (in E1: S, später: KS).
Nach den Bestimmungsbüchern sollte der Reiherschnabel fünf Staubblätter und fünf Staminodien (sterile, staubbeutellose Staubblätter) haben. An unserem Material ist aber keine Spur davon zu entdecken, weder im jungen Stadium (E1) noch später (E3); sie werden gar nicht angelegt.

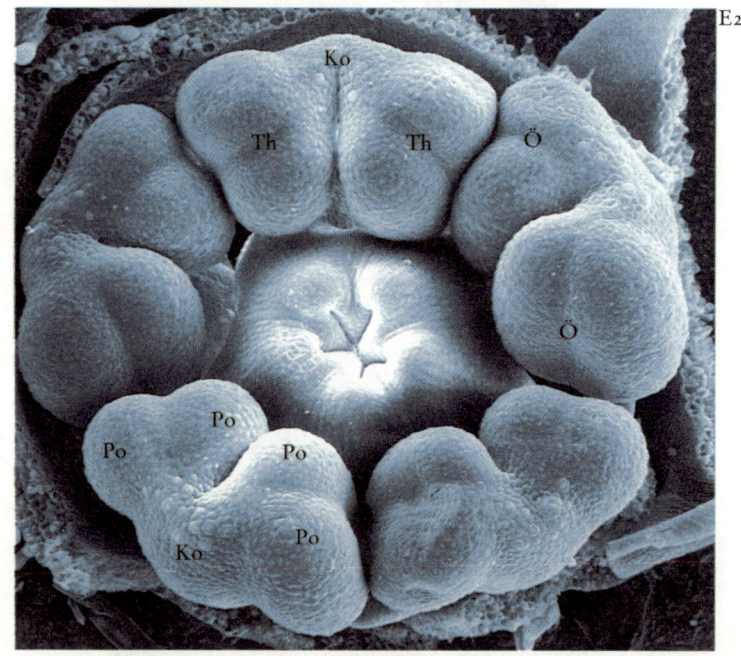

0,1 mm

Die Staubbeutel präsentieren sich hier besonders schön, deshalb sind in E2/E3 ihre einzelnen Teile beschriftet. Der Staubbeutel (die Anthere) gliedert sich in zwei Hälften, die Theken (Th). Sie werden durch das Konnektiv (Ko) zusammengehalten, das unten in den Staubfaden (Stf) übergeht. Jede Theke ist innerlich in zwei Pollensäcke gegliedert, was sich äußerlich durch eine seichte Längsfurche andeutet. Dort klafft bei der Reife ein Längsriß (Ö), der beide benachbarten Pollensäcke eröffnet. Am Grunde erweitern sich die Filamente in zwei »Ohren«, die Nektardrüsen (Ne).

Junge Stadien des Stempels sehen ganz ähnlich aus wie bei *Geranium*. In E2 sind die fünf Ventralspalten aber schon ganz geschlossen, die freien Karpellspitzen sind aber noch ziemlich kurz. Die weitere Entwicklung (E3) bringt zunächst einmal eine kräftige Ausdehnung der Karpellrücken nach außen. Die freien Griffel beginnen sich jetzt zu strecken.

In E4 sind die Kelchblätter nicht abpräpariert. Die Blüten 3–7 sind normal entwickelt, aber die Blüten 1 und 2 sind möglicherweise in ihrer Entwicklung steckengeblieben. Die Kelchblätter entwickeln mit der Zeit Vorsprünge auf dem Rücken (3–7), die schließlich als lange Spitzen den Kelch überragen. Das einzelne Kelchblatt gewinnt etwas die Gestalt einer Kapuze. Fadenhaare am Spitzenrand verweben die Kelchblätter, während auf den Flächen kleine Drüsenhaare erscheinen.

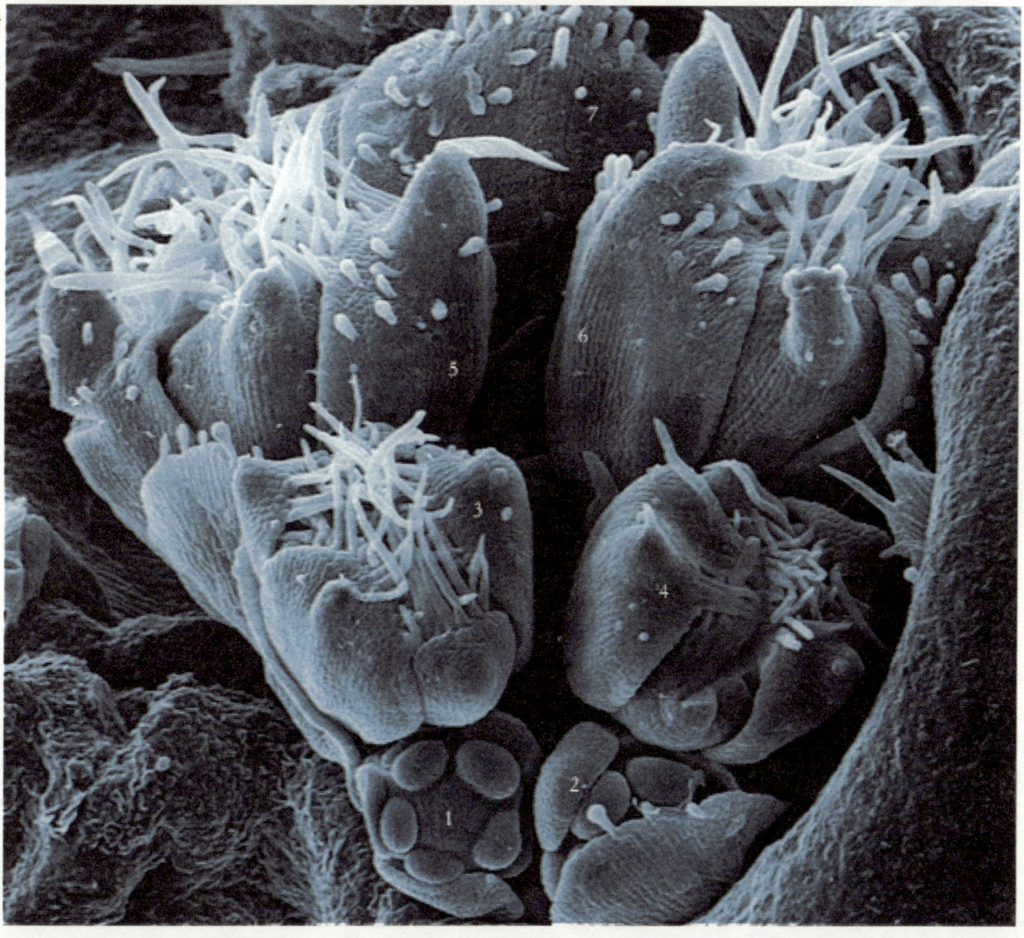

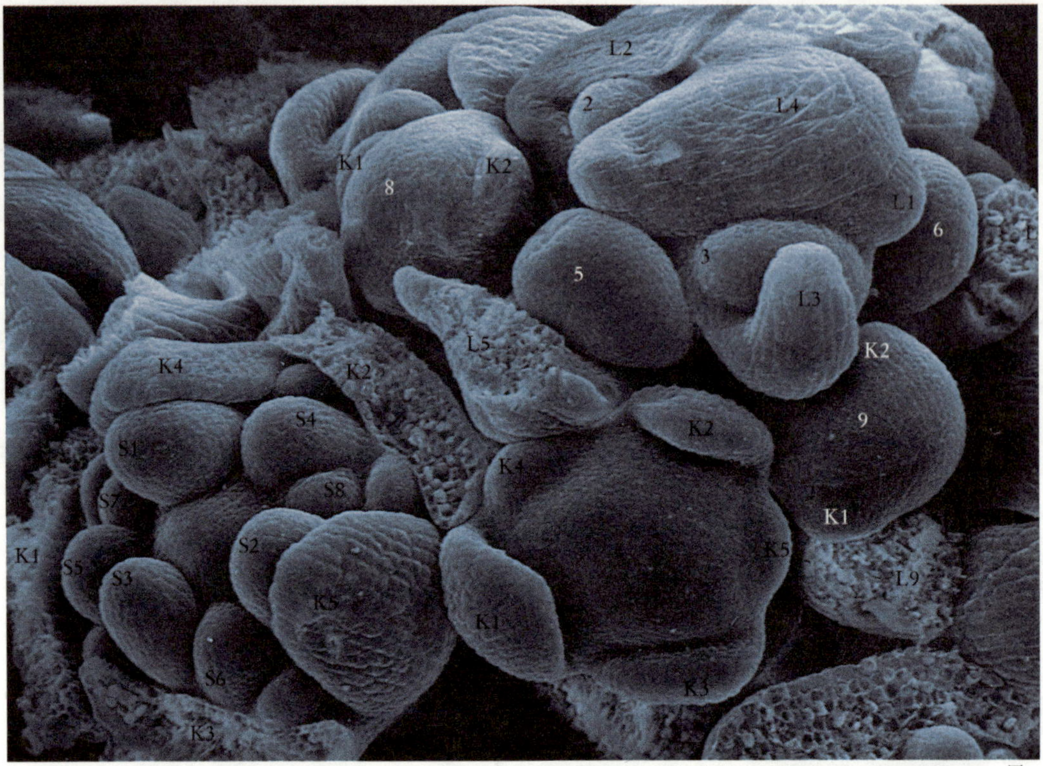

Tr1

8: *Tropaeolum peregrinum*
Kapuzinerkresse

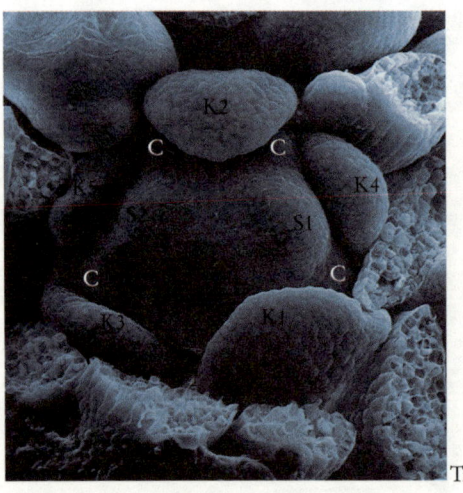

Tr2

Der Kelch wird spiralig nach 2/5 angelegt. Im Blütenstand Tr1 sind zwei Blütenprimordien »erwischt« (Blüte 8 und 9), bei denen noch nicht alle Kelch-Primordien ausgegliedert sind. Der Restvegetationspunkt ist nach der Kelchausgliederung schwach gewölbt und fünfeckig, seine Ecken werden zu den Kronblattanlagen (Tr2).

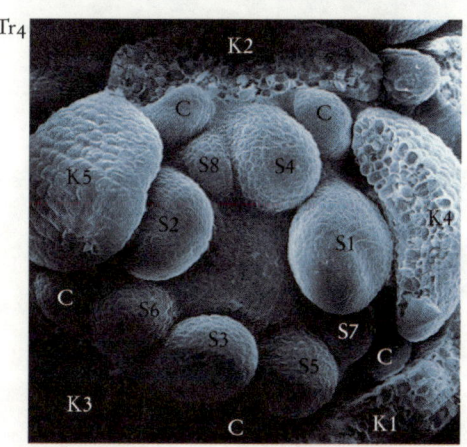

Tr3

Etwa gleichzeitig erscheinen auch die ersten beiden Staubblätter links und rechts der Medianebene (sie verläuft zwischen Kelchblatt 1 und 3 und durch Kelchblatt 2). Wie die unterschiedliche Größe auch später noch zeigt (Tr4, Tr5), werden alle 8 Staubblätter in einer komplizierten Reihenfolge (S1–8) einzeln nacheinander angelegt. Das ist eine Spezialität der Kapuzinerkresse, die in vermutlich verwandten Familien nicht vorkommt. Den aufpräparierten Knospen Tr4 und Tr5 sieht man die spätere Zygomorphie der Blüte noch nicht an. Die beiden Knospen verhalten sich zueinander wie Bild und Spiegelbild.

Tr4

0,1 mm

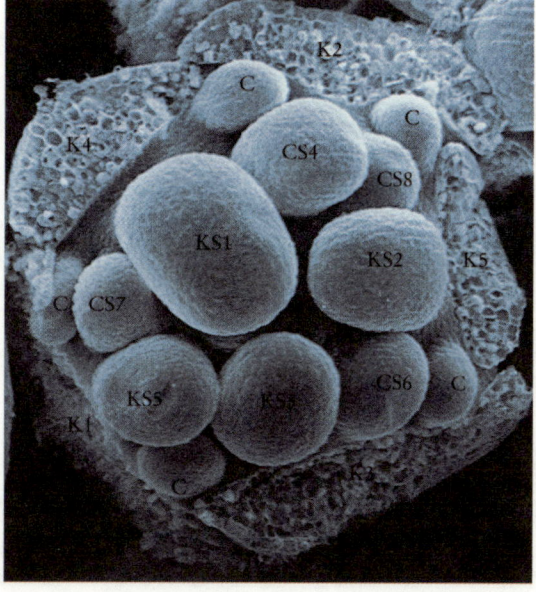

Tr5

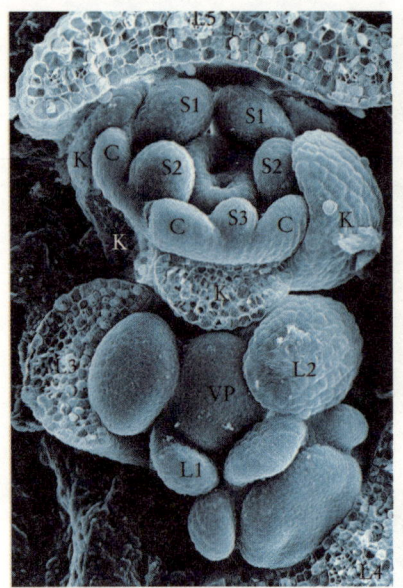

L5, S1, S1, K, C, S2, S2, C, S3, C, K, K, K, L3, L2, VP, L1, L4

Ch1

9: *Chaenorhinum minus*
Orant

Der Orant ist ein leicht zu übersehendes Ackerunkraut mit wenige Millimeter kleinen, blaßvioletten »Löwenmäulchenblüten«. Er ist unser erstes Beispiel mit verwachsener Krone.

Die Zygomorphie dieser Art macht sich schon in der Ausgliederung des Kelches bemerkbar, der von der Blütenstandsachse zum Tragblatt hin angelegt wird (Ch2; Ch4 Mitte).

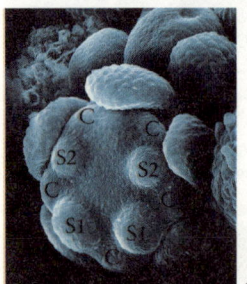

C, C, S2, S2, C, C, S1, S1, C

Ch2

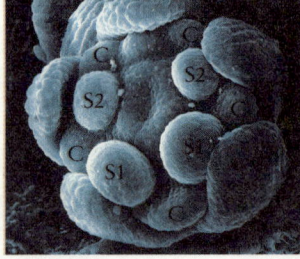

C, C, S2, S2, C, S1, C, C

Ch3

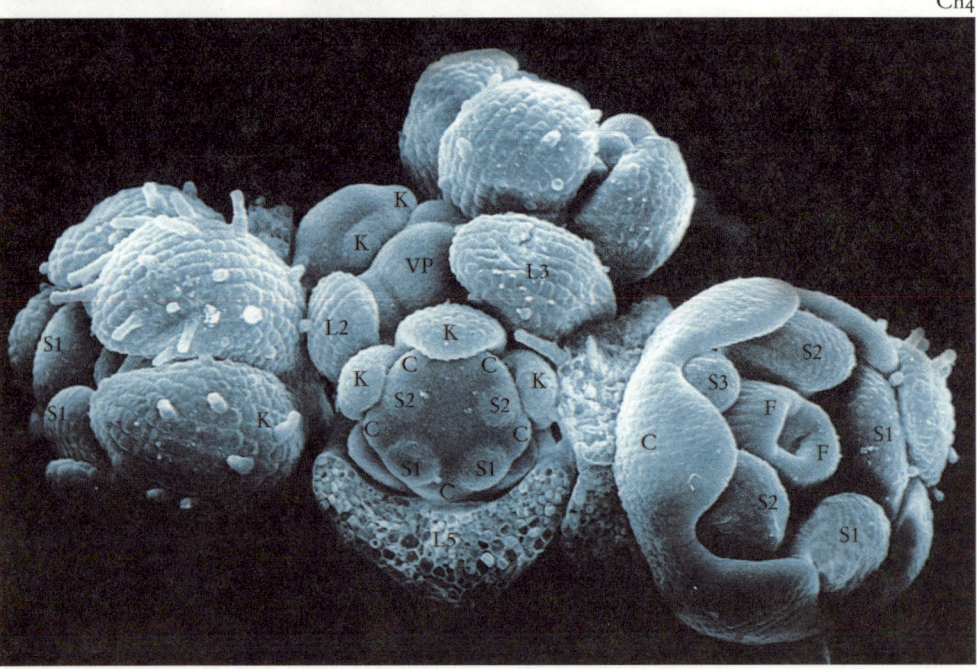

Ch4

K, K, VP, L3, L2, K, S1, S2, K, C, C, K, S2, S2, S3, F, C, S1, F, S1, K, C, C, S2, S1, S1, L5, C

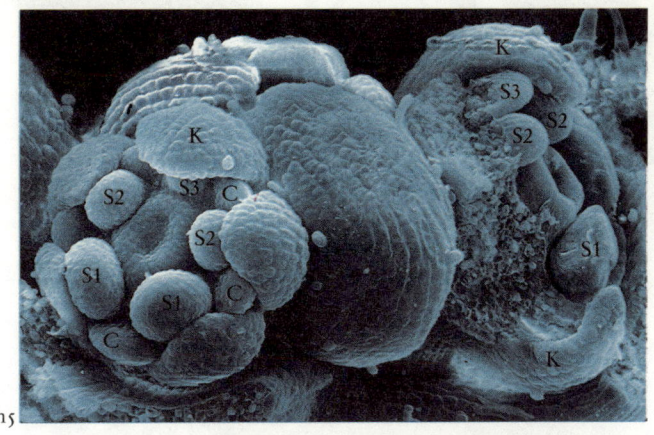

Ch5

Danach wird der Restvegetationspunkt zur einer fünfeckigen Scheibe, deren Rand über die Ansatzstelle hinauskragt (Ch1 unten: Seitenansicht, Ch4 Mitte). Auf der Scheibenoberfläche erscheinen die Kronblattanlagen und nacheinander zwei Staubblattpaare und die Anlage des unpaaren Staminodiums (Ch2–4). Hier beginnt die Ausgliederung auf der Seite des Tragblatts.

Die jüngsten Stadien der Kronzipfel nehmen zunächst die Ecken der Scheibe ein (Ch2-4), wölben sich dann aber nach oben (Ch5). Die Anlage der Kronröhre ist in unseren Bildern nicht zu sehen. Sie muß aber sehr rasch heranwachsen, in Ch4 ist sie in Blüte 5 noch nicht zu erkennen, in Blüte 8 ist sie schon etwas länger als die Zipfel.

Der Stempel aus zwei Fruchtblättern tritt zuerst als Ringwulst in Erscheinung (Ch3), das Septum tritt relativ spät in Erscheinung (Ch1 oben) und bleibt zunächst kurz; der Rand wächst schnell und bildet bald eine enge Röhre, ohne daß die Fruchtblattränder sich zum Ventralspalt schlössen.

0,1 mm

Ch6

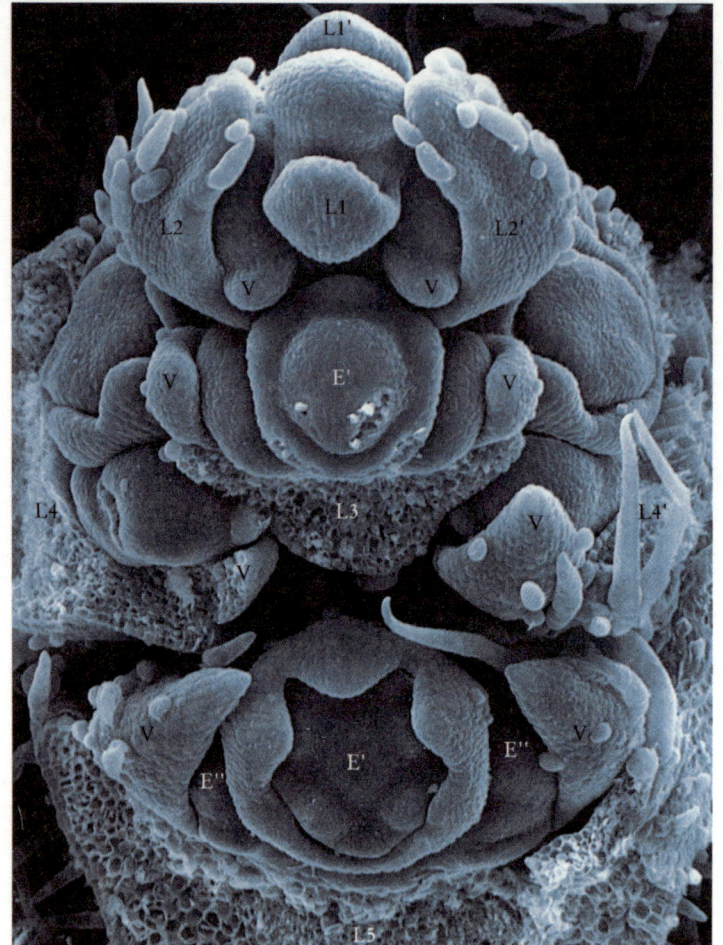

10: *Galeopsis tetrahit*
Stechender Hohlzahn

Auch der Hohlzahn ist ein Ackerunkraut, das aber auch Gärten und Waldränder nicht verschmäht, wenn nur der Boden gut gedüngt ist.

Der Gesamtblütenstand ist ein Thyrsus. Wegen der gegenständigen Blattstellung stehen sich auch die Teilblütenstände gegenüber. Die laubigen Tragblätter sind von der Spitze (L1, jüngstes) zur Basis (L5, ältestes) numeriert. In Ga1 trägt das oberste Tragblattpaar (L1) noch keine sichtbare Anlage eines Teilblütenstands, neben L2 ragen aber die Vorblätter der Endblüten des Teilblütenstands hervor.

Ga1

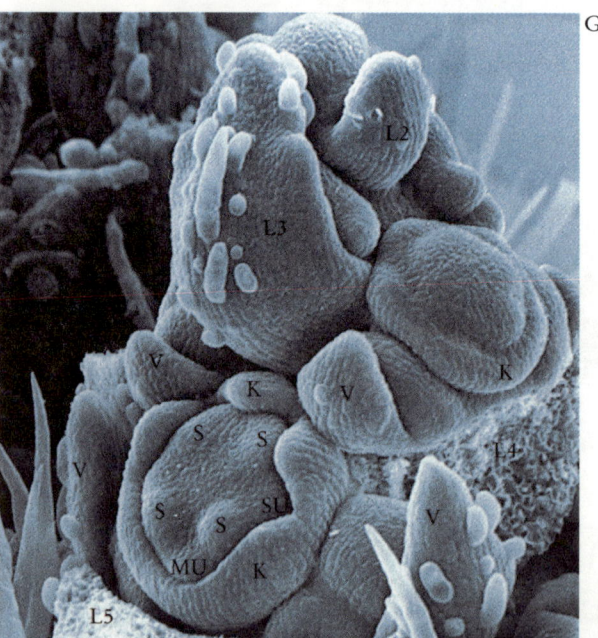

Ga2

0,1 mm

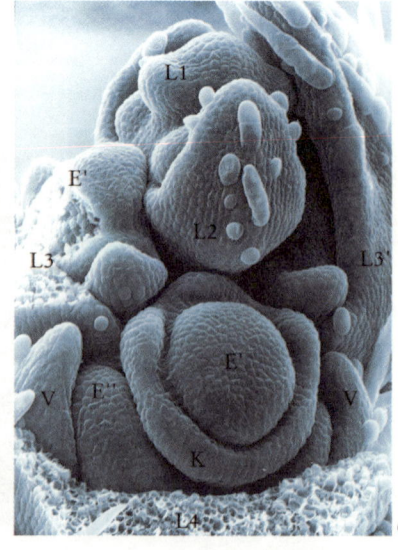

Ga3

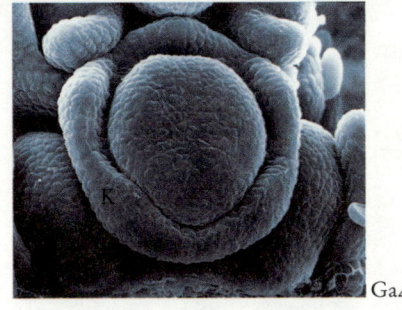

Ga4

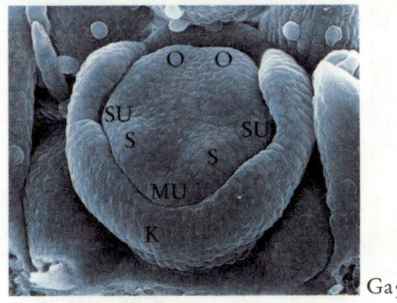

Ga5

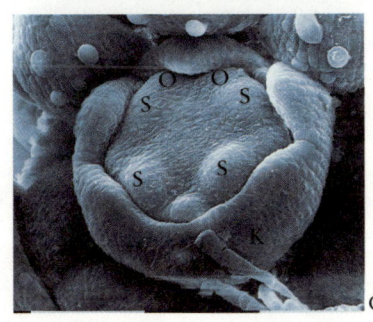

Ga6

In der Achsel des abgebrochenen Tragblatts L3 sieht man die Endblüte des Dichasiums (E') mit ihren beiden Vorblättern (V). In deren Achseln gibt es in Form von Querwülsten noch nicht weiter differenzierte Anlagen. Die gleiche Formation findet man auch in der Achsel des Tragblatts L5. Hier beginnt sich der Wulst zu gliedern: in eine Endblüte 2. Ordnung (E''), deren Vorblätter und einen Vegetationspunkt-Rest für die weitere Verzweigung. Nach der ersten gabeligen Verzweigung des Teilblütenstands wird bei *Galeopsis* in der Regel nur noch auf der Seite, die von der Hauptachse des Blütenstands abgewendet ist, eine weitere Seitenblüte angelegt. Die Teilblütenstände enthalten aber vergleichsweise wenige Blüten (drei bis fünf).

In der Blütenentwicklung umgibt sich der Blütenvegetationspunkt mit einem Kragen, das Blütenprimordium sieht etwas aus wie ein Pudding, den man auf ein Tellerchen gestürzt hat (Blüte über L3 in Ga1, Blüte über L4 in Ga2 und Ga3, Ga4).

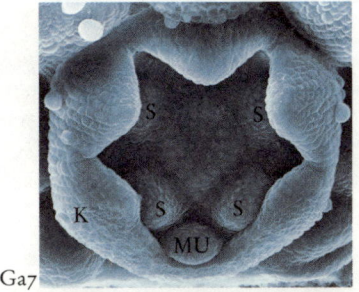

Ga7

Der umlaufende Rand wird zum Kelch, von dem die Röhre fast früher zu sehen ist als die Zipfel, die auch in der weiteren Entwicklung kürzer bleiben als die Röhre.

Auf dem Restvegetationspunkt erscheinen vom Tragblatt zur Abstammungsachse hin nacheinander die beiden Paare der Staubblätter. Sie sind deutlicher zu sehen als die sehr stumpfen Kronzipfel, die auch sehr rasch von Kelch überdeckt werden (Ga5, Ga6). Mit O sind die beiden Kronzipfel der Oberlippe bezeichnet, SU steht für die Seiten- und MU für den Mittellappen der Unterlippe. Wenn der Kelch schon beinahe die Sicht aufs Blüteninnere verhindert, wird noch der Stempel angelegt (Ga8).

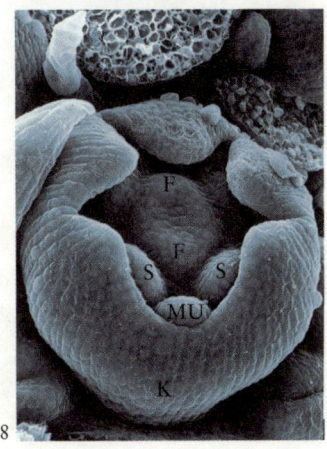

Ga8

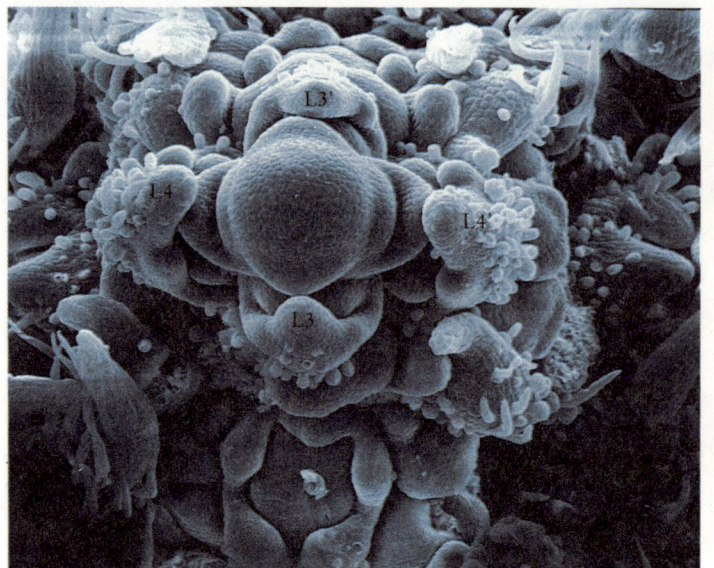

11: *Leonurus cardiaca*
Herzgespann

Le1

Das Herzgespann ist eine stattliche, eher seltene Pflanze von Ruderalstellen, die sich im Garten leicht selber aussät, wenn man sie zur Freude der Hummeln einmal eingeführt hat. Bei diesem zweiten Beispiel eines Lippenblütlers liegen die Verhältnisse im Prinzip nicht anders als bei *Galeopsis*, doch haben die Teilblütenstände mehr Blüten (siehe Le3 mit Schema).

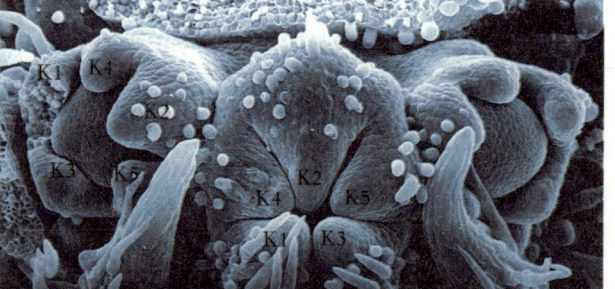

Le2

Le3

Diagramm des Labiaten-Teilblütenstandes (Le3). Dieser Teilblütenstand läßt sich als »halbes Dichasium« verstehen (vgl. die Abbildung 42).

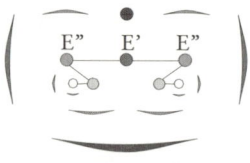

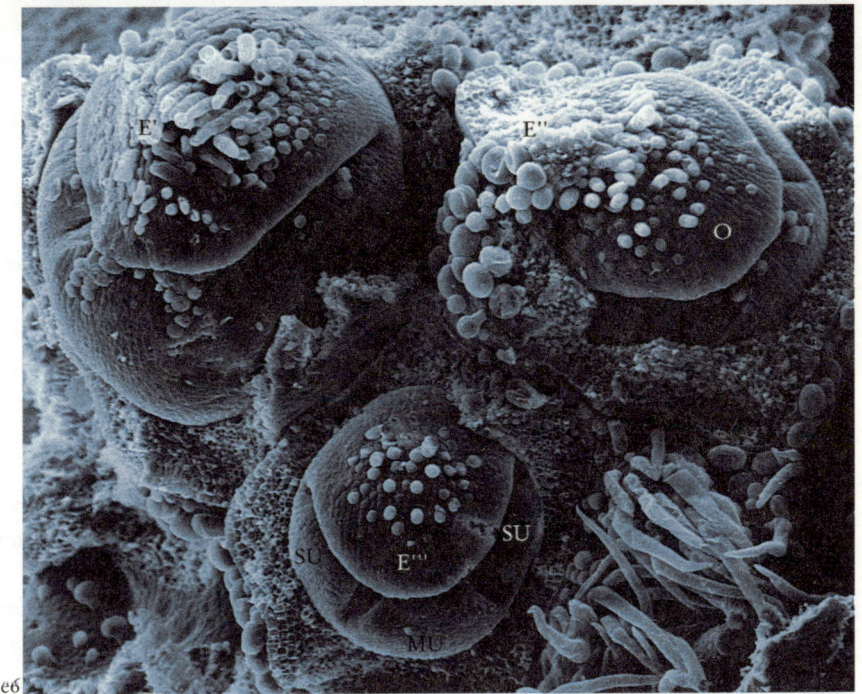

Le6

Die Kelchzipfel sind hier deutlich länger als die Andeutung der Kelchröhre. Sie zeigen zuerst die Größenunterschiede, die einer 2/5-Stellung entsprechen (Le4), allerdings berühren sich die Ränder nur und überdecken sich nicht (Le2, Mittelblüte). Die Behaarung des Kelchs setzt sehr früh ein, an den Kelchspitzen erscheinen Fadenhaare, etwas tiefer Drüsenhaare. In der Krone hingegen geht hier die Oberlippe deutlich in der Entwicklung voran (Le5, entspricht im Alter etwa der Mittelblüte von Le3). Daß sie aus zwei Primordien besteht, wird nicht einmal mehr angedeutet, anders als bei Ga5 und Ga6. Die Seitenlappen der Unterlippe (SU) und ihr Mittellappen (MU) schieben sich so unter die Oberlippe, daß der Mittellappen in der Knospe zuinnerst liegt (Le6, Le7). Auch die Kronzipfel werden früh mit Haaren verziert.

Le7

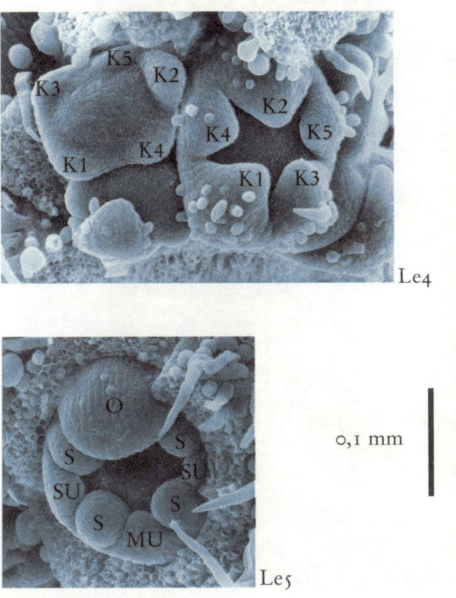

Le4

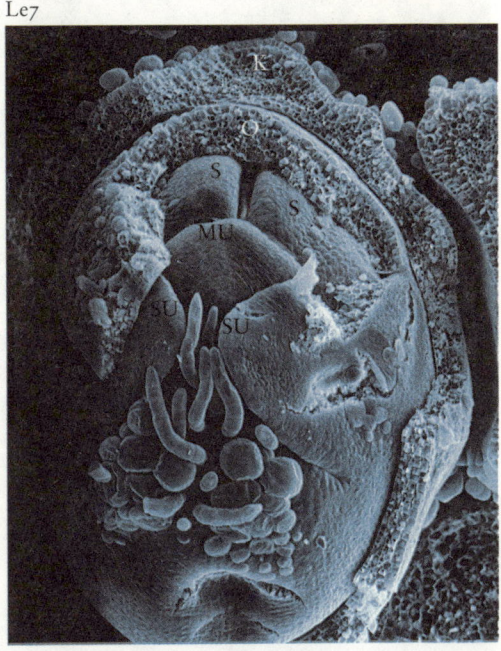

0,1 mm

Le5

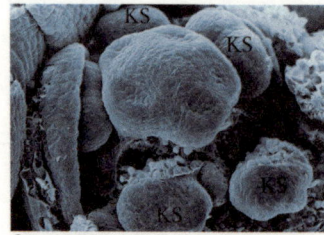

Sp1

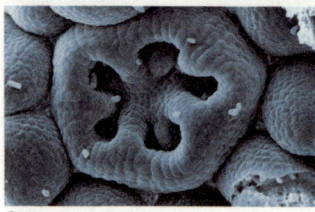

Sp2

0,1 mm

Dieses unscheinbare Nelkengewächs, das auf Sand-
äckern vorkommt, legt seine Blüte im Prinzip nach
dem Muster der Kronen-Lichtnelke an, nur daß hier
keine Kelchröhre auftritt. Die Kronstaubblätter
werden zum Teil gar nicht angelegt, zum Teil bleiben
sie ganz früh in ihrer Entwicklung stehen (Sp4), selten nur entwickeln sich einzelne vollständig (Sp3).
Die Kelchstaubblätter sind hingegen immer gut
gebaut und die Pollensäcke der Theken zuletzt
durch scharfe Linien geschieden.

Bei den Bildern von *Spergula* und den folgenden
Pflanzen geht es besonders um die weitere Entwicklung der **Fruchtknoten.**

Im Pflockstadium ist die Oberfläche des Restvegetationspunkts nicht eben, sondern deutlich kon-
vex gewölbt (Sp1). Die Dellen der späteren Fruchtfächer sind zunächst ganz seicht. Auch hier wächst
die Außenwand des Stempels rascher als die Septen,
dadurch werden ihre Kanten schräggestellt (Sp2).

Sp3

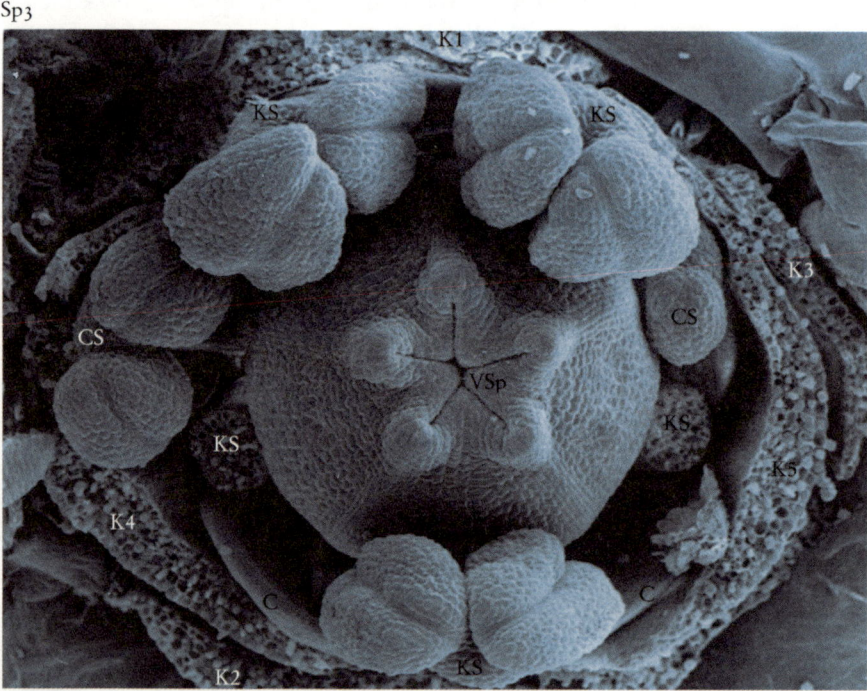

In der gleichen Zeit haben sich aber auch die Fruchtfächer stark vertieft, durch dazwischengeschobenes (interkalares) Wachstum im synascidiaten Abschnitt. An den freien Spitzen der Fruchtblätter schließen sich die Ventralspalten (Sp3). Hier sind noch kaum richtige Griffel zu sehen, die Karpellspitzen strekken sich aber in der Folge noch beträchtlich (Sp4).

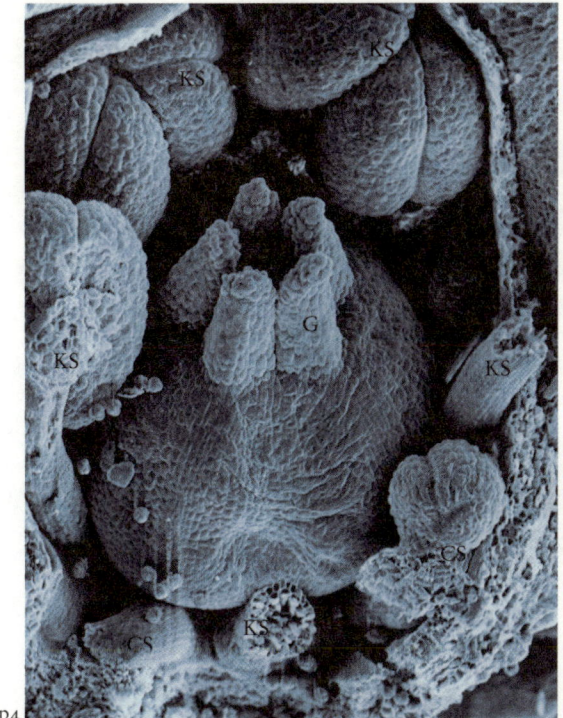

Sp4

In der fast fertigen Blüte (Sp5) sind die Griffelspitzen nach außen gebogen und zeigen auf ihrer Innenseite die Narbenpapillen. Die Narbe wird eigentlich besser als Differenzierung der Griffelspitzen beschrieben statt als eigene Region. An diesem Bild ist überdies schön zu sehen, daß die Kronblätter inzwischen schon stark herangewachsen sind und bis auf halbe Höhe der Staubbeutel reichen.

Sp5

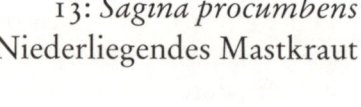

13: *Sagina procumbens*
Niederliegendes Mastkraut

Sa1

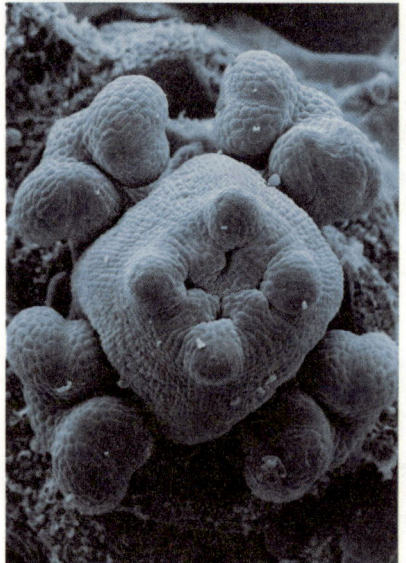

Sa2

Dieses kleine Nelkengewächs, das auch zwischen Pflastersteinen und Gartenplatten vorkommt, wird im Garten oder Acker leicht übersehen, da es viel zu klein ist, um ernsthaft als Unkraut zu stören.

0,1 mm

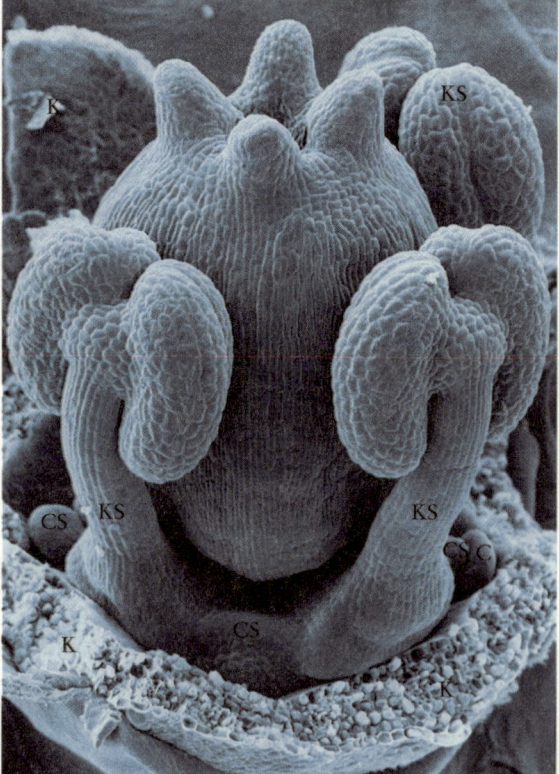

Sa3

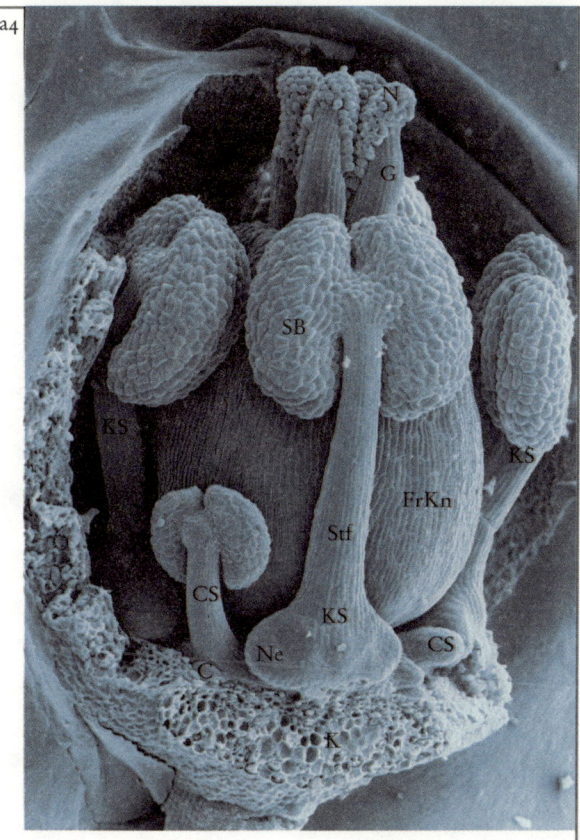

In dieser Gattung gibt es neben Arten mit fünfzähligen auch solche mit vierzähligen Blüten. In diesem Fall werden die Kelchblätter in zwei Paaren angelegt (Sa1). Im Prinzip entwickeln sich die Blüten aber genau so wie die anderer Nelkengewächse, auch wenn sie offen nur 3 mm groß sind. Wie bei *Spergula* stellen die Kronstaubblätter auch hier ganz früh ihr Wachstum ein (Sa3), selten (Sa4) kommen überhaupt noch Antheren vor. Auch die Anlagen der Kronblätter bleiben winzig und wachsen auch später nur noch wenig. Die Fruchtknotenentwicklung entspricht weitgehend der von *Spergula*.

Wenn das Bild Sa4 im gleichen Maßstab abgedruckt wäre wie die anderen Fotos dieser Pflanze, müßte es den grauen Rahmen auf dieser Seite füllen.

Sonst sind alle Knospen aller Blüten im gleichen Maßstab dargestellt. Das erlaubt es, das Wachstum der Blüten direkt »mitzuerleben«. Erst an den seitenfüllenden Ausmaßen der fast fertigen Blüten und ihrer Teile gewinnt man eine Vorstellung davon, wie winzig die ersten Blütenanlagen wirklich sind.

14: *Tropaeolum majus*
Kapuzinerkresse

In der Blütenentwicklungsgeschichte unterscheiden sich einzelne Arten kaum. Erst zwischen Gattungen sind größere Unterschiede zu erwarten. Die jüngeren Stadien von *Tropaeolum majus*, der gewöhnlichen Kapuzinerkresse der Gärten, dürften denen von *Tropaeolum peregrinum* entsprechen. So können die Fruchtknoten-Bilder auf dieser Seite als »Fortsetzung« der Entwicklungsgeschichte von *Tropaeolum* allgemein genommmen werden.

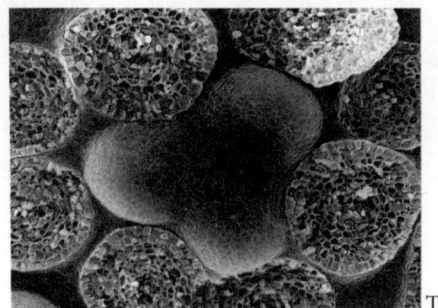

Tr6

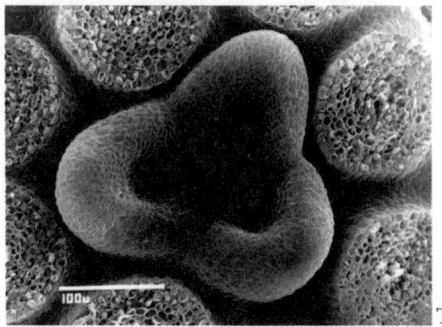

Tr7

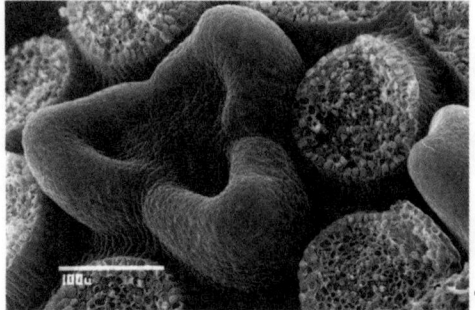

Tr8

Tr6 gibt ein besonders deutliches Bild eines jungen, dreiblättrigen Stempels im Pflockstadium. Anders als bei *Lychnis* (Ly4, Ly5) vertiefen sich aber die Dellen in der frühen Entwicklung kaum (Tr8), dafür erhebt sich rasch die Außenwand des späteren Fruchtknotens über die Vereinigungsstelle der sehr breiten und undeutlichen Septen. Besonders schön ist in Tr9 und Tr10 zu sehen, wie die Spitzen der Fruchtblätter über das Zentrum des Fruchtknotens geschoben werden und wie sich die Karpellränder einander annähern, um sich in den Ventralspalten zu schließen.

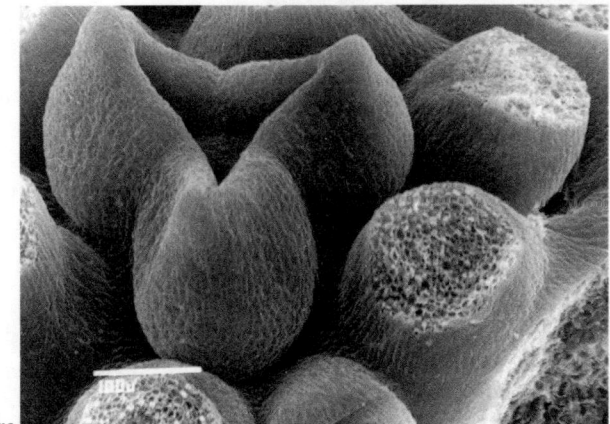

Tr9

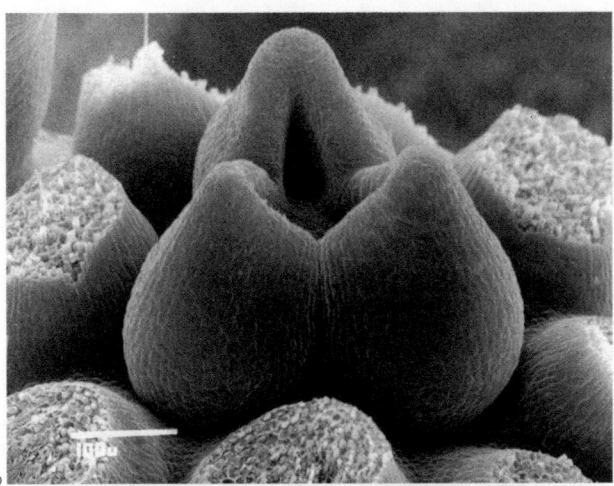

Tr10

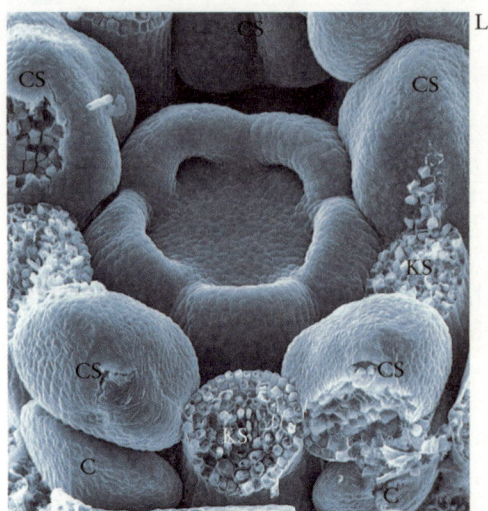

Die Blütenformel dieser kalifornischen Pflanze mit ziemlich großen, weiß-gelben Blüten, die oft in Saatgutmischungen einjähriger Gartenblumen enthalten ist, entspricht der von *Geranium*. Allerdings gibt es keine Alternanzstörung zwischen Krone und Staubblättern, die Fruchtblätter stehen daher vor den Kelchblättern (Li1, vgl. G3).

Bei flüchtiger Betrachtung der Früchte könnte man meinen, daß *Limnanthes* freie Fruchtblätter habe, da fünf einzelne »Kugeln« den Griffel umgeben und sich auch einzeln ablösen. Die Fruchtblätter sind aber ganz normal verwachsen.

Das jüngste Stadium (Li1) ist schon älter als das Pflockstadium. Die Außenwand des Stempels erhebt sich über ein ziemlich großes, zentrales Feld, die Septen sind ganz klein. Sie dienen als Trennwände zwischen den einzelnen Fruchtfächern und vergrößern sich auch später nicht wesentlich. In der Außenansicht (Li2) wird ganz klar, daß benachbarte Fruchtblätter über drei Viertel ihrer Höhe miteinander verbunden sind.

Der nötige Platz für die Samenanlagen wird dadurch geschaffen, daß sich die Rücken der Fruchtblätter stark nach außen vorwölben. Dadurch geraten die verbundenen Karpellbereiche in die Falten zwischen den vorgewölbten Rücken (Li3) und sind dann nicht mehr zu sehen (Li4). Gleichzeitig wölben sich die Fruchtblattrücken auch nach oben auf und verdecken den Zusammenhang mit dem einheitlichen Griffel, der nur an der Spitze freie Narbenäste hat. In Li4 ist der Griffel noch sehr kurz, er wächst später wesentlich stärker als die Narbenäste und erreicht die mehrfache Höhe der »Fruchtknötchen«.

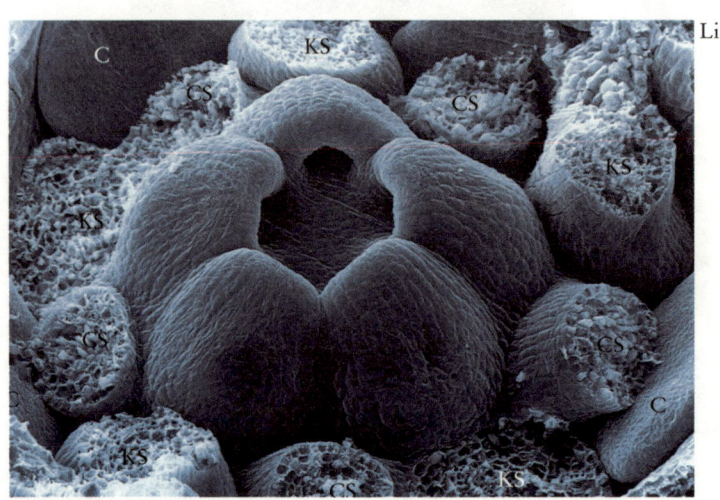

Li2

0,1 mm

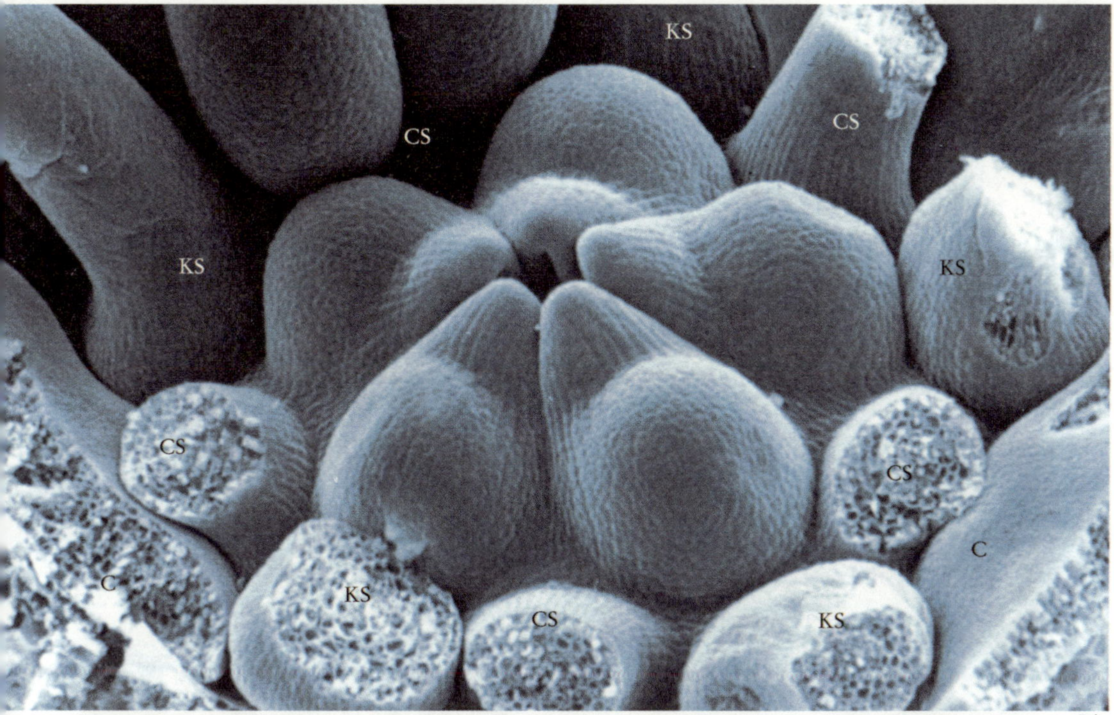

Li3

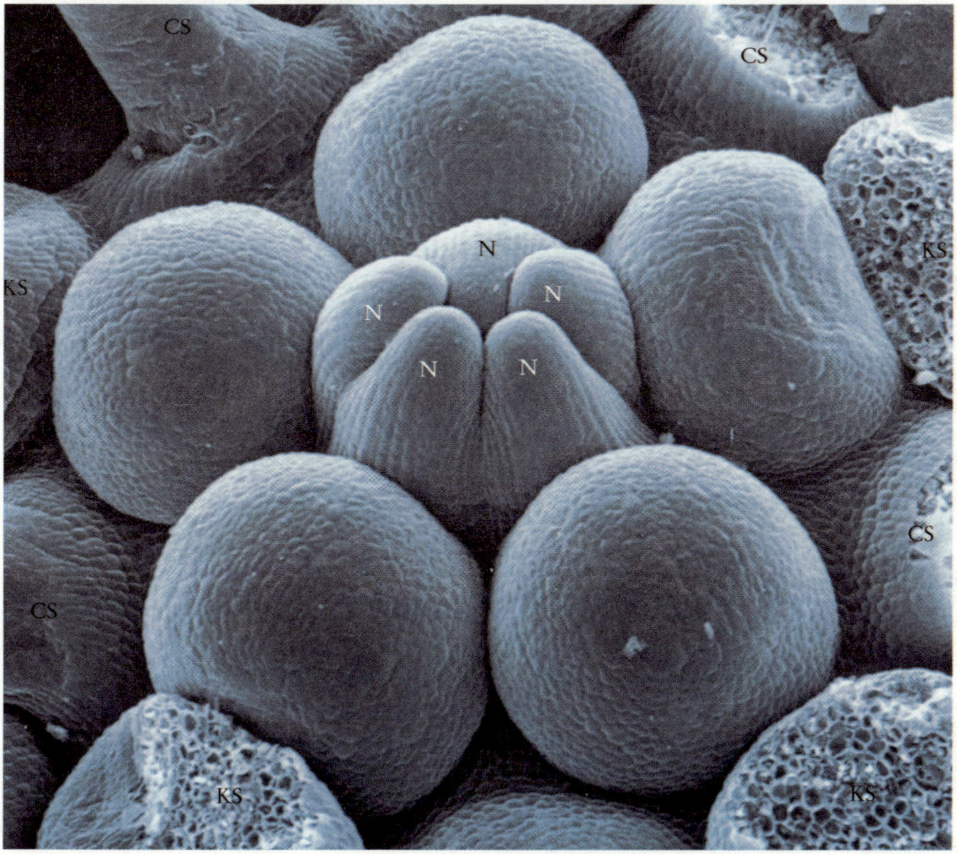

Li4

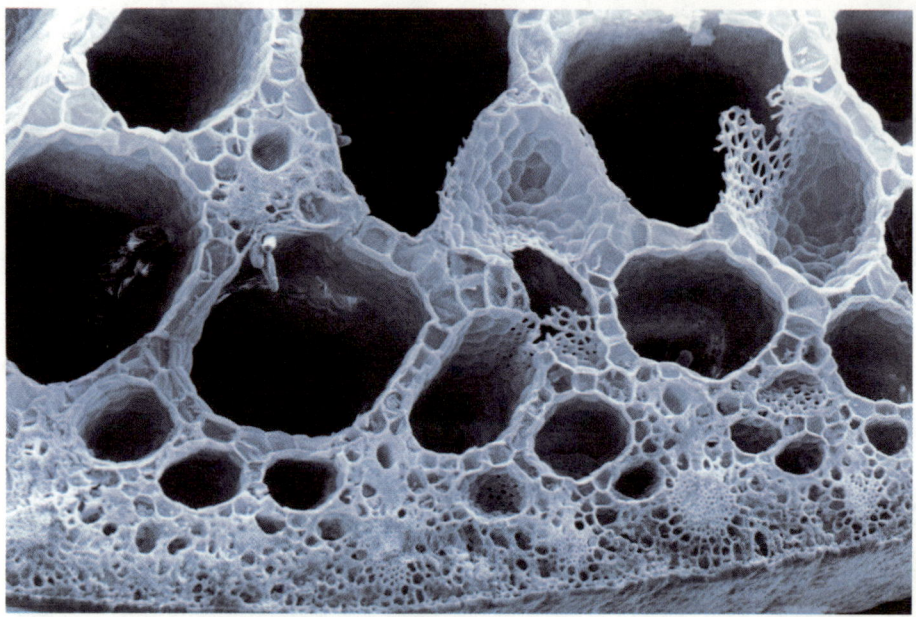

Luftgänge im Blattstiel von *Typhonodorum lindleyanum*, einer Aracee

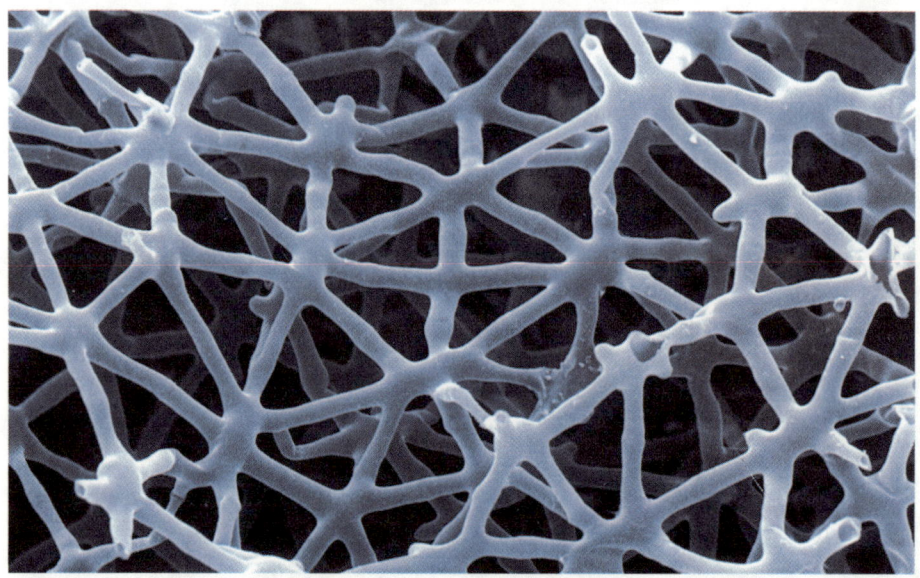

Juncus effusus: Querschnitt durch das Füllgewebe des Stengels oder der Blätter

Liste der REM-Tafeln

Der Kelch

Die auf den REM-Aufnahmen ab Seite 310 vorgestellten Beispiele haben alle eine in der Zahl bestimmte, doppelte Blütenhülle, man kann Kelch und Krone unterscheiden. Nur bei der Wiesenraute ist die Blütenhülle einfach.

Beim Johanniskraut (Hy1, Hy2), Storchschnabel (G2) und Reiherschnabel (E1) sowie bei der Lichtnelke (Ly1, Ly2) und der Kapuzinerkresse (Tr1–3) sieht man Kelchblätter deutlich unterschiedlicher Größe. Sie stehen auch etwas verschieden hoch (resp. innen) an der Blütenachse (deutlich ist das bei Hy3 an den Stümpfen der abgebrochenen Kelchblätter zu sehen). Man kann durchaus vermuten, daß sie auch nacheinander angelegt wurden, aber nur bei der Kapuzinerkresse (Tr1) sind tatsächlich zwei Blütenanlagen »erwischt« (Blüten 8 und 9), die erst ein oder zwei der fünf Kelchblätter zeigen. Daß es so schwierig ist, ein Stadium ohne volle Kelchblattzahl aufs Bild zu bringen, spricht dafür, daß die Kelchblattausgliederung in recht schneller Folge abläuft. Allerdings ist es sehr schwierig, über die tatsächlichen zeitlichen Abstände in der Anlegungsfolge Angaben zu machen, da ja die jungen Blütenstände selber meist in weitere Blätter eingepackt sind und eine Beobachtung von außen daher nicht möglich ist. Legte man die Blütenanlagen zur Beobachtung frei, hätte man so viel drum herum zerstört, daß sie sich nicht weiterentwickelten, selbst wenn man sie nicht von der Pflanze getrennt hätte.

Etwa gleich groß sind die Kelchblattanlagen bei der Malve (M1, M3) sowie beim Fingerkraut (Po1–5). Bei der Malve (M1, M3) tritt der gemeinsame, zunächst tellerförmige untere Kelchteil (die Kelchröhre) sehr früh in Erscheinung, während bei der Lichtnelke, die in der fertigen Blüte eine viel längere und engere Kelchröhre hat, der gemeinsame Basalteil des Kelchs in jungen Stadien noch kaum auffällt (Ly1–3).

Auch beim Fingerkraut *(Potentilla)* sind die Kelchzipfel alle etwa gleich groß. Ein ganz junges Entwicklungsstadium fehlt leider in unserer Serie, denn im relativ jüngsten sind neben den Kelchblättern außen schon die noch kleinen Außenkelchblätter und innen die Kronblattanlagen an der Mündung des noch ganz kurzen Blütenbechers zu sehen. In welcher Reihenfolge die drei Organkreise angelegt werden, ist nach unseren Bildern nicht zu entscheiden (Po1). Die schmalen Außenkelchblätter wachsen allerdings rascher als die Kelchzipfel und haben sie in der Länge bald überholt. In der gleichen Zeitspanne schließt der Kelch die übrigen Blütenblattanlagen vollständig ein (Po5).

Besonders aufschlußreich sind die REM-Bilder vom Kelch (oder Perigon) bei der Wiesenraute *(Thalictrum)*. Hier werden nicht fünf, sondern nur vier Kelchblätter angelegt, davon stehen die zwei größeren, zuerst angelegten, links und rechts der Medianebene der Blüte. Sie sind deutlich verschieden groß (Th1). Die anderen beiden sitzen ein wenig höher (Th2) und fallen in die Medianebene. Der Größenunterschied der seitlichen Kelchblätter spricht dagegen, daß der Kelch aus zwei miteinander gekreuzten Blattpaaren oder Wirteln besteht, denn die Blätter eines echten Paares sind in der Regel gleich groß. Da die Blütenhülle der meisten Ranunculaceae mindestens fünf Blätter umfaßt, könnte man vermuten, daß von den üblichen fünf Kelchblättern, die in zwei Umgängen längs einer Schraubenlinie angelegt werden, nur die ersten vier ausgebildet werden, diese aber »auf gleichgroße Abstände verschoben« wurden (vgl. Abb. 56, S. 305).

Fassen wir zusammen: Bei Blüten mit einer mittleren Stellung im System hat der Kelch meist fünf Blätter, die in den meisten Fällen Blatt um Blatt längs einer Schraubenlinie (spiralig) auf zwei Umgängen angelegt werden (2/5-Stellung). Dies ist besonders dann deutlich, wenn nicht früh eine Kelchröhre oder ein Blütenbecher ins Spiel kommt.

Die Krone

Für die Kronblätter in radiären Blüten gilt wohl ziemlich allgemein, daß sie gleichzeitig (simultan) angelegt werden. Es ist aber recht schwierig, die jüngsten Anlagen der Kronblätter aufs Bild zu bekommen, weil die Stellen, an denen sie erscheinen, sehr früh von den Kelchblättern verdeckt werden. Zwar muß man die Kelchblätter an etwas größeren Knospen immer entfernen, weil sie schon bald beginnen, das Innere der Knospe vollständig zu verdecken, aber ganz junge Kelchblätter sind noch so klein, daß sie sich deswegen kaum abpräparieren lassen. Man kann mit der Präpariernadel, deren Spitze größer ist als die ganze Kelchblattanlage, gar nicht dahinterfassen, um sie nach außen umzukippen und abzubrechen.

Die fünf Kronblattanlagen erscheinen in den Lücken zwischen den Kelchblättern; der Kronblattwirtel reiht sich an den ja eigentlich wechselständig angelegten Kelch an, wie wenn die Kelchblätter ebenfalls in einem Kreis stünden. Die Pflanzen unterscheiden also nicht zwischen in rascher Folge auf einer Schraubenlinie angelegten Organen und einem Organkreis mit simultan ausgegliederten Blättern.

Da nach einer verbreiteten Ansicht die Kronblätter umgewandelte Staubblätter sind, ist es besonders interessant, zu untersuchen, in welcher zeitlichen und räumlichen Reihenfolge diese beiden Organsorten angelegt werden.

Beim Fingerkraut werden unter allen unseren Beispielen die Kronblätter am deutlichsten vor den Staubblättern angelegt (Po1–3). Für das Johanniskraut kann man dies aus dem Größenunterschied der Primordien schließen (Hy1, Hy2). Auch bei der Kapuzinerkresse könnten die Anlagen der Kronblätter einen kleinen Zeitvorsprung haben (Tr2); allerdings fehlt ein Bild, das deutlich abgesetzte Kronprimordien, aber noch keine Staubblattanlagen zeigt. Bei der Malve und dem Storchschnabel sind die Stellen, wo die Kronblätter ausgegliedert werden, kaum einzusehen, beim Reiherschnabel erscheinen Kron- und Staubblattprimordien etwa gleichzeitig (E1, Blüten 6 und 5).

Auch bei den zygomorphen Beispielen der Braunwurzgewächse (Orant= *Chaenorhinum;* Ch4 Mitte) und Lippenblütler (Hohlzahn=*Galeopsis;* Ga2, Ga5–6) erscheinen die Zipfel der Kronblätter und die Buckel der Staubblätter im selben Blütensektor gleichzeitig. Da sowohl die Braunwurzgewächse als auch die Lippenblütler (als Angehörige der Unterklasse Asteridae) eine gemeinsame Kron-Staubfaden-Röhre entwickeln, braucht man sich nicht zu verwundern, daß sich der Blütenvegetationspunkt nach der Anlage des Kelchs zuerst zu einer Scheibe mit überstehendem Rand verbreitert (Ch1 unten, Ch2). Dieser Rand ist nichts anderes als der Träger der freien Kronzipfel und freien Teile der Staubblätter, also die erste Anlage (das Primordium) der Kron-Staubblatt-Röhre. Auf der Scheibe erscheinen, von der Tragblattseite aus, die Primordien des abaxialen und dann des adaxialen Staubblattpaars (Ch2–4; Ga1, Ga2 unten) und bei *Chaenorhinum* zuletzt noch die unpaare Staminodienanlage (S3 in Ch4 und Ch5). Bei den Lippenblütlern wird ein unpaares Staubblatt oder Staminodium auf der Medianebene gar nicht mehr angelegt, es bleibt bei zwei Staubblattpaaren. Zwischen den Staubblattanlagen zackt sich der Scheibenrand zu den Kronzipfeln aus (Ch2; Ga5, Ga6). Zunächst sind sie nach außen gerichtet, erst später drehen sie sich nach oben (Ch1 oben), und noch später (Ch6) erscheint, eingeschoben zwischen die freien Kronzipfel und die Kron-Staubblatt-Röhre, die Anlage der reinen Kronröhre. Zur Kronröhre zählt das Gewebe, das über dem Ansatzpunkt der Staubblätter die einzelnen Kronzipfel verbindet und die freien Staubblattbereiche außen umgibt (in Ch1 oben ist die Kronröhre noch nicht angelegt, in Ch6 umfaßt sie als kurzer Gewebesaum die freien Staubblattanlagen). Bei den Lippenblütlern ist die Kronentwicklung schlechter zu studieren als bei *Chaenorhinum*, weil hier schon früh eine Kelchröhre den Rest der Blüte einschließt. In Ga6 erspäht man zwischen den beiden Staubblättern des jüngeren Paares gerade noch knapp die beiden Kronzipfel, welche zur Oberlippe gehören (O). Sehr bald verlieren sie ihre Eigenständigkeit und bilden zusammen den Helm der Oberlippe. Bei *Chaenorhinum* sind sie hingegen auch später an der Spitze noch deutlich getrennt. Zwischen ihnen setzt das Staminodium an (Ch4 rechts, Ch6); möglicherweise besteht ein Zusammenhang zwischen Staubblattansatzstelle und Einschnitt zwischen den Kronzipfeln.

In allen bis jetzt behandelten Fällen erscheinen die Kronblätter (Kronzipfel) vor oder doch gleichzeitig mit den Staubblättern, aber deutlich räumlich getrennt. Nur bei den Nelkengewächsen (und verwandten Familien) besteht ein enger Entwicklungszusammenhang zwischen Kron- und Staubblattanlagen. Auch der Blütenvegetationspunkt der Kronen-Lichtnelke *(Lychnis coronaria)* verbreitet sich nach der Ausgliederung des Kelchs etwas scheibenartig. Die Außenkante gliedert sich in fünf etwas vorspringende Buckel, die mit den Kelchzipfeln abwechseln, gleichzeitig erscheinen aber etwas weiter innen vor den Kelchzipfeln fünf weitere Primordien (Ly1). Die Buckel zwischen den Kelchblättern gliedern sich schon bald in eine äußere und eine innere Prim-

ordienhälfte (Ly2). Die innere gewinnt rasch an Größe, während die äußere
sich zunächst kaum weiterentwickelt. Die äußeren Primordienhälften werden
zu Kronblättern, die innern aber zu den Kronstaubblättern, die jetzt mit den
Kelchstaubblattanlagen etwa in einem Kreis stehen (Ly3). Unter unseren Beispielen ist die Kronen-Lichtnelke die einzige, die gemeinsame Primordien für
Kronblätter und Kronstaubblätter zeigt. Diese Art der Blütenentwicklung ist
für die ganze Familie der Nelkengewächse charakteristisch. Hier entstehen die
Einzelanlagen der Kronblätter später als die ersten Staubblattanlagen.

Bei allen Beispielen, die nicht zu den Asteridae gehören, bleiben die Kron-
blätter zuerst im Wachstum extrem zurück und überholen die Staubblätter
erst, wenn diese ihre Differenzierung längst abgeschlossen haben. Bei unseren
Beispielen verdeckt zwar der Kelch das Innere der Blüte auch rasch, aber die
Krone vergrößert sich kontinuierlich. Schon bald überdecken sich die Lappen
der Unterlippe, die in der Knospe ganz unter der Oberlippe verschwindet
(Le6, Le7). Es ist auch erstaunlich, wie schnell verschiedene Haartypen auf
Kelch (E4) und Krone heranwachsen und sich differenzieren (Le6, Le7).

Staubblätter: Das Androeceum

Die Pflanzenarten sind so ausgewählt, daß die REM-Bilder die bekanntesten
Muster zeigen, nach denen Staubblätter in großer Zahl angelegt werden. Über-
dies werden zwei Möglichkeiten der Reduktion der Staubblattzahl vorgeführt.
Schließlich werden auch noch Pflanzen gezeigt, die überhaupt nur wenige
Staubblätter haben.

Beginnen wir mit Pflanzen mit unbestimmt vielen Staubblättern. Ursprünglich nahm man an, daß es nur ein einziges Ausgliederungsmuster gebe, nämlich
das von unten nach oben (oder von außen nach innen) längs einer genetischen
Spirale, also zentripetal, zur Mitte hin. Daß dem aber nicht so ist, hat schon
PAYER, der einsame Pionier der entwicklungsgeschichtlichen Forschung, in der
Mitte des letzten Jahrhunderts herausgefunden. Er entdeckte, daß es auch eine
»verkehrte«, zentrifugale Anlagefolge der Staubblätter gibt, bei der zuerst die
innersten Staubblätter erscheinen und zuletzt die äußersten.

Die ursprünglichste Ausgliederungsfolge unbestimmt vieler Staubblätter
dürfte die längs einer Spirallinie von unten nach oben sein. Unter den Magnoliaceae und Ranunculaceae gibt es sogar Beispiele, bei denen *alle* Blütenorgane
entlang einer Spirallinie angelegt werden. Auch wenn die Blütenhülle schon zu
wirteliger Stellung übergegangen ist, werden die Staubblätter meist immer

noch spiralig angeordnet. Der Winkel zwischen zwei aufeinanderfolgenden Blättern mißt in einer fünfzähligen Blütenhülle 144° (2/5 des Kreises). Bei den Staubblättern findet man in der Regel andere Divergenzwinkel, oft solche, die einer 3/8- oder 5/13-Stellung entsprechen, oder Werte nahe der Limitdivergenz (s. S.144). Im Prinzip liegt dieses Spiralmuster auch bei der Wiesenraute vor. Allerdings beginnt die Spirale mit ungewöhnlichen Abständen, weil ja nur vier Blütenhüllblätter ausgebildet werden. Die genetische Spirale ist an der in Aufsicht abgebildeten Blütenknospe (Th5) in den Staubblattprimordien nicht sicher nachzuzeichnen. Idealerweise ergeben durchgehend spiralig ausgegliederte Staubblätter deutliche »Schrägzeilen«. In Th4 sind unten einigermaßen deutlich zwei Scharen von »Schrägzeilen« (mit je etwa drei Elementen) in gegenläufigen Richtungen zu sehen. In der oberen Hälfte des Blütenprimordiums bricht das Muster dann jedoch ab. Die Unregelmäßigkeit mag auch damit zusammenhängen, daß die Blüten, zumindest in den jüngeren Stadien, etwas seitlich zusammengedrückt sind. Man sieht aber auch, daß die Staubblattprimordien auf beiden Seiten der Kelchprimordien 3 und 4 etwas in die Winkel zwischen den Blütenhüllblättern verschoben sind. Es ist gut denkbar, daß die Plätze für die jüngsten Primordien am Vegetationspunkt nicht allein, wie es der Theorie entspricht, nach einem bestimmten Divergenzwinkel festgelegt werden, sondern daß sie dort erscheinen, wo gerade am meisten Platz ist. Auf diese Weise können schon vorhandene Primordien lokal die Anordnung der nächstjüngeren mitbestimmen.

Auch die vielen Staubblätter des Fingerkrauts werden im Prinzip von außen nach innen angelegt. Hier gibt es aber viel deutlichere lokale Muster, die ganz anders aussehen als die »Modifikationen« der spiraligen Anordnung bei *Thalictrum*. In der fertigen Blüte stehen die Staubblätter innen am Rand des fast tellerartig flachen, nur schwach gewölbten Blütenbechers (Po7). In der Entwicklung zeigt sich aber, daß sich nach der Anlage der Blütenhülle der Rest des Blütenvegetationspunkts schon früh fast halbkugelig vorwölbt (Po1, Po2). Der Blütenbecher muß nun erst eine gewisse Größe erreichen, ehe auf seiner Innenseite die Staubblattprimordien überhaupt Platz finden. Auf beiden Seiten jeder Kronblattanlage, also paarweise, erscheinen nun die ersten Staubblätter (Po4). Bei *Potentilla norvegica* wird danach nur noch vor jedem Kelchzipfel ein einzelnes Staubblatt angelegt, das viel schneller wächst als die beiden Staubblätter neben jedem Kronblatt (Po7). Bei anderen *Potentilla*-Arten mit einer größeren Staubblattzahl reihen sich an die ersten Staubblätter neben der

Kronblattanlage weitere Paare von Staubblattprimordien an (Po8), bis auch hier ein Staubblatt vor der Mitte der Kelchzipfel die beiden Reihen verbinden wird. Zwar werden die Staubblätter wie bei der Wiesenraute von außen nach innen angelegt, aber ganz offensichtlich in lokalen Mustern und nicht nach einer »genetischen Spirale«.

Das Johanniskraut bietet ein einfaches Beispiel für ein ganz anderes Muster der Staubblattausgliederung. Die einzelnen Anlagen erscheinen nämlich zentrifugal, also sozusagen »rückläufig«. Am hochgewölbten Blütenvegetationspunkt erscheinen die ersten etwa gleichzeitig mit den Kronblattprimordien, die weit entfernt von den Staubblättern kurz über dem Kelch sitzen (Hy1,2). Weitere Staubblattprimordien schließen sich nach unten, in Richtung auf die Kronblätter an, ohne daß ein besonderes Stellungsmuster der Primordien auszumachen wäre (Hy3). Es gibt jedoch andere Johanniskrautarten, bei denen, abweichend von unserem Beispiel, zunächst fünf hohe, aber relativ flache »Warzen« die Seiten des hochgewölbten Vegetationspunkts bedecken, die mit den Kronprimordien abwechseln. An deren Spitze erscheint je das erste Primordium eines einzelnen Staubblatts, dem nach unten bald die weiteren folgen. Die fünf flachen Erhebungen an den Vegetationspunktseiten werden »Gruppenprimordien« genannt (weil auf ihnen ganze Gruppen von Staubblättern entstehen) oder (da sie zuerst erscheinen) »Primärprimordien«. »Sekundärprimordien« sind dann die Primordien der einzelnen Staubblätter. In unserem Beispiel kann man jedoch keine solchen »Primär-« oder »Gruppen-Primordien« gegeneinander abgrenzen.

Ganz ähnlich wie bei *Hypericum* gestaltet sich das Androeceum bei den Mittagsblumengewächsen. Auch hier gibt es Vertreter, bei denen ziemlich große Primärprimordien mit den Kelchblättern abwechseln. Zuinnerst erscheint auf jedem ein Sekundärprimordium, nach außen schließen sich (links und rechts) zwei an, dann drei, dann vier usw., soweit der Platz für immer breitere Reihen reicht. Die äußersten Primordien differenzieren sich nicht mehr zu fertilen Staubblättern, sondern zu kronblattartigen Staminodien. Es gibt Arten mit Übergangsbildungen (mit Resten von Staubbeuteln) und andere, bei denen richtige Staubblätter direkt an die strahlenartig schmalen Kronblätter grenzen. Manche Gruppen begnügen sich überhaupt mit Staubblättern. Nicht immer kann man Primärprimordien abgrenzen, bei manchen Arten werden die Staubblätter nicht in Gruppen, sondern gleichmäßig um den späteren Fruchtknoten verteilt zentrifugal ausgegliedert. Die Ausgliederung des Androe-

ceums bei den Mittagsblumengewächsen erinnert an die Verhältnisse bei den
Nelkengewächsen. Auch hier gibt es einen engen Zusammenhang zwischen
Staubblatt- und Kronblattausgliederung. Diese seltenen Fälle entsprechen
tatsächlich der oben erwähnten klassischen Lehrmeinung über die Herkunft
der Krone. Man stellt deshalb auch beide Familien, die Mittagsblumengewächse und die Nelkengewächse, in die gleiche Ordnung, die Caryophyllales.
Allerdings haben die Nelkengewächse zuwenig Elemente im Bereich von Androeceum und Krone, als daß man sicher von einer zentrifugalen Ausgliede-
rungsrichtung sprechen könnte.

Bei den Malvengewächsen werden die Staubblätter ebenfalls zentrifugal
ausgegliedert, doch sind die Verhältnisse hier deutlich komplizierter. Im Androeceum erscheint zuerst ein Ringwulst, der sich aus dem Rand des halbkugelig aufgewölbten Restvegetationspunkts (M1 oben) entwickelt hat. Diesen
Ringwulst kann man als Primärprimordium auffassen. Früh wird er fünfeckig,
wobei die fünf »Ecken« zwischen den Kelchblättern liegen. Seichte radiale
Einschnitte vor den Kelchzipfeln grenzen die Eckportionen gegeneinander ab
(M1 unten). In Seitenansicht zeigt der Ringwulst nicht nur »Ecken« oben an
seiner »Mündung«, sondern auch in der Nähe der Einschnitte zwischen den
Kelchzipfeln. Diese Buckel dürften die ersten Andeutungen der Kronprimordien sein (M2). Die fünf in Aufsicht unterscheidbaren Portionen des Androeceums zeigen rasch eine weitere Gliederung in zwei nebeneinander liegende
Untereinheiten. Diese zehn ersten Einzel-Staubblattprimordien werden etwas
ungleichmäßig auf die Innenseite des Ringwulstes verlagert. Außen schließen
sich in zehn Längsreihen weitere Primordien an (M4). Unser Beispiel zeigt nur
drei Elemente in jeder Längsreihe, bei anderen, großblütigeren Malvaceen-Ar-
ten können es auch mehr sein. Die zehn Staubblattreihen stehen je zwischen
einem Kelch- und Kronblattradius, sie wechseln also mit beiden Blütenhüll-
kreisen ab. Eine weitere Besonderheit kompliziert das Geschehen noch zusätzlich. Jede Einzelstaubblattanlage teilt sich in zwei Teilprimordien, die sich
aber nicht zu ganzen, sondern nur zu »halben« Staubblättern ausdifferenzieren, das heißt, es entsteht je ein Staubfaden, der nur eine Theke (einen halben
Staubbeutel) trägt. Bei anderen Arten der Malvengewächse erreicht der »Spal-
tungsbefehl« die untersten Staubblätter so spät, daß nur noch die oberen Teile
des Staubfadens »doppelt« angelegt werden, weil der untere, einheitliche Abschnitt schon da ist. Der ganze Staubfaden hat dann die Form eines Y, seine
zwei Arme tragen je eine Theke. Auch in der Blüte M6 ist links der Mitte eine

Anthere nur unvollständig geteilt worden, ein Pollensack verbindet die beiden sonst getrennten Theken. Das ringförmige Primärprimordium, das inzwischen unter den Einzelstaubblättern begraben liegt, streckt sich später auch noch und wächst zur Staubfadenröhre aus, die oben die freien Abschnitte der Staubfäden trägt.

Mit der zum Zentrum strebenden (zentripetalen) und der vom Zentrum nach außen »rückläufigen« (zentrifugalen) Staubblattausgliederung sind die beiden häufigsten Möglichkeiten vorgestellt, nach denen viele Staubblätter angelegt werden. Sie sind nicht gleichmäßig im System der Pflanzen verteilt. Bei den meisten Arten der Unterklassen der Magnoliidae und Rosidae werden viele Staubblätter zentripetal angelegt, bei den Unterklassen der Dilleniidae und Caryophyllidae erscheinen sie in den meisten Arten mit vielen Staubblättern zentrifugal. Als man bei der Pfingstrose *(Paeonia)* die zentrifugale Anlegungsfolge der Staubblätter entdeckte, war das ein wichtiges Argument, die Gattung aus den Ranunculaceae auszugliedern und in einer eigenen Familie neben die Dilleniaceae in die Dilleniidae zu stellen.

Viele Familien haben aber nicht unbestimmt viele Staubblätter, sondern nur doppelt so viele wie in einem Kreis der Blütenhülle, also in dreizähligen Blüten (meistens bei den Monokotyledonen) sechs, in vierzähligen acht und in fünfzähligen zehn. In der klassischen Morphologie faßt man sie als zwei Staubblattkreise auf und schreibt sie deshalb in der Blütenformel als Summe (A_{3+3}, A_{4+4}, A_{5+5}). In der fertigen Blütenknospe unterscheiden sich die sogenannten Kelchstaubblätter von den Kronstaubblättern wenigstens in Details. Oft sind die Staubfäden unterschiedlich lang und die Staubbeutel in der Knospe darum auf zwei verschiedenen Etagen angeordnet, was mit den beengten Platzverhältnissen zusammenhängen dürfte. In der Regel entlassen dann auch nicht beide Staubblattgruppen ihre Pollenkörner gleichzeitig, und manchmal hat auch nur die eine Nektardrüsen. Eigentlich erwartet man, daß die beiden Gruppen nacheinander angelegt werden: erst simultan der eine Kreis, dann der andere. Die Beispiele unserer REM-Bilder zeigen aber etwas anderes. Beim Storchschnabel *(Geranium)* kann man im jüngsten Stadium (G1 oben) in den »Ecken« des Restvegetationspunkts zwischen den Kelchblättern die ersten Andeutungen der Kronblätter vermuten. Wenig später sind aber an der »Oberkante« des Vegetationspunkts alle zehn Staubblätter entlang einer Zickzacklinie angelegt, wobei die Kelchstaubblätter etwas weiter innen stehen (G2). Hier sehen wir also ein Beispiel für eine Alternanzstörung zwischen

Krone und Kronstaubblättern, die dicht übereinander liegen (G3; G5, Seitenansicht), und gleichzeitig ein Beispiel für das praktisch gleichzeitige Erscheinen aller 10 Staubblätter. Die Kelchstaubblätter wachsen zunächst rascher und
beginnen früher mit der Entwicklung ihres Staubbeutels als die Kronstaubblätter (G4, G6). Das fertige Resultat der Differenzierung scheint zwei Staubblattkreise zu zeigen, die Anlagefolge spricht dagegen. Die von Anfang an
verbundenen fünf Fruchtblattprimordien folgen in normaler Alternanz auf die
etwas weiter innen liegenden Kelchstaubblätter (G3). Ganz am Grunde der
Kronstaubblätter erspäht man an dieser Knospe die winzigen Kronprimordien, von denen man nicht weiß, ob sie in G2 schon vorhanden waren, da sich
die entsprechenden Stellen nicht freipräparieren lassen. Die Blütenanlagen von
Geranium rotundifolium sind ja auch besonders klein.

   Die Gattung Reiherschnabel *(Erodium)* unterscheidet sich nach den Bestimmungsbüchern dadurch von der Gattung Storchschnabel *(Geranium)*,
daß die Kronstaubblätter nur als Staminodien ausgebildet werden. Beim Reiherschnabel sind also nur die Kelchstaubblätter fertil, während bei *Geranium*
alle zehn Filamente auch gutentwickelte Staubbeutel vorweisen. Diese beiden
Gattungen wurden ausgewählt, um herauszufinden, wann sich die ersten Unterschiede in der Entwicklung der Kronstaubblattprimordien zu Staubblättern einerseits und zu Staminodien andererseits zeigen. Auf unseren REM-
Bildern von *Erodium moschatum* fehlt aber jede Spur der Staminodien! Offensichtlich wird hier ein zweiter Staubblattkreis überhaupt nicht angelegt. Die
Göttinger Gartenpopulation weicht offenbar in diesem Punkt vom üblichen
Verhalten der Gattung Reiherschnabel ab. An der ältesten Blüte (Blüte 6) in E1
sind deutlich die Primordien der Kelchstaubblätter zu sehen, dazwischen vermutlich die Kronanlagen, die bei dieser Pflanze lange auffallend klein bleiben.
E2 zeigt die schon weit entwickelten Staubbeuteln oder Antheren, an denen
die Gliederung in zwei Theken (Th) mit je zwei Pollensäcken (Po) schon klar
zutage tritt. An der Basis der Staubfäden (E3) sind auch schon die beiden seitlichen Nektardrüsen (Ne) zu erkennen. Zwischen je zwei Staubblättern fehlt
aber jede Spur der Staminodien. Da bei *Erodium* in der Regel je fünf Staubblätter und fünf Staminodien zu finden sind, ist es hier schon berechtigt, von
einem »total ausgefallenen Kreis« zu sprechen.

   Wie unsere Pflanze von *Erodium moschatum* zeigt, können Organe wegfal-
len, indem ihre Ausgliederung einfach unterbleibt. Bei der Kapuzinerkresse
betrifft der Ausfall keinen ganzen Kreis, sondern nur das Kelch- und das

Kronstaubblatt in der Medianebene (und späteren Symmetrieebene) der Blüte. Solche Ausfälle sind typisch für zygomorphe Blüten, auch wenn die Zygomorphie in den hier abgebildeten Altersstadien der Kapuzinerkressenblüten noch nicht sichtbar ist. Die verbleibenden Staubblätter werden bei *Tropaeolum* nicht simultan angelegt, wie wir es gerade beim Storchschnabel kennengelernt haben, sondern werden einzeln nacheinander in einer ganz eigentümlichen Abfolge ausgegliedert, die in Tr4 und Tr5 durch Zahlen nachgezeichnet wird. Dabei sieht man auch, daß dieses unsymmetrische Muster nicht in beiden Blüten gleichsinnig, sondern gegenläufig auftaucht. Die Knospen Tr4 und Tr5 stehen zueinander im Verhältnis wie rechte und linke Hand. Bei vielen Arten, deren Kelch nach einer 2/5-Anordnung ausgegliedert wird, findet man etwa gleich viele Blüten, deren »genetische Spirale« im Kelch im Uhrzeigersinn oder im Gegenuhrzeigersinn dreht, besonders häufig bei Blütenständen, in denen Blüten gleicher Ordnung symmetrische Plätze einnehmen (Dichasien, vgl. Le3). Es gibt aber auch Pflanzenarten, bei denen in allen Individuen nur eine einzige Drehrichtung vorkommt (z.B. *Limnanthes*).

In der fertigen Blüte fehlende Organe können aber in einer frühen Phase ihrer Entwicklung auch einfach »steckenbleiben«, wobei an der fertigen Blüte die winzigen Anlagereste meist übersehen werden. Mit dem REM kann man aber oft noch die Anlagen nachweisen. Beispiele bieten die Nelkengewächse, die neben vielen Gattungen mit großen, vollständigen Blüten auch kleinblütige Gattungen und Arten mit reduzierter Staubblattzahl und winzigen oder fehlenden Kronblättern umfassen. Als Beispiel für vollständige Blüten aus dieser Familie sei an die schon besprochene Gartenpflanze *Lychnis coronaria*, die dunkelrote Kronen-Lichtnelke, erinnert, die aus Südosteuropa stammt (s.S.344). Nach ihrem Muster werden im Prinzip auch die Blüten der meisten anderen Gattungen der Nelkengewächse angelegt. Beim Mastkraut *(Sagina procumbens)* dagegen, das vierzählige Blüten hat, stellen von den acht Staubblattanlagen die der Kronstaubblätter meistens ganz früh ihr Wachstum ein, ebenso die Kronblattanlagen selber (Sa3, Sa4 rechts), nur selten entwickelt sich eine Kronstaubblattanlage weiter (Sa4 links).

Keinen Hinweis auf einen Ausfall eines Staubblattkreises findet man beim Storchschnabel mit seiner »Alternanzstörung« zwischen Kronblättern und Kronstaubblättern. Es sind keinerlei Spuren eines von der Theorie »geforderten« dritten, äußersten Staubblattkreises zu finden. Im übrigen haben wir unter unseren Beispielen keines, bei dem »zwei Staubblattkreise« tatsächlich nacheinander angelegt werden. Die Zahl der Beispiele ist aber zu klein, um zu behaupten, die Staubblätter würden »immer« (bei allen Arten dieser Entwicklungsstufe) gleichzeitig angelegt. Der zeitliche Abstand dürfte allerdings immer klein sein.

Zuletzt werden noch Beispiele aus der Unterklasse Asteridae besprochen, die durch sympetale, vierkreisige Blüten mit einem einzigen Staubblattkreis charakterisiert wird. Es ist müßig, darüber zu spekulieren, ob ihre Vorfahren einmal zwei Staubblattkreise besessen haben. Die Blütenentwicklungsgeschichte liefert jedenfalls bei den hier untersuchten Vertretern der Asteridae keine Hinweise auf einen untergegangenen Staubblattkreis. Vielleicht ist es einfach praktischer, in Blüten mit zum Teil enger Kronröhre nur einen Staubblattkreis zu haben. Man kann natürlich vermuten, daß die Asteridae von Vorfahren abstammen könnten, die einstmals zwei Staubblattkreise hatten, einfach weil das im mittleren Entwicklungsniveau so Brauch ist. Allerdings könnte der Verlust eines Staubblattkreises auch schon vor »Erfindung« der verwachsenen Krone eingetreten sein, denn stark abgeleitete Familien innerhalb der Rosidae (wie etwa die Doldengewächse) oder der Dilleniidae (wie die Veilchengewächse) haben auch schon »nur noch« einen Staubblattkreis, kombiniert mit freien Kronblättern. Aufgrund seltener chemischer Inhaltsstoffe vermuten einige Botaniker sogar, daß die Doldenblütler und die Korbblütler gemeinsame Ahnen haben könnten. Es ist auch nicht auszuschließen, daß der Verlust eines Staubblattkreises in verschiedenen Teilgruppen der Asteridae mehrfach und unabhängig erfolgt sein könnte.

Auf die enge zeitliche Verflechtung der Anlage von Kronzipfeln und Staubblättern wurde schon im Abschnitt Krone hingewiesen. Auch die Reduktion des in der Medianebene liegenden Staubblatts oder dessen gänzliches Ausbleiben ist uns bereits von anderen zygomorphen Blüten bekannt. Allerdings stellt man fest, daß bei *Chaenorhinum* oder *Galeopsis*, im Gegensatz zu *Tropaeolum*, schon die jungen Anlagen der Kelchblätter und die Kron- und Staubblattprimordien entsprechend der späteren Zygomorphie unterschiedlich groß ausgebildet sind. Es gibt also auch »Grade« der Zygomorphie, die sich unterschiedlich früh in der Blütenentwicklung manifestiert.

Fruchtblätter: Das Gynoeceum

Als letztes bleibt noch, die Entwicklung der freien Fruchtblätter und der Fruchtknoten aus mehreren verbundenen Fruchtblättern zu beschreiben, wobei *Thalictrum* wieder als Beispiel für den vermuteten ursprünglicheren Zustand mit freien Fruchtblättern dient. Hier ist es in einem gewissen Entwicklungsstadium schwierig, die Grenze zwischen Staubblatt- und (freien) Fruchtblattanlagen anzugeben (Th4), da beide Blattkategorien zuerst als runde Höckerchen in Erscheinung treten. In der weiteren Entwicklung trennen sich die morphologischen Entwicklungswege aber rasch. Bei den Staubblättern beginnt sehr schnell die Antherenentwicklung. Äußerlich zeigt sie sich im Anschwellen der Spitzen der Staubblattanlagen zu einem Körper mit oft trapezförmigem Querschnitt. Der Staubfaden wird immer erst später zwischen Staubbeutel und Ansatzstelle des Staubblatts eingeschoben.

Fruchtblätter werden dagegen zuerst durch eine kleine Delle auf ihrer Scheitelfläche kenntlich. Es kommt aber kein Finger, der diese Dellen eindrückt, wie es den Anschein macht, das verstieße gegen den Grundsatz, daß einmal gebildetes Gewebe erhalten bleibt. Nur sehr selten entstehen bei Pflanzenorganen Höhlungen oder Schlitze durch Absterben von Gewebe. Es ist vielmehr so, daß die Zellen um die spätere Delle herum wachsen und sich teilen, diejenigen »unter« der Delle aber nicht. Dadurch erhebt sich der Rand ringförmig über den Boden des späteren Fruchtfachs (der Delle), und so ist die erste Anlage des ascidiaten Abschnitts entstanden. Die weitere Entwicklung bei *Thalictrum* kann an unseren Bildern leider nicht verfolgt werden, sie verläuft ganz entsprechend wie die der verbundenen Karpelle.

Bis auf einen kleinen Rest bedecken die freien Fruchtblätter bei *Thalictrum* (Th5) die Oberfläche des verbleibenden Blütenvegetationspunkts. An dem leeren Zentrum sieht man, daß die Fruchtblätter, wie andere Blätter auch, seitlich am Vegetationspunkt angelegt werden. Der Vegetationspunkt regeneriert sich aber nach der Fruchtblattausgliederung nicht mehr und erlischt. Die Blüte wird deshalb ja auch als eine Achse mit *begrenztem* Wachstum definiert. Das Gynoeceum von *Potentilla* wird im Prinzip genau nach dem Muster der Wiesenraute angelegt, die Knospe in Po7 ist aber zu jung, um die ersten deutlichen Entwicklungsschritte der halbrunden Primordien zu erkennbaren Fruchtblättern zu zeigen.

Fruchtknoten aus verwachsenen Fruchtblättern bedecken restlos das ganze Blütenzentrum, es gibt keinen »Rest-Vegetationspunkt« mehr. In den Büchern steht meistens, daß bei der Ausgliederung eines Stempels aus mehreren verwachsenen Karpellen der Vegetationspunkt »aufgebraucht« werde. Bei Kontroversen über die Frage, wo die Achsenspitze »aufhört« und wo die Fruchtblätter »anfangen«, ist eine Menge Tinte und Druckerschwärze verbraucht worden. Eigentlich ist der Streitpunkt, ob die Achsenspitze frei in den Frucht-knoten hineinragt oder ob der Boden des Fruchtknotens aus Karpellgewebe besteht. Im ersten Fall stünden Samenanlagen, wenn sie basal angeheftet sind, direkt an der Achse, im zweiten Fall auf dem Fruchtblatt. Bei anderen Stellun-gen der Samenanlagen ist es dagegen unstrittig, daß sie »blattbürtig« sind. An die Interpretation der basalen Samenanlagen knüpft man sehr weitgehende Folgerungen, bis hin zu der Überlegung, ob die Blütenpflanzen wohl eine mo-nophyletische Gruppe sind (wenn man alle Samenanlagen für blattbürtig hält) oder ob sie von verschiedenen, unabhängigen Ahnen abstammen (wenn man davon ausgeht, daß es auch achsenbürtige Samenanlagen gibt). Leider gibt es keine anatomischen Kriterien, um Achse und Fruchtblätter praktisch gegen-einander abzugrenzen.

Anhand der REM-Bilder wird gezeigt, wie einige typische Stadien in der Ent-wicklung eines Stempels aus verwachsenen Fruchtblättern aussehen. In vielen Fällen bekommt der Restvegetationspunkt nach der Ausgliederung der Staub-blätter eine umlaufende Kante und eine ziemlich ebene Oberfläche. Man kann dieses erste Entwicklungsstadium nach seiner Form Pflockstadium nennen (bei der Kapuzinerkresse erinnert es aber stark an ein ausgestochenes Weih-nachtsplätzchen, vgl. Tr6). Der Umriß des Pflocks ist oft nach der Zahl der be-teiligten Fruchtblätter »gelappt«. Er paßt sich häufig der Form an, welche angrenzende Blütenteile, meistens die innersten Staubblätter, »offenlassen«, besonders wenn gleichviele Fruchtblätter wie innere Staubblätter vorkom-men. Ein solches fünfteiliges Pflockstadium ist bei *Geranium* (G3), *Erodium* (E4, Blüte 1), *Lychnis* (Ly4) oder *Spergula* (Sp1) zu sehen. Es ist jedoch nicht immer nur die Umgebung, welche die Lage der Fruchtblätter (z.B. durch Druck) bestimmt. *Lychnis* und *Spergula* beispielsweise unterscheiden sich in der Stellung der Fruchtblätter im Verhältnis zum Kelch, obwohl die angren-zenden Staubblätter in beiden Fällen gleich angeordnet sind. Daß sich eigene Stellungsmuster der Fruchtblätter durchsetzen können, sieht man auch, wenn die Fruchtblattzahl kleiner ist als die Zahl der innersten Staubblätter. Bei *Hy-pericum* liegt der dreiteilige Pflock des späteren Stempels deutlich über den obersten Staubblattanlagen (Hy2) und ist vermutlich keinem direkten Einfluß ausgesetzt. Aber auch bei *Tropaeolum* setzt sich der dreiteilige Umriß gegen die schon erstaunlich dicken Staubfäden durch.

Im nächsten Entwicklungsstadiums erscheinen auch hier (wie bei den freien

Fruchtblättern von *Thalictrum*) Dellen, meistens entsprechend der Fruchtblattzahl (z.B. Ly4, Sa1, Sp1, Ch1 oben). Die Bereiche außerhalb der Delle sind die ersten Andeutungen der Außenwand des Stempels, die Bereiche zwischen den Dellen kann man schon als echte Scheidewände (Septen) ansprechen. Bei drei und mehr Fruchtblättern bilden sie eine sternartige Gesamtform, da sie im Zentrum des Stempels in der Regel von allem Anfang an untereinander verbunden sind. Aus diesem Bereich entwickelt sich später der synascidiate Abschnitt des Fruchtknotens. Auch hier kommen die Dellen nur durch stärkeres Wachstum im Bereich der Außenwand des späteren Fruchtknotens und der Septen zustande. Oft sind die späteren Fruchtfächer (die Dellen) recht klein im Verhältnis zu den massiven Scheidewänden und zur Außenwand des Stempels, hier vor allem bei den Nelkengewächsen (Sa1) und *Tropaeolum* (Tr7–8).

Die Fruchtblätter wachsen gewöhnlich nicht überall gleichmäßig in die Länge, sondern in ihrer Mitte (dort, wo später ihr Mittelbündel liegt und der Griffel auswachsen wird) am kräftigsten. Am deutlichsten ist das Wachstum der Außenwand bei der Kapuzinerkresse zu verfolgen. Das Pflockstadium zeigt schon deutlich die drei Fruchtblätter, aus denen sich der Stempel zusammensetzt (Tr6). Die drei Dellen sind hier, im Vergleich zu anderen Pflanzen, allerdings sehr klein und schlecht gegen die späteren, jetzt im Verhältnis noch sehr breiten Septen abgesetzt. Die Außenwand erhebt sich als im Umriß dreieckiger Wulst, der dort am höchsten ist, wo die Karpellspitzen liegen, und am niedrigsten, wo, nach der Theorie, benachbarte Fruchtblätter zusammenstoßen und die Septen an die Außenwand angrenzen (Tr7–8).

Später rücken die Karpellspitzen relativ mehr nach »innen«, über das Zentrum des Fruchtknotens. Zugleich rücken die beiden freien Randabschnitte jedes Karpells aufeinander zu. Dadurch wird die Öffnung zum Fruchtfach auf einen Spalt verengt, den Ventralspalt, der sich bald schließen wird (Tr9–10). Bei *Hypericum* (Hy4), *Geranium* (G7) und *Spergula* (Sp2) ist besser als bei der Kapuzinerkresse zu sehen, daß auch die außenwandnahen Teile der Septen zusammen mit der Fruchtknotenwand in die Länge wachsen. Die Oberkanten der Septen, die zunächst etwa waagerecht liegen, werden dadurch aufgestellt, bis sie in Richtung der Blütenachse »stehen«. Wenn sich schließlich die Septen im oberen Teil des Fruchtknotens berühren, ist auch der symplikate Abschnitt fertig angelegt. Erst jetzt beginnt das Wachstum der Griffeläste. Bei den Geraniaceae und Caryophyllaceae sind diese frei (vgl. E2 und E3; Sa2, Sa3 und Sa4;

Sp3 und Sp4), während die Fruchtblätter im Bereich des ganzen Fruchtknotens deutlich verwachsen sind. Beim Reiherschnabel ist der Fruchtknoten
äußerlich mit Rippen versehen, weil jeder Fruchtblattrücken kräftig gegenüber den Septen vorspringt (E3). Im Gegensatz dazu sind die Fruchtknoten
der Nelkengewächse im ganzen fast eiförmig, außen jedenfalls gleichmäßig ge-
rundet und nicht gerippt.

Etwas anders liegen die Verhältnisse bei *Limnanthes*. Im jüngsten abgebildeten Stadium (Li1) umgeben fünf Primordien, die den Karpellrücken entsprechen, eine ebene Fläche. Hier ist es reine Interpretationssache, ob man in
dieser Fläche einen Teil des Fruchtknotens sehen will oder ob man ihn als
»Rest« des Vegetationspunkts auffaßt. Unter jeder Primordienspitze findet
man den Eingang zu einer noch nicht sehr tiefen Höhlung. Benachbarte Primordien sind verbunden durch Bereiche, die niedriger sind und als kurze Sei-
tenwände der Höhlen dienen, es müssen also die Anlagen der Septen sein. Hier
stehen die Kanten der Septen schon parallel zur Blütenachse, während sie in
einem ähnlichen Altersstadium bei *Hypericum* noch fast waagrecht liegen
(Hy5). Im speziellen Fall von *Limnanthes* vergrößern sich die Septen und die
angrenzenden Partien der Fruchtknotenaußenwand nur noch mäßig. In jedem
Fruchtfach muß aber Platz für die Samenanlagen geschaffen werden, und das
geschieht, indem sich vor allem die Karpellrücken nach außen wölben (in dieser Hinsicht ist *Limnanthes* mit *Erodium* zu vergleichen: Li3/E3). Gleichzeitig
buckeln sich die Karpellrücken auch nach oben. Dadurch ändern sich die Pro-
portionen im Gesamtfruchtknoten. Der freie Platz im Zentrum des jungen
Gynoeceums nimmt in Li1 über die Hälfte der Grundfläche ein. In Li2 ist sein
Anteil schon auf etwa ein Drittel gesunken, aber natürlich nicht seine absoluten Maße, die gleich geblieben sind. Das ganze Gynoeceum im Stadium von
Li1 könnte man bequem unter dem Griffel von Stadium Li4 verstecken (die
Bilder haben ja alle den gleichen Maßstab). Im Bereich der Septen, die nach der
Theorie zwei benachbarten Fruchtblättern angehören, sind die Fruchtblätter
von Anfang an eindeutig und gut sichtbar miteinander verbunden (Li2, Li3),
der Fruchtknoten ist trotz seiner abweichenden Gestalt verwachsenblättrig.
Da sich aber sehr früh die einzelnen Karpellrücken aufbuckeln (Li3), scheinen
bald fünf einzelne, kugelige Körper den gemeinsamen Griffel zu umgeben
(Li4). In jeder Kugel wächst eine Samenanlage heran, die am flachen Boden des
Fruchtknotens sitzt und sich später mit dem umhüllenden Teil der Fruchtwand als »Diaspore« (vgl. S.414) ablösen wird, während der Griffel an der

Blütenachse stehen bleibt. In manchen Büchern wurde *Limnanthes* deshalb als Art mit freien Fruchtblättern bezeichnet, doch die Entwicklungsgeschichte widerlegt diese Deutung ganz klar. Allerdings hätte der einheitliche Griffel auch schon früher die Behauptung von »freien Fruchtblättern« in Frage stellen müssen.

Resümee

Was trägt nun die Entwicklungsgeschichte bei zur »Erklärung« der Blüte?

- Die jüngsten Stadien fast aller Blütenorgane sind runde, praktisch nicht zu unterscheidende Höckerchen (bis auf die Kelchblätter, die von Anfang an breiter als dick sind). Man kann sie in dieser Phase nur anhand ihrer Lage im Gesamtplan der Blüte als zukünftige Kronblätter, Staubblätter oder freie Fruchtblätter unterscheiden. Deswegen untersucht man die Entwicklungsgeschichte einer Blüte auch immer »rückwärts«, man fängt bei einer weit entwickelten Knospe an und geht zu den ersten Anlagen zurück.

  Wir haben bis jetzt alle Blütenorgane als Blätter angesprochen. Das ist aber weniger selbstverständlich, als man meinen könnte. Da erwachsene Staubblätter in der Regel überhaupt nicht blattartig aussehen, fassen sie manche Botaniker als Achsen mit vier Sporangien (=Pollensäcke) auf. Allerdings ergeben sich daraus schwierige Fragen zur Stellung dieser Seitenachsen in der Blüte, die auch nur durch einen ganzen Rattenschwanz von Hilfsannahmen erklärt werden könnten. Das gleiche Aussehen der Kron-, Staub- und freien Fruchtblattprimordien spricht doch deutlich dafür, in all diesen Gebilden homologe Strukturen zu sehen, also alle als Blätter anzusprechen. Fairerweise muß man aber zugeben, daß auch junge Seitenachsen nicht wesentlich anders aussehen (z.B. in CH1 zwischen L3 und VP) und immer dann leicht mit Blattanlagen verwechselt werden können, wenn sie ausnahmsweise nicht in der Achsel eines Tragblatts, sondern »nackt«, also ohne Tragblatt, angelegt werden.

- Teile, die in der fertigen Blüte »kongenital verwachsen« sind (vgl. S. 234), werden schon im Zusammenhang angelegt. Hingegen sind später verzahnte (»postgenital verwachsene«) Teile in jungen Stadien noch deutlich getrennt. Kelchröhren, Kronröhren und Kron-Staubblatt-Röhren ebenso wie verwachsenblättrige Stempel bestehen von allem Anfang an aus verbundenen Komponenten. Zwar erscheinen auf dem Vegetationspunkt die freien Spitzen der Blütenorgane als Höckerchen oder doch als »Ecken« der oft ausge-

bildeten umlaufenden Kante des Restvegetationspunkts, aber alsbald beginnen Wachstumsvorgänge an der gemeinsamen Basis, die teller- oder
röhrenartige Strukturen zwischen die Anheftungsstelle der Blattorgane an
die Achse und die freien Zipfel einschieben. Solche dazwischengeschobenen
(interkalaren) Partien sind in vielen Fällen formbestimmend für die fertige
Blüte. Zwischengeschobenes Wachstum gibt es auch innerhalb eines Blütenorgans. So erscheinen die Staubfäden in der Regel erst dann, wenn die
Antheren schon ihre unverkennbare Form gewonnen haben.

- Die klassische Morphologie hatte sehr dezidierte Vorstellungen über die
  Abfolge der Blattausgliederung: Blütenorgane in schraubiger Anordnung
  sollen einzeln nacheinander ausgegliedert werden, solche in Kreisen kreis-
  weise simultan, wobei aufeinanderfolgende Kreise alternieren sollten. Ent-
  wicklungsgeschichtlich ist aber die sichere Unterscheidung zwischen einem
  Kreis und einem kurzen Stück einer Spirale oft gar nicht möglich. Die Ausgliederung etwa in einem Kelch geschieht oft sehr rasch, und man schließt
  mehr von der frühen Deckung der Ränder und der Lage der Ansatzfläche
  auf »schraubige« Ausgliederung als daraus, daß man eben Bilder bekommt,
  auf denen erst ein Teil der Organe zu sehen ist. Die angrenzende Krone wiederum verhält sich in der Regel zum nach 2/5 angelegten Kelch, wie wenn
  die Kelchblätter in einem Kreis stünden. Die wohldefinierten Kategorien
  der klassischen Morphologie werden durch entwicklungsgeschichtliche
  Untersuchungen eher relativiert als bekräftigt. Offensichtlich haben die
  Pflanzen »das Lehrbuch nicht gelesen« und entwickeln sich nach weitgehend noch nicht verstandenen Gesetzen, die mit den Begriffen der Morphologie nur grob eingefangen werden können.
- Die Entwicklungsgeschichte zeigt außerdem, daß die Verhältnisse besonders im Androeceum nicht so einfach liegen, wie man dachte. Falls bei zen-
  trifugaler Staubblattausgliederung mehrere Primärprimordien angelegt
  werden, erfüllen diese etwa bei *Hypericum* oder den Mittagsblumengewächsen die Alternanzregel, aber auch in diesen beiden Familien gibt es
  Fälle, wo man keine Primärprimordien findet und die Einzelanlagen relativ
  ungeordnet zentrifugal erscheinen. Das paßt eigentlich überhaupt nicht in
  die Vorstellungswelt der klassischen Morphologie, welche etwa die Staub-
  blattbüschel mancher *Hypericum*-Arten lieber als verzweigte Blätter auffaßt. Auch »zwei Kreise« von Staubblättern können simultan erscheinen
  (Geranium). Von unseren wenigen Beispielen kann man aber nicht auf alle

anderen Arten verallgemeinern. Inzwischen sind noch einige weitere Muster für die Staubblattanlage gefunden worden. Sie werden mitbenutzt, um Familien und Ordnungen zu charakterisieren, allerdings bestätigten sie meistens ältere Vermutungen über die Verwandtschaft. Daß aufgrund von genaueren Analysen der Staubblattausgliederung eine ganze Familie umgestellt wird, ist selten. Das bekannteste Beispiel eines solchen spektakulären Ereignisses betrifft den Wechsel der Pfingstrosengewächse aus der Nähe der Hahnenfußgewächse in die Dilleniidae. Bei den Caryophyllidae werden in mehreren Familien die Staubblätter zentrifugal ausgegliedert. Das ist ein gewichtiges Argument, diese bisher als ziemlich isoliert angesehene Unterklasse in die Nähe der Dilleniidae zu rücken.

- Unsere REM-Untersuchungen zeigen nur bei den Nelkengewächsen einen Entwicklungszusammenhang zwischen Krone und Kronstaubblättern, die hier Spalthälften eines gemeinsamen Primordiums sind. In den anderen hier abgebildeten Beispielen erkennt man keinen engen Zusammenhang. Entweder gibt es einen deutlichen zeitlichen Abstand zwischen Kron- und Staubblattanlage, wie bei *Potentilla* (bei der die jungen Kronblattprimordien zuerst den jungen Staubblattprimordien zum Verwechseln ähnlich sehen), oder einen räumlichen Abstand wie bei *Hypericum* oder *Malva*. Manchmal allerdings erscheinen die Kronzipfel auch gleichzeitig mit den ersten Staubblättern. Die Entwicklungsgeschichte stützt also die Theorie überhaupt nicht, daß alle Kronblätter umgebildete Staubblätter oder Staminodien seien. Die Frage, nach welcher der drei denkbaren Möglichkeiten (vgl. S. 304) sich in einem speziellen Fall die doppelte Blütenhülle entwickelt hat, läßt sich mit Hilfe der Entwicklungsgeschichte nur dann klären, wenn der seltene Fall vorliegt, daß die Kronblätter tatsächlich im Zusammenhang mit zentrifugal ausgegliederten Staubblättern erscheinen.

Ausblick in die modernste Verwandtschaftsforschung

Auch die Blütenentwicklungsgeschichte löst nicht alle Fragen. Von vielen Pflanzengruppen gibt es tradierte Vorstellungen über ihre Verwandtschaft, aber längst nicht alle Familien sind mit den bis jetzt besprochenen Methoden überhaupt genau untersucht worden. Durch optisches Vergleichen werden sich manche Verwandtschaftsverhältnisse wohl nie klären lassen, man denke nur an Pflanzengruppen mit stark reduzierten Blüten. Inzwischen haben sich aber neue Untersuchungsmethoden etabliert. Man kann sich ja gut vorstellen, daß in den Genen selber Aufschluß über Verwandtschaft zu finden sein sollte, sozusagen nach dem Motto, je mehr Gene übereinstimmen, um so näher sind zwei Pflanzen verwandt.

Mit den Genen als Merkmalen handelt man sich aber eine Menge neuer Schwierigkeiten ein. Zwar weiß man, daß die Gene in bestimmter Anordnung auf den Chromosomen sitzen. Für einige sehr gut untersuchte Organismen wie die Taufliege *Drosophila* und das zarte Kräutlein *Arabidopsis* gibt es schon länger sogenannte Genkarten. Aber es ist überhaupt nicht einfach, genau herauszufinden, welche Basensequenzen in der DNA nun wirklich Gene sind, also sich auf die Entwicklung und das Leben der Pflanze auswirken. Allerdings gibt es auch da in den letzten Jahren interessante Erkenntnisse. Man hat drei Gene gefunden, welche im Zusammenwirken Zahl, Abfolge und Ausdifferenzierung von Blütenorganen steuern (am besten sind *Arabidopsis* und das Löwenmäulchen=*Antirrhinum* untersucht, das auch schon früher eine wichtige Pflanze für genetische Experimente war). Vermutlich kommen sie auch bei anderen Pflanzen vor. Allerdings wird es noch viel Arbeit erfordern, bis die Beziehungen zwischen den Genen und den Entwicklungsvorgängen etwa in einer Blüte wirklich aufgeklärt sind.

Nicht alle Gene oder ihre Abbilder in bestimmten Enzymen eignen sich zum Aufklären der Verwandtschaft. Die Rede von »Abbildern« ist so gemeint: Man weiß, daß ein Code von drei aufeinanderfolgenden Basen im DNA-Molekül den Einbau einer bestimmten Aminosäure in einem Eiweiß bewirkt, zum Beispiel in einem Enzym. Ein Eiweiß ist also in gewisser Weise ein Abbild seines Gens. Das allgemein verbreitete Enzym Cytochrom C, das in allen Lebewesen eine wichtige Rolle bei der Atmung spielt, ist schon um 1980 auf die Abfolge seiner Aminosäuren untersucht worden, und man fand bei weit über das Tier- und Pflanzenreich gestreuten Organismen einen sehr hohen Grad an Übereinstimmung. Verwandtschaften lassen sich damit gerade nicht feststellen. Der hohe Grad an Übereinstimmung erklärt sich hier einfach dadurch, daß größere Abweichungen zu fehlerhaftem Wirken des betreffenden Enzyms führen würden. Damit behaftete Organismen sind nicht mehr lebensfähig und können die Abweichung somit auch nicht vererben. Veränderungen im Aufbau des Enzyms und damit seines Gens werden unnachsichtig durch die Selektion ausgelöscht.

Deshalb richtet man sein Augenmerk zum Teil auf mehr allgemeine, quantitative Merkmale des Genoms, oder man wählt für die Untersuchung

»Abstandshalter« zwischen zwei Genen aus, die, soweit man weiß, »nichts bedeuten« und der Selektion daher kaum unterliegen.

Es ist nicht besonders schwierig, z.B. aus schonend getrockneten Blättern die DNA zu extrahieren. Bei einer Untersuchungsmethode setzt man sozusagen »molekulare Scheren« ein. Es gibt nämlich Enzyme, die bestimmte Basenmuster erkennen, sich an den entsprechenden Stellen an die DNA-Moleküle heften und sie an einer bestimmten Stelle zerschneiden, wo auch immer dieses Muster auf den langen DNA-Strängen erscheint. Damit entsteht eine Sammlung unterschiedlich langer DNA-Stücke, die man nach ihrer Länge sortieren kann. Das Ergebnis dieser Präparation läßt sich als Bandenmuster sichtbar machen, es ähnelt etwas den Strichcodes auf den Warenetiketten. Dieses Verfahren wird auch in der Kriminalistik verwendet und ist unter der Bezeichnung »genetischer Fingerabdruck« bekannt. Man unterstellt nun, daß ähnliche Bandenmuster nahe Verwandtschaft bedeuten. Ein geeignetes Computerprogramm berechnet die Ähnlichkeitsbeziehungen in der untersuchten Verwandtschaftsgruppe und gibt sie als graphische Darstellung (Kladogramm) aus.

Bei einer zweiten Methode isoliert man ein bestimmtes Zwischenstück zwischen zwei bekannten Genen und bestimmt darin die Abfolge der Basen, die man dann vergleichen kann. Inzwischen gibt es Automaten, die diese Arbeit besorgen. Jede Änderung einer Base wird als abweichendes Merkmal gewertet und geht in die Berechnung der Kladogramme ein. Der Vorteil dieser neuen Methoden der »molekularen Systematik« ist, daß man es, anders als in der Morphologie, mit eindeutigen Merkmalen zu tun hat. Allerdings, einige alte Probleme bleiben erhalten. Betrachten wir ein ausgedachtes Teilstück eines Strangs des DNA-Moleküls und nehmen wir an, daß wir die Reihenfolge seiner Abwandlungen kennen:

		Fall 1		Fall 2
a	Ausgangs-stück	AAT TGG GGG ACC		AAT TGG GGG ACC
b	1. Abw.	AAT TGG GGC ACC		
c	2. Abw.	AAT TGG GGT ACC		
d	3. Abw.	AAT TGG GGA ACC	1. Abw.	AAT TGG GGA ACC
e	4. Abw.	AAT TGG GGG ACC		

Da an jeder Position nur die vier Basen A, T, C oder G vorkommen können, ergibt die vierte Änderung in Fall 1 eine Basenabfolge, die schon einmal vorhanden war. Der Zustand in den Zeilen a und e ist nicht unterscheidbar, obwohl das Beispiel in e eine ganze Reihe von Abwandlungen (Entwicklungsschritten) durchlaufen hat. Auch die Befunde in der Zeile d unterscheiden sich in Fall 1 und Fall 2 nicht, obwohl hinter beiden Basenabfolgen verschiedene »Entwicklungsgeschichten« stehen. Man hat also keine Möglichkeit, »analoge« und »homologe« Bildungen zu unterscheiden, wenn man hier diese Begriffe der Morphologie einmal gleichnishaft verwenden will.

Die molekularen Methoden der Systematik stehen gegenwärtig im Zentrum der Aufmerksamkeit, und es ist sicher interessant, welche Vorschläge aus dieser Ecke zur Gruppierung der Pflanzen im einem kladistischen System gemacht werden. Leider kommt die Pflanze selber nur noch als Lieferant eines Extrakts ins Spiel, und die Auswertung ist ohne die Hilfe von Rechenprogrammen nicht möglich; allerdings verstehen die Botaniker von den Programmen in der Regel nur die Grundzüge. Vorderhand werden durch molekulare Methoden einerseits viele Verwandschaftsgruppen gefunden, die auch nach morphologischen Kriterien als Verwandte angesehen wurden (das wird dann gerne als »Beweis« für die Tauglichkeit molekularer Methoden gewertet). In anderen Fällen passen molekular gefundene Gruppen jedoch nicht auf das heutige, überwiegend nach morphologischen Kriterien erstellte System, das auch nicht der Weisheit letzter Schluß ist. Man darf also gespannt sein, welche Vorstellungen über die Verwandtschaft der Pflanzen am Schluß bei einer Synthese der morphologischen und molekularen Untersuchungsergebnisse herauskommen mögen.

Ziel der systematischen Botanik ist eigentlich, das Evolutionsgeschehen im Pflanzenreich so gut wie die Individualentwicklung einer Einzelpflanze zu verstehen. Es liegt vermutlich immer noch in weiter Ferne, aber der Weg dorthin liefert in seinen »morphologischen« Abschnitten so viele wunderschöne Einblicke, daß er eine Lust ist für jedes Augenwesen.

WIE SICH PFLANZEN FORTPFLANZEN

DIE VEGETATIVE VERMEHRUNG:
ABLEGER, BRUTPFLANZEN, STECKLINGE

Eine der fundamentalsten Eigenschaften aller Lebensformen ist die Fortpflanzung. Alle Organismen haben Eltern und im biologischen Normalfalle auch
Kinder und sind so aufs engste mit Vergangenheit und Zukunft ihrer Art verbunden. Daß alle Lebewesen auf Eltern zurückgehen, ist übrigens eine relativ
neue Erkenntnis, und noch vor gut 100 Jahren war die Vorstellung gang und
gäbe, daß z. B. Fliegenmaden aus altem Käse und Mäuse aus Lumpen und Wei-
zenkleie entstehen. Erst Louis PASTEUR (1822–1895) widerlegte diese Idee der
»spontanen Urzeugung« (vgl. S.76).

Wie bedeutend Fortpflanzung und Vermehrung im Leben aller Pflanzen
und Tiere sind, läßt sich daran ersehen, daß ein Großteil der Lebensäußerungen direkt oder indirekt mit diesem Themenkreis in Verbindung steht, von der
Blütenbildung bis zum Gesang und Zugverhalten der Vögel. Dabei ist
»Individualität«, also das Genießen des eigenen Daseins unabhängig von der
Fortpflanzung, erst den höheren Lebensformen eigen, während die »Selbst-
verwirklichung« z. B. der Bakterien darin besteht, unter günstigen Umständen
alle halbe Stunde ihr individuelles Dasein zu beenden, indem sie sich teilen.
Aber auch im Leben der Pflanzen nimmt die Fortpflanzung einen so wichtigen
Platz ein, daß wir sie unter verschiedenen Gesichtspunkten beleuchten wollen.

Ist Fortpflanzung gleichbedeutend mit Vermehrung? Fortpflanzung ist die
Weitergabe der eigenen erblichen Eigenschaften an die nächste Generation.
Vermehrung wird daraus, wenn die Anzahl der Individuen sich bei diesem
Prozeß erhöht. Ein Paar mit drei erwachsenen Kindern hat sich also vermehrt,
eines mit zwei lediglich fortgepflanzt. Freilich werden nur solche Eigenschaften durch Fortpflanzung an die Nachkommen weitergegeben, die im Erbgut
verankert sind und auf die wir buchstäblich keinen Einfluß haben. Merkmale
wie eine Dauerwelle, Schwielen an den Händen, Sonnenbräune oder eine gute
Schulbildung lassen sich nicht vererben, oder, um ein drastisches Beispiel aus
der Haustierzüchtung zu bemühen: Bei Boxerhunden ist die gestauchte
Schnauze erblich, nicht aber der Stummelschwanz; der Schwanz muß jedem
einzelnen Welpen abgeschnitten (»kupiert«) werden. In gleicher Weise wachsen aus Samen oder Stecklingen einer getrimmten Buchs- oder Ligusterhecke

Jungpflanzen von natürlichem Wuchs heran. In beiden Fällen handelt es sich um Modifikationen, die sich niemals im Erbgut verankern können. Auch wenn man Hunderte von Hundegenerationen der geschilderten barbarischen Verstümmelung unterzieht, wird die Stummelschwänzigkeit auf diese Weise nicht erblich.

Bis hierher konnten wir uns vertrauter Beispiele aus der Tier- und Menschenwelt bedienen. Kehren wir zu den Pflanzen zurück, so fällt uns bei diesen eine Fähigkeit auf, die sich im Tierreich nur ausnahmsweise findet: die faszinierende *Fähigkeit zu ungeschlechtlicher (vegetativer) Fortpflanzung*, also der Regeneration von Jungpflanzen aus Pflanzenteilen.

Jeder hat wohl schon »Ableger« (gemeint sind Stecklinge!) in einem Glas Wasser bewurzelt und daraus Pflanzen gezogen, wobei bekanntlich diejenigen am besten wachsen, die man irgendwo hat mitgehen lassen. Einige Pflanzen, etwa die Grünlilie *(Chlorophytum comosum)*, das Brutblatt *(Kalanchoe daigremontiana* und *K. tubiflora)* oder die »Henne mit Küken« *(Saxifraga sarmentosa)* machen es dem Zimmergärtner leicht, da sie sich bereits ohne sein Zutun mit fertig bewurzelten Jungpflanzen umgeben, die man nur einzutopfen braucht. Auch bei Philodendron, Efeu und Tradeskantien finden sich an den Sprossen bereits Wurzelansätze, die zum Abtrennen und Bewurzeln der Triebe auffordern. Bei kräftigen, mehrtriebigen Pflanzen von Bromelien, Clivien und Aloe wiederum kann man den Ballen austopfen und vorsichtig in mehrere Einzelstücke teilen, und entsprechend lassen sich durch einen beherzten Spatenstich viele Gartenstauden vermehren. Kaum ein Praktiker macht sich jedoch Gedanken, warum man auf diese Weise, also durch Abtrennen von Teilen, zwar viele Zimmer- und Aquariumpflanzen, Gartenstauden und Gehölze vermehren kann, nicht aber die Zierfische, den Wellensittich oder den Dackel, ja, entgegen einer nicht auszurottenden Volksweisheit, nicht einmal die Regenwürmer. Daß sich Tiere ausschließlich auf geschlechtlichem Wege vermehren und jedes höhere Tier aus einer befruchteten Eizelle hervorgeht, scheint uns völlig trivial. Aber warum ist die vegetative Fortpflanzung, also das Heranwachsen aus Fragmenten, bei Tieren so grotesk undenkbar und bei Pflanzen derart verbreitet?

Der Unterschied liegt in der grundverschiedenen Entwicklungsweise des tierischen bzw. pflanzlichen Körpers. Beim Tier ist bereits in den frühen Stadien das Schicksal der Zellen weitgehend vorbestimmt, und nach der Determination eines Bereichs, etwa zum Nervensystem, kann daraus nichts anderes mehr werden. Der gesunde Organismus des höheren Tieres wird zwei annähernd symmetrische Körperseiten haben und z. B. im Falle der Wirbeltiere genau zwei Augen, je zwei Vorder- und Hinterextremitäten, so und so viele Rippen usw. Was in den frühen Teilungsstadien nicht genau planmäßig verläuft, manifestiert sich am heranwachsenden Organismus als schwerer und oft tödlicher Mangel. »Reparaturen« schadhafter Gewebe und Organe sind nur noch sehr begrenzt möglich, und nicht einmal eine verlorene Fingerkuppe wird ersetzt. Im Falle von Gehirn und Rückenmark kann nicht einmal der Verlust einzelner Zellen mehr ausgeglichen werden, so festgelegt ist der tierische Organismus.

Die Pflanze dagegen wächst zeitlebens mit Hilfe ihrer Vegetationspunkte (Bildungsgewebe, Meristeme, vgl. S. 113), die unaufhörlich neue Zellen abgliedern. Diese Zellen differenzieren sich später zu Dauergeweben der Sproßachse, der Wurzeln, der Blätter und Blüten. Wieviele Triebe, Blätter etc. die Pflanze bildet, ist völlig offen und hängt, von Ausnahmen abgesehen, von der Gunst der Bedingungen ab. Zum Zeitpunkt des Abgliederns vom Meristem steht für viele Zellen keineswegs fest, ob sie sich schließlich im Sproß oder im Blatt wiederfinden, eine Funktion als harte Steinzelle oder als wasserleitendes Holzelement übernehmen, als einfaches Grundgewebe oder gar als toter, luftgefüllter Kork enden werden. Außerdem trägt jedes Blatt in seiner Achsel ein »schlafendes Auge«, also ein Meristem, das bei Gelegenheit zu einem Seitensproß auswachsen kann. Und als sei die Fülle der damit gegebenen Möglichkeiten noch nicht genug, können viele Pflanzen bei Bedarf auch alte, bereits ausdifferenzierte und voll in ihre Funktion eingebundene Zellen ihre Teilungsfähigkeit wiederaufnehmen lassen und sich so Meristeme quasi aus dem Nichts schaffen. Diese Regenerationsfähigkeit ist der Grund, warum sich an der Basis abgetrennter Zweige (Stecklinge) nach kurzer Zeit Wurzeln bilden können, und zwar aus Gewebe der Sproßachse, der ohne diese Verletzung nichts ferner gelegen hätte als Wurzelbildung. Bei Blattstecklingen z. B. von Usambaraveilchen und vielen Dickblattgewächsen erscheinen am Blattstiel Wurzeln und Büschel von Jungpflanzen, bei einigen wenigen Pflanzen, wie *Streptocarpus* und Begonien, sogar an Fragmenten der Blattspreite. Aber nicht nur Sprosse und Blätter können sich unabhängig von Meristemen zu Wurzeln verhelfen, umgekehrt können auch aus Wurzeln beblätterte Triebe und schließlich Jungpflanzen entstehen. Beispiele für diese sogenannte »Wurzelbrut« wären der Kleine Sauerampfer *(Rumex acetosella)*, das Sand-Strohblümchen *(Helichrysum arenarium)*, die Kronwicke *(Coronilla varia)* und einige Schafgarben oder, viel bekannter, Wildrosen, Schlehen, Zwetschgen, Himbeeren und der Essigbaum. Pflanzen mit dieser Fähigkeit kann man oft durch sog. »Wurzelschnittlinge« vermehren, also Wurzelfragmente, die nach geraumer Zeit Jungpflanzen entstehen lassen, ein fast unheimlich anmutender Ausdruck des Improvisationsvermögens pflanzlicher Gewebe.

Die vegetative Vermehrung spielt nicht nur in der gärtnerischen Praxis eine große Rolle, sondern auch in der Natur. Vieltriebige Wurzelstöcke von Stauden zerfallen nach Jahren mehr oder weniger von selbst in Einzelpflanzen, wenn die ältesten, zentralen Bereiche des Wurzelstocks absterben. Sehr verbreitet sind Ausläufer, also verlängerte, im oder am Boden kriechende Sprosse, die von vornherein für eine gewisse Entfernung zwischen Mutter- und Tochterpflanze sorgen, erinnert sei nur an die lästigen Gartenunkräuter Quecke und Giersch (aber auch an die Erdbeeren). Niedergedrückte und von Laub oder Erde bedeckte Zweige von Gehölzen bewurzeln sich und wachsen zu vollständigen Pflanzen heran. Blumenzwiebeln zerfallen nach der Blüte in ein Nest von Tochterzwiebeln, Teichpflanzen wie Tausendblatt, Hornkraut und Wasserpest bilden aus kleinsten Stücken rasch kubikmetergroße Bestände, und Wasserlinsen vermehren sich explosionsartig durch Teilung ihrer winzigen Körper. Bei vielen dieser erfolgreichen Wucherer tritt die geschlechtliche Vermehrung, also die durch Samen, völlig in den Hintergrund. Die Erfolgsgeschichte einiger Sumpf- und Wasserpflanzen soll dies verdeutlichen:

Die Kanadische Wasserpest *(Elodea canadensis)* gelangte um 1817 zuerst nach Irland und eroberte in wenigen Jahrzehnten große Teile Europas. Jeder Aquarianer und Gartenteichbesitzer kennt die sympathische Pflanze mit ihren wasserverbessernden Eigenschaften, die in kaltem und warmem, hartem und weichem, stehendem und fließendem Wasser wächst. An flachen, warmen Stellen zeigt sie im Hochsommer knapp über der Wasseroberfläche ihre zarten, dreizähligen Blüten, die außer der Blütenhülle nur Griffel und Narben aufweisen, Staubgefäße aber sucht man auch mit der Lupe vergebens. Die Wasserpest gehört nämlich zu den zweihäusigen Pflanzen, bei denen die Blüten entweder nur männliche oder nur weibliche Organe bilden und die Geschlechter auf verschiedene Pflanzen verteilt sind. Das kleine Pflanzenfragment, das vor über 150 Jahren Europa erreichte, war ein Weibchen, und die unzähligen »Individuen«, die durch ungeschlechtliche Vermehrung daraus hervorgingen und fast jedes stehende Gewässer des Kontinents besiedelten, können nichts anderes sein und warten bis heute umsonst auf Befruchtung. Aber was heißt in diesem Zusammenhang überhaupt »Individuum«? Von »Un-Teilbaren« (lat. dividere=teilen) kann ja nach all diesen Ausführungen bei den meisten Pflanzen keine Rede sein. Vielmehr sind die Millionen Wasserpestpflanzen Europas offensichtlich allesamt »Dividuen« der einen ursprünglich eingeschleppten Pflanze und mit dieser in allen erblichen Merkmalen absolut identisch. Im Sprachgebrauch der Biologen gehören alle diese Pflanzen einem einzigen »Klon« an (griech. klónos=Zweig), der sich seither mit großem Erfolg auf rein ungeschlechtliche Weise ausbreitet. Wie hat die Wasserpest damals den »großen Teich« überquert? Wahrscheinlich mit Hilfe eines Aquarianers. (Dazu mehr ab S.420.)

Zur gleichen Pflanzenfamilie, den Hydrocharitaceae, gehört die Krebsschere oder Wasseraloe *(Stratiotes aloides)*. Auch bei ihr sind weibliche und männliche Blüten auf verschiedene Pflanzen verteilt, und innerhalb eines Klons gibt es nur eins der beiden Geschlechter. Allerdings bilden die imposanten, wagenradähnlichen Pflanzen reichlich Tochterrosetten, so daß auch die stachligen Krebsscheren manches Kleingewässer nach wenigen Jahren auf rein vegetativem Wege erobern. (Vielleicht bezieht sich der botanische Name *Stratiotes*, was »Soldat« bedeutet, auf die Wehrhaftigkeit der ausbreitungsfreudigen Pflanze.) Auch bei der Krebsschere wird man in einem blühenden Bestand in der Regel nur Blüten eines Geschlechts finden, denn auch bei ihr nimmt die Besiedelung eines Teiches meist mit einer einzigen Pflanze ihren Anfang, und alle durch Abteilung von Tochterrosetten erzeugten Pflanzen bilden einen Klon mit folglich nur einem Geschlecht. Die Folge ist, daß geschlechtliche Vermehrung für die Krebsschere fast so bedeutungslos ist wie für die Wasserpest. Natürliche Bestände der Krebsschere sind übrigens eine große Seltenheit, und viele Vorkommen beruhen auf Pflanzen aus entkrauteten Gartenteichen, denn in diesen wächst die Krebsschere oft sehr gut.

Die Ausbreitungsgeschichte eines anderen Klons geht bis ins sechzehnte Jahrhundert zurück: Der Kalmus *(Acorus calamus)*, eine Uferpflanze tropisch-asiatischer Herkunft, wurde wegen seines wohlriechenden und heilbringenden Wurzelstocks seit der Renaissance sehr geschätzt. Sämtliche Pflanzen, die heute in ganz Europa wachsen, sind mit allergrößter Wahrscheinlichkeit »Dividuen« der Pflanze, die sich in Wien 1474, in Polen bereits 1557 nachweisen läßt. Früchte und Samen sind nämlich in Europa noch nie beobachtet worden, und alle untersuchten Pflanzen stimmen in einem überein: sie haben einen dreifachen Chromosomensatz (sie sind »triploid«), was der Reduktionsteilung (vgl. S.86) und damit der geschlechtlichen Fortpflanzung unüberwindliche Probleme entgegensetzt, gleichzeitig aber die Zugehörigkeit zu nur einem Klon sehr wahrscheinlich macht.

Wegen ihrer Attraktivität sei noch die Schwanenblume *(Butomus umbellatus)* erwähnt, die z.B. an nährstoffreichen Altwässern Norddeutschlands gedeiht und im Sommer durch große rosa Blütendolden auffällt. Kehrt man im Herbst an die Standorte zurück, um Samen für den Gartenteich zu sammeln, wird man enttäuscht: Alle Fruchtstände sind taub. Die Blüten der Schwanenblume sind jedoch keineswegs eingeschlechtlich, sondern enthalten Staub- und Fruchtblätter wie die der meisten Pflanzen, und da die auffälligen Blumen auch eifrig von Insekten besucht werden, sollte für reichen Samenansatz gesorgt sein. Des Rätsels Lösung: Die Schwanenblume ist vollkommen *selbststeril* (selbstinkompatibel), das bedeutet, daß eigener Pollen nicht zur Befruchtung führen kann. Zwar wird bei vielen Pflanzen der Blütenstaub einer anderen Pflanze der gleichen Art vor dem eigenen Pollen bevorzugt, und erst bei ausbleibender Fremdbestäubung wird auch der eigene Pollen als zweitbeste Lösung akzeptiert. Die Schwanenblume jedoch nimmt es mit der Selbstinkompatibilität so genau, daß es in aller Regel zu gar keiner Befruchtung kommt. Auch wenn manche Teiche voller blühender Schwanenblumen sind, haben wir auch hier wieder vegetativ vermehrte Teilstücke ein und desselben Klons vor uns. Kein einziges Pollenkorn aus der ganzen Population stammt also, genetisch betrachtet, von einer anderen Pflanze und könnte zur Befruchtung führen. Für die Erkennungsreaktion im Narbengewebe ist es nämlich unerheblich, ob der Pollen von derselben Blüte, einer Nachbarblüte des gleichen Blütenstandes oder der Blüte eines vegetativ erzeugten Teilstückes stammt, auch wenn dieses seit Jahren auf eigenen Wurzeln steht. Daher spricht man auch von »klonsteril«.

Die Fähigkeit der Pflanzen zu vegetativer Vermehrung ist für den Menschen von ungeheurer praktischer Bedeutung, und so eignen sich Kulturformen ganz besonders gut zur Darstellung der Verhältnisse. Denken wir an den Balkon der Großmutter, die jeden Herbst von ihren Pelargonien und Fuchsien Stecklinge abnimmt, um sich mit Jungpflanzen für die nächste Sommerbepflanzung zu versorgen. Auch von ihrem Blattkaktus der Sorte »Deutsche Kaiserin« hat sie aus Stecklingen schon viele Jungpflanzen gezogen und verschenkt. Diese Sorte hatte sie vielleicht schon von ihrer Mutter geerbt, ohne sich je darüber zu wundern, daß die immer wieder aus Stecklingen gezogenen Nachkommen auch nach 50 Jahren immer noch die »Deutsche Kaiserin« sind. Und auch bei der Nachbarin, die ihre Blumen ganz erbärmlich hält, bleibt sich die Sorte treu. Ab und zu fruchten die Fuchsien wie auch der Kaktus, doch nie würde sich die praktisch veranlagte Großmutter die Mühe machen, ihre Jungpflanzen aus den Samen heranzuziehen. Im übrigen würden die Sämlinge gehörig »aufspalten«, also in ihren Eigenschaften voneinander und von der Mutterpflanze abweichen. Mit Glück wären einigermaßen ähnliche dabei, zweifellos aber auch schlechtwüchsige, blühfaule oder solche mit bedeutungslosen Blüten. Die vegetative Vermehrung bietet demgegenüber den Vorteil, daß die so erhaltenen Nachkommen in allen erblichen Merkmalen nicht nur äußerst ähnlich, sondern absolut identisch mit der Mutterpflanze sind. Wenn man die genetische Information in jeder ihrer Zellen als Manuskript ansehen will, kann man sie mit Fug und Recht als »unveränderte Nachdrucke des Originals« bezeichnen.

Die Möglichkeit, durch Teilung, Stecklinge, Absenker etc. identische Duplikate der Mutterpflanze zu erzeugen, ist auch eine der Grundlagen der Gärtnerei. Schon immer hat der Mensch etwas Besonderes, Ausgefallenes sein eigen nennen wollen, und für viele eignet sich nichts besser zum Panoptikum der Kuriositäten als der Vorgarten. Dort sieht man grünblütige Edelrosen und solche mit moosartig gerüschten Kelchblättern, Dahlien mit kindskopfgroßen, gefüllten Köpfen, panaschiertes Immergrün und das gesamte Baumschulsortiment an blau- und gelblaubigen, krüppeligen und kriechenden Formen von Wacholder und anderen Koniferen. Eines ist all diesen Formen gemeinsam: In der Natur kommen sie nicht vor. Zwar ist immer wieder einmal an gesunden Pflanzen ein Zweig zu finden, der infolge einer Mutation durch Farbabweichungen, gestauchten, gedrehten oder hängenden Wuchs auffällt. Meist verwachsen sich solche Bildungsabweichungen bald wieder. Falls sie jedoch zur Ausbildung von Blüten und Früchten fähig sind, wachsen aus den Samen meist gesunde Jungpflanzen heran. Die Natur schüttelt also diese mehr oder weniger lebenstüchtigen Abweichungen schnell wieder ab.

Der Gärtner oder Baumschuler jedoch ist bemüht, die kuriosen Sonderbildungen als Stecklinge zu bewurzeln oder durch Pfropfung zu erhalten, und so lassen sich durch vegetative Vermehrung beliebig viele »Dividuen« der abweichenden Form produzieren.

Diese Wertschätzung absonderlicher Gartenformen, die wir hier mit

Augenzwinkern betrachtet haben, ist übrigens keine moderne Erscheinung. Die Betrachtung der aufwendigen Illustrationen des »hortus eystettensis« (1613) lehrt uns, daß man bereits im Frühbarock Freude an geflammten Tulpen, gefüllten Akeleien und »mehrstöckigen« Kaiserkronen hatte.

Viele Leser werden derartigen »eitlen Tand« unter ihrer Würde erachten, von den ernsthaften Botanikern ganz zu schweigen. Aber wie steht es mit den seit der Kindheit geliebten Apfelsorten »Boskoop« oder »Cox Orange« und der knackigen »Sieglinde«, der besten Salatkartoffel? Auch dies sind Züchtungen, die ausschließlich vegetativ vermehrt werden, nur steht hier nicht sensationeller Augenkitzel im Vordergrund, sondern Qualitäten wie Geschmack, Lagerfähigkeit, Festigkeit und Erntezeitpunkt. Auch hier gilt, daß bei geschlechtlicher Vermehrung, also der Anzucht aus Samen, die Sorten »nicht echt fallen«, also die Merkmale aufspalten würden. Man müßte also eine ganze Allee von Apfelsämlingen aufpflanzen, um nach jahrelanger Wartezeit, wenn man Glück hat, einige passable auslesen zu können. Dabei sollte man seinen Züchterstolz zurückstellen und objektiv bleiben, denn was nützt einem die beste neue Apfelsorte, wenn die Früchte bereits am Baum faulen, erst in sechs Metern Höhe erscheinen, extrem schädlingsanfällig sind oder wenn die Blüte fast jedes Jahr erfriert? Die geschlechtliche Vermehrung hat, wie wir sehen werden, aus Sicht der Pflanze viel für sich, für den Gärtner oder Blumenfreund stellt es jedoch einen unschätzbaren Vorteil dar, daß man bewährte Sorten auf vegetativem Wege »echt« erhalten und vermehren kann. Denn der Kunde verlangt in der Baumschule eben aus gutem Grunde einen Boskoop und nicht »etwas Ähnliches wie einen Boskoop«.

»Sorten« sind in all diesen Fällen gewissermaßen Klone, die Karriere gemacht haben. Irgendwann sind sie aus zufälligen oder auch gezielten Kreuzungen oder als Mutationen entstanden, durch ihre Eigenschaften aufgefallen und vermehrt worden. Das Geburtsjahr des »Boskoop« war beispielsweise 1856, das der »Cox Orange« 1830, ebenso alt ist wohl der »Gravensteiner«, dessen Herkunftsgeschichte sich im Italien des frühen 19. Jahrhunderts verliert. Der »Golden Delicious« wurde 1890 in den USA gezüchtet. Hieran wird ein weiterer Unterschied zum Tierreich deutlich: Der tierische Körper altert und verschleißt, die Pflanze jedoch hat durch ihre Bildungsgewebe (Meristeme) eine nie versiegende (wenn auch in Ruhezeiten pausierende) Quelle an jungen Zellen. Daher kann das tierische Individuum nur im übertragenen Sinne durch seine Kinder weiterleben, während Pflanzenklone im Prinzip unsterblich sind.

Besonders einleuchtend ist das bei den Wild- und Gartenstauden der gemäßigten Breiten zu sehen: Die Sprosse blühen, fruchten und erfrieren im Winter fast bis auf den Grund, und die neuen Triebe entwickeln sich im Frühjahr aus Seitenknospen an der Basis der alten. Wenn die neuen Triebe in Blüte stehen, sind die Reste der letztjährigen oft kaum noch zu finden. Auf diese Weise wachsen die Stauden ihrem alten, ausgedienten Gewebe davon. Die im Prinzip unsterblichen Stauden (wichtig für den Begriff »Staude« ist ja gerade die Langlebigkeit) bestehen also ganz überwiegend aus Zellen, die noch kein Jahr alt sind.

Viele unserer beliebtesten Sorten von Gartenstauden stammen aus der Hand des berühmten Züchters und »Gartenphilosophen« Karl FOERSTER (1874 bis 1970), wurden seit den zwanziger Jahren in seinen Staudenkulturen bei Potsdam gezüchtet und ausgelesen und seither, wie es sich für Sorten gehört, vegetativ vermehrt. Die Sonnenhüte, Phlox- und Rittersspornsorten unserer Gärten sind also, soweit es sich um Sorten Karl Foersters handelt, mittlerweile recht betagte Klone. Noch etwas älter sind die leuchtend roten Fuchsiensorten »Koralle«, »Gartenmeister Bonstedt« und andere, die der geniale Gartenmeister Carl BONSTEDT Anfang des Jahrhunderts im Botanischen Garten Göttingen heranzog. Einen über 170 Jahre alten Klon haben wir in der »Kaiserin Eugenie« vor uns, immer noch einer der schönsten und blühwilligsten Passionsblumensorten. Einzelne Rosensorten (-klone) sind noch weit älter, so läßt sich die *Rosa gallica*-Sorte »Versicolor« bis 1583 zurückverfolgen.

Wie alt werden Pflanzen überhaupt? Als die ältesten lebenden Pflanzenindividuen gelten einige Grannenkiefern *(Pinus longaeva)* aus den White Mountains in Arizona, die etwa 5 000 Jahre alt sind, also schon die Zeiten der Pharaonen miterlebt haben.

GESCHLECHTLICHKEIT — EINE NEUE QUALITÄT

Nach all diesen Betrachtungen zur vegetativen Fortpflanzung wird es höchste Zeit, sich der geschlechtlichen (generativen) Fortpflanzung zuzuwenden, also der Vereinigung mütterlichen und väterlichen Erbguts. Bei den Höheren Tieren und dem Menschen ist sie ohnehin die einzige Form der Fortpflanzung und jedermann bekannt. Für viele Pflanzen stellt sie eine Alternative zu der bisher behandelten vegetativen Fortpflanzung dar. Was sind nun Vor- und Nachteile der Geschlechtlichkeit? Als Nachteil mag gelten, daß, wie der Volksmund weiß, »immer zwei dazu gehören«, was z.B. von ausbreitungs-ökologischer Bedeutung ist. So kann die Besiedelung neuer, isolierter Lebensräume nicht mit einem einzelnen Tier oder auch einem Junggesellenklub seinen Anfang nehmen, sondern erfordert zumindest ein Pärchen. Bei Pflanzen verhält es sich anders, da die weitaus meisten Pflanzen zwittrig sind und beide Geschlechter, also Staubblätter mit Pollen und Fruchtblätter mit Samenanlagen, in ihren Blüten tragen. Oft steht dann der geschlechtlichen Fortpflanzung »im Alleingang«, nämlich per Selbstbestäubung, nichts mehr im Wege, und notfalls helfen über die Blüte krabbelnde Insekten nach. Der Erfolg liegt auf der Hand: Durch oft sehr ergiebige Ausstreuung von Samen können neue, aufnahmefähige Lebensräume wie Äcker oder Gärten in kürzester Zeit erobert werden, auch wenn ursprünglich nur eine Pflanze vorhanden war. Dies ist die Strategie der alten und neuen Unkräuter, für deren Erfolg die Fähigkeit zu Selbstbestäubung und -befruchtung geradezu eine Voraussetzung ist.

Mit diesen einfachen Verhältnissen des »Do it yourself« bei zwittrigen Blütenpflanzen war die wissenschaftliche Welt des achtzehnten Jahrhunderts hochzufrieden, nachdem sie erst einmal die Existenz der Sexualität bei Pflanzen überhaupt akzeptiert hatte. Wäre jedoch das Thema damit erschöpft, so wäre die Biologie um einige ihrer faszinierendsten Kapitel ärmer, nämlich um die der Genetik, Evolution und nicht zuletzt der Blütenökologie.

«Die Natur scheint es nicht haben zu wollen, daß eine Blüte von ihrem eigenen Staube befruchtet würde«, stellte Chr. K. SPRENGEL 1793 fest und wurde mit den darauf aufbauenden Überlegungen zum Begründer der Blütenökologie. In seinem Buch »Das entdeckte Geheimnis der Natur im Bau und in der Befruchtung der Blumen« legte er dar, daß sich viele Pflanzen keineswegs mit Selbstbestäubung begnügen, sondern daß im Gegenteil auch bei zwittrigen Blüten zahlreiche Einrichtungen nur unter dem einen Aspekt zu verstehen sind, daß Bestäubung zwischen verschiedenen Pflanzen (wir ergänzen: verschiedenen Klonen) herbeigeführt wird. Bevor wir im nächsten Kapitel einen Streifzug durch die schillernde Welt der Blütenökologie tun, wollen wir uns hier noch einmal an die eingangs gestellte Frage erinnern: Was bietet die Sexualität, was die vegetative Vermehrung nicht bieten könnte?

Zunächst mag man an die ungeheuren Samenmengen denken, die viele Pflanzen zu bilden imstande sind. Würde beispielsweise aus jedem der Tausenden von Samen einer einzigen Mohnkapsel eine Mohnpflanze mit einem Platzbedarf von, sagen wir, einem sechzehntel Quadratmeter hervorgehen, so könnten die Nachkommen nur einer Pflanze in der ersten Generation bereits hektarweise Land besiedeln und nach drei bis vier weiteren Generationen den gesamten Erdball bedecken. Zu vegetativer Vermehrung ist z. B. der Klatschmohn dagegen überhaupt nicht fähig. Es leuchtet ein, daß dieses Zahlenspiel ein rein theoretisches ist, denn da die Zahl der Mohnpflanzen langfristig nicht zunimmt, muß eine ebenso hohe Sterblichkeit den Wert der schieren Anzahl an Nachkommen relativieren. Und gerade die Orchideen mit ihren z. T. mehreren Millionen winziger Samen pro Frucht sind alles andere als bedrohliche Unkräuter, sondern treten meist in sehr geringen Populationsdichten auf.

Der wesentliche Unterschied zwischen geschlechtlicher und ungeschlechtlicher Fortpflanzung ist aber kein quantitativer, sondern ein qualitativer. Sexualität schafft Vielfalt. Durch die Vereinigung von mütterlichem und väterlichem Erbgut entsteht Neues, wo die vegetative Vermehrung immer nur Repliken des schon Vorhandenen schaffen kann. Denken wir noch einmal an Kalmus und Wasserpest, so kann auch diese Strategie von großem Erfolg gekrönt sein, nämlich dann, wenn derartige Neuankömmlinge zufällig auf für sie ideale Bedingungen treffen und freie sogenannte »ökologische Nischen« vorfinden und besetzen können. Gilt es aber, mit sich ändernden Bedingungen fertigzuwerden oder ökologische Herausforderungen anzunehmen, so führt das konservative Duplizieren des Althergebrachten zu nichts. Auch für diese Aussage, die fast wie ein politisches Bekenntnis klingt, sollen einige Beispiele folgen:

Für einjährige Pflanzen sind Äcker ein idealer Wuchsort. Von vornherein sind sie an vollsonnigen Standorten und auf bestmöglichen Böden angelegt, und zu Beginn jeder Vegetationsperiode lockert der Bauer den Boden und beseitigt die Konkurrenz durch andere Pflanzen. Die für die Kulturpflanzen hergerichteten Optimalbedingungen mußten für die unzähligen Arten einjähriger

Pflanzen, die seit jeher das Mittelmeergebiet und Vorderasien besiedeln, eine der oben genannten ökologischen Herausforderungen sein.

Das süße Leben im Acker wird aber eines Tages jäh durch die Ernte beendet, deren Zeitpunkt von Klima, Landschaft und Art der Kultur beeinflußt wird. Einjährige stellen nun in ihrer Lebensform das genaue Gegenteil der besprochenen, prinzipiell unsterblichen Stauden dar und können nicht anders die nächste Vegetationsperiode erreichen als durch Samen. Es liegt auf der Hand, daß zum Erntezeitpunkt die Samen reif sein müssen und daß in jedem Acker diejenigen Pflanzen enorm im Vorteil sind, deren Vegetationsperiode genau der der angebauten Nutzpflanze entspricht. Keimung, Wachstum und Samenreife dürfen also nicht zu spät erfolgen, aber auch wieder nicht zu früh, da sonst das Beackern des Feldes zur Neueinsaat die schon entwickelten Sämlinge der Ackerunkräuter zerstört. Da sich aber in jeder natürlichen Pflanzenpopulation früher- und späterblühende, sonnen- und schattenverträglichere, stark- oder schwachwüchsige Einzelpflanzen finden, werden einige den Bedingungen besser gewachsen sein als andere und ihre Eigenschaften, sofern diese im Erbgut fixiert sind, an ihre Nachkommen weitergeben. Gerade unter den Ackerunkräutern gibt es viele Fälle, wo sich ursprünglich »wilde« Einjährige aufs engste in Keimverhalten, Vegetationszeit, Wuchshöhe, Samengröße etc. bestimmten Kulturen angepaßt und sich quasi selbst domestiziert haben. So wurden in italienischen Weizenfeldern Kornraden gefunden, deren reife Kapseln sich nicht öffnen und die Samen ausstreuen, sondern zusammen mit dem Getreide geerntet und ausgedroschen werden und so gleich wieder im Saatgut präsent sind. Bei anderen »Weizenrassen« der Kornrade sind die Samen mit relativ langen Papillen ausgestattet, mit denen sie in Zweier- oder Dreieraggregaten zusammenhängen. Diese entsprechen dann in der Größe genau den Weizenkörnern und lassen sich durch mechanische Saatgutreinigung schwer vom Getreide trennen. Es sind also kleine und relativ unbedeutende Merkmale, die ihren Trägern unter bestimmten Bedingungen plötzlich erhebliche Vorteile verschaffen und so zur Herausbildung neuer Formen führen können.

Es sei darauf hingewiesen, daß das Entstehen der Abweichungen nicht etwa nach dem »Bedarf«, sondern nach dem blinden Zufall erfolgt. Was davon opportun und was verhängnisvoll ist, stellt sich erst in der Praxis heraus. Voraussetzung für jede Anpassung ist also eine gewisse genetische Variabilität innerhalb der Ausgangspopulation, wie sie nur durch generative Vermehrung gewährleistet ist. Ein uniformer Satz vegetativ vermehrter, erbgleicher Pflanzen kann der Selektion keinen Ansatzpunkt bieten.

Selektion — damit ist ein Begriff gefallen, der auch Nicht-Biologen als einer der Evolutionsfaktoren bekannt ist, seit Charles DARWIN mit seinem Buch über die Entstehung der Arten 1859 die Welt veränderte (*On the Origin of Species by Means of Natural Selection, or the Preservation of Favoured Races in the Struggle for Life*, »Über die Entstehung der Arten durch natürliche Zuchtwahl und die Erhaltung vorteilhafter Rassen im Kampf ums Dasein«). Denn mit unseren Betrachtungen zur Vermehrung durch Samen, zu den großen Nachkommenzahlen und der Variabilität sind wir mitten in evolutionstheoretische Überlegungen hineingeraten. In wenigen Sätzen zusammengefaßt, besagt die von Darwin begründete Evolutionstheorie in ihrer modernen Form folgendes:

- Die Organismen zeichnen sich durch mehr oder weniger hohe Nachkommenzahlen aus, von denen die meisten früher oder später im Lebenskampf unterliegen.
- Die Nachkommen eines Elternpaares sind untereinander nicht gleich, sondern weisen geringe, erblich fixierte Unterschiede auf.
- Unter den gegebenen Bedingungen erweisen sich einige Merkmale als nachteilig, andere verhelfen ihren Trägern zu größerem Fortpflanzungserfolg und setzen sich in der Population durch.
- Derartige Veränderungen im Genbestand können schließlich im Laufe vieler Generationen zur Herausbildung neuer Arten führen. Die Grenzen zwischen den Arten sind also, zumindest aus der Zeitperspektive gesehen, fließend.

Nach diesen Ausführungen wird klar, daß die Selektion (Auswahl) als der wichtigste Evolutionsfaktor nur dort ansetzen kann, wo es etwas zu wählen gibt, wo sich also verschiedene Ausprägungen ein und desselben Merkmals finden. Aus evolutionsbiologischer Sicht ist also genetische Vielfalt innerhalb der Populationen von Vorteil. Wie äußert sich die genetische Vielfalt?

Daß Pflanzen und Tiere einer Art sich untereinander stark ähneln, ist die Voraussetzung dafür, daß wir überhaupt von Arten sprechen können. Die Art ist zwar die meistgebrauchte Arbeitseinheit der Biologie, doch wurde schon angedeutet, daß es keine ehernen Grenzen zwischen den Arten gibt (vgl. S. 270), und entsprechend schwierig ist die Definition des Artbegriffs. Daß die Art die biologische Grundeinheit ist, wird durch die Praxis bestätigt und allgemein akzeptiert. Darüber hinaus hört jedoch jeder Konsens auf, und obendrein haben die Artdefinitionen von Botanik und Zoologie wenig gemein. Daher geht man beim Abgrenzen von Arten in der Praxis meist so intuitiv vor wie zu Zeiten des Paradieses, als Gott der Herr Adam die Tiere vorstellte, »denn wie der Mensch die Tiere nennen würde, so sollten sie heißen« (1. Mose 2,19). Unsere biologische Weltsicht basiert darauf, daß sich Angehörige einer Art in der Regel durch ihre Ähnlichkeit als solche zu erkennen geben. Außerdem können Vertreter ein und derselben Art miteinander gesunde und fruchtbare Nachkommen haben, und es gehört zur Volksweisheit, daß das Maultier unfruchtbar ist, weil es aus der Kreuzung der verschiedenen Arten Pferd und Esel hervorgeht. Bei Pflanzen wiederum entstehen kerngesunde und fruchtbare Hybriden oft auch über Gattungsgrenzen hinweg.

Innerhalb der Arten wie auch der Populationen gibt es erhebliche genetische Vielfalt. Nicht immer wird diese so offen zur Schau getragen wie beim Lerchensporn *(Corydalis cava)*, der meist in gemischten Beständen rot- und weißblühender Exemplare vorkommt. Kleine, dezente Variationen z.B. in Blühzeitpunkt, Winterhärte, Keimungsverhalten oder Trockenheitsresistenz sind aber sicher für das Evolutionsgeschehen die interessanteren Aspekte. Und nicht umsonst widmen sich zahlreiche Betriebe aus Landwirtschaft, Forstwirtschaft und Gartenbau der Sichtung von Pflanzen, also dem Sammeln und Kultivieren möglichst vieler Herkünfte der gleichen Art, um dann die innerartliche Variabilität zu dokumentieren und beispielsweise die winterhärtesten, ertragreichsten oder gartenwürdigsten auszulesen.

Es leuchtet ein, daß unbarmherzige Faktoren wie Winterkälte, extreme Bewirtschaftungsformen oder vergifteter Boden (z.B. die Schwermetallhalden des Harzer Silberbergbaus, S. 34) einen sehr hohen Selektionsdruck ausüben und alles ausmerzen, was diesen Bedingungen nicht gewachsen ist, vielleicht 98% der Ursprungspopulation. Der überlebende Rest kann dann der Ausgangsbestand für eine neue Form sein, die solche Bedingungen verträgt. Diese Gründerpopulation, die vielleicht nur aus wenigen Individuen besteht, passiert einen sogenannten »genetischen Flaschenhals«, und es können auch einmal seltene Merkmalsausprägungen zum Zuge kommen. Diese waren zwar seit eh und je latent vorhanden, konnten sich aber in der genetischen Vielfalt der großen Ursprungspopulation nicht durchsetzen. Da nämlich die Tiere in der Regel einen doppelten, Pflanzen oft sogar einen vielfachen Chromosomensatz haben, trägt jede Population wesentlich mehr Allele (verschiedene

Ausprägungen ein und desselben Gens) in sich, als normalerweise zutage treten. Wird die große Ausgangspopulation drastisch reduziert, können sich Abweichungen nicht immer wieder im großen Genbestand »verdünnen«, und auch seltene Merkmalsausprägungen können zutage treten.

Eine unbarmherzige Selektion kann, wie in den obigen Fällen, einen »genetischen Flaschenhals« schaffen. Dieselbe Situation ergibt sich aber auch, wenn einzelne Individuen in neue Lebensräume versprengt werden und kein genetischer Kontakt zur Ausgangspopulation mehr möglich ist. Daher mißt man neben der Selektion auch der *Isolation* große Bedeutung als Evolutionsfaktor bei. Immerhin hatten die in der Isolation entstandenen Finken der Galápagos-Inseln großen Einfluß auf DARWINS Gedanken zur Evolutionstheorie. Die Isolation muß jedoch keine geographische sein. Bei Pflanzen kann z. B. schon eine abweichende Blütezeit oder das Erschließen eines neuen Wuchsortes oder Bestäubers dafür sorgen, daß der genetische Austausch mit der Ausgangsgruppe unterbrochen ist und die »Abweichler« fortan eigene genetische Wege gehen.

BLÜTENÖKOLOGIE:
MEHR ALS BLÜMCHEN UND BIENCHEN

Aus dem vorhergehenden Abschnitt ging klar der fundamentale qualitative Unterschied zwischen Sexualität und ungeschlechtlicher Fortpflanzung hervor. Genetische Rekombination schafft Vielfalt, und durch die Mechanismen von Reduktionsteilung (Meiose) und Vereinigung (Syngamie, vgl. das Kapitel »Sexualität und Generationswechsel«) ist es vielen zwittrigen Blütenpflanzen sogar durch Selbstbestäubung möglich, sich eine in gewissen Grenzen variable Nachkommenschaft zu schaffen. Die Fülle der Vorteile der Geschlechtlichkeit wird aber erst dort ausgekostet, wo sich unterschiedliche und, wenn möglich, nicht allzu nah verwandte Partner vereinigen. In der Tierzucht wie in der Humangenetik ist es seit eh und je bekannt, daß Inzucht oft die genetische Konstitution schwächt und zu vermeiden ist (auch wenn sie erstaunlich lange gutgehen kann, man denke an die Millionen von Goldhamstern in Menschenobhut, die wohl allesamt Nachkommen eines 1930 in Syrien gefangenen Weibchens sind). Dennoch sind nicht umsonst in fast allen menschlichen Kulturen Geschwisterehen tabu, und auch die Höheren Tiere verwenden viel Energie auf das Kennenlernen und Erobern wohlgemerkt fremder Partner. Denn keinem anderen Zweck dienen z.B. der Vogelsang, das Froschkonzert, das Verströmen verführerischer Sexuallockstoffe (Pheromone) und die tollsten Prachtfärbungen oder das Balzgehabe. Berühmt sind die Nachtfalter aus der Familie der Nachtpfauenaugen (Saturniidae), deren Weibchen die Männchen aus mehreren Kilometern Entfernung mittels Parfüm herbeilocken, und über ebenso große Entfernungen müssen die letzten Wale in den Weiten der Weltmeere durch ihre melancholischen Gesänge miteinander kommunizieren, um überhaupt noch zueinander zu finden.

Was die Pflanzen betrifft, erinnern wir uns an die Feststellung von SPRENGEL, daß die Natur auch hier keine Selbstbestäubung anstrebt, die bei den meist zwittrigen Blüten doch auf der Hand läge. Pflanzen sind jedoch blind, taub, völlig unkommunikativ und außerdem nicht mobil. Selbst wenn sie also nach Art der Tiere um einen Partner werben könnten und dieser ihre Signale verstünde, könnten sie nicht zueinander kommen. Die meisten Pflanzen bemühen daher »Liebesboten«, die aber nicht die Botschaft, sondern gleich die männlichen Geschlechtsprodukte selbst überbringen, den Blütenstaub (Pollen). Jeder Pollenallergiker weiß, daß es auch Pflanzen gibt, die den Pollen in ungeheurer Menge produzieren und dem Wind anvertrauen, und daß die Luft etwa zur Zeit der Gräserblüte davon geradezu geschwängert ist. Nur dieser fliegende Pollen quält übrigens den Allergiker, nicht der Blumenstrauß auf dem Tisch oder gar der Besuch eines Botanischen Gartens. Diese windblütigen Vertreter mit ihren unscheinbaren Blüten wollen wir jedoch aus bestimmten Gründen zum Schluß betrachten und uns zunächst den Pflanzen zuwenden, die den Blütenstaub von Tieren verbreiten lassen.

Was ist eine *Blume*? Auf diese Frage hin wird fast jeder, vom Kindergarten- bis zum Erwachsenenalter, eine runde gelbe Scheibe mit »Blütenblättern« drumherum malen, also ein stilisiertes Gänseblümchen, eine Margerite oder Sonnenblume, jedenfalls einen Vertreter der Korbblütler (Compositae). Die Botanik belehrt uns jedoch, daß es sich bei den Korbblütlern um ganze *Blütenstände* handelt, denn die Scheibe trägt viele winzige Einzelblüten, die von auffälligen, randständigen Zungenblüten umgeben sind. Für die Botanik ist dieses Blütenaggregat ein einzigartiges Charakteristikum der Korbblütler, die mit etwa 23000 gleichzeitig die größte und eine der bestabgegrenzten Pflanzenfamilien darstellt. Für die Frage nach einer typischen Blume jedoch ist die Köpfchennatur der Margerite ohne Belang, denn es war ja nicht nach der Blüte gefragt. Wir erinnern uns: Die *Blüte* ist ein Gebilde aus spezialisierten Blättern mit der Aufgabe, Geschlechtsprodukte zu bilden und zu empfangen und so der Vermehrung durch Samen zu dienen. Mit der Bildung von Blütenstaub und Samenanlagen ist es aber nicht getan, es müssen auch noch Tiere dazu bewegt werden, den Pollen abzuholen und zu einer anderen Blüte zu tragen. Diese Funktion des Werbens und Anlockens der Blütenbesucher kommt der *Blume* zu, die mit Farbe und Duft die Sinne der Tiere anspricht (und auch die unseren, deshalb lieben wir die Blumen so!). In Beziehung treten, Interesse wecken, aufmerksam machen, dies hat nun wieder viel gemein mit dem eingangs beschriebenen Werbeverhalten der Tiere, nur daß hier nicht ein Tier um den Partner der gleichen Art wirbt. Im Bestäubungsgeschehen ergehen die Signale an das Tier vielmehr von einer Lebensform, wie sie entfernter und verschiedener nicht sein kann, und es wird sich zeigen, daß die stumme und unbewegliche Pflanze auf dem Feld der Blütenökologie oft genug der bestimmende und das Tier, gebunden durch seine Instinkte, der ausführende Teil ist.

Es gehört zur Allgemeinbildung, daß Blüten den Bienen Nektar und Pollen bieten und daß die Tiere, um ihr täglich Brot bemüht, von Blüte zu Blüte fliegen und dabei den Pollen verbreiten. Was sind Nektar und Pollen für wundersame Stoffe? *Nektar* ist eine Lösung von Zucker in Wasser, die geringen Mengen anderer darin enthaltener Stoffe können wir für unsere Zwecke getrost vernachlässigen. Wer einmal eine Taubnesselblüte abzupft und aus dem Grund den »Honig« heraussaugt, wird den Nektar vielleicht als ziemlich wäßrig empfinden. Honig wird nämlich erst nach einer langen Prozedur daraus: Im »Sozialmagen« der Honigbiene in den Stock getragen, wird er dort mehrfach von Mund zu Mund gereicht und trocknet in der stickigen Hitze des Bienenstockes (die Bienen heizen auf konstant 35 °C!) so weit ein, daß er vor Mikrobenbefall geschützt ist. Außerdem zerfallen durch die Enzyme im Speichel der Bienen die Rohrzuckermoleküle in ihre Bestandteile Fruchtzucker und Traubenzucker. Erst nach diesem Eindampfen und der weiteren Veredelung haben wir den begehrten Brotaufstrich vor uns. Würde der Nektar jedoch bereits in den Blüten als zäher Honig vorliegen, müßten die Bienen beim Saugen vor Anstrengung einen hochroten Kopf bekommen, wenn ihr Chitinpanzer das gestatten würde. Und, unglaublich, aber wahr: Der Zeitplan der Bienen gestattet es nicht, sich lange an dickem Sirup aufzuhalten, so gehaltvoll dieser auch sein mag. Einer der vielen Aspekte der Blütenökologie ist nämlich auch die Kosten-Nutzen-Bilanz der Tiere, und aus diesem Blickwinkel lohnt sich das zeitraubende Sammeln allzu dicken Nektars für Honigbienen, Hummeln und ähnlich effektive Blütenbesucher nicht. An heißen Sommertagen kann der Nektar tatsächlich so weit eintrocknen, daß er von Bienen nicht mehr mit vertretbarem Aufwand gesammelt werden kann. Nur Fliegen haben dann aufgrund ihrer ganz anderen Lebensweise noch Muße zum Lutschen dieser »Bonbons«.

Das Konzentrieren des Nektars zu Honig ist also eine Arbeit, die die Pflanzen den Bienen nicht abnehmen können, und so weisen die Nektare bienenblütiger Pflanzen im allgemeinen zwischen 25 und 50–60 % Zucker auf. (Gemeint ist hier Gramm Zucker/100 ml Lösung. In einem Liter Nektar von 50 % wäre also immerhin ein Pfund Zucker gelöst.) Für die Ökonomie des Bienenstaates ist übrigens zu dünner Nektar keineswegs »besser als gar nichts«, sondern genauso indiskutabel wie zu dicker, da bei zu geringer Ausgangskonzentration das Herstellen des für die Lagerung nötigen hohen Zuckergehaltes zu mühsam wäre. Allerdings kommen die Bienen gar nicht in Versuchung, Nektar unter 20 % einzutragen, da sie diesen gar nicht als süß empfinden, sondern für Wasser halten und daher verschmähen.

In welchen Mengen wird Nektar produziert? Bei dem ecuatorianischen Bal-

saholzbaum *(Ochroma lagopus)* findet sich in jeder Blüte ein halbes Schnaps-
glas voll Nektar (9,4 ml), und auch aus den Blütenkerzen der Gattung *Aloe*, der
verwandten Fackellilie unserer Gärten *(Kniphofia)* und der eigenartigen Topf-
pflanze *Veltheimia* — alle aus Südafrika — regnet es dicke Tropfen, wenn man
sie beutelt. Solche Beispiele suchen wir in der heimatlichen Flora jedoch vergeblich, denn die genannten Pflanzen sind an Bestäubung durch Wirbeltiere
angepaßt, die Südafrikaner an Nektarvögel, *Ochroma* gar an blütenbesuchende Fledermäuse. In Europa aber sind Insekten die einzigen Blütenbesucher,
und diese werden mit viel geringeren Nektarmengen verköstigt. Aber auch innerhalb der insektenblütigen Pflanzen gibt es Unterschiede: In den Blüten vieler Lippenblütler und Rauhblattgewächse, die sich an Hummeln und andere
große Bienen richten, finden sich so große Nektartropfen, daß auch der
Mensch etwas davon schmeckt; und wer hätte als Kind nicht Taubnesselblüten
abgezupft und ausgelutscht? Bei Pflanzen mit winzigen Einzelblüten dagegen,
etwa von Korbblütlern wie der Schafgarbe *(Achillea)* oder auch Doldenblütlern, sind auch die produzierten Nektarmengen entsprechend gering. Hummeln finden sich kaum jemals daran ein. Aber auch diese Pflanzen haben ihren
»Kundenkreis«: An jedem blühenden Dill oder Fenchel im Garten kann man
sich im Hochsommer davon überzeugen, daß auch bei uns das Spektrum blü-
tenbesuchender Insekten weit über die Honigbiene hinausgeht. Grabwespen,
kleine Maskenbienen und andere zierliche und zum Teil bildschöne Hautflügler, ein Heer von Schwebfliegen, Raupenfliegen und auch die weniger beliebten Fliegengruppen kommen hier auf ihre Kosten, nicht aber Honigbienen,
Hummeln und Schmetterlinge. Der »Hummel-Ökonom« Bernd HEINRICH
hat errechnet, daß eine Hummel für den Nektarertrag, den sie an Springkraut
(Impatiens) in 11 Minuten sammeln kann, eine ganze Woche bräuchte, wenn
sie ihn an den winzigen Blüten der Goldrute *(Solidago)* sammeln müßte.

Nektar enthält außer Wasser hauptsächlich Zucker, also Kohlenhydrate, deren Produktionskosten bei grünen, Photosynthese treibenden Pflanzen die
Sonne übernimmt. Für die Pflanzen ist der Nektar also ein relativ billiges
Lockmittel, und man sollte glauben, daß diejenigen Pflanzen am erfolgreich-
sten sind, die den meisten Nektar produzieren. Auf den ersten Blick ist das
auch wirklich der Fall, und viele Blütenbesucher lernen schnell, welche Individuen einer Art den meisten Nektar bieten. Ist die Nektarmenge einem bestimmten Bestäuber grundsätzlich zu gering, wird er nach wenigen Versuchen
andere Arten befliegen. Aber auch ein allzu reichliches Nektarangebot kann

der Pflanze zum Nachteil werden, nämlich dann, wenn das Tier (bleiben wir zunächst noch bei den Bienen) nach dem Besuch weniger Blüten, vielleicht derselben Pflanze, mit voller Honigblase nach Hause fliegen kann. Schon während des Fluges wird nämlich der Körper säuberlich gekämmt und sämtlicher Pollen »gehöselt«, um kurz darauf im Stock als »Bienenbrot« in Vorratszellen zu enden. Aus Sicht der Pflanze ist dies jedoch zweifellos ein Verlust und unerhörter Mißbrauch des Blütenstaubes, der doch das Erbgut zur nächsten Pflanze überbringen sollte. Der Nektar sollte also reichlich genug fließen, um die Besucher bei Laune zu halten, aber wieder so sparsam, daß das Tier zahlreiche Blüten hintereinander besuchen muß, um so den Pollen zu verbreiten.

Dank seines Zuckergehaltes ist der Nektar ein Lieferant rasch verfügbarer Energie, mit dem sogar die Kolibris ihre enormen Flugleistungen bestreiten können. Aufbaustoffe, also Aminosäuren und Proteine, sind jedoch nur in Spuren darin enthalten, und unter den vielen tausend blütenbesuchenden Tierarten gibt es wohl nicht eines, das allein mit dieser Zuckerlösung auch seine Nachkommen groß zu bekommen versucht.

Das Gegenteil gilt für das zweite Blütenlockmittel von universaler Bedeutung, den *Pollen*. Dieser ist nämlich äußerst eiweißreich und wird von vielen Tieren als Aufbaunahrung geschätzt. So ernährt die gesamte Gruppe der Bienen (die Honigbiene *Apis mellifera* ist nur eine der weltweit etwa 20000 Arten!) ihre Brut mit Pollen. Dies stellt übrigens den Hauptunterschied zu ihren nahen Verwandten dar, den Grabwespen, die ihre Larven mit gelähmten Spinnen, Raupen etc. versorgen. Einige andere blütenbesuchende Insekten, zum Beispiel die Schwebfliegen, leben als Larven von anderen Stoffen, nehmen aber als Erwachsene Pollen auf, was ihnen ein für Insekten langes Leben bei hoher Potenz beschert. Wie beim Nektar gilt es auch beim Blütenstaub, die gegensätzlichen Interessen von Blüte und Besucher zusammenzuführen. Aus Sicht der Pflanze ist der Blütenstaub konzentriertes Erbgut, und jedes Pollenkorn ist verloren, das im Verdauungstrakt eines Tieres endet. Andererseits ist das Fressen und Sammeln des nahrhaften Blütenstaubes oft der Beweggrund, überhaupt die Blüten zu besuchen, und es gibt nicht wenige Pflanzen, die frei von Nektar sind und allein mit Pollen locken. Solche reinen Pollenblumen sind in der heimischen Flora etwa Mohn und Königskerze und im Gemüsegarten Tomate und Kartoffel. Pollen ist auch das Blütenlockmittel, das als das erdgeschichtlich älteste angesehen wird, denn schon bei den ursprünglichen nacktsamigen Pflanzen des frühen Erdmittelalters muß es als reisefähige Transportform des Erbgutes den Pollen gegeben haben. Die heute bedeutendste Gruppe der Nacktsamer, die Koniferen, und unter diesen wieder die Kiefern (Gattung *Pinus*) mögen uns verdeutlichen, daß Pollen auch ohne Tierbestäubung eine wichtige Rolle spielt. Der Kiefernpollen wird vom Wind verbreitet und in den unermeßlichen Nadelwäldern des Nordens in solchen Mengen produziert, daß er nach Regenfällen als gelber »Schwefelregen« die Gewässer bedeckt und nicht unerheblich zur Stickstoffversorgung der Hochmoore beiträgt.

Es liegt auf der Hand, daß bereits zur großen Zeit der Nacktsamer im Erdmittelalter kleine Tiere den Nährwert des ohnehin produzierten Blütenstaubes entdeckten und seinetwegen von Blüte zu Blüte flogen. Der Pollen war also bereits zur Geburtsstunde der Blütenpflanzen auf dem Plan und erfuhr durch die blütenbesuchenden Tiere lediglich eine, wenn auch folgenschwere, Nutzungserweiterung. Der Blütennektar dagegen ist eine Neubildung der Blütenpflanzen, die nur im Zusammenhang mit Tierbestäubung zu verstehen ist.

Die Pollenkörner sind winzig klein. Ein »Durchschnittspollenkorn« liegt bei etwa 25 μm Durchmesser (ein μm, Mikrometer, ist ein tausendstel Millimeter), die größten, etwa die von Kürbis oder Malven, sind mit einigen hundert μm gerade mit bloßem Auge sichtbar. In einer einzigen Blüte können unvorstellbare Mengen davon produziert werden (in einer Mohnblüte mit ihren vielen Staubgefäßen etwa 2,5 Millionen Pollenkörner!), und soviel die Bienen auch einzuheimsen versuchen, es werden genug Pollenkörner im Pelz hängenbleiben, um auf die Narbe der nächsten Blüte verschleppt zu werden. Zum Haften am Tier dient eine ölige Substanz, der sogenannte Pollenkitt, wie er übrigens auch in der englischen Fachliteratur heißt. Bei Pollenblumen wie Rosen, Pfingstrosen, Mohn etc. können die Blütenbesucher regelrecht im Pollenüberfluß baden, und ein erheblicher Verzehr durch die Besucher ist aufgrund der schieren Masse tragbar. Zur Pollenübertragung dient meist die ganze Bauchseite, wenn nicht die gesamte Körperoberfläche der Biene. Es geht aber auch wesentlich eleganter:

Ein schwer mit Worten zu beschreibender, aber blütenökologisch sehr bedeutender Unterschied ist der zwischen »radiären« und »zygomorphen« Blumen. Er hat nichts mit der Verwandtschaft, sondern nur mit der Gestalt der Blume zu tun. Radiäre Blumen haben, mathematisch gesprochen, viele Symmetrieebenen, sie sind »rund« und quasi von allen Seiten gleich zu befliegen.

Die oben genannten Pollenblumen sind radiär, die blütenökologische Gestalt-
lehre reiht sie in die »Scheiben- und Schalenblumen« ein, und wir können beobachten, daß die Blütenbesucher von allen Seiten kommen und sich in der
Blüte frei bewegen. Entsprechend eingepudert sind sie hinterher, aber die
Putzbeine der Bienen und Hummeln können die meisten Körperstellen mühelos erreichen und den begehrten Pollen abkämmen und »höseln«.

Ganz anders bei einer Fingerhut- oder Taubnesselblüte. Diese ist zygomorph, hat also nur eine Symmetrieebene, oder anschaulicher: Ein Oben und
Unten, Vorne und Hinten, Rechts und Links. Die nektarsuchenden Hummeln, denn auf diese sind die genannten Blumen ausgelegt, können nur auf
eine einzige Art und Weise hineinkriechen, genauso wie der Bau einer Garage
ihre einzig sinnvolle Benutzung vorschreibt. Wo aber ist die Hummel beim
»Ausparken« aus einer Taubnesselblüte mit Pollen bepudert? Nur in einem
kleinen Bereich der Mittellinie ihres Rückens, zwischen den Flügelansätzen.
Im Gegensatz zu den radiären Schalenblumen mit ihrem üppigen Kranz von
Staubgefäßen sind bei den zygomorphen Lippen-, Rachen- und Fahnenblumen die wenigen Staubbeutel so angeordnet, daß sie das Tier nur an einer genau definierten Stelle belegen. Da durch die zygomorphe Gestalt der Blüte das
Verhalten des Besuchers auf den Millimeter genau vorgeschrieben ist, kann der
kostbare Pollen sparsam produziert und angebracht werden, zudem oft an
einer schlecht abputzbaren Stelle. Ein so knauserig bemessener und so eigen-
nützig »hinter dem Rücken« angebrachter Pollen kann kaum mehr zum Blütenbesuch verlocken, doch dafür fließt bei derartigen zygomorphen Blüten, in
unserer Flora vor allem bei Lippen- und Rachenblütlern sowie Hülsenfrücht-
lern, der Nektar oft um so reichlicher. Dieser aber ist, wie schon gesagt, nicht
kostbares Erbgut, sondern »nur« süßer Energiespender, der den Tieren Kraft
für den Flug spendet, ohne die Pflanze viel zu kosten.

Bisher war nur von Bienen und Hummeln, von Nektar und Pollen die Rede,
und daran ließen sich bereits viele blütenökologische Prinzipien aufzeigen. Es
gibt jedoch außer den weltweit bedeutendsten Lockmitteln Nektar und Pollen
eine Fülle weiterer Beweggründe für den Blütenbesuch, und das Spektrum der
Blütenbesucher reicht von winzigen Fransenflüglern und Pilzmücken über
viele Insekten- und Vogelgruppen bis hin zu Säugern wie Beutelmäusen, Blu-
menfledermäusen und sogar Lemuren. Viele dieser Phänomene sind Entdek-
kungen blütenökologischer Feldforschung der allerletzten Jahre, so daß diese
Wissenschaft, über die man in den zwanziger Jahren schon einmal die Akten

schließen wollte, heute produktiver ist denn je, vor allem in den tropischen Lebensräumen.

Bauplan, Gestalttyp und Stil

Der Blütenökologe muß äußerst vernetzt denken und beim Betrachten einer Blüte auch Verbreitung und Lebensraum, Blühverhalten und Lockmittel der Pflanze sowie ihre verwandtschaftliche Stellung, vor allem aber den Bestäuber und sein Verhalten in Betracht ziehen. Die Blüte als höchste Ausdrucksform pflanzlichen Lebens ist also bestimmt von geographischen, ökologischen, phänologischen, systematischen und außerdem zoologisch-verhaltenskundlichen Faktoren. Entsprechend schwer ist ein einfacher Einstieg zu finden. Die Schwierigkeit beginnt bei den Gliederungsmöglichkeiten der Vielfalt der Blumentypen, und so werden seit dem letzten Jahrhundert mehrere Systeme nebeneinander benutzt. Die Zusammenfassung von Pflanzen mit ähnlich aufgebauten Blüten zu Gattungen, Familien etc. ist Gegenstand der botanischen Systematik und wurde bereits im Kapitel »Die Blüte« ausführlich besprochen. Sie trägt zur Blütenökologie den *Bauplan* (Grundplan) bei, an den jede Blüte aufgrund ihrer Verwandtschaft gebunden ist. Der Grundplan der Kreuzblütler schreibt z.B. unausweichlich vier untereinander nicht verwachsene, radiär kreuzförmig gestellte Blütenblätter und sechs Staubblätter vor, der der Lippenblütler dagegen fünf zu einer meist stark zygomorphen Krone verwachsene Blütenblätter und vier Staubblätter. Einige Pflanzenfamilien (z.B. Hahnenfuß- und Rosengewächse) haben, was die Zahl der Elemente angeht, eine große Vielfalt von Blütenformen, bei anderen wieder läßt der starre Bauplan kaum Abweichungen zu, und bei der Unterklasse der Asteridae erstreckt sich ein und derselbe Grundplan sogar über zahlreiche, große Pflanzenfamilien. So ließen sich mit der Blütenformel $K(5) [C(5) A4] G(\underline{2})$ fast alle Lamiaceae, Scrophulariaceae, Bignoniaceae, Gesneriaceae, Acanthaceae und Verbenaceae beschreiben, insgesamt wohl über 20000 Arten. (Beispiele für Blütenformeln finden sich ab Seite 257.) Trotz ihres durchgehend gleichen Bauplans gehören jedoch die genannten Familien zu den blütenökologisch diversesten des Pflanzenreichs, denn der durch die Systematik diktierte Grundplan wird durch Gestalt- und Stilmerkmale virtuos variiert und der ökologischen Ausrichtung angepaßt.

Gestalttypen, die sich durch ihre bildhaften Benennungen meist selbst erklären, sind unter den radiären Blumen die Scheiben- und Schalenblumen,

schirmförmige und Köpfchenblumen, Bürsten- und Pinselblumen, Glocken-
und Röhrenblumen. Zygomorphe Gestalttypen sind Fahnen-, Lippen- und
Rachenblumen. Die Gestalttypen sind wohlgemerkt vom Grundplan ziemlich
unabhängig, und der Typ der Glockenblume als Beispiel findet sich selbstverständlich bei den beliebten blauen Glockenblumen der Gattung *Campanula*,
aber ebenso bei den Küchenschellen (*Pulsatilla*, Hahnenfußgewächse) und
den Kaiserkronen und Schachbrettblumen (*Fritillaria*, Liliengewächse), also
Verwandtschaftsgruppen, die sich systematisch nicht ferner stehen könnten.
In gleicher Weise gibt es Blumen aus schirmförmigen Blütenständen nicht nur
bei Doldenblütlern (Apiaceae=Umbelliferae), sondern auch bei Kreuzblütlern (z.B. *Cardaria, Iberis*), Baldriangewächsen *(Valeriana, Centranthus)*,
Geißblattgewächsen *(Sambucus)*, Lippenblütlern, Korbblütlern und vielen anderen. Auch Röhrenblumen als Anpassung an die langen Mundwerkzeuge
(Rüssel und Schnäbel) von Nachtfaltern und Kolibris sind nicht auf die Pflanzenfamilien mit verwachsener Krone, die »Tubifloren«, beschränkt: Vielmehr
verhilft sich z.B. ein Teil der so bescheidenen Nelkengewächse unter Zuhilfenahme der verwachsenen Kelchblätter zu edlen, duftenden Nachtfalterblumen
mit langer, aber »geschummelter« Röhre. Und bei bestimmten Fuchsien und
Passionsblumen der Anden sitzen die unverwachsenen Blütenblätter einer aus
Kelch und Blütenboden gebildeten Röhre auf, die fingerlang werden kann.

Den Bauplan einer Blüte, darstellbar durch Blütenformel und Blütendiagramm, kann die klassische »Herbar-Botanik« völlig losgelöst vom Bestäuber
betrachten. Bei unserem kurzen Blick auf die Gestalttypen jedoch kam schon
zwangsläufig der Blütenbesucher ins Spiel. Völlig vom Tier bestimmt ist jedoch der »Stil« der Blumen, also jene Merkmale, die z.B. eine Art als Bienen-
blume, eine nahe Verwandte bei gleichem Bauplan und gleichem Gestalttyp
jedoch als Kolibriblume ausweisen. Ebenso wie ein Kenner bestimmte kunst-
historische Stilmerkmale in so grundverschiedenen Dingen wie Malerei, Bild-
hauerei oder Musik wiederfindet, erkennt der Blütenökologe Stilprägungen
von Bienen-, Fliegen-, Vogel- oder Fledermausblumen bei Vertretern der
verschiedensten Verwandtschaftsgruppen der Blütenpflanzen, weitgehend
unabhängig von den »Ausgangsmaterialien« Bauplan und Gestalt. Die Stilmerkmale betreffen z.B. Farbe, Duft und Aufblühzeit und sind weitgehend
auf die Sinneswelt der angesprochenen Tiere abgestimmt.

So blühen die in unserer Flora so wichtigen Bienenblumen meist gelb oder
in allen Tönen von rosa über violett bis zum leuchtenden Blau, seltener weiß,

aber nie grellrot oder grün. Das Aufblühen erfolgt morgens, und die Düfte, soweit vorhanden, sind »blumig« und angenehm, auch für uns. Vom Klatschmohn einmal abgesehen, gibt es bei uns jedoch keine knallroten Blumen, denn die Bienen sind für diese für uns so reizintensive Farbe blind. Dafür weisen viele Blumen, übrigens auch der Klatschmohn, Farbmuster im ultravioletten Bereich (UV) auf, was wiederum für unser Auge unsichtbar ist. Durch diese Fähigkeit der Bienen, das ultraviolette Licht als Farbe zu sehen, verschieben sich auch alle anderen Farbwahrnehmungen: Viele gelbe Blumen sind z. B. für Bienen zweifarbig kontrastiert, da sie für uns unsichtbare UV-Muster aufweisen, und ein blühender Apfelbaum ist für die Honigbiene eine leuchtend blaugrüne Pracht auf einer grauen Wiese.

Die angenehmen Düfte der Bienenblumen locken die Tiere nicht etwa, wie oft geglaubt, von weither herbei, das tun höchstens auf Sichtweite die Farben. Der Duft dient vielmehr der Nahorientierung und der Verankerung der gerade besuchten Pflanzenart im Gedächtnis, denn die Bienen sind, wenn es sich lohnt, »blumenstet« (vgl. S. 222). Und daß die Bienenblumen morgens erblühen, wenn auch ihre Bestäuber aktiv werden, erscheint selbstverständlich.

Die Biene haben vorstreckbare Mundorgane, die bei der Honigbiene auf 6 mm ausgefahren werden können, während die dünne, schmale Zunge der bei uns heimischen Blattschneiderbienen, Mauerbienen, Pelzbienen, Wollbienen und Hummeln, je nach Art, ein bis zwei Zentimeter erreichen kann und die Tiere zum Nektartrinken aus tiefen Kronröhren befähigt. Die kleinen Masken- und Furchenbienen dagegen haben nur ganz kurze Zungen, können nur mehr oder weniger offen dargebotenen Nektar erreichen und gleichen darin ihren nächsten Verwandten, den Grabwespen. Sie finden sich auch auf denselben Blumen wie diese, auf Doldenblütlern, Minzen und Korbblütlern, zusammen mit Fliegen der verschiedenen Gruppen. Besondere Anpassungen der Bienen an diese Blüten liegen hier ebensowenig vor wie solche der Blumen gerade an diese Tiere, so daß man hier keineswegs von »Bienenblumen« sprechen kann, auch wenn sich daran Vertreter der Bienen tummeln. Schönste Bienenblumen unserer Flora sind jedoch Rittersporn, Eisenhut, Veilchen, Wicke, Fingerhut, Salbei und Taubnessel. Gerade bei den letzteren macht es Freude, die Hummeln beim Blütenbesuch zu beobachten, da die Form der Blüte einen genauen Abguß des Hummelkörpers darstellt und von einer intimen ökologischen Beziehung zwischen Pflanze und Tier zeugt.

Dem aufmerksamen Leser mag aufgefallen sein, daß zur Illustration der

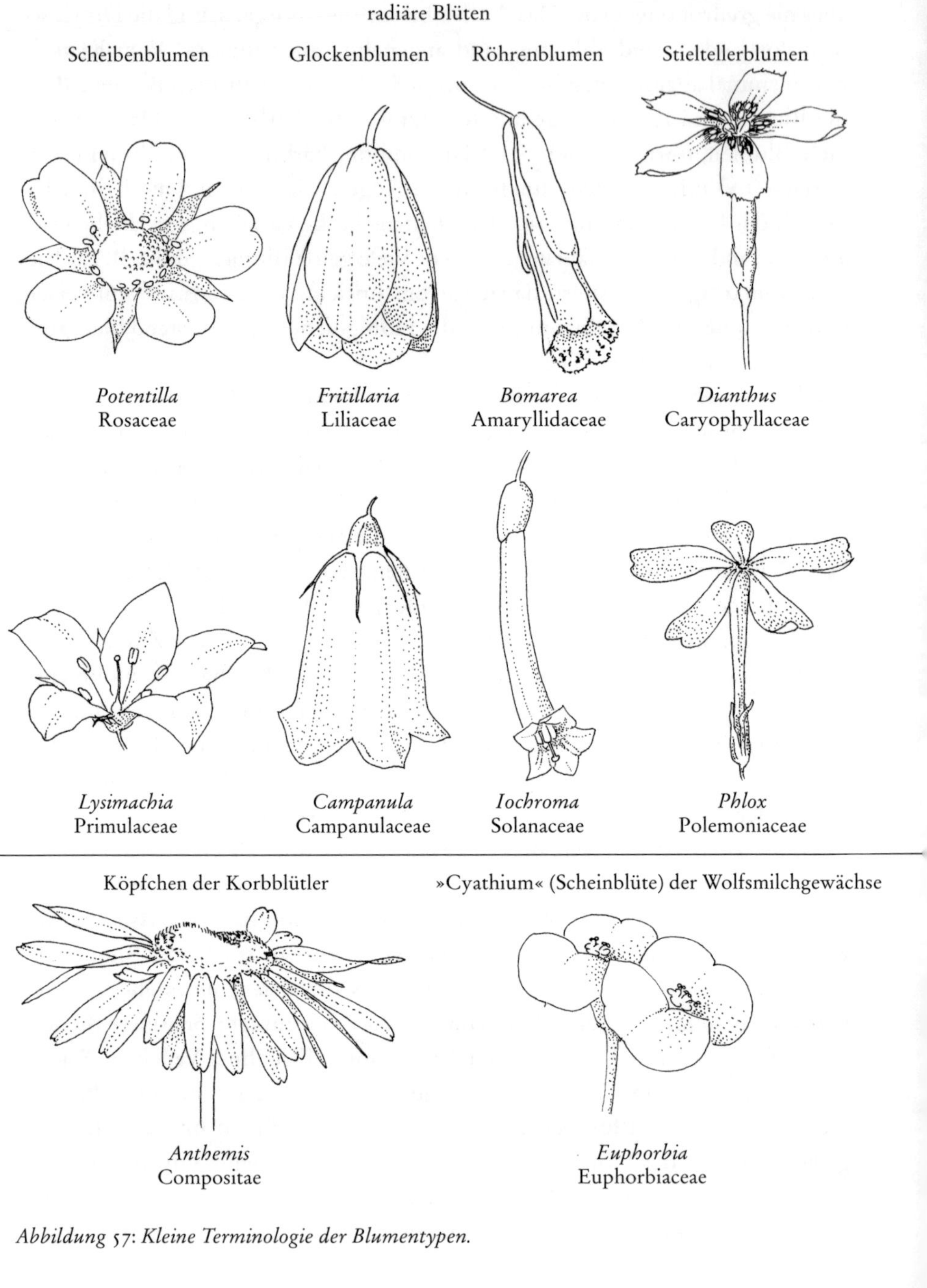

radiäre Blüten

Scheibenblumen Glockenblumen Röhrenblumen Stieltellerblumen

Potentilla
Rosaceae

Fritillaria
Liliaceae

Bomarea
Amaryllidaceae

Dianthus
Caryophyllaceae

Lysimachia
Primulaceae

Campanula
Campanulaceae

Iochroma
Solanaceae

Phlox
Polemoniaceae

Köpfchen der Korbblütler   »Cyathium« (Scheinblüte) der Wolfsmilchgewächse

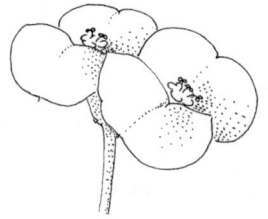

Anthemis
Compositae

Euphorbia
Euphorbiaceae

Abbildung 57: Kleine Terminologie der Blumentypen.

zygomorphe Blüten

Rachenblumen

Fahnenblumen

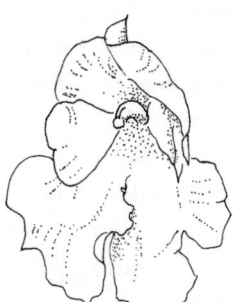

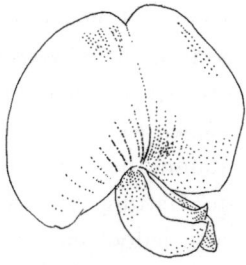

Zeile I:
Blüten mit
freien Kronblättern

Impatiens
Balsaminaceae

Lathyrus
Papilionaceae

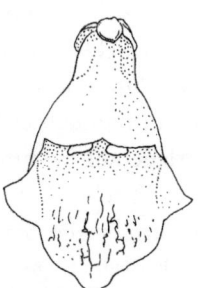

Zeile II:
Blüten mit
verwachsenen
Kronblättern

Digitalis
Scrophulariaceae

Schizanthus
Solanaceae

Kesselfallenblume

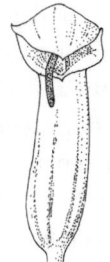

Blütenstände,
die als Einzelblumen wirken

Arisarum
Araceae

Bienen-Blüten-Beziehung schon mehrfach die Hummeln dienten und die
Honigbienen elegant übergangen wurden. Warum wurden nicht zuerst die
Anpassungen der Blüten an den »Universal-Bestäuber«, die Honigbiene, genannt? Die Antwort ist verblüffend: Weil es keine Blume gibt, die an die Honigbiene angepaßt ist! Die Honigbiene *(Apis mellifera)*, wie gesagt eine von
etwa 20000 Bienenarten, wird seit einigen tausend Jahren als Nutztier gehalten
und wurde durch den Menschen weltweit fast überall dort angesiedelt, wo es
Blüten gibt. Ursprünglich stammt sie wohl von den Hängen des Himalaja, wo
noch heute weitere Arten der Gattung *Apis* leben. In Europa und den übrigen
neuen Siedlungsgebieten ist sie jedoch ein ökologischer Fremdling geblieben,
und es gibt buchstäblich keine Pflanze, die besondere Anpassungen an den Besuch durch Honigbienen entwickelt hätte. Umgekehrt weist auch die Honigbiene keine Anpassungen an den Besuch bestimmter Blütentypen auf, wie
viele Arten von »Wildbienen«, sondern befliegt alles, was süß ist, und seien es
die Ausscheidungen der Blattläuse, die den Rohstoff für den »Tannenhonig«
stellen, oder die farbigen Petrischalen des Herrn VON FRISCH. (Der mit dem
Nobelpreis ausgezeichnete Zoologe Karl VON FRISCH hat die Sinnesleistungen
der Honigbiene untersucht, unter anderem auch den Farbsinn, indem er Bienen durch Fütterung an Glasschälchen auf bunter Unterlage auf bestimmte
Farben dressierte.) Für die Honigbiene ist dieses opportunistische Verhalten
von Vorteil: Dank ihrer einzigartigen Lebensweise in mehrjährigen Staaten
kann sie bei entsprechender Witterung von Februar bis Oktober fliegen und
wird im Jahreslauf zwischen Krokus und Efeu mit Hunderten von Pflanzenarten konfrontiert. Auch die völlig fremde Flora Südamerikas oder Australiens macht ihr keine Schwierigkeiten. Das heißt jedoch nicht, daß alle Blüten,
die sie befliegt, auch von ihr bestäubt werden.

Erst in den letzten Jahren hat sich gezeigt, daß der Wert der sympathischen
und nützlichen Honigbiene als Bestäuber weit überschätzt wurde. Wahr ist allerdings, daß in unserer ausgeräumten Kulturlandschaft andere blütenbesuchende Insekten oft kaum noch zur Verfügung stehen. Völlig verfehlt ist es
freilich, mit dem Imker-Slogan »Bienen schützen die Natur« (gemeint sind natürlich Honigbienen) Bienenstöcke sogar in Naturschutzgebieten aufzustellen, weil sonst die Bestäubung der Wildpflanzen nicht gewährleistet wäre. Die
Honigbiene ist nämlich allen heimischen Bienen schon dadurch überlegen,
daß sie durch ihr Übernachten im geheizten Stock bereits bei Morgengrauen
auf »Betriebstemperatur« ist und mit dem Sammeln beginnen kann. Geradezu

verhängnisvoll ist die Nahrungskonkurrenz durch die Honigbiene für viele Wildbienen jedoch deshalb, weil diese im Gegensatz zu jener oft streng an den Pollen bestimmter Pflanzenfamilien oder -gattungen gebunden sind und bei Ausbeutung ihrer Nahrungspflanzen durch »Fremde« nicht auf andere Pflanzenarten ausweichen können, sondern eher lokal aussterben.

Dieser sehr ausführliche Exkurs zu den Bienen mag dadurch gerechtfertigt sein, daß in unserer Flora Bienenblumen so eine überragende Rolle spielen. Daß es daneben auch eine große Zahl von Pflanzen ohne besondere Anpassungen gibt, die einer bunten Gesellschaft kleiner, wenig spezialisierter Insekten etwas bieten und dabei höchst erfolgreich sind, wurde bereits erwähnt. Suchen wir in unserer Flora aber nach hochspezialisierten Insektenblumen, so finden wir sie außer bei den Bienenblumen vor allem bei denen, die sich an Schmetterlinge wenden, und zwar an tag- wie nachtaktive.

Sind schon unter den Bienen viele Vertreter mit recht langen Zungen ausgestattet, so gilt das um so mehr für die Schmetterlinge. Zwar gibt es eine ganze Reihe Falter, die als Vollinsekten (S. 435) keinerlei Nahrung mehr aufnehmen, viele haben jedoch den für Schmetterlinge typischen, langen und extrem dünnen Saugrüssel, der sich in Ruhe uhrfederartig zusammenrollt. Mit diesem können sie Nektar auch aus dem Grunde langer, dünner Röhren gewinnen. Zygomorphe oder hängende Blüten wie die oben erwähnten Hummelblumen sind nichts für sie, lieber nehmen die Tagfalter zum Nektartrinken auf einer waagerechten Plattform Platz. Daher gilt der Gestalttyp der »Stieltellerblume« für Tagfalterblumen als besonders typisch, bei dem sich eine dünne Röhre in einen tellerartig ausgebreiteten Saum fortsetzt. Schöne Vertreter dieses Gestalttyps sind die Nelken, freilich nicht die geschwürartig gefüllte Schnittblumen-Massenware, sondern die Naturformen, etwa die zierliche Heide-Nelke *(Dianthus deltoides)* der Sandtrockenrasen Norddeutschlands, die Karthäusernelke *(D. carthusianorum)* oder auch die Bartnelke der Bauerngärten *(D. barbatus)*. Die erstere bringt die edlen Stieltellerblumen auf langen Stielen einzeln zur Geltung, ebenso die Kornrade *(Agrostemma githago)*, die ebenfalls zu den Nelkengewächsen gehört. Bei der Karthäusernelke stecken die Blüten in einem köpfchenähnlichen Aggregat, es blüht aber meist nur eine zur Zeit. Mehr oder minder synchron erblühen die Blüten im dicken, kugeligen Blütenstand der Bartnelke, und in dieser Masse werden die Stieltellerblumen von den Faltern besonders geschätzt. Die Tiere halten sich lange darauf auf, und man kann beobachten, wie sie mit ihrem haardünnen Saugrüssel in aller Ruhe eine

Blüte nach der anderen entleeren. Überhaupt sind vielblütige Blütenstände für Falter oft von besonderer Attraktivität, gleich ob von doldig ausgebreiteter, kerzenförmiger oder dicht köpfchenförmiger Gestalt. Auch bei dem fernöstlichen, aber in kaum einem Hausgarten fehlenden Schmetterlingsflieder *(Buddleja davidii)* mit seinen vielen bunten Sorten sind die kleinen Stieltellerblumen zu dichten Blütenständen vereint, und ein besonders schönes Beispiel einer Tagfalterblume ist das bei uns als Kübelpflanze gehaltene Wandelröschen *(Lantana camara)*: Die engröhrigen Blüten stehen in einem runden, etwa fünfmarkstückgroßen Köpfchen, die jungen Knospen finden sich in der Mitte und rücken beim Erblühen nach außen. Für den deutschen Namen verantwortlich ist der aparte Farbwechsel der Einzelblüten: So sind die Knospen und jungen Blüten in der Mitte etwa gelb, die älteren am Rande rot, so daß die Blütenköpfchen grundsätzlich zweifarbig sind, je nach Sorte in unterschiedlichen Kombinationen. Die reizende Kübelpflanze findet sich in allen tropischen Weltgegenden verwildert, und von ihrer z. T. problematischen Vitalität war schon auf Seite 20 die Rede. Überall wird die Pflanze von Tagfaltern emsig besucht, und die Tiere lernen bald, daß süßer Nektar nur in den jungen, noch gelben Blüten im Zentrum zu erwarten ist. Die bereits verfärbten Randblüten tragen für das Tier wie für den Menschen zu der harlekinartigen Buntheit der hübschen Pflanze bei, geben sich aber aus der Nähe durch ihren Farbumschlag bereitwillig als leer zu erkennen. Auf diese Weise wird verhindert, daß der Bestäuber durch allzu häufige Frustrationen vergrault wird. (Diese Erklärung mag hergesucht erscheinen, doch spricht das häufige Auftreten derartiger Umfärbungen nektarlos gewordener, »ausgelutschter« Blüten für einen solchen Zusammenhang. Ein — allerdings bienenblütiges — Beispiel aus Europa ist die Roßkastanie, *Aesculus hippocastanum*, bei der lediglich die jungen Blüten mit gelbem Saftmal Nektar bieten, nicht aber die alten mit roter Zeichnung.)

Von den Tagfalter- zu den Nachtfalterblumen ist nur ein kleiner Schritt, und wir können gleich zu den Nelkengewächsen zurückkehren: Schon in der Gattung *Dianthus* selbst gibt es neben den oben genannten, roten Tagfalterblumen solche, die sich des Abends öffnen, mit ihren blassen Farben noch im letzten Dämmerlicht zu sehen sind und im abendlichen Sommergarten einen betörenden Duft verströmen. Eine heimische Art dieses Typs ist die heimische *Dianthus superbus*, im Mittelmeergebiet mag man *D. monadelphus* und anderen weißblühenden, nächtlich duftenden Nelken begegnen. Da diese Beispiele ein und derselben Gattung angehören, weisen ihre Blüten selbstverständlich denselben Bauplan auf: K(5) C5 A5+5 G(2), und auch der Gestalttyp der Stieltellerblume ist allen gemein. Lediglich der blütenökologische Stil unterscheidet die tagfalterblütigen von den für Nachtfalter vorgesehenen Arten. Tagfalterblütige Arten erblühen morgens und sind lebhaft rotgefärbt, nachtfalterblütige erblühen abends und weisen eine helle Farbe, einen stärker zerteilten Umriß und einen starken Duft auf.

Weitere Vertreter des nachtfalterblütigen Stils finden sich unter den nahen Verwandten der Nelken z.B. in der großen Gattung *Silene* (Leimkraut, Lichtnelke), die neben unscheinbaren einjährigen Unkräutern auch solche mit edlen, weißen, nächtlich duftenden Blüten enthält (*Silene alba, S. nutans, S. noctiflora*, in Südeuropa *S. paradoxa*). Einige dieser Arten sehen bei Tage verwelkt und blütenlos aus. Mit seinen vielen rosa Blüten auch bei Tage ansehnlich ist das Seifenkraut *(Saponaria officinalis)*, dessen saponinhaltige Wurzel früher zum Wäschewaschen benutzt wurde. Mit langen Ausläufern im Schotter kriechend, begleitet es zusammen mit Roßminze *(Mentha longifolia)* und Schaumkresse *(Cardaria draba)* die Bahnstrecken nach Ost- und Südosteuropa. Wer die Pflanze trotz ihres Wucherns im Garten hält, kann sich abends an dem starken Parfüm freuen und wird vielleicht die große Ähnlichkeit mit der nordamerikanischen Gattung *Phlox* bemerken. Grund dafür ist die Ausrichtung beider auf dieselbe Bestäubergruppe, gleicher Gestalttyp (Stieltellerblumen, zu halbrunden Blütenständen zusammengefaßt) und der gleiche blütenökologische Stil. Dabei haben die beiden Pflanzen verwandtschaftlich nichts miteinander zu tun (*Phlox* gehört der Familie der Polemoniaceae, der Sperrkrautgewächse an), und ihren Blüten liegen daher ganz verschiedene Baupläne zugrunde, was die blütenökologische Konvergenz nur noch eindrucksvoller macht.

Weitere teils altmodische, teils moderne Gartenzierpflanzen des gleichen Typs sind z.B. Levkojen, Silbertaler, Nachtviole, Jelängerjelieber, Ziertabak, Petunien und die als prachtvolle Kübelpflanzen beliebten Engelstrompeten der Gattung *Brugmansia*. Trotz Zugehörigkeit zu den verschiedensten Familien und völlig unterschiedlichen Bauplänen und Gestalttypen zeigen all diese Gartenpflanzen durch abendliches Öffnen, meist helle Farben und betörenden Duft den Stil der Nachtfalterblume. Ein Teil der Faszination der Blütenökologie liegt darin, daß sich Pflanzen verschiedenster verwandtschaftlicher und geographischer Herkunft bei gleichem ökologischem Stil erstaunlich ähnlich werden können (Konvergenz), während andererseits oft innerhalb einer Gat-

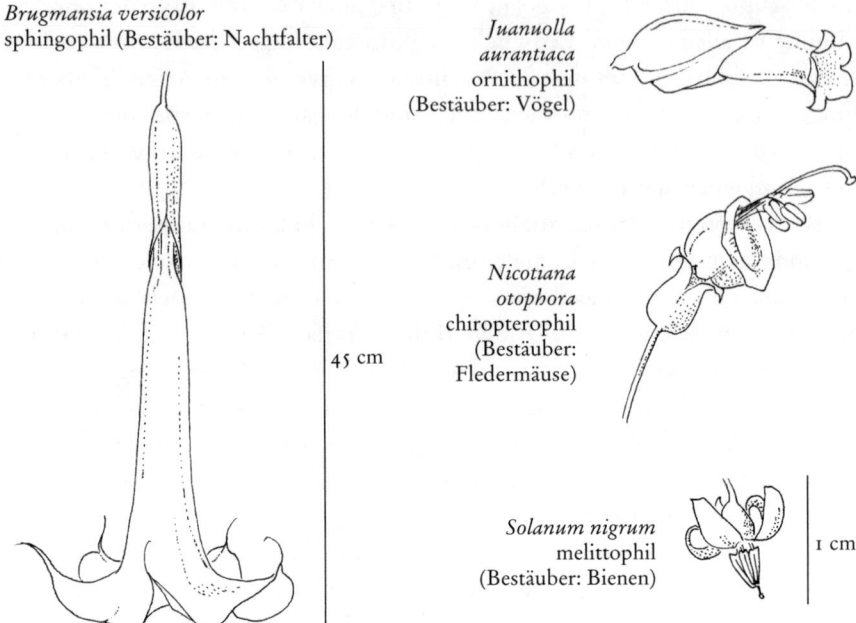

Brugmansia versicolor
sphingophil (Bestäuber: Nachtfalter)

Juanuolla aurantiaca
ornithophil
(Bestäuber: Vögel)

Nicotiana otophora
chiropterophil
(Bestäuber:
Fledermäuse)

45 cm

Solanum nigrum
melittophil
(Bestäuber: Bienen)

1 cm

Blütenökologische Divergenz.
Alle vier Pflanzen sind Nachtschattengewächse und haben das gleiche Blütendiagramm; die Blütenformen sind jedoch sehr vielfältig, aufgrund der Anpassung an verschiedene Bestäuber.

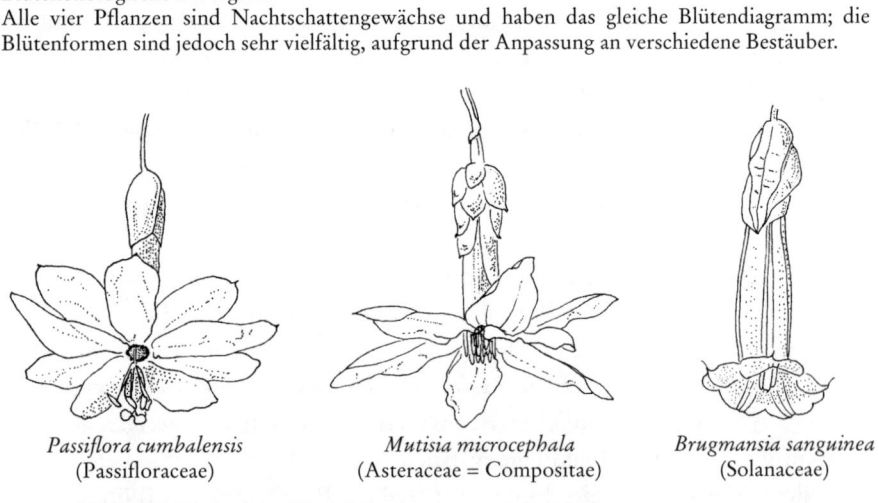

Passiflora cumbalensis
(Passifloraceae)

Mutisia microcephala
(Asteraceae = Compositae)

Brugmansia sanguinea
(Solanaceae)

Blütenökologische Konvergenz.
Kolibriblumen aus den hohen Anden. Die Pflanzen sind nicht miteinander verwandt, doch die Anpassung an den gleichen Bestäuber führt zu großer Ähnlichkeit der Blütenformen.

Abbildung 58: Blütenökologische Konvergenz und Divergenz.

tung, also bei nächster Verwandtschaft und gleichem Bauplan, die verschiedensten Stiltypen verwirklicht sein können (Divergenz).

Betrachten wir mit kundigem Auge die Sommerblumenrabatten einer anspruchsvolleren Parkanlage, so begegnet uns ein weiterer Stiltyp: Unverzichtbar für jede Sommerblumenpflanzung ist *Salvia splendens*, der man kaum ihre Zugehörigkeit zur großen Gattung Salbei zutrauen möchte. Die röhrenförmigen Blüten sind ebenso wie die Hochblätter des Blütenstandes grellrot, und der Saum der Blüte hat keine Ober- und Unterlippe, wie sie sich bei den bienenblütigen Verwandten finden. Weitere leuchtend rote Farbkleckse in den Rabatten sind vielleicht Bartfaden (*Penstemon*, nahe mit unserem Fingerhut verwandt), Zigarettenblümchen *(Cuphea)* oder die »Korallenfuchsien«, etwa die Sorten »Gartenmeister Bonstedt«, »Göttingen« oder »Koralle« (S. 371), die ihr glühendes Rot von der Art *Fuchsia triphylla* aus der Karibik geerbt haben. So sehr diese Pflanzen auch mit ihrem Rot unser Auge erfreuen, Duft hat keine von ihnen. Und noch eines ist ihnen gemeinsam: Ihre Wildformen stammen aus dem tropischen Amerika. In der Tat führt uns die Suche nach rein roten Blumen meist nach Süd- und Mittelamerika. Diese sind nämlich Vogelblumen, denn in der neuen Welt sind neben den Insekten die Kolibris eine wichtige Bestäubergruppe. Die Standardfarbe der Kolibriblumen ist aber gerade die, für die die meisten Insekten blind sind. Das Farbsehvermögen etwa der Honigbiene beginnt bei einer Wellenlänge von etwa 350 Nanometer (millionstel Millimeter, abgekürzt nm), also im Bereich des für uns unsichtbaren ultravioletten Lichtes. Allerdings endet es schon bei etwa 650 nm, also im orangen Bereich, so daß nie eine Biene etwas von leuchtendem Rot erfahren wird. Für die Vögel wie für uns Menschen ist dagegen Rot die reizintensivste Farbe, was z. B. in der Wirkung roter Früchte auf beide Gruppen zum Ausdruck kommt. In Europa und dem gemäßigten Asien gibt es jedoch keine blütenbesuchenden Vögel, und wir dürfen daher nicht erwarten, daß sich Blumen in eine für die hiesigen Bestäuber mausgraue Farbe kleiden. Wir wissen ja schon, daß die Bienen auch vom Klatschmohn nicht das unvergleichliche Rot, sondern nur das für uns unsichtbare Ultraviolett sehen.

Zu den Stilmerkmalen der Vogelblumen gehört auch das Fehlen von Duft, denn die Vögel sind weltweit überwiegend Augentiere, und die wenigsten verfügen über einen nennenswerten Geruchsinn. Der Nektar der Vogelblumen fließt reichlich, ist aber von geringerer Konzentration als der der Bienenblumen. Diese Tatsache und die für Insekten unsichtbare Farbe wird von Ökologen als ein deutliches »Besuch durch Bienen unerwünscht« gedeutet. Eine weitere kleine stiltypische Schikane gegen Bienen ist die oft abstehende oder hängende Orientierung vieler Kolibriblumen und das ausdrückliche Fehlen einer Festhalte- und Landemöglichkeit, die die beim Nektartrinken vor der Blüte schwirrenden Kolibris ja nicht benötigen, wohl aber die Bienen.

Kolibris gibt es übrigens nicht nur im brasilianischen Regenwald, sondern die fliegenden Edelsteine bewohnen auch den Trockenbusch Mexikos, das naßkalte Patagonien und den schneegekrönten Chimborazo bis in 4500 Meter Höhe. Einige Arten wandern sogar als Zugvögel entlang den Rocky Mountains bis hinauf nach Kanada. So kommt es, daß in Nordamerika viele auch bei uns vertretene Pflanzengattungen der kalt-gemäßigten Zone teilweise in ungewohnter, vogelblütiger Tracht daherkommen. Die Gattungen *Delphinium*, *Aquilegia*, *Ribes*, *Mimulus*, *Salvia*, *Stachys* und andere haben dort neben den für uns normal erscheinenden bienenblütigen auch rote, kolibriblütige Vertreter. Besonders interessant ist die »Kupfer-Iris« *(Iris fulva)*, die die Ufer des Mississippi in den Bundesstaaten Louisiana und Georgia bewohnt und der einzige vogelblütige Vertreter eines sonst durch und durch bienenblütigen Geschlechts ist. Allerdings fehlt der Gattung *Iris* die Fähigkeit zur Bildung des Stoffes Pelargonidin, der oft für das reine Rot verantwortlich ist. Die Kupferiris kommt daher über ein mehr oder weniger gelungenes trübes Braunrot nicht hinaus.

Kolibris gibt es nur in der neuen Welt, Vogelblumen und andere Blumenvögel jedoch auch in Afrika, Asien, Australien und den Inseln im Pazifik. Auf dem schwarzen Kontinent, vor allem in Südafrika, sind viele Arten an Bestäubung durch Nektarvögel angepaßt, z.B. die bekannte Gattung *Aloe*, die »Brutblätter« der Gattung *Kalanchoe*, die Proteen (Bild 1, S.36) und unzählige, groß- und schönblühende *Erica*-Arten des Kaplandes. In Australien ernähren sich die im Blütenbesuch etwas rüpelhaften Lori-Papageien und die Honigfresser von Blütenprodukten, und hier prangen die Vogelblumen neben Rot in den schrillsten, teilweise metallischen Farben einschließlich Blaugrün und Schwarz. Die meisten Arten der Kleidervögel Hawaiis, ebenfalls hochangepaßte Blütenbesucher, wurden dagegen kurz nach der Entdeckung ausgerottet, aber ihre Blumen sind noch vorhanden. Auch auf den Kanarischen Inseln gibt es heute keine Nektarvögel mehr, doch künden einige dort einheimische, wunderschöne Vogelblumen wie die orange »Kanarenglocke« *(Canarina canariensis)* von der einstigen Beziehung.

Für einen weiteren blütenökologischen Stiltyp müssen wir ebenso weit in die Ferne schweifen, mindestens jedoch bis in den Samenfachhandel, wo die Krallenwinde *(Cobaea scandens*, Foto S. 460) regelmäßig im Angebot ist. Aus den großen Samen keimen raschwüchsige Sämlinge mit riesigen Keimblättern und nach Art der Wicken gefiederten Blättern mit verzweigten, krallenartigen Endranken. Nach den Eisheiligen wird die eigenartige Südamerikanerin ausgepflanzt, und falls Boden und Wetter mitspielen, erscheinen ab Juli die großen, steifen, glockenförmigen Blüten, die an langen Stielen aus dem Laub ragen. Sie öffnen sich abends in einem geisterhaft blassen Grün, um sich tags darauf trübviolett umzufärben. Groß sind auch die Staubgefäße und die Menge des etwas schmierigen Pollens. Der eigenartige Duft hat nichts mit dem betörenden Parfüm der Nachtfalterblumen gemein, sondern erinnert eher an Kohl oder frisch angerührten Gips. Es handelt sich um eine *Fledermausblume*. In den Tropen der alten wie der neuen Welt sind aus je einer Gruppe von Fledermäusen Blütenbesucher hervorgegangen, und einige der amerikanischen Blumenfledermäuse stehen in der Eleganz des Blütenbesuchs den Kolibris kaum nach, zumal auch sie vor der Blüte schwirren können. Die charakteristischen Stilmerkmale der Fledermausblumen sind: Erblühen abends, Blüten von mehr oder weniger plumper Gestalt und grünlicher, bräunlicher oder trübvioletter Farbe, oft mit Sprenkeln. Nektar und Pollen erzeugen diese Blumen in großen Mengen. So wie sie aussehen, so duften sie auch: fade, nach Kohl oder anderem Gemüse, nach Obst oder Hefe, nicht aber abstoßend nach Aas oder Kot, denn auch solche Düfte werden uns noch begegnen. Hinzu kommt eine Besonderheit, die mit der Orientierung der Fledermäuse zusammenhängt: Bekanntlich fliegen die Tiere kaum nach Sicht, sondern bedienen sich einer faszinierenden Peilung nach Art des Echolots. Einem solchen »Raumhören« muß aber eine im Blätterwerk sitzende Blüte entgehen, weshalb die Blüten der Fledermausblumen an langen Stielen in den Flugraum hinausragen oder auch, im Falle größerer Gehölze, an z. T. meterlangen, schnurartigen Blütenständen aus der Krone herabhängen.

Die Stilmerkmale der Fledermausblumen entsprechen also zugegebenermaßen nicht unbedingt dem Ideal des lieblichen Blümchens der Romantiker, sondern muten teilweise recht surrealistisch an. Der Blütenökologe jedoch ist begeistert, daß die Blumen intime Beziehungen nicht nur zu zahlreichen Gruppen von Insekten oder Vögeln angeknüpft haben, sondern sogar zu in der Lebensweise so hochspezialisierten Tieren wie den Fledermäusen.

Allerlei Betrügerei

Bei den genannten Bienen-, Falter-, Vogel- und Fledermausblumen gilt bei aller Verschiedenheit der Bestäuber stets das klassische und grundehrliche blütenökologische Prinzip »Nahrung gegen Bestäubung«. Es gibt allerdings unter den insektenblütigen Pflanzen auch nicht wenige Fälle von vorsätzlichem Betrug, also mit lockenden Signalen prangende Blüten ohne Nektar oder sammelbaren Pollen, die sogenannten *Täuschblumen*. Da wir es aber mit lernfähigen Tieren zu tun haben, werden solche (Ent)täuschblumen nach wenigen Versuchen gemieden, und der Befruchtungserfolg solcher Arten hängt dann allein von den unerfahrenen Anfängern ihrer Zielgruppe ab, bis auch diese Bescheid wissen. Daher ist es ein unabdingbares Los der Täuschblumen, selten zu sein. Denn bei Blumen wie bei Menschen gilt für Betrugsgeschäfte das gleiche Gesetz: Die Betrüger dürfen nur eine Minderheit sein, die in der Masse der ehrbaren Vorbilder verschwindet. Werden sie zu zahlreich und die mit ihnen gemachten schlechten Erfahrungen zu häufig, kommt das ganze Gewerbe in Verruf, und der einmal geprellte Kunde meidet die falschen wie die echten Anbieter.

In raffinierter Mannigfaltigkeit findet man Nektartäuschblumen gerade in der hochrenommierten Familie der Orchideen, von deren ca. 23000 Arten vielleicht zwei Drittel nach dem Prinzip der Nektartäuschblume funktionieren. Vielleicht auch deswegen sind viele Orchideen in ihren Lebensräumen selten. Auch unsere Knabenkräuter (Gattungen *Orchis* und *Dactylorhiza*), die teilweise in Massen unsere Trockenrasen oder Sumpfwiesen zieren können, sind nektarlos und verdanken ihren spärlichen Fruchtansatz den noch unerfahrenen Hummeln.

Eine andere Klasse von Täuschblumen verdient jedoch erwähnt zu werden, obwohl sie eine zahlenmäßig verschwindend kleine Gruppe im weltweiten blütenbiologischen Geschehen darstellt. Von ihren geradezu durchtriebenen Methoden geht eine düstere Faszination aus: Nektar und verwertbaren Pollen bieten sie nicht, und sofern es sich bei ihren Besuchern überhaupt um gewohnheitsmäßige Blütenbesucher handelt, mögen deren Ernährung andere, ehrlichere Pflanzen übernehmen. Sie täuschen auch keinen Nektarreichtum vor, womit die Gefahr einherginge, entlarvt zu werden, sondern locken mit Reizen, die im weitesten Sinne mit der Geschlechtlichkeit zu tun haben. Auf diesem gefühlvollen Gebiet aber wird man bekanntlich nie aus Schaden klug. Die Blumen dieser Gruppe täuschen nämlich das Eiablagesubstrat oder gar den

Geschlechtspartner vor. Das Auffinden des Partners und die Brutfürsorge sind nämlich bei Insekten in eine Kette von Instinkthandlungen eingepaßt, die auf entsprechende Reize hin »automatisch« ablaufen und überhaupt keinem Lernen zugänglich sind. Daher können hier wiederholte Frustrationen auch nicht zur Abdressur führen wie im Falle der Nektartäuschblumen.

Auch Zierpflanzen unterliegen Modeströmungen. Eine heute seltene Kuriosität der Fensterbänke ist der »Ordensstern« *(Stapelia variegata)* aus der Gegend von Kapstadt (Südafrika). Aus den sukkulenten Trieben erscheinen im Spätsommer relativ große, fünfzackige »Ordenssterne« von eigenartig fleischiger Textur und ockergelb-braun gesprenkelter Farbe, die nicht besonders »blumenartig« wirken. Am interessantesten ist der Duft: Aus der Nähe riechen sie unbestreitbar nach — toter Maus! Etwa anwesende Schmeißfliegen können ob dieses Parfüms nicht anders, als in der Blüte ihre Eier abzulegen und dabei die Bestäubung zu vollziehen, auch wenn die Maden gleich nach dem Schlüpfen Hungers sterben. Dabei ist der Ordensstern der bäuerlichen Wohnzimmer von damals ein bescheidener Vertreter seiner Gattung und längst nicht so faszinierend abstoßend wie einige andere Stapelien: *Stapelia hirsuta* blüht mit 15–20 cm großen Sternen von fleischfarbenem Kolorit, noch größer sind die blassen Blüten von *Stapelia nobilis* und *S. gigantea*. Penetranter Aasgestank und schüttere schwarze Haare auf der runzeligen Blüte vervollkommnen den Eindruck des für Schmeißfliegen unwiderstehlichen Kadavers. Zu den Aasblumen gehört auch die auf S.459 gezeigte *Hoodia*.

Eine andere spektakuläre Aastäuschblume, diesmal aber für Aaskäfer, finden wir in Südeuropa. Viele Blumenfreunde reisen im Frühjahr nach Griechenland, um dort ein Blumenparadies zu erleben, wo im Hochsommer das Land unter halbwüstenartiger Dürre liegt. Häufig ist in Meeresnähe überall »Phidópsomo« (»Schlangenbrot«, *Dracunculus vulgaris*), ein brusthohes Aronstabgewächs mit schlangenartig gezeichnetem Stengel und tief geteilten Blättern. Der imposante Blütenstand blüht nur zwei bis drei Tage. Ein knapp halbmeterlanger, glänzend schwarzer Kolben trägt im unteren Teil kleine männliche und weibliche Blüten und wird von einem ebenso großen, rotbraunen Hochblatt umgeben. Dieses schließt sich um den unteren Teil des Kolbens zu einem etwas bauchig erweiterten Kessel. Der Kolben verbreitet einen auffälligen Aasgestank, und zu unserer Verwunderung finden wir im Kessel zahlreiche, davon angelockte Totengräber-Käfer. Sie haben dort mit mitgebrachtem Pollen die Bestäubung vermittelt und sind mehr oder weniger

gefangen, bis die Blume sie mit neuem Pollen beladen wieder entläßt. Da der
Aasgestank aber den Brutfürsorgetrieb der Käfer anspricht, fliegen sie, am
Gängelband ihrer Instinkte geführt, geradewegs in den nächsten Blütenstand.
Anpassungen der Käfer an den Blütenbesuch sind mitnichten im Spiel,
vielmehr schaltet sich die Pflanze quasi als Parasit in vorhandene Instinkt-
handlungen ein. Denn auch deutsche, mit der Pflanze völlig unbekannte
Totengräberkäfer werden angelockt und stürzen in den Kessel. Die gut faust-
große Knolle läßt sich nämlich an geschütztem Standort, etwa an einer
Südwand, auch hierzulande zur Blüte bringen, und bei üppiger Düngung vermehrt sie sich auch.

Derartige »Kesselfallenblumen« finden sich in der Familie der Aronstabgewächse in großer Fülle, angefangen beim heimischen Aronstab unserer Buchenwälder *(Arum maculatum)*. Außerdem finden wir sie als Konvergenz bei
zwei sehr entfernt stehenden Pflanzengruppen wieder, nämlich bei den Oster-
luzei-Gewächsen (Aristolochiaceae) und in der Familie der Seidenpflanzengewächse (Asclepiadaceae), zu der auch die Ordenssterne gehören, in der Gattung *Ceropegia*. Aus dieser Gattung ist die »Leuchterblume« *Ceropegia
woodii* als reizende Ampelpflanze mit marmorierten, herzförmigen Blättern in
vielen Studentenbuden in Kultur und zeigt fast ganzjährig ihre zierlichen Kesselfallenblumen. Die eigentlichen Geschlechtsorgane am Grunde des Kessels
sind fast mikroskopisch klein und, wie in der ganzen Familie üblich, von sehr
komplizierter Funktion. Winzige Fliegen zwängen sich, von für uns nicht
wahrnehmbaren Düften gezwungen, in den Kessel, und es mutet fast unvor-
stellbar an, wie sie dort, bei aller Enge und Kleinheit der Strukturen, die Bestäubung vermitteln. Sichtbares Resultat davon sind jedoch die im Verhältnis
riesigen, gegabelten Früchte, die sich auch in Kultur zuweilen zeigen.

Schließlich verdient noch die wohl exzentrischste blütenökologische Strategie Erwähnung, die »Sexualtäuschblumen«. Seit Anfang des Jahrhunderts
bekannt und bis heute mit großer Hingabe erforscht ist die Bestäubungsökologie der Orchideengattung *Ophrys*, die mit etwa 50 Arten rund um das Mittelmeer verbreitet ist. Der aus dem Griechischen stammende Gattungsname
bedeutet »Augenbraue«, denn einige Arten weisen braune, samtig oder buschig behaarte Blüten auf. Überhaupt ist die gesamte Farbgebung meist trüb,
und die wenigen, nur fingernagelgroßen Blüten auf vielleicht nur spannenlangen Stielen sind im Gelände sehr leicht zu übersehen. Ihre skurrile Schönheit
offenbart sich erst in der Makroaufnahme, auf der wir, je nach Art, rotbraune

Samtbesätze, blau spiegelnde Flächen, clownsgesichtartig schwarzweiße
Zeichnungen oder mit zwei langen Hörnern geschmückte Stierköpfe erblik-
ken können, auf keinen Fall aber etwas »Blumiges«. Als Blumen wollen die
Blüten auch gar nicht wirken, sondern als verführerische, jungfräuliche Bienenweibchen! Jede *Ophrys*-Art lockt nur die Männchen jeweils ganz bestimmter Arten von Wildbienen an, wenige Arten auch bestimmte Wespen.
Diese Männchen schlüpfen etliche Tage vor den Weibchen und lassen sich
dann von den Blüten narren: Die Blüte sondert Lockstoffe aus, die bei den
Männchen eine erregte Suche nach dem vermeintlichen Weibchen auslösen.
Um so erstaunlicher ist diese Wirkung auf die Männchen, als man heute weiß,
daß es sich bei den Blumendüften um ganz andere chemische Substanzen handelt als bei den Sexuallockstoffen der Bienenweibchen. Die Wirkung ist
äußerst spezifisch, so daß jede *Ophrys*-Art aus der Vielzahl vorhandener Insektenarten nur jeweils eine oder wenige Bienenarten anspricht. Auf Sichtweite herangekommen, stürzt sich das erregte Insekt auf das vermeintliche
Weibchen, auch wenn für unser Auge teilweise nur mäßige Ähnlichkeit zwischen Original und Attrappe besteht. Aber sogar in der Behaarung entsprechen sich Blüte und Weibchen so weit, daß die getäuschten Männchen
verzweifelt, doch manchmal minutenlang, mit der Blüte zu kopulieren versuchen, wobei sie die Pollenpakete der Orchidee an eine jeweils genau »berech-
nete« Körperstelle geheftet bekommen. Erst vor dem Samenerguß bricht die
Instinkthandlung jäh ab, und auch bei diesem Detail ist der biologische Sinn
offenbar: Der Freier soll ja auch auf die nächste Blüte noch »heiß« sein und
den Pollen dort abliefern.

Versprengte Arten der Gattung *Ophrys* sind übrigens auch nach Mitteleuropa, teilweise bis nach Schweden vorgedrungen, wo sie ein Reliktdasein auf
den Kalkhalbtrockenrasen führen, sofern man sich diese historische Wirt-
schaftsform noch leistet (vgl. S. 152). Einige finden auch hier ihre Bestäuber.
Der hübschen Bienen-Ragwurz *(Ophrys apifera)* jedoch ist der Bestäuber offensichtlich nicht gefolgt oder abhanden gekommen, und diese Art kann sich
nur durch sonst bei den meisten Orchideen verpönte, notorische Selbstbestäubung am Leben erhalten.

Die geradezu skandalöse Bestäubung per Pseudokopulation ist übrigens
nicht auf die Ragwurze beschränkt, sondern findet sich konvergent auch in
Australien und in Südamerika, immer aber in der Familie der Orchideen. Die
genarrten Bestäuber der australischen Hammerorchidee *Drakaea* sind große

Rollwespen, die der andinen Gattungen *Telipogon, Trichoceros* und *Stellilabium* sind Raupenfliegen.

...der Wind weht, wo er will

Es ließen sich mühelos noch weitere kuriose Beziehungen zwischen Blüte und Bestäuber anführen, grundsätzlich wurde jedoch bis hierher vorausgesetzt, daß überhaupt Tiere zum Pollentransport in den Dienst genommen wurden. Ein Gegenstück zu allen tierblütigen stellen jedoch die windblütigen Pflanzen dar, die im täglichen Leben vor allem in der Pollenflugvorhersage für Allergiker auftauchen. Wir erinnern uns: Bei den insektenblütigen Pflanzen gibt es einen Trend zur Präzisierung der Pollenübertragung, z.B. durch Zygomorphie, die dann eine wesentlich sparsamere Produktion von Blütenstaub ermöglicht. Das Gegenteil ist bei Windblütigen der Fall. »Der Wind weht, wo er will...« (Evangelium des Johannes 3,8) und läßt sich durch keine optischen und geruchlichen Raffinessen von einer Blüte zur nächsten schicken. Dafür hat er unter Umständen eine größere Reichweite, und die Strategie der Windblütigen ist es, zur Blütezeit die Luft mit Pollen zu schwängern und darauf zu vertrauen, daß ein Teil der Pollenkörner an einem vielleicht weit entfernten Ort auf eine entsprechende Narbe trifft.

Soll dies in ausreichendem Maße funktionieren, müssen allerdings einige Voraussetzungen erfüllt sein, die z.T. das Gegenteil der Verhältnisse bei tierbestäubten Pflanzen darstellen: Waren die Pollenkörner dort durch einen Überzug von »Pollenkitt« klebrig, um gut am Bestäuber zu haften, muß der luftreisende Pollen trocken und rieselfähig sein. Sind die Staubgefäße bei tierblütigen Pflanzen oft in der Kronröhre eingeschlossen und verborgen, so ist bei Windblütigen all das beseitigt, was ein freies Herumstreichen des Windes um die Staubbeutel behindern könnte. Bunte Kronblätter, also das, was in der Regel die Blüte zur Blume macht, sind bei windblütigen Pflanzen eher hinderlich und daher winzig klein oder oft auch spurlos verschwunden. Nur der Botaniker kann dann aus dem Zusammenhang schließen, daß sie einmal vorhanden gewesen sein müssen. Außerdem hängen die Staubbeutel oft an langen, schlaffen Staubfäden aus der Blüte heraus wie z.B. bei unseren Gräsern oder der »Pimpinelle«, dem Kleinen Wiesenknopf *(Sanguisorba minor)*. Viele Windblütige haben getrenntgeschlechtliche Blüten, und die männlichen Blüten finden sich dann oft in schlaff herabbaumelnden Kätzchen, aus denen jeder Windstoß Wolken von Pollen freisetzt, wie wir es im Vorfrühling an der Hasel beobachten können. Auch die Narben der weiblichen Blüten können nicht windgeschützt in der Blütenhülle eingeschlossen sein, sondern werden exponiert, und meist ist durch fein zerteilte, fiedrige Ausprägung für eine große Oberfläche zum Durchkämmen der pollenführenden Luft gesorgt. Dennoch werden auf diese sorglose Methode selten mehr als eines oder wenige Pollenkörner die Narbe erreichen, und folgerichtig haben die weiblichen Blüten der windbestäubten Pflanzen meist nicht mehr als eine Samenanlage. Welch diametraler Gegensatz zu den Blüten der Orchideen, wo eine einzige präzise Bestäubung — wenn sie denn geklappt hat — Tausende oder gar Millionen von Pollenkörnern überträgt, die eine riesige Zahl von Samenanlagen befruchten können.

Viele unserer Waldbäume sind windblütig (Erle, Birke, Hasel, Hainbuche, Buche, Eiche, Ulme, Esche usw.), und sie alle blühen zur Zeit des Laubaustriebs oder noch eher, wenn der Wind durch die noch kahlen Kronen streichen kann. Bei einer Blütezeit im Sommer würde der Flug der meisten Pollenkörner bereits auf dem nächsten Blatt enden. Bei den Gräsern, die in belaubtem Zustand blühen, sind die pollenverstäubenden Blütenstände auf langen, dünnen Halmen über das windbremsende Niveau der Blätter hinausgehoben.

Die Süßgräser (Poaceae, 9000 Arten) und die Sauergräser (Cyperaceae, 3600 Arten) können als Beispiele großer Pflanzenfamilien gelten, die sich gänzlich durch Windblütigkeit auszeichnen. Als weitere, notorisch windblütige Familien mögen einem die Gänsefuß- und die Fuchsschwanzgewächse einfallen, aber hier treten außerhalb Europas auch Gattungen auf, die mehr oder weniger schöne Blüten haben und von Insekten beflogen werden. Bei den Buchengewächsen (Fagaceae) sind zwar Eiche und Buche windblütig, die Eßkastanie *(Castanea sativa)* wird jedoch durchaus von Insekten besucht. Die heimische Esche jedoch *(Fraxinus excelsior)* ist ein windblütiger Sonderling in der sonst insektenbestäubten Familie der Ölbaumgewächse. Selbst die südosteuropäische »Blumen-Esche« *(Fraxinus ornus)* wird von Insekten besucht, und in Flieder und Jasmin hat die Familie besonders edle, insektenblütige Vertreter. So gibt es in vielen typisch insektenblütigen Pflanzenfamilien einzelne Vertreter, oft sogar nur einzelne Arten aus sonst insektenbestäubten Gattungen, die schönste Anpassungen an Windblütigkeit zeigen *(Thalictrum, Sanguisorba)*. Diese blütenökologische Ausrichtung ist also ebensowenig wie die vorher genannten eine in erster Linie verwandtschaftlich bedingte. Und, um auf die Gräser zurückzukommen: Im Tieflandregenwald Amazoniens blüht *Pariana*

radiciflora mit auffälligen, gelben, duftenden Blütenständen, denn am wind-
stillen Waldboden kann auch ein Gras auf tierische Bestäuber, hier kleine
Fliegen, angewiesen sein. Bei den Sauergräsern gibt es in Mittelamerika insektenblütige Arten der Gattung *Rhynchospora*, die früher aufgrund ihrer auffälligen, weißen Blumen als eigene Gattung *Dichromena* angesehen wurden. Sie
werden von kleinen pollensammelnden Bienen bestäubt.

Diese Beispiele mögen als Hinweis genügen, daß Vertreter vieler Pflanzenfamilien auf unterschiedlichsten Wegen konvergent windblütig geworden
sind. Meist lassen sich bei genauerem Hinsehen Indizien auf eine insektenblütige Vergangenheit der Gruppe finden. Keinesfalls ist also bei den Bedecktsa-
mern´(Angiospermen) die Windblütigkeit der ursprüngliche Zustand, aus dem
sich dann die Insektenblütigkeit als Höherentwicklung ableiten würde. Vielmehr ist die Bestäubung durch den Wind genauso wie die durch Bienen,
Nachtfalter, Kolibris etc. eine unter mehreren Möglichkeiten, die jeweils dort
ergriffen wird, wo der Lebensraum sie anbietet.

Do it yourself

Ein letztes Wort zur Selbstbestäubung: Verwöhnt durch die letzten Seiten,
mag uns die Selbstbestäubung fast als schäbige Entartung vorkommen. Die
Pflanzen jedoch kennen diese Vorbehalte nicht, sondern leben nach dem
Grundsatz: Alles, was nützt, nützt. Viele Pflanzen halten sich bei ausbleibender Fremdbestäubung diese Möglichkeit offen, etwa wo die Bestäuber fehlen
oder wegen miserablen Wetters nicht fliegen können. Oft wird der eigene Pollen auf seinem langen Weg von der Narbe zu den Samenanlagen gehemmt, und
Pollen von einem anderen Klon (vgl. S.367) gewinnt dann das Wettrennen.
Bleibt aber Fremdbestäubung aus, kann auch die Selbstbestäubung schließlich
zu Selbstbefruchtung führen.

Aber die Selbstbestäubung ist durchaus nicht immer die letzte Verzweif-
lungstat vor der Kinderlosigkeit. Nehmen wir das März-Veilchen *(Viola
odorata):* Die dunkelvioletten Blüten sind zygomorph und haben einen Sporn,
der Nektar enthält. Bei schönem Frühlingswetter können wir Hummeln,
Wollschweber und andere Insekten an den Blüten beobachten. Die Staubgefäße produzieren einen lockeren Pollen und halten diesen zwischen sich fest,
bis ein Insekt beim Einführen des Kopfes den hakenförmigen Griffel nach
oben schiebt. Dann werden die Staubgefäße auseinandergespreizt, und Pollen
rieselt auf den Kopf oder Rüssel des Bestäubers. Interessant ist auch die

Narbe. An dieser findet sich eine Klappe aus steifen Haaren, die beim Einfahren in die Blüte herabgeklappt wird, so daß die Narbe mit mitgebrachtem Pollen belegt werden kann. Wenn der Bestäuber nun, mit neuem Pollen belegt, den Rückwärtsgang einlegt, klappt der Haarbesatz zurück und legt sich vor die Narbenfläche, so daß der eigene Pollen nicht auf diese gelangen kann. Wie perfekt hier für Fremdbestäubung gesorgt und Selbstbestäubung verhindert wird! Auch Altmeister SPRENGEL widmete den ausgeklügelten Bestäubungsmechanismen der Veilchen ganze sieben Seiten. Aber Vorsicht: Jedes Veilchen hat vielleicht 5 oder 8 Blüten gleichzeitig, und die Besucher tragen brav den Pollen von einer Blüte zur anderen der gleichen Pflanze. Für diese Art von Bestäubung haben die Blütenökologen den klangvollen Ausdruck *Geitonogamie* (geitonas=gr. »Nachbar«) geprägt. Für die genetische Rekombination hat diese Nachbarbestäubung den gleichen Wert wie die Selbstbestäubung. Und weiter: Da das Märzveilchen sich emsig durch Ausläufer — also ungeschlechtlich — vermehrt, gehen oft alle Veilchen eines Gartens oder Waldrandes auf eine Pflanze zurück und sind ein einziger Klon. Dann ist überhaupt keine Fremdbestäubung möglich.

Aber das Veilchen nimmt es mit dem eigenen Pollen sowieso nicht so genau, im Gegenteil. Nach den schönen violetten Frühlingsblüten bildet das Veilchen eine andere Art von Blüten, die wohl die wenigsten Leser je bemerkt haben: Sie bleiben unter dem Laub versteckt, haben keine Kronblätter, bleiben winzig klein und geschlossen. Es sind *kleistogame* Blüten (kleistós=gr. »geschlossen«, also »Heirat unter Verschluß«), die sich selbst bestäuben. Sie, nicht die auffälligen, sich öffnenden »chasmogamen« Blüten (chásma=gr. »offener Mund«) sind für den Samenertrag der Veilchen hauptverantwortlich. Der Kleingärtner weiß in der Regel nichts davon, daß die reizenden Veilchen, die Kaiserin Josephine und auch GOETHE so geliebt haben, derart »ungenierte« Selbstbestäuber sind, die die schönen lila Blüten eher pro forma und uns zuliebe zu bilden scheinen. Interessant ist auch das seltene Wunder-Veilchen *(Viola mirabilis)* mit seinem Doppelgesicht: Im Frühjahr blüht die Blattrosette mit duftenden, rosalila Blüten, die kaum Früchte bilden; im Sommer recken sich die Sprosse empor und bilden nur winzige, kleistogame Blüten, die aber fruchtbar sind. Der Name soll sich auf diesen Gestaltwandel beziehen, vielleicht aber auch darauf, daß die Pflanze fruchtet, scheinbar ohne vorher geblüht zu haben.

Bei näherem Hinsehen sind nicht wenige Pflanzen unseres Umfeldes Selbstbestäuber, die diese Fortpflanzungsweise nicht nur schamhaft dulden, sondern geradezu kultivieren: Ein winterannuelles Unkraut (vgl. S. 149) der Kompost-plätze und auch der im Winter verwaisten städtischen Blumenkübel ist die Stengelumfassende Taubnessel *(Lamium amplexicaule)*. Ihre kleistogamen Blüten sind so winzig, daß sie in den nur 3 mm großen Kelchen verborgen blei-ben, die gehäuft in den Blattachseln sitzen. Auf Hummeln würde die im Win-ter blühende Pflanze auch vergeblich warten. Im Frühling ist die Pflanze aber auch zur Bildung zierlicher rosa Taubnesselblüten bereit.

Es ist kein Zufall, daß wir gerade unter den Gartenunkräutern noch weitere Selbstbestäuber finden: Vogelmiere *(Stellaria media)* und Einjähriges Rispen-gras *(Poa annua)* wachsen und blühen im Sommer wie im Winter, und wer wüßte nicht, welch reicher Samenertrag bei beiden aus Selbstbestäubung re-sultiert. Ähnliche reiche Nachkommenschaft durch Selbstbestäubung ist auch den beiden Arten von »Franzosenkraut« (Gattung *Galinsoga*) beschieden: man hat errechnet, daß eine einzige Pflanze von *G. parviflora* im Schnitt 6000, aber auch bis 300000 winzige Früchte bilden kann. Die Franzosenkräuter sind im Gegensatz zu den beiden vorgenannten Arten Wärmekeimer und damit ty-pische Sommerunkräuter, z.B. in Kartoffeläckern. Sie könnten von unzähligen Insekten besucht werden, aber was sollten diese in den fast mikroskopisch kleinen Blüten finden? Zudem wurden beide aus den Anden Südamerikas ein-geschleppt. *Galinsoga ciliata* ist erstmals 1876 in Leipzig dokumentiert, *G. parviflora* läßt sich bis in den Botanischen Garten Paris (1785) zurückver-folgen. In unserer Flora sind sie also Fremdlinge, und sie tun gut daran, nicht auf die Dienste einheimischer Bestäuber angewiesen zu sein.

Die Unabhängigkeit von Bestäubern, die den Unkräutern recht ist, kann den Pflanzenzüchtern auch für Nutzpflanzen nur billig sein. Bohnen brau-chen den Besuch z.B. durch Hummeln, Erbsen aber sind Selbstbestäuber. Und warum fürchtet der Heuschnupfenpatient die Roggenblüte, nicht aber die von Weizen? Roggen ist ein typisches, windblütiges Gras, unsere Weizensorten aber brauchen ihren Pollen nicht mehr fliegen zu lassen: sie sind Selbstbestäu-ber.

Das Angesprochene konnte nicht mehr als ein Streifzug durch das kunterbun-te Panoptikum der Blütenökologie sein und hat doch etliche Seiten gefüllt. Die recht ausführliche Darstellung läßt sich aber durch einen wichtigen Punkt rechtfertigen: Wenn auch unter bestimmten Umständen einzelne Teile in Fort-fall kommen können, so haben die Blüten aller Blütenpflanzen der Welt (ca.

235 000 Arten) denselben Aufbau aus einer Achse mit Blütenhüllblättern, Staubblättern und Fruchtblättern. Diese wenigen Grundbausteine werden jedoch in unüberschaubarer Vielfalt abgewandelt, was z. B. die Aufteilung in Pflanzenfamilien ermöglicht. Ein Teil dieser Vielfalt mag rein zufällig bedingt sein, etwa die vorherrschende Dreizahl bei den Blüten der Einkeimblättrigen und die Fünfzahl bei den Zweikeimblättrigen. Die Vielfalt an Farben, Formen und Düften jedoch ist nur in Zusammenhang mit der Bestäubungsökologie der Pflanzen zu verstehen. Einige Tiergruppen verdanken der Anpassung an Blüten ihren großen Erfolg, allen voran die Bienen, aber auch bestimmte Gruppen der Zweiflügler, Schmetterlinge und Vögel. Umgekehrt ist die Fülle verfügbarer Bestäuber gewiß mitverantwortlich für den Artenreichtum der Blütenpflanzen und ihre weltweit dominierende Rolle. Schließlich sind es weltweit fast ausschließlich Blütenpflanzen, aus deren Artenfülle die Menschheit Grundnahrungsmittel und Genußmittel, Baustoffe und Textilien, Rohstoffe für die pharmakologische Forschung und Zubereitung von Arzneimitteln und — nicht zuletzt — die Zierpflanzen bezieht. Grund genug, die blütenökologischen Zusammenhänge näher zu betrachten, die für diese Diversität verantwortlich sind und über die Floskel von »Blümchen und Bienchen« weit hinausgehen.

VOM WINDE VERWEHT...
UND ANDERE VERBREITUNGSWEISEN

Ebenso faszinierend wie die Welt der Blüten und ihrer Bestäubung ist die der Früchte, Samen und ihrer Ausbreitung. Auch hier gibt es eine Fülle spektakulärer Anpassungen an die Verbreitung durch bestimmte Tiere, Wind oder Wasser und daneben ebenso viele Generalisten, die ohne all diese Spezialeinrichtungen größten Erfolg haben. Bevor wir uns aber auf das quicklebendige Feld der Ausbreitungsökologie begeben, müssen wir uns wiederum mit einigen botanischen Grundkenntnissen versorgen, wenn wir über das bloße Gaffen hinaus zum Verstehen vordringen wollen.

Samen, Früchte, Diasporen

Was ist ein Same? Jeder Laie wird auf diese Frage leicht antworten können: Samen sind die kleinen Körnchen, aus denen neue Pflanzen wachsen. Wie aus den Samen von Möhren, Salat, Roter Bete und Sonnenblumen die neue Ernte wächst, ist gängige Erfahrung jedes Kleingärtners. Für den Botaniker dagegen sind die Samen die weiterentwickelten Samenanlagen, deren Eizelle nach der Befruchtung zum Embryo gereift ist. Dieser wartet als »Pflanze en miniature« auf günstige Keimbedingungen. Darüber hinaus werden unsere beiden Gewährsleute jedoch sofort in Streit geraten, wenn nun um der botanischen Korrektheit willen die oben genannten Beispiele gar keine Samen sein sollen, sondern »Früchte«. Dieses Wort bedeutet doch für jeden »normalen Menschen« die eßbaren Gebilde von Apfel und Birne und den übrigen Kern- oder Steinobstsorten, dazu für den Bauern vielleicht Feldfrüchte wie Kartoffeln, Rüben und Getreide. Um ein klares Bild darüber zu gewinnen, was die Botanik unter Frucht und Same versteht, müssen wir weiter ausholen.

Zur Zeit der Dinosaurier war die beherrschende Pflanzengruppe auf Erden die der Nacktsamer (Gymnospermen, griech. gymnos=nackt, sperma=Same). Aus dieser Gruppe kennen wir heute noch die Nadelgehölze und einige tropische Kuriositäten wie *Gnetum*, *Welwitschia* und die Palmfarne. Auch diese sind nach der Definition zweifellos Blütenpflanzen, denn sie haben bestimmte Blattorgane, die Pollen bzw. Samenanlagen bilden und an besonderen Sprossen stehen. Allerdings liegen die Samenanlagen frei auf den Tragorganen, und mit dem Wind, oder in Einzelfällen durchaus auch von Insekten, kann der Pollen direkt bis an die Samenanlage herangeführt werden. Als die Dinosaurier ausstarben, übernahmen die Bedecktsamer (Angiospermen) die weltweite Herrschaft im Pflanzenreich, und sie sind es, die wir normalerweise mit »Blütenpflanzen« gleichsetzen und dabei die etwa 800 Arten noch lebender Gymnospermen, vor allem die Koniferen, übergehen.

Bei den Angiospermen sind die Samenanlagen jedoch grundsätzlich in Fruchtblätter eingeschlossen. Als ganz grobe (und nicht ganz korrekte) Vereinfachung (vgl. Abbildung 52, S. 249) können wir uns vorstellen, wie ein flächiges Blatt, das an seinem Rand Samenanlagen trägt, durch Zusammenklappen und Verwachsen des Randes zu einem Fruchtblatt wird, etwa der Hülse einer Erbse. Klappen wir eine reife »Zuckerschote« an ihrer Verwachsungsnaht auf, so sehen wir an beiden Rändern die zu Samen gereiften Samenanlagen ansitzen. Die Erbse ist als Hülsenfrüchtler insofern untypisch, als gerade bei dieser Familie nur ein Fruchtblatt pro Blüte gebildet wird. Bei den meisten Pflanzen sind es jedoch in jeder Blüte deren mehrere, oft zwei, drei, fünf oder auch viele (vgl. S. 251), die als einzelne gut zu erkennen oder auch zu einer Einheit verwachsen sein können. Die Gesamtheit dieser Fruchtblätter bildet nun die Frucht, und nach einer besonders einleuchtenden Definition ist die Frucht »die Blüte im Zustand der Samenreife« (F.-G. SCHROEDER). Ob die Frucht die reifen Samen ausstreut oder mit ihnen auf die Reise geht, als Einheit verbreitet wird oder in Teilfrüchte zerfällt, all dies hängt vor allem von der Ausbreitungsstrategie der Pflanze ab und soll uns im weiteren beschäftigen.

Bälge, Kapseln, Beeren, Nüsse: Die Welt der Fruchtformen

Oben wurde die Hülse der Erbse als besonders handliches Beispiel eines Fruchtblattes vorgestellt — und im gleichen Atemzug als Ausnahme bezeichnet, da die Blüten fast aller Pflanzenfamilien mehr als ein Fruchtblatt aufweisen. Sehen wir uns die Frucht von Christrose und Nieswurz (*Helleborus*), Rittersporn (*Delphinium*) und Eisenhut (*Aconitum*), Trollblume (*Trollius*) und Pfingstrose (*Paeonia*) an, so können wir uns vielleicht mehrere Erbsenhülsen vorstellen, die um das Blütenzentrum stehen und ihre Verwachsungsnähte (Ventralnähte, Bauchnähte) einander zukehren. In diesem Fall spricht man von *Balgfrüchten*. Die einzelnen Fruchtblätter sind untereinander nicht verwachsen, was als besonders ursprünglicher Zustand gedeutet wird. Bei der Reife klaffen die Fruchtblätter an ihrer Bauchnaht und streuen die Samen aus. Sind die Fruchtblätter jedoch untereinander verwachsen, handelt es sich um *Kapseln*, bei denen der Aufbau aus einzelnen Fruchtblättern oft nicht mehr ohne weiteres zu erkennen ist. Auch die Kapseln öffnen sich bei der Reife, wenn auch längst nicht immer an den Bauchnähten der Fruchtblätter, und streuen die Samen aus.

Der Einschluß der Samenanlagen in Fruchtblätter bringt nun zweierlei Komplikationen: Der Pollen hat nicht mehr direkten Zutritt zur Samenanlage, sondern muß auf einer dafür vorgesehenen Gewebepartie des Fruchtblattes, der Narbe, landen und einen Pollenschlauch bilden. Dieser muß über z.T. beträchtliche Strecken durch den Griffel wachsen, damit das mitgebrachte Erbgut zu den Samenanlagen gelangen kann. Sind die Samen dann reif, muß sich das Fruchtblatt auch wieder öffnen, um die Samen zu entlassen, wie im Falle der erwähnten Öffnungsfrüchte, der Kapseln und Balgfrüchte. Oder — es tut dies eben nicht, sondern bleibt um die Samen geschlossen und begibt sich mit ihnen auf die Reise. Dann sprechen wir im Gegensatz zu den oben genannten *Öffnungsfrüchten* von *Schließfrüchten*, etwa bei den Beeren, bei denen die Fruchtblätter als saftige und schmackhafte Substanz die Samen umschließen, oder den Nüssen, bei denen die Fruchtwand zur Reife hart verholzt ist. Bei den Steinfrüchten dagegen ist nur ein äußerer Teil der Fruchtwand saftig, der innere aber steinhart. Der solcherart gepanzerte Same selbst braucht dann nur eine zarte Samenschale, wie wir vom »Mandelkern« wissen. (Siehe auch die Abbildungen der Erdnuß und der Walnuß, S. 113 und 114.)

All dies erregt nicht unseren Widerspruch, immerhin sind uns Kapseln, Beeren, Nüsse und Steinfrüchte aus dem täglichen Sprachgebrauch bekannt. Aber warum sollen die »Samen« von Möhren, Salat und Roter Bete ebenfalls Früchte sein? Am leichtesten fällt die Antwort bei der Möhre oder einem beliebigen anderen Doldenblütler, am besten einem mit größeren und unbehaarten Früchten, vielleicht dem Dill: Schon mit der Lupe erkennen wir unter den kleinen Blüten einen länglichen und deutlich längs zweigeteilten Fruchtknoten. Die Zweiteilung entspricht den zwei Fruchtblättern, aus denen sich der unterständige Fruchtknoten bei dieser wie bei vielen anderen Familien zusammensetzt. In jedem der Fruchtblätter reift nur eine Samenanlage. Zur Fruchtzeit trennen sich die Fruchtblätter, geben die Samen aber nicht frei, sondern werden als *Teilfrüchte* verbreitet. Bei der Möhre bildet die Fruchtwand gekrümmte Haare, die der Teilfrucht ein klettendes Haften ermöglichen, bei anderen Doldenblütlern (z.B. Riesen-Bärenklau: *Heracleum mantegazzianum*) sind auf der Fruchtwand Sekretgänge mit aromatischen Ölen sichtbar (»Ölstriemen«). Die in diesen Sekretgängen enthaltenen Substanzen sind übrigens der Grund, warum wir Kümmel, Anis, Fenchel und Koriander als Gewürze nutzen. Der eigentliche Same der Doldenblütler bleibt bis zur Keimung von der Fruchtwand umschlossen, und die Verbindung ist so innig, daß man ihn kaum ohne Verletzung daraus befreien kann.

Ähnlich liegen die Verhältnisse beim Salat und anderen Korbblütlern, und wir wollen aus praktischen Gründen die Sonnenblume betrachten: Es kam schon zur Sprache (s.S. 379), daß die Blumen der Korbblütler aus vielen kleinen Einzelblüten zusammengesetzt sind, die wir bei der Sonnenblume leicht aus ihrem Verband lösen können. Sind wir vorsichtig vorgegangen, hängt unten an der gelben, röhrenförmigen Blüte — nein, nicht der Same, das wäre ein botanisches Unding. Das flache Gebilde ist auch hier ein unterständiger Fruchtknoten (s.S. 251), der ebenfalls, wenn auch für uns unsichtbar, aus zwei Fruchtblättern besteht. Diese bleiben allerdings für immer zusammen und umschließen nur eine einzige Samenanlage. Das bekannte, schwarzweiß gestromte Äußere des Sonnenblumenkerns ist also auch hier die Fruchtwand, nicht die Samenschale. Der geschälte Same selbst tritt uns erst im Sonnenblumenbrot entgegen. Die Schließfrucht der Korbblütler (Compositae), also auch des Salats, ist mit ihrer verhärteten Fruchtwand also kurioserweise nach der Definition eine Nuß, die in diesem Falle von den Botanikern ehrfurchtsvoll »Achäne« genannt wird.

Auch der »Same« der Roten Bete, des Mangolds, der Rübe und anderer Gänsefußgewächse ist eine Nuß, denn auch hier bleibt die Fruchtwand um den Samen erhalten. All diese Kulturpflanzen werden zu der botanischen Art *Beta vulgaris* gerechnet, und bei ihnen sitzen die Blüten in kleinen Knäueln so eng zusammen, daß die Früchte untereinander verwachsen und in Gruppen abfallen. Das ist dem Gärtner oder Landwirt gar nicht so lieb, denn er möchte die Pflanzen einzeln und nicht in Gruppen in seinem Acker oder Gartenbeet haben. Durch mühsame Auslese hat man diese Eigenschaft den Futter- und Zuckerrüben »abgezüchtet« und spart sich so das arbeitsintensive »Verziehen« der Rüben.

Jeder Unbeteiligte hätte die genannten Früchte ohne Zögern als Samen bezeichnet, und auch die Botaniker werden sich beim Säen von Möhren nicht ständig der Teilfrüchte bewußt sein. Das hat einen einfachen Grund: Seit der Frühgeschichte der Menschheit ist der Begriff des Samens mit dem Ausstreuen verbunden. (Im Griechischen steht hinter beiden Wörtern für Same, »spóros« und »spérma«, das Verb speiro = ausstreuen.) Die Juden in der »Diaspora« sind

ABBILDUNG 59: KLEINE TERMINOLOGIE DER FRUCHTFORMEN

Fruchtblätter nicht verwachsen

Öffnungsfrüchte

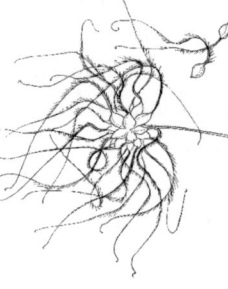

Balgfrucht
Aconitum, Eisenhut
Ranunculaceae

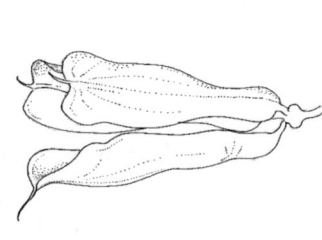

Hülse
(nur 1 Fruchtblatt)
Vicia, Wicke, Papilionaceae

Schließfrüchte

Nußfrüchte

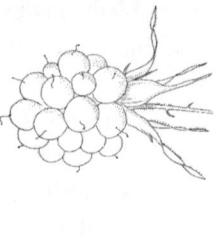

Clematis, Waldrebe
Ranunculaceae

»Zerfallsfrucht« aus Hülse
Ornithopus, Vogelfuß, Papilionaceae

Saftfrüchte

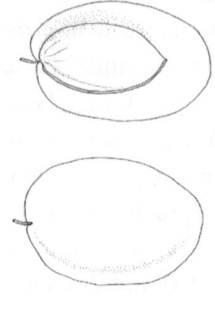

Sammel-Steinfrucht
Rubus, Brombeere
Rosaceae

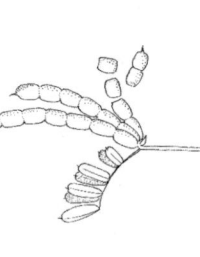

Steinfrucht
(nur 1 Fruchtblatt)
Prunus, Pflaume, Rosaceae

Fruchtblätter zum Fruchtknoten verwachsen

Schließfrüchte

Saftfrüchte

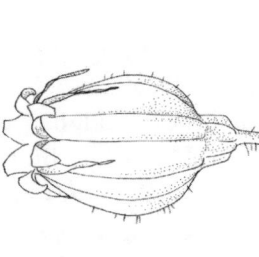

Ribes, Johannisbeere
Grossulariaceae

Nußfrüchte

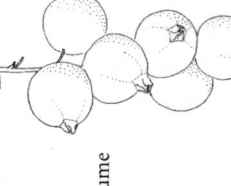

Achänen
der Compositae

Tragopogon, Bocksbart   *Helianthus*, Sonnenblume

Spaltfrucht
Peucedanum, Haarstrang, Umbelliferae

»Zerfallsfrucht«
Lavatera, Bechermalve, Malvaceae

Öffnungsfrüchte

Schote
(2 Fruchtblätter)
Cheiranthus, Goldlack, Cruciferae

Silene, Lichtnelke
Caryophyllaceae

Kapseln:
Papaver, Mohn
Papaveraceae

Anagallis, Gauchheil
Primulaceae

»zerstreut unter alle Völker«. Wir sind also geneigt, die kleine Pflanzeneinheit, die wir aufs Land streuen und die der Verbreitung dient, als Samen zu bezeichnen. Wenn uns nun die allzeit korrekte Botanik belehrt, daß ein Teil dieser Verbreitungseinheiten aus morphologischer Sicht Früchte oder Teilfrüchte sind, so liefert sie doch auch wenigstens einen Überbegriff für diese Einheiten, gleich welcher morphologischen Natur: die *Diaspore*. Erinnern wir uns an die Blütenökologie: Dort hatten sich die von den Tieren besuchten »Blüten« ja auch teilweise als ganze Blütenstände herausgestellt, und als Überbegriff für diese »Besuchseinheiten« war dann der Begriff »Blume« hochwillkommen. Das fruchtökologische Äquivalent zur »Blume« ist nun die »Diaspore«, denn auch dieses Wort berücksichtigt die Funktion des Gebildes, nicht seine Morphologie. Die verschiedenen Möglichkeiten der Ausbreitung dieser Diasporen sollen uns nun im folgenden interessieren.

Reisen mit dem Wind: Anemochorie

Die vielen Kultursorten des Salates sind unter anderem auf »Schoßfestigkeit« gezüchtet, denn sie sollen nicht nach den ersten warmen Tagen »schießen«, also einen Blütenstand bilden, der sie für die Küche wertlos macht. Vor allem die »Pflücksalate« können daher bis weit in den Hochsommer stehen bleiben. Lassen wir doch einmal einen Salat schießen, so erinnern Blüte und Frucht an die wilde Ausgangsform der Nutzpflanze, den Kompaßlattich *(Lactuca serriola)* der Ödländer und Schuttplätze. Bei dieser wegen ihrer Bitterstoffe unbekömmlichen Wildpflanze wie bei ihrer milden Kulturform folgen auf die kleinen, blaßgelben Blütenköpfchen die für Korbblütler typischen Früchte (Achänen), die in diesem Fall einen aus seidigen Haaren bestehenden Aufsatz tragen, den sog. *Pappus*. An diesem fast gewichtslosen Flugorgan kann auch eine leichte Sommerbrise die Diaspore erfassen und davontragen wie einst im »Struwwelpeter« den fliegenden Robert an seinem Regenschirm. Der zweijährige Kompaßlattich kann so auf dem Luftwege seine kurzlebigen Standorte erreichen, denn im Laufe der natürlichen Sukzession bedecken sich Industriebrachen, Trümmerhaufen und aufgelassene Güterbahnhöfe bald mit einem Gebüsch aus Brombeeren, Birken und Weiden und sind dann für diese absolute Licht- und Rohbodenpflanze unbrauchbar. Dem »gezähmten« Kopfsalat hat man allerdings außer der Blühfreudigkeit und den Bitterstoffen durch die züchterische Auslese auch das Davonfliegen abgewöhnt: Hier haften die reifen Achänen fester am Köpfchenboden, denn sonst hätten die Samenbaubetriebe mit dem Ernten des Saatgutes ihre liebe Not. In den Handel kommt der Salat-«Samen» ohnehin ohne Pappus. Das gleiche gilt für die verwandte Schwarz-wurzel *(Scorzonera hispanica)*, auch hier ist das Saatgut in der Tüte seines gro-ßen und schönen Pappus beraubt. Bei dieser Gattung sind die Pappusstrahlen nämlich noch ihrerseits gefiedert und untereinander spinnwebenartig verbun-den. Noch schöner ist dies beim Bocksbart (Gattung *Tragopogon*) zu sehen, dessen seidige Fruchtkugel ein beliebtes Fotoobjekt abgibt. Der bekannteste Vertreter dieses Verbreitungstyps ist jedoch zweifellos der Löwenzahn *(Tara-xacum officinale)*, dessen Pusteblumen mit ihren leicht ablösbaren Früchten wohl seit Urzeiten ein umweltfreundliches Kinderspielzeug darstellen.

Alle genannten Vertreter gehören zu den Korbblütlern, und auch bei ande-ren Compositen-Gattungen wie Disteln *(Carduus)*, Kratzdisteln *(Cirsium)*, Habichtskräutern *(Hieracium)*, Pippau *(Crepis)*, Kreuzkraut *(Senecio)* und vielen anderen ist der Pappus, der die Diaspore krönt, als Flugorgan ausgebil-det. Die Früchte der Kornblume *(Centaurea cyanus)* haben ebenfalls einen Pappus mit allerdings nur kurzen Strahlen. Diese spreizen bei der Reife aus-einander und können so die Achänen aus dem trockenen Fruchtköpfchen her-aushebeln. Große Sprünge, geschweige denn Flüge, kann das beliebte Acker-unkraut damit allerdings nicht machen, und die meisten Früchte fallen direkt unter der Mutterpflanze zu Boden. Nicht anders ergeht es der Kamille *(Matri-caria recutita)*, den Hundskamille-Arten (Gattung *Anthemis*), der Saat-Wu-cherblume *(Chrysanthemum segetum)*, dem Rainfarn *(Tanacetum vulgare)*, Rainkohl *(Lapsana communis)* und Franzosenkraut (Gattung *Galinsoga)*, de-ren Früchte zwar einen Pappus haben, weil es bei den Korbblütlern nun ein-mal dazugehört, der allerdings zum Teil zur Unkenntlichkeit reduziert und funktionslos ist. Wir kommen noch darauf zurück. Bei Korbblütlern ist es also der Pappus, der dem in die Fruchtwand eingeschlossenen Samen die Flugfä-higkeit verleiht.

Auch bei den Gräsern bleiben die Samen in die Fruchtwand eingeschlossen, und dazu haften der reifen Diaspore oft noch Deckspelzen und Vorspelzen an, also die Tragblätter und möglicherweise Vorblätter der Blüte (s. S. 224). Die Deckspelze trägt bei vielen Gräsern die Granne, die z. B. die Ähren von Rog-gen, Gerste und Hafer, nicht aber die der heute gängigen Weizensorten ziert und oft im Dienste der Verbreitung steht. Ist sie lang und federig, kann der Wind daran die Diaspore durch die Luft tragen. Die schönsten Gräser-Flug-früchte finden sich bei den Federgräsern (Gattung *Stipa)*, die für die Steppen und Felsbänder Südosteuropas charakteristisch sind und bei uns Schmuckstücke von Sommerwärmegebieten wie Franken und Thüringen sind. Hier sind die seidigen Grannen daunenfederartig gefiedert und bis zu 30 cm lang, und fruchtende Federgrasbestände, die im heißen Sommerwind Ungarns oder Makedoniens wogen, sind ein bezaubernder Anblick.

Machen wir einen großen Sprung von den Gräsern zu den Hahnenfußgewächsen, so finden wir auch hier hübsche Flugfrüchte mit federleichtem Fortsatz. Rittersporn und Eisenhut hatten wir schon als Beispiele für Balgfrüchte kennengelernt, also Fruchtblätter, die sich zum Entlassen der vielen Samen zur Reife öffnen. Ein anderer Teil der Familie, darunter die namengebende Gattung Hahnenfuß *(Ranunculus)*, hat jedoch kleine, einsamige Schließfrüchte, die man botanisch korrekt als Nüßchen bezeichnen muß. Der Griffel dieser Früchte kann sich nun bei einigen Gattungen zur Reife zu einem zentimeterlangen Flugorgan verlängern, an dem der Wind die Diaspore bei Gelegenheit davonträgt. Äußerst dekorative, flauschige Fruchtstände dieser Art finden sich bei den Küchenschellen (Gattung *Pulsatilla*) und Waldreben (Gattung *Clematis*).

Bisher waren als Beispiele für flugfähige Diasporen nur ganze Früchte zur Sprache gekommen, bei denen ganz unterschiedliche Bereiche als Flugorgane ausgebildet waren. Aber auch der nackte Same selbst kann ohne Zuhilfenahme von Fruchtwand oder noch weiter entfernten Teilen des Blütenstandes Flughaare ausbilden. So sind die weißen »Flusen«, die an warmen Maitagen teilweise die Luft erfüllen, die mit Flughaaren versehenen Samen der Weide *(Salix)*, die gerade ihren Fruchtkapseln entflogen sind und fast schwerelos zu neuen Standorten schweben. Von Laien werden diese Gebilde oft für fliegenden Blütenstaub gehalten, die Geißel der Pollenallergiker. Finden die Weidensamen übrigens nicht sofort günstige Standorte, so sind sie nach wenigen Tagen abgestorben, ein Beispiel für äußerst kurzlebige Samen. Hier sind es die Haare der Samenschale selbst, die den Samen tragen. Auch das Weidenröschen (Gattung *Epilobium*) verbreitet sich mit Hilfe seiner flugfähigen Samen.

Verlassen wir die heimische Flora, finden sich besonders schöne Samenhaare in der Familie der Schwalbenwurz- oder Seidenpflanzengewächse (Asclepiadaceae). Als Zierpflanzen bekannte Beispiele sind etwa die Porzellanblume *(Hoya carnosa)*, die Stapelien (vgl. S. 399), die Papageienpflanze *(Asclepias syriaca)*, deren trockene Früchte man früher aufhängte, bis sich die Kapsel öffnete und die seidigen Samenhaare als »Flügel« des »Papageis« zum

Vorschein kamen, und die Leuchterblume (*Ceropegia*, s.S. 400). An der letzteren entwickeln sich gelegentlich die schmalen, tief zweigeteilten Früchte, besonders gut sehen wir sie aber an der einjährigen Seidenpflanze *Asclepias curassavica* mit ihren leuchtend gelb-orangeroten Blüten, die sich gut im Zimmer vorkultivieren und nach den Eisheiligen auspflanzen läßt. Bei den schwalbenschwanzartigen Früchten handelt es sich um zwei kaum verwachsene Fruchtblätter, die zur Blütezeit an ihrer Spitze aneinanderhängen, um sich danach völlig voneinander zu trennen. Wenn sie sich zur Reife öffnen, so sehen wir darin, sehr ordentlich in Reihen gepackt, die flachen, rehbraunen Samen, die alle einen Schopf aus glatten, seidigen Haaren tragen. Alsbald trocknet die ebenso schöne wie platzsparende Anordnung, die Haare spreizen auseinander, und die Samen drängen sich einer nach dem anderen aus dem Fruchtblatt und entschweben. Die Schönheit dieser Seide läßt an eine industrielle Verwendung denken, doch zum Verspinnen sind die Haare viel zu glatt, zu brüchig und zu kurz. Ohnehin hinkt der Begriff Seide, denn dieses einzigartige Material aus dem Tierreich besteht aus reinem Protein, die Samenhaare jedoch aus dem billigsten Baustoff des Pflanzenreichs, der Zellulose. Aus Zellulose sind auch die zottigen, watteartigen Samenhaare der Baumwolle (Gattung *Gossypium*). Über die weltwirtschaftliche Bedeutung dieser Haare braucht nichts gesagt zu werden, doch ist es schwer vorstellbar, daß sie die erbsengroßen, kieselsteinartigen Samen der Baumwolle weit tragen können.

Die flugfähige Diaspore kann also im einen Falle ein einzelner Same, im anderen ein komplexes Gebilde aus Same, Fruchtwand und z.B. dem für Korbblütler so charakteristischen Pappus sein. Unterschiedlicher Aufbau — gleiche Funktion: ein weiteres Beispiel für Konvergenz.

Die bisher genannten Beispiele werden fruchtökologisch als »Schirmchenflieger« bezeichnet, denn es darf nicht verwundern, daß es auch bei der Anpassung an Verbreitung durch die Luft noch weitere Möglichkeiten gibt. Eine davon ist bei den »Schraubenfliegern« realisiert, bei denen die Diaspore statt des Fallschirms einen leichten, seitlich ansetzenden Flügel trägt. Der Same kann wesentlich größer und schwerer sein als bei den Schirmchenfliegern, doch immer liegt der Schwerpunkt des Gebildes exzentrisch, und beim Abflug gelangt die Diaspore in eine propellerartige Drehbewegung, die wir so gut von den (Teil-)Früchten des Ahorns kennen. Aber auch die Diasporen unserer Nadelbäume und von Esche und Linde gehen emsig kreiselnd zu Boden. Der Sinn des Schwebens am Fallschirm wie des Kreiselns ist derselbe: Der senkrechte

Fall soll verlangsamt werden, so daß dem Wind Zeit bleibt, die Diaspore in horizontaler Richtung zu verfrachten. Bei völliger Windstille fallen jedoch beide senkrecht.

Dies ist nicht der Fall bei der Gruppe der sogenannten Gleitflieger. Hier liegt der Schwerpunkt genau in der Mitte zwischen den Flügeln, und es resultieren Flugobjekte von der Art der Papierflieger, die wohl täglich durch alle Klassenzimmer der Welt segeln. Samen mit symmetrischen Tragflächen gleiten auch bei Windstille in eher waagerechter Richtung davon. Leider kennen wir in der heimischen Flora keine Vertreter dieses Typs, können sie uns aber in größeren Parkanlagen an den dekorativen Bäumen der *Catalpa*-Arten ansehen. Aus den Kapseln, die an grüne Bohnen erinnern, entfliegen Samen, die beiderseits einen Saum aus dicht aufgereihten Haaren als Tragfläche haben. *Catalpa* ist neben *Campsis* und *Incarvillea* die einzige bei uns im Freiland kultivierte, winterharte Gattung der Familie der Bignoniaceae, die mit etwa 800 Arten eine wichtige Familie tropischer Bäume und vor allem Lianen darstellen. Wie *Catalpa* blühen viele tropische Vertreter dieser Familie mit Rachenblumen nach Art unseres Fingerhutes, aber oft von enormer Größe und leuchtender Farbe, denn die Bestäuber sind in vielen Fällen die massigen Holzbienen *(Xylocopa)*. Die Früchte sind meist lange, zweiklappige Kapseln, in denen die Samen mit ihren pergamentenen Tragflächen in schöner Ordnung gestapelt sind. In den Vitrinen der botanischen Museen liegen sie wie Schatullen mit kostbarem Inhalt, und bei der Benennung der Gattung *Pandorea*, die zur gleichen Familie gehört, muß die Büchse der Pandora aus der griechischen Mythologie Pate gestanden haben.

Vielleicht ist es kein Zufall, daß auch ein anderes, wegen seiner Schönheit berühmtes Beispiel für Gleitflieger eine Liane des tropischen Regenwaldes mit seiner stehenden Luft ist: Die Gattungen *Zanonia* und *Macrozanonia*, Kürbisgewächse Südostasiens, bilden in schwindelnder Höhe fußballgroße Kapseln, die bei der Reife fast handtellergroße Flugsamen entlassen. Wie die gelungensten Papierflieger unserer Schulzeit gleiten diese in langsamem, ausgesucht schönem Segelflug und fast horizontaler Richtung viele Meter weit davon, um am Fuße eines Urwaldriesen zu keimen und ihr Leben als Liane zu beginnen. Auch die Techniker können sich für solche Samen begeistern. Der von *Zanonia* diente als Modell für ein »Nurflügel«-Flugzeug, das in den dreißiger Jahren entwickelt wurde.

Schließlich seien die Staubflieger erwähnt, die auf jede Flugeinrichtung verzichten können, weil die Diasporen selbst staubfein und fast gewichtslos sind. Dies gilt vor allem für die Sporen der meisten blütenlosen Pflanzen (Kryptogamen, s.S. 79 und 282), also der Moose und Farne. Außerdem können auch viele Algen und Pilze austrocknungsfähige Sporen bilden, mit deren Hilfe sie durch die Luft verbreitet werden können und auf diese Weise mühelos z.B. Regentonnen und neu angelegte Gartenteiche besiedeln. Noch in mehreren Kilometern Höhe findet man in der Atmosphäre derartige Sporen, und dies mag ein Grund dafür sein, daß es bei diesen Pflanzen, im Gegensatz zu den Blütenpflanzen, nur wenige Endemiten, dafür aber um so mehr Weltbürger gibt, also Arten, die in zusagenden Lebensräumen mehrerer Kontinente vorkommen. Selbstverständlich finden sich tropische, frostempfindliche Farne nicht in den winterkalten Zonen, wohl aber kann man Königsfarn *(Osmunda regalis)*, Adlerfarn *(Pteridium aquilinum)* und Milzfarn *(Ceterach officinarum)* in allen Erdteilen antreffen.

Unter den Samenpflanzen sind die bekanntesten Staubflieger die Orchideen. Das Gewicht eines staubfeinen Orchideensamens liegt im Bereich eines Mikrogramm (ein Mikrogramm=ein millionstel Gramm). Allerdings gibt es unter den Orchideen kaum Kosmopoliten, die meisten haben vielmehr nur eng begrenzte Verbreitungsgebiete. Bei den Orchideen ist die Leichtigkeit des Samens jedoch mit dem Verzicht auf jegliches Nährgewebe (s.S. 104ff) erkauft, so daß die Samen fast aller Arten nicht einmal aus eigener Kraft keimen können. Sie sind darauf angewiesen, zur rechten Zeit von bestimmten Pilzen »befallen« zu werden, um dann ihrerseits die Nährstoffe ihrer »Widersacher« für die eigene Jugendentwicklung zu nutzen. Auch später bleiben sich Orchidee und Pilz treu, und der Pilz haust zu beiderseitigem Nutzen in den Wurzeln der Blütenpflanze (Mykorrhiza, s.S. 70). Viele Orchideen werden als Erwachsene relativ unabhängig von ihrem Wurzelpilz, und dies sind die Gattungen, die wir leicht in Gewächshäusern oder sogar im Garten kultivieren können. Andere, wie die nicht seltene Vogelnestwurz unserer Buchenwälder *(Neottia nidus-avis)*, bilden überhaupt keine grünen Blätter, können also niemals Photosynthese treiben und bleiben lebenslang abhängige, bleiche Mitesser ihres Wurzelpilzes.

Die als »Stolz des Tafelberges« berühmte *Disa uniflora*, eine grellrot blühende Moororchidee des Kaplandes, ist eine der wenigen Orchideen, deren Samen mit Nährgewebe ausgestattet sind und, auf feuchten Torf ausgesät, auch ohne Pilz mühelos keimen. Allerdings sind die feilspanartigen Samen auch zu groß

für Flugreisen. Die vielen tausend Arten tropischer, epiphytischer Orchideen
jedoch, die ihre Lichtansprüche nur in den Kronen der Urwaldriesen und an
Felswänden erfüllt finden, wären schlecht beraten, wenn ihre Samen schwer
zu Boden fielen.

Reisen zu Wasser: Hydrochorie

Neben den Pflanzen, die mit dem Wind reisen, den sogenannten anemochoren
(griech. ánemos=Wind), gibt es solche, die an Verbreitung durch das Wasser
angepaßt sind, die hydrochoren. Anders als die Luft ist das feuchte Element
auch zum längeren Transport ganzer, lebender Pflanzenteile geeignet, und es
gibt weltweit unzählige Wasserpflanzen, hinter deren üppigster vegetativer
Vermehrung die durch Samen völlig in den Hintergrund tritt (vgl. S.366).
Schwimmende Rosettenpflanzen wie Krebsschere *(Stratiotes aloides)*, Wasser-
salat *(Pistia stratiotes)* oder Wasserhyazinthe *(Eichhornia crassipes)* vermehren
sich durch ständige Abgliederung von Tochterrosetten, und auch die dichten
Matten der Wasserlinsen (»Entengrütze«, Gattung *Lemna*) oder bestimmter
Schwimmfarne (Gattungen *Salvinia* und *Azolla*) kommen durch Wachstum
und Zerfall der Einzelpflanzen zustande. Das gleiche Prinzip herrscht unter
der Wasseroberfläche: Bei der Wasserpest *(Elodea canadensis)*, bei Hornkraut
(Gattung *Ceratophyllum*), Tausendblatt (Gattung *Myriophyllum*) und dem interessanten, fleischfressenden Wasserschlauch (Gattung *Utricularia*) wächst
die Spitze üppig fort, während das Hinterende abstirbt. Vermehrung wird aus
diesem Vorgang aber erst durch die Tatsache, daß sich der wachsende Sproß
emsig verzweigt. Die Wasserpest überwintert grün, beim Wasserschlauch aber
verdichten sich die Sproßspitzen im Herbst zu erbsen- bis haselnußgroßen
Winterknospen. Diese werden durch Absterben der Hauptachse frei und sin-
ken auf den Gewässergrund. War das Wachstum erfolgreich und die Verzweigung üppig, steigt im nächsten Frühjahr statt des einen Sprosses eine Schar von
Winterknospen aus der Tiefe auf.

All dies scheint mehr in das Kapitel »vegetative Fortpflanzung« zu gehören.
Voraussetzung für eine *Verbreitung* durch das Wasser wäre doch, daß die
Pflanzenteile ihren Teich auch verlassen könnten. Dies aber scheint uns kaum
vorstellbar, da vor unserer Haustür das eigensinnige feuchte Element durch
Staustufen und gepflasterte oder betonierte Ufer gezähmt ist. In den Flußauen
Norddeutschlands können wir jedoch zur Zeit des Frühjahrshochwassers
mancherorts ausgedehnte Seenplatten finden, wo im Sommer Kühe weiden.

Das Hochwasser verbindet dann über riesige Gebiete hinweg alle Seitenarme und Altwässer mit dem Hauptstrom, und es führt Mengen kleinerer und größerer, losgerissener Pflanzenteile mit sich. Beim Rückzug des Wassers gelangen sie automatisch in die verbleibenden Tümpel. Auf diese Weise reisen nicht nur Wasserpest und Hornkraut, sondern auch der Kalmus und die schönen Seerosen und Mummeln. Bei diesen Pflanzen schwimmt nämlich das lufthaltige Rhizom, einmal entwurzelt, wie Styropor, was jeder Gartenteichfreund bestätigen kann, der diese Pflanzen beim Einsetzen nicht genügend beschwert hat. Wenn wir die Diasporen als Verbreitungseinheiten definieren, so fällt es schwer, z. B. die armdicken, grasgrünen Rhizome der Mummel, die im Frühjahr auf Aller und Weser treiben, nicht dazuzurechnen. Für den Kalmus ist diese Art der Vermehrung und Verbreitung in Europa sogar die einzig mögliche, die Gründe wurden bereits genannt (S. 367).

Aber auch Frucht und Same können schwimmfähig sein. Im eigenen Gartenteich können wir beobachten, wie die braunen, flachen Samen der heimischen Sumpfschwertlilie *(Iris pseudacorus)* nach dem Ausfallen noch tage- und wochenlang schwimmen. Hier ist die Samenschale selbst lufthaltig und schwimmfähig. Bei den Seerosen wird die eigentliche Samenschale von einer zusätzlichen, in diesem Fall lufterfüllten Hülle, dem Arillus umgeben, der die Samen etwa einen Tag lang an der Oberfläche hält. Bei der verwandten Teichrose oder Mummel zerfällt die Frucht in ihre einzelnen Fruchtblätter, die eine gewisse Ähnlichkeit mit kleinen, weißen Apfelsinenschnitzen haben und wiederum eine Weile schwimmen. Nun ist der Weg nicht mehr weit zu ganzen schwimmenden Früchten wie den einsamigen Schließfrüchten von Igelkolben (Gattung *Sparganium*), Froschlöffel *(Alisma plantago-aquatica)* und den uferbegleitenden Seggen (Gattung *Carex*).

Auch die Kokosnuß *(Cocos nucifera)* kann wochenlang schwimmen und hat sich so an allen tropischen Küsten angesiedelt. Ein nach einiger Zeit »vorprogrammiertes« Absinken wie bei den Seerosensamen wäre bei der Reise über die Ozeane fatal, doch auch die Kokosnüsse, die nach langer Odyssee schließlich vom Golfstrom bis in die Fjorde Norwegens gespült werden, sind schlecht beraten. Ähnlich kann es den Diasporen von *Entada gigas* ergehen: Der Schmetterlingsblütler aus Amazonien entwickelt Hülsen von einem Meter Länge, die bei der Reife in einsamige Bruchstücke zerfallen. Die zum Schwimmen erforderliche Luft ist zwischen den beiden Keimblättern eingeschlossen. Mit dieser Schwimmblase und der verholzten Fruchtwand sind die

Diasporen dieser tropischen Liane so ausdauernde Schwimmer, daß sie bisweilen an der vereisten Küste von Nowaja Semlja gefunden werden.

Abgesehen von derartigen seltenen Fällen übertrieben weiter und damit
sinnloser Reisen ermöglicht das Wasser vielen hydrochoren Pflanzen eine
effektive Ausbreitung über Kontinente hinweg. Es gibt viele endemische Ge-
birgspflanzen, endemische Sumpf-, Ufer- oder Wasserpflanzen gibt es jedoch
kaum, und an einem Ufer in Spanien oder Griechenland finden wir eine große
Anzahl Pflanzen, die an ähnlichen Standorten auch in Dänemark und Schweden vorkommen. Ströme wie Elbe und Donau verbinden weit entfernte und
völlig unterschiedliche Naturräume miteinander, und an ihren Ufern können
wir »kontinentale Stromtalpflanzen« finden, die im weiten Osteuropa und
Asien verbreitet sind, darunter gartenwürdige Schönheiten wie die Sumpf-
wolfsmilch *(Euphorbia palustris)*, den Blauweiderich *(Veronica longifolia)* und
den echten Eibisch *(Althaea officinalis)*.

Einige Uferpflanzen aber, darunter die Binsen (Gattung *Juncus*), sind gleich
über einige Kontinente verbreitet, und hier war nicht das Wasser für die Ausbreitung verantwortlich, sondern ziehende Wasservögel, die die durchweg
kleinen Samen an ihren Füßen trugen. Dieses geradezu ideale Fortbewegungs-
mittel läßt derartige Pflanzen auch neu entstandene Feuchtgebiete wie Riesel-
felder und Auffangbecken schnell besiedeln und führt uns zu der vielleicht
interessantesten Verbreitungsweise, der durch Tiere (Zoochorie).

Reisen mit Tieren: Zoochorie

Wenn im Hochsommer die Touristen ins Mittelmeergebiet einfallen, sind die
Blütenmeere der Einjährigen längst verdorrt, und nur knastertrockene Stengel
bedecken noch die kargen Hügel. Und schon nach einer kurzen Wanderung
sind unsere Socken übersät mit allerlei mehr oder weniger stechenden Früchtchen verschiedener Gräser, Kleearten, Hundszungen und anderer Rauhblattgewächse etc. Selbst in den Schnürsenkeln und in der spärlichen Behaarung
der Beine hängen hakenbewehrte Quälgeister, die ursprünglich für das Fell
vorbeistreifender Tiere bestimmt waren und an dieses Verkehrsmittel bestens
angepaßt sind.

Es ist nun durchaus lohnend, beim abendlichen Retsina mit Muße und botanischem Sachverstand die Kollektion von Klettfrüchten an den Socken zu
untersuchen: Die kleinsten und wegen ihrer Menge lästigsten sind die
»Samen« (eigentlich Teilfrüchte, S. 410) von *Daucus carota*, der Wilden Möhre,

die im Mittelmeergebiet überall häufig ist. Mit den hakenförmig gekrümmten Haaren der Fruchtwand kletten sie sich aufs innigste an unsere Textilien, selbst an Jeans, und noch nach der Rückkehr und einem Großeinsatz der Waschmaschine können wir sie aus der frisch gewaschenen Wäsche zupfen. Viel schmerzhafter als die kleinen Möhrenfrüchte sind jedoch die eines anderen mediterranen Doldenblütlers: *Caucalis* hat viel derbere Haken, die einem die Fußknöchel aufscheuern können, wenn sie beim Wandern in die Schuhe geraten. Auch der Nadelkerbel *Scandix pecten-veneris* heftet seine bis 5 cm langen Teilfrüchte mittels feinster Widerhaken an die Socken, und so können wir beim Auszupfen einiges über Doldenblütler lernen, die zum Teil als Ackerunkräuter weit herumgekommen sind. *Caucalis* und *Scandix* haben es bis Mitteleuropa geschafft, und heute genießen sie hier als Rote-Liste-Arten ein wohldokumentiertes und subventioniertes Dasein auf flachgründigen Kalkäckern.

Aber die Systematik der Klettfrüchte in den Socken der Rucksacktouristen umfaßt viele Pflanzenfamilien: Der unscheinbare einjährige Klee *Trifolium scabrum* gibt uns freigiebig ganze Fruchtköpfchen mit. In diesem Fall verankern die spreizenden und stechend verhärteten Spitzen der Kelchblätter die Diaspore im Gewebe, die Verbreitungseinheit ist hier also ein ganzer Fruchtstand. Um einzelne Fruchtblätter handelt es sich bei den Klettfrüchten der vielen Schneckenklee-Arten (Gattung *Medicago*), nämlich um widerhakenbesetzte, aber kunstvoll schneckenartig aufgerollte und oft noch geschnörkelte kleine Hülsen. Eine Art dieser Gattung, die ausdauernde Luzerne (*Medicago sativa*), wird weltweit als geschätztes Grünfutter angebaut, daneben kommen aber rund um das Mittelmeer weitere ca. 50 Arten vor. Viele davon sind winterannuelle Einjährige (vgl. S. 149), die den Sommer nur in Form ihrer lästigen Früchte überdauern. Diese tragen übrigens so viele arttypische Merkmale, daß man die Arten allein anhand ihrer Früchte bestimmen kann, und eine schön hergerichtete Sammlung dieser Schneckenklee-Früchte begeistert jeden Botaniker. Ähnlich funktioniert *Ranunculus arvensis*, der bei uns seltene Acker-Hahnenfuß. Auch hier ist die Fruchtwand der einsamigen Schließfrüchte mit Widerhaken besetzt, ganz im Gegensatz zu den mitteleuropäischen Hahnenfüßen mit ihren glatten Früchten.

Die Früchte vieler Gräser tragen Grannen, die wir bei den Federgräsern (S. 415) schon als elegante, seidige Flugorgane kennengelernt hatten. Bei den mediterranen Gersten (Gattung *Hordeum*), bei einigen Trespen (Gattung

Bromus) oder dem Walch (Gattung *Aegilops*) sind sie mit feinen Widerhaken versehen, die die Diaspore zunächst im Strumpf verankern und bei jeder Bewegung unbeirrbar in einer Richtung weiterschieben. Beim abendlichen Untersuchen unserer geschundenen Füße nach einer Wanderung können wir dann manchen spitzen Grassamen, bereits durch Wundwasser aufgeweicht, aus der Haut ziehen.

Zur Farbigkeit der Frühlingsblumenfluren des Mittelmeerraumes tragen auch die oft leuchtend blau blühenden Rauhblattgewächse bei. Einige, wie die Natternköpfe (Gattung *Echium*) und Ochsenzungen (Gattung *Anchusa*), blühen wegen ihrer tiefen Pfahlwurzeln noch im heißen Hochsommer und sind dann mit ihrem gehaltvollen Nektar Tummelplatz für die schönsten Insekten. Ackervergißmeinnicht *(Myosotis arvensis)* und die Hundszungen (Gattung *Cynoglossum*) jedoch sind längst verdorrt, und die großen Teilfrüchte der letzteren kletten sich hartnäckig an die Socken. Beim Vergißmeinnicht jedoch bleiben die Teilfrüchte vom Kelch umschlossen, mit dem zusammen sie abbrechen. Der Kelch ist, wie ohnehin die gesamte Oberfläche vieler Rauhblattgewächse, mit steifen Haaren bedeckt, die wegen ihrer Feinheit nicht nur an den Socken, sondern sogar an einer Jeans festen Halt finden.

Solche und viele andere Klettfrüchte kann man nach einem Streifzug durch die dürren Weiden und Stoppeläcker aus der Kleidung zupfen. Am Ort dieses Tuns, etwa auf dem Campingplatz, wird nach den ersten Herbstregen aus all den Früchten eine Einjährigenflur keimen, wie sie für das Mittelmeergebiet so typisch ist. Auch die natürlichen Verbreiter dieser Kletten, die Tiere, können die lästigen Mitreisenden oft erst nach Stunden oder Tagen wieder loswerden und sorgen so für eine effektive Ausbreitung.

Diasporen dieses ökologischen Typs gibt es natürlich auch in Mitteleuropa, und der namengebende Vertreter, die Klette (Gattung *Arctium*), ist jedem Kind bekannt. Bei diesem distelartigen und bei Hummeln sehr beliebten Korbblütler mit den großen Blättern werden nicht die Einzelfrüchte aus dem Köpfchen ausgestreut, sondern das gesamte reife Köpfchen bricht leicht ab und hängt sich mit den hakenartig gekrümmten Hüllblättern an jede Art von Gewebe. »Klette« wird aber mancherorts auch ein lästiges, einjähriges Gartenunkraut genannt, das Kletten-Labkraut *(Galium aparine)*. Seine sechszähligen Blattquirle weisen es als nahen Verwandten des Waldmeisters *(Galium odoratum)* aus, der ebenfalls Klettfrüchte hat. Wegen seiner Vorliebe für Stickstoff kann das Klettenlabkraut an Kompost- und Misthaufen üppige Bestände bilden. Kommen wir diesen zu nahe, ist die Hose übersät mit den halbkugeligen Teilfrüchten.

Neben den besprochenen sogenannten Fellkletten gibt es einen viel selteneren, aber noch scheußlicheren Typ, die »Trampelkletten«. Kehren wir dazu wieder an den griechischen Badestrand zurück. Die meisten Mittelmeerurlauber kennen die oben beschriebenen Klettfrüchte nicht aus eigener Anschauung, da sie sich nicht den Strapazen einer Wanderung durch dürres Grasland bei 35 °C unterziehen. Aber auch am Strand selbst lauert eine Klettfrucht: *Tribulus terrestris*. Seine kleinen gelben Blüten entwickeln sich zu erbsengroßen Schließfrüchten, die mit beinharten, konischen und äußerst spitzen Dornen besetzt sind. Die Pflanze ist in warmen Gebieten aller Welt verbreitet und wächst im Mittelmeergebiet auf lockerem, sandigem Boden, also auch auf dem Badestrand. Sie gehört zu der in Europa seltenen Familie der Zygophyllaceae, aber auch dies kann ihre »Tretminen«, die nach Zerfall der einjährigen Pflanze im Sande liegen, bei dem barfüßigen Urlauber nicht beliebter machen. Auch im Profil der Wanderschuhe eingekeilt trägt sie der Rucksacktourist noch lange mit sich herum und fördert so die Verbreitung der Pflanze.

Wenn es in der Natur wahre Grausamkeit gibt, so muß man die Trampelkletten von *Tribulus* und einigen anderen Pflanzen nennen, die sich tief und schmerzhaft in den Füßen größerer und schwerer Tiere verankern. Besonders bekannt ist diese Verbreitungsweise bei vielen Vertretern der Pedaliaceae (pes=lat. Fuß), die z.B. die Trockengebiete Südafrikas bewohnen. Der einzige hierzulande allgemein bekannte Vertreter dieser Familie ist der Sesam *(Sesamum indicum)*, der allerdings »normale«, samenausstreuende Kapseln entwikkelt. Die großen und schönen Rachenblumen vieler Arten verraten die nahe Verwandtschaft der Familie mit der der Rachenblütler (Scrophulariaceae) oder ihrer tropischen Nachbarfamilie, den Bignoniaceae. So erinnert die große, purpurne Glocke von *Harpagophyton procumbens* aus Transvaal an einen Fingerhut oder auch eine »Freilandgloxinie« *(Incarvillea)*. Die fingerlangen, flachen Schließfrüchte jedoch sind mit derben, harten Widerhaken besetzt. Bei ihrem Anblick mag man sich nicht die Schmerzen vorstellen, unter denen die Früchte von großen Tieren, ursprünglich vielleicht von Elefanten, verbreitet werden.

Die Pedaliaceae sind mit ca. 50 Arten vor allem in den Trockengebieten der alten Welt zu finden. In Amerika haben sie in den nahe verwandten Gemshorngewächsen (Martyniaceae) ihre Entsprechung, die ebenfalls mit schönen

Rachenblumen blühen. Arten der Gattung *Proboscidea* lassen sich mit etwas Geschick sogar als einjährige Sommerblumen heranziehen. Die Blüten sind schön, das Laub jedoch ist mit klebrigen, etwas übelriechenden Drüsen besetzt, an denen kleine Insekten hängenbleiben. Bei der gelbblühenden *Ibicella lutea* hat man unlängst sogar festgestellt, daß die kleinen Opfer mit Enzymen verdaut werden, so daß *Ibicella* ein unerwarteter Neuzugang in der bunten Gesellschaft der »fleischfressenden Pflanzen« wurde. Die Früchte sind große Kapseln, die in einen langen, gekrümmten Fortsatz ausgezogen sind. Bei der Reife streifen sie den äußeren, grünen Teil der Fruchtwand vom hart verholzten Kern ab. Die beiden Fruchtblätter spreizen im gehörnten Teil auseinander, so daß die Bezeichnung »Gemshorngewächse« sehr treffend erscheint. Mit diesen harten und spitzen Gemshörnern hängt sich die Kapsel an die Füße großer Tiere und wird so verbreitet.

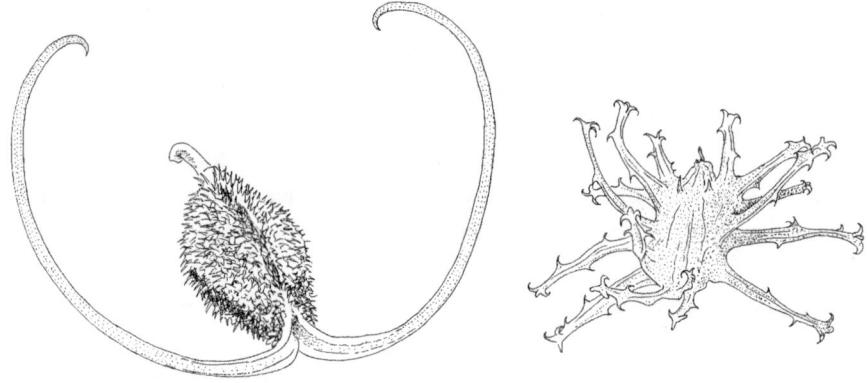

Abbildung 60: Trampelkletten. Links: Ibicella lutea, rechts: Harpagophyton procumbens.

Die genannten Klettfrüchte sind Beispiele für das Reisen an oder auf Tieren (*Epizoochorie*, ep=griech. »auf«, zóon=Tier). Viel vertrauter ist die *Endozoochorie* (endo=innen), also das Reisen in Tieren. Unzählige Pflanzen aus vielen systematischen Gruppen verlocken Tiere zum Verzehr der Diasporen. Dabei soll natürlich grundsätzlich nicht der für die Pflanze lebenswichtige Teil, der Same selbst, verdaut werden, vielmehr werden die Samen stets mit einem wohlschmeckenden »Zusatz« angeboten, den wir meist als »Fruchtfleisch« bezeichnen. Dieses saftige Beiwerk kann jedoch bei den einzelnen Gruppen aus morphologisch grundverschiedenen Teilen der Pflanze gebildet werden, und bereits innerhalb einer Familie kann große Vielfalt herrschen. Nehmen wir die Rosengewächse: Die Fruchtwand, also das Gewebe des ursprünglichen Fruchtblattes, ist saftig bei den einsamigen Steinfrüchten der Kirschen, Pflaumen und Pfirsiche (Gattung *Prunus*), allerdings nur der äußere Teil der Fruchtwand, der innere umgibt als »Steinkern« den einzigen Samen (z. B. den »Mandelkern«). Bei den Him- und Brombeeren sitzen viele stark verkleinerte derartige Fruchtblätter als Mini-Steinfrüchte der kegelförmigen Blütenachse auf und lassen sich bei der Reife leicht davon lösen. Ganz anders bei den Erdbeeren: Hier sind die »Samen« (korrekter: einsamige, harte Schließfrüchte, also »Nüßchen«) selber nicht saftig; das köstliche rote Gebilde, dem sie aufsitzen, ist hier die Blütenachse. Und bei Apfel und Birne, aber auch bei Weißdorn und Eberesche liegen besonders komplizierte Verhältnisse vor: Hier finden sich fünf untereinander nicht verwachsene, meist zweisamige Fruchtblätter, und dieses bekannte »Kerngehäuse« wird von mächtig entwickeltem, saftigem Achsengewebe umwuchert und zusammengehalten. Bedenken wir, daß es bei dem Wald-Geißbart *(Aruncus sylvestris)* und bei den Spiersträuchern (Gattung *Spiraea*) auch trockene, samenausstreuende Balgfrüchte gibt, so wird verständlich, daß die Familie der Rosengewächse jedem Studenten als Prüfungsstoff für Fruchtmorphologie bekannt ist. Nur eines gibt es kurioserweise in der ganzen Familie nicht: echte Beeren.

Beispiele für »normale«, vielsamige Beeren finden wir bei der Gattung *Ribes*, den Stachel- und Johannisbeeren. Beeren sind definiert als Schließfrüchte mit saftiger und eßbarer Fruchtwand. Wir dürfen uns daher nicht wundern, daß ein Botaniker, streng dieser Definition folgend, ohne Zögern auch Gurken und sogar Bananen fruchtmorphologisch als Beeren bezeichnet (Kürbisse und Melonen mit ihrer harten Außenschicht wären dann »Panzerbeeren«!). Die roten und zuckersüßen »Beeren« der Eibe (oder besser: »süßstoffsüßen«, denn ihnen fehlt jedes Aroma!) sind dagegen keine Beeren: Wir erinnern uns, daß die Eibe als Nadelbaum ein Nacktsamer ist, bei ihr sind also die Samen nicht in Fruchtblätter eingeschlossen. Das rote »Fruchtfleisch« ist hier der äußere Teil des Samens selbst, ein sogenannter *Arillus*. Dieser ist übrigens der einzige Teil der ansonsten hochgiftigen Eibe, der ohne Gift ist und den man unbesorgt essen kann, wenn man nur den Samen ausspuckt.

Ein Arillus findet sich bei vielen als ursprünglich geltenden Blütenpflanzen: Auf kaum einem barocken Stilleben darf ein aufgeplatzter Granatapfel fehlen

(Punica granatum), und das köstliche, rubinrote Innenleben, das sich beim Knacken der Frucht erschließt, gilt seit der Antike als erotisches Symbol. Auch hier ist der rote und schmackhafte Teil der Arillus des Samens. Die gelben Fruchtblätter jedoch, die die roten Bereiche umhüllen und durchziehen, muß man beim Essen sorgfältig vermeiden, denn sie sind gallebitter. Kaum weniger sinnlich als das Innere des Granatapfels ist das der Passionsfrüchte, und zumindest die Maracuja *(Passiflora edulis)* bekommt man heute fast auf jedem Wochenmarkt. Auch hier ist die saftreiche »Pulpa« der Arillus der Samen.

Beim Betrachten derartiger Diasporen, die endozoochor verbreitet werden wollen, können wir oft bereits auf die Tiergruppe schließen, die für die Verbreitung gewonnen werden soll: Schon beim Kapitel über die Blütenökologie hatten wir festgestellt, daß die rote Farbe für die Vögel die reizintensivste ist und daß ihnen andererseits fast jeder Geruchsinn abgeht. Auch an den roten Früchten von Kirschen, Ebereschen, Johannisbeeren und den Eibensamen ist kaum ein Duft festzustellen, und man kann Verbreitung durch Gefiederte annehmen. Pfirsich, Birne und Banane jedoch sind nicht rot, dafür aber sehr aromatisch, und sie richten sich an Säugetiere als Transporteure. Das gleiche gilt für die Avocadobirne *(Persea americana)*, bei der allerdings eine fruchtökologische Besonderheit vorliegt: Das Fruchtblatt, das den einzigen, großen Samen umschließt, ist hier nicht saftig und zuckerhaltig, sondern enthält so viel Fett, daß man eine vollreife Avocado als »pflanzliche Butter« auf Brot (oder besser noch: auf salzige Cracker!) streichen kann. Der Genuß der Avocado ist Gewohnheitssache, und man kann sie lieben oder verabscheuen. Die für ihr derartiges Doppelgesicht sicher berühmteste Frucht ist jedoch der südostasiatische Durian *(Durio zibethinus,* Bombacaceae), der himmlischen Geschmack mit höllischem Gestank verbindet. Die reife Frucht duftet so intensiv, daß in Thailand das Mitführen in öffentlichen Verkehrsmitteln unerwünscht ist. Man mag spekulieren, an welches Tier sich diese Frucht ursprünglich richtet. Auch die Ginkgo-Samen sind als blasse, aprikosengroße »Stinkbomben« berüchtigt, ihr Duftstoff ist Buttersäure, also der Gestank von ranziger Butter oder Erbrochenem. Ein natürlicher Verbreiter ist nicht bekannt, denn auch in seiner chinesischen Heimat findet sich der berühmte Baum nur noch als Ziergehölz in Tempelanlagen, nicht aber in der freien Natur. Vielleicht fanden einst die Dinosaurier Gefallen daran, denn schon zu ihren Zeiten gab es den Ginkgo.

Selbstverständlich passieren die Samen der endozoochoren Diasporen den Verdauungstrakt ihrer Verbreiter unversehrt, und bei einigen ist erwiesen, daß eine Darmpassage der Keimung förderlich ist. Die »synzoochoren« Arten jedoch (syn=griech. »mit«) werden durch den Verzehr zerstört und vertrauen dennoch auf die Verbreitung durch ihre Widersacher: Viele Tiere sammeln nämlich zu Zeiten des Überflusses große Mengen z.B. von Nüssen, Eicheln und Grassamen, um Vorräte zum späteren Gebrauch anzulegen. Oft bleibt es jedoch bei dem Vorsatz, denn manches emsig hortende Mäuschen ist im nächsten Frühjahr schon nicht mehr am Leben, oder die Verstecke werden einfach vergessen.

Neben den Kleinsäugern und einigen Vögeln sind auch die Ameisen für ihre Vorratshaltung bekannt, und viele zoochore Pflanzen bauen als »myrmekochore« (myrmex=griech. »Ameise«) allein auf den Transport durch diese Tiergruppe. Hier sind natürlich Größe und Gewicht des Samens oder der Frucht Grenzen gesetzt, regelmäßig findet sich jedoch ein fettreiches, aber entbehrliches Anhängsel, ein Elaiosom (Ölkörperchen: elaion=griech. »Öl«), das eigens zum Verzehr bestimmt ist. Wie die Kletthaken und das Fruchtfleisch kann auch das Elaiosom morphologisch den verschiedensten Pflanzenteilen entstammen. Immer aber wird die gesamte Diaspore von den fleißigen Tieren ein gutes Stück verschleppt, bevor sie den Leckerbissen vom Rest der Diaspore trennen, aus der dann die Pflanze keimt. Besonders in der Bodenvegetation des Waldes finden wir viele Pflanzen mit Ameisenverbreitung, z.B. das Waldveilchen *(Viola reichenbachiana)*, die Mandelblättrige Wolfsmilch *(Euphorbia amygdaloides)* und, besonders schön, den Lerchensporn *(Corydalis cava)*, bei dem sich die weißen Elaiosomen deutlich von den schwarzen Samen abheben. Ebenso häufig ist dieses Prinzip aber auch unter den Kräutern und Gehölzen der warm-trockenen Gebiete, wo die Ameisen besonders ideale Bedingungen finden, etwa bei den Ochsenzungen *(Anchusa)* und den Flockenblumen *(Centaurea)* im Mittelmeergebiet oder den Akazien in den Trockengebieten aller Welt.

Warum in die Ferne schweifen ...

Mit den geschilderten Fällen anemochorer, hydrochorer, epi-, endo- und synzoochorer Verbreitung wurden zweifellos besonders spektakuläre Beispiele herausgegriffen. Unzählige Pflanzen haben jedoch Diasporen, die keinerlei Anpassung an Fernverbreitung zeigen. Aber für die Ökologie der Früchte gilt dasselbe wie für die der Blüten: Auch keine Anpassung kann eine Anpassung sein. Erinnern wir uns zum Schluß an die Kornblume, deren schwere und flugunfähige Früchte meist direkt unter der Mutterpflanze landen. Die verdorrten Stengel des einjährigen Ackerunkrautes werden im Herbst untergepflügt, und es spricht nichts dagegen, daß ihre Nachkommen in der nächsten Vegetationsperiode genau an derselben Stelle wachsen, die schon für ihre Mutter geeignet war. Die z.T. aufwendigen Methoden der Verbreitung bei anderen Pflanzen, bis hin zum aktiven »Wegschießen« der Samen bei Storchschnäbeln (Gattung *Geranium*), Veilchen (Gattung *Viola*) oder Wolfsmilch (Gattung *Euphorbia*) muß man wohl ohnehin weniger unter dem Aspekt des Eroberns neuer Länder als dem des Fliehens vor der Konkurrenz der eigenen Art sehen. Andererseits gibt es ebenso auch Einjährige mit »Explodierfrüchten«, etwa das bekannte Rühr-mich-nicht-an (Gattung *Impatiens*) oder die Explodiergurke *(Cyclanthera brachystachya)* aus dem tropischen Amerika, die sich auch im Hausgarten als bei Kindern beliebte Kuriosität halten läßt.

Aber das Verweilen am Ort muß kein Nachteil sein: So wäre es gerade für Ackerunkräuter, die ja auf lichte und konkurrenzarme Standorte angewiesen sind (S. 373), verfehlt, etwa mit Flugfrüchten in die nahe Wiese zu fliegen oder von Ameisen in den dunklen Wald mitgenommen zu werden. Wer aus Freude an der Sache einige seltene Ackerunkräuter wie Kornrade *(Agrostemma githago)*, Schwarzkümmel *(Nigella arvensis)* oder Einjährigen Ziest *(Stachys annua)* im Nutzgarten ansiedelt, wird feststellen, daß sie in großen Mengen immer am Ort der Mutterpflanze keimen und sich von selbst kaum ausbreiten. Da aber viele dieser Einjährigen äußerst langlebige Samen haben, wird ein anderer Aspekt wichtig: Sie verbreiten sich weniger im Raum als in der Zeit. Durch tiefes Graben, z.B. beim Straßenbau, können Samen zutage gefördert werden, die vielleicht vor Jahrzehnten ausgestreut wurden. Auf diese Art und Weise entstehen z.B. durch Umbrechen einer Wiese »aus dem Nichts« wogende Klatschmohnfelder, wo seit Menschengedenken kein Mohn gestanden hat.

Bei einigen wenigen Pflanzen wird das Verbleiben am Ort geradezu zum Prinzip: Bei der einjährigen Erdnuß *(Arachis hypogaea)* verlängern sich nach der Befruchtung die Fruchtblattstiele, krümmen sich abwärts und bohren die junge Hülse genau unter der Mutterpflanze in den Boden. Auch im nächsten Jahr wird dort wieder eine Erdnuß stehen, so daß wir von einem »Ausdauern mit anderen Mitteln« sprechen können. Das griechische »hypo gaea« (»unter der Erde«) würde im Lateinischen »sub terra« heißen, und in der Tat findet sich das Prinzip der »eigenhändig« beerdigten Früchte auch bei dem mediterranen Klee namens *Trifolium subterraneum*. Auch das niedliche Zymbelkraut

(Linaria cymbalaria) der Stadtmauern, in der Blüte eine Miniatur des Löwen-
mäulchens, krümmt seine Fruchtstiele vom Licht weg und kann die Samen so
in den Mauerritzen und Klüften sicher unterbringen.

Fassen wir zusammen: Ob bei der Fortpflanzung oder bei der Ausbreitung,
die Pflanzen nutzen eine unüberschaubare Fülle von Möglichkeiten. Als fest
verwurzelte Geschöpfe bedienen sie sich der Elemente oder machen sich die
unterschiedlichsten Lebensbedürfnisse der Tiere zunutze, um ihre eigenen
Fortpflanzungsziele zu erreichen. Dabei kann ein und dasselbe Prinzip (etwa
die Bestäubung durch Bienen oder die Verbreitung mittels eßbarer Diasporen)
von verschiedenen systematischen Gruppen unter jeweils verschiedenen
morphologischen Voraussetzungen verwirklicht werden (Konvergenz). Andererseits kann innerhalb einer Pflanzenfamilie, also bei einheitlich festge-
schriebenem Bauplan, eine Fülle von ökologisch grundverschiedenen
Anpassungen auftreten (Divergenz). Dabei ist die Welt der Blüten und Früchte auch für den Menschen von größter Bedeutung, denn die Menschheit ernährt sich ganz überwiegend von Früchten und Samen, und die Fülle der
Anpassungen an die Bestäubung durch Tiere macht die nüchtern-funktionel-
len Blüten zu Blumen, ohne die unsere Welt arm und trist wäre.

PFLANZEN UND TIERE

TIERE LEBEN VON PFLANZEN

Im Schlußgedanken des vorigen Kapitels wurde festgestellt, daß pflanzliche Produkte Grundlage der menschlichen Ernährung sind. Vor allem die Früchte und Samen der Pflanzen, z.B. in Form von Brot, Reis oder Mais, aber auch als Obst oder Gemüse, stellen zusammen mit Speicherorganen (Kartoffel, Süßkartoffel, Maniok, Taro) und Blättern (Gemüse, Salat) unsere Versorgung mit Kohlenhydraten, Fett, Eiweiß, Mineralstoffen und Vitaminen sicher. Selbst ein Mensch, der sich ausschließlich von Fleisch ernähren wollte, müßte sich im klaren sein, daß auch er über den Umweg Tier letztlich von der Produktion von Feld und Wiese abhängig ist.

Dieser ehemals selbstverständliche Zusammenhang ist heute vielen Stadtmenschen kaum noch bewußt, da er durch die oft erhebliche räumliche und zeitliche Distanz von Produktion und Konsum verschleiert wird. Die einzige natürlich vorkommende weite Trennung von Pflanzenwachstum und Ernährung findet sich bei den Inuit im hohen Norden (der Ausdruck »Eskimo« bedeutet abwertend »Rohfleischfresser«). In den Polargegenden ist kaum Wachstum von Landpflanzen möglich, geschweige denn Ackerbau, und so waren diese Völker in ihrer Ernährung traditionell überwiegend auf Fisch, Wal und andere Meerestiere angewiesen. Aber auch jede Nahrungskette im Meer, selbst wenn sie bei dem 30 m langen Blauwal endet, beginnt zwangsläufig bei den mikroskopisch kleinen Grün- und Kieselalgen des Planktons.

Es ist eine biologisch wie philosophisch weitreichende Erkenntnis, daß auf unserer Erde allein die grünen Pflanzen die Produzenten von Nahrungsmitteln sind. Der grüne Blattfarbstoff Chlorophyll befähigt sie, im Prozeß der Photosynthese geradezu das Unmögliche möglich zu machen: In dem Endprodukt aller Lebensprozesse, dem Kohlendioxid, liegt der Kohlenstoff in einer sehr energiearmen Verbindung vor, so daß jede weitere Verwendung ausgeschlossen scheint. Die grünen Pflanzen vermögen jedoch bei der Photosynthese diesen »Restmüll der Welt« in Kohlenhydrate zu überführen, also daraus den energiereichen Treibstoff der Lebensmaschinen aller Tiere und Menschen wie auch der Pflanzen selbst herzustellen. Woher aber kommt die Energie, die unser Körper aus den Kohlenhydraten freisetzen kann? Energie läßt sich nicht schaffen, das vermag auch die Pflanze nicht; man kann lediglich

(und zwar grundsätzlich unter Verlust!) eine Energieform in die andere umwandeln. Die Energie, die schließlich in den chemischen Bindungen des Koh-
lenstoffs in den Kohlenhydraten quasi für den Bedarfsfall konserviert ist,
stammt letztlich von der Sonne, wo sie von Anbeginn der Welt durch Kernfu-
sion entsteht. »Häppchenweise« steht uns also bei der Veratmung der Kohlenhydrate Sonnenenergie zur Verfügung, und bei jedem Ausatmen geben wir
den darin enthaltenen Kohlenstoff als Kohlendioxid der Atmosphäre zurück.
Sitzen wir vor dem knisternden Kamin, so wärmt uns die im Holz gespeicherte Sommersonne vieler Jahre. Und beim Verbrennen fossiler Brennstoffe wie
der Steinkohle setzen wir die Wärme einer Sonne frei, die auf die Farnland-
schaften der Steinkohlezeit schien, als es noch keine Blüten, keine Bienen und
keine Dinosaurier gab.

Daß wir selber und unsere Nutztiere von Pflanzenprodukten leben, ist uns
normalerweise bekannt. Reizvoll mag aber ein Streifzug durch ein weniger bekanntes Gebiet sein, die Insektenwelt und ihre teilweise bizarren Ernährungs-
gewohnheiten. Dabei sollen die vielen Insekten, die sich von anderen Tieren
ernähren, nur am Rande vorkommen, schließlich geht es in diesem Buch in erster Linie um Pflanzen. Freilich gibt es auch bei den räuberischen und parasi-
tierenden Arten keine Nahrungskette, die nicht mit dem Produzenten »grüne
Pflanze« ihren Anfang nimmt.

Die kleine Raupe Nimmersatt...

Von dem sprichwörtlichen Appetit pflanzenfressender Insekten ist bereits in
der Heiligen Schrift die Rede (2. Mose 10): Weil Pharao die Kinder Israel nicht
ziehen lassen will, verwüsten Heuschreckenschwärme Ägyptenland. Auch
heute noch können, vor allem in Afrika, Wanderheuschrecken Ernten vernich-
ten und Hungersnöte heraufbeschwören. Kartoffelkäfer können die Kartoffelpflanzen entlauben, die Raupen einiger Forstschädlinge aus den Gruppen
der Schmetterlinge und Blattwespen ganze Wälder kahlfressen. Diese teilweise
problematische Gefräßigkeit der Insekten hängt mit ihrer eigenartigen Lebensweise zusammen: Bei allen Insekten ist das Leben aufs schärfste in zwei
Abschnitte getrennt, nämlich in eine Zeit der Entwicklung und eine der Fortpflanzung und Ausbreitung. Das Erwachsenwerden vollzieht sich dabei nicht
kontinuierlich, sondern quasi in Sprüngen bei den Häutungen. Da die Tiere
vom ersten Lebenstag an ein Außenskelett aus Chitin tragen, müssen sie sich,
um wachsen zu können, dieses starren Panzers von Zeit zu Zeit entledigen.

Nach enzymatischem Abbau und Wiederverwertung eines Teils des Materials streifen sie die alte Hülle ab. Die darunter gebildete, neue Chitinhaut ist zunächst noch blaß und dehnbar, denn der Prozeß der Aushärtung an der Luft (Sklerotisierung) dauert Minuten oder Stunden. Während dieser Zeit ist das Insekt weitgehend unbeweglich und schutzlos, bläst sich jedoch mit Luft auf und sorgt so dafür, daß die neue Hülle in gedehntem Zustand erstarrt und viel Platz zum Hineinwachsen bietet. Auf diese Art und Weise wird die Larve bei allen ursprünglichen Insekten mit jeder Häutung dem Vollinsekt (der Imago, es heißt »die Imago«) ähnlicher, aber erst die letzte Häutung bringt die zwei Zeichen des Vollinsekts: die Flugfähigkeit und die Geschlechtlichkeit. Die Larven sind grundsätzlich flugunfähig (trotz der in manchen Fällen schon sichtbaren Flügelanlagen) und nicht fortpflanzungsfähig. Bei den abgeleiteten Insekten mit vollständiger Verwandlung, den Fliegen, Schmetterlingen, Käfern und Hautflüglern, sind die Larven den Imagines völlig unähnlich, und wer würde schon in einer kopf- und beinlosen Made eine künftige Fliege oder Biene erkennen können? Das letzte Larvenstadium dieser Insekten ist die als »Puppe« bekannte, unförmige Ruheform, aus der dann nach weitgehender Verflüssigung und »Neuschaffung« aller Organe und Strukturen die Imago schlüpft. Diese Verwandlung von der formlosen Raupe oder Made über die Puppe zum geflügelten Vollinsekt gehört zu der Art von Wundern, die immer faszinierender werden, je mehr man darüber weiß.

Das Vollinsekt ist das Stadium der Ausbreitung und Vermehrung. Fliegend kann es unter Umständen Tausende von Kilometern überwinden, wodurch der genetische Austausch gefördert wird. Auch neue Lebensräume werden so spielend besiedelt, wie jeder Gärtner weiß, der im Sommer die Luft von fliegenden Blattläusen erfüllt sieht, die als »Fundatrices« (lat. fundatrix=die Gründerin) neue Kolonien gründen.

Den Larven der Insekten aber fehlt der Ausbreitungsdrang, sie kennen nur eine Aufgabe: Fressen und Wachsen. Dieser können sie sich, entsprechende Temperaturen vorausgesetzt, so effektiv widmen, daß etwa eine Wanderheuschrecke oder ein Heimchen vom Schlüpfen aus dem Ei bis zur Häutung zum Vollinsekt unter Optimalbedingungen nur vier Wochen benötigt, eine Stubenfliege 14–18 Tage und eine Fruchtfliege *(Drosophila)* nur 9–13 Tage. Bei der Made der Honigbiene, die von den Arbeiterinnen Tag und Nacht gemästet wird, liegen zwischen Schlüpfen und Verpuppung nur sechs Tage, während derer die Larve ihr Gewicht um das Fünfhundertfache steigert. Für dieses Re-

kordwachstum mag die konstante Wärme des Bienenstockes und die hochwertige Ernährung mit Pollen verantwortlich sein.

In der Regel müssen die Insektenlarven zu ihren Futterpflanzen keine langen Fußmärsche unternehmen, denn wenn auch nur wenige Insekten durch
liebevolle Brutpflege glänzen wie die staatenbildenden Wespen und Bienen
oder auch die Totengräber-Käfer, so treiben doch die meisten zumindest Brutfürsorge, indem sie die Eier auf dem Larvenfutter oder in seiner Nähe ablegen.
Bei den ursprünglichen Insekten (das Wort »primitiv« sollten sich die Biologen in diesem Zusammenhang abgewöhnen!), also den Libellen und Schaben,
die schon die Wälder der Steinkohlezeit bevölkerten, hält sich die Brutfürsorge in Grenzen: Die Libellen werfen ihre Eier zum Teil einfach ins Wasser oder
bringen sie in Wasserpflanzen unter, aus denen sich die Junglarven dann befreien, um als kleine »Gruselmonster des Gartenteiches« ein räuberisches Leben zu führen. Die Schaben lassen ihre wie Schminktäschchen geformten
Eipakete einfach fallen, und die daraus schlüpfenden winzigen Larven leben
wie ihre Eltern von organischen Abfällen der Bodenstreu des Waldes oder
auch als vielgehaßtes Ungeziefer in Schwimmbädern und Großküchen. Gril-
len und Heuschrecken legen ihre Eier in feuchtes Substrat, und die Larven
ernähren sich von dem Wiesengrün, ohne auf bestimmte Pflanzenarten angewiesen zu sein. In all diesen Fällen sind die Larven lebenstüchtig und ihren Eltern in Körperbau und Lebensweise relativ ähnlich.

Wie anders liegen die Verhältnisse bei den »höheren« Insekten, denen mit
vollständiger Verwandlung. Der Made einer Fliege, Biene oder Wespe fehlen
nicht nur die Beine, sondern sogar der Kopf mit seinen Sinnesorganen. Die
weiche, blasse Haut wäre Sonne und Austrocknung schutzlos ausgeliefert,
und solche Larven wären schlecht beraten, wenn sie ihre Futterquellen erst
aufsuchen müßten. Hier setzt die faszinierende Welt der Brutfürsorge der Insekten ein: Die Hummelschweber (Bombyliidae), deren Larven in den Nestern bestimmter Wildbienen schmarotzen, werfen ihre Eier gezielt in die
Nesteingänge der unfreiwilligen Wirte. Die Kuckucksbienen und die bezaubernden Goldwespen legen in einem unbeobachteten Moment ihr Kuckucksei
selbst neben das Bienenei. Marienkäfer und Schwebfliegen suchen florierende
Blattlauskolonien, um ihre Eier dort abzulegen. Die Marienkäferlarven sind
immerhin mit Beinen ausgestattet, die Schwebfliegenlarve jedoch ist eine typische beinlose Made, die nur eines kann: Blattläuse aufspießen und aussaugen.
Die zierliche Schlupfwespe *Rhyssa* verbringt viel Zeit damit, in Nadelwald-

schonungen die unter der Rinde lebende Larve der imposanten Holzwespe *Sirex* aufzuspüren. Nur in dieser können ihre parasitischen Larven heranwachsen. Im Erfolgsfalle treibt *Rhyssa* ihren 2 cm langen, dünnen Legebohrer durch das harte Holz, um die *Sirex*-Larve mit einem Ei zu belegen.

Nicht weniger erstaunlich ist die Mühe, die sich Insektenarten mit vegetarisch lebenden Larven machen. Denn oft sind es in einer Flora mit mehreren tausend Pflanzenarten nur ganz bestimmte, vielleicht Angehörige einer einzigen Gattung oder Familie oder gar nur einer einzigen Art, auf die die entsprechenden Insekten als alleinige Nahrungsquelle angewiesen sind. So werden wir den herrlichen, goldgrün schillernden Käfer mit dem unaussprechlichen Namen *Dlochrysa fastuosa* nur an Hohlzahn *(Galeopsis)* finden, nie aber an unseren Minzen im Garten, die ab und zu von einer dunkelblau glänzenden Verwandten geziert (nicht geschädigt!) werden. Zu Recht unbeliebt ist *Leptinotarsa decemlineata*, der als »Kartoffelkäfer« ebenfalls an eine bestimmte Futterpflanze gebunden ist. *Phyllotreta*-Arten befallen als »Erdflöhe« nicht etwa beliebige Gartenpflanzen, sondern vor allem Kreuzblütler wie Radieschen und Kohl. All die genannten Käfer gehören zur Familie der Blattkäfer (Chrysomelidae). Aber auch andere Familien wie die kleinen Samenkäfer (Bruchidae) sind wirtspflanzenspezifisch: Wer als Freund der Schmetterlingsblütler im Gelände allerlei reife Hülsen von Wicken, Platterbsen, Ginster etc. sammelt, stellt nach Wochen fest, daß aus einem Teil der Samen Bruchiden geschlüpft sind, und zwar aus jeder Samensorte eine andere Art! Besonders eindrucksvoll ist dies im Mittelmeergebiet, wo teilweise fünf bis zehn Arten von Wicken und Platterbsen als Unkräuter in ein und demselben Acker vorkommen, und dennoch bleibt jede Käferart ihrer Wirtsart treu und macht keine »Seitensprünge« zu Verwandten.

Am bekanntesten für diese speziellen Ansprüche an die Futterpflanze ist jedoch die Ordnung der Schmetterlinge, deren Raupen fast grundsätzlich vegetarisch leben, nur die Larve der Kleidermotte frißt das tierische Produkt Wolle. Dem vielbeklagten Rückgang der Schmetterlinge glauben viele mit ein paar Brennesselstauden entgegenzuwirken, die sie in einer Gartenecke dulden. Die Brennessel ist in der Tat die Nahrungspflanze von Tagpfauenauge *(Inachis io)* und Kleinem Fuchs *(Aglais urticae)* und als besonders unbeliebte Pflanze so recht geeignet, ganz Außenstehende auf ökologische Zusammenhänge hinzuweisen. Bei Licht besehen bedarf jedoch gerade diese Raupenfutterpflanze in unserer Kulturlandschaft keiner Förderung, da sie als stickstoffliebende

Pflanze von der modernen Landwirtschaft profitiert. Entsprechend haben auch die an sie gebundenen Falter ausgesorgt. Auch um den Bestand der Kohlweißlinge sind alle Sorgen unbegründet, da sie als Schädlinge an Kreuzblütlern so lange ihr Auskommen haben werden, wie es Kleingärten mit Kohl, Rettich und Senf gibt. In nicht allzu naßkalten Gegenden unseres Landes kann sogar der edle Schwalbenschwanz *(Papilio machaon)* von unseren Kleingärten profitieren, dessen hübsche Raupe sich ab und zu an den Möhren findet. Wenn wir ihr diese Kost mißgönnen, dürfen wir sie auch an Dill oder andere Doldenblütler umsetzen. Am Mittelmeer ist der schöne Falter so häufig wie der dort allgegenwärtige wilde Fenchel *(Foeniculum vulgare)*.

Andere Schmetterlinge haben es schwerer, z.B. Bläulinge, die als Raupenfutterpflanze bestimmte Schmetterlingsblütler der Trockenrasen und Magerwiesen benötigen. Die Raupe des Blauschillernden Feuerfalters *(Lycaena helle)* wiederum frißt nur Schlangenknöterich, eine hübsche Pflanze extensiv genutzter, montaner Feuchtwiesen, und die ausschließliche Beschränkung des Kleinen Moorbläulings auf den äußerst seltenen Lungenenzian möchte man fast als snobistisch bezeichnen.

Was hat die Falter geheißen, solch exklusive Wahl zu treffen? Warum frißt die Raupe des Jakobskrautbären nur *Senecio jacobaea*, während die der anderen Bärenspinner mit allen möglichen Wiesenpflanzen zufrieden sind? Warum leben von unseren schönen und beeindruckenden Schwärmerarten einige an Laubbäumen, dann aber je eine Art an Labkraut, Liguster, Skabiose, Wolfsmilch, Nachtkerzen und Weidenröschen, Winde und Nachtschattengewächsen?

Die Frage nach dem Warum einer bestimmten, wenn auch noch so exzentrischen Vorliebe läßt sich wohl auch in diesem Falle nicht klären. Ebenso interessant, dabei aber leichter zu beantworten ist folgendes: Woher hat ein Kohlweißling so weitreichende Kenntnisse in Pflanzensystematik, daß er Weißkraut, Grünkohl und Kohlrabi, außerdem aber auch Nachtviole und Meerrettich als Vertreter der Kreuzblütler erkennt? Woran erkennt der düstere Totenkopfschwärmer, der sich als Wanderfalter aus dem Mittelmeergebiet bisweilen bis nach Skandinavien verirrt, die Pflanzenfamilie der Nachtschattengewächse, nämlich so unterschiedliche Arten wie die Kartoffel, die Tollkirsche der Buchenwälder oder den chinesischen Bocksdorn *(Lycium chinense)*, der auf den Nordseeinseln als Hecke gepflanzt wird? An all diesen legt der Totenkopf seine Eier ab, auch wenn die Larven bei uns grundsätzlich erfrieren.

Der Schwalbenschwanz legt ab und zu seine Eier außer an Doldenblütler auch an die Weinraute *(Ruta graveolens)* und hält damit offenbar von jeher die Doldenblütler und die Rautengewächse für nah verwandte Pflanzenfamilien, was den Botanikern erst mit Hilfe moderner Methoden der letzten Jahre aufgefallen ist. Die Raupe des Mittleren Weinschwärmers *(Deilephila elpenor)* wurde gelegentlich an Fuchsien gefunden, also einer tropisch-amerikanischen Zierpflanze, die der Falter unmöglich kennen kann, die aber zu den Nachtkerzengewächsen (Onagraceae) gehört wie seine normale Futterpflanze, das Weidenröschen.

Die Insekten setzen uns also mit zum Teil profunden Kenntnissen in botanischer Systematik in Erstaunen. Eines ist klar: Sie kennen nicht das Vorgehen der klassischen Botanik wie Auszählen der Kelch- und Kronblätter, Staubgefäße usw. Vielmehr bedienen sie sich einer in der Botanik äußerst modernen Methode und nehmen das Vorhandensein oder Fehlen bestimmter chemischer Inhaltsstoffe als Hinweis auf Verwandtschaft. So sind für die Weißlinge die »Senfölglykoside« das Erkennungszeichen für »ihre« Pflanzenfamilie, die Kreuzblütler, und das Signal zur Eiablage. Es sind dies jene scharf schmeckenden Substanzen, deretwegen wir Kreuzblütler wie Kohl, Kresse, Senf und Meerrettich in der Küche verwenden. Allerdings tauchen diese Stoffe ausnahmsweise auch bei einigen anderen Pflanzengruppen auf, die nichts mit dieser Familie zu tun haben, und so können Kohlweißlinge auch einmal »versehentlich« eine Reseda oder gar eine Kapuzinerkresse, also eine Zierpflanze aus Südamerika, für einen Kreuzblütler halten. Sie enthalten nämlich ebenfalls Senfölglykoside, weshalb man die Knospen der letzteren in Essig eingelegt als »Falsche Kapern« verwenden kann. Bei den Nachtschattengewächsen mögen die Tropan-Alkaloide den Totenkopf befähigen, als »Zugereister« in einer fremden Flora völlig unterschiedliche Pflanzen als Futterpflanzen zu erkennen. Ein ebenso seltener Zuwanderer aus dem Mittelmeergebiet ist übrigens der in dezente Rosa- und Grüntöne gekleidete Oleanderschwärmer *(Daphnis nerii)*, der hierzulande zielsicher die Oleanderkübel auf der Terrasse findet und daneben nur das Immergrün *Vinca minor* als Raupenfutter akzeptiert — beides sind in unsere Gefilde verschlagene Vertreter der tropischen Hundsgiftgewächse, optisch grundverschieden, aber durch ihre giftigen Inhaltsstoffe ausgewiesen.

Daß viele pflanzenfressende Insekten auf bestimmte Pflanzen »programmiert« sind, kann in Land- und Gartenbau Freud und Leid bedeuten: In

Norddeutschland mit seinen Marschen und Altwässern kommen vielerorts noch Mummeln und Seerosen wild vor, deren Blätter dann von bestimmten darauf spezialisierten Kleinschmetterlingen, den Seerosen-Zünslern, zerfressen sind. Es läßt sich nicht vermeiden, daß diese auch die Seerosen in den Gartenteichen auffinden und verunstalten. Im Mitteldeutschen Hügelland mit seiner Armut an Gewässern kommen diese Tiere nicht vor, und hier bleiben die Seerosen in den Gartenteichen verschont. Umgekehrt hat man im Hügelland oft von den knallroten »Lilienhähnchen« zerfressene Lilien, nicht jedoch in Norddeutschland mit seinen armen Böden, wo die natürliche Futterpflanze der Käfer, die Türkenbundlilie, fehlt.

Passionsblumenfalter — die klügsten Schmetterlinge

Einen besonders interessanten Fall spezialisierter pflanzenfressender Insekten bietet die Geschichte der Passionsblumen und ihrer Schmetterlinge. Die Passionsblumen *(Passiflora)*, die mit ca. 450 Arten fast ausschließlich das tropische Amerika bewohnen, enthalten in ihren Blättern Blausäureglykoside. Diese Stoffe schützen sie gegen viele Schädlinge, nicht jedoch gegen die Passionsblumenfalter (Heliconiiden, Gattung *Heliconius* u.a.), deren Raupen sogar ausschließlich auf Passionsblumengewächsen gedeihen. Dabei legt jede *Heliconius*-Art ihre Eier an nur eine oder wenige *Passiflora*-Arten. Aber warum sind die Heliconiiden laut Überschrift »die klügsten Schmetterlinge«?

Verglichen mit anderen Schmetterlingen sind sie ausgesprochen langlebig. Nicht wenige Schmetterlinge leben nach dem Schlupf aus der Puppe nur wenige Tage, in denen sie keine Nahrung mehr aufnehmen und sich ausschließlich der Fortpflanzung widmen. Bei vielen Nachtpfauenaugen etwa bleibt das Weibchen nach dem Schlüpfen an Ort und Stelle sitzen, lockt mit Duftstoffen ein Männchen herbei, läßt sich befruchten und stirbt sofort nach der Eiablage. Das gilt auch für die Atlasseidenspinner *(Attacus)*, die mit ihren 25 cm Spannweite zu den herrlichsten Schmetterlingen gehören. Man fragt sich, warum die Natur der spannenlangen Raupe ein monatelanges Leben beschert, um die atemberaubende Imago innerhalb von Tagen zu verschleißen und zu verschwenden.

Für *Heliconius* gilt das Umgekehrte: Hier entwickelt sich die Raupe rasch, dafür lebt der Falter monatelang. Dazu befähigt ihn eine hochwertige Ernährung. Ebenso wie viele andere Schmetterlinge, Schwebfliegen, Bienen etc. trinken Passionsblumenfalter Nektar. Doch diese Zuckerlösung ist, technisch gesprochen, energiereicher Kraftstoff für den Flug, aber nicht gerade der Stoff, aus dem die Greise sind. Zusätzlich fressen die Heliconiiden jedoch auch den eiweißreichen Pollen, was ihnen ein langes Leben und Fruchtbarkeit bis ins hohe Alter beschert. Die Langlebigkeit geht mit einem für Schmetterlinge erstaunlich leistungsfähigen Gehirn einher, das sie zu beachtlichen Lernleistungen befähigt. Zum Beispiel sind sie für die Haltung in den Gewächshäusern der Schmetterlingsparke ideal geeignet, da sie sich ihren Lebensraum und seine Begrenzungen einprägen und sich deshalb nicht sinnlos und unbelehrbar an der höchsten Stelle des Daches zerflattern wie viele »dümmere« Schmetterlinge. In den natürlichen Lebensräumen ermöglicht ihr Ortssinn ihnen beim Blütenbesuch die Strategie des sogenannten *trap-lining:* Im Regenwald gibt es keine Blumenwiesen mit Tausenden geeigneter Blüten, sondern die Nektarquellen sind in Einzelexemplaren im Wald verstreut, und man tut gut daran, sich ihre Standorte einzuprägen. Wie ein Trapper, der in den endlosen Wäldern Kanadas täglich seine Fallen kontrolliert, besuchen die *trap-liner* täglich in gleicher Route und Reihenfolge ihre bewährten Nektar- und Pollenpflanzen. Die dafür geeigneten Pflanzen haben keine kurze Massenblüte, sondern blühen sparsam, aber kontinuierlich über Monate hinweg. Berühmte *trap-liner* sind Kolibris und die herrlichen tropischen Prachtbienen, während bei Schmetterlingen ein solches Verhalten sehr erstaunt. Immerhin setzt es ein hervorragendes Orientierungsvermögen im Regenwald und eine präzise »innere Uhr« voraus, denn die verschiedenen Pflanzenarten setzen zu unterschiedlichen Tageszeiten ihre Gaben frei. Die Nektar- und Pollenpflanzen der Heliconiiden sind übrigens wohlgemerkt meist keine Passionsblumen.

Die Augen der Passionsblumenfalter und die entsprechenden optischen Bereiche des Gehirns sind vergleichsweise groß. Ihr Farbsinn umfaßt vielleicht das breiteste Spektrum des gesamten Tierreichs, denn sie können nicht nur die für uns sichtbaren Wellenlängen des Lichts, sondern auch Infrarot und Ultraviolett als Farbe sehen. Aber da ihr Tag bereits vor Morgengrauen beginnt, ist auch die Nachtsicht gut entwickelt. Der gute Gesichtssinn steht nun in überraschendem Zusammenhang zur Gattung *Passiflora:* »Normale« Schmetterlinge lokalisieren die Raupenfutterpflanzen überwiegend *geruchlich* mit Hilfe der charakteristischen chemischen Inhaltsstoffe der Pflanzen. *Heliconius*-Weibchen prägen sich jedoch während ihres langen Lebens das *Aussehen* der Eiablagepflanzen ein. Aber die sind schwer zu finden, denn die meisten Passifloren wachsen an ihren Standorten nur in einigen wenigen verstreuten Exemplaren. Zudem gleichen die Blätter vieler Arten recht genau denen irgend einer häufigen Begleitpflanze, und es gibt Anzeichen dafür, daß dies als Versteckspiel der Raupenpflanze vor dem scharfsichtigen Auge des Schmetterlings zu verstehen ist, eine für Ökologen mehr als ungewohnte Vorstellung.

Einige Passifloren weisen goldgelben Schmuck auf, sei es als gelbe Nektarien, gelbe Aufsätze der Nebenblätter oder ein gelbes Pünktchenpaar am Blattansatz. Auch dies hängt mit dem Eiablageverhalten der Falter zusammen. Das Weibchen nimmt nämlich die in Frage kommende Pflanze genau in Augenschein, ob nicht schon *Heliconius*-Eier daran zu finden sind. In diesem Fall würde sie verschmäht, denn zu viele Räupchen nagen sich auch ohne weiteres gegenseitig an und würden die Pflanze u.U. völlig entlauben, worauf sie Hungers sterben müßten. Die goldgelben Punkte, die genau die Farbe und Größe der Schmetterlingseier haben, werden als Eiattrappen gedeutet. Sie sollen den Falter überzeugen, von Eiablagen abzusehen, da hier bald mehr als genug Raupen schlüpfen würden. Doch es gibt immer noch Passionsblumenfalter, woran wir sehen, daß weder das optische Versteckspiel im Begleitgrün noch die Eiattrappen die Eiablage der Falter verhindern können. Nur wenige Passionsblumen haben sich bisher als in ihrer Gemeinheit absolut siegreich erwiesen: *Passiflora adenopoda* und *P. serratifolia*. An beiden legen die Falter gerne ihre Eier ab. Doch die gekrümmten, harten Haare der ersteren verursachen den frisch geschlüpften Räupchen tödliche Verletzungen, während die zweite, für die Falter eine unwiderstehliche Eiablagepflanze, für die Raupen tödlich giftig ist.

Wir leben seit fast 150 Jahren im Zeitalter des Darwinismus, und viele Zeitgenossen haben den »Kampf ums Dasein«, das Ausmerzen des Ungeeigneten, den Rüstungswettlauf der Anpassungen etc. völlig verinnerlicht. Alle Lebenserscheinungen sind danach durch ihre Selektionsvorteile von der Evolution herausgezüchtet und dadurch erklärbar, und philosophisch betrachtet reduziert sich der Kosmos auf »Zufall und Notwendigkeit« (J. MONOD). Auch die geschilderten Zusammenhänge zwischen *Heliconius* und *Passiflora* fügen sich nahtlos in dieses Gedankengebäude. Es muß aber vor der Zweckmäßigkeitssucherei der Hobby-Darwinisten gewarnt werden. Oft mag man sich fragen, wozu diese und jene Erscheinung der Pflanze nütze sei. *Manchmal*, wie im Fall der oben geschilderten Beziehung, sind wir durch ernsthafte ökologische Forschung gut darüber unterrichtet, oft aber wird bloß gewagt spekuliert, was nun in diesem Fall der Selektionsvorteil sei. Es gibt jedoch auch ernstzunehmende Biologen, vor allem die mit großer Formenkenntnis, die in der belebten Natur neben Zufall und Notwendigkeit auch ein gut Teil spielerische Gestaltung, ja Luxus und »Schnickschnack« sehen. Jedenfalls taugt die Schablone des Vorteils im Kampf ums Dasein nicht unbegrenzt dafür, die Mannigfaltigkeit der pflanzlichen Formen zu erklären.

Gegenwehr: Stacheln, Dornen, Gifte

Allerdings sind die Pflanzen nicht nur als Opfer den Pflanzenfressern ausgeliefert, sondern sie haben durchaus Mittel der Gegenwehr: Dem mechanischen Schutz dienen Dornen und Stacheln, und zur chemischen Abwehr produzieren viele Pflanzen giftige chemische Inhaltsstoffe. Beide schützen vor hungrigen Mäulern. So jedenfalls will es das darwinistische Glaubensbekenntnis. Daher lohnt es, beides genauer unter die Lupe zu nehmen.

Wie wir auf Seite 202 gesehen haben, sind Dornen und Stacheln in der Botanik morphologisch zwei grundverschiedene Dinge, freilich mit gleicher Funktion. Dornen sind ganze umgebildete Blätter oder gar Sprosse, Stacheln nur Auswüchse der Oberhaut oder allenfalls der Rinde. Daß die Dornen sich von Blättern oder Sproßachsen herleiten, verraten uns oft die Jugendstadien der Pflanzen, bei denen an entsprechender Stelle statt der Dornen ganz normal ausgebildete Organe stehen. An der erwachsenen Pflanze jedoch kann jeder, der über botanische Grundkenntnisse verfügt, anhand der Stellung Aussagen über die Natur der stechenden Wehr machen.

Bei dem Christusdorn *(Euphorbia milii)* etwa stehen immer genau zwei Dornen links und rechts an der Basis jeden Blattes, und sie können nichts anderes sein als umgebildete Nebenblätter (»Stipulardornen«). In der gleichen Gattung gibt es jedoch auch Vertreter mit starrenden, verzweigten Dornen auf kakteenartig runden Körpern, und hier haben wir es mit umgewandelten Blütenständen zu tun, also Sproßdornen. An der blühfähigen Pflanze erscheinen daran auch Blüten, aber auch die Jungpflanze bildet bereits derartige Sproßdornen, nur dann eben steril. Schließlich gibt es auch Euphorbien, die zusätzlich zu den Dornen noch Stacheln haben. Letztere können dann überall stehen, da sie keine Umbildungen eines Pflanzenorgans darstellen.

Auch die Stacheln der Kakteen sind nach botanischer Lesart Dornen. Die Sproßmorphologie der Kakteen ist kompliziert: Der Körper eines Kugelkaktus scheint auf den ersten Blick völlig unverzweigt, tatsächlich stellt jedoch jedes der vielen Stachelpolster (Areolen) einen Seitentrieb dar. Das Längenwachstum dieser Kurztriebe unterbleibt zwar völlig, ihre Blätter eilen jedoch in mehr oder weniger großer Anzahl in der Entwicklung voraus und treten als Dornen in Erscheinung. Erstaunlich ist, daß die Anzahl dieser »Blätter« pro Areole und ihre oft vielfältige Ausbildung so festgelegt ist, daß man die Arten daran unterscheiden kann. Selbstverständlich können diese Kurztriebe bei Gelegenheit zu Langtrieben auswachsen und zur Verzweigung und vegetativen Vermehrung (»Kindelbildung«) beitragen, bei einigen Gattungen (z.B. *Melocactus*) kommt dies allerdings praktisch nie vor.

Die sukkulenten Euphorbien Südafrikas und auch Indiens sind das ökologische Gegenstück zu den Kakteen Amerikas, zu denen sich an den entsprechenden Standorten oft auch Ananasgewächse mit stachelstarrenden Blättern gesellen. Die Vermutung liegt nahe, daß all diese Pflanzen als Bewohner heißer und trockener Lebensräume ihre Haut und ihre wasserspeichernden Körper besonders gegen hungrige und durstige Mäuler schützen müssen. Dafür scheint zu sprechen, daß auch das Mittelmeergebiet mit seinen heißen und trockenen Sommern ausgesprochen reich an stacheligen und dornigen Pflanzen ist. Wer einmal durch ein mediterranes Hartlaubgebüsch gekrochen oder in kurzen Hosen durch eine Felsheide gestapft ist, weiß von *Smilax aspera, Quercus coccifera, Paliurus spina-christi, Calicotome spinosa, Astragalus, Poterium* und vielen anderen ein blutiges Lied zu singen. Allerdings müssen wir das Mittelmeergebiet mit Vorsicht betrachten: Sein heute weithin halbwüstenartiges Gesicht ist nämlich das Resultat davon, daß es seit der Antike übermäßig mit Schafen und Ziegen beweidet oder, man möchte sagen, malträtiert wird. Dadurch wird seit langer Zeit alles verbissen, was keine Dornen hat. Die natürliche Vegetation wäre allerdings auch am Mittelmeer der Laubwald, z.B. mit verschiedenen Eichenarten.

Schützen nun die Dornen grundsätzlich vor Fraß und Verbiß? Wenn wir aus dem überweideten Mittelmeergebiet wieder zu den Kakteen zurückkehren, stellen wir fest: Es gibt nicht nur Pflanzen vergleichbarer Lebensräume, die sich extrem kakteenähnlich geben, es gibt auch Kakteen mit winzigen oder ganz ohne Dornen, nämlich *Rhipsalis, Epiphyllum* und verschiedene Arten der »Königin der Nacht«, der Gattung *Selenicereus*. Der Kundige wird sofort einwenden, daß dies aber Bewohner feuchterer Lebensräume und teilweise sogar des Regenwaldes sind und daß die Dornen als ökologische Reaktion auf den Durst der Tiere nur in Trockengebieten sinnvoll sind. Aber warum gibt es dann in den trockensten Gegenden Nordmexikos dornenlose Kakteen wie einige *Astrophytum*-Arten oder die begehrten Gattungen *Ariocarpus* und *Turbinicarpus*? Und: Warum kommen viele Pflanzen der Kakteengebiete ganz ohne Dornen aus, wie die ebenso saftigen *Echeveria*-Arten, die »mexikanischen Hauswurze« mit ihren schönen Rosetten? Ein Sprung in die alte Welt: Warum vertrauen die sukkulenten Euphorbien nicht auf ihre Dornen, sondern schützen sich zusätzlich mit giftigem Milchsaft? Und warum gibt es in den Steinwüsten Südafrikas zu Füßen der Euphorbien die Tausende von Mittagsblumengewächsen und Dickblattgewächsen, die ebenso saftig, aber weder durch Dornen noch, soweit wir wissen, durch Gift geschützt sind? Außerdem fressen die Giraffen die mit zentimeterlangen Dornen besetzten Akazien genauso gerne wie die Kamele die Dornpolster ihrer zentralasiatischen Heimat. Diese Beispiele mögen genügen, um Zweifel an dem ökologischen Dogma vom Selektionsvorteil durch Dornen zu begründen.

Nach der mechanischen Abwehr nun zur chemischen: Die charakteristischen Inhaltsstoffe, die dem pflanzenfressenden Insekt wie dem Botaniker Aufschluß über die Verwandtschaft einer Pflanze geben können, werden zum Teil gerade als chemische Antwort auf den hohen Feinddruck gedeutet. So sind die oben erwähnten Alkaloide der Nachtschattengewächse ja immerhin starke Gifte mit heilenden oder auch tödlichen Auswirkungen z.B. auf den menschlichen Körper. Spinnmilben, Blattläuse und Mottenschildläuse (»weiße Fliege«) als Gewächshausschädlinge sowie einige heimische Blattwanzen und Schmetterlinge lassen sich jedoch nicht davon beeindrucken, und in Gebieten, in denen die Familie reich vertreten ist, gibt es auch darauf spezialisierte Falter, in Südamerika z.B. die Ithomiidae (vgl. S.466). Die Passionsblumen schützen sich mit ihren Blausäureglykosiden auch in Kultur erfolgreich gegen Blattläuse, werden dafür jedoch von Schmierläusen geliebt, und in der Natur erkennen die Heliconiiden sie vielleicht gerade daran als Larvenfutter.

Die schönblühenden Seidenpflanzen Nordamerikas (Gattung *Asclepias*, »milkweed«) strotzen vor giftigem Milchsaft und sind dennoch die Futterpflanze des bekannten Monarchfalters *(Danaus plexippus)*, der im Winter von Kanada bis Mexiko zieht und selten auch quer über den Atlantik zu uns verschlagen wird. Auch die anderen Angehörigen der Familie der Danaidae sind auf mehr oder weniger giftige Futterpflanzen spezialisiert. Den Vorteil davon hat weniger die Pflanze als vor allem der Falter: Dieser ist nämlich durch seine Larvennahrung noch als Imago so giftig und ekelhaft, daß nur unerfahrene Vögel nach dem Tier schnappen. Die Bedeutung der weltweit geltenden Warnfarben Schwarz/Rot, Schwarz/Gelb und Schwarz/Weiß, die auch der Monarch trägt, muß nämlich jeder Beutegreifer erst durch eigene, schmerzvolle Erfahrung lernen, um hinterher alle Tiere mit ähnlicher Tracht zu verschmähen. Unter anderen, bekömmlichen Schmetterlingen gibt es denn auch einzelne Arten, die optische »Kopien« des Monarchen sind und deshalb von erfahrenen Vögeln ebenfalls verschont werden. Das gleiche kennen wir bei den Passionsblumenfaltern. Auch diese sind noch als Erwachsene durch die Inhaltsstoffe ihrer Larvennahrung unbekömmlich, und auch hier gibt es ungiftige, aber täuschend ähnliche Imitatoren.

Oft genug rufen also die als Fraßschutz gedeuteten Inhaltsstoffe gerade die Spezialisten auf den Plan. So hat schon manche Narzisse, die durch ihre Giftstoffe vor Wühlmäusen geschützt ist, von einer Narzissenzwiebelfliege das Herz ausgefressen bekommen und so quasi den Teufel durch Beelzebub ausgetrieben.

Viele Pflanzen produzieren als unspezifische Abwehr Gerbstoffe, die bitter schmecken und den Verdauungstrakt schädigen. Der klassische Gerbstofflieferant Europas war die Eiche. Aber gerade dieser Baum ernährt Hunderte von heimischen Insektenarten, darunter mit ca. 200 Arten fast ein Zehntel unserer heimischen Schmetterlingsfauna. Freilich wissen wir nicht, wie übel es gerade diesen Pflanzen erginge, wenn sie die betreffenden Gifte nicht hätten. Gewiß hat die Abwehr größerer Freßfeinde durch Dornen und Stacheln ihren ökologischen Hintergrund, sonst würden nicht alle möglichen Pflanzengruppen aus unterschiedlichstem morphologischem Material diese Waffen konstruieren und mit ihren dornigen, kakteenähnlichen Körpern ein Lehrbuchbeispiel für Konvergenz abgeben. Doch Seite an Seite mit ihnen wachsen immer auch Pflanzen, die unter identischen Rahmenbedingungen ohne all dies auskommen. Wir geraten also mit unseren Argumenten auf dünnes Eis, wenn wir behaupten, Dornen und Gift verschaffen den betreffenden Pflanzen einen unverzichtbaren Vorteil im »Kampf ums Dasein«, der Ende des letzten Jahrhunderts so populär war.

PFLANZEN LEBEN VON TIEREN

Zu Beginn des vorigen Abschnitts wurde betont, daß die grünen Pflanzen als Produzenten von Sauerstoff und Nahrungsgrundlagen die Voraussetzung dafür sind, daß tierisches und menschliches Leben auf unserer Erde überhaupt möglich ist. Wenn die Ökologie die grünen Pflanzen als *Produzenten* bezeichnet, so gibt es folgerichtig auch die *Konsumenten*, nämlich die Pflanzenfresser und die von ihnen lebenden Fleischfresser als weitere Glieder der Nahrungskette. Aber die aufgenommenen Stoffe bleiben nicht für alle Zeit im Konsumenten, und ökologisch sinnvoll werden die beiden Begriffe erst durch den dritten, den des Zersetzers oder *Destruenten* (lat. destruere = zersetzen, zerstören). Dies sind all die kleinen und kleinsten Bodenlebewesen, die die Abfallprodukte, Ausscheidungen und sterblichen Überreste der Produzenten und der Konsumenten wieder abbauen. Die letzten von ihnen, die *Mineralisierer* (Bodenbakterien und -pilze), führen schließlich alles in anorganische Stoffe zurück, und in dieser Form stehen die Abbauprodukte den Pflanzenwurzeln wieder als Nährstoffe zur Verfügung. In einer fiktiven Welt, die nur von Produzenten bewohnt wird, würden diesen bald die Nährstoffe knapp werden, da sie in den lebenden Pflanzenteilen festsitzen oder in den abgefallenen, aber nicht verrottenden Blättern nutzlos herumliegen würden. Vor allem aber würde, wenn man mit einem Handstreich alle Konsumenten und Destruenten vom Erdball tilgen könnte, den Pflanzen das zur Photosynthese nötige Kohlendioxid schnell ausgehen. Insofern ist es wahr, daß nicht nur alle Konsumenten und Destruenten von den grünen Pflanzen abhängen, sondern daß auch die Produzenten ihrerseits auf die Konsumenten, Destruenten und vor allem die Mineralisierer angewiesen sind.

Im folgenden soll aber von einer viel auffälligeren, direkten Nutzung von Tieren durch Pflanzen die Rede sein, von den »fleischfressenden Pflanzen« oder Karnivoren (lat. carnis = Fleisch, vorare = verschlingen). Da meist kleine, wirbellose Tiere die Opfer sind, spricht man auch von »Insektivoren«. Diese faszinierende und bizarre Pflanzengruppe verdient einen eigenen Abschnitt, obwohl sie mit nur ca. 500 Arten aus kaum 15 Gattungen nur eine kleine Fraktion des Pflanzenreichs darstellt. Wer sich aber mit wohligem Grusel auf verfütterte Jungfrauen oder auch nur Kaninchen einstellt, wird enttäuscht werden. Nicht einmal Schlachtereiabfälle müssen die Botanischen Gärten für ihre zum Teil großartigen Karnivorensammlungen erwerben. Die Insektivoren sind eine Welt voller zierlicher Schönheit, die sich am besten im Makro-objektiv offenbart. Deshalb soll die Vorstellung der Insektivoren auch nicht in den unzugänglichen Tropen beginnen, in deren letzten »weißen Flecken« man noch Ende des letzten Jahrhunderts menschenfressende Bäume geradezu er-wartete, sondern im heimischen Moor. Zuerst aber muß der Begriff »fleisch-fressende Pflanze« klar umgrenzt werden.

Die Insektivoren sind zunächst einmal keine Pflanzenfamilie wie die Korb-blütler, Gräser, Lippenblütler oder Kakteen, die sich bei aller Verschiedenheit in Wuchs und Lebensweise durch den gleichen Blütenbauplan auszeichnen. Die fleischfressenden Pflanzen sind vielmehr, wie etwa die Wasserpflanzen, Lianen und Sukkulenten, eine ökologische Gruppe, also eine bunte Versamm-lung von Vertretern unterschiedlicher Familien, die aber durch gleiche Le-bensweise geeint sind, in diesem Falle durch das *Anlocken, Festhalten und Verdauen von Kleintieren*. Zumindest die ersten beiden dieser Tätigkeiten sind auch sonst im Pflanzenreich nicht ungewöhnlich, aber erst alle drei zusammen machen die Insektivorie aus. Die *Anlockung* findet, wie wir gesehen haben, bei unzähligen Pflanzen im Dienste von Blütenbesuch und Bestäubung statt und spielt auch bei der Verbreitung zoochorer Früchte eine große Rolle. Zu Be-stäubungszwecken werden Insekten ja auch gelegentlich gefangengehalten und später wieder freigelassen, aber natürlich nicht verdaut, denn sie sollen ja noch als Pollenüberträger dienen (vgl. S. 399).

Pflanzen, die uns durch *Fangen und Festhalten* von Kleintieren auffallen, ohne die Opfer jedoch zu nutzen, finden sich sogar im eigenen Garten: Am Blütenstand der Pechnelke *Lychnis viscaria* findet sich unterhalb jedes Kno-tens ein »Leimring« aus einer pechartigen Substanz, an der kleine Insekten kleben bleiben. (Die »Zweckmäßigkeitssucherei« der eifrigen Darwinisten der Jahrhundertwende sah darin ein Schutzmittel gegen von unten heraufkrab-belnde Nektardiebe. Aber warum kommen dann fast alle Pflanzen der Welt ohne derlei aus?) Auch in der drüsigen Behaarung der Petunien, einiger Tabak-Arten und Veilchensträucher (*Iochroma*, alles Nachtschattengewächse) blei-ben kleine Insekten, z. B. Trauermücken und geflügelte Blattläuse, hängen und verenden. Aber dies sind keine fleischfressenden Pflanzen, da ihnen keine Enzyme zur Verfügung stehen, die gefangenen Tiere zu *verdauen* und zu *ver-werten*. Diese vegetabilischen Fliegenfänger sind nichts als nutzlose kleine Grausamkeiten der Natur. Dabei gibt es viele Pflanzen, die durchaus in der Lage sind, Nährstoffe über die Blätter aufzunehmen. Im Zierpflanzenbau üblich ist die »Blattdüngung«, und denken wir an die epiphytischen Bromelien mit ihrem reduzierten Wurzelwerk, so nehmen diese Wasser und Nährstoffe ganz überwiegend über die Blattoberfläche auf. Die nährstoffreiche »Brühe« in den Trichtern der Zisternenbromelien der tropischen Wälder enthält neben abgefallenen Blättern, Staub und den vielen darin lebenden Tieren und ihren Ausscheidungen vielleicht auch sich zersetzende Leichen von Insekten, und auch wenn die dabei freiwerdenden Stoffe von der Pflanze aufgenommen werden, wollen wir die Bromelien nicht als fleischfressende Pflanzen bezeichnen.

Eine einzige, sehr exzentrische Bromelie gilt allerdings als echte Insektivore: *Brocchinia reducta* von den regengepeitschten, granitenen Tafelbergen Venezuelas. Ihre schlanken Trichter setzen sich aus wenigen steil aufgerichteten Blättern zusammen, die mit einer blaugrauen Wachsschicht überzogen sind. Insekten finden daran keinen Halt und stürzen in die Flüssigkeit am Grunde der Zisterne, in die hinein die Pflanze, anders als die übrigen Bromelien, Verdauungsenzyme abgibt.

Die Annäherung an die klassischen Gruppen fleischfressender Pflanzen soll jedoch, wie angekündigt, »vor der Haustür« erfolgen, z.B. in einem der letzten Hochmoore der eiszeitlichen Geestlandschaft Norddeutschlands oder auch auf den niederschlagsreichen Höhen des Harzes, des Schwarzwaldes oder der Alpen. Dort, wo die Vegetation am schüttersten und niedrigsten ist und nicht einmal nennenswerte Gräser und Sauergräser gedeihen, wachsen unsere Sonnentauarten. Am häufigsten findet man den Rundblättrigen Sonnentau *(Drosera rotundifolia)*, dessen Blätter im Umriß wie eine Schöpfkelle oder ein Schaumlöffel geformt sind. Wer allerdings den Sonnentau nur aus dem Schulbuch kennt und eine vielleicht löwenzahngroße Pflanze erwartet, darf nicht enttäuscht sein über die nur gut fünfmarkstückgroßen Rosetten, die, im Torfmoos kauernd, leicht zu übersehen sind. Erst größere Bestände verraten sich schon von weitem durch ihren roten Schimmer. Die zierlichen Blätter sind nämlich auf der Oberseite dicht mit langen, roten Drüsenhaaren besetzt, die zur Blattmitte hin kurz, am Rande länger sind. Jedes Haar wird von einem dunkelroten Drüsenköpfchen gekrönt, das einen glitzernden »Tautropfen« absondert. Diese auf dünnen, roten Haaren schwebenden Tropfen, die in der Sonne glitzern, machen den Sonnentau zu einer Pflanze von elfenhafter Schönheit — vorausgesetzt, daß man gute Augen hat, ein Makroobjektiv zu benutzen weiß oder auch nur willens ist, sich zum Bestaunen der Pflanze auf alle viere niederzulassen. Der »Tau«, der übrigens Sonne und Regen standhält, ist in Wahrheit ein äußerst zäher, klebriger Schleim, den wir zwischen den Fingern zu zentimeterlangen Fäden ausziehen können. Einmal mit einem solchen Fangblatt in Berührung gekommen, kann sich kein Insekt mehr losreißen, und jeder Befreiungsversuch bringt es nur mit noch mehr Drüsen in Kontakt. Zudem beginnen die Drüsenhaare des Blattrandes, sich in Richtung auf das Opfer zu krümmen, allerdings nur, sofern es sich bei dem Fang um etwas Eiweißhaltiges handelt und nicht etwa ein herbeigewehtes dürres Blatt. Schließlich ist das Insekt völlig aufgeweicht, und die im Schleim enthaltenen Verdauungsenzyme beginnen mit der Arbeit. Nach Tagen klebt nur noch der unverdauliche Chitinpanzer am Blatt.

Daß der Sonnentau solcherart zwischen wirklich Nahrhaftem und »Beifang« zu unterscheiden vermag, hat schon den großen und vielseitigen Naturforscher DARWIN fasziniert. In seiner Landvilla »Down House« (sponsored by Daddy!) hielt er Sonnentau und fütterte ihn mit Käse und allem möglichen anderen, um die Reizbewegungen der Pflanze aufzuklären. Darwin verfaßte 1875 auch ein Buch über fleischfressende Pflanzen.

Wesentlich seltener als der Rundblättrige ist der Mittlere Sonnentau *(Drosera intermedia)*, und die schönste heimische Art, der Englische Sonnentau *(Drosera anglica)*, ist in den letzten Jahren an fast allen deutschen Standorten erloschen. Ein schwacher Trost angesichts der Zerstörung unserer Moore mag sein, daß alle drei Arten sehr weit verbreitet und in Skandinavien z.T. sehr häufig sind, aber auch noch in Nordamerika, Sibirien und Japan vorkommen. Die meisten der weltweit etwa 100 Sonnentau-Arten jedoch finden sich in Südafrika und in Australien. Auf dem fünften Kontinent gibt es auch *Drosera*-Arten, die eine lange Dürrezeit mit Hilfe tief vergrabener Knollen überdauern und zum Teil mit fadendünnen Trieben im Zweigwerk klettern, sowie die vielen »Zwergdrosera-Arten«, deren ausgewachsene Rosetten kaum die Größe eines Pfennigs, zum Teil aber große rosa Blüten haben.

Ein bezaubernd schönes Sonnentaugewächs lebt an der Atlantikküste Portugals, das Taublatt *(Drosophyllum lusitanicum)*. Die vielen 10–20 Zentimeter langen, grasartig schmalen Blätter stehen in einem formvollendeten, halbkugeligen Blattschopf zusammen und sind dicht mit glitzernden Fangschleimtröpfchen besetzt. An ihren Standorten sind die Pflanzen mehrjährig, die Blattschöpfe stehen dann auf kleinen Stämmchen. In freier Natur ist das Taublatt vom Aussterben bedroht. Glücklicherweise hat aber wohl jeder Botanische Garten die schöne Pflanze in Kultur, hier wird sie aber am besten als Zweijährige kultiviert: Der Blattschopf bildet im zweiten Jahr einen reich verzweigten Blütenstand mit großen, goldgelben Blüten. Da sie leicht Samen ansetzen, ist für den Erhalt der Pflanze in Kultur gesorgt.

Eine fast einzigartige Kleinigkeit ist vom Taublatt noch zu berichten, und ganz gewiß hat diese nichts mit Selektionsvorteil zu tun, sondern ist wohl eine Kuriosität um ihrer selbst willen: Die jungen Blätter sind in der Knospenlage eingerollt wie junge Farnwedel, aber nicht etwa nach innen, zum Zentrum der Rosette hin, sondern nach außen. Die einzige andere Pflanze mit demselben Merkmal wächst auf der anderen Seite des Globus: In den feuchten Sandflächen bei Perth (Westaustralien) gedeiht *Byblis liniflora* aus der Familie der Byblidaceae. Die Pflanze ist also keineswegs mit *Drosophyllum* verwandt, wirkt aber wie eine zierliche Miniatur des Taublattes, und auch ihre Blätter funktionieren als Leimruten. *Drosophyllum* und *Byblis* sind also Beispiele fast unfaßbarer Konvergenz, die sich sogar auf derart nebensächliche Details erstreckt.

Aber auch faszinierende Divergenz, also Vielfalt innerhalb eines Verwandtschaftskreises, finden wir bei den Sonnentaugewächsen. Diese Familie umfaßt neben der großen Gattung *Drosera* und der monotypischen (nur eine Art enthaltenden) Gattung *Drosophyllum* noch zwei weitere monotypische Gattungen. Beide sind aber keine Insektivoren vom Leimrutentyp, sondern haben wie Tellereisen zuschnappende Klappfallen. *Dionaea muscipula* ist als »Venusfliegenfalle« weltweit berühmt. Da ihre zuschnappenden Fangblätter oft genug im Fernsehen zu sehen sind, wird sie vom reizüberfluteten Normalkonsumenten gerne für die fleischfressende Pflanze schlechthin gehalten, und von den übrigen Insektivoren erwartet er dann genauso spektakuläre Kunststücke.

Bei *Dionaea* ist die Blattspreite als zweiklappige Falle ausgebildet, die in halbgeöffnetem Zustand auf Beute wartet. Gerät eine geeignete Beute zwischen die Klappen, so schnappt die Falle zu, und die ineinandergreifenden Zähne des Blattrandes verhindern jedes Entkommen. Auf jeder Klappenhälfte stehen drei Fühlborsten, die auf jede noch so zarte Bewegung hin das Zuschnappen auslösen. Allerdings geht die Pflanze quasi auf Nummer Sicher, da die Falle erst zuschnappt, wenn wenigstens zwei der drei Borsten gereizt wurden. Nun schmiegen sich die Klappen eng an das Opfer, und die Verdauungsdrüsen, die hier ungestielt sind, treten in Aktion, bis nach Tagen alles Verwertbare aufbereitet und aufgenommen ist. Nur der Chitinpanzer bleibt zurück.

Die Bewegung des Zuschnappens erfolgt bei ausreichender Wärme sehr schnell, während eine Pflanze in schlechtem Kulturzustand nur müde reagiert. A propos Kultur: Viele Leute haben schon eine Venusfliegenfalle besessen, denn seit langem gehört sie zum festen Angebot der Garten-Großversand-unternehmen, und mittlerweile führt sie fast jedes Gartencenter. Die Freude an *Dionaea* ist allerdings stets von kurzer Dauer, da die Pflanze, wie übrigens viele andere fleischfressende Pflanzen auch, Bedingungen verlangt, wie sie bei Zimmerkultur kaum zu erfüllen sind: volle Sonne, gleichzeitig aber viel frische, feuchte Luft und darüber hinaus eine Winterruhe mit reduzierter Temperatur und Feuchtigkeit. Die käuflichen Venusfliegenfallen sind also fast alle Todeskandidaten. Seit kurzem werden die Pflanzen als Massenware auch in deutschen Gärtnereien produziert, vorher war jede käufliche *Dionaea* eine Naturentnahme. Die faszinierende Pflanze ist daher an ihren Standorten (US-Bundesstaaten North Carolina, South Carolina) sehr bedroht, teilweise aber auch wegen der Veränderung ihrer Standorte durch die Zivilisation. Statt der Moore findet man dort jetzt Anpflanzungen von Kiefern, die zu den bekannten braunen Papiertüten der Supermärkte verarbeitet werden.

So populär *Dionaea* ist, so unbekannt ist die kleine, wurzellose Wasserpflanze mit dem klangvollen Namen *Aldrovanda vesiculosa*, die einzige Art der vierten Gattung der Sonnentaugewächse. Ihre kaum 1 cm langen Blätter sind in Bau und Funktion Miniaturen der Venusfliegenfalle. Sie stehen in Quirlen an den verlängerten, im Wasser schwebenden Sproßachsen, so daß die Sprosse bei flüchtiger Betrachtung mit denen der Wasserpest (S. 192 und 366) verwechselt werden könnten. Leider hat *Aldrovanda* nicht das gesunde Wachstum von *Elodea:* Die Art kam früher auch in Mitteleuropa vor (z.B. in der Schweiz, in Brandenburg, Polen und Ungarn), darüber hinaus zerstreut auch in Südafrika, Südasien, China, Japan und Nordaustralien. Heute jedoch ist die wärmeliebende Art aus Mitteleuropa wohl gänzlich verschwunden. Auch in Kultur ist sie kaum anzutreffen, nicht einmal in Botanischen Gärten. Als »Insektivore« kann man *Aldrovanda* freilich kaum bezeichnen, da sie in ihrem wäßrigen Lebensraum vor allem Wasserflöhe und andere Kleinkrebse, nicht aber Insekten fängt.

Nochmals sei auf die Divergenz innerhalb der Sonnentaugewächse hingewiesen: Alle vier Gattungen weisen sich durch ihren Blütenbau als nahe Verwandte aus, doch zwei Gattungen verkörpern den »Leimruten-Typ«, die beiden anderen haben reizbare Klappfallen.

Eine noch beeindruckendere Vielfalt der Wuchsformen und Fangmethoden

findet sich bei den Wasserschlauchgewächsen (Lentibulariaceae). Den Leimruten-Typ vertreten hier die Fettkräuter *(Pinguicula)*, denen wir in Skandinavien oder in den Alpen begegnen können. Der Name leitet sich von lat. pinguis
= fett ab, -ula ist eine Verniedlichungsform, also wörtlich »Dickerchen«. Die
dem Boden angedrückte Blattrosette mißt nur 5–7 cm und ist bei der häufigsten Art, *Pinguicula vulgaris*, von einer etwas ungesunden, bläßlich grünen
Farbe. Die zierlicheren Rosetten von *P. alpina* jedoch weisen meist gesunde
Sonnenbräune auf. Bei beiden Arten sind die Blattränder leicht nach oben eingerollt, aber um die Fettkräuter als »Fleischfresser« zu entlarven, bedarf es einer starken Lupe. Der stets vorhandene feuchte Schimmer der Blätter rührt
von einem dichten Besatz winziger, kurzgestielter Drüsen her, die ebenso mi-
kroskopische Fangschleimtröpfchen abgeben. Stubenfliegen können diese
Blätter nicht festhalten, wohl aber Springschwänze (Collembolen) oder kleinste Zweiflügler wie Trauermücken. Die hübschen Blüten sind bei *Pinguicula
vulgaris* und *P. grandiflora* blauviolett, bei *P. alpina* weiß mit gelbem Saftmal.
Sie weisen die Wasserschlauchgewächse als Verwandte der Rachenblütler aus.
Wie die Gattung *Drosera* ist auch *Pinguicula* über große Weltteile verbreitet.
P. vulgaris wächst rund um den Polarkreis, also auch in Nordamerika, Sibirien
und den Aleuten, besonders reich an Fettkräutern ist aber Mexico. Hier wachsen zahlreiche Arten, die um vieles größer sind als unsere heimischen und sich
zum Teil den ganzen Sommer über mit fünfmarkstückgroßen Blüten schmük-
ken. Diese sind von schönsten, kräftigen Rosa- und Violett-Tönen und erinnern in der Erscheinung an Veilchen oder, wegen des langen, dünnen Sporns,
noch eher an »Fleißige Lieschen«. Die weichen Blätter sind z. B. bei *P. mora-
nensis* bis zu 10 cm lang und halb so breit, und die Pflanzen können sich in den
Gewächshäusern durchaus durch das Verzehren von Trauermücken beliebt
machen — wenn man sie zu halten versteht. Die mexikanischen Fettkräuter
benötigen nämlich im Winter eine strenge Trockenruhe, während der die
Blattrosetten ein völlig anderes Aussehen annehmen: Einige entwickeln viele
kleine, stark sukkulente Blätter, so daß die Rosetten dann an die mancher
Dickblattgewächse erinnern, andere ziehen sich sogar mit lilienartigen Zwiebeln völlig in den ausgetrockneten Boden zurück. Aus diesen Winterrosetten
erscheinen oft im Frühjahr unvermittelt wieder Blüten und läuten eine neue
Wachstumsperiode ein.

In einem insektivoren-internen Wettstreit um die schönsten Blüten hätten
die Fettkräuter die ernsthafteste Konkurrenz in der anderen großen Gattung

der Wasserschlauchgewächse, die zugleich mit 180 Arten die größte Gattung der fleischfressenden Pflanzen überhaupt ist, den eigentlichen »Wasserschläuchen« der Gattung *Utricularia*. Ihre herrlichen Blüten sind genauso aufgebaut wie die der Löwenmäulchen *(Antirrhinum)*, sind also zygomorphe »Kraftblumen«, die von kräftigen Bienen aufgezwängt werden müssen, denn wie beim Löwenmäulchen verschließt ein Wulst den Blüteneingang. Entsprechend herrschen »Bienenfarben« (S. 386) vor: Gelb, Blaßblau, Lila oder Weiß, oft mit einem gelben Saftmal abgesetzt. Dies alles gilt allerdings nur für die großen tropischen Utricularien, deren Blüten fast orchideenhaft wirken (*Utricularia alpina*, *U. longifolia*, *U. humboldtii*, *U. unifolia* und andere). Unsere heimischen Arten blühen bescheidener und alle gelb, und außerdem gibt es Arten wie *U. subulata*, die als Selbstbestäuber nur winzige, geschlossen bleibende Blüten ausbilden.

Noch viel interessanter als die Blüten sind aber Vegetationskörper und Fangmethoden der Utricularien: Wer das Glück hat, einen Gartenteich zu besitzen, in dem sich *U. vulgaris* wohlfühlt, mag vielleicht denken, alle Wasserschläuche seien freischwebende Unterwasserpflanzen. Viele außereuropäische Arten wachsen jedoch als Sumpfpflanzen auf, und teilweise in feuchtem Substrat. Sie erheben außer den Blütenständen auch — scheinbar — normale Blätter von oft riemenförmiger Gestalt in die Luft. Schließlich gibt es die besonders schön blühenden, epiphytischen Wasserschläuche der Tropen, die mit ihren »Wurzeln« die Moospolster auf Ästen und Felswänden des Bergregenwaldes durchziehen. Allerdings scheint die Gattung gegen alle Regeln der botanischen Morphologie völlige Immunität zu genießen: Echte Wurzeln mit ihrem für alle Pflanzen geltenden, typischen Aufbau besitzt keine einzige Utricularie, vielmehr können aus den bleichen, das Substrat durchziehenden Strängen an beliebiger Stelle wieder Blätter und auch Blütenstände entstehen. Umgekehrt kann auch ein »Blatt« wieder Kriechsprosse entsenden und so allen morphologischen Lehrsätzen Hohn sprechen.

Die Fangorgane der Wasserschläuche sind die kleinsten aller Insektivoren, aber zweifellos auch die interessantesten: Es handelt sich um Fangblasen mit einem »Mund«, der kleinste Wasser- oder Bodenorganismen blitzartig einsaugt. Bei *U. vulgaris* trägt jedes der haarfein zerteilten Blätter zahlreiche Fangblasen, die mit 2–3 mm Größe schon vergleichsweise riesig sind. Die Fangblasen sind mit einer Klappe verschlossen, so daß die Pflanze darin einen Unterdruck erzeugen kann. Ziehen wir eine solche Pflanze aus dem Wasser, hören wir ein vielstimmiges, leises Knistern, da dann Luft in die Fangblasen einströmt. Bei plötzlichem Öffnen der Klappe »schluckt« die Blase etwas Wasser, jedoch erst dann, wenn ein Tier in die Nähe der Öffnung gerät und die dort stehenden Fühlborsten berührt. Das Tier wird mitgerissen, ist in der Blase gefangen, und die Pflanze beginnt mit der Mahlzeit. Im Herbst, wenn die Sproßspitzen sich bereits zu Winterknospen verdichten, sind die Blasen schwarz und erfüllt von den unverdaulichen Resten der kleinen Opfer.

In Deutschland sind nicht weniger als sechs *Utricularia*-Arten vertreten, die übrigens alle auch über Europa hinaus vorkommen. Allerdings ist *U. vulgaris* die einzige Art, die mehr oder weniger häufig ist und auch in manchem Gartenteich gedeiht. Sie ist auch die mit den schönsten Blüten. Ähnlich ist der Verkannte Wasserschlauch *(U. neglecta)*, die anderen vier Arten jedoch sind extrem seltene, zarte Geschöpfe nährstoffarmer Moorgewässer und bei uns alle vom Aussterben bedroht.

Nach den Fangmethoden »Leimrute«, »Klappfalle« und »Schluckblase« fehlt nun noch die »Fallgrube« der Schlauchpflanzen und Kannenpflanzen. Dieser Typ tritt wiederum konvergent bei nicht miteinander verwandten Pflanzengruppen auf, und zwar bei den nordamerikanischen Schlauchpflanzen der Gattungen *Sarracenia* und *Darlingtonia*, den südamerikanischen Sumpfkrügen *(Heliamphora*, alles Sarraceniaceae), den Kannenpflanzen Indonesiens *(Nepenthes*, Nepenthaceae), der westaustralischen *Cephalotus follicularis* (Cephalotaceae) und der schon erwähnten Bromelie *Brocchinia reducta.*

Beginnen wir mit den Schlauchpflanzen Nordamerikas: Die Sarracenien zieren mit nur acht Arten die Moore der östlichen USA und Kanadas. Die Blätter sind bei den meisten Arten reagenzglasartig schmale, schlanke Trichter, die oben einen erweiterten Saum haben und teilweise von einem großen »Helm« überdacht werden. In diese Fangblätter hinein sezerniert die Pflanze eine Verdauungsflüssigkeit. Die Fangblätter, vor allem deren Säume, sind bei allen Arten blumenartig schön und mit roten Linien oder leuchtend weißen Flächen geschmückt. Insekten, die sich hier niederlassen, finden süßen Nektar vor, werden aber durch die besondere Form des Blattes in eine gefährliche Zone dirigiert, und früher oder später stürzen sie in den Schlauch. Seine Enge verhindert ein Herausfliegen, und Herauskrabbeln wird durch spiegelglatte Wände und einen leicht ablösbaren Wachsüberzug vereitelt. Schneidet man im Herbst ein solches Fangblatt auf, so findet man darin dicht gepackt die sterblichen Hüllen zahlreicher Fliegen, Wespen usw.

Die Schlauchpflanzen warten nicht auf vorbeikommende Beute wie die bisher besprochenen Vertreter, sondern locken die Tiere aktiv herbei. So erklärt sich auch die blumenhafte Erscheinung der Blätter. Die bauchigen, am Rande gewellten Krüge von *Sarracenia purpurea* werden in der Sonne dunkelrot, die schlanken »Trompeten« von *S. flava* leuchtend gelbgrün. Bei *S. leucophylla, S. minor* und *S. psittacina* sind die »Hüte« mit weiß-durchscheinenden Fenstern geziert usw. Zudem gibt es von den meisten Arten abweichende Standortformen: mit ganz viel Rot oder rein grün, mit weicher Behaarung oder glatt usw., und schließlich entstehen in der Natur sehr leicht Kreuzungen, wo immer zwei Arten zusammen vorkommen. Derartige Hybriden, einige atemberaubend schön, wurden um die Jahrhundertwende auch in Kultur erzielt, die Bilder in alten Gartenmagazinen zeugen davon. Aber auch heute verschreiben sich wieder einige Enthusiasten der Sarracenien-Züchtung, und die schönsten Sammlungen finden sich bei Privatleuten.

Die Sarracenien halten eine strenge Winterruhe, und die nördlichste Art, *S. purpurea*, ist sogar bei uns völlig winterhart; sie wurde z.B. im Schweizer Jura eingebürgert. Im Frühjahr erscheinen an langen, steifen Stielen grandiose Blüten von Pfirsichgröße, gelber bis dunkelroter Farbe und starkem Duft.

Die Familie der Sarraceniaceae hat in den USA noch einen weiteren hochinteressanten Vertreter, der in seinem Vorkommen auf einige Sonderstandorte der Bundesstaaten Kalifornien und Oregon beschränkt ist. Hier befinden sich die bedrohten Restpopulationen von *Darlingtonia californica*, der »Kobralilie«. Bei ihr steigen die Fangblätter in eleganter Krümmung vom Boden auf und tragen einen aufgeblasenen, sich über den Schlaucheingang wölbenden Helm mit durchscheinenden Fenstern. An diesem Helm hängt noch ein zweispaltiger Zipfel, so daß das ganze Blatt an eine drohend aufgerichtete, züngelnde Kobra erinnert. Der vermeintliche Kopf der Schlange, der aufgeblasene Helm, verengt die Öffnung des Fangblattes auf ein kleines, hinter der gespaltenen Zunge verstecktes Loch. Die Insekten finden dennoch hinein.

Sarracenien und auch die in Kultur heiklere *Darlingtonia* sind in Botanischen Gärten seit dem letzten Jahrhundert in Kultur. Dagegen blieb die dritte Gattung der Familie bis heute eine Rarität: Die Sumpfkrüge *(Heliamphora)* bewohnen ausschließlich die geheimnisumwobenen, uralten Tafelberge im venezolanisch-brasilianischen Grenzgebiet. Diese »Tepuis«, die mit nahezu senkrechten Wänden aus der Ebene aufragen, galten von jeher bei den Ureinwohnern als verwunschener und unheimlicher Sitz der Götter. Erst seit wenigen Jahren erforschen die Biologen systematisch die unvergleichliche Flora und Fauna der Tafelberge. Viele der dort wachsenden Gattungen sind außerhalb der Tepuis unbekannt, und dazu gehören auch die Sumpfkrüge. Ihre Fangblätter überschreiten kaum Fingerlänge und haben oben eine recht weite Öffnung.

In der Alten Welt wird der Fallgruben-Typ von den bekannten Kannenpflanzen der Gattung *Nepenthes* verkörpert. Die Kannenpflanzen bewohnen ein großes Gebiet von Madagaskar bis ins tropische Nordaustralien, das Mannigfaltigkeitszentrum jedoch ist Indonesien. An Wuchsgröße sind die Kannenpflanzen jedenfalls die größten Karnivoren, denn sie können mit Hilfe ihrer eigenartigen Blattranken als Lianen einige Meter hoch klettern. Der Blattgrund (S. 129) ist bei ihnen als flächige Spreite ausgebildet, der die Aufgabe der Assimilation zukommt und die 50 cm Länge erreichen kann. Der Blattstiel ist schnurartig dünn, aber zäh und kann sich als Blattranke um jede erreichbare Stütze winden und so der Pflanze das Klettern ermöglichen. Die Blattspreite jedoch, die dieser Stiel trägt, ist das eigentliche Fangorgan: Sie bildet einen schönen, schlanken oder bauchigen Krug (Inhalt und Funktion entsprechen den Verhältnissen bei *Sarracenia*), der je nach Art mit roten, braunen oder schwarzen Sprenkeln und Linien oder mit gewimperten Flügelleisten geziert ist. Derartige Applikationen machen die *Nepenthes*-Kanne für potentielle Opfer attraktiv und verleihen den Pflanzen so fotogene Schönheit wie den Schlauchpflanzen Nordamerikas. Viele Arten bilden an den jungen Seitensprossen ganz andere Kannen aus als an den schon meterlangen Haupttrieben. Die Größe der Kannen reicht von der eines Fingerhutes *(Nepenthes gracilis)* bis zu der eines Maßkruges *(N. truncata)*, und die Kanne von *N. rajah* soll angeblich bis zu vier Liter Flüssigkeit fassen.

Die Blüten der Kannensträucher, wie man die Gattung zur besseren Abgrenzung von *Sarracenia* auch nennt, sind grünlich-bräunlich und unscheinbar. Sie erscheinen in vielblütigen Trauben am Ende der Sprosse. Die Pflanzen sind streng zweihäusig, es gibt also männliche und weibliche Exemplare. Dies mag ein Grund sein, warum in Kultur seit Ende des letzten Jahrhunderts zahlreiche Hybriden produziert wurden und werden, denn meist hat man zu einem gerade blühenden Weibchen nicht gerade das Männchen der gleichen Art zur Hand. Blüht aber gerade eine andere Art, so ist die Verlockung des Kreuzens natürlich groß. Teilweise kamen allerdings durch gezieltes Kreuzen auch sensationelle Hybriden wie *N. x dicksoniana* und *N. x goettingensis* heraus, die der geniale Gartenmeister Carl BONSTEDT in den zwanziger und dreißiger Jahren in Göttingen erzielte und die schön gezeichnete Kannen von 30cm Länge haben. Beide gibt es noch heute.

Abbildung 61: Nepenthes rafflesiana, eine Kannenpflanze Südostasiens.

Die meisten Kannensträucher kommen aus den Tieflandregenwäldern Indonesiens und verlangen warme und sehr feuchte Luft zur erfolgreichen Kultur. Für den Zimmergärtner scheiden sie aus. Dies gilt jedoch nicht grundsätzlich für alle fleischfressenden Pflanzen: Die meisten lassen sich erfolgreich im Zimmer halten, und in den letzten Jahren hat sich eine sehr aktive Gesellschaft von Liebhabern fleischfressender Pflanzen formiert. Konnte man vor 20 Jahren kaum je überhaupt eine Insektivore erwerben, so gibt es heute in Kultur ein paar hundert Arten, Sorten, Standortformen etc. Auch die bescheidene Größe der meisten Insektivoren macht sie als Objekte leidenschaftlichen Sammelns beliebt. Ausführliche Kulturanleitungen für die einzelnen Arten wären hier fehl am Platze, es sei lediglich erwähnt, daß z.B. außereuropäische Sonnentauarten wie *Drosera dielsiana, D. aliciae, D. capensis* und *D. binata* geradezu Anfängerpflanzen sind, die zu ihrem Gedeihen nur dreierlei benötigen: puren, ungedüngten Torf als Substrat, ein ständiges »Fußbad« (wassergefüllter Untersetzer) und volles Licht. Diese einfach zu haltenden und blühwilligen Arten haben schon bei manchem Pflanzenfreund den Grundstein für eine herrliche Liebhaberei gelegt, das Sammeln von fleischfressenden Pflanzen und Eindringen in ihre geheimnisvolle Welt.

Abbildung 62: Die Aasblume Hoodia gordonii in der Steinwüste bei Pofadder (Südafrika) (vgl. S. 399).

Abbildung 63: Cobaea scandens, eine Fledermausblume aus den Anden (vgl. S. 397).

»REQUISITEN« AUS DER PFLANZENWELT

Vom Komposthaufen zur Pappschachtel:
Nistmaterialien aus Pflanzenstoffen

Wenn es bisher um den Nahrungserwerb ging, so sollen jetzt einige ökologische Beziehungen betrachtet werden, in denen die Pflanze nicht das »tägliche Brot« liefert, sondern Materialien zu Daseinsbereichen beisteuert, die mit der Ernährung nichts zu tun haben.

Fragen wir uns, welchen über die Nahrung hinausgehenden Nutzen die Menschheit aus der Pflanzenwelt zieht, so fallen uns sofort Kleidung und Wohnung und dann vielleicht die Medizin ein. Im Tierreich aber bleibt die Suche nach Kleidung aus pflanzlichen Materialien erfolglos: Kleidung und Schmuck mit körperfremden Mitteln scheint etwas exklusiv Menschliches zu sein. Zwar gibt es viele Insekten, etwa Köcherfliegen und bestimmte Kleinschmetterlinge, die Pflanzenteile mit Sekret oder Spinnseide zu einem Gehäuse verkitten, das sie mit sich herumtragen, dies aber läßt sich schon eher als Wohnung denn als Kleidung bezeichnen. Und der Wohnungsbau ist im Tierreich eine Sparte voller Varianten und Kuriositäten, und oft liefern Pflanzen die Baustoffe. Selbst die Menschenaffen bauen sich aus Ästen und Zweigen Schlafnester, und bekanntlich ist auch das typische Vogelnest überwiegend aus Zweigen und Gräsern gefügt. Soweit ist die Verwendung von Pflanzenmaterial wenig spektakulär, und vielleicht könnten viele Vögel bei Gelegenheit auch aus Steinwolle oder Nylongewebe ihr Nest bauen.

Daher soll einmal auf ein ungewöhnliches Nest hingewiesen werden, für das die genannten Materialien völlig unbrauchbar wären, nämlich auf das der Großfußhühner Südostasiens und Australiens. Diese Vögel brüten ihre sehr großen Eier nicht durch eigene Körperwärme aus, sondern errichten riesige »Komposthaufen« aus verrottenden Blättern, Zweigen etc. Diese Hügel können mehrere Meter Durchmesser bei eineinhalb Meter Höhe erreichen und dienen als Brutofen. Durch geschickte Pflege des Kompostes stellt sich im Inneren eine für die Zeitigung der Eier günstige Temperatur ein. Die Hennen haben es bei dieser Tiergruppe leicht, denn die Anlage und Pflege des Komposts ist Sache des Hahns. Wenn dieser der Henne nach wochenlanger Vorlaufzeit Zutritt zu seinem Werk gewährt, legt sie nach kritischer Prüfung der Temperatur ihre Eier hinein und geht ihrer Wege. Die nächsten Monate lang hat der Hahn dafür zu sorgen, daß die Verrottung optimal verläuft, denn die Entwicklung der Eier dauert zwei bis drei Monate, beim Thermometerhuhn *Leipoa ocellata* gar sieben Monate. Die Hähne dieser Art haben besonders schwer zu schuften, denn sie bewohnt nicht die Regenwälder Neuguineas wie viele Verwandte, sondern das Innere Australiens, wo der schüttere Pflanzenwuchs und die ausdörrende, sengende Sonne des australischen Sommers denkbar schlechte Voraussetzungen für Kompostbereitung sind. Daher wird das Pflanzenmaterial bereits im relativ feuchteren Winter mühsam beschafft, in eine mehrere Kubikmeter fassende, tiefe Grube versenkt und mit Sand abgedeckt. Nach vier Monaten ist die Zersetzung des Haufens so weit fortgeschritten, daß Eier hineingelegt werden können. Dann muß der Hahn »nur« noch die Temperaturentwicklung überwachen, gegebenenfalls durch Umschichten einiger Kubikmeter des Materials, durch Graben von Luftschächten oder durch Fortscharren oder Verstärken der isolierenden Sandabdeckung. Im heißen Sommer trägt er alle paar Tage frühmorgens den gesamten Haufen auseinander, um ihn mit Tau zu befeuchten. So sind die Hähne der Thermometerhühner volle elf Monate des Jahres mit Kompostpflege beschäftigt. Die schlüpfenden Küken sind die selbständigsten aller Jungvögel: Sie entsteigen dem Haufen, fliegen ohne ein Dankeswort davon und sind auf sich selbst gestellt.

Man hat früher die Großfußhühner für äußerst primitive, den Reptilien nahestehende Vögel gehalten, denn die Verwendung sich zersetzender Pflanzenmasse zur Wärmeproduktion findet sich auch bei diesen: Selbst unsere heimische Ringelnatter legt ihre Eier in am Ufer zusammengeschwemmte, verrottende Haufen und gelegentlich auch in Komposthaufen, besonders meisterhaft aber wird diese Technik von den Krokodilen eingesetzt. Sie tragen am Ufer zum Teil metergroße Haufen aus Pflanzenresten zusammen, die sie nach Ablage der Eier kaum mehr aus den Augen lassen, bis die kleinen Krokodile durch energisches Quäken ihr Schlüpfen ankündigen. Dann ist die Mutter zur Stelle, um den Haufen zu öffnen, mit ihrem zähnestarrenden Maul den Kleinen beim Schlüpfen behilflich zu sein und sie ins Wasser zu geleiten.

Gewiß gibt es auch bei Amphibien und Fischen einige Arten, die Pflanzenteile als Baumaterialien nutzen, als die größten Konstrukteure der gesamten Tierwelt kann man aber wohl unbestreitbar die höheren Hautflügler bezeichnen, nämlich die Wespen und die Bienen. Wie üblich wollen wir auch hier unter dem Begriff »Bienen« die gesamte Tiergruppe von weltweit ca. 20000 Arten verstehen, nicht nur die Honigbiene. Ebenso sind die Wespen nicht nur *Paravespula vulgaris* und *P. germanica*, die uns im Spätsommer so aggressiv den Zwetschgenkuchen streitig machen, sondern auch Feldwespen, Grabwespen, Wegwespen, Goldwespen etc. Beginnen wir aber mit den Faltenwespen, deren zwei lästigste Arten eben genannt wurden. Neben solchen staatenbildenden Faltenwespen gibt es auch solitäre, also einzeln lebende Gattungen, bei denen jedes Weibchen für sich Brutzellen baut, verproviantiert und mit Eiern belegt *(Delta, Eumenes, Ancistroceros* etc.). Ihre Bauten sind aus lehmigem oder tonigem Material gemauert und oft von erstaunlicher Festigkeit. Die sozialen Faltenwespen aber bauen ihre Waben aus Papier, also einem Material, das zwar recht labil und gegen Nässe empfindlich, aber fast gewichtslos ist. Die beiden Mängel sind tragbar, da die wehrhaften Tiere das Nest gegen Zerstörer schmerzhaft verteidigen und von vornherein an regengeschützter Stelle anlegen. Das Rohmaterial für die Papierherstellung gewinnen die Wespen, indem sie mit ihren kräftigen, gezähnten Mundwerkzeugen Fasern von angewitterten Tothölzern abnagen. Die Wahl des Holzes bestimmt die Farbe des Nestes, und bei unseren wenigen einheimischen Arten kann der Kundige aus Farbe und Qualität des Papiers auch bei verlassenen Nestern auf die Wespenart schließen. Die sechseckige Grundform der Zellen, das »Bienenwabenmuster«, ist ein Nonplusultra an Wirtschaftlichkeit. Bei keiner anderen denkbaren Grundfläche (Kreis, Quadrat, Fünfeck, Raute etc.) stehen Rauminhalt und Materialbedarf in einem so günstigen Verhältnis.

Für die Honigbienen, bei denen die Zellen ja nicht nur als Larvenwiege, sondern auch als Honigspeicher dienen, wäre Papier als Baustoff eine recht klebrige Sache. Sie bauen, wie auch die Hummeln, ihre Waben aus Wachs, also einem körpereigenen Produkt. Ihre tropischen Verwandten jedoch, die kleinen »Stachellosen Bienen« *(Melipona, Trigona)*, verwenden »Cerumen«, ein Gemisch aus selbst produziertem Wachs und an Pflanzen gesammelten Harzen. Neben den für uns als typisch »harzig« geltenden Nadelhölzern, die in den feuchten Tropen stark zurücktreten, produzieren viele Laubbäume des tropischen Regenwaldes Harz. Die klebrigen Harze härten an der Luft aus und haben außerdem antimikrobielle Wirkung. Dies qualifiziert sie für den Bau von »Kinderstuben«, die ja mit leicht verderblichem Proviant gefüllt sind. So verwenden auch einige unserer heimischen Wildbienen Harz als Baumaterial, z.B. die niedliche Wollbiene *Anthidium strigatum*. Ihre Larvenwiege hat die Form einer Urne oder Vase und wird aus Harz gefertigt. Die Biene errichtet das formschöne Gebilde frei und offen an Steinen.

Anthidium strigatum trägt ihre Pollenladung nicht in »Höschen« an den Hinterbeinen, sondern am Bauch und weist sich damit als Angehörige der Familie der Blattschneiderbienen (Megachilidae) aus. Diese auch bei uns mit zahlreichen Gattungen vertretene Bienengruppe stellt die emsigsten Baumeister. Viele von ihnen nisten oberirdisch, z.B. in hohlen Pflanzenstengeln oder Löchern und Ritzen in altem Holz. Solche Arten, etwa die häufige, schon im April fliegende Mauerbiene *Osmia rufa*, können wir durch Anbieten derartiger Hohlräume, z.B. zurechtgeschnittener Bambushalme, sogar auf dem Balkon eines Mietshauses heimisch machen. Die in diesen Hohlräumen aneinandergereihten Einzelzellen für je eine Larve werden durch Querwände aus Lehm gegeneinander abgetrennt, und Lehm bildet auch den Nestverschluß.

Für unser Thema »Requisiten aus Pflanzen« sind jedoch die Blattschneiderbienen der Gattung *Megachile* interessanter. Diese statten ihre »Kinderzimmer« nämlich sogar mit Tapete aus. Die Bienen schneiden aus geeigneten Blättern ovale Stücke aus, die sie unter dem Bauche zusammengerollt zur Nestanlage tragen und dort als Innenverkleidung der Längswände der Larvenzellen verwenden. Zum Abtrennen der Zellen gegeneinander dienen genau passende, kreisrunde Zuschnitte. Zum Ausschneiden der Blattstücke werden gerne z.B. Rose und Flieder verwendet, in einem Botanischen Garten darf es

gerne auch eine tropisch-amerikanische Passionsblume sein. Auf jeden Fall
haben die als Tapete genutzten Pflanzen nichts mit den speziellen Pollenpflanzen
zen zu tun, auf die viele *Megachile*-Arten außerdem angewiesen sind. Einige
Mauerbienen jedoch sind nicht nur auf eine bestimmte Pollenpflanze spezialisiert
siert (also »oligolektisch«), sondern zu allem Überfluß auch auf eine bestimmte
te »Tapetenmarke«. So kleidet *Osmia papaveris* ihre in der Erde angelegten
Larvenzellen ausschließlich mit Ausschnitten aus Mohnblüten aus, als Pollenquelle
quelle jedoch muß es ein Korbblütler aus der Verwandtschaft der Disteln und
Flockenblumen sein. *Osmia mocsaryi* akzeptiert als Tapete nur Blütenblätter
von *Linum flavum*, dem Gelben Lein. Irgendein ökologischer Sinn dieser
»Verbohrtheit« ist gewiß nicht vorhanden, vielmehr ist die genannte Biene in
Mitteleuropa genauso vom Aussterben bedroht wie der Gelbe Lein.

Die Wildbienen-Fachleute verwenden das treffende Wort »Requisiten« für
derlei unabdingbare Materialien, die nichts mit der Ernährung zu tun haben.
Dazu zählen etwa auch die feinen, weichen Pflanzenhaare, in die die prächtige
Wollbiene *Anthidium manicatum* den Futterproviant für ihre Larven bettet.
Diese Haare werden zum Beispiel von Königskerzen oder dem als Steingartenpflanze
gartenpflanze beliebten Woll-Ziest *(Stachys byzanthina)* »abrasiert«. Zum
Nektarsammeln jedoch hat *A. manicatum* eine Vorliebe (keine zwingende
Bindung!) für Schmetterlingsblütler, Lippen- und Rachenblütler. Die prächtige
ge Biene hat in vielen Botanischen Gärten starke Populationen, taucht aber mit
Sicherheit auch im privaten Garten auf, sobald dort einige Pflanzen z. B. von
Katzenminze *(Nepeta)*, Schwarznessel *(Ballota)* oder gar Herzgespann
(Leonurus cardiaca, alles Lippenblütler) blühen.

Unsere heimischen Wildbienen mit ihren zum Teil sehr festgelegten
Ansprüchen nicht nur an bestimmte Pollenpflanzen, sondern auch noch an
unverzichtbare »Requisiten« mögen einen Eindruck geben, von welch unerwarteten
warteten Faktoren das Wohl und Wehe bedrohter Tierpopulationen abhängen
kann. Viele dieser vernetzten ökologischen Zusammenhänge sind aus Mangel
an Interesse an den Wildbienen lange unentdeckt geblieben, denn die klassische
sche Anschauung feiert in Mitteleuropa die Honigbiene als »Universalbestäuberin«
berin« und sieht die Wildbienen als ökologischen Luxus. Diese Einstellung
konnte nur dadurch entstehen, daß unsere Kulturpflanzen zum großen Teil
Selbstbestäuber sind oder eine so anspruchslose Blütenökologie haben, daß sie
in der Tat nichts anderes als die Honigbiene benötigen. Eine Ausnahme stellt
der Samenanbau von Rotklee und Luzerne dar, wo in der Tat Hummeln bzw.

kleine Blattschneiderbienen der Honigbiene weit überlegen sind. In den Tropen Südamerikas jedoch gibt es ein spektakuläres Beispiel, wo der Ertrag eines Exportartikels nur von Wildbienen abhängt und diese wieder von einem erstaunlichen Requisit aus der Pflanzenwelt: Parfüm.

Parfümblumen und Prachtbienen

In den Tieflandregenwäldern Mittel- und Südamerikas leben fünf Gattungen von Bienen, die mit ihrer unwirklichen metallischen Farbenpracht zu den schönsten Insekten, wenn nicht zu den schönsten Tieren überhaupt zählen: die Prachtbienen (Euglossini). Die Arten der Gattung *Euglossa* sind von Honigbienengröße und oft metallisch goldgrün oder türkis, oder auch leuchtend dunkelblau mit violettem Hinterleib, oder von der Farbe frisch polierten Kupfers. *Eulaema* ist hummelartig schwarz/weiß/rot, aber noch größer. Die bunteste Gattung *Eufriesea* steht größenmäßig dazwischen. Da die Honigbiene in der neuen Welt von Natur aus fehlt, sind die Prachtbienen zusammen mit Holzbienen und vielen anderen Gattungen die Bestäuber der Bienenblumen des Regenwaldes, zum Teil auch solcher mit langer Röhre, denn die Prachtbienen besitzen extrem lange Zungen. Die Weibchen großer Prachtbienen sammeln auch Nektar und Pollen an *Bertholletia excelsa*, der Paranuß, und sind so unverzichtbare Bestäuber dieser tropischen Köstlichkeit.

Für ihr eigenes Überleben jedoch sind alle Prachtbienen auf Parfüm angewiesen, das sie an bestimmten Blumen sammeln, und zwar jede Prachtbienenart an oft nur einer einzigen Pflanzenart. Es sind ausschließlich die Männchen der Euglossinen, die unter Umständen kilometerweit bis zu einer einzigen offenen Blüte fliegen, um den dort produzierten Duftstoff einzuheimsen. Zu diesem Behuf weisen Vorder- und Hinterbeine besondere Strukturen auf. Die Bienenmännchen nutzen dieses Parfüm auf komplizierte Weise zur eigenen Partnerfindung, aber sie locken damit nicht etwa ihre Weibchen an, denn diese reagieren gar nicht auf die Duftstoffe. Vielmehr dient das Parfüm zur Versammlung zahlreicher Männchen, die dann eine spektakuläre Massenbalz veranstalten — und zu dieser stellen sich die Weibchen ein. Bei den Parfümblumen handelt es sich vor allem um bestimmte Orchideen (am bekanntesten und in vielen botanischen Gärten zu sehen sind die Gattungen *Gongora, Stanhopea, Acineta* und *Coryanthes*), um einige Aronstabgewächse (viele *Spathiphyllum*-, einige *Anthurium*-Arten) und wenige Vertreter anderer Familien. Das Duftstoffgemisch einer jeden dieser Arten wirkt in der Regel nur auf eine einzige Bienenart, und »Seitensprünge« der Bienen zu Blumen mit anderem Parfüm kommen kaum jemals vor. Das spezifische Parfüm ist hier alles andere als ein Luxusartikel, denn ohne diese Duftstoffe können sich die Prachtbienen nicht fortpflanzen. Umgekehrt sind auch die Parfümorchideen auf »ihre« Arten von Prachtbienen angewiesen, denn die Prachtbienenmännchen sind ihre einzigen Bestäuber. Der Bestäubungsvorgang ist nämlich derart kompliziert und genau auf Körpergröße und Verhalten der Tiere abgestimmt, daß kein anderer Bestäuber »einspringen« kann, zumal die Blüten auch außer Parfüm keinerlei Belohnung zu bieten haben. Der Paranußbaum ist eine der Pollenquellen der Weibchen der Prachtbienen, die dem ganz normalen Geschäft des Nektar- und Pollensammelns nachgehen. Der Baum gehört der Kronenschicht des Regenwaldes an und wird sich allein wegen seiner Größe nie für Plantagen eignen. Aber auch handlichere Paranüsse könnten nie wie etwa die Bananen im Westen Ecuadors in endlosen Monokulturen angebaut werden, denn Prachtbienen gibt es in diesen restlos entwaldeten Gebieten längst nicht mehr.

Unser täglich Gift...

Wenn schon das Sammeln von Parfüm ein äußerst exzentrischer Beweggrund für den Blütenbesuch scheint, so gilt dies erst recht für die Versorgung mit Giftstoffen. Wieder ist der Schauplatz Südamerika, doch die Akteure sind bunte Tagfalter aus der Familie der Ithomiidae. In den Flügeln dieser Falter finden sich neben den bunten Bereichen auch schuppenlose, die glasklar sind und den Tieren ein besonders elegantes Aussehen verleihen. Die Raupen der Ithomiidae fressen Giftpflanzen, etwa Nachtschattengewächse, und auch hier sind die Inhaltsstoffe der Pflanzen für die darauf spezialisierten Falter das Signal zur Eiablage. Die erwachsenen Falter tragen Warnfarben und sind auf ihrer Körperoberfläche mit so bitterem Gift überzogen, daß sie nicht nur vor jedem Vogel, sondern sogar vor Spinnen gefeit sind: Gerät ein solcher Falter einer Radnetzspinne ins Netz, so kappt sie eiligst alle Fäden und wirft das »Ekelpaket« hinaus. Der Stoff ist so aggressiv, daß tote Falter auf dem Urwaldboden wochenlang wie konserviert liegenbleiben. Das Erstaunliche aber ist, daß frisch geschlüpfte Falter völlig ungiftig und bekömmlich sind und von »unvoreingenommenen« Vögeln ohne weiteres verzehrt werden. Das Gift stammt nämlich gar nicht aus der Larvennahrung, denn die Nachtschatten-Alkaloide lassen sich in diesem Fall nicht ins Erwachsenenstadium »mitnehmen«. Es handelt sich vielmehr um Dehydroxipyrrholizidin-Alkaloide, die sich die Falter nach dem Schlüpfen erst einmal aus bestimmten Pflanzen besorgen müssen, z.B. von Korbblütlern aus der *Eupatorium*-Verwandtschaft oder Rauhblattgewächsen der Gattungen *Tournefortia* und *Heliotropium*. Die Falter nehmen das Gift mit dem Blütennektar auf oder lösen es auch aus abgefallenen Blättern heraus. Da sich das Gift im lebenden Falter schnell abbaut, müssen diese Tiere die Pflanzen wiederholt aufsuchen und sich »nachgiften«. Nach der Aufnahme dauert es keine Stunde, bis die Oberfläche mit dem üblen Stoff imprägniert und das Tier effektiv vor hungrigen Mäulern geschützt ist. Wir können also zu den Requisiten aus dem Pflanzenreich auch chemische Verbindungen rechnen, und zwar sowohl anlockende Düfte wie bei den Prachtbienen als auch gallebittere und giftige Abwehrstoffe, die die Tiere als chemischen Schutzschild benützen.

Es fällt schwer, beim Betrachten der Beziehungen zwischen Pflanzen und Tieren überhaupt ein Ende zu finden. Viel wäre über Pflanzen und Ameisen zu schreiben, angefangen vor der eigenen Haustür, wo sich Ameisen zuckerabscheidende Blattläuse als »Milchkühe« auf unseren Rosenstöcken halten, über die tropischen Blattschneiderameisen mit ihren auf Blattbrei gepflegten Speisepilzkulturen bis zu den Gattungen, die hohle Stengel oder gar große, hohle Akaziendornen als Wohnung nutzen. Gerade in den letzten Jahren ist eine Fülle internationaler Literatur zum Thema »ants and plants« (Ameisen und Pflanzen) erschienen.

Und schier uferlos wird die Betrachtung, wenn wir zum Schluß das Tierreich auf den Menschen und seine Beziehungen zu Pflanzen ausdehnen: Schließlich ist der Beginn der menschlichen Zivilisation gleichbedeutend mit dem Beginn der Landwirtschaft. Wann mag der Mensch begonnen haben, auf das Wachstum von Nutzpflanzen Einfluß zu nehmen, die ersten Getreidesorten auszulesen oder mit der Nutzung von Hefe und Sauerteig das Feld der Mikrobiologie zu betreten? Bereits Kain war ein Landwirt, und kurz nach Verlassen der Arche legte Noah einen Weinberg an, denn neben den Nahrungsmitteln gehören auch die Genußmittel zur menschlichen Kultur. Immerhin war auch die Geschichte der Genußmittel bis zur verhängnisvollen Entdeckung des LSD eine Geschichte zwischen Mensch und Pflanze.

Der Mensch kleidet sich in Pflanzenfasern und baut aus ihrem Holz seine Wohnungen. Seit Urzeiten gewinnt er aus Pflanzen Medizin wie auch todbringendes Gift. Und glauben wir an die Entstehung des Lebens aus der »Ursuppe«, so waren es vor Milliarden von Jahren die ersten Blaualgen, die das Tohuwabohu (hebr. = »wüst und leer«) einer tödlichen Brühe aus Ammoniak, Methan und Wasserdampf in die sauerstoffhaltige Atmosphäre unseres blauen Planeten verwandelten und so die Grundlage für alles weitere Leben schufen.

Aber zum Menschsein gehört nicht nur die Luft zum Atmen und das Erfüllen der elementarsten Nahrungs- und Kleidungsbedürfnisse, sondern auch das Schöne, Bunte. Die Industriefarben sind kaum 100 Jahre alt, vorher war über Jahrausende die Blume der Inbegriff des Schönen. Unsere Vorfahren, die durchaus existentiellere Sorgen haben mochten, bemalten dennoch ihre Bauerntruhen mit Blumenmotiven und bestickten ihre Trachten mit Rosen und Margeriten, und auch der moderne Erfolgsmensch kauft Blumen. Politiker und Industrielle jäten auf Knien ihren Steingarten oder zählen die Blüten an ihren Kakteen.

Immer wieder wird von Blumenfreunden die Befürchtung geäußert, mit dem Untersuchen und Zergliedern der Pflanzen, dem Klassifizieren und Benennen mit unaussprechlichen wissenschaftlichen Namen wäre die Bewunderung der Flora dahin. Das Gegenteil ist der Fall: Wieviel näher können uns die Pflanzen kommen, wenn wir etwas über sie wissen! Wenn dieses Buch etwas zur Annäherung an die Pflanze beitragen könnte, hätte es seinen Zweck erfüllt.

ZUM WEITERLESEN

Zum Kapitel »Von den Tropen zum blanken Eis«:

BAENSCH, U., BAENSCH, U. (1994): *Blühende Bromelien*. Nassau: Tropic Beauty Publishers.

DARWIN, C. (1875): *Reise eines Naturforschers um die Welt*. Stuttgart: Schweizerbart.

DODSON, C.H., ESCOBAR, R. (o.J.): *Native Ecuadorian Orchids*. Medellín: Colina.

HAMMER, S. (1993): *The Genus Conophytum*. Pretoria: Succulent plant publications.

HOLM, L.G., et al. (1977): *The World's Worst Weeds*. Honolulu: University of Hawaii Press.

HORVAT, I., GLAVAC, V., ELLENBERG, H. (1973): *Vegetation Südosteuropas*. Stuttgart: Fischer.

LOVEGROVE, B. (1993): *The Living Deserts of Southern Africa*. Vlaeberg: Fernwood Press.

PERRY, D.R. (1988): *Leben im Dach des Dschungels*. Frankfurt (Main): S. Fischer.

RAUH, W. (1979): *Die großartige Welt der Sukkulenten*. 2. Auflage. Berlin: Parey.

RAUH, W. (1979): *Kakteen an ihren Standorten*. 1. Auflage. Berlin: Parey.

RAUH, W. (1990): *Bromelien*. Stuttgart: Ulmer.

REICHHOLF, J.H. (1990): *Der Tropische Regenwald*. München: dtv.

VARESCHI, V. (1980): *Vegetationsökologie der Tropen*. Stuttgart: Ulmer.

WALTER, H. (1990): *Vegetation und Klimazonen*. 6. Auflage. Stuttgart: Ulmer.

WHITMORE, T.C. (1993): *Tropische Regenwälder*. Eine Einführung. Heidelberg: Spektrum.

Zu den Kapiteln »Lebewesen Pflanze«, »Der Bau der Samenpflanzen« und »Die Blüte«:

BINZ, A., HEITZ, C. (1990): *Schul- und Exkursionsflora für die Schweiz mit Berücksichtigung der Grenzgebiete*. 19. Auflage. Basel: Schwabe & Co.

CRONQUIST, A. (1981): *An Integrated System of Classification of Flowering Plants*. 1. Angiosperms-Classification. New York und Guildford: Columbia University Press.

EICHLER, A.W. (1875, 1878): *Blüthendiagramme*. 2 Bände. Leipzig: Engelmann.

MABBERLEY, D.J. (1987): *The Plant-Book*. A Portable Dictionary of the Higher Plants. Cambridge, New York, Port Chester, Melbourne, Sydney: Cambridge University Press.

ROTHMALER, W. (1996), hg. von Bäßler, M., Jäger, E.J. und Werner, K.: *Exkursionsflora von Deutschland*. Band 2: Gefäßpflanzen. Grundband. 16., stark bearbeitete Auflage. Jena und Stuttgart: S. Fischer.

SCHMEIL, O., bearb. von Senghas, K. und Seybold, S. (1996): *Flora von Deutschland und angrenzender Länder*. 90., durchgesehene Auflage 1996. Wiesbaden: Quelle und Meyer.

WAGENITZ, G. (1996): *Wörterbuch der Botanik*. Jena, Stuttgart, Lübeck, Ulm: G. Fischer.

Zum Kapitel »Wie sich Pflanzen fortpflanzen«:

ALLAN, M. (1977): *Darwins Leben für die Pflanzen*. Düsseldorf: Econ.

BOLTEN, A.B., FEINSINGER, P. (1978): *Why do hummingbird flowers secrete dilute nectars?* Biotropica 10: 307–309.

DAUMER, K. (1958): *Blütenfarben, wie sie die Bienen sehen*. Z. vgl. Physiol. 41: 49–110.

DOBAT, K., PEIKERT-HOLLE, T. (1985): *Blüten und Fledermäuse*. Frankfurt/Main: Kramer.

FRISCH, K.v. (1977): *Aus dem Leben der Bienen*. 9. Auflage. Berlin: Springer.

GRANT, K., GRANT, V. (1968): *Hummingbirds and Their Flowers*. New York: Columbia University Press.

HAMMER, K. et al. (1982): *Vorarbeiten zur monographischen Darstellung von Wildpflanzensortimenten: Agrostemma L.* Kulturpflanze 30: 45–96.

HEINRICH, B. (1979): *Bumblebee Economics.* Cambridge: Harvard University Press.

HESS, D. (1983): *Die Blüte.* Stuttgart: Ulmer.

JONES, C.E., LITTLE, R.J. (eds., 1983): *Handbook of Experimental Pollination Ecology.* New York: Van Nostrand Reinold.

MONOD, J. (1971): *Zufall und Notwendigkeit.* München: dtv.

PIJL, L. van der, DODSON, C.H. (1966): *Orchid Flowers.* Their pollination and evolution. Coral Gables: University of Miami Press.

ROTHMALER, W. (1947): *Artentstehung in historischer Zeit am Beispiel der Unkräuter des Kulturleins (Linum usitatissimum).* Züchter 17/18: 89–92.

SPRENGEL, C.K. (1793): *Das entdeckte Geheimnis der Natur im Bau und in der Befruchtung der Blumen.* Berlin: Vieweg.

VOGEL, S. (1954): *Blütenbiologische Typen als Elemente der Sippengliederung.* Jena: Fischer.

VOGEL, S. (1967): *Iris fulva Ker-Gawl., eine Kolibriblume.* Jahrb. d. dt. Iris- und Liliengesellschaft e.V.: 3–11.

Zum Kapitel »Pflanzen und Tiere«:

BAWA, K.S., BULLOCK, S.H. et al. (1985): *Reproductive Biology of Tropical Lowland Forest Trees.* III. Polllination systems. Amer. J. Bot. 72: 346–356.

BLAB, J., RUCKSTUHL, T. et al. (1987): *Aktion Schmetterling.* Ravensburg: Otto Maier.

BROWN, K.S. (1987): *Chemistry at the Solanaceae/Ithomiidae interface.* Ann. Missouri Bot. Garden 74: 359–397.

CHINERY, M. (1984): *Insekten Mitteleuropas.* 3. Auflage. Berlin: Parey.

CHINERY, M. (1986): *Naturschutz beginnt im Garten.* Ravensburg: Otto Maier.

GERLACH, G., SCHILL, R. (1993): *Die Gattung Coryanthes Hook.* Stuttgart: F. Steiner.

GILBERT, L.E., RAVEN, P.H. (1975): *Coevolution in Animals and Plants.* Austin: University of Texas Press.

GRZIMEK, B.: (ed., 1968): *Grzimeks Tierleben.* Zürich: Kindler.

JUNIPER, B.E., ROBINS, R.J. et al (1989): *The Carnivorous Plants.* London: Academic Press.

ROUBIK, D.W. (1989): *Ecology and Natural History of Tropical Bees.* Cambridge University Press.

WESTRICH, P. (1989): *Die Wildbienen Baden-Württembergs.* Stuttgart: Ulmer.

INDEX